W0402161

Ghislaine Windisch-Graetz

Kaiseradler und rote Nelke

Ghislaine Windisch-Graetz

Kaiseradler und rote Nelke

Das Leben der Tochter des Kronprinzen Rudolf

Aus dem Französischen von Maria-Concetta Hübner

Amalthea

Meinen Kindern
Stephanie und Guillaume
gewidmet

© 1988 by Amalthea Verlag Ges.m.b.H.,
Wien · München
Alle Rechte vorbehalten
Umschlag und Herstellung:
Verlagsservice Dr. Helmut Neuberger und
Karl Schaumann, Heimstetten
Umschlagfoto aus dem Familienarchiv der Autorin
Satz: Ludwig Auer GmbH, Donauwörth
Gesetzt aus 10/12 Punkt Aldus
Druck und Bindung: Wiener Verlag, Himberg bei Wien
Printed in Austria 1988
ISBN 3-85002-264-1

Inhalt

Dritter Teil

Elisabeths Leben in der Republik Österreich
1919–1963

Vorwort

Als die Autorin diesen Bericht über Erzherzogin Elisabeth Marie zusammenstellte, mußte sie sich weit in die Vergangenheit zurückversetzen. Nur so konnte sie all das nachempfinden, was ihr von der Heldin selbst und dem ältesten Sohn Franz Joseph in detaillierten Erinnerungen erzählt worden war. Es gibt nur wenige Dokumente, die Elisabeths Vernichtungswillen entgangen sind. Es war ihr Wunsch gewesen, daß alles, was an ihre Existenz erinnerte, verschwinden sollte. Aber auch diese wenigen Dokumente stellen eine wichtige Quelle dar, durch die der Bericht fundierte Genauigkeit erhält und mündliche Überlieferung ihre Bestätigung findet. Es mag vielleicht gewagt erscheinen, aufgrund solcher Unterlagen eine Persönlichkeit wiedererwecken zu wollen, die durch ihre Geburt zwar ein Teil von Österreichs Geschichte ist, jenseits der Grenzen aber völlig unbekannt geblieben ist. Und auch in ihrem eigenen Land ist die ältere Generation, die ein, freilich recht unvollständiges und fehlerhaftes, Bild von Elisabeth in Erinnerung behalten hat, am Aussterben.

Mit Sicherheit wird das außergewöhnliche und aufregende Leben, von dem hier erzählt werden soll, bei jenen Staunen und Neugier hervorrufen, deren besonderes Interesse der Geschichte Österreichs und der Habsburger im 19. und 20. Jahrhundert gilt.

Es gibt eine große Zahl historischer Untersuchungen, die sich mit den bemerkenswerten Mitgliedern dieser Kaiserfamilie befassen. Ein Name freilich scheint dabei nicht auf – mit Unehre überhäuft, wurde er bewußt ignoriert. Es ist dies der Name des letzten direkten Habsburgernachkommen, einer Frau, die Kaiserin hätte werden können, es aber vorzog, dem Lockruf von Liebe und Freiheit zu folgen. Und es war eine außergewöhnliche Frau, voller Eigenarten und oft beunruhigend. Nach einem Leben im Rampenlicht der

Öffentlichkeit zog sie ein Dasein in privater Zurückgezogenheit vor.
Elisabeth Marie Henrietta Stephanie Gisela, von Gottes Gnaden Kaiserliche Prinzessin und Erzherzogin von Österreich, königliche Prinzessin von Ungarn, Böhmen etc... war das einzige Kind von Kronprinz Erzherzog Rudolf und Prinzessin Stephanie von Belgien, Enkelin des Kaisers von Österreich Franz Joseph und seiner Gemahlin Kaiserin Elisabeth.
Im Alter von fünf Jahren wurde sie durch den tragischen Tod ihres Vaters in Mayerling zur Halbwaise. Ihr Leben spannte sich über einen Bogen von achtzig Jahren; sie wurde am 2. September 1883 geboren und starb am 16. März 1963. Elisabeths Schicksal ist nicht zuletzt deshalb von Bedeutung, weil sie, von den Erbanlagen her ihrem Vater sehr ähnlich, im sozialen und politischen Bereich das verwirklichen sollte, was er selbst nur vorausahnen konnte.
Elisabeth konnte sich nie ganz von ihrer Herkunft und ihrer Erziehung lösen; das Siegel, das die Souveräne charakterisiert, ist unauslöschlich. Elisabeths Wurzeln lagen im Kaiserreich, und sie blieb zeitlebens davon geprägt. Aber sie war von scharfsinniger Intelligenz, hatte einen facettenreichen Charakter und war durchdrungen von dem tiefen Verlangen nach schrankenloser Freiheit. So gelang es ihr, die durch die Jahrzehnte hindurch an sie heranbrandenden Ereignisse zu überwinden und durchzustehen. Der zweite Teil ihres Lebens war von Kämpfen geprägt. Dank der besonderen Umstände, in denen sie sich befand, und aufgrund ihrer persönlichen Einstellung war sie von allem Anfang an offen für die revolutionäre Entwicklung und die um sich greifenden sozialistischen Grundsätze in Österreichs politischem Leben. So kam es, daß sie sich mit an Fanatismus grenzender Leidenschaft allen oft extrem widersprüchlichen Aspekten und Gegensätzlichkeiten ihrer Zeit hingab.
Der private Bereich von Elisabeths Leben war gekennzeichnet von ihrer leidenschaftlichen Natur und ihrer überaus zwiespältigen Persönlichkeit. Unbewußter Stolz fügte sich zu ausgeprägter Intelligenz; ihre Entschlüsse waren stets unwiderruflich; sie konnte zugleich unerbittlich und großzügig sein. Sie war herrschsüchtig, konnte aber sehr oft ihre eigenen Neigungen nicht wirklich beherrschen. Sie kämpfte für die Armen, lebte selbst aber im Luxus, ohne

den Wert des Geldes zu kennen. Sie brauchte absolute Handlungs- und Gedankenfreiheit. Sie war sowohl treu wie auch treulos. An ihr scheiterte jedes herkömmliche Maß. Jedenfalls konnte sie sich so in oft aufrührerischer, immer aber bemerkenswerter Weise selbst verwirklichen. Ihr unerschütterlicher Wille erlaubte es ihr, ihre Ideale und Ziele auch für sich selbst durchzusetzen: Emanzipation der Frau in der Liebe, der Familie, der Gesellschaft und der Politik. Elisabeth war auch eine der Vorkämpferinnen im Bereich der Parapsychologie, sie studierte und praktizierte die okkulten Wissenschaften. Elisabeth war das lebende Beispiel dafür, wie man sich von den Zwängen des Schicksals befreien und gleichzeitig all seine Stürme und Leiden ertragen kann.

Erster Teil

Erzherzogin Elisabeth Marie im Kaiserreich

1883–1901

Die Erwartung

In all den verschiedenartigen Ländern Österreich-Ungarns, in allen Stockwerken dieses Turmbaus zu Babel, warteten Millionen Menschen; Menschen, deren Herzen der Habsburgerdynastie in Treue ergeben waren. Wie sagt doch Musset: »Sie warten darauf, glücklich zu sein.« Glücklich über ein Ereignis, dessen Verkündung nun schon knapp bevorstand – die Geburt eines direkten Nachkommen Seiner Majestät Kaiser Franz Joseph I. Glücklich auch über die sich bietende Gelegenheit, dieses Ereignis entsprechend der jeweiligen Landessitte mit großen offiziellen oder kleineren dörflichen Festen zu feiern.

Am 15. Juli 1883 forderte die stets vorsichtige Kirche in der Wiener Diözesanzeitung alle Gläubigen und alle Untertanen des Kaiserreiches dazu auf, angesichts der bevorstehenden Niederkunft der Kronprinzessin Erzherzogin Stephanie die Gnade des Allmächtigen für dieses große Ereignis zu erflehen. Jeden Tag wurde während der Meßfeiern ein Bittgebet gesprochen, und jeden Sonntag kamen die Gläubigen in den Kirchen zusammen, um gemeinsam für den großen Anlaß zu beten.

Die Blumenhändler und Gärtner ließen ihre Gewächshäuser und Gärten nicht mehr aus den Augen, sorgenvoll beobachteten sie das Gedeihen der knospenden Blumen und Pflanzen. Welche würden wohl am schönsten sein an jenem großen Tag, wenn all die vorbestellten Buketts und Blumenkörbchen in kürzester Zeit zusammengestellt werden mußten? Zehntausende Blüten würden dafür nötig sein, und viele Gedanken wurden darauf verwandt, wie sich die richtige Harmonie zwischen Schwertlilien, Rosen, Nelken, Veilchen und Feldblumen würde finden lassen. Am 2. September 1883 befahl der Bürgermeister von Laxenburg der Bevölkerung, die Fassaden der schönen Barockhäuser zu dekorieren und für festliche Beleuchtung

zu sorgen. Der Platz vor dem Schloß sollte einen wahrhaft feenhaften Anblick bieten.
Die Neugier der Wiener konzentrierte sich darauf, auf welche Weise man das Ereignis kundmachen würde. Man fragte sich, wie rasch sich die Boten ihrer Aufgabe entledigen würden, die glückliche Nachricht zu verbreiten. In den Gärten des wundervollen Schlosses Belvedere, das von Prinz Eugen von Savoyen errichtet worden war, flanierten die Müßiggänger und versuchten sich die Zeit mit dem Austausch von Vermutungen zu vertreiben, während sie auf das Eintreffen der Artillerie warteten. Die Kanonen standen tatsächlich schon bereit, allerdings noch in der nahen Kaserne des Arsenals. Sowie der Kommandant dazu den Befehl geben würde, würde man sie zum Belvedere bringen, gefolgt von einer aufgeregten Menge, die bereits Wetten darüber abschloß, ob 21 oder 104 Schüsse abgefeuert werden würden. 21 für eine Tochter, 104 für einen Sohn. Die Kanonen sollten im Angesicht des wundervollen Panoramas von Wien vor dem Schloß aufgestellt werden, dann würden die Salven über die Hauptstadt hinweg abgefeuert werden.
Die wärmenden Strahlen der klaren Spätsommersonne, die sich auch schon um 8 Uhr morgens bemerkbar machten, drangen durch die Blätter der Büsche und Pflanzen im privaten Teil des Schloßparks von Laxenburg. Eine großgewachsene junge Frau mit hochgewölbtem Leib, eingehüllt in Tücher und Schals, promenierte hier in Begleitung einer ihrer Hofdamen. Diese versuchte ein leichtes Gespräch zu halten, aber ihre Worte schienen nicht bis zu Prinzessin Stephanie, der Frau von Kronprinz Erzherzog Rudolf, vorzudringen. Stephanie hätte viel lieber in sich hineingelauscht, denn alles Wesentliche war in ihrem Inneren. Die Erinnerungen überstürzten sich, ein Bild nach dem anderen zog vor ihrem Gedächtnis vorüber; ihre Kindheit in Schloß Laeken in Brüssel, das heilige Jawort, mit dem sie sich für ein Leben lang an einen unbekannten Prinzen gebunden hatte, Pomp und Pracht der Hochzeitsfeierlichkeiten, ihre Ankunft in Schloß Laxenburg, wo sie, verängstigt und jungfräulich wie sie war, unzählige Tränen vergossen hatte. Heute verstand sie besser, welche Bedeutung all diese Vorgänge gehabt hatten, welche Aufgabe sie selbst hatte. Ihr eigenes Leben und die Rolle, die sie spielte, waren untrennbar an das alte Kaiserreich gebunden; dieser Gedanke gab ihr Kraft und Hoffnung.

Man hatte ihr einen genauen Stundenplan vorgeschrieben, und so kehrte sie in ihre Räume zurück, um dort um 9 Uhr das Frühstück einzunehmen. Dann folgte nochmals ein langer Spaziergang, anschließend um 11 Uhr ein Gabelfrühstück. Zwischen den Spaziergängen und den Mahlzeiten musizierte die Kronprinzessin ein wenig, allerdings hatte man ihr im Hinblick auf ihren Zustand Klavier und Harfe untersagt. Auch mit Malen und Zeichnen füllte sie ihre Zeit aus sowie mit verschiedenen Kartenspielen, vor allem Tarock und Whist. Jenen Teil des Schlosses, in welchem sich die privaten Räumlichkeiten des Kronprinzenpaares befanden, nannte man den »Blauen Hof«. Hier wurde um 14 Uhr das Mittagessen serviert, welches Prinzessin Stephanie in Gesellschaft ihrer Mutter Königin Marie Henriette einnahm. Beim Abendessen um 21 Uhr waren die Eheleute schließlich wieder vereint. Der Kronprinz hielt sehr darauf, am Ende eines aufreibenden Tages den Abend mit seiner Frau gemeinsam zu verbringen. Die Erwartung des Kindes schien sie einander näher gebracht zu haben, und eine gewisse Zärtlichkeit ließ hoffen, daß ihre Verbindung sich weiterhin enger gestalten werde. Rudolf konnte kaum seinen heftigen Wunsch verbergen, Vater eines Sohnes zu werden. Während der Hoffnungszeit seiner Frau hatte er bereits den tschechischen Namen »Waclaw« für ihn ausgewählt.

Und dann endlich – das Warten war zu Ende, das Kind geboren.

Noch ahnte es nicht, daß seine Geburt das glanzvollste Ereignis seines Lebens sein sollte.

21 Kanonenschüsse für »das durchlauchtigste Kind«

In Schloß Laxenburg neigte sich für die Kronprinzessin die lange Zeit des Wartens ihrem Ende zu. Obwohl sich bereits die ersten Wehen bemerkbar machten, wollte sie um 20 Uhr gemeinsam mit ihrem Mann Erzherzog Rudolf und ihrer Mutter, der belgischen Königin Marie Henriette, das Abendessen einnehmen. Bei Hof waren solche Augenblicke im engsten Kreis der Familie selten; Stephanie wollte keine Minute davon verlieren, sie wollte diese kostbare innere Wärme spüren, die sie bei diesen Anlässen stets empfand. Um 22 Uhr zog sie sich in ihre eigenen Räume zurück, getröstet und gestärkt vom Zuspruch der sie umgebenden Menschen.
Die folgende Nacht, die Nacht vom 1. auf den 2. September 1883, war sehr unruhig. In den Gängen und in den Räumen, die an den Blauen Hof angrenzten, eilten zahlreiche Menschen umher, alle durchdrungen von der Wichtigkeit ihres jeweiligen Ranges und ihrer jeweiligen Aufgabe. Ihre dahingleitenden Schatten vermengten sich mit dem Halbdunkel, das vom Schein der Petroleumlampen und Kerzen kaum durchdrungen werden konnte. Aber die halblaut gewechselten Worte und geräuschlosen Bewegungen waren viel eher Ausdruck von steigender Nervosität als von echter Notwendigkeit. Um 22 Uhr wurde Professor Braun ans Bett der Kronprinzessin gerufen, bald darauf folgte die Hebamme Frau Schächner. Um 23 Uhr wurde eine Andacht angeordnet. Um 23.30 Uhr begann Pater Mayer, Hofburgpfarrer in der Burgkapelle, mit den Bittgebeten. Die Suite des Kronprinzenpaares, alle Angehörigen des Hofstaates und der Teil der Dienerschaft, der keine anderen Pflichten zu erfüllen hatte, nahmen an dieser Gebetsstunde teil und erflehten die göttliche Hilfe für Mutter und Kind. Plötzlich verbreitete sich die Nachricht, Seine Majestät Kaiser Franz Joseph werde jeden Augenblick von Schönbrunn kommend in Laxenburg eintreffen. Doch der

Kaiser kam nicht, denn der Kronprinz, der wußte, daß das Kind nicht vor Sonnenaufgang zur Welt kommen würde, wollte den Schlaf seines kaiserlichen Vaters nicht stören. So schickte er erst um 5 Uhr früh persönlich ein Telegramm an seinen Vater, zu einer Zeit also, da der Kaiser bereits seinen morgendlichen Spaziergang zu machen pflegte. Aus Schönbrunn kam unverzüglich die Antwort, der Kaiser werde sofort nach Laxenburg kommen, wenn seine Schwiegertochter niedergekommen sei.

Königin Marie Henriette blieb bis Mitternacht im Zimmer ihrer Tochter. Kronprinz Rudolf eilte ständig zwischen seinem eigenen und dem Zimmer seiner Frau hin und her, wobei er dafür Sorge trug, daß die Verbindungstüre stets offen blieb. Von 3 Uhr an bis 6 Uhr wich er nicht mehr vom Bett seiner Frau. Während des eigentlichen Geburtsvorgangs zog er sich in das Nebenzimmer zurück, bis die Königin ihm die Nachricht brachte, er sei Vater einer Tochter geworden. Sogleich trat Kronprinz Rudolf an das Bett seiner Frau, beugte sich über sie und küßte sie auf die Stirne. Die Königin zeigte das in eine Seidendecke gehüllte Neugeborene zuerst ihrer Tochter, dann ihrem Schwiegersohn, wobei sie den Segen des Himmels erflehte.

Auf Befehl des Kronprinzen wurde ein Kammerdiener zum Obersthofmeister Prinzen Hohenlohe geschickt, der bereits darauf wartete, seiner Aufgabe nachzukommen. Der Kronprinz machte dem Obersthofmeister offizielle Mitteilung von der Geburt seines Kindes. Dann verfaßte er ein Telegramm an den Kaiser, desgleichen eines an seine Mutter, Kaiserin Elisabeth, die sich zu dieser Zeit im Jagdschloß Mürzsteg aufhielt. Prinz zu Hohenlohe trug unverzüglich dafür Sorge, daß diese Telegramme an ihren Bestimmungsort gelangten. Die offizielle Bestätigung der Geburt oblag natürlich in erster Linie Erzherzog Rudolf, der dabei anwesend gewesen war, weiters dem Grafen Bombelles und dem Obersthofmeister der Kronprinzessin, Graf Pálffy. Anschließend ließ der Kronprinz ein Telegramm an den belgischen König Leopold II. schicken, ein weiteres an den Deutschen Kaiser und ein drittes nach Potsdam an Prinz Wilhelm von Preußen. Das erste Glückwunschtelegramm, das eintraf, kam von König Leopold II., der sich gerade in Arden aufhielt. Man hatte gehofft, er werde zur Taufe seiner Enkelin nach Laxen-

burg kommen; aber der König, der nie über den Tod seines einzigen Sohnes hinweggekommen war und seinen Töchtern keine nennenswerte Zuneigung entgegenbrachte, konnte auch für sein Enkelkind kein besonderes Interesse aufbringen.
An diesem denkwürdigen Sonntag, dem 2. September 1883, umfingen die Strahlen der aufgehenden Sonne das Schloß Laxenburg wie mit einem verheißungsvollen Mantel zukünftigen Glücks. Zwischen Kirche und Schloß kamen die Menschen auf dem Platz in kleinen, aufgeregten Gruppen zusammen, auf den Kieswegen eilten Diener in eifriger Pflichterfüllung hin und her, Burggendarmen hielten die Verbindung zwischen dem Blauen Hof und dem Telegrafenamt aufrecht. Immer neue Kutschen wurden in den Schatten der großen Parkbäume gelenkt, Beamte liefen eilig umher, über allem lag die Stimmung bedeutsamer Geschäftigkeit. Als um 7 Uhr die Kirchenglocken zur ersten Messe riefen, hatte die Spannung ihren Höhepunkt erreicht. Einige Minuten später bahnte sich ein Wachtposten im Laufschritt seinen Weg durch die Menge. Im selben Augenblick erschienen einige Hofbedienstete mit der Nachricht, Prinzessin Stephanie habe soeben entbunden, sie wüßten allerdings nicht, ob es ein Knabe oder ein Mädchen sei. Schließlich kam der erste Würdenträger direkt aus den Gemächern des Kronprinzen Rudolf und meldete, daß um 7 Uhr eine kleine Prinzessin geboren worden sei. Zugleich verkündeten auch schon die Glocken mit lautem Läuten das glückliche Ereignis. Die Nachricht verbreitete sich blitzartig nach allen Richtungen. Die Presseleute sprangen, wo immer sie sich auch gerade befanden, in die bereitgestellten Kutschen und eilten an Ort und Stelle, um möglichst viele Informationen sammeln und, so rasch es nur ging, an ihre Zeitungen darüber berichten zu können. Noch am selben Abend erschien in ganz Österreich eine Sonderausgabe.
An diesem sonnigen, warmen Morgen erstrahlte die prächtige Fassade von Schloß Schönbrunn in ihrer vollen Schönheit. Beinahe lautlos näherte sich auf dem Kiesweg ein Prunkwagen der großen Stiege. Er trug die charakteristischen Merkmale der zum kaiserlichen Hof gehörenden Kutschen, war dunkel lackiert, die Räder und Speichen in Gold und Rot, die Laternen mit geschliffenem Glas, an den Türen reichvergoldete Verzierungen aus Bronze. Es war eine Victoria à la Daumont, davor vier zweifarbige Lipizzaner, weiß mit

großen braunen Flecken, die besonders wegen ihrer Schnelligkeit, ihrer Ausdauer und ihres freundlichen Charakters beliebt waren. Die Pferde gingen im Schritt, denn es galt die Regel, daß sie ständig in Bewegung sein mußten und nur ganz kurze Zeit zum Stehen gebracht werden durften. Das Kommen Seiner Majestät wurde angekündigt, der Wagen blieb stehen. Kaiser Franz Joseph stieg in die Victoria, deren Verdeck, wie immer bei schönem Wetter, geöffnet war. Ein Vorreiter eilte voraus, zwei Lakaien in schwarz-goldener Livree folgten der Kutsche, die sich nun in raschem Trab in Richtung Laxenburg bewegte, wo sie um Viertel vor 9 Uhr eintraf. Mit Rücksicht auf den Zustand großer Erschöpfung, in welchem Prinzessin Stephanie sich befand, hielt die Kutsche nicht vor ihrem Wohntrakt, sondern fuhr nur bis zum Tor des alten Schlosses. Dort erwartete Kronprinz Rudolf bereits seinen Vater, er ging der im Schrittempo sich nähernden Kutsche zum Willkomm entgegen. Die Begegnung zwischen dem Monarchen und seinem Sohn war sehr bewegend; Rudolf ergriff die Hand seines Vaters und wollte sie küssen, der Kaiser aber entzog sie ihm, schloß seinen Sohn liebevoll in die Arme und erlaubte ihm erst dann, ihm beide Hände zu küssen, während er ihn zu seiner Vaterschaft beglückwünschte. Die ganze Szene war überaus spontan, ungekünstelt und zu Herzen gehend.

Der Kaiser und sein Sohn begaben sich Arm in Arm in den Blauen Hof, dort sprachen sie kurz miteinander, dann ging der Kaiser, um seine jüngste Enkelin zu betrachten. Er blieb anschließend eine halbe Stunde am Bett seiner Schwiegertochter. Dann brachte die Kutsche den Kaiser, der durch seinen dichtgedrängten Tagesablauf gebunden war, im langsamen Trab zurück nach Schönbrunn.

Um 12.25 Uhr kam Kaiserin Elisabeth in Begleitung ihrer Tochter Erzherzogin Marie Valerie in einem Sonderzug am Laxenburger Bahnhof an. Der Bahnhof war mit Palmen und verschiedenen anderen tropischen Pflanzen festlich geschmückt, zahlreiche Blumen verliehen dem Ganzen eine fröhliche Note. Die gehißten Fahnen und der Kaiseradler zeugten von der Bedeutung des Augenblicks. Eine Geburt im Hause Habsburg war mehr als nur ein Familienereignis; jedes Neugeborene war ein weiterer Baustein, der zum sicheren Fortbestand der Dynastie beitrug.

Erzherzog Rudolf begrüßte strahlend seine, in ihrer schlichten Eleganz überaus schöne Mutter und seine damals fünfzehnjährige Schwester. Diese Tante sollte in der fernen Zukunft eine besonders enge Beziehung zu Rudolfs Tochter haben. Elisabeth und Marie Valerie wurden zum Blauen Hof gebracht, wo sie zuerst Königin Marie Henriette begrüßten. Dann blieb die Kaiserin eine Stunde bei ihrer Schwiegertochter. Obwohl sie für Neugeborene wenig übrig hatte, fand sie doch, die Kleine sei hübsch und habe eine klare, reine Haut. Das Kind hatte blondes Haar, und das intensive Blau seiner Augen erinnerte an das Blau des Himmels am Tag seiner Geburt. Die Professoren Braun und Widerhofer beschrieben es als gut entwickelt, vollkommen gesund und kräftig. Im gesamten dauerte der Besuch der Kaiserin zwei Stunden, dann brachte eine Hofequipage sie nach Schönbrunn.

Den ersten Tag und die erste Nacht über blieb das Kind im Zimmer seiner Mutter. Am Morgen des 3. September wurde es dann in das Kinderzimmer in die Obhut der Amme Frau Ohnesorg und des Kindermädchens Tomor gegeben. Am Nachmittag schickte man ein Telegramm nach Iglau in Böhmen an den Mann von Frau Ohnesorg, er möge Frau Ohnesorgs Kind abholen, da diese sich ausschließlich um das Wohl der kleinen Prinzessin kümmern müsse.

Bis jetzt hat dieser Bericht vor allem von den Besuchen der nächsten Familienangehörigen bei der Wöchnerin und dem Neugeborenen erzählt, das inzwischen in seiner spitzen- und tüllverhangenen Wiege seinen ersten Schlaf schlief. Draußen aber fanden einstweilen in allen Teilen Österreichs lärmende Freudenfeiern statt. Dank dem hervorragend funktionierenden Telegrafennetz hatte die Neuigkeit sich rasch verbreiten können. Alle patriotisch gesinnten Untertanen waren freudenerfüllt. Man kann zu Recht behaupten, daß damals mehr als 36 Millionen Menschen, abgesehen von einer Minderheit, der kaiserlichen Familie tiefempfundene Zuneigung und Achtung entgegenbrachten; dies trotz der Unruhen und des beginnenden Widerstandes, die ein erstes Anzeichen für das Zuendegehen der einen Epoche und Vorzeichen für den Beginn einer neuen Epoche waren. An allem, was die kaiserliche Familie betraf, nahm die Bevölkerung aus tiefstem Herzen Anteil. Glück und Unglück, Freude und Trauer betrafen nicht nur die kaiserliche Familie, sondern genauso die große Familie aller Völker. Sie bezeugten Treue und Verständnis gegenüber allem, was sie als wesentlich für das Schicksal des Hauses Habsburg verstanden, dieser Dynastie, die nun bereits mehr als sechshundert Jahre regierte.

Die schweren Fahnen, die so viele Siege und Niederlagen gesehen hatten, zeigten stolz ihre Farben und ihre Embleme; fröhlich wehten sie von den Fahnenstangen. Prag, Brünn, Budapest und viele andere Städte hatten ihr Festgewand angelegt. Vielerorts war die Artillerie aufgestellt worden, in Wien auf der Terrasse des Schlosses Belvedere, in Salzburg hoch oben auf der Feste, und sogar in Lemberg, der Hauptstadt von Galizien – überall wurde der Befehl zum Feuern gegeben. Voll Aufregung zählten die Menschen mit: 19 – 20 – 21 – und Stille! Eine Prinzessin war geboren worden.

Der Kaiser hatte sich nicht anmerken lassen, daß er enttäuscht darüber war, keinen Enkelsohn bekommen zu haben, der eines Tages die Regentschaft würde übernehmen können. Erzherzog Rudolf aber war es nicht gelungen, seine Enttäuschung zu verbergen, ja er zeigte sogar so etwas wie Unzufriedenheit, was Prinzessin Stephanie verletzte. Aber da beide Eheleute noch jung waren, richtete sich die Hoffnung auf »das nächste Mal«. In der Bevölkerung freilich war die Freude von keinerlei Schatten getrübt. In der Wiege lag eine zauberhafte kleine Prinzessin, sie würde die Tradition jener edlen und tugendhaften Frauen fortsetzen, die so viel zur Ehre des Hauses Habsburg beigetragen hatten.

In Laxenburg herrschte rege Geschäftigkeit. Alle halfen mit, die Dekoration von Bahnhof und Stadt zu vollenden. Unentwegt trug man neue Pflanzen, Blumen und Fahnen herbei, und alles fieberte in Erwartung der vielen Gäste, die zur Tauffeier kommen sollten. Die Züge, die im Bahnhof einliefen, waren voll bis zum letzten Platz. Im Park drängten sich Kutschen, die Spaziergänger sprachen nur noch von dem großen Ereignis. Erzherzog Ludwig Viktor war der erste aus dem Kreis der weiteren Familie, der nach Laxenburg eilte, um Kronprinz Rudolf zu beglückwünschen, ihm folgten in kürzeren Abständen die Erzherzöge Albert, Rainer, Otto und Franz, der Großherzog von Toskana mit seinen beiden Söhnen und der belgische Botschafter Graf de Jonghe.

Aus allen Ländern kamen Glückwunschtelegramme, von Papst Leo XIII., von Königin Viktoria von England, von Bayernkönig Ludwig II., von allen deutschen Fürsten, vom Schah von Persien – es nahm kein Ende.

In Wien fanden die Feierlichkeiten gleich aus zwei Anlässen statt, denn die Stadt beging zugleich auch die 200jährige Wiederkehr eines historischen Ereignisses. Im Sommer 1683 hatte das von hemmungslosen Eroberungsgelüsten beherrschte Ottomanische Reich seinen Vormarsch gen Osten forciert. Wien wurde von den Janitscharen, den Elitesoldaten der türkischen Infanterie, die der Garde des Sultans angehörten, belagert. Die Armee unter Kaiser Leopold I. war am Ende ihrer Kräfte, außerstande anzugreifen oder sich wenigstens zu verteidigen. Unter den Christenmenschen herrschten Tod und Entsetzen. In diesem verzweifelten Augenblick erfuhr die militärische Lage eine plötzliche rettende Veränderung durch das Einschreiten von Jan III. Sobieski, dem Soldatenkönig und Retter der Christenheit, Schrecken der Tataren und der Türken, die er bereits 1673 bei Chotin geschlagen hatte. Im Anschluß an diesen Sieg und auf Drängen Frankreichs war er 1674 König der Polen geworden. Auf den Hilferuf seiner Verbündeten hin hatte er nun in höchster Eile von Norden her die Ebenen nach Süden durchquert und erschien als Retter mit seinen Regimentern auf den Hügelketten des Wienerwaldes. Nun ging man mit vereinten Kräften vor. Die Kämpfe waren blutig und erbittert, Großwesir Kara Mustafa leistete heftigen und grausamen Widerstand; doch schließlich endete die Schlacht vom Kahlenberg am 12. September 1683 mit der Niederlage der Türken. Beim Klang der Kanonensalven erinnerten sich die Wiener nun an die tödlichen Schüsse vor 200 Jahren und die anschließende siegreiche Schlacht. Sogar die Kinder beteiligten sich an der allgemeinen Festesfreude, indem sie pausenlos ihre Knallbonbons explodieren ließen, die von einem Zuckerbäcker in der Kärntnerstraße erzeugt wurden und eine perfekte Nachahmung in klein der österreichischen, französischen und preußischen Bomben und Granaten darstellten. Wenn der Zünder explodierte, löste sich der Verschluß der kleinen Bombe, und die köstlichen Überraschungen, die im Inneren verborgen waren, wurden herausgeschleudert. Unschuldige Kinderspiele zwei Jahrhunderte nach der großen Schlacht!

Die Kirchen, Tempel und Synagogen, vielleicht sogar die Moscheen, hatten ihre Pforten für den Strom von Gläubigen aller Konfessionen geöffnet, die sich zu den Danksagungen einfanden.
In Wien verstummten die Glocken erst am Abend, so hatte man das Te Deum auf den 3. September, 11 Uhr, verschoben. Es wurde im Stephansdom von Fürst-Erzbischof Dr. Joseph Cölestin gehalten. Die Kathedrale war strahlend hell beleuchtet, in ihr drängten sich die Gläubigen und hochrangige Vertreter der kaiserlichen Familie und des Adels. Auf dem Platz vor dem großen Tor standen zwei Infanterieabteilungen Spalier, um den Durchgang für die Notabilitäten freizuhalten. Das Militärorchester ließ fröhliche Märsche von Strauß ertönen. Im Nordturm des Doms erhob die schwere Pumerin mit aller Kraft ihre mächtige Stimme. Die Menschen, die den glückverheißenden Klang der unzähligen Glocken vernahmen, waren glücklich und voller Lebensfreude. Sie ahnten nicht, was die Zukunft für sie bereithielt: Umsturz und Veränderung in den Familien, in den Sitten und Gebräuchen, in der Liebe; und Dramen, blutige Dramen, die die Dynastie und zugleich auch das Volk betreffen würden.

Die Taufe

Am 3. September um 7.25 Uhr verließ der erste Separatzug mit dampfender Lokomotive den Wiener Südbahnhof in Richtung Laxenburg. Mit einem letzten Abschiedspfiff nahm er 300 Mann des Infanterieregiments Baron von Bauer Nr. 84, ihren Regimentsobersten und die Offiziere mit sich fort.

Um 10 Uhr sollte der erste Hof-Separatzug abfahren. Er war angefüllt mit einigen hundert Hofbeamten in großer Gala sowie etlichen Offizieren aller Rangordnungen, die entsprechend ihrer Regimentszugehörigkeit und ihrem Heimatland die verschiedenartigsten Uniformen trugen; alle waren reich mit Orden dekoriert, die sie in Anerkennung ihres tapferen und disziplinierten Verhaltens auf den Kampffeldern – und davon hatte es ja etliche gegeben – erhalten hatten: Man sah Kreuze und Sterne, richtiggehende Schmuckstücke aus Gold und Silber, mit kostbaren Solitären bestückt. In dieser farbenprächtigen Menge wurde nur ein einziger Frack gesichtet, während des ganzen Tages blieb sein unbekannter Träger der einzige, der sich in diesem schwarzen Gewand präsentierte.

Wie immer machte auch diesmal das Ungarische Gardebataillon, das sich schon von weitem durch das Klirren der Säbel ankündigte, mit seinen reich verschlungenen Goldtressen, den gelben Husarenstiefeln, den exotischen Leopardenfellen, die sie um die Schultern geschlungen trugen, und den kleidsamen Tschakos den größten Eindruck. Großes Aufsehen erregten auch die Arcièren-Leibgardisten mit den an ihren spitzen Mützen im Wind flatternden Reiherfedern. Dann gab es noch 60 Burggendarmen und 46 Mitglieder der Hofmusikkapelle, davon einige Hofkapellensänger, die, so sagte man zumindest, mit ihrem Zweispitz und dem reich mit silbernen Palmenzweigen bestickten Leibrock wie die Unsterblichen der Académie française aussahen. Auch wenn man die kleinen Sängerknaben sah,

wurde man an Frankreich erinnert, denn mit ihren roten, goldbestickten Leibröcken, den üppigen Halsbinden im offenstehenden Kragen, den samtenen Kniehosen und den Seidenstrümpfen schienen sie dem Versailles zur Zeit der Madame Pompadour entstiegen zu sein.
Für die »Großen des Reiches« waren zwei Hof-Separatzüge bereitgestellt worden. Das Bild, das sich vor Abfahrt dieser Züge auf dem Bahnsteig bot, war noch viel prächtiger und farbenfroher als bei den vergangenen. Da es hier die höchsten Staatswürdenträger zu bestaunen gab, war das Interesse der Bevölkerung natürlich besonders groß. Österreicher, Ungarn und Polen waren in Uniform oder in aufwendiger, prächtiger Galakleidung. Zwischen all dieser Pracht konnte man kirchliche Würdenträger erkennen, Minister, Geheimräte und Kämmerer. Man sah den Prinzen Auersperg, den Ministerpräsidenten Graf Taaffe mit Frau, die Minister Prazak und Falkenhayn-Tisza usw., von ungarischer Seite die Grafen Szapáry und Széchényi, den Reichskammerpräsidenten Thomas Pechy und etliche ungarische Magnaten. Graf Andrássy und Graf Zichy trugen Generalsuniform.
Der letzte Zug, der um 12.10 Uhr den Südbahnhof verließ, war für die 54 Mitglieder der kaiserlichen Familie reserviert.
Nur wenige Hofdamen fuhren mit, alle trugen hochgeschlossene Kleider und nur wenig Schmuck.
Eine große Anzahl privater Kutschen hatte sich schon seit dem Morgen auf die Fahrt nach Laxenburg gemacht.
Am Bahnhof in Laxenburg standen 50 geschlossene Wagen bereit, um die Gäste zum Schloß zu bringen. Die Einladungen zur Taufe waren vom Burgpfarrer ausgeschickt worden, die Einladungen zum Déjeuner waren von einem Boten zu den Empfängern gebracht worden. Die Zahl der Schloßwachen betrug etwa zweihundert.
Ein Zug nach dem anderen fuhr im Bahnhof ein. Heftige Windböen trieben sintflutartige Regenschauer gegen die Scheiben der Zugabteile, hinter denen man die ängstlichen Gesichter der Reisenden hervorlugen sah. Die Girlanden hatten sich losgerissen, die wasserdurchtränkten Fahnen hingen teilnahmslos zu Boden. Die Gäste fuhren mit den Equipagen vom Bahnhof zum Schloß, dort drängten sie sich ins Taufzimmer oder in den daran angrenzenden Raum, den man Cerclezimmer nannte. Der Weg des Cortège führte etwa 300 m

weit von der großen Treppe durch die Verbindungskorridore des Blauen Hofes, den Kaisergang und den Paradiesgarten, der mit Fresken von verschiedenen Vögeln und exotischen Pflanzen geschmückt war. Der Boden war mit einem roten Teppich bedeckt, in den Gängen verschwanden die Mauern in ihrer gesamten Länge hinter wundervollen Wandteppichen, darunter fünf mit dem lothringischen Wappen, einige mit dem schwarzen Kaiseradler und vier aus der Sammlung »Alexander der Große«.

Im Mittelteil des Schlosses hatte man den kleinen Speisesaal zu einer Kapelle umgestaltet. Die Dekoration, die man dafür gewählt hatte, war einfach, aber schön. Vor die Türe, die in den Garten führte, hatte man einen Wandteppich mit einer Darstellung von »Pluto und Proserpine« befestigt. Auf dieser Seite stand auch der Altar, zu dem drei Stufen hinaufführten. Über dem Altar hatte man einen prächtigen Baldachin aus rotem Damast und in Bündel gefaßte Pfauenfedern angebracht. Dahinter sah man einen Wandteppich, der die Blicke aller auf sich zog. Die darauf gezeigte Szene paßte zum feierlichen Anlaß: »Die Taufe Jesu im Jordanfluß durch den heiligen Johannes den Täufer.« Auf dem Altar stand ein silbernes Kruzifix, zu beiden Seiten je drei antike Kerzenleuchter. Die Vorderseite des Altars war ebenfalls mit einem Wandteppich verkleidet, auf dem die heiligen drei Könige zu sehen waren. Rechts vom Altar stand ein kleiner Tisch, der mit weißem Damast bedeckt war, darauf ein weißer Polster, auf den das Kind gebettet werden sollte. Links war ein weiterer kleiner Tisch, mit rotem Damast bedeckt, für das Wasserkännchen und das Taufbecken. Am Plafond und an den Wänden waren bezaubernde Abbildungen zu sehen; gerade über dem Altar befand sich ein kleiner Engel, der an einem Band eine fortfliegende Taube festhielt.

Gegenüber dem Altar standen drei große Stühle und drei Fußschemel, mit goldenem Brokat bedeckt. Einer war für den Kaiser bestimmt, der zweite für die Kaiserin und der dritte für die Königin Marie Henriette. Auf der rechten Seite stand in der Ecke ein mit rotem Samt bezogener Betstuhl für den Kardinal Simor, den Kardinal Erzbischof Haynald, den Nuntius Bannutelli und den belgischen Botschafter Graf de Jonghe. Hinter den Stühlen der Majestäten hatte man mehrere Reihen Sessel für die Angehörigen der kaiserlichen Familie aufgestellt. Links

nahmen die Minister, die Präsidenten der beiden Häuser des österreichischen Reichsrates und des ungarischen Reichstages, Deputationen von Wien und Budapest, die Damen der Suite, geheime Räte, Kämmerer, Truchsessen, die Generalität usw. Platz.
Rechts konnte man durch eine große offene Tür die Hofmusikkapelle sehen.
Ihre Hoheiten die Erzherzoge und Erzherzoginnen sowie alle anderen höchsten Herrschaften nahmen in den chinesischen Zimmern Aufstellung, durch das der Cortège am Anfang und am Ende vorbeidefilieren sollte.
Als alle Gäste an ihren Plätzen waren und der Zeitpunkt heranrückte, mit der Zeremonie zu beginnen, erstattete der Obersthofmeister dem Kaiser Mitteilung.
Der Cortège nahm in der für solche Anlässe vorgeschriebenen Reihenfolge Aufstellung,
Ihre Majestät Kaiserin Elisabeth und Ihre Majestät die Königin von Belgien sowie Kronprinz Erzherzog Rudolf und Ihre Hoheit Erzherzogin Marie Valerie begaben sich zum Eingang des Blauen Hofes. Ihnen folgte die Obersthofmeisterin Ihrer Hoheit der Kronprinzessin Stephanie, Gräfin Nostiz, mit einem herrlichen, aus Silbermoiré gefertigten, mit Goldfäden und Perlen bestickten Polster, auf welchem der Täufling lag. Am Eingang bestieg sie eine prächtige barocke Sänfte, die bereits Kaiserin Maria Theresia gedient hatte. Nachdem sie sich gesetzt hatte, nahm sie das Kind wieder an sich, das inzwischen vom Obersthofmeister gehalten worden war. Die Sänfte wurde geschlossen und der Cortège setzte sich in Bewegung, über die große Stiege durch den Kaisergang zum Taufzimmer.
Der Cortège setzte sich zusammen wie folgt:

Ein Kammerfourier

Die Obersthofmeisterin Gräfin Nostiz mit dem hohen Kind in der Sänfte, zu beiden Seiten ihre Damen

Zwei Kämmerer, Prinz Rudolf Liechtenstein und Prinz F. J. Auersperg

Ihre Majestäten der Kaiser, die Kaiserin und die Königin von Belgien, gefolgt von Kronprinz Erzherzog Rudolf und Erzherzogin Marie Valerie.

Zwei Mann der kaiserlichen Arcièren-Leibgarde sowie zwei Mann der königlichen ungarischen Leibgarde gingen links und rechts von der Sänfte. Entlang des Weges, den der Cortège nahm, standen Mitglieder der Trabanten Leibwache, Gardisten der ungarischen Kavallerie und Angehörige des Gardedetachements der Hofburg Habtacht. Nachdem der Cortège im Cerclezimmer angelangt war, wurde die Sänfte geöffnet, der Obersthofmeister nahm den Polster mit dem Kind entgegen, links und rechts davon standen die beiden Kämmerer und hielten die kostbare Decke, die wie der Polster ebenfalls reich mit Perlen und Gold- und Silberfäden bestickt war. Dann folgten die Obersthofmeisterin und die Hofdamen. Der Cortège setzte sich wieder in Bewegung, ebenso alle jene, die im Cerclezimmer versammelt gewesen waren. Als sie sich dem Eingang der Kapelle näherten, begannen die Trompeten und Pauken leise zu spielen.

Um 13 Uhr wurde Seine Majestät von Prinz Hohenlohe davon in Kenntnis gesetzt, daß alle Gäste versammelt seien. Die beiden Seitentüren wurden geschlossen. Wenige Augenblicke zuvor hatte man die jeweils dreißig Kerzen an den vier großen Kristallüstern entzündet, wobei dank eines klug ausgedachten Systems von zwischen den einzelnen Kerzen gespannten Baumwollfäden die Flamme rasch von einem Docht zum nächsten übersprang. Dann endlich erschien der Cortège, allen voran die Obersthofmeisterin mit dem Kind, neben ihr die Amme Frau Ohnesorg in ihrer kleidsamen mährischen Nationaltracht sowie Fräulein Tomor und Frau Osanni. Sie näherten sich dem kleinen weißen Tisch. Der Kaiser hatte auf dem rechten der drei großen Lehnsessel Platz genommen, die Königin von Belgien auf dem mittleren, Kaiserin Elisabeth auf dem linken. In der Reihe dahinter saßen die Erzherzoginnen, am äußersten linken Ende saßen Erzherzog Rudolf und Erzherzog Karl Ludwig.

Die meisten Damen trugen Kleider in hellen Farben und bezaubernde Hüte nach der letzten Mode, oft in derselben Farbe wie das Kleid. Die Königin von Belgien trug ein reich mit Perlen und Spitzen bestücktes Satinkleid, das schöne Gesicht von einem hübschen weißen Hut vorteilhaft zur Geltung gebracht. Kaiserin Elisabeth war in ihrer strahlenden Schönheit der Mittelpunkt aller bewundernden Blicke. Sie trug ein taubengraues Seidenkleid mit einem Umhang aus doppelter Spitze, der auf der linken Schulter von

einer Brosche in einem Knoten gehalten wurde. Ihre hochgesteckten Haare waren in griechischem Stil frisiert, darauf ein kleiner grauer Hut mit einem zarten, durchsichtigen Schleier, der von einer ebenfalls grauen Feder gehalten wurde. Die Taille wurde durch ein Spitzendreieck betont, die eher kurze Schleppe war in Falten gelegt und mit Spitzen eingefaßt. Die Ärmel waren halblang, über die Hände hatte sie weiße Handschuhe gezogen.
Der Saal mit seiner Dekoration, die versammelten Spitzen der Gesellschaft in ihrer Galakleidung waren beeindruckend anzusehen, und die Atmosphäre von Würde und gesammelter Stille wurde durch die Beleuchtung noch vertieft. Die zitternden Flammen der 120 Kerzen strahlten ein warmes und sanftes Licht aus, wie nur das lebendige Feuer es spenden kann. Durch die runden Fenster entlang dem Plafond, durch die man ein Stück des Himmels sehen konnte, drang in schmalen, gebündelten Strahlen auch ein wenig vom Tageslicht herein.

Hof-Ansage.

Am dritten Tage nach erfolgter glücklicher Entbindung Ihrer kaiserlichen und königlichen Hoheit der durchlauchtigsten Kronprinzessin Erzherzogin **Stephanie** (jenen der Entbindung nicht gerechnet) wird um 1 Uhr Nachmittags die feierliche Taufe des neugeborenen durchlauchtigsten Kindes zu **Laxenburg** stattfinden und unmittelbar darauf zur Abstattung der Glückwünsche bei Allerhöchstihren k. und k. **Majestäten** und Seiner k. und k. Hoheit dem durchlauchtigsten Kronprinzen Erzherzoge **Rudolph** Cercle gehalten werden.

Die zur Zeit in Wien anwesenden Palast- und appartementmäßigen Damen, k. k. geheimen Räthe, Kämmerer und Truchsessen, sowie die übrigen Geladenen, versammeln sich an diesem Tage, vor 1 Uhr Nachmittags unmittelbar im Tauffaale.

Die Herren erscheinen in Gala, mit dem Bande eines österreichischen oder belgischen Ordens-Großkreuzes, jene vom Militär mit der Feldbinde.

Die Damen erscheinen in montanter Toilette mit Hüten.

Zur Fahrt nach **Laxenburg** wird am Südbahnhofe ein Hof-Separatzug bereitstehen, dessen Abfahrt präcise um ½12 Uhr Vormittags erfolgt. Bei der Ankunft in Laxenburg werden Equipagen bereit sein, um die Herren und Damen zum Tauffaale zu führen.

Die Rückfahrt von Laxenburg, nach dem Südbahnhofe in Wien, findet in gleicher Art um ½3 Uhr Nachmittags statt.

Am Tage nach der Entbindung und an den beiden folgenden Tagen (von 10 Uhr Vormittags bis 6 Uhr Abends) werden in der Trabantenstube der k. k. Hofburg in Wien die Bulletins über das Befinden Ihrer k. und k. Hoheiten der durchlauchtigsten Kronprinzessin Erzherzogin **Stephanie** und des durchlauchtigsten Kindes zur Einsicht für die sich Anfragenden bereit liegen.

Vor dem Altar wartete der Fürst-Erzbischof Joseph Cölestin, neben ihm die Assistenzgeistlichen. Kaiserin Elisabeth, die Taufpatin des Kindes, trat langsam zu ihm vor, in der Hand eine brennende Wachskerze, die ihr zuvor vom jüngsten der anwesenden Erzherzoge überreicht worden war. Sie antwortetete auf die ihr vom Erzbischof in Deutsch gestellten Fragen mit lauter, klarer Stimme, wobei sie die Finger der rechten Hand unter den Rücken des Täuflings schob. Die kleine Erzherzogin wurde von Obersthofmeister Prinz Hohenlohe gehalten. Die Taufzeremonie, bei der das Kind die Namen Elisabeth Marie Henriette Stephanie Gisella erhielt, wurde nach lateinischem Ritus und mit Wasser aus dem Jordan vorgenommen. Erst nachdem sie ihre Namen erhalten hatte, machte Elisabeth sich bemerkbar, indem sie zu schreien begann. Gräfin Nostiz kehrte, begleitet vom Obersthofmeister, den beiden Kämmerern, der Arcièren-Leibgarde und den königlich-ungarischen Gardisten, mit dem Kind zuerst in das Cerclezimmer und dann in die Räume des Blauen Hofes zurück. Der Fürst-Erzbischof stimmte das Tedeum an; die Hofmusikkapellensänger, begleitet von der Hofmusikkapelle, sangen das Tedeum von Joseph Haydn. Nachdem die Zeremonie beendet war, ging der Bischof zum Kaiserpaar und begrüßte es respektvoll.

Anschließend nahmen Ihre Majestäten und Kronprinz Rudolf im Cerclezimmer eine Stunde lang die Glückwünsche der Gäste entgegen. Sie sprachen auch lange mit den Delegierten der beiden Hauptstädte Wien und Budapest. Nach dem Empfang wurde für 700 Personen das zweite Déjeuner serviert. Der Kaiser nahm in der Mitte an einem großen runden Tisch Platz, zu seiner Rechten Erzherzogin Maria Theresia, zu seiner Linken Königin Marie Henriette. Zur Rechten der Kaiserin saß Erzherzog Karl Ludwig, zu ihrer Linken Erzherzog Ludwig Viktor. Gegenüber dem Kaiser saß Kronprinz Erzherzog Rudolf zwischen Erzherzogin Marie Valerie und Erzherzogin Margarethe. Die anderen Erzherzoge und Erzherzoginnen nahmen an den restlichen Tischen Platz.

Wie bei allen Mahlzeiten, an denen der Kaiser teilnahm, wurde das Essen sehr rasch serviert und dauerte daher nicht lange, obwohl eine reiche Speisenfolge geboten wurde: Bouillon, kleine Gänseleberpasteten, Roastbeef, Geflügelsuprème mit Spargelspitzen, gebratene

Rebhühner, Salat, Kompott, Schokoladekaltschalen, Erdbeer- und Kaffee-Eis, Kuchen.
Nach dem Essen zogen sich der Kaiser und die Kaiserin zurück und fuhren im geschlossenen Landauer nach Schönbrunn. Um 18 Uhr hatten schließlich alle Gäste Schloß Laxenburg verlassen, um nach Wien zurückzukehren, wo im prächtigen Rahmen der verschiedenen Palais weitergefeiert werden sollte.
Diese Taufzeremonie mit ihrem traditionellen prunkvollen Aufwand und dem präzisen Ablauf des Zeremoniells, die am 5. September 1883 in Laxenburg stattgefunden hatte, war für die Dynastie tatsächlich ein Ereignis von großer Bedeutung. Denn die kleine Elisabeth Marie, die Tochter des Kronprinzen Erzherzog Rudolf, war ja ein Nachkomme in direkter Linie, und gemäß der »Pragmatischen Sanktion«, die Kaiser Karl VI. erlassen hatte, um seiner Tochter Maria Theresia die Nachfolge als Kaiserin zu ermöglichen, war Elisabeth Marie berechtigt, die Regentschaft zu übernehmen, wenn es keinen männlichen Nachkommen geben sollte. Dieser 5. September war auch deshalb von Bedeutung, weil danach keine große Tauffeier im Hause Habsburg mehr stattfinden sollte.
Die bei der Taufe verwendeten Gegenstände waren Teil des Kronschatzes und sind es auch heute noch. Der Schatzmeister Regierungsrat Leitner hatte nachstehende Gegenstände an Obersthofmeisterin Gräfin Nostiz übergeben:

- 2 Decken aus Silbermoiré
- 1 ebensolcher Polster
- 1 Taufkleid mit Kapuze aus demselben Material
- 1 Decke aus Silbermoiré mit Goldspitze eingefaßt
- 1 kleine silberne Wanne
- 1 Taufbecken in Gold und Email
- 1 Kännchen aus Gold und Email mit Edelsteinen besetzt
- 1 kleines weißes Taufhemd, goldbestickt und spitzenverziert

Der Kaiser verteilte anläßlich dieser Taufe großzügige Geschenke. Prinzessin Stephanie erhielt ein Schmuckstück aus herrlichen Smaragden im Wert von 40 000 Kronen, wovon der Kaiser die Hälfte aus seiner Privatschatulle bezahlte. Alle, die bei der Taufe eine Aufgabe gehabt hatten, erhielten Schmuckstücke oder andere Wertgegenstände. Der Kaiser wollte auch, daß die Freude über die Geburt seiner Enkelin den Armen zugute komme. So machte er der Stadt Wien das Schloß Weinzierl zum Geschenk, damit dort ein Jugendheim eingerichtet werde. Weiters spendete er 50 000 Kronen zur Errichtung eines Heimes für Kinder mittelloser Eltern. Der Justizminister erhielt Anweisung, den Gefangenen gegenüber Milde walten zu lassen, und so wurden mehr als 200 Häftlinge freigesetzt. Doch leider waren alle diese Almosen nur ein Tropfen auf den heißen Stein, nur wenige Bürger kamen in ihren Genuß. Denn damals konnte keine Spende mehr groß genug sein, um das Elend in der Bevölkerung wirksam zu bekämpfen. Nur zu oft mußten die Menschen unter Lebensumständen existieren, die ihre seelischen und körperlichen Kräfte weit über das Maß des Erträglichen hinaus belasteten. So wie in der Tiefe der Erde das Feuer des Vulkans brodelt und grollt, ehe die kochende Lava emporschießt, so grollte es auch im Volk in immer gefährlicherem Maße. Die Presse deckte einen Mißstand nach dem anderen auf – und trotzdem, wer hätte 1883 an die Möglichkeit gedacht, Macht und Fortbestand des Kaiserreiches könnten nicht ewig dauern? Aufgrund der dem Kaiserhaus innewohnenden Macht wiegte sich eine bestimmte soziale Schicht im Gefühl der Sicherheit und vergaß darüber völlig, welch große Macht das Volk haben kann. Und einige der damals stattfindenden Ereignisse trugen noch dazu bei, diese Euphorie zu bestärken. Jahrhundertelang hatte die Tradition den Sieg über den Lauf der Zeit davongetragen, noch wurden Pomp und Pracht vom Licht der Fackeln beschienen. Doch diese Fackeln würden bald erlöschen, denn schon kündigte sich eine neue Zeit mit einem großen Lichterfest an. Es war ein aufsehenerregendes Ereignis, Kronprinz Rudolf nahm daran teil und hielt eine berühmt gewordene Rede, die Menschen strömten in Massen herbei, neugierig und beeindruckt drängten sie durch den Prater, aus dem diese neue Form des Lichtes die Nacht für immer verbannt zu haben schien: Die große Elektrische Ausstellung war es, die alles mit einem noch nie dagewesenen hellen Glanz überflutete. Vor den staunenden Augen der Wiener erhob sich ein 79 Meter hoher Turm. Aus den Luken des im oberen Teil befindlichen Kuppelgewölbes drang das Licht in gebündelten Strahlen hervor und ließ die riesige Kaiserkrone, die an der Spitze des Turmes befestigt war, sich hell vor dem nächtlichen Himmel abzeichnen.

Die Jahre ungetrübter Kindheit

Elisabeth Marie wuchs in Schloß Laxenburg auf. Sie war sich des königlichen Rahmens nicht bewußt, der sie umgab, denn noch war das nicht ihre eigentliche Welt. Die Gouvernanten, die man für sie ausgewählt hatte, waren würdig und streng und setzten ihren ganzen Stolz darein, dem Kind eine makellose Erziehung angedeihen zu lassen, brachten ihr aber zugleich eine gewisse zurückhaltende Zärtlichkeit entgegen. Entsprechend der Tradition wurde mit der Erziehung schon gleichsam an der Wiege begonnen, gegründet auf einer wohlfundierten Vorgangsweise, die im Laufe vieler Generationen entwickelt worden war und sich als Stütze der Dynastie erwiesen hatte. Trotz alledem blieben aber diese Frauen eben Frauen, und so gaben sie Erzsi alle Herzenswärme, die sie geben konnten.

Im Gegensatz zu der Kargheit, die in den Privaträumen der Regierenden herrschte, hatte man versucht, die Kinderzimmer freundlicher zu gestalten. Die Tapeten spiegelten die Farben tausender Blumen wider. Entlang der Mauer waren säuberlich die Spielsachen aufgereiht, dort lagen und saßen Puppen aller Altersstufen, das ganze Spielzimmer war voll von ihnen. Sie trugen die verschiedensten Kostüme, die eine getreue Nachahmung der Trachten aller im Reich vertretenen Nationen darstellten, sodaß Erzsi solcherart spielerisch ihre Namen lernen konnte. Mit diesen braunen, blonden und rothaarigen Puppen durfte Erzsi wie eine kleine Mutter spielen, eine Rolle, die ihrer eigenen Mutter verwehrt blieb. Die Puppen bildeten eine große Familie; Erzsi behandelte sie mit derselben Strenge und Disziplin, der sie selbst unterworfen war. Hier machte sich die autoritäre Seite ihres Charakters bereits bemerkbar; sie neigte dazu, zu organisieren und noch mehr, zu befehlen. So war sie also Herrin über zwei verschiedene Reiche, eine Traumwelt und eine wirkliche. Diese wirkliche Welt fand sie im großen Park unter den hundertjährigen Bäumen und zwischen den blühenden Sträuchern. Hier lief sie mit ihren Hunden um die Wette, fütterte ihre Ziegen, streichelte die zahmen Rehe, sang mit den kleinen Vögeln in den Volièren und fuhr mit ihrem Eselswägelchen herum. Alle diese Tiere waren Geschenke ihres Vaters, der ihr des öfteren einen jungen Hasen oder einen Vogel aus den Wäldern mitbrachte, in denen er nach Bären und Hirschen jagte.

Rudolf und Stephanie fuhren oft fort, manchmal gemeinsam, wenn es sich um eine offizielle Reise handelte, noch öfter aber getrennt. Rudolf ging in den Wäldern Rumäniens oder in den böhmischen und ungarischen Ebenen auf die Jagd. Stephanie hingegen fuhr lieber an die Adria, sie liebte das sonnige Klima. Wenn sie nicht da war, wachte Rudolf über die kleine Erzsi; zahlreiche an Stephanie gerichtete Briefe zeigen, welche Sorgen er sich um die Gesundheit des Kindes machte. Er schreibt: »Der Kleinen und mir geht es gut«, »Die Kleine entwickelt sich prächtig«, und als sie einmal die Windpocken hat, schreibt er traurig, er habe sie nur von weitem sehen dürfen, denn der vorsichtige Arzt habe ihm nicht erlaubt, sich ihr zu nähern.

Elisabeth freute sich über die Besuche ihrer Mutter, sie unterhielt sich damit, ihre Kleider und ihre Frisur mit denen ihrer Puppen zu vergleichen; freilich fand sie bald, daß ihre Mutter wenig Talent zum Spielen hatte, und sie sich daher rasch langweilte. Stephanie war kaum älter als zwanzig Jahre, aber aufgrund der freudlosen und strengen Erziehung, die sie erhalten hatte, war jede spontane Natürlichkeit in ihr erstorben. Im Gegensatz dazu waren die Besuche des Vaters für Erzsi immer eine freudige Überraschung, er hatte immer neue, unerwartete Vergnügen für sie bereit; die Stunden mit ihm waren wie ein Märchen, bei dem man auf jeder Seite neue Herrlichkeiten entdeckt. Wenn er gehen mußte, konnte sie die Tränen nicht zurückhalten, doch wenn er ihr zärtlich die Wangen trocknete, wußte sie, daß er wiederkommen und sie wieder in diese Märchenwelt entführen würde. Sie strahlte, wenn er sie »Erzsi« nannte, wenn er sie mit seinen starken Armen hochhob, um sie zu küssen. Dann wieder nahm er sie zu einem Spaziergang mit, erklärte ihr, daß die Natur das Paradies des Menschen sei, er nannte jeden Baum beim Namen, sagte von jedem Vogel, wie er hieß, ahmte mit seinen

Pfiffen ihre Laute nach und lehrte sie so, alle Vögel an ihren Stimmen zu erkennen. Durch ihn lernte sie verstehen, daß alles Leben wertvoll ist und ineinandergreift. Im Sommer fuhr er mit ihr in der Kutsche aus; es war lustig, wenn der feine Sand hinter ihnen in Wolken aufstieg. Im Winter nahm er sie auf Schlittenfahrten mit, dann beobachtete sie aufgeregt, wie die Krähen vor den herangaloppierenden Pferden davonstoben.

Elisabeth liebte die Fahrten nach Wien; die Einfahrt von Schönbrunn machte ihr großen Eindruck, sie war begeistert, wenn die Wachen salutierten und die Trommeln ertönten. Sowie die Kutsche vor dem großen Tor haltgemacht hatte, stieg die Kleine aus. Dann ging sie, kerzengerade aufgerichtet, zwischen all diesen großen Männern in Uniform hindurch, stieg die steinerne Treppe hinauf in den ersten Stock, wo sie zum Arbeitszimmer des Kaisers geleitet wurde. Der Kaiser erwartete sie stehend neben der Kaiserin. Vor soviel Größe versank Elisabeth Marie förmlich in ihrer Reverenz. Dann reichte sie ihrer Großmutter einen kleinen Blumenstrauß: im Sommer Feldblumen, im Winter Veilchen.

Dann wieder fuhr sie nach Wien, um einige Zeit in der Hofburg zu bleiben, wo ihre Eltern sich einige Räume nach eigenem Geschmack eingerichtet hatten. Hier konnte Erzsi sich jedesmal vor Staunen kaum fassen, wenn ihr Vater sie zu sich in seinen Lieblingssalon, das »Türkische Zimmer«, einlud. Der Raum war mit all den Dingen ausgestattet, die Rudolf 1881 von seiner Reise nach Ägypten und Palästina mitgebracht hatte. Diese Reise war als Jagdexpedition gedacht gewesen. Der berühmte österreichische Maler H. Makart, der einige Jahre zuvor die gleiche Reise gemacht hatte, stellte in seinen Bildern eine wahrhaft phantastische orientalische Welt dar. Aber auch er hätte keine exotischere Ausstattung erdenken können als die des Türkischen Zimmers, die im übrigen dem Geschmack der damaligen Zeit entsprach. Auf den mit Einlegearbeiten aus Elfenbein und Perlmutt verzierten Tischen waren Zeichnungen und Aquarelle von F. Alt und Pausinger aufgestapelt. Heute zählen ihre Werke zu den hervorragendsten der orientalistischen Kunst. An der Decke hingen schwere Lampen aus den Moscheen, durch deren farbige Glasscheiben ein geheimnisvolles Licht drang. Die gittergeflochteten Sitzbänke waren mit kostbaren Perserteppichen bedeckt, an den Wänden hingen edelsteinbesetzte Dolche. Da gab es einen Geier, der im Raum zu schweben schien, ein Adler und ein Milan hatten die Flügel abgespreizt und man konnte glauben, sie würden jeden Augenblick zu Boden flattern. Die Ecken des Raumes wurden von Palmen beschattet. In dieser Umgebung lauschte Erzsi fasziniert den wahren Geschichten, die ihr Vater von seinen Reisen erzählte und in die er immer wieder Teile wunderbarer Märchen einflocht.

Vor allem aber liebte Erzsi die verrückten Freuden des Sommers, wenn man ihr an seltenen, kostbaren Abenden erlaubte, aufzubleiben und die Nacht zum Tag zu machen. Es war natürlich ihr Vater, der die Zigeuner nach Schloß Laxenburg holte; denn er war ein Mann, der allen Genüssen, die die Nacht zu bieten hat, zugetan war. Und Erzsi saß auf den Knien ihres Vaters unterm freien Sternenhimmel, lauschte den schrillen Klängen von Cymbal und Violoncello, hörte das Schlagen der Nachtigall, bis ihr schließlich die Augen zufielen.

An anderen Abenden wieder kamen Leute aus der Wiener Bevölkerung hinaus (von den Wienern wurde sie »Liesl« genannt). Dann sangen die Heurigensänger ein Lied, das sie für sie geschrieben hatten: »Die grauen Augen«.

Ihr ganzes Leben bewahrte Erzsi die Erinnerung an diese Augenblicke voller Frohsinn, die so eng mit der Gestalt ihres Vaters verbunden waren. Obwohl sie noch so klein war, hatte sie doch schon einen scharfen Verstand und ein untrügliches Erinnerungsvermögen. So war sie auch stets überzeugt, daß nur sie das genaue Bild des geliebten Gesichtes in sich bewahrt habe, das ihre Kinderhände so oft umschlossen gehalten hatten.

Im Frühling des Jahres 1888 nahm Rudolf Stephanie und die kleine Erzsi mit sich auf sein Lieblingsjagdschloß Mayerling. Er kam oft hierher, manchmal allein, manchmal mit Freunden, um im schönen Wienerwald auf den Anstand zu gehen. Jetzt, da die Blätter noch ganz zart und frisch waren, wo die Sonne die Blumen aus dem Unterholz hervorlockte, wollte er hier mit seiner Tochter spazierengehen; er wollte ihr sein Reich zeigen, von dem er ihr soviel erzählt hatte und mit ihr im Pferdewagen die Umgebung erkunden.

Am 3. September 1888 gaben die Eltern zu Ehren von Erzis fünftem

Geburtstag ein großes Fest. Aus diesem Anlaß ließ man von J. Plagemann ein Bild malen, das uns Erzsi mit ihren Eltern in einem der damaligen Mode entsprechend überladenen Salon zeigt. Alle fanden, daß sie großgewachsen sei und sehr hübsch mit ihrem zarten Gesicht und den lockigen blonden Haaren. Vor allem aber fand man, sie sei außergewöhnlich begabt. Der Tag begann mit einer feierlichen Messe in der Schloßkapelle, an der zahlreiche Familienmitglieder teilnahmen. Erzsi erhielt unzählige Blumensträuße und Geschenke vom Kaiserpaar, von ihren Tanten und Onkeln, Kusinen und Kusins. Sie alle waren eingeladen worden, an dem üppigen Mahl teilzunehmen, für welches der Zuckerbäcker auch einige jener berühmten Torten hergestellt hatte, die die Wiener so sehr lieben. Die Kinder drehten sich in einem tollen Reigen, der sich schließlich zu einem Kreis um die Geburtstagstorte mit den fünf brennenden Kerzen schloß. Als Erzsi die Flammen ausblies, dachte sie, es müßte wohl so sein, daß die Feste immer schöner würden, je älter man wurde.

Ihr Vater, Erzherzog Rudolf, schenkte Erzsi einen kleinen grauen Esel, auf dem sie reiten konnte, und einen Wagen, um ihn davorzuspannen. Ihre Mutter, Prinzessin Stephanie, erfüllte ihr einen seit langem gehegten Wunsch: ein sprechender Papagei. Die Türe öffnete sich plötzlich, und Erzsi erblickte einen großen, prächtig geschmückten Käfig. Darin saß auf einer Stange ein wunderschöner Amazonaspapagei mit buntschillerndem Gefieder und einem großen gekrümmten Schnabel. Der Kaufmann Gudera hatte den seltenen Vogel höchstpersönlich ins Schloß gebracht. Alle schauten auf die kleine Prinzessin, die den Papagei fasziniert anstarrte. Dann ließ dieser mitten in die gespannte Stille hinein eine Lachsalve ertönen, was natürlich sofort großes Gelächter auslöste. Doch dieser allgemeinen Heiterkeit machte der Papagei rasch ein Ende, indem er kläglich zu weinen begann; man hatte ihm nämlich beigebracht, zuerst zu lachen und dann zu weinen wie ein kleines Kind. Dann machte Laura, so hieß der Papagei, eine Pause, um schließlich ernsthaft bis drei zu zählen. Zu guter Letzt rief er schallend Hurra! Dieser Ruf wurde sofort von Elisabeth und den anderen Kindern aufgegriffen und schwoll zu einem einzigen Schrei der Lebensfreude an.

Im Park war es dunkel geworden, die Pferde warteten voller Ungeduld darauf, den Heimweg antreten zu können. So viele schöne Kutschen, so viele prachtvolle Pferde standen bereit, um die Gäste und Kinder zurückzubringen in ihre Schlösser und Palais!

Mayerling

Es war der 24. Dezember 1888. In Wien in der Hofburg, in dem kleinen Marmorsaal, der an die Privaträume Elisabeths und ihrer Eltern angrenzte, beendete Prinzessin Stephanie ihre geheimnisvollen Vorbereitungen. Ohne sich zu rühren, wartete das Kind vor der geschlossenen Türe. Die Uhr schlug 17 Uhr 30. Atemlos vor Spannung hörte die Kleine, wie sich der Schlüssel im Schloß drehte, dann öffneten sich langsam die Türflügel, und vor ihren Augen erschien eine Vision von überirdischer Schönheit. Nur langsam konnten ihre staunenden Augen jede Einzelheit erfassen. Erzsi war fassungslos, geblendet, immer wieder rief sie aus: »Wie schön er ist! Viel schöner als letztes Jahr!« Und er war wirklich wunderschön, dieser Weihnachtsbaum, den man an einem weit entfernten Ort in einem Wald in den Bergen ausgesucht und gefällt hatte, um ihn nach Wien zu bringen. Seine Spitze reichte beinahe bis zur Decke hinauf. Über ihm hing ein kleiner Schutzengel mit ausgebreiteten Flügeln, der ein Band hielt, auf dem zu lesen war »Gloria in excelsis«. Erzsi wurde von ihrer Gouvernante zurückgehalten, so konnte sie nur mit aufgerissenen Augen staunen: Der Baum war von einer Kette aus goldenen Reifen umschlungen, daran waren unzählige Kerzen in den verschiedensten Farben befestigt. Da flimmerten so viele kleine Flammen, daß Erzsi eine einzige große Flamme zu sehen vermeinte. Die Tanne war mit bunten Bändern geschmückt, mit Zuckerwerk, es gab kleine Fahnen aus allen Teilen des Reiches und noch viele andere Dinge. Glaskugeln erstrahlten in allen Regenbogenfarben. Am Fuß des Baumes hatte man die Krippe in einen Hügel aus Moos gebettet. Erzsi stand und staunte, bis Stephanie und Rudolf sie an der Hand nahmen und mit ihr gemeinsam näher an dieses Zaubergebilde herangingen. Nach diesem ereignisreichen Tag sollten dem Kind nur noch fünf Wochen ungetrübten Glücks bleiben.

Bisher hatte sie ja nur die heitere, freundliche Seite des Lebens kennengelernt. Doch dann, so wie der Blitz ohne Vorwarnung niederfährt, brach dieser entsetzliche 30. Jänner 1889 über sie herein. An diesem kalten Wintertag verlor Erzsi auf immer den wärmenden väterlichen Schutz. Aus Rudolfs glücklichem Kind wurde Rudolfs Waise. Geheimnisumwitterter Toter, den sie kaum gekannt hatte, den sie mit der ganzen Kraft ihrer kindlichen Liebe verehrt hatte!

Erzsi war in ihrem Zimmer und las mit ihrer Gouvernante in einem französischen und einem ungarischen Buch, als plötzlich ihre Mutter mit schwankenden Schritten hereinkam. Sie ging auf ihre kleine Tochter zu, kniete neben ihr nieder, nahm sie in ihre Arme und zog sie an sich, als könnte sie mit dieser zärtlichen Geste die furchtbare Bedeutung des Wortes »Tod« mildern. Sie war so erschüttert, daß sie nicht sprechen konnte, unter Schluchzen brachte sie schließlich heraus »ein Jagdunfall«. Da begriff Erzsi, daß sie ihren Vater nie mehr wiedersehen würde. »Liebster Papa!« rief sie mit ihrer kindlichen Stimme, »nun werde ich meinen lieben Papa nie wieder sehen!«

Elisabeth wurde nicht aus ihrem Zimmer gelassen, es war, also ob man sie von allem abschirmen wollte. Die Gouvernanten umgaben sie mit noch mehr Aufmerksamkeit, sie erdachten immer neue Spiele, um das unschuldige Lächeln auf ihrem Gesicht nicht ganz ersterben zu lassen. Aber sie spürte die Trauer, die man vor ihr zu verbergen suchte, sie sah, wie sich alles veränderte, sogar die Farben; die Frauen trugen dunkle Gewänder und die Lakaien schwarze Livreen, deren einziger Schmuck ein dünner Silberfaden war.

Am nächsten Tag überwachte die Gouvernante die Koffer, die gepackt wurden. Sie nahm aus dem Kasten alle weißen Kleider, und Erzsi sah, daß sie alle bunten Blumen und Bänder entfernte, die daran befestigt waren. Man hatte Erzsi gesagt, sie würde für einige Tage nach Schönbrunn gebracht. Dort sollte sie zum letzten Mal ihren Vater sehen und alle Gebete für ihn sprechen, die man sie gelehrt hatte.

Schnee fiel, als sie in eine Kutsche stieg, deren düsteres Schwarz nur vom Glanz der an den Türen angebrachten kaiserlichen Wappen unterbrochen wurde.

Es war ein trüber Morgen. Die Gouvernante, die Erzsi beim Ankleiden half, hatte ein weißes Kleid mit englischer Stickerei für sie bereitgelegt, der hohe Kragen war von einem Band eingefaßt, unterhalb der Taille umschlang eine breite Schärpe den kleinen Körper und endete am Rücken in einem großen Knoten. Erzsi sollte hübsch aussehen für den letzten Besuch bei ihrem Vater. Man sagte ihr auch, sie müsse vernünftig sein. Als sie zu ihrer Mutter gebracht wurde, bemerkte sie, daß sie rotgeweinte Augen hatte, und sie dachte bei sich, ihr Kleid habe die Farbe vom schwarzen Gefieder der Raben. Dann stiegen sie in einen Wagen, vor den ein Paar dunkelgraue Pferde gespannt waren, und fuhren in die Stadt. Die Bäume und Dächer waren schneebedeckt; auf dem Platz vor der Hofburg aber stand die Menge so dichtgedrängt, daß es aussah, als hätte man einen dunklen Teppich über den Schnee gebreitet. Als die Kutsche vorbeifuhr, grüßten die Menschen sie schweigend. Als sie in den Schweizerhof kam, erkannte Erzsi zuerst das Gebäude nicht, denn die Fassade verschwand völlig hinter schwarzem Stoffbehang und Trauerfahnen mit den kaiserlichen Insignien. Prinzessin Stephanie nahm Erzsi an der Hand, sie stiegen die äußere Treppe hinauf und begaben sich mit ihrem Gefolge zu den Räumen, in denen Erzsi so oft mit ihren Eltern gewohnt hatte. Inmitten all der schwarzen Gewänder ging die kleine weiße Gestalt langsam die endlosen Korridore entlang, durchquerte mehrere Salons und gelangte schließlich in einen kleinen Raum, in dem ein Priester auf einem Betstuhl kniete und den Rosenkranz betete. Hier blieben Mutter und Tochter für einen Augenblick der Sammlung stehen, dann betraten sie das Schlafzimmer des verstorbenen Erzherzogs. Erzsi erkannte das Zimmer und das Bett, in welchem ihr Vater immer geschlafen hatte – und er war ja auch da. Stephanie schob Erzsi vor sich her zum Bett. Erzsi sah daß die obere Hälfte seines Kopfes in weiße Bandagen gewickelt war. Die Züge des Toten waren fast unverändert, sein Gesicht sah aus, als läge er in ruhigem Schlaf. Als Erzsi ihren Vater so sah, dachte sie, er sei vielleicht noch am Leben und sie könnte ihn durch einen Kuß wieder erwecken, ähnlich wie in den Märchen, die er ihr so oft erzählt hatte. Seine Hände umfaßten ein Kruzifix, links und rechts vom Bett standen auf den Nachttischen silberne Leuchter mit brennenden Kerzen. Erzsi dachte an die Kerzen, die zu Weihnachten so fröhlich ihr Licht verströmt hatten, und sie wunderte sich darüber, daß man, auch wenn man traurig war, Kerzen anzündete. Stephanie hatte einen Kranz aus den Lieblingsblumen ihres Gatten mitgebracht, Nelken, weiße Rosen und Maiglöckchen. Erzsi legte ihren Kranz aus weißen Moosröschen auf das Bett des Vaters. Dann verharrten beide im Gebet. Inzwischen hatten sich Seine Majestät der Kaiser und Ihre Majestät die Kaiserin zu dem Zimmer begeben, in dem der leblose Körper ihres einzigen Sohnes aufgebahrt war. Der Vater war zutiefst bewegt, seine Augen waren vom Weinen gerötet, aber er bewahrte unbeugsam soldatische Haltung. Die Mutter taumelte, als sie zum Schlafzimmer ihres Sohnes kam, und als die Türe sich öffnete, schluchzte sie laut auf. Dann knieten beide neben dem Bett nieder. Als die kleine Erzsi den Schmerz der Großeltern sah, sagte sie mit lauter Stimme: »Es stimmt doch, wir beten hier für den lieben Papa, und der liebe Papa betet oben im Himmel für uns.«

Am Abend war Erzsi mit ihrer Mutter beim Kaiser zu Tisch. Er war kaum imstande, die Erschütterung zu verbergen, die ihn bis in sein Innerstes getroffen hatte. Die Kaiserin, die in ihrem schwarzen Kleid noch zerbrechlicher als sonst wirkte, konnte nicht aufhören zu weinen.

Am nächsten Morgen wartete vor der Hofburg ein Landauer mit schwarzbeflorten Pferden. Bevor Erzsi den Wagen bestieg, der sie nach Schönbrunn zurückbringen sollte, sah sie noch einmal hinauf zu den schwarzen Fahnen, die sich wie dunkle Ungeheuer im Wind bewegten.

Man hatte Erzsi gestattet, einen letzten Blick auf ihren toten Vater zu werfen. Dieses Bild, so wie das Bild des Vaters, wie sie ihn zu Lebzeiten gekannt hatte, bewahrte sie in ihrem Inneren, und bis zu ihrem eigenen Tod 75 Jahre später sollte keine Einzelheit ihrem Gedächtnis verlorengehen. Selbstverständlich erfuhr das Kind damals nichts über die Einzelheiten des tragischen Geschehens, es wußte nicht, daß sein Vater zugleich Held und Opfer dieses Dramas war. Das Thema wurde tabuisiert. Doch trotz der Bemühungen ihrer Umgebung, alles vor ihr geheimzuhalten, erfuhr Erzsi zehn Jahre später die ganze Wahrheit, als sie die Aufzeichnungen ihres Vaters las. Hier lernte sie sein eigentliches Wesen, seinen Charakter, seine bemerkenswerte Intelligenz, die Konflikte in seinem Inneren und seine Schwächen kennen. Denn es stimmt, daß man einen Menschen am besten durch das kennenlernt, was er geschrieben hat. Aber hier soll nicht auf die Zukunft vorgegriffen werden. Und man kann auch nicht das Kapitel über jene tragischen Tage des Jahre 1889 schließen, ohne auf die Geschehnisse in Mayerling selbst einzugehen, von denen Elisabeth nichts wissen durfte.

Am Montag, den 28. Jänner 1889, kam der Kronprinz in der Früh im Jagdanzug in das Zimmer seiner Frau Stephanie. Er wollte sich von ihr verabschieden, um in sein kleines Jagdschloß nach Mayerling zu fahren. Da er auch seine geliebte Erzsi sehen wollte, ging er zu ihrem Zimmer, kam aber gleich darauf mit den ärgerlichen Worten zurück: »Zu dumm, die Aja hat mich nicht hineingelassen, weil die Kleine auf ihrem Thron sitzt.«

Gegen 11 Uhr 30 verließ Rudolf Wien in Richtung Mayerling.

Es war ein schöner Wintertag, kalt und sonnig. Bei der Abfahrt sagte er, er freue sich auf die Fahrt, den schönen Spaziergang im Wald und die Jagd mit seinen Freunden. Diejenigen, die ihn bei der Abfahrt gesehen hatten, fanden alle, er habe gesund und gutgelaunt gewirkt, elegant wie immer mit seinem Jagdanzug und dem nach Art der ungarischen Husaren gestutzten Schnurrbart, der ihm hervorragend stand. Rudolf sprang leichtfüßig in den Phaeton, ergriff die Zügel und trieb die beiden Lipizzaner zu einem leichten Trab an. Der Kutscher, der den Wagen später nach Wien zurückbringen sollte, saß auf dem Rücksitz. Rudolf fuhr aus der Hofburg, vorbei an der Augustinerkirche und der Oper, folgte der langen Mauer des Schönbrunner Schloßparks und lenkte schließlich die Pferde im Galopp bis Breitenfurt. Die Geheimpolizei, die ihm gefolgt war, vermerkte, daß er für die Entfernung von 17 km nicht mehr als eineinhalb Stunden gebraucht habe. Rudolf hielt den Wagen unweit des Dorfes an, stieg aus und schickte den Kutscher mit dem Phaeton nach Wien zurück. Dann ging er allein auf dem verschneiten Weg zu Fuß weiter. Er trug einen mit ungarischen Verschnürungen geschlossenen Pelzmantel, aber keine Handschuhe, denn der häufige Aufenthalt in der freien Natur zu jeder Jahreszeit hatte ihn abgehärtet. Als er sich dem »Roten Stadl« näherte, ein zu jener Zeit stark besuchtes Wirtshaus, das seinen Namen den rotgestrichenen Mauern verdankte, sah er bereits den Fiaker, der als Zeichen seiner privilegierten Stellung keine Nummer hatte, hin und herfahren. Der Prinz begrüßte den Kutscher Bratfisch mit einem Scherz und entschuldigte sich, daß er ihn habe warten lassen. Bratfisch war ein hervorragender Sänger und Kunstpfeifer. Er war Rudolfs Vertrauter und immer zur Stelle, wenn es um ein geheimes Rendezvous ging. An diesem Tag hatte sich die Dame in der Kutsche tief in eine Ecke gedrückt, damit man sie von draußen nicht erkennen konnte; die Vorhänge waren vorgezogen, sodaß sie in den Dörfern, die sie durchquert hatten, von keinem Menschen gesehen werden konnte. Der Teint der jungen Frau war hell, ihre großen Augen aber, in denen die Geheimnisse des Orients zu schimmern schienen, waren dunkel. Sie hielt sie weit geöffnet, als könnte sie die Dunkelheit im Inneren des Wagens mit ihren Blicken durchdringen. Ihren Pelzmantel hielt sie eng um den Körper geschlungen, die Hände steckten zum Schutz vor der schneidenden Kälte in einem Muff, denn das Thermometer zeigte einige Grade unter Null. Rudolf sprang in den Fiaker und lächelte seiner geliebten Mary Vetsera zu. Bratfisch ließ die Peitsche knallen und die Pferde setzten sich lautlos mit dampfenden Nüstern in Richtung Mayerling in Bewegung. Die Fahrt verlief nicht ohne Schwierigkeiten, mehrere Male blieb der Wagen in Schneewächten stecken. Die Pferde waren nicht imstande, ihn allein wieder herauszuziehen, Rudolf mußte aussteigen und mit aller Kraft anschieben. Doch er war über diese Mißlichkeiten nicht ungehalten, im Gegenteil, er befahl Bratfisch, die Pferde im Schritt gehen zu lassen; er wollte erst in der Dämmerung beim Schloß ankommen, zu jener Stunde, wo die ersten Schatten der Nacht alle Konturen leise verschwimmen lassen. Was während dieser Fahrt zwischen Rudolf und Mary gesprochen wurde, wird auf ewig ihr Geheimnis bleiben.

Der Wagen fuhr weiter auf Wegen, die sich stetig an- und absteigend zwischen den malerischen Hügeln des Wienerwaldes dahinschlängelten. Auf einer Anhöhe nahe dem Stift Heiligenkreuz ließ der Kronprinz den Wagen anhalten, stieg aus und eilte mit großen Schritten über einen Abkürzungsweg zum Schloß. Der Fiaker nahm mit Mary einen anderen, versteckten Weg; um nicht gesehen zu werden, stieg sie aus, noch ehe sie beim Schloß angekommen waren, das man nun in der hereinbrechenden Dunkelheit kaum noch erkennen konnte. Bratfisch begleitete Mary bis zum Südtor, wo der Kammerdiener des Erzherzogs sie bereits erwartete. Dann brachte Loschek Mary in Rudolfs Privatzimmer.

Das kleine Jagdschloß Mayerling liegt auf einer Anhöhe im Wienerwald. Früher war im Hauptgebäude ein Kloster untergebracht, die Kapelle war erhalten geblieben. Erzherzog Rudolf hatte es vor einigen Jahren gekauft und es nur mit dem bescheidenen Komfort ausstatten lassen, der damals in den Jagdschlössern üblich war. Rudolf liebte sein kleines Schloß trotz der etwas düsteren Atmosphäre, die davon ausging. Es war voll mit Trophäen und Bildern, auf denen mit ihm befreundete Maler, wie zum Beispiel Pausinger, verschiedene Jagdszenen dargestellt hatten.

Mary Vetsera blieb regungslos in diesem Zimmer stehen, das sie an diesem Tag zum ersten Mal betrat. Ihre überaus weiblichen Formen wurden noch unterstrichen durch ein engsitzendes olivgrünes Kostüm mit schwarzen Verschnürungen, ihre üppigen dunklen Haare steckten unter einem mit Straußenfedern geschmückten dunkelroten Filzhut, ein Schleier war unter dem Kinn verknotet. Um die Schultern trug sie einen Mantel aus Seehundfell, das so glatt und glänzend war, als käme es eben erst aus den Fluten der Antarktis. In einer Hand trug sie ihren Muff. Mary blickte sich um. Der größte Teil des Raumes wurde als Salon benützt; die Fensterläden an den beiden Fenstern, die zur Straße hinausgingen, waren geschlossen. In der Mitte stand ein großer Tisch, darum einige Fauteuils. An den mit Brokat verkleideten Wänden hingen Bilder und Hirschgeweihe. Es gab auch einige Kästen, auf denen exotische Gegenstände lagen, seltsame Dinge aus fernen Ländern. Ein Teil des Raumes diente als Schlafzimmer; neben dem Fenster standen zwei sehr schlichte Betten aus Nußholz. Links von den Betten stand ein Nachttisch, rechts stand Rudolfs Schreibtisch, auf welchem Bücher, Dokumente und einige Briefe aufgestapelt waren.

Mary, diese 17jährige Kindfrau, war so erfüllt von ihrer Liebe zu Rudolf, daß die Kraft ihrer Verzauberung jedes Gefühl von Angst, das sie in dieser Situation hätte haben müssen, verdrängte. Ihr Verstand schwieg, sie ließ sich von ihrem tollgewordenen Herzen bis zur völligen Selbstaufgabe mitreißen. In ihr brannte ein solcher

Feuersturm, daß für die Stimme der Vernunft kein Raum mehr war. Da stand sie nun, tapfer und davon überzeugt, daß sie aus freien Stücken und im vollen Bewußtsein ihres Tuns diese neuentdeckte Freiheit würde genießen können. So vergingen die Minuten, immer wieder zeigte die Pendeluhr eine weitere verflossene Viertelstunde an. Dann endlich kam Rudolf und das geheimnisvolle Dunkel der Nacht breitete sich über die beiden Menschen, die sich ganz der Liebe geweiht hatten.

Es war ein kalter Morgen, mit dem der nächste Tag, der 29. Jänner, begann. Der Schnee knirschte unter den Rädern der Kutsche, die sich langsam dem kleinen Schloß von Mayerling näherte. Prinz Coburg und der Graf Hoyos kamen von Wien heraus zur Jagd, zu der der Erzherzog Rudolf sie eingeladen hatte. Als sie in die Nähe des Schlößchens kamen, wunderten sie sich darüber, daß die Fensterläden auf der Straßenseite noch geschlossen waren. Das Haus machte einen unbewohnten Eindruck. Sie gingen in das ebenerdig gelegene Billardzimmer, wo sie den Tisch zum Frühstück gedeckt vorfanden. Zehn Minuten später kam Erzherzog Rudolf im Hausrock herein, begrüßte seine Freunde herzlich und setzte sich mit ihnen zum Essen. Während des Frühstücks erklärte er, er habe sich auf der Fahrt verkühlt und sich schon am Abend nicht wohl gefühlt, deshalb wolle er an der Jagd nicht teilnehmen. Nachdem sie das Frühstück in bester Laune eingenommen hatten, wünschte Rudolf seinen Freunden ein fröhliches Weidmannsheil. Prinz Coburg und Graf Hoyos brachen also ohne ihn zur Jagd auf.

Gegen zwei Uhr kam Prinz Coburg mit dem Jagdwagen zum Schloß zurück; er war zum Familiendiner in der Hofburg geladen und mußte daher nach Wien zurückfahren. Rudolf, der guter Laune zu sein schien, nahm noch mit ihm den Tee ein und trug seinem Schwager dann auf, dem Kaiser seine ergebensten Grüße zu überbringen.

Im Verlauf des Nachmittags erhielt der Kronprinz mehrere Telegramme aus Budapest von Graf Károlyi betreffend die Parlamentsabstimmung über das Wehrgesetz. Rudolf dankte dem Grafen für die Informationen und bat ihn für den 31. zu einer Besprechung in Wien.

Um 5 Uhr schickte er eine Depesche an seine Frau, Erzherzogin

Stephanie, in welcher er sie bat, ihn bei seinen Eltern zu entschuldigen; er sei stark verkühlt und werde daher nicht am Familiendiner teilnehmen, er glaube, es sei besser, das Risiko der Fahrt nicht einzugehen und noch bis zum nächsten Morgen in Gesellschaft von Graf Hoyos in Mayerling zu bleiben. Als Stephanie diese Mitteilung las, wurde sie von Angst erfaßt, denn sie hatte schon seit längerem bemerkt, daß sich bei ihrem Mann eine beunruhigende seelische und körperliche Veränderung vollzog. Obwohl sie den Kaiser fürchtete, hatte sie doch nach der Rückkehr von einer Kreuzfahrt 1888 den Mut aufgebracht, beim Kaiser um Audienz anzusuchen. Sie hatte ihm ihre Besorgnis mitgeteilt und ihn um Unterstützung gebeten. Doch obwohl der Kaiser ihr sehr freundlich zugehört hatte, wollte er ihre warnenden Worte nicht ernst nehmen.
Das Nichterscheinen Rudolfs bei diesem Familiendiner, bei dem 21 Personen anwesend waren, wurde vor allem deshalb vermerkt, weil es zur Feier der Verlobung seiner Schwester Erzherzogin Marie Valerie, der Lieblingstochter von Kaiserin Elisabeth, mit Erzherzog Franz Salvator gegeben wurde. Als Stephanie eintrat, meinte sie zu spüren, wie sich alle Augen auf sie richteten. Der Kaiser und die Kaiserin traten auf sie zu und fragten, wie es ihrem Mann gehe; sie berichtete, was in dem Telegramm gestanden war, fügte aber hinzu, sie habe schon seit einiger Zeit bemerkt, daß er bei schlechter Gesundheit sei, und sie halte es für nötig, daß Rudolf eine lange Reise mache, um sich zu erholen. Der Kaiser, der immer noch hoffte, Rudolf würde doch zum Diner erscheinen, befahl, das Gedeck für seinen Sohn bis zum letzten Augenblick am Tisch zu lassen. Erst als Prinz Coburg eintraf und bestätigte, daß Rudolf nicht kommen werde, wurde die Sitzordnung umgestoßen. Stephanie saß an der rechten Seite des Kaisers, gegenüber der Kaiserin. An eiserne Disziplin gewöhnt, ließ sie sich nicht anmerken, daß sie von bösen Ahnungen gequält wurde, dies umsomehr, als geplant gewesen war, an jenem Abend eine stillschweigende Versöhnung zwischen den Eheleuten herbeizuführen, die sich in den letzten Jahren immer mehr entfremdet hatten.
Währenddessen nahm Rudolf mit Graf Hoyos im Billardzimmer das Abendessen ein. Der Tisch war ohne großen Aufwand gedeckt, doch wurden ausgezeichnet zubereitete Speisen serviert, Rehbraten und

Dessert, die beide mit großem Appetit verzehrten. Es wurde nur wenig Wein getrunken. Rudolf sprach über die Jagd und über den erstaunlichen Spürsinn der Jagdhunde, von denen mehrere in Mayerling gehalten wurden. Er zeigte dem Grafen drei Telegramme, die er von Károlyi erhalten hatte, und sprach wiederholt davon, wie lästig sein Schnupfen sei. Dies diente ihm auch als Entschuldigung, sich vorzeitig zurückzuziehen. Graf Hoyos begab sich in das kleine Haus, in dem er übernachtete, und das sich ungefähr 500 m vom Schloß befand.

Mary hatte ihre letzte Mahlzeit allein in jenem Zimmer im ersten Stock eingenommen, in dem sie die Nacht mit Rudolf verbracht hatte. Nachdem Graf Hoyos das Schloß verlassen hatte, ging sie hinunter zu Rudolf ins Billardzimmer, wo beide bis spät in die Nacht blieben. Rudolf hatte Bratfisch kommen lassen, und Mary schrieb in ihrem Abschiedsbrief an ihre Mutter, er habe romantische Volksweisen gesungen und wundervoll gepfiffen. Bratfisch berichtete später, Mary sei ruhig und heiter gewesen. Die beiden Liebenden blieben bis zum Morgen wach. Loschek, der treue Diener, dessen Zimmer neben dem von Rudolf lag, hörte, daß die beiden in ernstem Ton miteinander sprachen, konnte aber nicht verstehen, worüber. Diese letzten Worte werden auf immer ein Geheimnis bleiben zwischen den beiden Menschen, die dem Wunsch nach Vereinigung im Tod nicht widerstehen konnten, weil ihre Vereinigung im Leben nicht möglich war.

Man hatte vereinbart, Prinz Coburg sollte sich am 30. Jänner um 8 Uhr früh wieder in Mayerling einfinden, damit man wie am Vortag ein gemeinsames Frühstück einnehmen und dann auf die Jagd gehen könne. Als Graf Hoyos zum Schloß kam, wurde ihm von einem der Diener berichtet, Loschek lasse sagen, er könne den Kronprinzen nicht aufwecken. Dieser sei um 6 Uhr 30 im Morgenrock heruntergekommen und habe ihm aufgetragen, ihn um 7 Uhr 30 zu wecken. Für diese Zeit habe er auch das Frühstück bestellt und noch hinzugefügt, Bratfisch solle sich mit dem Wagen bereithalten. Dann sei er pfeifend in sein Zimmer zurückgegangen. Loschek klopfe nun schon seit halb acht vergeblich an die Türe, er habe es zuerst mit der Hand versucht, dann mit einem Holzscheit, aber es sei kein Lebenszeichen zu hören. Beide Türen des Zimmers, die in die Eingangshalle und die zur Wendeltreppe, seien von innen zugeschlossen, was den Gewohnheiten des Kronprinzen widerspreche, der ansonsten seine Türen immer unversperrt lasse. Graf Hoyos eilte zum Schloß, ließ sich von Loschek nochmals berichten, dann fragte er ihn, ob das Zimmer mit Kohle beheizt werde. Diese Frage wurde verneint, der Kachelofen werde nur mit Holz gespeist. Nun schlug auch Graf Hoyos heftig an die Türe und rief Rudolf beim Namen, doch es herrschte weiter absolute Stille. Nun befahl er auf eigene Verantwortung, den oberen Teil der Türfüllung einzudrükken. Loschek fand den Augenblick gekommen, den Grafen darüber zu informieren, daß der Kronprinz nicht allein sei, sondern daß die junge Baronesse Vetsera bei ihm sei. Diese Nachricht verwirrte den Grafen, der weder von Marys Anwesenheit gewußt hatte, noch in welcher Beziehung sie zu Rudolf stand. Er kannte die eigentümliche starke Affinität, die Rudolf dem Tod gegenüber hatte. Plötzlich begriff er die Bedeutung der tiefen Stille, die in Rudolfs Zimmer herrschte, und er wußte, daß es keine Hoffnung mehr gab. Es war bereits eine Stunde seit halb sieben vergangen, er spürte die drükkende Verantwortung, das Ausmaß der Tragödie und die sich daraus ergebenden Folgen lasteten auf ihm wie ein Alpdruck. Nun splitterte das Holz und gab nach, durch die zerbrochene Türfüllung sah er, daß auf dem Bett zwei Körper ausgestreckt lagen. Er stand vier Meter vom Bett entfernt, und einen langen Augenblick glaubte er aufatmen zu können bei dem Gedanken, daß sie vielleicht nur bewußtlos waren. Loschek steckte den Arm durch die Türe, bekam den Schlüssel zu fassen und sperrte von innen auf.

Im Halbdunkel des Zimmers wurde das ganze Ausmaß des furchtbaren Geschehens offenbar: die erloschenen Augen, die starren Glieder – das Wunder des Lebens war endgültig und mit Bedacht zerstört worden. Da lagen diese beiden jungen Menschen, die sich freiwillig in die eisige Umarmung des Todes begeben hatten. Voll Vertrauen auf ein Leben im Jenseits hatten sie ihr irdisches Leben von sich geworfen; Mary im Glauben, daß die Liebe alles rechtfertigt, und Rudolf in der schrecklichen Gewißheit, daß er die Last seines Lebens nicht länger ertragen konnte. Es ist wohl wahr, daß in den Menschen manchmal ein machtvoller Drang entsteht, sich selbst zu zerstören. Rudolf war voll bekleidet, er saß mit leicht vornübergebeugtem Oberkörper auf der linken Seite des Bettes. Aus seinem Mund tropfte das Blut und sammelte sich auf dem Boden. Dort, wo die Kugel den Kopf durchschlagen hatte, war eine klaffende Wunde. Die Waffe, ein Armeerevolver, war seiner Hand entglitten und auf den Teppich gefallen. Auf dem Nachttisch standen ein Cognacglas und ein Spiegel, mit dessen Hilfe Rudolf den Revolver an der richtigen Stelle angesetzt hatte. Die Kerzen in den Silberleuchtern waren herabgebrannt und erloschen. Auch Mary war voll bekleidet, sie lag ausgestreckt auf der rechten Seite des Bettes, ihr offenes Haar bedeckte die Schultern. Ihr Gesicht trug einen Ausdruck ruhiger Heiterkeit, in den gefalteten Händen hielt sie eine Rose, deren zarter Duft unter dem schweren Geruch nach Pulverdampf kaum noch zu spüren war. Die Wunde an ihrem Kopf war kaum zu sehen. An einer Hand trug sie einen Ring aus Eisen, den Rudolf ihr geschenkt hatte. Auf der Innenseite waren die Buchstaben I.L.V.B.I.D.T. eingraviert – In Liebe vereint bis in den Tod. Zweimal hatte Rudolf, der erfahrene Schütze, abgedrückt, und die todbringenden Kugeln hatten ihr Ziel nicht verfehlt.

Das Begräbnis des Kronprinzen Rudolf wurde in Wien mit großem Gepränge abgehalten. Aus dem Schlafzimmer, zu dem nur die Familie Zutritt gehabt hatte, war Rudolfs Leiche in ein Zimmer gebracht worden, das man zu einer Kapelle umgestaltet hatte. Dort lag er in einem offenen Sarg aufgebahrt. Unzählige Kerzen bildeten ein Lichtermeer, die Luft war erfüllt vom Geruch nach Wachs und Rauch. Mehr als hundert Kränze waren in einem bunten Gemisch von Blüten und Düften aufgehäuft. Welch verschwenderische Pracht in dieser Jahreszeit, alle Gewächshäuser mußten kahl und ihres Inhalts beraubt sein. So viele Rosen und Nelken, Lilien, Veilchen, Chrysanthemen, Maiglöckchen und Orchideen! Aus roten und weißen Rosen hatte man die österreichische Fahne nachgebildet. Das Defilée aller Familienangehörigen und der großen Zahl an hochrangigen Persönlichkeiten, die aus dem Ausland und aus allen Teilen des Kaiserreiches gekommen waren, dauerte den ganzen 3. Februar über bis in die Nacht hinein. Sie alle erwiesen Rudolf die letzte Ehre und beteten für ihn, der Kaiser, die Kaiserin, das Herrscherhaus.

Noch in der selben Nacht wurde der Sarg durch die Gänge und über die Treppen der Hofburg in die Kapelle getragen, die man vollständig mit schwarzem Tuch ausgeschlagen hatte. Das Kreuz auf dem Altar war mit einem schwarzen Schleier bedeckt, auch die Altarhimmel und die Betstühle waren schwarz überzogen. Am 4. und am 5. Februar war die Kapelle für die Bevölkerung zugänglich, mehr als 30 000 Menschen zogen am Sarg vorüber, auf der Straße mußte die Menge von Kavallerieoffizieren zurückgehalten werden. Am 5. Februar um 16 Uhr fuhr der Leichenwagen, der im Jahr 1876 in der Art eines barocken Prunkwagens gebaut worden war, gefolgt vom Leichenzug zur Kapuzinerkirche. Entgegen der Tradition wurde er nicht von sechs Rappen, sondern von sechs weißen Lipizzanern gezogen. Nach der Einsegnung in der Kirche wurde der Sarg über die schmale Stiege hinunter zu der Gruft der Habsburger getragen. Nur der Kaiser und einige von ihm ausgewählte Personen folgten dem Sarg. Als sie in der Gruft anlangten, brach der Kaiser zusammen. Man mußte ihn stützen, bis er seine gewohnte Selbstbeherrschung wiedererlangte.

In der Nacht vom 9. auf 10. Februar ließ Kaiserin Elisabeth sich zur Gruft bringen. Sie blieb einige Zeit allein und betete, dann rief sie mit lauter Stimme: Rudolf! Rudolf!

Erzherzog Rudolf war der 113. Habsburger, der in der Kapuzinergruft seine letzte Ruhestätte fand. Einer Weissagung gemäß sollte die Dynastie der Habsburger, die mit Rudolf I., dem Gründer des Hauses Österreich (1273–1291), ihren Anfang genommen hatte, mit einem Habsburger, der auch den Namen Rudolf trägt, zu Ende gehen.

Am Abend des 31. Jänner um 8 Uhr war das Jagdschloß Mayerling kaum noch in der Dunkelheit zu erkennen. Ein heftiger Windstoß drohte das Licht in der Laterne, die ein Diener vorantrug, zum Erlöschen zu bringen. Einige hastige Worte wurden dem Hausmeister zugeflüstert, der voller Mißtrauen die Türe geöffnet hatte. Schließlich ließ er die beiden Männer ein. Es waren der Graf Stokkau und Alexander Baltazzi, zwei Onkel der Mary Vetsera. Sie waren gekommen, um eine traurige Pflicht zu erfüllen. Der Körper

der armen schönen Mary, dieses Kindes, das ein Opfer seiner Liebe geworden war, sollte in den Friedhof des kleinen Dorfes gebracht werden, das einige Kilometer von Mayerling entfernt das Zisterzienserstift Heiligenkreuz umgibt. Sie hatten strengste Anweisungen erhalten, auf welche Weise sie diese Überführung geheimzuhalten hatten. So durfte die Leiche nicht in einen Sarg gelegt werden, denn sonst hätte man einen Wagen benötigt, und dieser hätte niemals durch die Dörfer fahren können, ohne Aufsehen und Argwohn zu erregen. Die Männer stiegen in den ersten Stock. Marys Leiche war aus Rudolfs Schlafzimmer in einen anderen Raum gebracht worden. Man hatte sie auf ein Bett gelegt und vollständig mit ihren Kleidern bedeckt. Dr. Auckenthaler entfernte die Kleider, nahm die Totenwäsche vor, dann übergab er den Leichnam Marys Onkeln. Sie trugen sie in ihren Armen bis zum Fiaker, hoben sie unter großen Schwierigkeiten hinein. Dann nahmen sie sie in ihre Mitte, sodaß sie halb aufrecht zwischen ihnen saß. So fuhr der Wagen mit seiner schauerlichen Fracht bis nach Heiligenkreuz, wo Mary schließlich begraben wurde.
Auf dem Grabstein, der später errichtet wurde, kann man lesen: »Wie eine Blume sproßt der Mensch auf und wird gebrochen.«

Die Waise aus der Hofburg

Zwei Tage nach Beendigung der Trauerfeierlichkeiten nahm die junge Witwe, Erzherzogin Stephanie, all ihren Mut zusammen und berichtete Kaiserin Elisabeth von den Ängsten und Befürchtungen, die sie schon seit einiger Zeit quälten: Rudolf hatte sich immer mehr von ihr entfernt, die Lebensgewohnheiten, die er angenommen hatte, hatten eine dermaßen nachhaltig schlechte Wirkung auf ihn, daß sich nicht nur sein Äußeres, sondern auch sein seelischer und gesundheitlicher Zustand merklich veränderten. Doch der abweisende Ausdruck in Elisabeths Gesicht hinderte Stephanie daran weiterzusprechen. Nachdem es ihr nicht gelungen war, ihr Herz zu erleichtern, zog Stephanie sich in ihre eigenen Räume zurück; ihre bebende Hand hielt noch immer Rudolfs Abschiedsbrief umklammert. Aus den energischen Schriftzügen des Verstorbenen konnte sie spüren, wie sehr sein Inneres zwischen Entschlossenheit und Ohnmacht hin und her gerissen worden war, als er diesen Brief schrieb:

Liebe Stephanie!

Du bist von meiner Gegenwart und Plage befreit; werde glücklich auf Deine Art. Sei gut für die arme Kleine, die das einzige ist, was von mir übrig bleibt. Allen Bekannten, besonders Bombelles, Spindler, Latour, Nowo, Gisela, Leopold etc. etc. sage meine letzten Grüße.

Ich gehe ruhig in den Tod, der allein meinen guten Namen retten kann.

Dich herzlich umarmend, Dein Dich liebender

Rudolf.

In ihren Memoiren schreibt Stephanie:

»Jedes Wort war ein Dolchstich in mein Herz. Ein Sturm der Empörung und Auflehnung tobte in mir. Was ich in stillen, qualvollen Befürchtungen mancher einsamen Stunden vorhergesehen, war Tatsache geworden. Mein ganzes Ich bäumte sich auf gegen den Unglauben, den mutwilligen Leichtsinn, mit dem das Leben fortgeworfen worden war.

Ich begriff mit Entsetzen in den letzten Worten des Kronprinzen den Zusammenbruch von Plänen und Absichten, die er in einer gefährlicheren Weise genährt haben mußte, als ich es mir vorgestellt hatte. Ich gedachte meiner Bitte vor wenigen Monaten an den Kaiser; vielleicht hätte dieses Letzte abgewendet werden können. Der Kaiser hatte keine Gefahr gesehen, weder in der Aufführung noch in den Absichten seines Sohnes. So war das Folgende unaufhaltsam: Ein Absinken, ein katastrophaler Niederbruch und dann das furchtbare Ende.

Ich habe vor dieser Selbstzerstörung gezittert, gewarnt, und trotzdem war mir an diesem Tage das Geschehen ein Rätsel. Warum hatte er das getan? war die immer wiederkehrende Frage. In dem Augenblick der furchtbaren Verlassenheit stürzten alle Überlegungen immer wieder in sich zusammen. Mit einer jähen und grausamen Geste war der Mann von mir gegangen, dem ich acht Jahre zuvor als Kind übergeben worden war. Ich war nichts als ein waidwundes Wesen, ich wehrte mich mit aller Kraft gegen das Ungeheuer Schicksal, das mich angesprungen, nachdem es jahrelang schleichend mich umwittert hatte.

Dennoch, der Tod hatte mich von einem angstvollen, sorgenvollen und trostlosen Zusammenleben erlöst – allein, um welchen Preis! Alles, meine und des Landes Zukunft, schienen zerschellt, für die ich vieles geduldig ertragen hatte. Was blieb, war eine brennende Stelle in meinem Herzen; unbarmherzig strömten Hoffnungen und Lebensinhalt dahin. Sie schmerzte lange, diese Wunde; sie war wie der Biß einer giftigen Schlange. Nichts konnte sie schließen und heilen, und ich fühlte erst Linderung, als ich es vermochte, mich in Demut unter Gottes Hand zu beugen.«

Kronprinz Rudolf hatte bereits am 15. April 1879 ein Testament verfaßt. Er beabsichtigte, eine Reise nach Spanien anzutreten, und er vermerkte, er tue dies, weil er befürchte, daß ihn während der aufregenden Jagdausflüge die Jagdleidenschaft in so gefährliche Situationen bringen könnte, daß er dabei sein Leben verlieren würde. Deshalb wolle er Vorsorge treffen wegen seines Nachlasses. Damals war er bei voller Gesundheit, jung und unverheiratet. Die sorglose Art, in der das Testament abgefaßt ist, zeigt, wie wenig er in seinem tiefsten Inneren an die tatsächliche Möglichkeit seines baldigen Todes glaubte.
Das letzte Testament Rudolfs trägt das Datum vom 2. März 1887. Wie aus der angefügten Inventarliste zu sehen ist, wurde es nach reiflicher Überlegung verfaßt. Es ist klar ersichtlich, daß er dabei vom Gedanken an seinen Tod erfüllt war. Solche Überlegungen quälten ihn, seitdem die verschiedenen Symptome jener nie genau determinierten Krankheit aufgetreten waren, an der er seit dem Frühjahr 1886 litt. In seiner Verzweiflung gab er sich immer öfter nächtlichen Ausschweifungen, Alkohol- und Drogenexzessen hin, wodurch seine depressive Stimmung noch vertieft wurde. Das Testament beginnt wie folgt:

„Nachstehendes Testament habe ich bei vollkommen klarer Besonnenheit eigenhändig niedergeschrieben und bitte Seine Kaiserliche und Königliche Apostolische Majestät unterthänigst, die Mühe als Testament-Erecutor gnädigst auf sich nehmen zu wollen; und auch die Vormundschaft über meine Tochter Elisabeth zu übernehmen. Zur Universalerbin meines beweglichen und unbeweglichen Vermögens bestimme ich meine Tochter Elisabeth; meiner Gemahlin Stephanie bestimme ich den lebenslänglichen Nutzgenuß des gesamten Vermögens. Im Falle ihrer Wiederverehelichung hört der Nutzgenuß gänzlich auf und geht auf meine Tochter über. Im Falle der Verehelichung meiner Tochter wird der Nutzgenuß zwischen beiden getheilt.«

Es folgt eine Liste der Schenkungen sowie eine vollzählige Aufstellung des Nachlasses, nach damaligem Recht erforderlich, wenn der Universalerbe minderjährig war. Die vom Hof eingesetzte Kommission fand am 30. Jänner in Mayerling einen an L. von Szögyenyi adressierten Brief, in welchem ein Kodizill zu finden war, das eine bedeutende Änderung in Bezug auf Stephanie darstellte. Im Testament schrieb Rudolf:

»Meine Schreibtische in Wien und Laxenburg sollen in Gegenwart meiner Frau vom Sectionschef im Ministerium des Äußeren Herrn Ladislaus von Szögyényi-Marich aufgemacht und die Schriften nach seinem Ermessen theils vertilgt, theils aufgehoben werden.«

Im Gegensatz dazu fordert Rudolf im Kodizill ausdrücklich, Szögyény solle allein, ohne Anwesenheit der Erzherzogin Stephanie, seine Papiere durchsehen. Stephanie schreibt zwar, sie sei bei der Durchsicht der Papiere anwesend gewesen, der Historiker F. Judtmann widerspricht dem aber und meint, dies sei keine exakte Darstellung des Geschehens. Weiters sagt er, daß am Hof Stephanie ein großer Teil der Schuld an dem tragischen Vorfall gegeben wurde und sie im übrigen von allen Vorgängen rund um den Nachlaß ferngehalten worden sei. Sie erhielt den Titel der Kronprinzessin Witwe. In ihrem Ehevertrag war festgelegt worden, sie solle im Falle ihrer Witwenschaft eine Witwenpension in Höhe von 100 000 Kronen erhalten. Der Kaiser erhöhte diesen Betrag mit Gültigkeit vom Februar 1889 an auf 150 000 Kronen. Stephanie durfte weiterhin über die Räumlichkeiten in der Hofburg verfügen, die sie gemeinsam mit Rudolf bewohnt hatte, ebenso über die Räume in Laxenburg, in denen Elisabeth zur Welt gekommen war. Seinem Mündel ließ der Kaiser die Summe von 2 Millionen Kronen zukommen.

Die Möbel aus dem Nachlaß wurden aufgekauft und in verschiedene Schlösser gebracht. Elisabeth war bis zu ihrem Tod im Besitz von zwei Möbelstücken, die dann ihr ältester Sohn erbte. Es sind sehr einfache Möbel, wertvoll nur durch die Erinnerungen, die daran haften: ein Kleiderkasten aus Eiche und ein Toilettentisch mit einem großen Spiegel. Ohne Zweifel hat Mary sich in diesem Spiegel zum letzten Mal betrachtet, als sie die Nadeln aus ihrer Frisur löste und die Haare weich über ihre Schultern fließen ließ, so, wie man sie später nach ihrem Tod gefunden hat. Zwei Schildchen, die an den

Schlüsseln hingen, trugen die Aufschrift »Zimmer von Mayerling« und bestätigten solcherart die Herkunft der Möbelstücke.
Der Kaiser äußerte den Wunsch, das Jagdschloß Mayerling solle in ein Kloster umgewandelt werden; hierin wurde er von der Kaiserin unterstützt, und so wurde das Anliegen dem Bischof Gruscha unterbreitet. Dieser erklärte sich einverstanden und schlug vor, Angehörige des Karmeliterordens dort unterzubringen. Dieser Orden hatte besonders strenge Regeln. Vom Tag ihres Eintritts an lebten die schwarzverschleierten Nonnen völlig von der Außenwelt abgeschieden, sie sahen weder ihr eigenes Gesicht noch das der anderen Nonnen und ihr ganzes Leben, sei es in der Gemeinschaft oder allein in der Zelle, war nur mehr der Meditation geweiht. Sie würden nun täglich für den Kaiser, die Kaiserin und für ihren unglücklichen Sohn beten; und sie würden auch für Mary beten, denn im Jenseits sind alle Seelen gleich. Einige Umbauarbeiten waren notwendig, damit das Gebäude den strengen Vorschriften entsprach, denen alle Klöster dieses Ordens unterworfen sind. Rudolfs Zimmer wurde in eine Kapelle umgestaltet, dort, wo das Bett stand, auf dem die beiden Liebenden ihr Leben ausgehaucht hatten, wurde der Altar errichtet. In den angrenzenden Räumen wurde das Chorgestühl für die Nonnen aufgestellt, ein zweiter Altar wurde an der Wand an der Stelle aufgestellt, wo sich an der Rückseite der Altar des Kapellenraumes befindet. Seit nunmehr fast hundert Jahren, mit lediglich einer kurzen Unterbrechung während des Krieges 1940, erflehen die heiligen Frauen dieses Ordens Gottes Erbarmen und Vergebung, und tausende Menschen strömen jedes Jahr nach Mayerling, um den Ort des tragischen Geschehens zu besichtigen.
Stephanie befand sich in einem Zustand tiefster Erschütterung und Verwirrung. Sie hatte nur einen Wunsch – Wien und den Hof mit seiner düsteren, emotionsgeladenen Atmosphäre zu verlassen. Sie wollte zu ihrer Mutter zurückkehren, zurück in ihr geliebtes Belgien, das Land ihrer Kindheit. Doch sie durfte nicht selbst über ihr Schicksal entscheiden. Ihr Vater, König Leopold, und der Kaiser beschlossen, daß sie mit ihrer Tochter Elisabeth in Wien bleiben solle. Franz Joseph, der die Vormundschaft über das Kind hatte, war ein liebevoller Großvater; er wollte sich nicht von seiner Enkelin trennen. Stephanie mußte gehorchen. Umso heftiger empfand sie in

den ersten Monaten ihrer Witwenschaft den Wunsch, dem Wiener Hof fernzubleiben; so faßte sie den Beschluß, in die Einsamkeit des Schlosses Miramare nahe Triest zu flüchten.
Während dieser ersten Zeit voller Trauer und seelischer Erschütterung durfte Elisabeth ihr Zimmer nicht verlassen. Man wollte alles, was draußen vor sich ging, von ihr fernhalten. Nichts von dem, was sich wie ein düsteres Schaustück in ihrer nächsten Umgebung abspielte, sollte bis zu ihr vordringen. Wohl vernahm sie durch die geschlossenen Fenster den fernen Klang einer Totenglocke, doch verstand sie dessen Bedeutung nicht. So fiel nur ein leiser Schatten auf ihre Fröhlichkeit, ihr kindliches Geplauder und ihr Lachen waren Labsal für das Herz ihrer Mutter.
Am 18. Februar fuhren Stephanie und Elisabeth mit dem Zug in den Süden. Die Schatten des Winters, Schnee und Kälte, die schwarzgekleideten Gestalten und grauen Gesichter, all das blieb weit hinter ihnen zurück – vor ihnen lagen Himmel und Meer in unendlichem Blau. Vier Monate lang blieben sie in Miramare, durch einige Wochen gesellten sich auch Stephanies Mutter und ihre beiden Schwestern zu ihnen. Hier, im ruhigen stets gleichbleibenden Rhythmus des adriatischen Meeres, fand Stephanie allmählich ihr seelisches Gleichgewicht wieder.
Elisabeth sah zum ersten Mal im Leben das Meer. In kindlicher Verzückung ließ sie sich von seiner unendlichen Weite gefangennehmen. Noch wußte sie nichts von dem geheimnisvollen Leben, das in seinen Tiefen verborgen lag, nichts von den Dramen, die sich auf seiner Oberfläche abspielten. Sie war bezaubert von der Kraft der Farben, sie freute sich an den vielen Schiffen, die sie zu unterscheiden und zu erkennen suchte, und über die unzähligen Fische, die von den Fischern in Netzen an Land gebracht wurden. Damals begann ihre tiefe Liebe zum adriatischen Meer, wo 25 Jahre später die Würfel des Schicksals zuerst für sie und schließlich gegen sie fallen sollten. So wie das Meer manchmal sanft sein kann und manchmal heftig, so sollte auch sie von den Wellen einer großen, glücklichen Liebe emporgetragen und dann von den Wogen tiefster Verzweiflung verschlungen werden.
Am 19. Mai kehrten Elisabeth und ihre Mutter nach Wien zurück. Nach den langen Monaten der Abwesenheit bemerkte Elisabeth, die

eine scharfe kleine Beobachterin war, wie bunt das Leben hier doch war. Nachdem sie am Südbahnhof angekommen waren, stiegen Mutter und Tochter – Stephanie immer noch ganz in Schwarz, Elisabeth in Weiß – in eine Kutsche, die sie in rascher Fahrt nach Schloß Laxenburg brachte. Der Weg war gesäumt von zahlreichen Schaulustigen, die die kleine Waise herzlich begrüßten. Sie zeigte ihnen durch das Fenster der Kutsche ihr lächelndes Gesicht und winkte ihnen mit ihrem weißen Taschentuch zu. Viele Jahre hindurch, bis zu ihrer Hochzeit, würde sie diese Geste wiederholen, mit der sie ihre tiefempfundene Verbundenheit zur Wiener Bevölkerung ausdrückte; und die Wiener liebten ihre Liesl.

Als sie in Laxenburg ankamen, schlug Elisabeths Herz vor Freude. Hier fand sie ihr kleines Kinderparadies wieder, ihre Puppen, ihre Hunde, ihren Papagei und ihre Katzen. Sie wollte gleich in den Park laufen, sich unter den blühenden Fliederbüschen verstecken, den Duft der Blüten atmen und dem Gesang der Vögel lauschen. Doch dann wurde sie traurig, denn es fiel ihr ein, daß es schwer sein würde, all das Zwitschern und Pfeifen zu unterscheiden, da doch Papa, der alles wußte, nun nicht mehr da war, um ihr beizubringen, wie sie die Geräusche der Natur erkennen konnte.

Aber Elisabeths Leben bestand nicht nur aus Freizeit; ihr Tagesablauf unterlag einer strikten Einteilung, die genauestens befolgt werden mußte. Erzsi, die wohl das Ticktack und das fröhliche Schlagen der Uhren vernahm, verstand ihre Bedeutung noch nicht. Doch sie wurde von Frau Tomaschek, ihrer Gouvernante, Frau E. Touzet, ihrer Lehrerin, und der Gräfin Coudenhove zur Ordnung gerufen. Da Stephanie häufig für lange Zeit abwesend war, spielten diese drei Frauen eine besondere Rolle in Erzis Leben. Im August 1889 fuhr Stephanie zu einem längeren Aufenthalt nach Belgien, anschließend nach Preßburg. Wenn sie sich zwischen ihren Reisen in Wien aufhielt, fuhr Erzsi, die im Frühling, Sommer und Herbst in Laxenburg wohnte, in Begleitung von Frau Tomaschek nach Wien, um ihre Mutter zu sehen.

In der ersten Zeit ihrer Witwenschaft führte Stephanie ein zurückgezogenes Leben und widmete sich verstärkt ihren mütterlichen Pflichten. Die kleine Erzsi bedeutete für sie nicht nur Trost, sie sah in ihr auch den einzigen Menschen, dem sie all jene Zärtlichkeit zeigen durfte, die ihrem Herzen so lange versagt geblieben war. Solange ihre Tochter klein war, war Stephanie eine gute Mutter. Doch diese Zeit zärtlicher Verbundenheit zwischen Mutter und Tochter dauerte nicht lange. Erzsi begann unter den langen Trennungen zu leiden; schließlich gewöhnte sie sich daran. Aber ein Kind, dessen Gefühle abgestumpft werden, verliert allmählich alle Herzensspontaneität.

Seit dem Tod Rudolfs hatte sich Stephanies Rolle am Wiener Hof völlig gewandelt. Einerseits fand sie sich von Kaiserin Elisabeth mit großer Kälte behandelt, ja diese schien geradezu jede Begegnung mit ihr zu meiden; Kaiser Franz Joseph kam seiner Schwiegertochter wohl stets sehr respektvoll, aber auch sehr distanziert entgegen. Andererseits waren auch Stephanies Stolz und Eitelkeit zutiefst verletzt. Diese beiden, bei ihr am stärksten ausgeprägten Charaktereigenschaften hatte sie nie zu zügeln versucht. Sie glaubte, ein Recht auf diese Gefühle zu haben, einfach aus dem heraus, was sie war oder doch zu sein glaubte. Sie hatte sicher viele Vorzüge, Bescheidenheit allerdings war nicht einer davon. Die Zurücksetzung, die das Protokoll ihr nun zufügte, erfüllte Stephanie mit Bitterkeit; sie fühlte sich mißachtet und zutiefst gekränkt. Das Protokoll folgte seinen eigenen, unerbittlichen Gesetzen. Wohl hatte der Kaiser Stephanie den Titel der Kronprinzessin belassen, aber selbstverständlich keine der damit verbundenen Pflichten und Tätigkeiten. Stephanie durfte die Kaiserin nicht mehr vertreten, sie war in die Rolle der hilflosen Witwe gedrängt, die nur wenige Freunde und Bewunderer hat. Diese Demütigung schmerzte Stephanie und veranlaßte sie, auszubrechen und zu fliehen. Immer öfter unternahm sie Vergnügungsreisen. Während der kurzen Zeit, die sie zwischendurch in Laxenburg oder in der Hofburg verbrachte, war sie mit Mal- und Zeichenunterricht beschäftigt. Sie hatte ein beachtliches Talent; ihre bevorzugten Motive waren Landschaften und Blumen. Leider sind ihre Bilder während des letzten Krieges verlorengegangen. Sie nahm auch Gesangstunden; dann wieder beschäftigte sie sich damit, verschiedene Änderungen in ihren Räumlichkeiten in der Hofburg vorzunehmen – sei es, weil sie sie wohnlicher gestalten wollte, sei es, weil sie die Erinnerungen daraus vertreiben wollte. Zur großen Erleichterung Erzsis wurde im türkischen Zimmer nichts verändert. Erzsi betrachtete dieses Zimmer ein wenig als ihr persönliches Eigentum; wann immer sie sich darin aufhielt, begann ihre Phantasie zu spielen, stets aufs neue angeregt durch das seltsame exotische Ambiente, das ihr Vater so sehr geliebt hatte. Hier kamen ihr alle wundersamen Erzählungen in den Sinn, mit denen ihr Vater sie unterhalten hatte; hier war es für sie unzweifelhafte Wirklichkeit, daß »die Helden aus dem Orient da sind – und auch Papa ist da«.

Die Jahre 1889 und 1890 vergingen in jenem gleichbleibenden Rhythmus, von dem Elisabeths gesamte Kindheit geprägt schien. Je älter sie wurde, desto bewußter nahm sie den Lauf der Zeit, ihre Umgebung und die Ereignisse rundum wahr. Dies alles aber spielte für sie keine so wesentliche Rolle, daß es in diesem Buch bedeutenden Raum einnehmen müßte.

Am 2. Februar 1891 wurde nach einem geheiligten Ritus des zweiten Todestages von Kronprinz Rudolf gedacht. Pünktlich um 8 Uhr durchschritt der Kaiser allein die kleine Pforte des Kapuzinerklosters und stieg in die Kapuzinergruft hinab. Dort wurde er von Pater Mayer und dem Totenwächter erwartet, die beide Laternen in der Hand hielten. Langsam und äußerlich unbewegt schritt er nun die schmale Treppe hinunter, mit jedem seiner Schritte schienen die Stufen kälter zu werden, während immer stärker ein Gefühl brennenden Schmerzes sein Herz erfüllte. Schweigend und unsichtbar, in ihren schweren, mit Krone und Waffen verzierten Bleisärgen erwarteten die Ahnen in geheimnisvoller Verbundenheit den letzten großen Kaiser, den sie behüteten, bis er seinen Platz zwischen ihnen einnehmen würde. Andächtig ließ er seinen Blick auf dem dunklen Sarkophag ruhen, ehe er vor dem Sarg seines Sohnes auf dem mit schwarzem Samt überzogenen Betschemel niederkniete. Auf dem Sargdeckel lag – so wie im Sarg darunter der Tote – langhingestreckt die Gestalt des Gekreuzigten. Nachdem der Kaiser gebetet hatte, zog er sich zurück. Nach ihm betrat die Kaiserin Elisabeth – nur mehr ein trauriger Schatten ihrer einstigen Schönheit – in Begleitung von Marie Valerie die Gruft. Um Viertel vor 9 trat schließlich die Witwe, Kronprinzessin Stephanie, an den Sarg und legte einen Kranz aus weißen Rosen, weißen Nelken und Parmaveilchen darauf. An ihrer Seite ging ihre kleine Tochter, in den Armen einen Kranz

aus Moosröschen und Palmenblättern, den sie zu Füßen des Gekreuzigten niederlegte. Erzsi, die nicht zu lange in der Erinnerung an ihren Vater verweilen sollte, wurde sofort danach wieder in ihre Räume in der Hofburg zurückgebracht, die sie den Winter über bewohnte. Das Kinderzimmer war vollgefüllt mit Spielsachen, sie besaß eine eigene Weltkarte und eine kleine Bibliothek mit Büchern in vier Sprachen, Deutsch, Ungarisch, Französisch und Englisch. Sie besaß Puppen in sämtlichen Altersstufen, einige hatten ein eigenes kleines Schlafzimmer mit einem Baldachinbett, einem Bambus-Spiegelschrank und einem Toilettetisch mit Fayencegeschirr. Hier gab es wirklich alles, was man zu jener Zeit an Kunstvollem und Ausgefallenem erdenken konnte. Erzsi kannte und liebte alle diese Dinge, die zu ihrem eigenen kleinen Reich gehörten.
Heute aber erwartete sie eine Überraschung. Man bereitete ihr oft Überraschungen. Erzsi liebte das und brach jedesmal in begeistertes Lachen aus. Sie genoß das Gefühl der Ahnungslosigkeit, sie genoß es, zu suchen und endlich zu finden. Diesmal freilich brachte die Überraschung sie aus der Fassung. Als sie ihr Zimmer betrat, in dem ihr doch alles vertraut war, wurde sie von einer unbestimmten Furcht erfaßt. In der Ecke beim Fenster lehnte an einem Tisch ein Mädchen in ihrem Alter, in einem blauen Rüschenkleid, einer Spitzenbluse und einem Hut, dessen Bänder unter dem Kinn zu einem großen Knoten verknüpft waren. Das Gesicht war rosig überhaucht, die langen Haare fielen in Locken herab. Das Mädchen schien zu warten. Elisabeth starrte dieses Wesen, das sie noch nie zuvor gesehen hatte und das ihr selbst so sehr ähnelte, an; sie dachte, es sei lebendig, wurde aber zugleich von seiner völligen Unbeweglichkeit verwirrt. Vorsichtig trat sie näher, den Blick unentwegt auf die blauen Augen gerichtet, die sie unter langen Wimpern hervor anzuschauen schienen, berührte den seidigen Stoff des Kleides; schließlich wagte sie es, eine der Hände zu berühren. Sie war kalt! Da endlich begriff Erzsi, sie machte einen Sprung und rief: »Eine Puppe!« Dann trat sie wieder zurück, um die Fremde zu betrachten, die ihr immer fremd bleiben sollte. Sie war nicht bereit, sie in ihre Puppenfamilie aufzunehmen. Wer hatte ihr diese Puppe geschickt, die aussah, wie sie selbst, die eine komplette Ausstattung an Kleidern, Mänteln, Hüten, Schuhen und Strümpfen mitbekommen

hatte, in der gleichen Größe wie die Elisabeths, sodaß die beiden ihre Kleider miteinander tauschen konnten. Der Geschenkgeber blieb unbekannt, und Erzsi bemühte sich auch nicht, ihn herauszufinden. Vielleicht war diese Puppe im Atelier des Casimir Bru entstanden, der für seine Babypuppen berühmt war; vielleicht war sie eine Schöpfung des Ferdinand Gaultier, der dafür bekannt war, daß seine Puppen ein Abbild der großen Damen jener Zeit darstellten, mit luxuriösen Kleidern und tausenderlei Schmuck und Putz. Sie waren nicht als Spielzeug gedacht, sondern vielmehr als Dekoration der Boudoirs. Dort saßen sie dann auf ihren seiden- oder samtüberzogenen Fauteuils, als ob sie auf etwas warteten. Dann gab es noch Jumeau, der sich dadurch einen Namen gemacht hatte, weil er es verstand, seinen Puppen einen überaus reizvollen Gesichtsausdruck zu verleihen. Erzis Puppe jedenfalls kam aus Paris und so nannte man sie »Die Pariserin«. Einige Tage lang bestaunte Erzsi sie aus sicherer Entfernung, dann ging sie dazu über, den Neuankömmling völlig zu ignorieren. Sie empfand geradezu Widerwillen gegen sie. Für gewöhnlich konnte sie alle ihre Puppen zum Leben erwecken, aber die Pariserin blieb, was sie war – ein lebloses Ding, dessen starrer Blick Erzsi aggressiv, ja gewalttätig machte. Am liebsten hätte sie es gesehen, wenn diese Kleider zerrissen, dieser Körper zu Boden geworfen, dieses Porzellangesicht zerbrochen worden wäre. Sie wollte keine falsche Schwester; sie lehnte dieses Spielzeug ab, wie man eine Lüge ablehnt. Sie war allein, und sie wollte es bleiben. So war es auch in ihrem späteren Leben; auch als Erwachsene stieß sie alles von sich, was ihr Widerwillen einflößte. Die Gouvernante begriff, in welchem inneren Zwiespalt das Kind sich befand, und eines Tages war die Pariserin verschwunden. Diese kleine Begebenheit aber blieb an den Kindheitserinnerungen Elisabeths haften wie ein dunkler Fleck.

Elisabeths Zärtlichkeitsbedürfnis zeigte sich besonders an ihrer Zuneigung Tieren gegenüber; sie nahm sie in die Arme, streichelte und wiegte sie, überschüttete sie förmlich mit Liebesbezeugungen. Die Tiere waren ihre besten Freunde, sie sprach zu ihnen als Wesen, die wie sie selbst Hunger und Durst empfanden, die traurig waren oder fröhlich. Wenn sie in ihre großen unergründlichen Augen blickte, glaubte sie alles zu verstehen. Schon als Kind hatte sie eine

starke Beziehung zu Hunden. Das sollte so bleiben, ja später sogar so weit gehen, daß sie bei ihrem Tod den Wunsch hatte, ihre Hunde sollten mit ihr gemeinsam sterben.
Wenn Erzsi sich in Laxenburg oder in der Hofburg aufhielt, waren jede Woche ein oder zwei Besuche in Schönbrunn vorgesehen. Wenn sie dorthin aufbrachen, war sie jedesmal sehr aufgeregt; diese kleinen Ausflüge in der Kutsche stellten für sie ein besonderes Vergnügen dar. Hier hatte sie Zeit, ihrer Gouvernante alles, was ihr Kinderherz bewegte, zu erzählen. Und diese hörte verständnisvoll Erzsis Ergüssen zu, die dem Wiedersehen mit den geliebten Tieren ihres eigenen kleinen Bauernhofes stets voll Ungeduld aber auch Sorge entgegensah. Dieser kleine Bauernhof lag hinter der Gloriette, in einem abgetrennten Teil des Parks von Schönbrunn. Die Gebäude waren ein Teil der Fasanerie. Bei ihrer Ankunft wurde Erzsi von Herrn Forster, seiner Familie und den Angestellten begrüßt, die mit der Pflege der Tiere des Bauernhofes betraut waren. Da gab es große Hunde und reizende kleine Hunde, mehrere schöne Kühe aus einer italienischen Zucht, die man wegen der besonderen Sanftheit ihres Wesens ausgesucht hatte. Besonders liebte Erzsi ihre seidigen weißen Hasen, die zu ihrer großen Freude häufig Nachwuchs hatten. Natürlich gab es auch noch verschiedene Arten hervorragender Legehennen, die gackernd die Körner aufpickten, die man ihnen zuwarf, bevor man die Eier suchen ging. Elisabeth war 1893 10 Jahre alt und hatte schon beträchtliche Erfahrung, was ihren kleinen Bauernhof betraf. Kaiser Franz Joseph hatte selten das Bedürfnis, sein Arbeitszimmer zu verlassen. Aber wenn ihm gemeldet wurde, daß Erzsi ihren Bauernhof besuchen würde, machte er sich, wenn irgend möglich, frei und stieg den Hügel zur Gloriette hinauf, um seine geliebte kleine Enkelin zu sehen. Dann nahm Erzsi ihn an der Hand, und sie gingen zusammen in den Tiergarten, sahen sich die wilden Tiere an, lachten über die Grimassen der Affen und gaben den jungen Bären Semmelstückchen. Erzsi war geschickt, sie zielte genau, und jedesmal, wenn ein Brotstück in einem der eindrucksvoll aufgerissenen Rachen verschwand, lachte sie vor Vergnügen auf. Hier zeigte sich wohl bereits die zukünftige talentierte Tennisspielerin.
Unter den Erinnerungen, die Erzsi in den tiefsten Tiefen ihres

Gedächtnisses bewahrte, war auch das unauslöschliche Bild einer feenhaften Frau, der Kaiserin Elisabeth. Als Erzsi vier oder fünf Jahre alt war, wurde sie oft zu Besuch zu ihrer Großmutter gebracht. Wenn sie das Boudoir betrat, begrüßte die Kaiserin sie, indem sie ihr mit den Fingern durch die blonden Locken fuhr. Dann richtete sie mit leiser Stimme einige Worte an ihre Hofdame, die sich daraufhin diskret zurückzog. Sie wollte allein sein mit ihrer Enkelin; in ihrer Gegenwart konnte sie selbst wieder zum Kind werden und ihr wichtige Dinge wie ein Geheimnis anvertrauen. Voll Lebhaftigkeit erzählte sie ihr von ihren Ausflügen aufs Land, wo sie aus Wiesen- und Feldblumen Sträuße band, beschrieb die Schönheit der Berge und der grünen Hügel, sprach von ihren geliebten Tieren, ihren Lieblingsspielen, sprach von den unbeschwerten, ausgelassenen Stunden, die sie mit ihren Brüdern, Schwestern und Kusins verbracht hatte; sie sprach von ihrer glücklichen Kindheit, die sie in jenem zugleich so nahen und doch so unendlich fernen Land verbracht hatte, in Bayern. Was Traurigkeit bedeutete, hatte sie erst später erfahren, als sie mit 16 Jahren heiratete und damit ihre Kindheit verlor. Nach Rudolfs Tod wurden diese Besuche seltener, die Kaiserin zog sich immer mehr zurück. Erzsi hätte diese Großmutter gerne besser gekannt, deren Schönheit so unwirklich war und die so selten sprach, daß man sich unwillkürlich fragte, woran sie dachte. Der kleinen Erzsi schienen ihre Augen Sterne voll goldenem Glanz zu sein; sie war so schmal, so zart in ihrem schwarzen Kleid, das sich eng um die zerbrechliche Taille schmiegte. Wenn sie ging, war es wie das Dahingleiten eines Schwans. Später empfand Erzsi, daß sie wohl weniger um ihrer selbst geliebt worden war, sondern mehr, weil sie die Tochter Rudolfs war. Sie wußte auch, daß die Kaiserin ihre Mutter nie gemocht hatte, sie waren von völlig entgegengesetztem Wesen. Die Kaiserin fand, Stephanie sei zu deutsch und ihre weiblichen Attribute wirkten wie aus dem Modejournal entlehnt.
Die besten Fotografen und etliche Maler jener Zeit haben Elisabeth im Alter von 5 bis 15 Jahren porträtiert. In all diesen Jahren und auch später noch ist sie sich gleich geblieben, nicht nur allein durch die starke Ausstrahlung ihrer Persönlichkeit, die ihr von frühester Jugend an zu eigen war, sondern auch durch die klaren Linien ihres

ovalgeschnittenen Gesichts; es war schmal mit zart gezeichneten Zügen, eingerahmt von reichgelockten blonden Haaren, die bis unter die Taille reichten. Auf allen Bildern ist ihr Ausdruck stets unverändert, konzentriert, nachdenklich, von hoher Intelligenz, doch ohne Fröhlichkeit. Und dennoch – sie konnte fröhlich sein und das Leben lächelnd betrachten, trotz aller Probleme, die oft wie Nebelschwaden darüber lagen, die man durchdringen will, um zu sehen, was darunter verborgen liegt. Ihre Augen wechselten von grau zu blau, entsprechend den Gemütsbewegungen, die sie nur allzu oft in ihrem Inneren begrub. Obwohl sie schlank und hochgewachsen war, ließ ihre Gestalt noch nicht erkennen, wie groß sie mit 18 Jahren sein würde.

Elisabeth wuchs in einem prächtigen Rahmen heran; so stand auch ein kompletter Lehrstab zu ihrer Verfügung. Doch trotz dieses scheinbar großzügigen Aufwandes erhielt sie eine Erziehung, die lediglich auf traditionellen Werten fußte und sich in einer ständigen Wiederholung des Vergangenen erschöpfte. Denn man glaubte, ja man beharrte darauf, daß das Vergangene unveränderlich weitergehen müsse; schließlich hatten eben diese Traditionen durch Jahrhunderte hindurch alle jene vorbildhaften Frauen und Männer geformt, die zu unfehlbaren Stützen der Dynastie geworden waren. Was die Vergangenheit gelehrt hatte, wurde strengstens respektiert, es galt, sich einer unerbittlichen Disziplin zu unterwerfen. Ein Verstoß gegen diese Disziplin zog schwere Bestrafung nach sich. Das konnte demütigende Ausmaße annehmen, wie im Fall jener Bestrafung, die Stephanie einmal für ihre Tochter erdacht hatte, die sie aber glücklicherweise nur einmal zur Anwendung bringen konnte, weil der Kaiser zugunsten seiner Enkelin einschritt. Die Etikette wollte es, daß jedesmal, wenn ein Mitglied der kaiserlichen Familie, gleich welchen Alters, den Zugang zur Hofburg oder nach Schönbrunn passierte, die Wachen die Waffe präsentierten und die Trommel schlugen. Erzsi hatte stets ihre Freude an diesem lärmenden Willkomm. Um Elisabeth zu bestrafen, hatte Stephanie nun den schändlichen Einfall, einen Diener mit dem Befehl zum diensthabenden Wachoffizier zu schicken, wenn ihre kleine Tochter passierte, weder die Waffe zu präsentieren noch die Trommel zu rühren.

Für Erzsi bedeutete es einen schweren Schock, sie fühlte sich erniedrigt vor all jenen, die bei der Einfahrt auf sie warteten, und vor all jenen, die sich noch aus der Entfernung darüber wunderten, weshalb außer dem Hufschlag der Pferde und dem Rollen der Kutschenräder nichts zu hören war. Sie dachte, wenn sie wirklich etwas Schlechtes getan habe, dann sei das etwas, was sie allein mit ihrem eigenen Gewissen abmachen müsse; denn wozu sonst hätte der Pater sie gelehrt, was ein gutes Gewissen bedeutet. Sie wußte, sie durfte nicht weinen, aber wenn sie die Tränen auch nicht zeigte, so fielen sie doch in ihrem Inneren auf ihr verwundetes Herz. Erzsi vergaß diesen Tag niemals.

Die Erinnerung an Bestrafung blieb in Elisabeth haften wie die Bilder jener Alpträume, von denen sie manchmal nachts heimgesucht wurde und die sie mit anhaltenden Ängsten erfüllten; denn ein Alptraum ist ein so realistisches Geschehen, daß er nicht so rasch in das Reich des Unwirklichen verbannt werden kann. So konnte sie eine Begebenheit nie vergessen: Eines Tages im Frühling, als die Natur das Wunder neuer Blüten hervorbrachte, in den Nestern sich neues Leben regte, alles unter der Sonne zu singen begann und der tägliche Spaziergang, der den Winter über so freudlos gewesen war, endlich wieder zu einem wahren Vergnügen wurde, hatte man ihr eben dieses Vergnügen dadurch verdorben, daß sie zur Strafe für eine schlechte Note während des Spaziergangs mit lauter Stimme unregelmäßige Verben konjugieren und damit Sätze im Imperfekt, Konjunktiv und Futurum bilden mußte, noch dazu in allen fünf Sprachen, die sie perfekt beherrschen mußte. An diesem Tag war Erzsi der einzige kleine Vogel im Park, der traurig war. Während sie im Geist die Sätze bildete, betrachtete sie die Apfel-, Pfirsich- und Zwetschgenbäume, die alle in voller Blüte standen, und sie fühlte sich ein wenig getröstet; aber tief in ihrem Inneren grollte der Zorn.

Im Lauf der Jahre wurde der Studienplan immer umfangreicher. Es wäre falsch zu glauben, der Unterricht, den die Erzherzoginnen erhielten, sei unzulänglich gewesen. Sehr wohl aber war oft deren geistige Aufnahmefähigkeit unzulänglich. Wie die Zeiger einer Uhr kamen die Unterrichtsstunden zu keinem Ende, Lehrer und Erzieher folgten einander in raschen Abständen; Erzsi sah sie der Reihe nach eintreten, mit ernsten Gesichtern, beladen mit Stapeln von Büchern. Manchmal wagte sie es, Zweifel darüber zu äußern, ob sie wirklich imstande sein werde, so viel Wissen in sich aufzunehmen, auch wenn sie noch so viel guten Willen aufbrächte. Wie ihr Vater besaß sie eine außerordentlich hohe Intelligenz; sie war nicht nur imstande, den ganzen Lehrstoff zu verarbeiten, sondern sie begriff darüber hinaus vieles von den Geheimnissen des Lebens, die man vor ihr zu verbergen suchte. Noch war sie aufgrund ihrer Jugend gezwungen, schweigend die geforderte Disziplin, die Vorstellungen, Meinungen und Vorurteile der anderen zu akzeptieren, doch in ihrem Inneren begannen Widerspruch und Auflehnung immer lauter ihre mißtönenden Stimmen zu erheben.

Nach Rudolfs Tod wurde eine Französin, Madame Eugenie Touzet, mit der Zusammenstellung von Elisabeths Lehrplan betraut. Dieser Lehrplan umfaßte den Zeitraum von mehreren Jahren und enthielt folgende Fächer: fünf lebende Sprachen, die perfekt beherrscht werden mußten, Deutsch, Englisch, Französisch, Ungarisch und Italienisch. Bis zu ihrem Tod als Achtzigjährige sprach Elisabeth diese Sprachen einwandfrei, obwohl ihr seit Jahren die Praxis fehlte. Die Wände des Studierzimmers waren mit Landkarten der verschiedenen Erdteile bedeckt; Darstellungen des Mondes, verschiedener Tiere usw. wiesen darauf hin, daß sie auch in Geographie, Mineralogie, Zoologie und Astronomie unterrichtet wurde. Besonderes Augenmerk wurde auf den Geschichtsunterricht gelegt, und zwar sowohl allgemeine Geschichte wie auch die Geschichte des Reiches und die Geschichte der Familie Habsburg, dann Kirchengeschichte, Liturgie und Religion; letztere wurde von Pater A. Fischer-Colbrie gelehrt. Wesentlichen Raum nahm der Gesangs- und Musikunterricht sowie der Zeichenunterricht ein, wofür Elisabeth besonderes Talent bewies. Auch die Kunst, einen Raum einzurichten und auszustatten, durfte nicht vernachlässigt werden, denn die Frauen sollten imstande sein, den ihrem persönlichen Wesen entsprechenden Rahmen zu schaffen. Seltsamerweise lernte Elisabeth auch alles über das Geld, obwohl sie selbst nie damit in Berührung kam. Großes Gewicht wurde auf Etikette, gutes Benehmen, Tanz, Konversation und graziöse Bewegung gelegt. Franz Joseph selbst überwachte Elisabeths Schulung, er erschien oft unangekündigt während des Unterrichts, um sich davon zu überzeugen, daß seine Enkelin gute Fortschritte machte. Die Kleine liebte den alten Mann, seine Besuche waren für sie Freude und Ehre zugleich. Sie lernte leicht, weil sie von Natur aus wißbegierig war, für ihren Großvater aber strengte sie sich besonders an, sein Lob erfüllte sie mit Stolz und Dankbarkeit.

Die Erziehung, die im 19. Jahrhundert den Erzherzoginnen und überhaupt allen jungen Mädchen der Aristokratie zuteil wurde, war viel umfassender, als man es sich heutzutage vorstellt. Man war der Meinung, daß die handwerklichen Fertigkeiten nicht vernachlässigt werden dürften. So wie ihre Freundinnen und Kusinen lernte auch Erzsi zu sticken, zu nähen, zu stopfen; etliche der Mädchen waren überaus geschickt im Umgang mit Nadel und Faden und konnten so manchen schönen Wandteppich anfertigen. Selbstverständlich lernte man auch Kochen. Elisabeth hatte schon sehr früh damit begonnen, denn ihr Vater hatte seinen Spaß daran gehabt, wenn er die kleine Köchin am Herd herumwerken sah, und er hatte ihr immer wieder versichert, sie koche ausgezeichnet. Alle diese Tätigkeiten mußten erlernt werden, um den Mädchen das rechte Verständnis für ihren künftigen Lebensinhalt beizubringen; auch würden einige später einen großen Haushalt unter sich haben, und bekanntlich kann man der Dienerschaft nur dann sinnvolle Befehle erteilen, wenn man selbst etwas davon versteht. Schließlich wurde noch das Kapitel Körperpflege behandelt, ohne aber damit weiter die Eitelkeit anzufachen; dann die Art und Weise, mit Menschen aus anderen sozialen Schichten umzugehen, nicht zu vergessen die Kunst, einem Bittsteller mit Verständnis und Diskretion entgegenzukommen. Wenn ein junges Mädchen diesen Bildungsweg, der sozusagen an der Wiege begann, durchlaufen hatte, galt sie nach allgemeiner Ansicht als perfekte junge Dame. Spätestens mit 18 Jahren, oft auch schon früher, mußte sie reif genug sein, einem Mann angetraut werden zu können, der stets aus Erwägungen der Vernunft ausgewählt wurde und dessen eventuell vorhandenen unerfreulichen Eigenschaften als nebensächlich abgetan wurden. Unter eben solchen Umständen war Stephanie mit Rudolf verheiratet worden. In der Vergangenheit hatte Marie Louise von Habsburg-Lothringen (1791–1847), Tochter Kaiser Franz I. von Österreich, das gleiche Schicksal erlitten; sie war 1810 durch ihre Vermählung mit

Napoleon I. Kaiserin der Franzosen geworden. Elisabeth aber lehnte sich gegen diese Unterdrückung auf, sie ging eine Liebesheirat ein. Freilich sollte sich in ihrem Fall herausstellen, daß die Liebe keine Garantie für dauerhaftes Glück bietet, ja, daß in diesem Fall die Weisheit vielleicht doch eher auf Seiten der Tradition liegt.
Franz Joseph kümmerte sich aber nicht nur um die Erziehung Elisabeths, er war auch in ständiger Sorge um ihre Gesundheit und ihr Wohlbefinden. Die väterliche Fürsorge, mit der er sie behandelte, weckte in dem Mädchen eine tiefe, respektvolle Zuneigung zu dem Mann, der mit so großer Güte und Geduld Vaterstelle an ihr vertrat. Doch obwohl Erzsi mit so viel Liebe umgeben wurde, litt sie, je älter sie wurde, immer mehr unter dem Bewußtsein, eben doch nur ein Mädchen zu sein. »Ich bin von Anfang an ein Irrtum des Schicksals«, dachte sie. »Und zwar ein unverzeihlicher Irrtum. Man behandelt mich bei Hof zwar achtungsvoll, aber im Grunde sieht man in mir doch nur das junge Mädchen. Und später, wenn ich erwachsen bin, wie soll ich dann allein mein Leben meistern, nur mit Hilfe derer, denen ich wirklich zugetan bin? Denn am Hof werde ich wie mein Vater immer ein Einzelgänger bleiben.«
Der Kaiser hatte die Gräfin Elisabeth Coudenhove dazu bestellt, dem Haushalt Elisabeths vorzustehen. Sie wurde ihr Mutter und Freundin zugleich. Sie war sehr fromm und eine starke Persönlichkeit; bis zu Elisabeths Heirat blieb sie bei ihr, dann trat sie in den Wiener Salesianerinnenorden ein. Doch obwohl Elisabeth von allen Seiten mit so viel von Herzen kommender ehrlicher Zuneigung bedacht wurde, litt sie doch unter einem unbestimmten Gefühl der Einsamkeit, wie nur ein Kind leiden kann. Sie fühlte sich als Waise nicht nur von ihrem Vater verlassen, sondern ebensosehr von ihrer Mutter. Rudolfs Name war tabu! Niemand wagte es, auch nur eine Andeutung zu machen. Sie hatte den Wunsch, diese Mauer des Schweigens zu durchdringen, mehr zu erfahren als das, was sie aus einigen geheimnisvollen Bemerkungen entnommen hatte. Sie versuchte offen mit ihrer Mutter darüber zu sprechen, diese aber war noch immer so voller Groll über das erlittene Unrecht, daß allein die Erwähnung von Rudolfs Namen ein Gefühl verzweifelter Aggressivität in ihr hochsteigen ließ. Sie, die kein Mitgefühl kannte, konnte auch nicht vergeben. Immer öfter war Stephanie unterwegs, die

zwei offiziellen Funktionen, die ihr verblieben waren, genügten nicht, um sie zurückzuhalten. Sie hatte das Protektorat über das Rote Kreuz und die Aufsicht über die Fortführung und Veröffentlichung von Rudolfs unvollendeten Werken, darunter eine Enzyklopädie in 24 Bänden »Die österreichisch-ungarische Monarchie«. An die 500 Personen arbeiteten an diesem Werk, das erst im Februar 1902 herausgegeben wurde. Es war vor allem ihre Stellung bei Hof, die sie als unerträglich empfand. Zu offensichtlich war die Diskrepanz zwischen dem ihr vom Kaiser belassenen Titel der Kronprinzessin und ihrer effektiven Zurückstellung hinter der Erzherzogin Maria Theresia, der Frau von Kaiser Franz Josephs Bruder Karl Ludwig. Für Stephanies verletzten Stolz gab es nur zwei Möglichkeiten – nicht mehr in der Öffentlichkeit zu erscheinen oder abzureisen. Natürlich wählte sie zweiteres, denn wenn sie auf Reisen war, hatte sie das Vergnügen, sich überall entsprechend ihres Titels behandelt zu sehen und den Platz einzunehmen, den sie selbst für sich als einzig richtigen beanspruchte: den ersten!

In den Jahren 1889 bis 1895 nahm Stephanie auf ihre Reisen einen ganzen Hofstab mit, einen Obersthofmeister, einen Sekretär, zwei Hofdamen, einen Diener, zwei Kammerzofen, einen Koch und ihren Arzt. Da sie inkognito bleiben wollte, nahm sie alle möglichen Phantasienamen an, wie den einer Gräfin von Eppan, einer Gräfin Lacroma usw.

1892 besuchte sie Korfu, Brindisi, Malta, Tunis und Sizilien. 1893 fuhr sie nach Schweden, Norwegen, an die Fjorde, zum Cap Nord, nach Dänemark.

1894 machte sie mit einem Schiff von Lloyd, der »Triest«, eine mehrere Wochen dauernde Kreuzfahrt nach Sizilien, entlang der nordafrikanischen Küste, zu den Balearen, Sardinien und Korsika. 1895 unternahm sie, wieder auf der »Triest«, eine Kreuzfahrt nach Dalmatien, Griechenland, Palästina, Ägypten, Sizilien und Kreta. Noch im selben Jahr stattete sie der englischen Königin Viktoria auf der Insel White einen Besuch ab.

Zwischen diesen Reisen hielt sie sich zu Kur- oder Erholungsaufenthalten in Miramare, Abbazia oder Gries bei Bozen auf, wohin sie dann oft ihre Tochter mitnahm. Alles in allem war sie noch seltener am Hof anwesend als Kaiserin Elisabeth. Stephanies Kritiker erhoben immer lauter ihre Stimmen. Man warf ihr vor, sie versuche nicht einmal den Anschein zu wahren, eine trauernde Witwe zu sein, und man beschuldigte sie, ihre liebenswerte, zauberhafte kleine Tochter zu vernachlässigen. Stephanie war jung, sie liebte das Leben, und sie wollte ihre endlich gewonnene Freiheit genießen, ihre Tage nach Lust und Laune verbringen. Sie spielte sehr viel Tennis, oft mit jungen Offizieren, unter denen sie mehr als nur einen Flirt fand. Sie hatte ihr Interesse fürs Roulette entdeckt, und so sah man sie häufig in San Remo am Spieltisch. Einen großen Teil ihrer Zeit widmete sie ihren Schneiderinnen und Modistinnen, der Korsettmacherin und dem Schuhmacher, ihre Eleganz war zweifellos unvergleichlich. Auch damals wechselte die Mode häufig, dabei wurde sie von wirklichen oder auch vermeintlichen Elementen der bodenständigen Wiener Kleidung beeinflußt. Es gab wesentliche Strömungen wie die der 80er Jahre, wo der berühmte österreichische Maler Hans Makart nicht nur die Einrichtung der Salons mit seinem orientalischen Stil beeinflußte, sondern auch mit den historischen Kostümen, die er aus Anlaß der silbernen Hochzeit des Kaiserpaares entwarf, der Mode einen entscheidenden Impuls gab. Er brachte eine neue Farbe ins Spiel, das »Makart-Rot«; die Damen waren verrückt danach. Er führte die Verwendung von Plüsch, Brokat und schweren Seidenstoffen ein, von ihm stammen auch die Entwürfe für die »Makart-Hüte«, die mit vielfarbigen Straußenfedern aufgeputzt waren.

Als Prinzessin Pauline Metternich von Paris zurückkehrte, wurde sie in der Wiener Gesellschaft sehr rasch tonangebend. Sie führte die Pariser Mode ein, denn die von ihr verwendeten Stoffe, Hüte und Farben erschienen den anderen Damen von begehrenswerter Originalität.

Stephanie, die sich stets nach der letzten Mode kleidete, hatte vor 1890 den sogenannten »cul de Paris« übernommen, durch den die untere Rückenpartie der Damen ein überaus voluminöses Ausmaß erhielt. Diese Geschmacksverirrung dauerte aber nur kurze Zeit und wurde bald von schmalgeschnittenen Röcken abgelöst. Das Modejournal »Wiener Mode« holte sich seine Inspirationen für die Abendtoiletten in Paris und für den Tag in London. Die Prüderie jener Zeit erlaubte es den Frauen lediglich, ihr Gesicht und ihre

Hände zu zeigen, sogar die Knöchel verschwanden unter den üppigen Röcken. Diejenigen unter den Frauen, die zur Koketterie neigten, mußten ihre Zuflucht bei der Mode suchen. Die Kleider dienten hauptsächlich dazu, die verborgenen weiblichen Reize besser zur Geltung zu bringen, und bald konnten die Modeschöpfer der Versuchung nicht widerstehen, alle Körperformen, die zum weiblichen Erfolg damaliger Zeiten als unabdingbar betrachtet wurden, in übertriebener Weise herauszustellen. Das übermäßig enggeschnürte Mieder drückte die Brust heraus, die Taille, die in zwei konkaven Linien verlief, war unnatürlich schmal, dafür sprang das Hinterteil umso weiter vor. Zu diesem Zweck befestigte man mit Eisenringen Stoffpölster unter den Röcken. Diese aufwendige, voluminöse Mode und die große Anzahl der erforderlichen Toiletten bedingten bei jeder Reise das Mitführen riesiger Koffer und eigenen Personals für die Betreuung der Kleider.

Wenn Stephanie in die Hofburg oder nach Laxenburg zurückkehrte, lud sie ihre Verwandten und Freundinnen zu Besuch. Erzsi wußte, daß man von ihr bei solchen Gelegenheiten perfekte Kleidung erwartete, was sonst nicht der Fall war, da ihre Garderobe für gewöhnlich von größter Bescheidenheit war. Elisabeth kannte die Rolle, die sie spielen sollte, genau. Wenn sie im Salon erschien, mußte sie sich respektvoll und bescheiden im Hintergrund halten; dabei war sie in Wirklichkeit weder das eine noch das andere. Manchmal fand sie die Kleider, die ihre Mutter und die Besucherinnen trugen, mehr als lächerlich, und sie konnte sich nur mühevoll beherrschen, nicht herauszulachen. Besonders komisch fand sie die riesigen Puffärmel und dic hohen Hüte, die auf den aufgetürmten Locken schwankten. Dann setzte Erzsi sich neben ihre Mutter und dachte dabei, nun würden die Damen das hübsche Bild von Mutter und Tochter bewundern und nachher darüber reden.

Am ersten Mai nahm Elisabeth Marie am Blumenkorso teil, der im Prater abgehalten wurde. Für die Wiener war das das schönste Frühlingsfest, hier gab es die schönsten Wägen zu bewundern. In diesem Jahr erschienen sie wenn möglich noch zahlreicher als sonst, sie wußten, daß sie ihre geliebte kleine Liesl inmitten der Blumen entdecken würden. Das Organisationskomitee, dem Graf Wilczek und Graf Larisch angehörten, hatte sich alle Mühe gegeben; trotzdem war es unvermeidlich, daß alle Zufahrtsstraßen hoffnungslos verstopft waren. Dadurch entstand eine zweistündige Verzögerung, ehe die ungeduldig stampfenden Pferde zum Defilée durch die wunderschöne Kastanienallee aufbrechen konnten; die mächtigen Bäume waren übersät von tausenden weißen und rosa Blütenpyramiden. Die Neugier der Zuschauer richtete sich besonders auf die ersten Wagen, in denen Erzherzog Franz Ferdinand von Österreich-Este sowie die Erzherzöge Otto und Ludwig Viktor saßen. Dann folgte eine elegante Kalesche mit dem kaiserlichen Wappen, gezogen von vier prächtigen rotbraunen Stuten, in welcher Kronprinzessin Stephanie saß. Sie erregte allgemeine Bewunderung mit ihrem spitzenbesetzten lila Musselinkleid und dem Lamballe-Hut. Elisabeth Marie saß neben ihrer Mutter, sie trug ein einfaches weißes Batistkleid. Sie wurde von den Wienern besonders herzlich begrüßt, die ganze Fahrt hindurch ertönten die lauten Rufe »Unsere Liesl! Unsere Liesl!«. Und die Kleine dankte lächelnd nach allen Seiten und winkte mit ihrem weißen Taschentuch. Angesichts dieser Sympathiebezeugungen der Bevölkerung dachte sie, daß ein Gutteil davon wohl auch der Erinnerung an ihren Vater gelte. Die nachfolgenden Wägen waren von Erzherzog Karl Ludwig, den Erzherzoginnen Annunziata, Maria Theresia usw. besetzt. Die Prinzessin Louise von Sachsen-Coburg, Stephanies Schwester, trug ein Kleid aus indischer Seide, bestickt mit kleinen Veilchen. Weiters sah man die Prinzen Ludwig von Bayern, Philip von Sachsen-Coburg, Emmanuel von Orléans und den Fürsten Don Miguel von Braganza. Der Ministerpräsident Prinz Windisch-Graetz saß mit seiner Tochter in einer über und über mit Rosen und Flieder geschmückten Kutsche, die Kutsche des Grafen Wurmbrand war ein wahrer Traum aus Maiglöckchen, weißem Flieder und weißen Rosen, die von vier Füchsen gezogene Kutsche des Grafen Széchényi war mit gelben Rosen geschmückt, und der Wagen des Prinzen und der Prinzessin Fürstenberg verschwand förmlich unter einer Woge von gelben Akazienblüten. Diese herrlichen, blütenübersäten Kutschen bildeten natürlich den Mittelpunkt des allgemeinen Interesses. Der Zug schien kein Ende zu nehmen, von Zeit zu Zeit schien er etwas in Durcheinander oder ins Stocken zu geraten; die Pferde waren nervös und die Reiter wurden immer wieder vom Anblick der anwesen-

den Damen abgelenkt. An keinem anderen Tag im Mai konnte man in der warmen Sonne so viele prächtige Equipagen und so viele wunderschöne Blumen bewundern!
Am 16. Juni 1895 nahm Elisabeth Marie vom Balkon der Hofburg aus, der auf den Michaelerplatz hinausgeht, an der Fronleichnamsprozession teil, die jedes Jahr mit großem Prunk abgehalten wurde. Mit großer Bewunderung blickte sie auf den Kaiser, der, dem Kardinal vom Stephansdom aus folgend, in tiefster Andacht versunken schien.
Erzsi war zu einem jungen Mädchen herangewachsen, und ihr Großvater war der Meinung, sie sollte von nun an bei bestimmten Anlässen offiziell in Erscheinung treten.
Noch am Abend des 16. Juni fuhr sie zum kleinen Schloß Mürzsteg, wo sie in den Bergen südlich von Wien einen Teil des Sommers verbringen sollte. Die frische Luft würde Erzsi guttun. Ihre zarte Gesundheit war immer wieder Anlaß zur Sorge für ihren Großvater; Elisabeth war sein großer Liebling, so wie sie der Liebling der ganzen kaiserlichen Familie war. Die österreichischen Zeitungen schrieben von ihr als der kleinen Prinzessin mit den himmelblauen Augen und den goldenen Locken, es hieß, »die kleine Frau« habe bereits eine unüberschaubare Zahl an Bewunderern und Freunden, sie gewinne alle Herzen durch ihr ungekünsteltes, stets bereites Lächeln. An einem Tag im Dezember 1895 empfing Elisabeth ihre erste heilige Kommunion. Die Feier fand in der Hofburg in der Josephikapelle statt unter Prälat Dr. Laurenz Mayer. Kaiser Franz Joseph war anwesend, ebenso Erzherzogin Stephanie mit ihren Damen, weiters Frau Touzet, alle Professoren und Lehrerinnen, wie auch das gesamte Dienstpersonal. Erzsi bot einen reizenden Anblick in ihrem schlichten, bis zum Boden reichenden weißen Kleid und dem weißen Schleier. Der Kaiser war sichtlich bewegt. Am 10. Dezember schrieb er einen Brief an Kaiserin Elisabeth, in welchem er berichtet, Erzsi sei sehr andächtig und liebenswert gewesen. Dann fügt er noch hinzu, er sei zutiefst erschüttert gewesen und habe bei dem Gedanken an Rudolf und seine kleine Waise die Tränen nicht zurückhalten können.

Vieruhrtee beim Kaiser

Eines Tages im Juni 1896 saß dieser Monarch, der nur für seine Arbeit und seine Pflicht lebte, in der Hofburg an seinem Schreibtisch und studierte aufmerksam die Dokumente, die man ihm vorgelegt hatte. Doch so sehr er auch versuchte, sich zu konzentrieren, so ließ sich doch diese tiefe Traurigkeit nicht beiseiteschieben, die auf ihm und somit auf jedem seiner Gedanken wie ein grauer Nebelschleier lastete. Er nahm all seine Kraft zusammen, um die Bilder, die sich immer wieder vor sein inneres Auge schoben, zu verdrängen, vergebens: Mit übergroßer Deutlichkeit sah er seine beiden Brüder Maximilian und Karl Ludwig vor sich, als wären sie soeben aus dem Reich der Toten zu ihm zurückgekehrt. Das Gefühl quälender Angst und lastender Selbstvorwürfe, das jenes tragische Schicksal von Maximilian, Kaiser von Mexiko, in ihm hervorgerufen hatte, war beinahe noch ebenso wach wie damals vor neunzehn Jahren. Der Abschied von Wien und die Abreise aus Österreich hin zu fernen und beinahe unbekannten Ländern war an jenem 14. April 1864 geprägt gewesen von Glorie, Ambition und Hoffnung. Über allem lagen die Klänge von patriotischen Hymnen und Siegesmärschen. Und doch konnte das alles die leise sich regenden Zweifel an der Entwicklung der Zukunft nicht völlig übertönen. Die Pessimisten sollten recht behalten; nach zwei Jahren unermüdlicher Versuche, Entbehrungen und immer neu aufflackernder Kämpfe gipfelte das dramatische Geschehen in einer grausamen, blutigen Tragödie rund um den Zusammenbruch der Macht und den heldenhaften Tod eines Habsburgers, der am 19. Juni 1866 auf fremder Erde fusiliert wurde. Bis zum letzten Augenblick hatte sein Stolz ihm geholfen, seine Würde, seine christlichen Ideale und die Ehrerbietung gegenüber seiner Familie zu bewahren.

Im Jänner 1868 überquerte die Fregatte »Novara«, die Maximilian einst seinem Schicksal entgegengetragen hatte, noch einmal den Atlantischen Ozean. Admiral Tegetthoff führte den toten Helden heim nach Österreich; dort wurde er, entsprechend seiner hohen Geburt, in der Kaisergruft unterhalb der Kapuzinerkirche in Wien bestattet.

Maximilian und seine schöne Gemahlin Charlotte von Belgien waren von der selben Liebe und vom selben Ehrgeiz erfüllt gewesen; nun hatten Tod und Wahnsinn sie auf ewig voneinander getrennt. Charlottes Verstand zerbrach an den Qualen, denen ihre Seele durch die anstürmenden Schicksalsschläge unterworfen war. Sie war dazu verurteilt, in einem Zustand geistiger Umnachtung dahinzudämmern, und erst im Alter von 87 Jahren, 1927, wurde sie vom Tod erlöst. Sie wurde in Belgien begraben. Doch ein Drama viel jüngeren Datums verdrängte diese Erinnerungen in das Schattenreich der Vergangenheit. Vor wenigen Wochen erst war der zweite Bruder Franz Josephs, Karl Ludwig, gestorben. Der Kaiser hatte diesem jüngeren Bruder stets besondere Zuneigung entgegengebracht. Als Kinder waren sie einander sehr nahegestanden und als Erwachsene kamen sie einander noch näher. Karl hatte keinen Ehrgeiz, die anspruchslosen Aufgaben, die man ihm zugedacht hatte – Statthalter von Tirol und von Galizien –, hatte er in aller Bescheidenheit erfüllt. Seine Liebe galt den schönen Künsten, er unterstützte Vereinigungen verschiedenster Zielrichtungen und widmete sich ansonsten seiner Familie. Das Schicksal hatte ihm drei Frauen und sechs Kinder beschert. Seine Frömmigkeit veranlaßte ihn, eine Pilgerfahrt nach Palästina zu unternehmen und dort in gläubiger Unschuld vom verseuchten Wasser des Jordans zu trinken. Am 19. Mai 1896 starb er nach seiner Rückkehr nach Wien im Alter von 63 Jahren an einer Magen- und Darminfektion. Der Schmerz über diesen plötzlichen Verlust seines jüngeren Bruders lastete auf Franz Joseph und mit einemmal hatte er das Gefühl, es ginge über seine Kräfte, sich von den Toten zu lösen und die Einsamkeit zu besiegen. Doch gab es da etwas, was Hilfe versprach und wie ein Sonnenstrahl wieder das Lächeln in sein Leben brachte.

Punkt sechzehn Uhr öffnete ein Lakai behutsam und leise die große Türe und kündigte Erzherzogin Elisabeth Marie an. Wie schon öfters hatte der Kaiser den Wunsch geäußert, sie ganz allein zum

Tee bei sich zu sehen. Kaum war sie eingetreten, versank sie in einem tiefen, graziösen Knicks, dann eilte sie leichten Schrittes auf ihren Großvater zu und küßte ihm die Hand. Der Kaiser lächelte der lieblichen Erscheinung zu und zog sie in seine Arme. Erzsi war noch nicht ganz dreizehn Jahre alt, sehr groß und schlank. Es war ihr anzumerken, daß sie darunter litt, wie ein Kind kurze Kleider und Söckchen tragen zu müssen, obwohl sie sich bereits ganz als junge Dame fühlte. Mit ihren blonden Locken, dem klaren Teint und den glänzenden Augen war sie der Inbegriff von Frische und strahlender Lebensfreude. Franz Joseph wandte der Vergangenheit energisch den Rücken zu und widmete sich ganz den Freuden des gegenwärtigen Augenblicks.

Erzsi kannte jede Einzelheit im Arbeitszimmer ihres Großvaters. Die Wände waren mit leicht verblichenem rotem Damast bedeckt, ebenso die Fauteuils aus dunklem Holz, und die Vorhänge aus dem gleichen Stoff vervollständigten das einheitliche Bild. Über allem lag ein seltsames Gemisch aus Behaglichkeit und Prunk. Doch jedesmal, wenn Erzsi bei ihrem Großvater zu Besuch war, betrachtete sie alles wieder genau mit neugierigen Blicken, sie beobachtete und überlegte und die Gedanken, die sie sich machte, waren längst nicht mehr die eines Kindes. Besondere Ehrfurcht empfand sie vor dem Schreibtisch ihres Großvaters, denn sie wußte, alles, was hier unterschrieben wurde, bedeutete Einfluß und Schicksal bis an die äußersten Grenzen des Reiches. Einen Augenblick lang trafen ihre schönen blauen Augen die großen dunklen, unergründlichen Augen ihrer Großmutter Kaiserin Elisabeth. Ihr Bild stand auf dem Schreibtisch gegenüber dem Kaiser, und der Maler Raab hatte es so gestaltet, daß der Kaiser bei seiner täglichen Arbeit dem Blick Elisabeths begegnen konnte. So war er, auch während ihrer langen Abwesenheit, von der starken Ausstrahlung ihres zugleich warmen und unergründlichen Wesens umgeben. Noch mehr aber faszinierte Erzsi das Porträt des Malers Winterhalter. Vor dem Hintergrund eines romantischen Himmels stand Elisabeth in einem üppigen Kleid aus weißer Seide, eine Schulter entblößt, die Haare wie ein Umhang bis zur Taille herabfließend. »Wie schön sie ist«, dachte Erzsi, gleichzeitig fragte sie sich: »Und wie werde ich aussehen?«

Erzsi servierte den Tee. Franz Joseph selbst trank keinen, aber manchmal machte es ihm Vergnügen, die Teestunde und das damit verbundene Zeremoniell einzuhalten. Erzsi lud ihn ein, auch ein Stück Gugelhupf zu essen; diese Mehlspeise erfreute sich bei Hof großer Beliebtheit. Mit der Zeit ging Erzsi aus sich heraus, und es entspann sich ein ungezwungenes Gespräch. Franz Joseph machte eine Bemerkung über den Tod seines Bruders Karl, den Erzsi gut gekannt hatte. Ihre Lippen begannen zu beben, sie konnte kaum die Bitte zurückhalten: »Sprechen wir über meinen Vater!« Aber dann verließ sie doch der Mut, und sie verdrängte alle ihre Gedanken und Fragen, die keiner hören wollte. Dann sprach Franz Joseph über ihre Studien, er zeigte sich befriedigt darüber, daß sie fünf Sprachen fließend beherrschte, und es ihr dadurch möglich wurde, im Literaturunterricht die verschiedenen Schriftsteller in ihrer jeweiligen Muttersprache kennen- und lieben zu lernen. Er dachte dabei vor allem an die Zukunft und an die Rolle, die seine Enkelin eines Tages darin spielen sollte. Eifrig erklärte Erzsi, wie sehr sie sich für Botanik und Zeichnen interessierte, die ebenso im Lehrplan enthalten waren, wie ein Teil der Rechtskunde, der Philosophie und die Kunst der Konversation. Der Großvater hörte mit allem liebevollen Verständnis, das er für dieses junge Wesen aufbringen konnte, zu, erteilte auch hie und da einen Ratschlag. Dann sprachen sie über das Jagdschloß Mürzsteg, das 120 km von Wien entfernt hinter dem Semmering in den Bergen lag. Der Kaiser ging dort gern in der Jagdsaison auf Hirsche, und Erzsi sollte den Sommer dort verbringen, um der großen Hitze in der Stadt zu entkommen. Sie freute sich schon auf den kleinen Garten, in dem sie selbst Gemüse und Blumen pflanzen und ziehen durfte. Nachdem alle diese persönlichen Dinge ausführlich besprochen worden waren, mußte Erzsi sich verabschieden. In diesem Augenblick spürte sie, wie sich ihr ganzes Innere dagegen empörte, daß alle, die ihr nahestanden, das Andenken an ihren Vater vergessen oder zumindest doch verdrängen wollten. Ein Geheimnis schien ihn zu umgeben, niemals wurde sein Name erwähnt. Aber Erzsi war fest entschlossen, alles herauszufinden. Als hätte er etwas von ihren Gedanken erraten, ging es Franz Joseph sorgenvoll durch den Kopf: »Meine kleine Enkelin ist wie Rudolf«. Die Gouvernante wartete bereits, Erzsi machte ihren Knicks, ihr Großvater küßte sie auf die Stirne, und dann durfte sie sich entfernen. Endlich konnte sie wieder dem mühsam unterdrückten Drang freien Lauf lassen, zu schreien, zu lachen und zu rennen. Während ihres Besuches hatte sie die ganze Zeit das Gefühl gehabt, ein Soldat zu sein, einer jener Soldaten, die sie bei den Paraden so sehr bewunderte. »Mein Großvater hat mich mit dem selben durchdringenden Blick angesehen, mit dem er bei den Inspektionen Angst und Schrecken hervorruft«, dachte sie. »Meine Haltung muß einwandfrei sein, kerzengerade, den Kopf leicht nach hinten oder nach vorne geneigt, der Blick geradeaus gerichtet, Arme und Beine im vorgeschriebenen Winkel, der Gang leicht und geschmeidig, die Brust darf ich weder einziehen noch herausdrücken. Ich weiß das alles! Ich habe alles gelernt, denn mein Großvater stammt aus der Zeit, in der Frankreich und Spanien dem Hof ihre strengen Sitten aufgeprägt haben.«

Es scheint, daß die Jahre 1896 und 1897 für Elisabeth nach einem streng geregelten Schema abliefen, wobei sich Abweichungen nur durch den Wandel der Jahreszeiten ergaben. Elisabeth liebte alle Jahreszeiten, sie brachten Abwechslung in ihr Leben. In der Übergangszeit wohnte sie in der Hofburg. Da war es dann immer ein besonderes Vergnügen, wenn sie von der Kaiserloge aus eine Oper, ein Ballett oder ein klassisches Theaterstück miterleben durfte, wobei es freilich nur wenige Stücke gab, die von der überaus strengen Zensur als moralisch einwandfrei zugelassen wurden. Die fröhliche Ausgelassenheit der Operetten rief jedesmal ein Gefühl euphorischer Hochstimmung in ihr hervor. Sowie die ersten warmen Frühlingstage kamen, übersiedelte sie nach Laxenburg. Dort konnte sie verschiedene Sportarten ausüben. Die Ausflüge mit dem Fahrrad verliehen ihr ein berauschendes Gefühl von Schwerelosigkeit, Geschwindigkeit und Freiheit. Sie besaß einige sehr schöne Pferde, machte lange Ausritte und befaßte sich mit Dressurreiten. Sie gab jeden Anlaß zur Hoffnung, daß sie eine ausgezeichnete Reiterin werden würde. Sie war auch eine begeisterte Tennisspielerin, denn da sie ihre Partner dabei oft besiegte, gab ihr dieses Spiel ein herrliches Gefühl der Überlegenheit. Erzsi war auch eine gute Schwimmerin. Wenn sie sich in Miramare aufhielt, sprang sie völlig unerschrocken in die Meereswogen, freilich zum großen Entsetzen ihrer Begleitung und des unglücklichen Schwimmlehrers.

Manchmal begleitete Erzsi ihre Mutter zu einer offiziellen Feier; dadurch bekam sie den Eindruck, daß das Leben im Kaiserreich aus einer nicht endenwollenden Reihe von musikerfüllten Festlichkeiten bestand. Am 16. Mai 1897 fuhren sie und Stephanie mit der Kutsche nach Preßburg, wo eine große Feier unter Anwesenheit des Kaisers stattfinden sollte. Ein großes Denkmal zur Erinnerung an die Krönung ihrer kaiserlich-königlichen Majestäten sollte enthüllt werden. Liesl, im Volksmund auch »die kleine Frau« genannt, war überaus beliebt und wurde freudig begrüßt. An diesem Tag war sie vor allem vom glanzvollen Bild der Armee beeindruckt, von den zahlreichen Würdenträgern und Repräsentanten der verschiedenen Konfessionen, den Deputanten aller möglichen Organisationen, den prunkvollen Uniformen. Und so wie jeden in der dichtgedrängten Menge erfaßte auch sie ein Schauer der Erregung, als die Trommeln und Trompeten mit einem mitreißenden Militärmarsch das Erscheinen des Kaisers ankündigten.

Rudolfs Andenken

Hoch aufschäumend, dann wieder träge dahinrollend warfen sich die Wogen in ewig wiederkehrendem Rhythmus gegen den nackten grauen Felsen, der wie der Bug eines Schiffes ins Meer hinausragte. Weiter zurückliegend im Land, dort, wo das Meer nicht hinreichte, wurde die karge Öde dieses Ortes durch eine üppig wuchernde Vegetation etwas gemildert. Ferdinand Maximilian, Kommandant der Kriegsflotte, stand auf der Brücke seines Schiffes und versuchte, mit Hilfe seines Fernglases die Küste zu erforschen. Er sah, daß das Kap von Menschen unbewohnt war und beschloß, dort ein Schloß als ständigen Wohnsitz für sich und seine geliebte Frau Charlotte zu errichten. Das Paar hielt sich nur ungern am Wiener Hof auf, denn Maximilian fand dort wenig Beachtung und Verständnis. Hingegen genoß er bei der Bevölkerung von Triest und der angrenzenden Küstenstriche große Popularität. In der Marine bewunderte man die beispielhaften Reformen, die er in die Wege geleitet hatte, sowie die abenteuerliche Fahrt, die das Schiff »Navara« rund um den Erdball unternommen hatte.

Während das geplante Schloß immer mehr Gestalt annahm, wohnten Maximilian und Charlotte auf der zauberhaften Insel Lacroma gegenüber von Ragusa. Das Schloß Miramare erhob sich wie eine Festung auf dem Felsen, die dicken, hohen Mauern waren wie ein Wall, der es gegen die anstürmenden Wogen schützte, zugleich boten sie Platz für weitläufige Terassen, von denen aus man das Adriatische Meer bis hin zu den Küstenstrichen, die sich am Horizont abzeichneten, überblicken konnte. Der Baumeister hatte einen neo-klassizistischen Stil, vermengt mit verschiedensten anderen Elementen, gewählt. Sowie das Schloß fertig gebaut war, wurde das kaiserliche Banner auf dem zinnenumgebenen Turm aufgezogen. Der Garten war entsprechend dem Geschmack der damaligen Zeit in

romantisch-phantasievoller Form angelegt. Überall gab es kleine Pavillons, in denen man sich Stelldicheins geben konnte, und von Kletterrosen und Akazien überwucherte Pergolas. An die Blumenbeete und die zugestutzten Büsche grenzte ein dichtes Wäldchen.
Nach dem tragischen Ende des mexikanischen Abenteuers schien es, als würde das Schloß für immer verwaist bleiben. Erst viele Jahre später, nach der Tragödie von Mayerling, stellte Franz Joseph es der Witwe seines Sohnes Rudolf zur Verfügung. Stephanie entdeckte bald ihre Liebe zur Küstenlandschaft des Adriatischen Meeres und dem dort herrschenden milden Klima. Ohne Zweifel fühlte sie sich von der fröhlichen Atmosphäre der nahegelegenen Stadt Triest angezogen, wo es täglich neue Gelegenheiten zur Zerstreuung gab. Hier konnte sie die Rolle spielen, die ihr in Wien verwehrt war. Wo auch immer sie hinkam, wurde sie bewundert und gefeiert. Sie liebte es, ihre Tage mit einem reichen Programm anzufüllen, sie nahm an allen Empfängen, Bällen, Soiréen und Gartenfesten teil, die zur Unterhaltung der in den Hafenstädten Pola und Triest stationierten adeligen Offiziere veranstaltet wurden. So fuhr sie jedes Jahr wieder nach Miramare und dehnte ihren Aufenthalt jedesmal auf einige Monate aus. Elisabeth, könnte man sagen, war sowohl ein Kind der Donau als auch des Adriatischen Meeres.
Da ihre Mutter ausschließlich ihrer Eitelkeit und ihrem Vergnügen lebte, genoß Elisabeth in Miramare viel größere Freiheit als in Wien. Suares hat gesagt »Die Jugend ist die Zeit der Kraft«. Und ebendiese Kraft fühlte Erzsi in sich aufsteigen und wachsen. Sie blieb sich aber stets darüber im klaren, daß sie in ihrem Alter noch kein Recht hatte, allzu starke persönliche Neigungen hervorzukehren. Noch durfte sie sich keinerlei Abweichung von den strikten Regeln der Konvention erlauben, aber im stillen focht sie ihre Richtigkeit sehr wohl an und fand vieles daran lächerlich. Diejenigen, die sie erzogen hatten, auch der Hofkaplan, glaubten, sie hätten die Prinzipien der Disziplin und der christlichen Moral unverrückbar in ihr verankert. Sie ahnten nicht, daß Elisabeth insgeheim zu einem reifen Menschen heranwuchs, der gewillt und fähig war, entsprechend seinem eigentlichen Charakter und seinen persönlichen Wünschen zu leben.
Erzsi war erfüllt von einer gesunden Neugier – manche werden sie

vielleicht auch als ungesund bezeichnen –, die sie dazu trieb, unermüdlich in aller Stille jedem Hinweis nachzugehen, der eine Lösung jenes Geheimnisses versprach, das von ihrer Familie und allen Menschen ihrer Umgebung über die Erinnerung an ihren Vater gelegt worden war. Es schien, als wage niemand das Schweigen zu durchbrechen, das seit seinem Tod vor nunmehr zehn Jahren wie ein Bann über seiner Person lastete. Erzsi litt unter der Vorstellung, daß ihr Vater aus ihrem Leben ausgeschlossen bleiben sollte. Er war ihr so nahegestanden, daß sein Bild und die Erinnerung an jene fröhliche, von Zärtlichkeit erfüllte Zeit ihrer frühen Kindheit unversehrt in ihrem Herzen überdauert hatte. ›Rudolf ist mein Vater‹, dachte sie. ›Mein Vater! Ich habe ein Recht darauf zu erfahren, warum sein Name, der zu seinen Lebzeiten geehrt worden ist, nach seinem Tod mit Schande belegt wurde. Zweimal im Jahr führt man mich in die dunkle, kalte Gruft der Habsburger, ich lege meinen Kranz auf den Sarkophag und bete. Neben mir sehe ich den Kaiser, er ist ernst und schweigsam, und auch er betet. Dieses Schweigen lastet vor und nach dem Besuch der Gruft auf uns. Meine Großmutter Elisabeth geht immer allein hinunter, als hätte sie immer noch vertrauliche Dinge mit ihrem Sohn zu besprechen und als könnte sie Antwort von ihm erhalten. Für mich wird sie immer mehr zu einem unwirklichen Wesen und trotzdem empfinde ich das Bedürfnis mit ihr zu sprechen.‹

›Welche Überraschung, mein Wunsch ist in Erfüllung gegangen! Eines Tages hat Ihre Majestät, meine Großmama, ihren Besuch bei mir angekündigt. Sie war soeben von Korfu zurückgekehrt, sie war per Schiff über die Adria gekommen und wollte meine Mutter in Miramare besuchen. Ein seltener und unerwarteter Besuch! Eine Feengestalt, die vom Meer her kommt! Sowie ich von ihrer Ankunft hörte, lief ich zu dem kleinen Wäldchen, um einige Blumen für sie zu pflücken. Sie zieht diese wildwachsenden Blumen allen noch so schönen Blumen aus dem Garten vor. Im Schloß herrschte große Aufregung, umso mehr, als meine Mutter krank war und in ihrem Zimmer bleiben mußte. Zum Glück! denn so machte Großmama ihr nur einen kurzen Besuch (die Beziehung zwischen ihnen war nie besonders harmonisch gewesen), dann ließ sie mich kommen. Ich bekam vor lauter Aufregung und Schüchternheit keine Luft, trotz-

dem war ich froh, mit ihr allein zu sein, denn ich dachte, so würde es leichter sein mit ihr zu sprechen. Großmama war an diesem Tag besonders herzlich und gesprächig. Sie erzählte mir spontan einige Anekdoten aus ihrer Kindheit in Bayern, sie sagte, wie glücklich sie gewesen sei als kleines Mädchen, in einer Familie aufzuwachsen, die sich nicht streng an die Konventionen hielt. Ein Lächeln lag auf ihren Lippen, als sie von den wilden Spielen erzählte, die sie gemeinsam mit ihren zahlreichen Kusins in den Wäldern und am Ufer des Sees gespielt hatte, und von den Ausflügen zu Pferd und ihren nachsichtigen Lehrern, die auf Anordnung ihres Vaters weder ihre Streiche noch ihr Fernbleiben vom Unterricht bestrafen durften. All diese Erinnerungen brachten sie dazu, von ihrem Sohn Rudolf zu sprechen, voll Eifer beschrieb sie seine außergewöhnliche Begabung und überragende Intelligenz, die er in seinen hochstehenden und weitblickenden Schriften unter Beweis gestellt habe, sie sagte noch, ›wenn du sie liest, wirst du begreifen‹. Beim Abschied gab sie mir ein kleines goldenes Medaillon, das am Rand mit Perlen besetzt war. Ich öffnete es und sah das Bild eines jungen Mädchens mit großen Augen und charmantem Lächeln, das Gesicht von üppigen Haaren umrahmt. Großmama blickte mich an und sagte nur ›Das bin ich im Alter der Sorglosigkeit‹. Als ich ihr für das Geschenk dankte, fühlte ich mich ihr so nahe, daß ich es wagte, sie darum zu bitten, sie möge mich auf eine ihrer nächsten Reisen mitnehmen. Sie verstand meine Sehnsucht. Ihr Blick schien sich in der Ferne zu verlieren, als sie sagte: ›Ich will dich nicht bekümmern, aber das ist unmöglich! Du kannst nicht mit mir kommen, niemand kann mit mir kommen, denn eines Tages werde ich nicht wiederkehren!‹ Ich spürte die ganze Inhaltsschwere dieses Augenblicks. Dann küßte ich ihre Hand, machte meinen Knicks, und die wunderbare Erscheinung, die sie für mich immer war, verschwand. Aber ein Wort, das sie erwähnt hatte, blieb bedeutungsvoll in mir haften – die Schriften!‹
Elisabeth hätte gerne mit ihrer Mutter ein vertrauliches Gespräch geführt um die Probleme, von denen sie jeweils nur einen Aspekt zu kennen glaubte, aus allen denkbaren Blickwinkeln zu diskutieren. Stephanie aber ließ es nie zu solcher Vertrautheit kommen. Sie selbst verfügte nur über eine mittelmäßige Intelligenz, während ihre 15jährige Tochter eine so große Urteilskraft und leichte Auf-

fassungsgabe besaß, daß es ihr unglaublich und vor allem nicht akzeptabel erschienen wäre. Am liebsten hätte Erzsi ihr gesagt: »Ich will von dir hören, daß mein Vater nicht in Schande gestorben ist und daß er nicht geistesgestört war!« Aber zu diesem Thema wahrte Stephanie verbissenes Schweigen. Sie war jung, genoß die mit ihrem Rang verbundenen Privilegien und träumte im übrigen davon, ihr Glück in einer Liebesheirat zu finden, die alle Wunden heilen sollte, die ihr durch die Verbindung mit Rudolf zugefügt worden waren.

Elisabeth war voller Kummer und Zorn. Sie empfand die konventionelle Förmlichkeit, mit der Stephanie sie behandelte, als kränkendes Zeichen mangelnder Mutterliebe, während Stephanie selbst diese Form der Beziehung als völlig normal betrachtete. In diesem Zustand innerer Irritation betrachtete Elisabeth den kleinen Kreis eifriger Verehrer, der sich um ihre Mutter gebildet hatte, mit Spott und Ironie, desgleichen die Priester, die ihren Platz in Stephanies Leben beanspruchten. Welche Machtkämpfe es da gab! Bei den musikalischen Teegesellschaften und Soireen gab es für jeden reichlich Gelegenheit, sein Talent am Klavier oder beim Gesang unter Beweis zu stellen, und es mangelte auch nicht an Möglichkeiten, einen kleinen Flirt anzubahnen oder eine Intrige zu spinnen.

Elisabeth trat bei diesen gesellschaftlichen Ereignissen nur selten in Erscheinung, doch warteten für solche Anlässe einige hübsche neue Kleider in ihrem Schrank. Hingegen hatten die Kleider, die sie normalerweise trug, das Aussehen von verwelkten Blumen; ihre formlos gewordenen Hüte boten einen geradezu lächerlichen Anblick und ihre Schuhe waren abgetragen. Das war keineswegs die Folge mangelnder finanzieller Mittel, vielmehr sollte das alles dazu beitragen, die Tugend der Bescheidenheit zu festigen – bei einem wohlerzogenen jungen Mädchen eine unabdingbare Eigenschaft. Sie durfte sich zwar ruhig für hübsch halten, mußte zugleich aber auch den eigenen Anblick in unvorteilhaften Kleidern ertragen lernen, denn man war allgemein der Auffassung, daß die Häßlichkeit die Eitelkeit vertreibt. Elisabeth konnte jedenfalls völlig incognito herumspazieren, denn wer hätte sie schon in diesem Aufzug für eine Erzherzogin gehalten? Wenn ihr hübsches Gesicht und ihre schlanke Gestalt so manchen beifälligen Blick auf sich zogen, so sah sie darin lediglich einen Mangel an ihr gebührendem Respekt, und wenn so etwas bei einem Offizier, der sie nicht erkannte, vorkam, hatte sie gute Lust, ihn anzuzeigen. Einmal tat sie das auch tatsächlich. Bei einem ihrer Spaziergänge sah sie von weitem einen jungen Leutnant mit seiner Kompanie herankommen. Sie blieb stehen und beobachtete die nach einem langen Marsch völlig mit Staub bedeckte kleine Truppe. Der Leutnant sah sie zwar, erkannte sie aber wegen ihrer bescheidenen Aufmachung nicht, und daher salutierte er auch nicht. Elisabeth war über diesen vermeintlichen Mangel an Achtung gegenüber der Enkelin des Kaisers so empört, daß sie den jungen Leutnant bei seinem Vorgesetzten anzeigte und er tatsächlich bestraft wurde. Elisabeth aber hatte nicht die leisesten Gewissensbisse, denn in ihren Augen war ihr Verhalten durch die äußerste Strenge, mit der Großvater und Mutter die Etikette aufrechthielten, völlig gerechtfertigt.

»Eigentlich sollte ich das Gefühl haben, daß meine Mutter mich vernachlässigt«, dachte Erzsi. »Aber das alles ist unwichtig gegenüber dem Plan, den ich ausführen will. Im Gegenteil, die Haltung meiner Mutter erleichtert mir mein Vorhaben sogar. Ich habe in Miramare eine Freundin, meine einzige Freundin, wir empfinden füreinander eine tiefe, echte Freundschaft. Manchmal streiten wir, weil ich glaube, daß ich ihr überlegen bin, und sie wiederum ist sehr stolz. Ich bin so herrschüchtig, daß ich mir oft wünsche, ich hätte die absolute Gewalt meines Großvaters, des Kaisers; dabei bedenke ich gar nicht, wie wenig er doch von seiner Macht Gebrauch macht. Ich habe alles über das Leben der Machthaber gelernt und eigentlich haben mich ihre Exzesse abgestoßen. Von den Habsburgern aber konnte man sagen, daß sie während ihrer Herrschaft immer in einer Hand das Szepter und in der anderen die Waagschalen der Gerechtigkeit halten. Ihr oberstes Gebot war es, unter dem Schutz der heiligen Kirche das Gleichgewicht zu wahren; daraus bezogen sie die Kraft, so viele Jahrhunderte an der Macht zu bleiben. Mein Charakter mißfällt den anderen oft, und wenn ich ehrlich bin, mir auch. Ich erteile gern Befehle und werde oft entsetzlich wütend. Aber da ich erst fünfzehn Jahre alt bin, muß meistens meine sanftmütige Freundin als Opfer herhalten. Sie hat keine Angst vor mir, aber als Zeichen des Protests weigert sie sich dann immer einige Tage lang, mich zu sehen. Dann bin ich traurig und wirklich einsam. Sonst aber helfen wir einander und ich glaube, es gibt keine Geheimnisse zwischen uns. Meine Freundin heißt Odilia, aber man ruft sie Dili. In Österreich wird niemand bei seinem Taufnamen genannt, statt dessen bekommt man einen Spitznamen; solange man jung ist, ist das gemütlich, aber wenn man alt ist, klingt es irgendwie lächerlich, und alle machen sich ein bißchen lustig darüber. Aber es ist eben so Sitte.

Dili wohnt ein paar Meilen von Miramare. Ihren Vater hat sie nie gekannt; alles, was von ihm geblieben ist, ist das Andenken an einen Helden. Er ist in einem der Kriege für den Kaiser gefallen. Dilis Mutter ist auch tot, aber nicht wirklich, sie ist in ein geschlossenes Kloster eingetreten, und die Mauern und Gitter trennen sie von der Außenwelt. Niemand hat sie je wieder gesehen, so könnte man sagen, sie ist lebendig begraben, aber für Dili ist ihre Mutter ganz einfach tot. Sie lag schlafend in ihrer Wiege, da kam ihre Großmutter, nahm sie in ihre Arme, küßte sie und versprach ihr, sie wolle sie wie eine Mutter lieben und sie aufziehen wie ihr eigenes Kind. So kam es, daß Dili unter dem fürsorglichen Schutz ihrer Großeltern aufgewachsen ist. Sie haben große Opfer für ihre Enkelin gebracht, denn sie haben nur ein kleines Vermögen. Der alte Graf hat einen kleinen Besitz, er stammt aus einer Adelsfamilie, die ihren Titel vor langer Zeit im Krieg erworben hat. Im Salon hängen einige Bilder seiner Vorfahren, alle schauen sehr streng aus, sie sind ja Offiziere; ich kann ihre Chargen an den Epauletten, den Sternen und den Litzen, die sie tragen, erkennen. Es sind auch einige Ordensangehö rige darunter, sogar ein Bischof und einige Äbtissinnen. Die Porträts, die in der Hofburg und in Laxenburg hängen, sind nicht so düster. Die Männer scheinen ihre Auszeichnungen mit Stolz zu tragen und die Frauen sind schön und elegant. Aber ich liebe diesen Salon, er ist nicht rot, wie der unsere, sondern grün. Das ist eine warme, aus der Natur kommende Farbe, die gut zu der gelösten, warmherzigen Atmosphäre paßt, die von dem alten Haus und seinen Bewohnern ausgeht. Dili ist hübsch, aber nicht hübscher als ich! Sie ist dunkelhaarig, also kann man uns schlecht vergleichen. Sie ist lebhaft und fröhlich, aber leider! sie hat eine große Sorge: Sie glaubt, daß es schwer für sie sein wird, einen Mann zu finden, vor allem befürchtet

sie, daß sie ihn nicht wird selbst aussuchen dürfen – eine arme Comtesse hat schließlich nicht sehr viele Atouts! Ihr Großvater ist ein alter und kranker Mann; er ist elegant, und man sieht ihm an, daß er in der kaiserlichen Armee gedient hat. Seine Krankheit bringt ihn dazu, viel zu lesen, und er hat Zeit, mit uns zu reden. Ich höre ihm gerne zu, und er hört mir auch zu, wenn ich ihm Fragen stelle. Er ist wirklich gelehrt, er kennt die Geschichte aller Länder Europas und natürlich im besonderen die der Habsburger. Ich liebe den Scharfsinn, mit dem er Situationen und Ereignisse beurteilt. In einem eigenen Zimmer hat er seine Bibliothek. Die Bücher stehen auf Regalen, die von knapp über dem Boden bis hinauf zum Plafond reichen, in der Mitte steht ein großer rechteckiger Tisch, darauf stapeln sich in wildem Durcheinander Alben und Atlanten. Man kann sich in einen der Fauteuils setzen und lesen, ohne daß einen jemand in diesem Heiligtum des Wissens stört. Hier kann ich allein sein, ich kann meine Neugier befriedigen, ich überfliege die Titel und wähle mir die Bücher aus, die mich interessieren. Welche Freude es mir bereitet, diese herrlichen alten Bücher mit den schönen, schon ein wenig verblaßten Lederhüllen in die Hände nehmen zu dürfen! Sie sind voll mit Stichen, auf denen berühmte Menschen und Orte zu sehen sind; ich sehe, wie die Kriege sich abgespielt haben, ich sehe, wieviel Leid und Armut sie nach sich gezogen haben. Ich lerne so viel Neues kennen, und ich beginne zu begreifen, daß sich mir durch Wissenschaften, von denen ich oft nicht einmal den Namen weiß, ungeahnte Möglichkeiten öffnen könnten. Plötzlich, als ich ganz oben auf der Leiter stand und beinahe das Gleichgewicht verloren hätte, fand ich zu meiner großen Überraschung zwischen all den Büchern auch einige Schriften meines Vaters. Ich war ganz aufgeregt und beschloß, niemandem von meiner Entdekkung zu erzählen. Ich stieg von der Leiter herunter, und als ich aus der Bibliothek kam, merkte ich, daß es schon dunkel wurde. Die anderen würden bald zurückkommen, und so verschob ich die Lektüre der Schriften, die ich gefunden hatte, auf den nächsten Tag.«
Einige Tage später erklärte Stephanie, sie brauche einen Ortswechsel und würde daher für etwa eine Woche verreisen. Bei dieser Gelegenheit wollte sie dem Personal freigeben. Zu ihrer großen Freude bekam daraufhin Elisabeth eine Woche Ferien, die sie im

Hause des Grafen verbringen sollte. Sie brauchte niemanden zu ihrer Begleitung, denn Dilis Gouvernante würde beide Mädchen beaufsichtigen.

Die Kutsche wurde von zwei schnellen Pferden durch die Landschaft gezogen. Liesl – so wurde sie von ihren Freunden genannt – freute sich über die hellen, wärmenden Sonnenstrahlen, die ein ganzes Meer von Wiesenblumen hervorgelockt hatten. Am liebsten hätte sie alle diese Farben in einem Strauß zu einer ländlichen Symphonie zusammengefaßt. Aber solche Blumensträuße pflückte sie nur für ihre Großmutter, die Kaiserin. Wo sie jetzt wohl war? Auf welchem Meer, in welchem Zug und unterwegs zu welchem fernen Land?

Sowie Liesl das Parktor passiert hatte, war es vorbei mit ihrem würdevollen langsamen Schreiten, sie rannte und hüpfte ihren Freunden entgegen und begrüßte sie überschwenglich. Bei ihnen lernte sie eine andere Art zu leben und eine ihr unbekannte Form zwischenmenschlicher Beziehung kennen. Sie spürte, daß man hier andere Werte schätzte, wie Offenheit, Spontaneität, Großzügigkeit, Nachsicht, Bescheidenheit und eine an Armut grenzende einfache Lebensweise. So lernte Liesl begreifen, daß sie jede sich bietende Gelegenheit nützen mußte, die Lebensumstände anderer Menschen kennenzulernen, auch wenn sie den Gewohnheiten und Prinzipien ihrer eigenen Familie treu blieb.

Eines Nachmittags ging Dili mit ihrer Großmutter aus. Als Liesl sich aus dem geöffneten Fenster hinausbeugte in den duftenden Garten, erblickte sie den alten Grafen, der sich neben einem Rosenstrauch niedergelassen hatte. Er sah auf und rief ihr zu, sie solle ihm ein wenig Gesellschaft leisten. Liesl, der es Vergnügen bereitete, sich mit diesem gelehrten Mann zu unterhalten, lief hinaus und ließ sich zu seinen Füßen im warmen Gras nieder. Trotz der Schönheit der Natur und der wohltuenden Stille des Augenblicks waren Erzsis Gedanken in Aufruhr. Sie holte tief Atem, dann fragte sie den Grafen mit einem leisen Anklang von Autorität in der Stimme: »Ich möchte Sie heute endlich bitten, mit mir über meinen Vater zu sprechen. Bitte, sind Sie ganz ehrlich, ich will alles wissen, alles über ihn, über sein Leben und über seinen Tod, wofür er verantwortlich und worin er unschuldig war! Verbergen Sie nichts vor mir, ich erwarte, daß Sie mir die volle Wahrheit sagen, auch wenn Sie glauben, daß es nicht gut ist, sie auszusprechen. Enthüllen Sie die Wahrheit vor Rudolfs Tochter, sie will, daß das Schweigen, mit dem man ihn umgibt, gebrochen wird. Ich habe keine Angst vor der Wahrheit. Wenn Sie mir das Geheimnis anvertrauen, werde ich schweigen und niemandem eine Frage stellen.« Der Graf zeigte keine Überraschung. Er hatte vorhergesehen, daß Elisabeth diese Frage an ihn herantragen würde, und er fand es notwendig und vernünftig, darüber zu sprechen. Er wollte ihr eine ehrliche Antwort geben, zugleich aber die Form wahren; deshalb dachte er einige Augenblicke lang nach, ehe er sprach.

Liesl hatte sein Schweigen geduldig respektiert, dann, ohne mit einer Frage zu unterbrechen, lauschte sie gespannt der ernsten Stimme des alten Mannes, der behutsam und mit nobler Objektivität den Bogen von Rudolfs Leben vor ihr ausspannte. Wie einen Film ließ er in bildhaften Worten Dasein und Ende ihres Vaters vor ihr erstehen. Zuerst seine Kindheit unter dem Joch unerbittlicher Strenge, dann seine Jugend unter dem Zwang härtester Disziplin, die für Rudolf umso schmerzlicher war, als er alle zärtlichen Gesten und Worte entbehren mußte, von denen ein Kind seines Alters für gewöhnlich umgeben wird. Man verwehrte ihm das Recht, ein Kind zu sein und machte statt dessen aus ihm einen kleinen Soldaten in Uniform. Der Graf betonte besonders, welch frühreifen, wachen Verstand Rudolf gehabt habe, wie rasch sich seine durchdringende und umfassende Intelligenz entwickelt habe, und wie seine Lehrer, die alle liberalen Doktrinen huldigten, versucht hatten, ihn dahingehend zu beeinflussen, daß er seine Begabung, seine Neigung und sein Interesse nicht nur auf dem Gebiet der Wissenschaft einsetzte, sondern auch im politischen Bereich zu einer demokratisch ausgerichteten Sicht von Staat und Gesellschaft gelangte. Diese Thesen standen nicht nur im krassen Gegensatz zu allen Grundsätzen der Monarchie, sie stellten darüber hinaus eine Gefahr für die herkömmliche absolutistische Macht dar, die Basis und Rückgrat der etablierten Ordnung. Es war nicht schwer, Rudolf für die neuen Ideen zu begeistern, die in diesem 19. Jahrhundert um sich zu greifen begannen. Die Ansichten, die Rudolf in seinen anonymen Schreiben vertrat, waren unvereinbar mit denen der Umgebung des Kaisers, der Kirche und der Aristokratie. Wohl blieb er nach außen

stets der respektvolle Sohn seines Vaters, innerlich aber war er sein Feind. Rudolf wollte die Gegenwart Schritt für Schritt verändern, um so die Zukunft vorzubereiten; Franz Joseph aber wollte die Vergangenheit bewahren, denn auf sie stützte er sich wie der Baum auf seine Wurzeln.
Rudolf begann sehr bald für die Opposition zu schreiben; viele wußten es. Er hoffte, daß die bestehende Allianz mit Deutschland und Italien zugunsten einer neuen Allianz mit Frankreich, England und Rußland gelöst werden würde. Rudolf dachte aus Überzeugung liberal. Er war im weitesten Sinn des Wortes ein Vorstreiter für die Toleranz: er trat für Religionsfreiheit ein, befürwortete sogar eine tolerante Haltung in der Nationalitätenfrage, und er war gegen jede Form von Antisemitismus.
Die ungeheure innere Spannung, unter der Rudolf stand, hatte eine starke seelische und körperliche Überlastung zur Folge. Vor allem in den letzten Jahren zwangen ihn seine heimlichen Aktivitäten dazu, ein doppeltes Leben zu führen: ein offizielles im Dienste des Kaisers und im Verborgenen ein zweites im Dienste der Opposition. Hinzu kam noch sein unbefriedigendes Privatleben, das weit davon entfernt war, sein seelisches Gleichgewicht wiederherzustellen, ja vielmehr seinen nervlich labilen Zustand noch verschlimmerte. Nach den ersten einigermaßen glücklichen Jahren, die dieser Vernunftsehe zwischen den Kindern zweier Herrscherhäuser beschieden waren, verschlechterte sich die Beziehung zwischen Rudolf und Stephanie zusehends, bis schließlich nur mehr ein Gefühl wechselseitiger aggressiver Ablehnung übrigblieb. Das Zerwürfnis mit seiner Frau trieb Rudolf dazu, die Tröstungen der Liebe und die Freuden der Nacht bei anderen Frauen zu suchen. Seine Willenskraft wurde immer geringer, bis er schließlich einem derart ausschweifenden Lebenswandel verfiel, daß seine Gesundheit daran zerbrach.
Der Graf holte noch einmal tief Atem. Es widerstrebte ihm, von Schloß Mayerling, das Liesl in ihrer Einnerung behalten hatte, zu sprechen. Rudolf verbrachte diesen letzten Tag in seinem Leben, wie schon so oft zuvor, in tiefem Zwiespalt. Dem äußeren Anschein nach brach er vergnügt zur Jagd mit seinen Freunden auf; im Verborgenen umarmte er seine Geliebte und dachte dabei bereits an den Tod! Für Rudolf gab es viele Gründe, sterben zu wollen, für

Mary gab es nur einen einzigen: die Liebe. Doch welchen Grund auch jeder für sich gehabt haben mochte, so fanden sie sich doch in dem gemeinsamen Wunsch, durch ihren letzten bewußt gesetzten Akt auf ewig vereint zu sein.
Der Graf wollte auch die Möglichkeit eines Verbrechens nicht ausschließen, und so fügte er hinzu: Rudolf war ein rätselhafter Mensch, sein tragisches Ende ist von einem Geheimnis umgeben, das wohl niemals gelöst werden wird.
Der Graf sah Liesl an, daß ihr Inneres von widersprüchlichen Gedanken und aufgewühlten Gefühlen zerrissen war. Und so sagte er mit seiner ruhigen, klaren Stimme, die den Weisen eigen ist: »Wir müssen die Toten lieben und respektieren. Dein Vater hat ein Anrecht darauf, daß man ihm dieselbe Toleranz entgegenbringt, die er selbst verfochten hat.
Einer der edelsten Wesenszüge deines Vaters war seine Liebe zur Natur. Er war ein hervorragender Naturforscher, und obwohl er ein passionierter Jäger war, hat er doch immer den Tieren und dem Wald gegenüber großen Respekt bewahrt. Du wirst in seinem Buch ›Eine Orient-Reise‹ den Bericht über seine größte Expedition lesen; er wurde dabei von dem berühmten Zoologen Alfred Brehm und dem Maler Pausinger begleitet, denn er wollte, daß Forschung, Kunst und Jagd einander ergänzten. Er war ein begabter Schriftsteller und die Art, wie er schreibt, läßt ahnen, mit welch großer Stabilität er allen Schönheiten der Natur gegenüberstand. Er hat ein kleines Buch herausgegeben, das er ›15 Tage auf der Donau‹ nannte, im Anhang beschreibt er die Jagden in den ungarischen Auwäldern. Sein besonderes Interesse galt den Greifvögeln, er hat Abhandlungen über den schwarzen Milan, den Königsadler und die spanischen Geier verfaßt. Auf dem Gebiet der Ornithologie war sein Wissen beinahe ebenso groß wie das der Spezialisten. Seine Bücher werden dich interessieren, und sie werden dich lehren, die Natur so zu sehen, wie dein Vater sie sah: als das Meisterwerk der Schöpfung.«
Dann fügte der Graf noch hinzu: »Die Bücher befinden sich in meiner Bibliothek, wenn du genau suchst, wirst du sie finden.«
Obwohl der Graf sich bemüht hatte, alles möglichst zurückhaltend und feinfühlig zu formulieren, war Liesl über das, was er ihr enthüllt hatte, doch zutiefst erschüttert. Langsam stand sie auf, streckte

ihre steifgewordenen Glieder und glättete ihr zerdrücktes Kleid und die vom Wind zerzausten Haare. Dann trat sie an den alten Herrn heran, ergriff seine Hände und küßte sie voller Dankbarkeit.
Als Erzsi ins Haus zurückkehrte, kam Dili gerade von ihrem Ausflug zurück; lachend lief sie auf die Freundin zu, nahm sie an der Hand und erzählte ihr ausführlich, was sie in Triest alles gesehen und erlebt hatte. Noch nie sei der Markt so lustig gewesen, der Lärm und das Geschrei noch nie so aufregend – und dann die vielen Bekannten, die sie getroffen hatte! Liesl, die dem Redeschwall wie betäubt zuhörte, dachte bei sich, wie viele verschiedene Gesichter das Leben doch habe.
Einige Tage später mußte Liesl ihren Freunden Lebewohl sagen; doch sie versprach, bald wiederzukommen. Dann stieg sie in Begleitung ihrer Gouvernante in die Kutsche, die sie nach Miramare bringen sollte.
Das Leben erschien Elisabeth von nun an viel freundlicher als zuvor. Wohl trug sie in ihrem Inneren immer noch ein Geheimnis mit sich, doch jetzt war es nicht mehr jenes dunkle Geheimnis, das ihren Vater umgab, sondern eines, das ihr selbst gehörte.

»Eines Tages werde ich nicht wiederkehren«

1898 mußte der Winteraufenthalt in Miramare aufgrund von Stephanies schlechtem Gesundheitszustand bis Mitte März verlängert werden. Sie hatte in den kalten Februarstürmen eine böse Grippe bekommen, aus der schließlich eine Lungenentzündung wurde. Sie erhielt die beste Pflege, und die berühmtesten Ärzte wurden zu Rate gezogen. Die Familie war beunruhigt, sogar Franz Joseph erwähnte in einem Brief an die Kaiserin seine Sorge um die kranke Schwiegertochter. Wie immer lag ihm das Wohl seiner kleinen Erzsi am Herzen, und so schreibt er weiter, diese sei so verängstigt, daß sie unaufhörlich weine. Lange Zeit hindurch verursachte das hohe und immer wiederkehrende Fieber bei Stephanie heftigen Schüttelfrost. Sie war überaus geschwächt, und ihre Rekonvaleszenz dauerte sehr lange. Die Ärzte empfahlen ihr, bis zur völligen Genesung im zugleich milden und kräftigenden Klima der Adria zu bleiben. Als sie sich schließlich kräftig genug für die Reise fühlte, kehrte Stephanie mit ihrer Tochter nach Wien zurück.

Sobald Erzsi in der Hofburg angekommen war, wollte sie ihren Großvater sehen. Er empfand denselben Wunsch, und so ließ er nach seiner Enkelin schicken. Von diesem Treffen bewahrte sie eine unvergeßliche und berührende Erinnerung. Es verlief in einer solchen Atmosphäre von Zuneigung und Aufrichtigkeit, daß beide danach von Freude erfüllt waren. Franz Joseph stellte fest, daß seine Enkelin gewachsen und bereits etwas größer als er selbst war, sie antwortete ihm stolz, daß sie bald 15 Jahre alt sein würde, aber eigentlich das Gefühl habe, schon älter zu sein. Sie erzählte von Miramare und berichtete von allem, was sie erlebt und unternommen hatte. Natürlich verriet sie nichts von ihrem Geheimnis, denn wenn sie daran dachte, empfand sie ein Gefühl großer Traurigkeit und des Mitleids für diesen alten Mann, der stets versucht hatte, ihr

den Vater zu ersetzen, und der ihr nun mit so viel Sympathie und Verständnis zuhörte.
Am gleichen Tag noch schrieb Franz Joseph an seine Frau, die auf einer ihrer Reisen war, er habe Erzsi gesehen, sie sei sehr gewachsen, habe ein wenig zugenommen und wirke dadurch weiblicher und graziöser, der Aufenthalt am Meer habe ihr sichtlich gut getan, sie leide weniger oft an ihrer Migräne. Aus dem Brief ist herauszulesen, daß Erzsi eine große Freude für ihn bedeutete.
Einige Tage später zog Erzsi nach Schönbrunn. Die Zeit, die sie dort im Schloß nahe bei ihrem Großvater verbringen durfte, genoß Erzsi immer besonders. Sie liebte die Spaziergänge durch den herrlichen Park und den romantischen Aufstieg zur Gloriette, von wo aus sie einen weiten Blick über Wien hatte. Sie kannte nur wenig von der Stadt, aber sie liebte sie.
Am 9. Juli brach Elisabeth zusammen mit ihrer Mutter zu ihrer ersten Reise nach England auf; Königin Viktoria hatte sie eingeladen.
Als Vorbereitung zur bevorstehenden Reise hatte man die Schneiderinnen kommen lassen. Erzsi war von den hübschen Kleidern, die man ihr zeigte, begeistert. Zu lange hatte sie mit einem Gefühl der Demütigung auf Wunsch ihrer Mutter die kurzen Kleinmädchen-Kleider tragen müssen; sie fand, sie sehe mit ihren langen bloßen Beinen und den Söckchen lächerlich darin aus. Damit hatte sie auch völlig recht, denn sie war nun 1 m 80 groß und wuchs immer noch weiter. Mit einem erwachenden Gefühl weiblicher Eitelkeit ließ sie die Anproben über sich ergehen. Da die Kleider der damaligen Mode entsprechend recht kompliziert ausgeführt waren, konnte das bis zu einem halben Tag dauern.
Was für eine Abreise! Das Gefolge setzte sich aus unzähligen Personen zusammen, Hofdamen, Kammerzofen, Wäscherinnen, Sekretäre, Lakaien usw., begleitet von einer unendlichen Menge an Gepäck: riesige Schrankkoffer, kleine Koffer, Toilettenecessaires und ein ganzer Berg Hutschachteln. Leider gibt es keine Aufzeichnung über die genaue Zahl der Gepäckstücke. Erzsi, die sich oft über den Aufwand lustig gemacht hatte, den ihre Mutter bei ihren Reisen benötigte, mußte sich nun eingestehen, daß ihre eigene Ausstattung einen erheblichen Anteil an diesem Koffergebirge hatte. Aber dieser

kritische Gedanke wurde bald von ihrer Bewunderung über den reibungslosen Ablauf der Reise verdrängt. Sie stieg in den Sonderzug und ließ sich im Salonwagen in einem der roten Fauteuils an einem Tisch nieder, auf dem der maître d'hôtel ein Tablett mit Erfrischungen vorbereitet hatte. Man sprach über England. Erzsi stellte neugierig tausend Fragen über ihre Ankunft in Cowes auf der Insel Wight. Dort lebte Königin Viktoria; sie hatte Stephanie und Elisabeth eingeladen, sechs Wochen bei ihr zu verbringen. Leider ist von diesem Aufenthalt nichts Denkwürdiges in Erinnerung geblieben. Fest steht aber, daß Erzsi in diesen Wochen Gelegenheit hatte, sowohl das offizielle als auch das private Leben an einem der größten Höfe Europas kennen zu lernen.
Nachdem sie den Ärmelkanal passiert hatten, machten Stephanie und Erzsi am 27. August in Ostende Station. Die Nordsee, die auch im Sommer eine düstere Gewalt ausstrahlt, machte zwar einen gewissen Eindruck auf Erzsi, konnte sie aber nicht wirklich fesseln. Die große Zauberin Adria mit ihren saphirblauen Wellen würde in Erzsis Herz immer die erste Stelle einnehmen.
Sowie Erzsi nach Österreich zurückgekehrt war, fuhr sie mit ihrer Mutter nach Laxenburg. Hier feierte sie am 2. September ihren 15. Geburtstag. Bei dieser Gelegenheit gab es ein großes Familientreffen, die Jugend gab ihrer Fröhlichkeit lärmenden Ausdruck, und das große verwöhnte Geburtstagskind wurde mit Geschenken und Glückwünschen überhäuft. An diesem Tag schien es Erzsi so, als könnte dieser selige Zustand ewig dauern. Es gibt solche Augenblicke der Trunkenheit, wo Zuversicht und Optimismus überschäumen und die Freude so stark ist, daß man glaubt, sie müsse die Kraft haben, alle drohenden Schatten für immer fernzuhalten. Viele, viele Jahre später entlockte die Erinnerung an diesen Tag Erzsi stets ein Lächeln.
Stephanie, die in einem wahren Wirbel von Einladungen der Hocharistokratie und Königshäuser lebte, brachte Erzsi tags darauf nach Schloß Wolfgarten bei Darmstadt zur Großherzogin Viktoria Melitta von Hessen. Bereits am 10. September mußten sie auf dem schnellsten Weg nach Wien zurückkehren. Der Euphorie von vor zehn Tagen folgte nun der Schmerz.
Einmal mehr wurde das Haus Habsburg vom Unglück geschlagen.

Franz Joseph saß an seinem Schreibtisch und arbeitete; noch am gleichen Abend sollte er zu Manövern aufbrechen. Graf Paar trat ein und überreichte dem Kaiser sichtlich bewegt eine Depesche. Dieser las, seine Hand begann zu beben, noch bevor er die Fassung wiedererlangen konnte, trat ein Adjutant mit einer zweiten Depesche ein; der Kaiser öffnete sie und entzifferte die Worte: »Die Kaiserin ist soeben verschieden.« Der sonst so unbeugsame Mann sank in sich zusammen, stützte den Kopf in beide Hände und weinte.
Noch am gleichen Abend erfuhren die Wiener, daß ihre Kaiserin ermordet worden war. Eine tödliche Waffe hatte ihr wehes, romantisches Herz getroffen und ihren seltsamen, ruhelosen Geist zum Erlöschen gebracht. Die meiste Zeit ihres Lebens war sie auf Reisen gewesen, nun hatte sie ihre letzte Reise angetreten.
In Wien erloschen in den Fenstern die Kerzen, und als es Tag wurde, schien es, als wollten die Menschen der Sonne vorwerfen, daß sie ein Licht ausstrahlte, das in ihren Herzen nicht mehr zu finden war. Tränen flossen, und Gruppen schwarzgekleideter Frauen bewegten sich wie dunkle Wogen durch die Straßen. Die Menschenmenge sammelte sich vor den Mauern des Schlosses, tausende Fahnen hingen auf Halbmast und zeigten an, daß das Volk Trauer trug.
Auf Wunsch des Kaisers teilte Stephanie selbst Erzsi mit, daß ihre Großmutter einem Mordanschlag zum Opfer gefallen sei. Im ersten Augenblick trug die Erinnerung Erzsi aus der unfaßbaren Gegenwart zurück in die Vergangenheit: »Wie auf einem Scherenschnitt sehe ich eine schmale graziöse Silhouette in einem schwarzen Kleid, das eng an Taille und Oberkörper anliegt und sich nach unten zu bauscht, in der Hand hält sie einen Spitzenfächer und einen Sonnenschirm. Seit dem Tod meines Vaters habe ich sie nie anders als in Schwarz gesehen. Sie lächelte, aber sie lachte niemals. Sie wendet mir ihr blasses Gesicht zu und ihre unergründlichen Augen sehen mich mit dieser tiefen Traurigkeit an, die schmerzt. Sie nimmt aus meinen Händen einen Strauß der von ihr so geliebten Wiesenblumen, Margeriten, Glockenblumen, Kornblumen und viele andere Blüten und Gräser. Sie sprach immer vom Meer, von den Bergen, vom Zauber der Seen, von Korfu und von Heine, der sie verstanden hätte, denn nur die Romantiker verstehen einander! Ich höre ihre sanfte Stimme, wie sie mir sagt, es tue ihr leid, daß sie mich nicht

auf eine ihrer Reisen mitnehmen könne, denn ›eines Tages werde ich nicht mehr wiederkehren‹.«
Seite an Seite mit Kaiser Franz Joseph nahm Elisabeth Marie an den Trauerfeierlichkeiten teil. Sie dauerten mehrere Tage und verliefen nach einem strikten Zeremoniell. Auf Wunsch des Kaisers wurde der Tradition bis ins kleinste Detail Folge geleistet; er legte Wert darauf, daß die spanische Etikette, die immer noch am Wiener Hof Geltung hatte, genauestens befolgt wurde. Die pompösen Trauerfeierlichkeiten waren Ausdruck der Ehrerbietung vor den Toten und der Ehrfurcht vor dem Tod.
Das Ende dieses Lebens, das so eng mit ihrem eigenen verknüpft gewesen war, machte großen Eindruck auf Elisabeth Marie und erschütterte sie bis in ihr Innerstes. Ihr Gedächtnis bewahrte auch die kleinste Einzelheit jener Tage, da sie von der Toten Abschied nahmen: »Als mein Vater starb, trug ich ein weißes Kleid; ich war damals erst fünf Jahre alt. Heute bin ich fünfzehn Jahre alt, ich trage ein langes schwarzes Kleid, ein Schleier bedeckt meinen Kopf, hinter den Spitzen ist mein Gesicht nur als heller Fleck zu sehen. Freitag, den 16. September, einige Minuten vor acht Uhr, betritt Seine Majestät, der Kaiser, mit langsamen Schritten die Burgkapelle. Ich gehe neben ihm, voller Trauer wie er. Um 8 Uhr liest ein Priester eine stille Messe. Nach der Messe trete ich an den Sarg; er ist schmal, aus Bronze, mit einfachen schwarzen und silbernen Verzierungen. Der Deckel ist geschlossen, aber durch das kleine Glasfenster kann ich ihr schönes Gesicht sehen, die feinen Züge, die jetzt so friedlich und entspannt aussehen; sie hat die Augen geschlossen, aber sie spricht noch zu mir. Sie strahlt Ruhe und Frieden aus und ich vergesse, daß meine Großmutter viel gelitten hat. Ich lege ein paar weiße Rosen neben die schlafende Königin; sie liebte sie, denn sie erinnerten sie an den Tag ihrer Hochzeit; damals trug sie weiße Rosen im Haar.«
In der Hofburg werden dann die Vigilien und das Totenamt für die geliebte Kaiserin gehalten. Der Kaiser hat seinen Platz in der ersten Reihe auf der Epistelseite; neben ihm die Erzherzöge Franz Ferdinand, Otto, Ferdinand Karl usw. Im Oratorium auf der Evangelienseite nehmen Prinzessin Stephanie, die Erzherzogin Marie Valerie und Elisabeth Marie Platz. Familienangehörige und Würdenträger füllen die Kapelle.

Die Kapelle und das Oratorium sind ebenso wie die Betstühle mit schwarzem Tuch verkleidet, den Boden bedeckt ein schwarzer Teppich. Schwarze Schleier sind um die Kerzenleuchter und die Meßgegenstände geschlungen. Das vorherrschende Schwarz wird nur vom kaiserlichen Wappen und den Wappen aller zum Kaiserreich gehörenden Länder unterbrochen. Das Licht der Kerzen ist schwach, ja es scheint, als ob die Schatten dadurch noch tiefer würden. In der Mitte führen zwei Stufen zu einem Sockel empor; dort ruht auf goldenem Damast der Sarg. Ein Baldachin aus schwarzem Samt hängt von der Decke herab und scheint über dem Sarg zu schweben. Rund um den Sarg stehen drei Reihen hoher Leuchter mit Wachskerzen, an seinen vier Ecken sind Armleuchter befestigt, deren zuckende Flammen wie eine Feuersbrunst lodern. Zwei Gardeoffiziere stehen bewegungslos am Kopf des Sarges, zwei weitere am Fußende. Ein Priester im silberbestickten Meßgewand kniet auf einem Betstuhl und betet, im Hintergrund sieht man die auf dem Boden hingestreckten Gestalten zweier Nonnen. Auf dem Katafalk liegen drei schwarze, mit Goldborten verzierte Samtkissen und auf jedem eine Krone: die Kaiserkrone, die Königskrone und die Fürstenkrone. Am Fuß des Sarges hat man auf ein viertes Kissen in respektvollem Angedenken an die Verstorbene ein Paar lange weiße Handschuhe und einen Fächer aus schwarzen Spitzen gelegt, daneben den Sternkreuzorden und alle weiteren Orden, die der Kaiserin verliehen worden waren.
In starkem Kontrast zum düsteren Schwarz der Kapelle überflutet den Katafalk und den Boden rundum ein in allen Farben leuchtender Strom von Blumen; ihr Duft vermengt sich mit dem Geruch des Weihrauches. Diese Blumen scheinen zu sagen, daß Leben und Tod Teil der Schöpfung sind, untrennbar miteinander verbunden ohne einander zu zerstören. Da gibt es alle Blumen, die die Natur hervorbringt; Blumensträuße, die mit Veilchen besteckt sind, deren Farbe die Verstorbene so geliebt hat; auf einem Kranz aus roten Nelken steht der Name von Marie Valerie, einer aus Orchideen ist von Gisela. Dann gibt es da noch jene Orchideen, deren bizarre Formen die Kaiserin am Vorabend ihres Todes in Prégny bewundert hat.
Die Kapelle stand den ganzen Tag für alle offen, die ihrer geliebten Kaiserin noch ein letztes Mal nahe sein wollten; die Menschen zogen am Sarg vorüber, bis am Abend die Kapelle geschlossen

wurde. Zwischen 12 und 13 Uhr ertönten in Wien von allen Kirchtürmen die Glocken und sandten ihre Botschaft von Tod und Wiederauferstehung über die Stadt. Vom Stephansdom dröhnte die tiefe Stimme der Pummerin bis hinaus in die Vorstadt. Am 17. September um 16 Uhr verließ der Leichenzug die Hofburg und bewegte sich zur Kapuzinerkirche, wo vor zahlreichen Anwesenden, darunter viele Könige und Prinzen aus dem Ausland, eine feierliche Seelenmesse gelesen wurde. Am Ende der Messe intonierte der Chor das »Libera«, dann hoben Diener und Lakaien den Sarg hoch und trugen ihn im Licht der Fackeln die schmale Treppe hinunter in die Habsburgergruft, wo die Verstorbene ihre letzte Ruhe finden sollte. Nachdem die letzten Gebete gesprochen worden waren, überreichte der Obersthofmeister den Schlüssel zum Sarg feierlich dem Kapuzinerpater, der mit der Totenwache beauftragt war, und befahl ihm, der Kaiserin Elisabeth Schutz zu bieten.

In den Wochen nach dem tragischen Ereignis sah Erzsi ihren Großvater sehr oft; die Einladungen zum Vieruhrtee häuften sich. Erzsi war besorgt, weil Franz Joseph sich immer mehr in die Arbeit vergrub, er sagte: »Pflichterfüllung und Arbeit sind die einzigen Mittel, um Seele und Körper gesunden zu lassen.« Elisabeths Vertrauen und Bewunderung wuchsen, denn sie spürte, welch große moralische Kraft in ihrem Großvater wohnte. »Ich vertraue auf Gott«, sagte er oft. Glücklicherweise hatte Franz Joseph aber doch manchmal auch den Wunsch auszubrechen; dann suchte und fand er Zuflucht in der Einsamkeit der Berge und der Stille des Waldes. Im Lodenanzug, das Gewehr umgehängt, kletterte er, immer noch unermüdlich, in Begleitung eines Försters im felsigen Gelände bergan, um die Gamsen aufzuspüren. Am Ende dieses Jahres 1898 sollten Festivitäten und Volksbelustigungen ungeahnten Ausmaßes stattfinden – man feierte das fünfzigjährige Jubiläum der Regentschaft Kaiser Franz Josephs. Mit 18 hatte er den Thron bestiegen, nun war er 68 Jahre alt. Das Leben mit seinen schweren Sorgen und Lasten hatte seine aufrechte Erscheinung kaum zu beugen vermocht. Mit dem kühlen Verstand des Politikers ließ er eine knappe Zusammenfassung der Ereignisse dieses vergangenen halben Jahrhunderts vor seinem inneren Auge vorüberziehen. Die tägliche Arbeit und die Verantwortung für die Staatsgeschäfte hatten all seine Kraft beansprucht; nun war er müde und traurig. So hielt er sich bei seinem Rückblick nicht lange in der Vergangenheit des Kaiserreiches auf; es war die Gegenwart, die seiner ganzen Aufmerksamkeit bedurfte, denn hier gab es Probleme, die gelöst werden mußten.

Bei Hof mußte eine Trauerzeit von sechs Monaten eingehalten werden. Aber Franz Joseph wußte, daß er von seinem Volk nicht erwarten durfte, daß es ebenso lange trauere. Vor allem die Wiener sind wohl sehr großherzig und empfänglich für das Leid der anderen, aber diese Stimmung hält nie sehr lange an, dann reißt ihre nie versiegende Lebensfreude sie wieder mit. Seit vielen Monaten hatte man nun schon alle erdenklichen Vorbereitungen für die Jubiläumsfeierlichkeiten getroffen; so gab Franz Joseph also sein Einverständnis, daß alles wie vorgesehen ablaufen dürfe. Am 3. Dezember fuhr er zu seiner Tochter Valerie und seinem Schwiegersohn Franz Salvator nach Wallsee, wo er auch von Gisela und Elisabeth Marie erwartet wurde. Er wollte die Zeit der großen Feiern im Kreis seiner Familie verbringen, ohne selbst wirklich daran teilzunehmen. In 55 umliegenden Gemeinden wurden auf den Berggipfeln 230 Freudenfeuer entzündet, deren Flammen die ganze Nacht über zum Himmel emporloderten.

Am 7. Dezember nahm Stephanie ihre Tochter zu einem Erholungsaufenthalt nach Miramare mit; wie die Zukunft zeigen sollte, gab es dafür aber auch noch andere Gründe.

Erzsi kehrte bald wieder nach Wien zurück, um Weihnachten mit ihrem Großvater zu verbringen; diesmal feierten sie dieses Fest nur im kirchlichen Sinn. So endete das Jahr 1898.

Der erste Ball

Im Jänner 1899 teilte man Elisabeth Marie die testamentarischen Verfügungen ihrer verstorbenen Großmutter mit. Seit Rudolfs Tod hatte Elisabeth keinen Schmuck mehr getragen, einige Schmuckstücke hatte sie verschenkt. Nun überbrachte man Erzsi die Dinge, die ihre Großmutter ihr testamentarisch vermacht hatte. Ehrfürchtig und zutiefst bewegt nahm sie die Broschen, Armbänder, Anhänger und Perlenkolliers in ihre jungen Hände. Das Blutrot der Rubine, das geheimnisvolle Grün der Smaragde und das Himmelblau der Saphire faszinierte sie. Nachdem sie die Schmuckstücke einige Zeit betrachtet hatte, wurden sie wieder in die Kassetten eingeschlossen, doch glaubte Erzsi zu wissen, daß der Tag nicht mehr fern war, wo sie selbst sie tragen würde.

Erzsi erhielt ein Fünftel des Privatvermögens ihrer Großmutter; doch da sie keinen Begriff von Geld hatte, konnte sie den Wert der Summe nicht abschätzen. Einmal hatte sie den Kaiser gebeten, ihr ein wenig Geld für sich selbst zu geben; sie wollte diese Goldstücke berühren, auf denen das Bild ihres Großvaters zu sehen war, und sie wollte einen Geldschein in der Hand halten. Aber ihr Großvater hatte diese Bitte völlig unpassend gefunden, er hatte ihr im Tonfall größter Selbstverständlichkeit erklärt, er selbst habe nie Geld gehabt und auch sie müsse diesen Zustand als ihrem hohen Rang entsprechend akzeptieren.

Erzsi erhielt auch einen Teil der Bibliothek ihrer Großmutter. Sie nahm die rund 3000 Bücher wie einen Schatz in Besitz und bewahrte sie bis zu ihrem Tod auf; der Großteil waren literarische Werke.

Im Winter 1899 unternahm Stephanie eine Kreuzfahrt auf der »Almissa«. Die Lehrer hatten Anordnung erhalten, Erzsi inzwischen einem intensiven Lehrplan zu unterwerfen. Es machte ihr nichts aus, daß sie ihre Tage mit Studien verbringen mußte. Sie hatte nicht nur das nötige Interesse und die erforderliche Ausdauer, sie wußte auch, daß ihr Leben schon bald eine einschneidende Änderung erfahren würde. Es blieb ihr nur wenig Zeit, um so viel Wissen wie möglich in sich aufzunehmen; dann würde es keine Lehrer mehr geben, nur noch die Bücher, die sie selbst aussuchen würde.

Im März fuhr Elisabeth nach Gries bei Bozen. Gries ist ein bezaubernder kleiner Kurort, wo Elisabeth häufig zur Erholung hingeschickt wurde. Sie wuchs zu rasch und litt dadurch unter wiederkehrenden Migränen und großer Mattigkeit; um wieder zu Kräften zu kommen, brauchte sie körperliche Bewegung in der frischen Bergluft. Einige streng selektierte Damen, wie die Gräfinnen Irma Pálffy, Marietta Gaterburg und Itha Toggenburg, waren ausgewählt worden, um Elisabeth bei den Ausfahrten, Spaziergängen und Radausflügen zu begleiten. Alle spielten leidenschaftlich gern Tennis; es herrschte eine freundschaftliche, von Sportsgeist erfüllte Atmosphäre. Am 22. April traf auch Stephanie in Gries ein, um anschließend mit ihrer Tochter nach Venedig zu fahren. Sie statteten Pola einen kurzen Besuch ab und ließen sich dann in Miramare nieder. Es war ein angenehmer Aufenthalt. Die Stunden, die Elisabeth im vertrauten Beisammensein mit ihrer Freundin Dili verbrachte, empfand sie als Bereicherung. Trotzdem konnte sie ein zunehmendes Gefühl der Gereiztheit nicht unterdrücken. Sie sah ihre Mutter kaum noch; es war Erzsi nicht entgangen, daß ihre Mutter immer häufiger zerstreut und geistesabwesend wirkte; ihr Interesse galt beinahe ausschließlich ihrer eigenen Person und ihrem Äußeren, wobei sie es nicht versäumte, sämtliche Mittel einzusetzen, über die die Frauen jener Zeit verfügten, um sich attraktiver zu machen. Erzsi glaubte zwar, sie müsse sich nach wie vor an der Seite ihrer Mutter zeigen, um die Menschen in ihrem Glauben zu belassen, sie sei ihr einziger Sonnenstrahl. Aber Erzsi war jung und unbestechlich und im stillen lächelte sie ein bitteres Lächeln über dieses hübsche Bild, das der Öffentlichkeit da gemalt werden sollte. Denn sie wußte seit geraumer Zeit sehr gut, wer der eigentliche Sonnenstrahl ihrer Mutter war – dieser ungarische Herr, dem sie nun schon einige Male begegnet war. Er besaß weder Titel noch Vermögen, war nur von mittlerer Statur, dafür von erlesener Eleganz. Er war als Diplomat in London akkreditiert, ohne Zweifel bezog er dort seine Anzüge bei einem Schneider in der Jeremistreet. War es unbewußte Eifersucht oder ein Gefühl der Verlassenheit, das in Elisabeth diese unüberbrückbare Abneigung gegen einen Mann entstehen ließ, den sie kaum kannte und dessen Absichten sie höchstens erahnen konnte? Sie sprach nicht über ihre Empfindungen, sie begnügte sich damit zu beobachten und abzuwarten, bis diese von ihr so heftig kritisierte sentimentale Liebesbeziehung ein, wie sie meinte, unvermeidliches Ende finden würde.

Am 15. Juli 1899 sollte in Mödling, einer kleinen Stadt einige Kilometer südlich von Wien, die Fahnenweihe des dortigen Schützenvereins stattfinden. Der Verein richtete an Prinzessin Stephanie die Bitte bei dieser Feier als Schutzherrin zu fungieren. Es war das erste Mal, daß die »junge hohe Dame« in offizieller Funktion erschien. Sie entledigte sich ihrer Aufgabe mit so viel Liebenswürdigkeit und natürlicher Anmut, daß ihr die Herzen aller zuflogen – sie war eben Liesl, die vom Volk am meisten geliebte Erzherzogin.

Am 20. Juli fuhren Stephanie und Erzsi nach England. Bevor sie nach Österreich zurückkehrten, machten sie noch in Bayern Zwischenstation. Elisabeth konnte dem ruhelosen Leben ihrer Mutter keinen Geschmack abgewinnen; an sämtlichen europäischen Höfen war sie zu Besuch, überall wurde sie gefeiert – mehr als in Wien!

Am 13. August kam König Christian von Dänemark zur Familie des Herzogs von Cumberland in der Nähe von Salzburg zu Besuch. Von dort fuhr er in Begleitung von Elisabeth Marie, des Prinzen von Schleswig-Holstein-Glücksburg und des Prinzen Wilhelm von Cumberland nach Bad Ischl zum Kaiser.

Am 27. August fuhren Stephanie und ihre Tochter auf Besuch nach Frankfurt zur Großherzogin von Hessen auf Schloß Wolfsgarten. Von dort reisten sie weiter nach Köln, dann nach Scheveningen in Holland. Hier sah Elisabeth die Nordsee wieder, und sie machte mit einem Land Bekanntschaft, dessen Sprache sie nicht verstand. Das mißfiel ihr; sie, die fünf Sprachen fließend beherrschte, wollte die Menschen verstehen, deren Land sie gerade besuchte.

Am 19. November war Elisabeths Namenstag, der Tag der Heiligen Elisabeth von Ungarn. Aus diesem Anlaß wurde am 26. November in Schloß Laxenburg eine Soiree dansante veranstaltet. Töchter und

Söhne aus den ältesten Adelsgeschlechtern waren geladen, in den alten Mauern erklang fröhliche Musik und alle tanzten. Zur selben Zeit tanzte auch das Volk in den Gasthöfen der Stadt.
Das Jahr endete mit dem Weihnachtsfest. Nun gab es für Erzsi keine Geheimnisse mehr, jetzt war sie es, die den Baum schmückte und als fürsorgliche Hausherrin die Geschenke verteilte.
Das Jahr 1900 brachte für Elisabeth große Veränderungen. Lange Zeit hatte sie das behütete Leben eines Kindes geführt und nur allmählich hatte man ihr erlaubt, den Rahmen ihrer Aktivitäten zu erweitern. Nun stimmte der Kaiser zu, daß sie jene Rolle übernahm, die einer Thronfolgerin zukam. Es war eine den Konventionen verhaftete, im Licht der Öffentlichkeit stehende Rolle; Erzsi mußte bei verschiedenen Feiern die Patronanz übernehmen, Stiftungen besuchen, Regimentsparaden abnehmen. Bei solchen Anlässen erwies sie sich übrigens als ebenso unerbittlich wie ihr Großvater, wenn es um einwandfreie Haltung und das Befolgen der Etikette ging. Etliche der Offiziere wußten auch später noch davon zu berichten, welchen Schrecken ihr Erscheinen unter ihnen hervorgerufen hatte. Elisabeth ritt gerne aus, oft auch mit ihrem Großvater, der sie für eine gute Reiterin hielt.
Am 2. Jänner 1900 gab der Kaiser in der Hofburg ein Familiendiner. Die Liste der Geladenen umfaßte 25 Personen, darunter 10 Erzherzoge und 13 Erzherzoginnen. Franz Joseph nahm den Hausherrenplatz ein, zu seiner Rechten saß Prinzessin Stephanie, zu seiner Linken Erzherzogin Maria Theresia. Rechts von Elisabeth Marie saß Erzherzog Rainer, links Erzherzog Leopold Ferdinand. Auch Erzherzog Franz Ferdinand war anwesend. Das Diner begann um 18 Uhr. Es wurde in rascher Reihenfolge serviert, der Kaiser aß schnell und wenig, er hielt sich ungern lange bei Tisch auf. Da dem Kaiser als erstem serviert wurde, hatten diejenigen, die als letzte drankamen, wenig Gelegenheit, das Essen zu genießen, manchmal kamen sie nicht einmal dazu, von allen Gerichten zu kosten. Auch bei diesen Familiendiners war Franz Joseph stets Kaiser und Familienoberhaupt, er betrachtete es als Teil seiner Pflichten, diese Rolle nie beiseite zu lassen. Er forderte eiserne Disziplin, jedes Abweichen vom herkömmlichen familiären und sozialen Gefüge verurteilte er aufs schärfste. Er nahm zwar zur Kenntnis, daß es Liebe gibt,

duldete aber nicht, daß aus diesem Grund eine eheliche Verbindung auch nur in Betracht gezogen wurde, wenn der in Frage stehende Ehepartner nicht ebenbürtig war. Das war weiter nicht außergewöhnlich, denn an allen europäischen Höfen galten die gleichen strengen Sitten. Trotzdem herrschte beim Familiendiner eine warmherzige Atmosphäre, die Konversation drehte sich um Dinge, die sowohl für die Männer als auch die Frauen von Interesse waren; man sprach vom Landleben, von Pferden, von der Jagd und verschiedenen Festen.

In diesem kleinen Kreis der Auserwählten glaubte jeder den anderen bis in sein geheimstes Inneres zu kennen. Und doch ahnten sie nicht, daß einige von ihnen in ihren Herzen eine große Liebe verborgen hielten. Zwei von ihnen sollten sich auch schon bald offen zu ihren Gefühlen bekennen und unbeirrt von den Forderungen aus Tradition und Familiengesetz für die freie Wahl ihres Herzens und den Sieg ihrer Liebe kämpfen. Und noch eine der anwesenden Personen würde diesen Weg in einer noch im Verborgenen ruhenden Zukunft beschreiten; im Jahre 1900 würde diese kleine Palastrevolution stattfinden, sie sollte das Schicksal der Menschen aller Schichten der herrschenden Klasse beeinflussen.

Jeden der drei Liebenden erwartete ein anderes Schicksal: der erste sollte ein dauerhaftes Glück erfahren, das Glück des zweiten sollte auf grausame Weise sein Ende finden, und das Glück des dritten würde sich als flüchtig und ohne Bestand erweisen.

Viele Jahre schon hatte Elisabeth Marie mit ihren Tanzlehrern die einzelnen Tanzschritte geübt. Diese Schritte waren in strikter Präzision dem Rhythmus der Musik angepaßt, zugleich bildeten sie aber auch eine Abfolge verschiedener Bewegungen, die sowohl den inneren Empfindungen als auch der Sprache des Körpers Ausdruck verliehen. Elisabeth war eine vollendete Tänzerin.

Am 9. Jänner 1900, im ersten Monat dieses ersten Jahres des neu angebrochenen Jahrhunderts, fand der Hofball statt. Erst zwei Jahre nach dem Tod der Kaiserin Elisabeth hatte der Kaiser sich dazu entschlossen, diese Tradition wieder aufleben zu lassen. Der Hofball war mit all seinem Pomp ein Sinnbild der vergangenen Glorie des Hauses Habsburg. Die hier gezeigte Prachtentfaltung lief nach einem strengen Zeremoniell ab. Dieser Ball war das einzige wirklich große Fest, das der Kaiser bei Hof gab; zu diesem Anlaß wurden rund 3000 Personen eingeladen. Der besondere Reiz dieses Balles lag darin, daß hier Angehörige der verschiedenen Kreise zusammenkamen, sogar junge Leutnants durften an dem großen Ereignis teilnehmen. Diejenigen, die ansonsten keinen Zutritt zur Hofburg hatten, waren stolzerfüllt, daß sie an diesem einen Abend die prachtvollen Säle betreten durften und vielleicht sogar Gelegenheit dazu haben würden, sich dem kleinen Kreis rund um den Kaiser zu nähern. Der Kaiser selbst bewegte sich bei diesem Anlaß inmitten der Menge und sprach sowohl mit den Männern als auch mit den schönen Frauen.

Der Ablauf des Balles war mit geradezu militärischer Genauigkeit geplant. Alles war genau eingeteilt, angefangen beim Vorfahren der Wägen, dem Weg hinauf über die Stiegen, bis zur Aufteilung der Gäste in den verschiedenen Salons entsprechend ihrer Stellung und ihrem Rang. Kein noch so kleines Detail wurde vergessen. Die Damen mußten im großen Abendkleid erscheinen, Alter und Aussehen spielten keine Rolle, wohl aber war die Größe des Dekolletés genau vorgeschrieben. Das Tragen von Schmuck war obligatorisch. Die Herren ihrerseits mußten ebenfalls in Gala erscheinen, aber ohne Orden.

Die gesamte Leitung des Balles lag bei Obersthofmeister Prinz Hohenlohe. Er hatte ein ganzes Heer von Helfern unter sich, die wiederum ihrerseits die erhaltenen Befehle an ihre Untergebenen weiterleiteten. Für den Ball standen die Räume der Redoute in der Hofburg zur Verfügung, die Mauern verschwanden hinter herrlichen Wandteppichen. Die Farben der Blumenbilder flossen über in das Meer echter Blumen und tropischer Pflanzen. Das sonst so strenge Schloß funkelte und strahlte; riesige mehrstöckige Luster verströmten ein starkes und zugleich mildes Licht, das sich in den geschliffenen Kristallanhängern brach und sie in allen Regenbogenfarben leuchten ließ.

Franz Joseph hatte Elisabeth Marie die Erlaubnis erteilt, an diesem Hofball teilzunehmen und somit ihren Eintritt in die große Welt zu vollziehen. Diese Entscheidung widersprach der ansonsten geübten Regel, die Erzherzoginnen erst nach ihrem achtzehnten Geburtstag in die Gesellschaft einzuführen.

Bei seinem Eintritt in den Ballsaal führte der Kaiser einen Cortège von zwölf Paaren an. Er selbst war in Begleitung von Erzherzogin Maria Josepha, der Herzog von Cumberland folgte mit Prinzessin Stephanie, Elisabeth Marie ging am Arm von Erzherzog Ludwig Viktor.

Als Elisabeth Marie eintrat, richteten sich Hunderte von Augenpaaren auf sie, voller Staunen und Bewunderung murmelten die Leute einander zu: »Sie ist erst sechzehn Jahre alt!« Denn »die kleine Frau«, wie die Wiener sie liebevoll nannten, hatte wirklich das Aussehen einer Erwachsenen. Mit ihren 1 m 85 war sie ungewöhnlich großgewachsen, sie bewegte sich mit hoheitsvoller Anmut. Sie war von der Natur mit dem Geschenk einwandfreier Proportionen bedacht worden, das enganliegende Kleid betonte ihre zarte Taille, ihr ovales Gesicht mit den feinen, regelmäßigen Zügen leuchtete vor Freude – sie war der Inbegriff von Jugend und Schönheit. Ihr Kleid war aus Tüll, mit unzähligen Diamanten wie mit Tautropfen übersät, der Rock schwang in mehreren Volants auseinander, die mit Maiglöckchengirlanden gesäumt waren, eine Tüllschärpe gab dem Ganzen einen zusätzlichen Anschein von duftiger Schwerelosigkeit. Um den zarten, langen Hals lag eine einfache Perlenschnur. Des Kaisers Lieblingsenkelin war ganz Lächeln und Artigkeit. Die bereits zuvor sorgfältig ausgewählten Herren stellten sich nun einer nach dem anderen vor. Elisabeth ließ sich zum Tanz führen, sie bewegte sich mit jener Grazie und Schwerelosigkeit, die den wirklich begabten Tänzerinnen zueigen sind; die anderen Paare hielten ein wenig Abstand zu der königlichen Walzertänzerin, und so drehte sie sich wie ein Wirbelsturm im Kreis, linksherum und auf der Stelle. Schließlich wurden alle mitgerissen von dieser stetig sich fortdrehenden Bewegung, die die Köpfe schwindeln macht und die Herzen befreit.

Das Programm des Orchesters war auf die Minute genau eingeteilt:

1. Walzer	9 bis 9.07	Morgenblätter (Joh. Strauß)
1. Polka française	9.12 bis 9.17	Wiener Ansichtskarten (Ed. Strauß)
1. Quadrille	9.22 bis 9.42	Künstlerquadrille

2.	Walzer	9.47 bis 9.52	Die Schöne von New York
2.	Polka française	9.57 bis 10.02	Zartbesaitet (Ed. Strauß)
2.	Quadrille	10.07 bis 10.27	Auszug aus der Operette Don Cesar
	Cotillon Walzer	10.22 bis 10.25	Geschichten aus dem Wienerwald
	Polka		Jugendzeiten
	Walzer		Landeskinder
	schnelle Polka		Froh durch die ganze Welt
3.	Quadrille	11.30 bis 11.50	Polka française (Joh. Strauß)
3.	Walzer	11.55 bis 12.00	Tausend und eine Nacht (Joh. Strauß)

Nach der zweiten Quadrille begaben sich einige Damen, die man zuvor bereits von dieser ihnen zukommenden Ehre verständigt hatte, in den Teesalon, um dort den Tee zu nehmen. Man hatte drei Tische vorbereitet. An dem Tisch, der von Prinzessin Stephanie präsidiert wurde, nahm Elisabeth Marie zwischen der Erzherzogin Alice, Großherzogin von Toskana, und der Erzherzogin Anna Platz. Den zweiten Tisch präsidierte Erzherzogin Maria Josepha, den dritten Erzherzogin Maria Annunziata. Sechsunddreißig Damen waren zu diesem Tee geladen, zusätzlich zu den Hofdamen. Folgende Namen aus dem Kreis der Aristokratie schienen auf: Pallavicini, Harrach, Auersperg, Schönburg, Windisch-Graetz, Esterházy, Hohenlohe, Croy, Metternich usw.

Für den Kotillon kehrte Elisabeth in den Ballsaal zurück, und sie hörte nicht mehr zu tanzen auf, bis der letzte Walzer verklungen war. Der Ball endete um Mitternacht, aber in der Erinnerung derer, die daran teilgenommen hatten, dauerte er noch lange fort.

Zwei Wochen später gab Franz Joseph den Ball bei Hof. Nur eine Silbe trennte diesen Ball vom Hofball, aber welch ein Unterschied! An diesem Ball durften nur die Angehörigen der Hocharistokratie teilnehmen, Botschafter, Minister, einige hohe Staatsbeamte und Generäle. Dieser Ball war das exquisiteste Fest im ganzen Fasching, gleichzeitig hatte es privaten Charakter; man nannte es auch den »Hausball des Kaisers«. Der Ball fand im kleinen Rittersaal statt, ein

Raum ganz in Weiß, rundherum Säulen, eine zarte architektonische Komposition; hier wurden sonst die Hofkonzerte abgehalten. Nur ein sehr kleiner Kreis von Personen war zum Ball bei Hof zugelassen, in Wien nannte man sie »die Crème de la Crème«. Hier waren wirklich die Privilegierten unter sich, dieser Abend hatte an Exklusivität nicht seinesgleichen. Die besondere Stimmung rührte nicht so sehr von der Galakleidung oder dem funkelnden Schmuck her, den die Erzherzoginnen, Prinzessinnen und Gräfinnen trugen, sondern vor allem von der Tatsache, daß man sich hier unter Freunden befand. Viele der Herren, vor allem die jüngeren Aristokraten und Diplomaten, waren in Zivil oder im Frack. Da jeder Titel und Stellung des anderen kannte, war es nicht nötig, Uniform oder Rangabzeichen zu tragen. Die Kleider der Damen, die der Mode entsprechend in Weiß oder in hellen Tönen gehalten waren, leuchteten im Schein von hunderten Glühbirnen und Wachskerzen. Das Fest gehörte der Jugend. Zwischen all den jungen Mädchen erregte Elisabeth Marie in einem einfachen weißen, rosenbestickten Kleid besonderes Aufsehen. Sie schien die Pracht ringsum und den Erfolg, den sie selbst hatte, zu genießen. Sie war tatsächlich unwiderstehlich mit ihrem Charme und ihrer strahlenden Schönheit; die hochgeborensten, elegantesten, verführerischsten Kavaliere drehten sich mit ihr im tollen Wirbel der Walzermelodien und schienen ihr dabei behutsam den Hof zu machen. Im Mittelpunkt des allgemeinen Interesses stand Prinz Maximilian, der Neffe des Großherzogs von Baden; man fand, er habe große Ähnlichkeit mit seinem Urgroßvater Zar Nikolaus I., der in ebendiesem Saal mit Kaiser Franz Joseph zusammengetroffen war. Man raunte einander zu, Prinz Maximilian sei nach Wien gekommen, um hier eine Braut zu finden, und man fragte sich, welche der jungen Tänzerinnen wohl die Krone dieses schönen Landes zwischen Schwarzwald und Rhein tragen werde.

Inmitten dieser erlesenen Schar waren auch ungarische Leibgardisten zu sehen mit ihren Pantherfellen und Krummsäbeln. Als alle Geladenen eingetroffen waren, herrschte mit einemmal gespannte Stille. Alle warteten auf den Höhepunkt des Abends. Der Zeremonienmeister schlug mit seinem hoben, an der Spitze mit dem Kaiseradler verzierten Stab dreimal auf den Boden, um das Eintreffen des

Kaisers und des Hofstaates anzukündigen. Um Punkt 21 Uhr bewegte sich der Cortège herein, angeführt von Obersthofmeister Fürst Rudolf Liechtenstein; zwölf Paare folgten: Franz Joseph hatte den Arm der Herzogin von Cumberland gereicht, Elisabeth Marie wurde von Erzherzog Ludwig Viktor geführt. Sowie alle eingetreten waren, ging der Kaiser zur Estrade, im selben Augenblick sah ein Offizier der kaiserlichen Garde zur Galerie hinauf, wo das Orchester – alle im roten Frack – Aufstellung genommen hatte, und gab Eduard Strauß ein Zeichen. Dieser erhob sofort seinen Taktstock, und es ertönte J. Strauß' Walzer »Gewidmete Blätter«. Diesen Walzer tanzte Elisabeth Marie mit dem Grafen J. B. Ceschi, dann führte der Graf P. Széchényi sie zu den flotten Klängen einer Polka aufs Parkett. Prinz M. Taxis entführte sie zu der Quadrille. Ehe der zweite Walzer, eine Komposition von J. Strauß, genannt »Mein Lebenslauf«, einsetzte, näherte sich ein sehr großer, schlanker und hellhaariger junger Mann Elisabeth, blieb vor ihr stehen, schlug die Haken zusammen und verharrte dann in Habtacht-Stellung. Beim ersten Klang der Geigen riß er sie mit sich fort, als gelte es, sie im Sturm zu erobern. Viele der Anwesenden kannten diesen jungen Offizier aus dem Ulanenregiment; er war manchmal nach Laxenburg eingeladen worden, um mit Elisabeth Tennis zu spielen. Sein Name war Otto Prinz zu Windisch-Graetz. Während mit dem Walzer »'s gibt nur a Kaiserstadt, 's gibt nur a Wien« spielte, ruhte Elisabeth sich aus, dann wurde sie von Erbprinz J. Schwarzenberg zum Cotillon geführt. An diesem Abend blieb Elisabeth dem Teesalon fern und erwies sich als unermüdliche Tänzerin, bis der Ball um Mitternacht endete.

Ende Jänner gab Erzherzog Ludwig Viktor in seinem Palais in Wien zwei Bälle, auch Elisabeth war unter den Gästen.

Um sich von den Anstrengungen des Faschings zu erholen, fuhr Elisabeth im Februar nach Bozen und nach Miramare. Noch ahnte sie nicht, daß ihr Herz schon bald von großen Emotionen erfaßt werden sollte, die ihr ganzes Leben verändern würden.

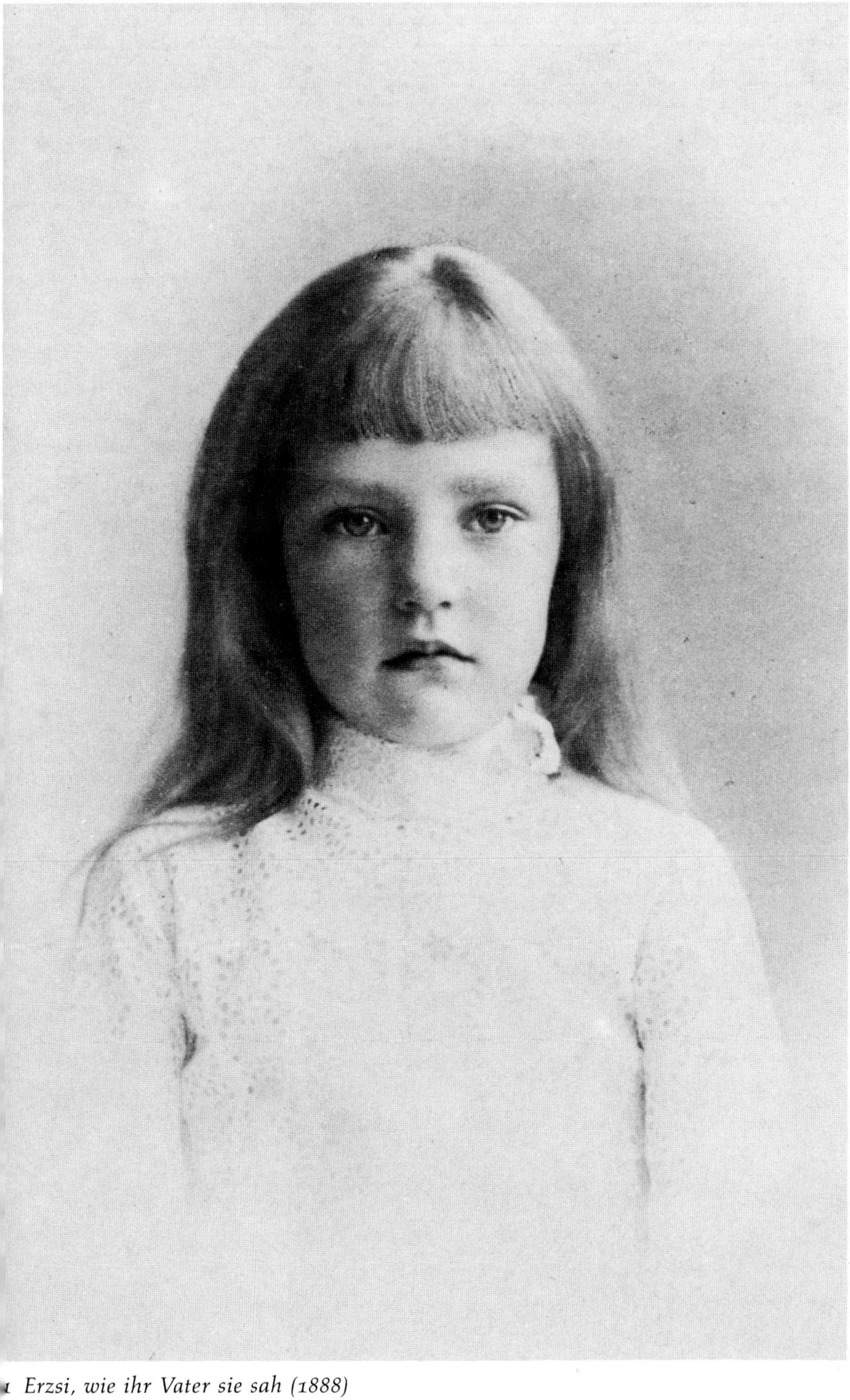

1 Erzsi, wie ihr Vater sie sah (1888)

2 Kronprinz Rudolf (Zeichnung aus dem Jahre 1883)

3 Kronprinzessin Stephanie (Pastellbild von Koppay)

4 Kaiser Franz Joseph, der liebevolle Großvater

5 Kaiserin Elisabeth (Porträt von Koppay)

6 Die Taufe Elisabeth Maries in Laxenburg, 1883

7 Kinderbild von Karl Fröschl

8 Erzsi in einer Landestracht

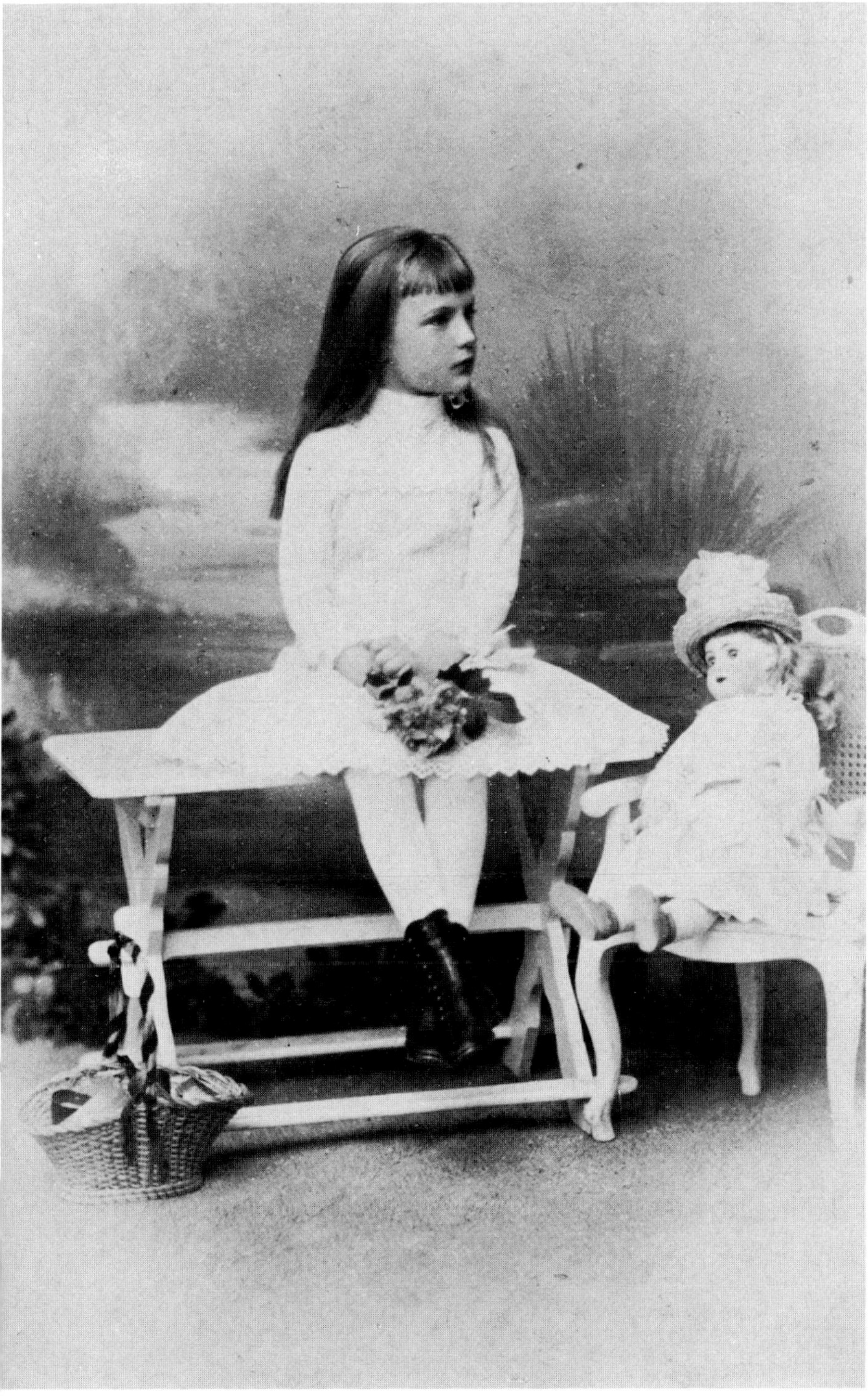

9 *Erzsi im Alter von fünf Jahren*

10 Elisabeth Marie mit ihren Eltern (Gemälde von J. Plagemann, 1888)

11 Aufbahrung des Kronprinzen Rudolf im Schlafzimmer seines Appartements in der Hofburg

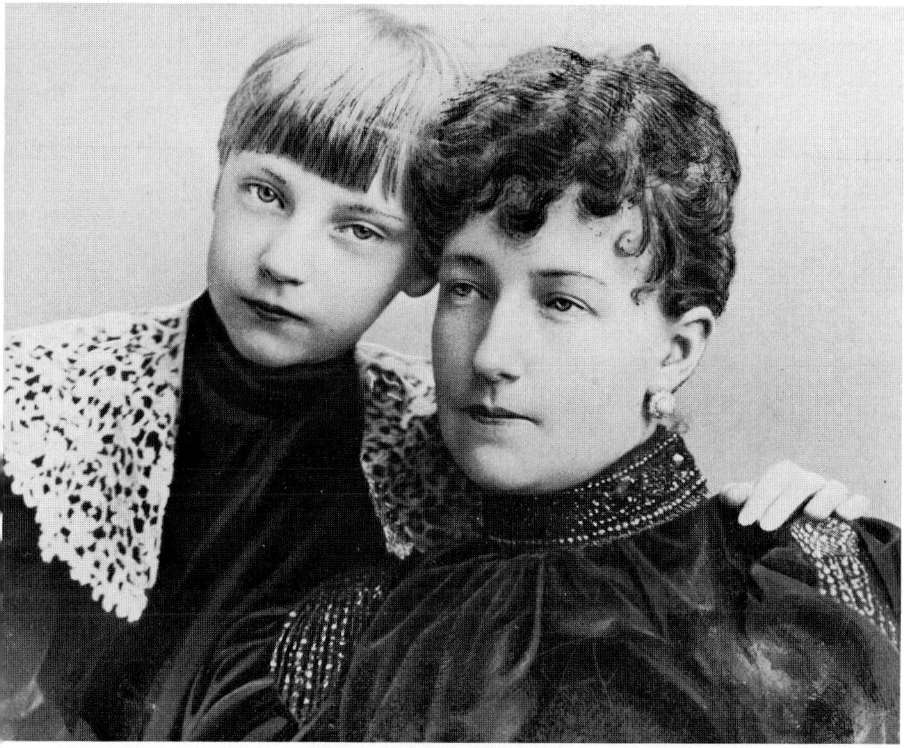

12 Elisabeth Marie mit
ihrer Mutter, 1894

3 Stephanie mit ihrem
weiten Mann Graf Ele-
nér Lónyay

14 *Elisabeth zur Zeit ihrer Verlobung, mit etwa 18 Jahren*

Eine Mesalliance und eine morganatische Ehe

Verbotene und geheime Liebe wurden schon bald nach dem Familiendiner vom 1. Jänner offenbar. Die Liebenden verlangten leidenschaftlich nach Freiheit und Gleichheit; sie waren bereit, sogar der allerhöchsten Autorität die Stirne zu bieten und schweigend und demutsvoll alle Angriffe zu ertragen, die dieser Akt der Unabhängigkeit nach sich ziehen mußte.

Wie wir wissen, hatte Elisabeth schon seit mehreren Monaten mit einem gewissen Gefühl der Bitterkeit die unauffälligen, aber unermüdlichen und geduldigen Annäherungsversuche jenes Mannes beobachtet, den sie bei sich verächtlich »der kleine Ungar« nannte. Sie hatte auch sehr wohl bemerkt, daß ihre Mutter davon nicht unberührt geblieben war, obwohl sie nach außen eine selbstbewußte, standhafte Haltung an den Tag legte. Stephanie fürchtete die Reaktionen ihrer Tochter, außerdem sah sie vorher, daß ihr Vater, Leopold II., König von Belgien, sich ihren Zukunftsplänen entgegenstellen würde. Er wurde zwar allseits als Genie in politischen und finanzpolitischen Belangen bewundert, als Mensch aber war er eigensinnig, gefühlskalt und unbeherrscht. Er war ein liebloser Vater, seiner Familie begegnete er mit beinahe feindseligen Gefühlen; es war, als könnte er es seinen Töchtern nicht verzeihen, daß sie lebten, während sein einziger Sohn, Kronprinz Leopold, im Alter von knapp zehn Jahren hatte sterben müssen. Den Dolch, der sein schmerzerfülltes, enttäuschtes Herz durchbohrt hatte, richtete Leopold nun unerbittlich gegen die Menschen seiner nächsten Umgebung. Frauen und Arbeit – sonst gab es nichts, was diesen genialen Riesen ans Leben fesselte.

Stephanie wußte, was sie als erstes zu tun hatte: Sie suchte um eine Audienz beim Kaiser an, diese wurde ihr auch sofort gewährt, und so fand die Unterredung noch im Herbst 1899 statt. Franz Joseph hatte seiner Schwiegertochter nie besonders viel Sympathie entgegengebracht. Nach dem Tod seines Sohnes Rudolf war die Beziehung zwischen ihnen immer gespannter geworden, und der Skandal im Zusammenhang mit Stephanies Schwester Louise hatte die Situation noch weiter verschlimmert. Trotz all seiner kühlen Distanziertheit verhielt sich Franz Joseph aber seiner Schwiegertochter gegenüber stets als untadeliger Kavalier. So auch bei dieser Unterredung. Respektvoll, aber mit fester Stimme, setzte Stephanie den Kaiser von ihrem Entschluß in Kenntnis, mit dem Grafen Elemér Lónyay eine Liebesehe einzugehen und darin jenes Glück zu finden, auf das sie nach bestem Gewissen ein Anrecht zu haben glaubte. Franz Joseph reagierte völlig gelassen. Da er bereits von anderer Seite von dieser Liebesbeziehung informiert worden war, setzten Stephanies Eröffnungen ihn nicht in Erstaunen. Grundsätzlich war er strikt gegen derartige Verbindungen, die in seinen Augen eine Mesalliance und damit einen absoluten Verstoß gegen das herrschende Gesetz darstellten. Aufgrund der besonderen Situation, in der Stephanie sich befand, war er aber geneigt, größere Milde walten zu lassen. Sie war nun bereits seit elf Jahren Witwe, und die Tatsache, daß sie 35 Jahre alt war und keine Kinder mehr bekommen konnte, schloß den größten Teil der in Frage kommenden Heiratskandidaten aus. Dann war da auch noch ihre zwiespältige, unbefriedigende Situation bei Hof, der sie durch immer häufigere Reisen zu entfliehen trachtete. Und er, der Kaiser, konnte und wollte ihr keine andere Rolle zubilligen, die ihrer Eitelkeit hätte besser gerecht werden können. So kam ihm diese Verbindung mit einem ungarischen Edelmann eigentlich ganz recht, denn dadurch würde Stephanie endgültig vom Hof entfernt werden. Franz Joseph erklärte seiner Schwiegertochter, welchen Bedingungen sie sich unterwerfen müsse: Sie mußte auf jedweden Rang und Titel verzichten, der ihr von Geburt oder durch ihre Verbindung mit Kronprinz Rudolf erwachsen war; der wesentlichste und zugleich schmerzlichste Punkt aber war, daß sie sich von ihrer Tochter trennen mußte. Entsprechend der Tradition durfte eine Erzherzogin nicht in einem gräflichen Haushalt leben, das wäre unter ihrer Würde und ihrer Erziehung nicht entsprechend gewesen. Erzsi würde also ihre Mutter verlassen und ausschließlich unter der Obhut und in der Umgebung ihres Großvaters leben. Großzügig wie immer sorgte der Kaiser dafür, daß Stephanie eine angemessene Apanage erhielt, die ihr eine gehobene Lebensführung sicherte. Nach kurzer Überlegung gab der Kaiser schließlich seine Einwilligung, und Stephanie durfte den Mann ihrer Wahl, Graf Elemér Lónyay, heiraten.

Stephanie war so erfüllt von ihrer Liebe und der Vision ihres künftigen Glücks, daß sie ohne Zögern auf alle Vorteile und Ehren verzichtete, die ihr bisheriges Leben ihr in so reichem Maß geboten hatte und die doch niemals ihr Herz hatten befriedigen können. Das Gesetz war hart, härter noch als das Leben; es erlaubte nur die Entscheidung für die eine Seite oder für die andere. Erzsi glaubte, ihre Mutter genau zu kennen. Später freilich sollte sie an sich selbst erfahren, daß es Kräfte gibt, denen man nicht widerstehen kann.

Voll dankbarer Freude nahm Stephanie die Erlaubnis des Kaisers entgegen. Sie hatte gesiegt, sie konnte alle Sorgen hinter sich lassen und ganz der Erfüllung ihrer Liebe leben. Und sie sollte recht behalten, denn ihr Glück endete erst nach 45 Jahren durch den Tod.

Als nächstes suchte Stephanie das Einverständnis ihres Vaters König Leopold II. Aber der König war keineswegs geneigt, dieser Verbindung seiner Tochter seinen Segen zu geben. Unversöhnlich beharrte er auf dem Standpunkt, ein nicht sonderlich vermögender Graf, dessen Adelstitel noch dazu erst jüngeren Datums war, sei nicht würdig, in seine Familie einzuheiraten. In seiner Antwort gab er seiner tiefen Verärgerung Ausdruck, indem er Stephanie mitteilte, er entziehe ihr hiemit den Titel einer Königlichen Hoheit und streiche außerdem die ihr zustehende Jahresapanage. Kaiser Franz Joseph stellte durch eine Intervention sicher, daß Stephanie ihren Titel behalten und die Apanage weiterhin in Anspruch nehmen konnte.

Die Wasser der Adria leuchteten blau unter den goldenen Strahlen der Sonne, und dennoch empfand Erzsi diesmal ihren Aufenthalt hier als trübe und düster. Sie konnte keinen klaren Gedanken fassen, ruhelos streifte sie durch die weitläufigen Räume, die auf einmal glanzlos und altmodisch wirkten. Sie war einsam, ihre Mutter war den ganzen Tag fort; sie hatte keine Zeit für Erzsi, richtete höchstens hie und da ein paar belanglose Worte an sie. Erzsi erhob sich aus dem mit dunkelrotem Samt bezogenen und mit schweren Borten verzierten großen Fauteuil, der im Salon stand, und ging hinüber zum Klavier, um den Wind zu begleiten, der vom Meer herüberkam. Doch die Melodie, die ihre jungen, gelenkigen Finger den schwarzen und weißen Tasten entlockten, machte sie noch trauriger. Sie wechselte das Thema und intonierte ein Lied, das ihr zu Ehren geschrieben worden war und das ganz Wien kannte: »Die unvergeßlichen Augen«. Zuerst sang sie leise mit, dann aber schlug sie die Akkorde mit solcher Heftigkeit an, als müsse sie etwas attackieren oder sich gegen etwas verteidigen. In diesem Augenblick kam ihre Mutter herein und bemerkte beiläufig: Spiel nur fertig, dann laß den Tee servieren, ich komme gleich wieder. Wenig später betrat sie den Salon wieder und forderte Elisabeth auf, ihr aufmerksam und verständnisvoll zuzuhören, sie habe ihr etwas mitzuteilen. Erzsi hob die Hände von den Tasten, stand auf und hörte zu, wie ihre Mutter ihr mitteilte, sie werde sich in Kürze mit Graf Elemér Lónyay verehelichen. Sie fügte hinzu: »Ich habe gehört, daß der Mann, den ich gewählt habe, dir mißfällt und daß du dir einige unpassende Bemerkungen zu seiner Person erlaubt hast.« Elisabeth erwiderte, sie könne für den Mann keine Sympathie empfinden, der ihr die Mutter nehme; sie fügte hinzu, ihre Mutter habe nur noch Zeit für ihn und keine mehr für sie, sie fühle sich vernachlässigt und einsam. »Einsam!« rief Stephanie aus. »Bisher war ich es, die einsam war! Seit elf Jahren bin ich Witwe, denk nur daran, wie man mich bei Hof behandelt! Ich sollte die erste Dame des Reiches sein, stattdessen hat man mich zurückgestoßen. Irgendeine hochnäsige junge Prinzessin nimmt jetzt meinen Platz ein. Als Frau wurde ich mißhandelt und verletzt bis in die tiefsten Tiefen meines Wesens. Rudolf, dein Vater, hat mir meine Ehre geraubt«, – errötend, mit zunehmender Lautstärke ging sie daran, der Tochter ihre Wunden zu offenbaren. »Als wir uns verlobten, war ich noch ein halbes Kind, und damals schon hat er mich betrogen! Oh diese Demütigung, die ich in mir verbergen mußte! Ich habe versucht, um den Mann zu kämpfen, der so wie ich aus Pflichtbewußtsein diese Ehe eingegangen war, aber es war vergebens. Allmählich hat er sich immer stärker von einem bösen Zeitgeist beeinflussen lassen, er hat bei anderen Frauen Trost gesucht, sie haben ihn zu immer größeren Ausschweifungen verführt. Zuerst hat er alle moralische Kraft verloren, schließlich auch sein seelisches Gleichgewicht und seine Gesundheit. Du sollst wissen, daß nicht der Tod zu ihm gekommen ist, nein, er ist dem Tod entgegengegangen, um sich von sich selbst zu befreien!«

Als Stephanie dies alles hervorstieß, wußte sie nicht, daß Elisabeth bereits die Wahrheit über ihren Vater erfahren hatte, daß der tiefe Respekt, den sie für ihn empfand, durch die Worte ihrer Mutter nicht erschüttert werden konnte. Mit undurchdringlicher Miene lauschte sie diesem Ausbruch ihrer Mutter, die, ohne sich zu unterbrechen, ihre Worte wie lang angestautes Gift ausspie. »Mit seinem Tod war das Leid für mich aber noch nicht zu Ende. Durch sein Testament hat er mir alle Rechte über dich, mein Kind, genommen, alle Macht lag beim Hof, den ich immer öfter mied. Das war der Grund, warum ich nicht gewagt habe, die Beziehung zwischen uns zu vertiefen. Und nun weiß ich nichts von dem, was in deinem Herzen vorgeht. Du warst ja nur ein Mädchen, hätte ich einen Sohn, einen männlichen Erben gehabt, wäre alles anders für mich gewesen. Trotzdem, ich war deine Mutter, wie gerne hätte ich dich mit der ganzen Kraft meines Herzens geliebt. Aber schon, als du noch ganz klein warst, warst du das Abbild deines Vaters, und wie könnte ich die Erinnerung lieben, die bei deinem Anblick in mir hochsteigt! Wenn ich dich sehe, sehe ich ihn, das ist meine unentrinnbare Qual! Jetzt weißt du alles, und du wirst besser verstehen, warum ich die Liebe eines Mannes brauche. Nur durch sie kann ich von meinem Haß und meiner Sehnsucht nach Rache befreit werden. Nur er kann meine verwundete Seele heilen und mich wieder zu einer Frau voller Zärtlichkeit machen.«

»Diese Worte müßten mich verletzen«, dachte Elisabeth. »Aber ich empfinde nur Achtung vor der Offenheit meiner Mutter. Endlich hat sie alles ausgesprochen, was sie so lange in sich verborgen gehalten hat! Welch dramatische Eröffnungen! Ich sehe sie jetzt, wie ich sie nie zuvor gesehen habe, der Ausdruck ihres Gesichtes ist verändert, sie ist eine Hoheit, sie hat Größe und verteidigt unbeirrt ihr Recht auf ihre Erfüllung als Frau, wenn sie auch ihrer Tochter nie das Recht zugestanden hat, ein Kind zu sein!«

Erzsi antwortete ihrer Mutter behutsam und freundlich: »Ich trage dir nichts nach, aber wenn du wirklich glaubst, daß deine Vorwürfe zu Recht bestehen, warum bist du dann nicht zu deiner Familie zurückgekehrt?« »Du sollst auch das wissen«, rief Stephanie aus. »Ich habe nie eine Familie gehabt, ich habe kein Zuhause gehabt, der Charakter meines Vaters und die Melancholie meiner Mutter haben mich immer fern gehalten. Versteh' doch, das Leben hat mir nie wirkliches Glück geschenkt, jetzt will ich es mir selbst nehmen, und ich glaube fest daran, daß ich es nur in der Liebe finden kann! In der Liebe werde ich endlich alle und alles vergessen!« Erzsi hob ihre Hand wie zu einer Geste des Abschiednehmens, sagte »Viel Glück« und verließ den Raum, wobei sie die Türe mit einem kurzen trockenen Knall hinter sich ins Schloß fallen ließ.
Wieder einmal bestiegen die beiden Damen den Zug, der sie im rhythmischen Klang seiner Räder von Miramare nach Wien trug. Dort wollte Stephanie sich einige Zeit aufhalten, um die letzten Vorbereitungen für den großen Augenblick zu treffen. Bei den Schneiderinnen mußte ein letzter Blick auf die zahlreichen luxuriösen Toiletten geworfen werden, bei den Weißwarennäherinnen mußte die Zusammenstellung des Trousseaus überwacht werden, dessen Umfang und Raffinement alles überstieg, was man bisher gesehen hatte. Der gute Kaiser zahlte stillschweigend alle Rechnungen für diese Dinge, die man angesichts des Wertes, den sie repräsentierten, tatsächlich als Kostbarkeiten bezeichnen konnte. Außerdem mußten zahlreiche Abschiedsbesuche absolviert werden. Erzsi wohnte mit ihrer Mutter in ihrem Trakt in der Hofburg. Für Stephanie war es der letzte Aufenthalt in diesen kaiserlichen Räumen. Sie nahm leichten Herzens davon Abschied, denn sie hatten ihr kein Glück gebracht, und dort draußen wartete nun ein Mann auf sie, in dessen Haus sie das Glück finden würde.
In den folgenden Tagen machte Stephanie, stets begleitet von Elisabeth, etliche Besuche, unter anderem bei Erzherzog Rainer, Erzherzogin Maria Theresia und ihren Töchtern Annunziata und Elisabeth, bei den Erzherzoginnen Marie, Raineria usw. Der Abschied verlief überall in sehr herzlicher Atmosphäre, obwohl die dabei zum Ausdruck gebrachten Gefühle sicherlich nicht immer den tatsächlichen Empfindungen entsprachen.

An dem Familiendiner, das Stephanie und Elisabeth in ihren Räumen gaben, nahmen 16 Personen teil, darunter die Erzherzoginnen Maria Theresia, Annunziata, Margerita, der Herzog von Toskana, Erzherzog Friedrich mit seiner Frau Isabella, Herzog und Herzogin von Cumberland, Prinz Maximilian von Baden, F. J. von Braganza, Prinz L. von Sachsen-Coburg, die Herzogin A. von Parma usw.
Das Datum der endgültigen Abreise Stephanies wurde mit dem 8. März fixiert, erste Zwischenstation sollte Miramare sein. Am Morgen des 8. wurde sie vom Kaiser in Audienz empfangen, es ist nicht überliefert, was bei dieser Begegnung gesprochen wurde. Am Nachmittag rief sie in einem ihrer Salons das Personal zusammen. Tiefbewegt nahm sie von diesen ergebenen Freunden Abschied, die sie so getreu durch einen wichtigen Abschnitt ihres Lebens begleitet hatten. Stephanie verteilte wahrhaft königliche Abschiedsgeschenke von dauerhaftem Bestand: die Damen erhielten mit kostbaren Steinen besetzte Ringe oder Bracelets, die Herren mit einem kleinen Diamanten bestückte Ringe oder Krawattennadeln. Die Hofdamen erhielten Schmuckstücke aus der persönlichen Schmuckkassette Stephanies.
Als die Hofequipage die Hofburg verließ, war die Nacht bereits hereingebrochen. Zum letzten Mal genoß Stephanie das besondere Hochgefühl, in einer kaiserlichen Kutsche die Stadt zu durchqueren. Das schwache Licht der Straßenlaternen erhellte immer nur wenige Pflastersteine, doch Stephanie lag nichts daran, einen letzten Blick auf die vertraute Umgebung zu werfen. Erzsi saß schweigend neben Stephanie. Man hatte ihr erlaubt, ihre Mutter zu begleiten und bis zum Vorabend der Hochzeit bei ihr zu bleiben. An der Hochzeit selbst durfte sie nicht teilnehmen. Am Südbahnhof wurden sie bereits von Obersthofmeister Graf E. Choloniewski und seiner Frau, Gräfin E. Coudenhove, der Hofdame Gräfin T. Pálffy und Baron Gudenus erwartet. Die Suite hatte sich im Bahnhofsvestibül versammelt, rundum drängten die Menschen in dichter Menge heran. Von allen Seiten erklangen Abschiedsrufe, und dazwischen hörte man immer wieder den Namen »Liesl«. Die beiden Damen schritten durch das Menschenspalier, grüßten nach allen Seiten und begaben sich dann über die große Treppe in den Prinzensalon. Kurz danach hielt um 8.05 Uhr der Wagen Seiner Majestät des Kaisers vor dem

Bahnhof. Der Kaiser eilte in Begleitung seines Adjutanten Major Pitlik und unter den Hochrufen der Menge direkt zum Prinzensalon, wo er von Stephanie und Erzsi freudig begrüßt wurde. Um 8.50 Uhr reichte der Kaiser seiner Schwiegertochter den Arm und geleitete sie auf den Bahnsteig, Elisabeth folgte mit der Suite. Der Kaiser brachte sie bis zum Salonwagen, verabschiedete sich ein letztes Mal, dann stiegen die beiden Damen in den Waggon, erschienen aber kurz darauf wieder am geöffneten Fenster des Coupés. Baron Gudenus reichte einen herrlichen Strauß aus weißem Flieder und Maiglöckchen hinauf. Um 8.55 Uhr fuhr der Zug aus der Bahnhofshalle. Der Kaiser wandte sich um, ging langsam zu seinem Wagen und kehrte in die Hofburg zurück.

Wien war im Dunkel der Nacht zurückgeblieben, am Morgen lag Triest im hellen Licht des Südens vor ihnen. Die hohen Damen verließen den Zug und bestiegen die wartende Kutsche, dann brachten die Pferde sie im raschen Trab nach Schloß Miramare. Es war ein strahlend schöner Tag, schwarz zeichneten sich die Zypressen vor dem hellen Hintergrund ab, ein Meer von Blumen säumte den Weg. Erzsi blieb schweigsam. Die freudige Erregung ihrer Mutter ließ sie das eigene Gefühl der Verlassenheit nur noch stärker empfinden.

In den folgenden Tagen kam Stephanie keinen Augenblick zum Nachdenken. Erzsi hingegen grübelte mit der ganzen Intensität ihrer Jugend über Vergangenheit, Gegenwart und Zukunft nach. Am 21. März verließ Elisabeth ihre Mutter wenige Stunden vor der Ankunft des Grafen Lónyay. Es war ihr nicht gestattet, ihm zu begegnen, und sie war es zufrieden. Sie hatte diesen Mann bisher nur aus der Entfernung gesehen, und auch jetzt empfand sie nur den einen Wunsch, einen möglichst großen Abstand zwischen sich und ihn zu legen. Erzsi fuhr in Begleitung des Grafen F. Bellegarde und der Gräfin Coudenhove nach Gries in Tirol. Am nächsten Tag sandte sie ihrer Mutter ein Glückwunschtelegramm. In den Zeitungen fand sie die genaue Beschreibung der Hochzeitsfeierlichkeiten. Am 22. März 1900 fand auf Schloß Miramare in der Kapelle, die im Schloßpark lag und mit dem Schloßgebäude durch einen schmalen Wandelgang verbunden war, die Trauung zwischen Prinzessin Stephanie und Graf Elemér Lónyay statt. Auf Wunsch Kaiser Maximi-

lians war diese Kapelle als genaues Abbild der Geburtskapelle von Bethlehem errichtet worden, in kostbaren Behältnissen ruhten hier Reliquien, die Maximilian selbst aus Palästina mitgebracht hatte. Vor diesem Altar hatte er seiner letzten Messe in Miramare beigewohnt, ehe er nach Mexiko aufbrach. An der Trauungszeremonie, die von Bischof Dr. L. Mayer abgehalten wurde, nahm eine große Anzahl hochrangiger Persönlichkeiten teil. Die Prinzessin trug ein mit echten venezianischen Spitzen besetztes silbergraues Kleid aus Crêpe de Chine. Das wundervolle Brautbukett, das Stephanie im Arm hielt, war in Fiume zusammengestellt worden; es bestand aus Maiglöckchen, Flieder, Orangenblüten und Myrten und wurde in der Mitte von einer Königskrone aus miteinander verschlungenen Orchideen überragt. Das Bukett wurde von kostbaren Brüsseler Spitzen zusammengehalten. Der Bräutigam trug einen schwarzen Gehrock. Man konnte Stephanie ihre große innere Bewegung ansehen, ihr Jawort aber klang laut und klar, ebenso das des Bräutigams. Anschließend an die Trauung wurde eine heilige Messe gehalten, während der von Cavaliere Rota Beethoven- und Mendelssohn-Variationen gespielt wurden. Nachdem die Zeremonie zu Ende war, verließ die Gräfin Lónyay am Arm ihres Gatten die Kapelle, die Gäste folgten nach. Graf Choloniewski telefonierte inzwischen nach Wien mit dem Obersthofmarschall Seiner kaiserlichen Majestät und gab einen detaillierten Bericht über die Hochzeitsfeierlichkeiten.
Am 22. März, dem Tag, an dem aus Prinzessin Stephanie die Gräfin Lónyay wurde, setzte der Kaiser seine Unterschrift unter ein Dokument, das besagte, der Hofstaat, der Stephanie in ihrer Eigenschaft als Kronprinzessin zugeteilt worden war, sei hiemit aufgelöst. Mit einer zweiten Unterschrift genehmigte er die neue Zusammensetzung von Elisabeths Suite, wobei die Gräfin Coudenhove in Anerkennung ihrer treuen Dienste in ihrer Stellung belassen wurde und den Elisabeth-Orden erster Klasse erhielt. Graf Bellegarde wurde Erzsis Obersthofmeister, Gräfin Sidonie Chotek Hofdame, Dr. F. Auckenthaler ihr Leibarzt, J. Riedl ihr Sekretär, die Armee wurde von Hauptmann Graf R. Bellegarde repräsentiert. Sowie Elisabeth zurückgekehrt war, stellten sich die Mitglieder ihres neuen Haushaltes vor, erklärten, in welcher Funktion sie ihr zugeteilt worden seien und versicherten sie ihrer unverbrüchlichen Treue.

Von nun an war Erzsis Leben in Wien reich an Aktivitäten. Seitdem ihre Mutter nicht mehr da war, war Elisabeth die erste Dame am Hof. Folglich mußte sie nicht nur bei allen Familientreffen dabei sein, sondern auch bei allen offiziellen gesellschaftlichen und kulturellen Veranstaltungen. Am 8. April gab der Kaiser ein Familiendiner, zu dem zwanzig Personen geladen waren. Elisabeth war anwesend, weiters Erzherzog Franz Ferdinand und der Prinz von Baden, dessen Aufenthalte in Wien immer häufiger und ausgedehnter zu werden schienen. Es war allgemein bekannt, daß er auf Brautschau war. Sicher war ihm auch die schöne, aber zurückhaltende Elisabeth aufgefallen. Seine Wahl konnte auch auf eine ihrer zahlreichen Kusinen fallen, die alle darauf brannten zu gefallen. Vom Rang her kamen sie sehr wohl in Frage, leider war aber in den meisten Fällen ihr Äußeres so wenig anziehend, daß auch die besten Vernunftgründe ins Wanken geraten konnten. Erzsis liebenswerte Schönheit und Marie Valeries warmherzige Freundlichkeit ließen den Abend in einer Stimmung ungezwungener Fröhlichkeit verlaufen. Die beiden jungen Frauen waren Franz Josephs ganzer Trost. Vergebens suchte er den Grund für seine quälende Sorge und Unzufriedenheit zu verdrängen. Erzsi wußte, was ihren Großvater bedrückte. Wieder einmal war es die Liebe, die die althergebrachte Ordnung ins Wanken zu bringen drohte. Verzweifelt versuchte der weise alte Mann, diese Ordnung entgegen dem Strom der Zeit aufrechtzuhalten.

Einige Monate zuvor war Erzsi zu Besuch bei ihrem Onkel Fritz und ihrer Tante Isabella auf deren Schloß in Ungarn gewesen. Onkel Fritz war kein anderer als der berühmte Erzherzog Friedrich, ein sympathischer und gastfreundlicher Mann, dessen kleine, rundliche Körperform hervorragend mit jener seiner Frau harmonierte. Spöttische Zungen behaupteten, er wäre noch viel dicker, hätte er nicht so große Angst vor seiner despotischen Frau. Aber so wie in den meisten Familien der Aristokratie galt auch hier das strenge Gesetz bescheidener Lebensführung; die Kinder durften zwar wissen, daß ihre Eltern reich waren, aber sie durften nichts davon bemerken, und vor allem durften sie nicht davon profitieren. Wirklich nichts im Privatleben des Erzherzogs Friedrich, Kommandant des Preßburger Armeekorps, ließ darauf schließen, daß er der mächtigste unter den Erzherzögen war. Er besaß zahlreiche Liegenschaften, Fabriken in

Böhmen und Ungarn, und seine Ländereien umfaßten mehr als 300 000 Joch. Sogar der Kaiser besaß nicht so viel Land. In täglicher Arbeit kümmerte er sich persönlich um die Verwaltung seiner Besitzungen. Dabei ging er von einem feudalistischen Prinzip aus; er trug die volle Verantwortung für alle kirchlichen und sozialen Einrichtungen, von ihm wurden in den mehr als dreißig Kirchsprengeln die Spitäler, Armenasyle, Schulen usw. unterhalten. Das Zimmer, das Erzsi im Schloß des Erzherzogs bewohnte, entbehrte jeglichen Komforts. Die modische Erscheinung Elisabeths trug ihr so manche kritische Bemerkung ein! Tante Isabella hatte sechs Töchter, die unter die Haube gebracht werden mußten. Sie waren gutmütig und charmant, aber leider klein und rundlich, und so war weibliche Konkurrenz alles andere als erwünscht. Erzsi spürte das ganz genau. Allerdings gab es einen Kandidaten, der einer Eheschließung nicht abgeneigt schien, vorausgesetzt die Mitgift würde um einiges erhöht. Aber das eigentliche Interesse richtete sich auf einen ganz anderen Mann, nämlich auf den, der an nächster Stelle hinter dem Kaiser stand, den Kronprinzen Erzherzog Franz Ferdinand von Österreich-Este. Er war jetzt 37 Jahre alt und die Frau, die einmal an seiner Seite stehen würde, würde den Titel der Kaiserin tragen. Lange Jahre hindurch hatte man ihn kaum beachtet, er war tuberkulosekrank, und die Leute sahen ihn viel eher im Grab als auf dem Thron. Aber entgegen den düsteren Vorhersagen seiner Ärzte wurde er wieder gesund und eroberte sich seinen Platz als begehrter Heiratskandidat trotz seines blassen Gesichtes, das immer noch an seine überstandene Krankheit erinnerte. Anscheinend gefiel es ihm bei Onkel Fritz, denn er kam häufig zu Besuch. Und bei diesen Anlässen überboten die sechs Töchter sich in dem Versuch, bei der Messe ihre Tugendhaftigkeit und beim Tennisspielen, beim Reiten und beim Tanz ihr sportliches Talent unter Beweis zu stellen. Dabei wurden sie stets von zwei aufmerksamen Hofdamen begleitet. Eine von ihnen, die Comtesse Sophie Chotek von Chotkowa und Wognin, entstammte einem alten böhmischen Adelsgeschlecht. Sie war die Tochter des Grafen B. Chotek, der zu der Zeit österreichischer Botschafter in Brüssel gewesen war, als Erzherzog Rudolf das erste Mal Prinzessin Stephanie von Belgien vorgestellt wurde. Er war es gewesen, der die Eheverhandlungen in die Wege geleitet und die

Berichte geschrieben hatte. Tante Isabella kam nicht einen Augenblick lang auf die Idee, diese zweiunddreißigjährige mittellose Comtesse, die viel eher wie eine Gouvernante aussah, könnte irgendeinem Mann gefallen. In Gedanken sah sie sich bereits am Ziel ihrer Träume und eine ihrer Töchter auf dem Weg zum Altar mit dem zukünftigen Kaiser. Niemand ahnte, daß Franz Ferdinand Sophie schon zehn Jahre zuvor kennengelernt hatte, als er in Prag seinen Militärdienst machte. Später, als alle sich aus Angst vor Ansteckung von dem hustenden, entkräfteten Mann zurückgezogen hatten, war Sophie ihm getreulich beigestanden, hatte ihn gepflegt und ihm Lebensfreude und Kraft zur Gesundung gegeben. Und aus dieser großherzigen Hilfe und Freundschaft entstand eine tiefe Bindung zwischen ihnen, an der sie unverbrüchlich festhielten. Sie wußten ihr Geheimnis wohl zu bewahren. Sophie war klug und vorsichtig, sie verstand es, sich selbst bescheiden im Hintergrund zu halten und die jungen Mädchen ins rechte Licht zu rücken. Die stolze Mutter war überaus angetan von dieser Haltung. »Meine liebe, gute Sophie wird sicherlich eines Tages ins Kloster gehen«, pflegte sie wohlwollend zu sagen. »Sie wagt es ja nicht einmal, einen Mann anzuschauen, und sie scheint sich förmlich in ihren unansehnlichen Kleidern verstecken zu wollen.« Erzsi freilich war ganz anderer Ansicht. Sie hatte scharfe Augen, und einiges, was sie bei Hof beobachtet hatte, hatte ihre Meinung über die Hofdamen einer gründlichen Wandlung unterworfen – einige von ihnen verstanden sich vorzüglich auf die Kunst des Flirtens.

Elisabeth bewahrte diesen Aufenthalt bei Onkel Fritz in lebhaftester Erinnerung. Noch Jahre später konnte sie jede Einzelheit des dramatischen Ereignisses erzählen. »Franz Ferdinand, den wir Nando oder Nandl riefen, war stets von besonderer Liebenswürdigkeit gegenüber meinen Kusinen. Ich glaube, die Hoffnungen, die Tante Isabella sich machte, wurden täglich lebhafter. Ich für meine Person habe ihm gegenüber eine gewisse Zurückhaltung gewahrt, ich wollte lieber einen sicheren Abstand zwischen uns beiden wissen. An einem schönen, sonnigen Tag kam es schließlich völlig überraschend zur Katastrophe. Auf dem Tennisplatz zappelten die Kusinen mit Armen und Beinen herum, um die Bälle, die ihnen von Nando und Sophie zugespielt wurden, zu fangen und zurückzuspielen. Ich war zu faul, um auch zu spielen, so saß ich mit dem Verlobten einer meiner Kusinen auf einer Bank und sah zu. Nachdem die Tennispartie zu Ende war, gingen wir alle ins Schloß, um uns fürs Diner umzukleiden. Da hörte ich, daß jemand an alle Zimmertüren klopfte, schließlich auch an die meine. Meine Kammerzofe öffnete, draußen stand Nandos Kammerdiener. Er schien sehr nervös und fragte, ob wir nicht die Uhr Seiner Hoheit gefunden hätten, er habe sie während des Tennisspiels irgendwo abgelegt und dann vergessen. Nun könne er sie nicht finden, aber sie könne ja nicht verlorengegangen sein. Ich maß dem Vorfall keine große Bedeutung bei, zog mich mit Sorgfalt an und ging hinunter in den Salon, wo bereits alle anderen versammelt waren. Meine Tante schien mir noch röter im Gesicht als sonst, mein Onkel war sichtlich nervös, die Kusinen sahen erschreckt aus, und die Comtesse hielt sich noch mehr im Hintergrund als gewöhnlich. Dann gingen alle zum Speisesaal und setzten sich zu Tisch. Nach einem Augenblick beängstigender Stille blickte Tante Isabelle zum Ende des Tisches hinunter, wo Sophie ihren Platz hatte, und sagte mit gereizter Stimme: ›Comtesse, Sie verlassen innerhalb einer Stunde mein Haus, Sie sind nichts als eine Person, und eine Person hat hier nichts verloren.‹ Sophie schien von diesem Ausbruch wie betäubt, sie erhob sich, warf meiner Tante einen durchdringenden Blick zu, sah Nando erstaunt an und zog sich dann zurück, ohne sich zu verabschieden. Onkel erlitt inzwischen einen Hustenanfall und mußte den Raum verlassen. Nando versuchte ihn zurückzurufen und ihn zu bitten, sich nicht auf die Seite seiner Frau zu stellen, Onkel aber kam unter dem Vorwand nicht wieder, er habe Nasenbluten. Nach dem Diner zogen wir uns alle auf unsere Zimmer zurück. Wir waren völlig verängstigt über die schwerwiegende Bedeutung dieser Situation, die so unerwartet offenkundig geworden war.

Die Comtesse war allein zum Bahnhof gefahren. Auch Franz Ferdinand reiste ab, aber nicht mit ihr gemeinsam. Er wollte zum Kaiser und ihm klarmachen, daß nichts und niemand ihn daran hindern werde, Sophie zu heiraten. Ich lief ihm zum Ausgang nach, wo er gerade in seinen Militärmantel schlüpfte, nahm ihn beim Arm und sagte ›Grüß' sie von mir, sie hat Mut‹. Er sah mich erstaunt an und fragte: ›Wer?‹ ›Deine Braut‹, sagte ich. Er wandte sich zu mir um,

ich sah in seinen Augen, daß er ein anderer Mensch geworden war durch die Kraft seiner Gefühle. Beim Hinausgehen sagte er noch ›Ich danke dir, Liesl‹.
Was war geschehen? Die Uhr war gefunden worden, und ein Diener hatte sie zu Tante Isabelle gebracht. Die Katastrophe nahm ihren Lauf! Neugierig öffnete Tante Isabella das Medaillon, das mit einem Ring an der goldenen Uhrkette befestigt war. Welch peinliche Überraschung – sie fand das Bild der Sophie Chotek!«
In einer privaten Unterredung teilte Franz Ferdinand dem Kaiser seinen Entschluß mit, die Frau, die er liebte, Sophie Chotek, zu heiraten. Der alte Herr unterdrückte nur mühsam den aufsteigenden Zorn. Vor seinen Augen entstand die furchtbare Vision, wie Familie und Staat durch eine solche Heirat ins Chaos gestürzt würden. Er verweigerte kategorisch seine Zustimmung. Die sanfte Erzherzogin Maria Theresia, der der Kaiser überaus zugetan war, versuchte, bei ihm zu intervenieren; Prälat Dr. Marschall versuchte, Sophie dazu zu überreden, in ein Kloster zu gehen und dort Zuflucht und Trost zu finden – alles vergebens. Unter den stummen vorwurfsvollen Blicken der Ahnenbilder fanden endlose Verhandlungen statt. Viele Jahrhunderte hindurch hatten sich Generationen von Habsburgern dem Familiengesetz unterworfen. Franz Joseph klammerte sich halsstarrig an diese Tradition, er fühlte sich dazu verpflichtet, sie aufrecht zu halten. Franz Ferdinand aber widersetzte sich dem Kaiser und dem Familiengesetz, und indem er sich selbst verteidigte, verteidigte er auch, ohne es zu wissen, das beginnende Recht auf Freiheit.
Schließlich wurden die Rechtswissenschaftler beauftragt, eine annehmbare Lösung zu finden. Das Familiengesetz war ja kein Gesetz im Sinne des bürgerlichen Rechts. Der Kaiser hätte auch die Familie Chotek in einen Rang erheben können, der diese Heirat ermöglichte. Aber nein – nur die Ebenbürtigkeit der Geburt hatte für den Kaiser Geltung! Endlich, nach langem Prüfen und Überlegen, schien sich der gordische Knoten zu lösen. Die Juristen hatten einen Kompromiß ausgearbeitet, der alle erforderlichen Voraussetzungen für eine morganatische Ehe enthielt. Sophie würden niemals die Rechte einer ebenbürtigen Ehefrau zustehen. Am 28. Juni 1900 unterschrieb Franz Ferdinand die Verzichtsurkunde und akzeptierte da-

mit, daß seine Ehe auf immer eine »Ehe zur linken Hand« bleiben würde, daß Sophie niemals Kaiserin sein und die aus dieser Ehe entstammenden Kinder niemals dieselben Rechte wie ebenbürtige Nachkommen haben würden. Drei Tage später, am 1. Juli 1900, wurden Franz Ferdinand und Sophie Chotek in der Kapelle von Schloß Reichstadt in Böhmen getraut. Keiner der Erzherzoge war anwesend, nur die Stiefmutter des Bräutigams, Erzherzogin Maria Theresia, war mit ihren Töchtern bei der Trauung dabei. Der Kaiser sandte ein Telegramm; er verlieh Sophie den Rang einer Herzogin von Hohenberg. Die Gräfin Stephanie Lónyay, die ganz von ihrem eigenen Glück erfüllt war, sandte tiefempfundene Glückwünsche, Franz Ferdinand dankte ihr dafür in einem Brief mit bewegten Worten.

Diese Ereignisse stellten für Elisabeth eine neue Erfahrung dar. Sie hatte gewußt, daß man die Liebe als schönes, aber nicht ungefährliches Spiel betrachten konnte, sie hatte gelernt, daß die Liebe stets den Staatsinteressen geopfert werden mußte; sie verurteilte auch die Freundschaft nicht, die ihren Großvater mit der Schauspielerin Katharina Schratt verband; sie hatte zahlreiche Ehen gesehen, die aus Vernunftsgründen geschlossen wurden, und sie hatte erfahren, zu welchem Mut Mary Vetsera fähig war, die aus Liebe zu Elisabeths Vater Rudolf ihr Leben hingegeben hatte. Nun, da sie die leidenschaftlichen Gefühle ihrer Mutter und ihres Onkels Franz Ferdinand aus nächster Nähe miterlebt hatte, begriff sie, daß die Kraft der Liebe eine Macht darstellt, die den Menschen bis in sein tiefstes Inneres erschüttern kann. Mit ihren sechzehn Jahren war Erzsi weit über ihr Alter hinaus gereift.

Liebe auf den ersten Blick

Franz Joseph hatte den Wunsch geäußert, Erzsi möge mit ihm gemeinsam an den religiösen Zeremonien der Karwoche und der Osterfeiertage teilnehmen. So bot sich den Menschen, die sich im Stephansdom drängten, ein rührender Anblick. Unter dem hohen gotischen Gewölbe schritt der alte Kaiser langsam vom Portal vor zum Chorgestühl. Er war jetzt siebzig Jahre alt, schmal und zerbrechlich. Er hielt sich immer noch aufrecht, doch spürte man hinter all dieser militärischen Disziplin die Last der zweiundfünfzig Regierungsjahre. In diesem langen Abschnitt der Geschichte hatte er Niederlagen und Unglück hinnehmen müssen. Oft war er selbst, ohne es zu ahnen, der Anlaß all dieser Auseinandersetzungen und Kämpfe gewesen, immer aber hatte er sich der Herausforderung gestellt. Elisabeth, die an der Seite Franz Josephs dahinzuschweben schien, bildete mit ihrer hochgewachsenen Gestalt, ihrer außergewöhnlichen Schönheit und ihrer strahlenden Jugend einen hellen Kontrast zu ihrem Großvater. Während des Trauergottesdienstes gedachten sie der Toten. Am Ostersonntag aber war die Luft erfüllt von Orgelklängen, und der Dom hallte wider von himmlischen Harmonien. Die Vergangenheit war vergessen, alles blickte hoffnungsvoll in die Zukunft. Mit ehrfurchtsvollem Schauern vernahmen die Gläubigen die tiefen, langhallenden Töne, die die Pummerin, die große bronzene Glocke, in den Himmel über Wien sandte. Der April begann mit schönem Wetter, und so richtete sich Franz Joseph mit Erzsi in Schönbrunn ein. Der herrliche Park erwachte langsam wieder zum Leben, unwiderstehlich entlockte der Frühling der Natur ihren vielfältigen Reichtum. Überall wagte sich zartes Grün hervor, die Blumen streckten ihre Blätter den ersten Sonnenstrahlen entgegen. Inmitten all dieser überschäumenden Freude ging Erzsi mit ihrem Hund spazieren und dachte über die Zukunft nach. Immer wieder war in letzter Zeit die Rede von verschiedenen Bewerbern gewesen, vom Prinzen Albert von Belgien, den sie während eines Besuchs in Ostende in der königlichen Residenz kennengelernt hatte, vom Herzog von Baden, dem Kronprinzen von Württemberg, ja sogar von Franz Ferdinand, durch den sie zur Kaiserin geworden wäre. Kaiser Franz Joseph hätte es gerne gesehen, daß die Tochter seines Sohnes auf den Thron folgte und somit die direkte Linie gewahrt bliebe. Sicher gab es auch noch andere Anwärter auf ihre Hand, solche, die sie kannte, und solche, die sie nicht kannte. Aber sie wollte keinen davon, sie wollte selbst wählen – sie wollte lieben. Dieser Gedanke beschäftigte sie, seitdem sie am Vorabend beim Kaiser zum Tee gewesen war. Sie hatte für diesen Anlaß ein helles Frühlingskostüm mit einem kleinen Pelzkragen gewählt. Sie wurde von ihrem Großvater bereits im Salon erwartet, außer ihnen beiden war niemand anwesend, es sollte ein Gespräch unter vier Augen sein. Erzsi machte einen Knicks und küßte dem Kaiser die Hand. Er umarmte sie und sagte »Heute Abend habe ich ernsthaft mit dir zu reden«. Erzsi lächelte ihm zu, um dem Augenblick etwas von seiner Schwere zu nehmen. »Als meine Enkelin bist du eine Prinzessin des Hauses Habsburg«, fuhr Franz Joseph fort. »Du bist jetzt beinahe erwachsen, das Leben hat dich auf einen bedeutungsvollen Platz gestellt, und du mußt diese Aufgabe auf dich nehmen mit allen Pflichten, Opfern und aller Verantwortung, die sie mit sich bringt. Du mußt trotz deiner hohen Stellung demütig bleiben und gehorchen. Gehorsam ist eine Tugend, die dein ganzes Leben bestimmen muß. Du hast viele Begabungen, aber du mußt bescheiden sein und sie nicht hervorkehren.« Erzsi blickte ihm gerade in die Augen. »Wie du deinem Vater ähnelst!« – der Kaiser erschrak über seine eigenen Worte; er stand auf, ging zu seiner Enkelin, legte ihr die Hand auf die Schulter und sagte mit ernster Stimme: »Sei tapfer und brav, du mußt begreifen, daß du eine Aufgabe zu erfüllen hast. Du mußt heiraten, und zwar wirst du den Mann heiraten, den ich für dich auswählen werde.« »Lieber gehe ich ins Kloster und werde Äbtissin, als in einer Ehe ohne Liebe zu leben!« rief Erzsi entsetzt aus. Der alte Herr schüttelte den Kopf. »Das Leben wird dich lehren, daß du dein Glück viel eher in der Pflichterfüllung als in der Liebe findest. Die Liebe ist eine flüchtige Krankheit, die uns auf den tiefsten Grund der Traurigkeit führt. Es gibt noch vieles, was du lernen mußt.« Erzsi zog sich zurück. Hinter der Türe wurde sie von einer Hofdame erwartet. Als diese sah, wie aufgewühlt Erzsi war, glaubte sie, das Gespräch zwischen dem Kaiser und seiner Enkelin habe sich um die Trennung von Erzsis Mutter gedreht. Unbeholfen versuchte sie, ein paar Worte des Trostes für das junge Mädchen zu finden.

An manchen Tagen nahm Franz Joseph Erzsi mit, wenn er in die Hofburg zu seinen Audienzen fuhr. In einem Raum unter Dach, wo Erzsi ihr Atelier eingerichtet hatte, wartete dann schon der Zeichenlehrer auf sie. Erzsi hatte viel Talent, und sie setzte alles daran, ihre Unterrichtsstunden nicht zu versäumen. Dieser Lehrer interessierte sie besonders, denn er antwortete stets offen auf all ihre Fragen. Sie wollte alles wissen über das, was sich außerhalb ihrer eigenen, abgeschlossenen Welt abspielte. Sie hatte immer schon versucht, über ihre Professoren alle jene Informationen zu bekommen, die ihr sonst verwehrt geblieben wären. So wußte sie über viele Dinge Bescheid, von denen ihre Umgebung nicht vermutete, daß sie davon eine Ahnung haben könnte.

Erzsi saß gerne neben ihrem Großvater in der Kutsche. Wenn sie so die Stadt durchquerte, beobachtete sie alles voller Interesse. Wien veränderte sich, man riß nieder, baute wieder auf – die Stadt wurde von Tag zu Tag schöner. Entlang den Straßen und auf den Kreuzungen standen Polizisten und wachten darüber, daß der Kaiser ungehindert durchfahren konnte; die Menschen grüßten ihren Monarchen voll treuer Ergebenheit. Erzsi wußte, wie sehr der Kaiser seine Hauptstadt liebte, auch wenn sie ihm viel Sorge bereitete. Jahrelang war er im Widerstreit mit dem Parteichef der Christlich-Sozialen gelegen, der zum Bürgermeister von Wien gewählt worden war. Er war ungeheuer populär, denn er kämpfte für soziale Reformen, stellte sich auf die Seite des kleinen Mannes und trat für die Lösung der Arbeiterprobleme ein. Mit seinem typischen Wiener Charme, seiner Redegewandtheit und seiner profunden Kenntnis des Wiener Dialektes verstand er es immer wieder, die Massen für sich zu gewinnen.

In diesem Frühjahr erfüllte Elisabeth Marie ihre offiziellen Pflichten mit der Selbstverständlichkeit einer erfahrenen großen Dame. Seit der Trennung von ihrer Mutter entwickelte sich ihre Persönlichkeit rasch, und ihre Individualität trat frei zutage, umsomehr, als Elisabeth von keinerlei Gefühl der Schüchternheit gehemmt wurde. Sie nahm an zahlreichen Diners und Soireen teil, entspannte sich bei Konzerten und genoß von der Kaiserloge aus das Schauspiel der verschiedenen Theateraufführungen. Selbstverständlich organisierte sie auch immer wieder Tennispartien, sie ritt aus und traf sich mit einem streng ausgewählten Freundeskreis. Ihr Großvater hatte gesagt, sie müsse noch viel lernen. Nun, sie lernte die Kleider zu wählen, die ihre Gestalt am vorteilhaftesten zur Geltung brachten, Kleider, die von raffinierter Eleganz waren und der letzten Mode entsprachen. Sie lernte die Kunst des Flirtens, das Spiel mit den Blicken, das leichte Tändeln, den Austausch geflüsterter Geheimnisse, für die sich immer ein williges Ohr fand. Das alles war aber, der damaligen Zeit entsprechend, völlig unschuldig. Erzsi lernte auch das Ausmaß ihres Reichtums kennen; sie hatte nicht nur ein recht großes Vermögen von ihrem Vater geerbt, sondern erhielt außerdem noch viel gewichtigere Zuwendungen von ihrem Großvater.

Es war an einem Tag im Juni. Die Sonne erhob sich mit jener unwiderstehlichen Kraft, die Schönheit und Glück besonders reich erblühen läßt. Zur selben Stunde versuchten die Offiziere des Kavallerieregiments den Schlaf abzuschütteln, der ihre Körper und ihre Nerven besänftigend umfangen gehalten und ihnen neue Kraft gegeben hatte. Vor ihnen lag eine übermenschliche Anstrengung, die vielleicht mit dem Sieg belohnt werden würde. Im Schein der Lampen zogen sie die Uniformen an, die sie stets mit Stolz trugen. Die frühe Morgenstunde und die Konzentration machten sie schweigsam; jeder dachte an sich selbst, an sein Pferd, an die Ehre, die es zu verteidigen, und an den Ruhm, den es für den Oberst und für das Regiment zu erringen galt. Währenddessen wurden in den Stallungen die Hengste und Stuten gestriegelt und mit Heu und Hafer gefüttert, die kundigen Hände der Stallburschen ließen die Bürsten rasch und leicht über die schimmernden Leiber und glänzenden Hufe der Pferde gleiten. Da gab es falbe, kupferrote, dunkelbraune und schwarze Pferde, ihr Fell glänzte wie Seide, und alle waren einwandfrei gebaut. Es waren alles edle Pferde von verschiedenen Rassen, einige stammten von renommierten Gestüten.

Am späten Vormittag waren alle und alles bereit, das Wettrennen konnte beginnen. An diesem Tag sollte ein denkwürdiger Wettbewerb ausgetragen werden: » Internationaler Großer Preis im Reit-Spring-Turnier«. Dieser Wettbewerb galt zu Recht als der härteste und schwierigste. Der Reiter, dem es gelang, alle Schwierigkeiten siegreich zu überwinden, wurde als Held gefeiert, und sein Regiment wurde geehrt. Die besten Reiter Europas nahmen daran teil, und auch einige streng ausgewählte Offiziere von den Kavallerieregimentern der kaiserlichen Armee waren zugelassen.
Der Austragungsort war wunderschön; uralte Bäume mit majestätisch breiten Kronen säumten die Rennbahn, auf der der Kampf stattfinden sollte. Ein überaus elegantes Publikum, wie man es auch heute noch bei den Rennen in Ascot oder Longchamps findet, erging sich auf den Rasenflächen, auf den Zuschauerrängen drängten sich die Menschen. Von dieser einmaligen und lebensvollen Szenerie ging eine Atmosphäre berauschender Erregung aus. Mit einemmal ging ein Raunen durch die Menge. Kaiser Franz Joseph war inmitten des Offizierstabs eingetroffen. Die hohen Offiziere trugen prächtige Uniformen, nach denen man sie ihrem jeweiligen Regiment zuordnen konnte. Drei Minuten später erschien Elisabeth mit ihrer Suite und ging die Stufen zu ihrer Loge hinauf. Sie hatte für diesen Anlaß ein sehr langes, sandfarbenes Kleid gewählt, das in der Taille von einem breiten braunen, mit Goldplättchen übersäten Gürtel zusammengehalten wurde, von dem wiederum ein Strauß Maiglöckchen wie ein kleiner Wasserfall herunterhing. Nach unten zu schwangen die Falten des Rockes graziös auseinander. Dazu trug Elisabeth einen leichten Strohhut, dessen Rand sanft gewellt war, sodaß ihr schönes Gesicht abwechselnd dahinter verborgen oder den Blicken freigegeben war.
Ein Signal ertönte, der Bewerb begann. Alle Augen richteten sich auf die Reitbahn, wo nun der erste Reiter angetreten war. Unter den Zuschauern waren viele Pferdeliebhaber; sie kannten jedes einzelne Tier, wußten, aus welcher Zucht es stammte, und stellten bereits Überlegungen über die Qualität eventueller Nachkommenschaft an. Sie kannten jeden Stammbaum bis ins kleinste Detail.
Zuerst fanden einige kleinere Wettbewerbe statt, dann wurde der Internationale Große Preis angekündigt. Die Hindernisse waren in

einer schwierigeren Formation aufgestellt worden, die Barren lagen noch höher, und der Graben war jetzt noch breiter. Aufgeregt und fasziniert beobachteten die Zuschauer die Reiter und die nervös tänzelnden Tiere. Das Herz blieb ihnen fast stehen, wenn sie den dumpfen Ton hörten, mit dem die Fesseln der Pferde an den Barren schlugen. Manchmal fiel die oberste Stange herunter, manchmal verweigerte eines der Pferde, und manchmal kam es zu gefährlichen Stürzen. Der Bewerb nahm keinen guten Verlauf, schon hörte man Stimmen, die meinten, der Parcours sei zu schwierig angelegt worden und man habe die Fähigkeiten der Pferde doch überschätzt. Doch eben, als die Hoffnung ihren Tiefpunkt erreicht hatte, erschien ein junger Offizier in der blauen Uniform der Ulanen auf dem Reitfeld. Das Pferd, das er ritt, war ein prachtvoller Zuchthengst, ein Fuchs, mit Namen »Metalist«. Der Namen des Reiters wurde verlautbart, es war Prinz Otto zu Windisch-Graetz. Er brachte sein Pferd vor der Tribüne zum Stehen, salutierte zum Kaiser hinauf und ritt dann zum Start. Elisabeth hatte in dem jungen Reiter sofort jenen Tänzer erkannt, der sie so stürmisch im Walzerrhythmus mit sich fortgerissen hatte und den sie auch ein oder zwei Mal am Tennisplatz gesehen hatte. Erzsi wurde von einer heftigen Erregung erfaßt, mit beiden Händen umklammerte sie ihre kleine Tasche; sie hatte nur noch den einen Wunsch, daß der Prinz gewinnen sollte. Alles um sie herum versank, sie sah nichts außer den Reiter und Metalist. Kerzengerade im Sattel sitzend trieb er das Pferd am kurzen Zügel zu einem knappen, scharfen Trab an. Mühelos nahm er die ersten Hindernisse, flog förmlich über die Mauer, der Graben hätte ohne weiteres noch breiter sein können, der Dreier-Ochser schien keinerlei Schwierigkeit zu bieten, die Hecken waren überhaupt ein Kinderspiel. Erzsi stockte der Atem. So wie alle anderen Zuschauer fürchtete auch sie, daß Metalist nach einer solchen Anstrengung an Kraft verlieren könnte, aber der Hengst schien von seinem Herrn mit unüberbietbarer Präzision geradezu vom Boden emporgehoben zu werden – Reiter und Pferd bildeten eine makellose Einheit. Leutnant Windisch-Graetz beendete den Parcours ohne einen einzigen Fehler und in Rekordzeit. Verwirrt durch ein ihr bisher unbekanntes Gefühl applaudierte Erzsi mit kraftlosen Händen, als müßte sie ihre Bewunderung vor den anderen geheim halten. Von den Zuschauerrängen stiegen Hurra-Rufe auf, der Ritt war tatsächlich von seltener Perfektion gewesen. Keiner der folgenden Reiter konnte nachziehen, alle beendeten den Parcours enttäuscht und erfolglos. Den zweiten Platz machte ein russischer Offizier, der einem Kosakenregiment angehörte, das 1915 an der Ostfront von sich reden machen sollte.

Der schöne, aufregende Tag ging zu Ende, und die Zuschauer und Reiter nahmen eine unvergeßliche Erinnerung an diesen großen Reitwettbewerb mit nach Hause. Man sollte noch lange davon sprechen, und den Grund dafür werden wir bald erfahren! Kaiser Franz Joseph gratulierte Prinz Otto zu Windisch-Graetz und überreichte ihm den Siegespokal. Das Ulanenregiment wurde geehrt, die Regimentsangehörigen feierten danach noch tagelang.

Am Beginn dieses schönen Sommers hielt Erzsi sich noch in Laxenburg auf. Sie nützte die Gelegenheit, ein Tennisturnier zu organisieren. Dadurch hatte sie die Möglichkeit, mehrere Tennisspieler einzuladen und ihren Freundeskreis zu erweitern, auch konnte sie dadurch jeden einzelnen nach Lust und Laune, so oft sie wollte, sehen. In Schloß Laxenburg war Elisabeth zu Hause; sie war eine elegante und großzügige Gastgeberin, ihr Charme und ihre Fröhlichkeit ließen jede Steifheit verschwinden, die solchen Einladungen nur zu leicht anhaftet. Erzsi äußerte den Wunsch, den ausgezeichneten Tennisspieler Prinz Otto zu Windisch-Graetz bei ihrem Turnier als Gast zu sehen. Ihr Wunsch war natürlich Befehl, die Einladung wurde überbracht, der Prinz fühlte sich geehrt und nahm selbstverständlich an. Bei dieser Gelegenheit konnte Erzsi nun den flotten Walzertänzer und Sieger des Reitwettbewerbs wiedersehen. Sie ließ ihn nicht aus den Augen und kam zu dem Schluß, daß sie sich in ihrer Einschätzung nicht getäuscht hatte. Er schien ihr von außergewöhnlicher männlicher Schönheit und von besonders distinguiertem Benehmen. Alles in allem fand sie ihn noch viel unwiderstehlicher, als er ihr bei den vergangenen flüchtigen Begegnungen erschienen war. Die Liebe, die in ihrem Unterbewußtsein zu erwachen begonnen hatte, brandete nun wie die steigende Flut empor. Erzsi war dem Feuersturm ihrer Gefühle rettungslos ausgeliefert.

Das Tennisturnier war ein voller Erfolg, die jungen Leute waren

dynamisch und sportlich und in dem allgemeinen Wetteifern fiel niemandem auf, welche Erregung von Erzsi Besitz ergriffen hatte.
Am Tag nachdem alle Gäste abgereist waren, flüchtete Elisabeth vor der Sommerhitze nach Traunkirchen in die Villa Buchberg. Traunkirchen war eine kleine Stadt am Ufer des wunderschönen Traunsees, an dessen anderem Ende in Gmunden eine große Hochzeit stattfinden sollte. Elisabeth hoffte, sie würde hier in der reinen Luft bei ihren Spaziergängen durch die Wälder den See entlang ihr inneres Gleichgewicht wiederfinden. Aber so sehr sie sich auch bemühte, es gelang ihr nicht, Klarheit in ihre Gedanken zu bringen. Es ist wohl wahr, daß Liebe und klares Denken sich nicht vertragen. So wie sie erzogen worden war, hätte sie eigentlich introvertiert und passiv sein müssen, aber wenn sie sich auch bemühte, nach außen hin diesen Eindruck zu erwecken, so drängten Intuition und Gefühl sie immer stärker dazu, ihrem im Grunde extrovertierten Wesen freien Lauf zu lassen und die Initiative zu ergreifen. Es scheint, daß Elisabeth in der ersten Phase ihrer neuentdeckten Liebe so sehr mit ihren eigenen Gefühlen beschäftigt war, daß sie sich wenig darum kümmerte, ob diese Gefühle auch erwidert wurden. Prinz Otto war ein überaus galanter junger Mann, und sein Verhalten konnte sehr wohl Hoffnungen erwecken. Aber man hätte nicht sagen können, ob er mit seiner Galanterie nur leichthin den Hof machen oder tatsächlich einen ernsthaften Flirt anbahnen wollte. Erzsi bewahrte ihr Geheimnis tief in ihrem Herzen und ging weiter ihren Vergnügungen und ihren gesellschaftlichen Verpflichtungen nach, als wäre nichts geschehen.
Am 10. August nahm Elisabeth Marie an einer großen Hochzeit teil. Prinz Maximilian von Baden hatte seine Wahl getroffen. Seine Braut war Marie Louise Prinzessin von Großbritannien und Irland, Herzogin von Brunswick und Lüneburg, eine Tochter des Herzogs von Cumberland und der Herzogin Thyra von Dänemark. Marie Louise war die Enkelin des verstorbenen Königs Georg V., und so trafen ganz besonders herzliche Glückwünsche von Königin Viktoria ein. Erzsi war mit Marie Louise eng befreundet, sie gab ihr als Hochzeitsgeschenk einen Sonnenschirm mit einem kostbaren Griff, Franz Joseph schenkte ein Diadem mit großen Diamanten, der Deutsche Kaiser ein Porzellanservice aus der Berliner Manufaktur, Köni-

gin Viktoria eine Kassette mit einem silbernen Teeservice. Die Liste der prächtigen Geschenke ist viel zu lang, um hier im einzelnen angeführt zu werden. Interessant ist vielleicht noch zu erwähnen, daß eine Gruppe von 180 unverheirateten Damen, die aus den besten Familien des Herzogtums Hannover entstammten, als Geschenk ein Damasttischtuch überbrachte, in welches die Wappen aller dieser Damen eingewirkt waren.
Elisabeth Marie nahm an der Soiree teil, die am Vorabend der Hochzeit in der Nähe von Gmunden im Schloß des Herzogs von Cumberland stattfand. An diesem festlichen Abend wurde sie dem König von Dänemark vorgestellt, weiters der Königin von Hannover, sie lernte auch Kronprinz Konstantin von Griechenland kennen sowie Prinz E. von Sachsen-Altenburg und Großherzog Konstantin von Rußland. Hier sah sie die mächtigsten und reichsten Prinzen der europäischen Herrscherhäuser; alle waren gekommen, keiner fehlte. Erzsi war wohl kaum von all diesen Hoheiten beeindruckt, diese wiederum standen sehr wohl unter dem Eindruck von Erzsis wohlproportionierter, hochgewachsener Gestalt, von ihrer außergewöhnlichen Schönheit, ihren seltsamen hellen Augen und ihrer anmutigen Liebenswürdigkeit. Wenn Erzsi selbst auch kühl und gleichgültig blieb, so verlief der Abend doch in einer Atmosphäre von Wärme und Licht. Die ganze Stadt war beleuchtet, in den Fenstern standen brennende Kerzen und entlang den Straßen wiegten sich zahllose Lampions im Abendwind. Auf dem See glitzerten tausende kleine Lichter und ein Feuerwerk ließ buntleuchtende Sterne, Flammengarben und Funkenregen aus dem tiefschwarzen Himmel hervorbrechen.
Am nächsten Tag traf um 10.20 Uhr von Bad Ischl kommend Kaiser Franz Joseph ein. Die Trauung fand in der schönsten lutherischen Kirche Österreichs statt. Als der älteste und am meisten geachtete Monarch Europas dominierte Kaiser Franz Joseph über die illustre Gesellschaft, die aus allen Ländern hier zusammengekommen war. Prinz Maximilian von Baden, in der Galauniform der Preußischen Kürassiere, zog am Arm seiner Mutter, Großherzogin Maria Nokoljewska in die Kirche ein. Dann folgte die Braut am Arm ihres Vaters mit fünf Kranzeljungfern, darunter Elisabeth Marie.
Nach der Trauungszeremonie folgte ein Déjeuner-Diner. Die Prin-

zen und Monarchen, sozusagen die Spitzen der Gesellschaft, versammelten sich zuerst in einem Empfangssalon. Nachdem von allen für alle Toasts auf Ruhm, Gesundheit und Glück ausgebracht worden waren, begab man sich in den Speisesaal. Die lange Tafel war verschwenderisch mit Silber gedeckt, das im Widerschein der Kerzenleuchter glänzte und gleißte, dazwischen standen Vasen mit Myrthensträußen. Elisabeth Marie saß zwischen Kronprinz Friedrich von Anhalt und Prinz F. Schaumburg-Lippe. Der Kreis der Auserwählten, die an diesem Essen teilnahmen, umfaßte einundvierzig Personen.
Am Nachmittag kehrte der Kaiser nach Bad Ischl zurück, Elisabeth nach Traunkirchen.
Es folgten noch einige wichtige Anlässe, die Gelegenheit zum Feiern boten. Am 18. August wurde im Kaiserreich, insbesondere aber in Österreich ein hoher Geburtstag gefeiert – Kaiser Franz Joseph, der am 18. August 1830 geboren worden war, wurde siebzig Jahre alt. An diesem Tag, des Kaisers Geburtstag, wehten die Fahnen mit besonderem Stolz unter einem Himmel, der den Habsburgern wohlgesonnen schien.
Kaiser Franz Joseph erwies seiner Hauptstadt die Ehre, an der für ihn abgehaltenen offiziellen Geburtstagsfeierlichkeit teilzunehmen. Dann kehrte er nach Bad Ischl zurück, wo er am 18. im Kreis der Familie liebevoll gefeiert wurde. Besonders Erzsi umgab ihn mit zärtlicher Aufmerksamkeit, sie liebte ihren Großvater von ganzem Herzen.
Nachdem er selbst so ausgiebig gefeiert worden war, machte sich Franz Joseph an die Vorbereitungen von Erzsis Geburtstag. Am 2. September wurde sie siebzehn Jahre alt. Franz Joseph plante eine hübsche Feier im kleinen Familienkreis. Das Fest durfte nicht im größeren Rahmen stattfinden, dafür mußte man noch ein weiteres Jahr warten. Erst anläßlich des 18. Geburtstags würde man an einen großen Empfang denken können.
Um den 6. September herum verließ Elisabeth Traunkirchen und nahm wieder ihr gewohntes Leben in Laxenburg auf. Sofort lud sie einige Freunde ein, um mit ihnen Tennis zu spielen, auszureiten und im Park auf dem Reitplatz kleine Hindernisrennen zu veranstalten. In dem Kreis junger Leute machte Prinz Otto zu Windisch-

Graetz durch seine Eleganz, sein gutes Benehmen und sein sportliches Talent besonders auf sich aufmerksam.
Während einiger Tage hielt Erzsi sich in Wien auf, um an den religiösen Zeremonien zum Gedenken an die unvergeßliche Kaiserin Elisabeth teilzunehmen.
Wenn ein Souverän eines anderen Landes Seiner Majestät dem Kaiser von Österreich-Ungarn in Wien einen Besuch abstattete, dann brachte ein solches Ereignis einiges an Aufregung mit sich. Mit großem Ernst wurden bereits lange vorher minuziöse Vorbereitungen getroffen, die ein beachtliches organisatorisches Talent und eine genaue Kenntnis der protokollarischen Einzelheiten erforderten. Das Programm wurde vorher bereits genau festgelegt und schriftlich in Französisch, der international gebräuchlichen Sprache bei Hof, niedergelegt. Für den exakten Ablauf und genaue Befolgung dieses Programms waren die Leiter der Zivil- und Militärbehörden verantwortlich.
Am 20. September 1900 wurde ein ganz außergewöhnlicher Gast erwartet; es war der mächtige Souverän eines orientalischen Reiches im Süd-Osten Asiens, Seine Majestät der Schah von Persien Muzaffer Eddin. Es ist bekannt, daß während eines bestimmten Zeitraumes der Geschichte alle wesentlichen Ereignisse von den Ländern der aufgehenden Sonne ausgingen. Man weiß auch, daß diese Völker in so manche düstere und grausame Dramen verwickelt waren. Die Geschichte Persiens verdient auch deshalb einige Beachtung, weil sie beträchtlichen Einfluß auf die Länder des Mittleren Ostens hatte. Auch kann man der in Persien überaus hochentwikkelten Kunst und Kultur die Achtung nicht versagen. Einige der großen Persönlichkeiten, die in der fernen Vergangenheit besondere Bedeutung erlangten, sollen hier genannt werden. Im IX. Jahrhundert vor Christus hatten die Perser bereits einen gewissen Ruhm erlangt. Zwischen 558 bis 528 gründete Cyrus II. der Große ein neues Reich, nachdem er zuvor den König der Meder gestürzt, Cresus, den König von Lydien, besiegt und Babylon eingenommen hatte. 525 eroberte Cambyse II., König von Persien, Ägypten und begründete die XXVII. Dynastie. Unter Darius I. (521–486), der ein Eroberer war, erlebte das Reich seine Blütezeit; schließlich wurde er nach zahlreichen Siegen von den Griechen bei Marathon geschla-

gen. Zu erwähnen wäre auch noch Darius III., der 331 v. Chr. nach seiner Niederlage gegen Alexander den Großen ermordet wurde.
Persiens Geschichte umfaßt mehrere tausend Jahre. In dieser Zeit brachte dieses Volk bemerkenswerte Männer hervor: Eroberer, Staatsmänner, berühmte Helden, Poeten, Miniaturenmaler, Erzähler und Mystiker. Dieses Volk schien von einem unerschöpflichen Genius bewohnt zu sein. Seine Geschichte ist eine stete Aneinanderreihung von Siegen und Niederlagen, von Eroberung und Unterwerfung, von Größe und Niedergang. Im Kampf um die Macht folgte eine Dynastie der anderen, um dann so wie die vorangegangene an inneren Streitigkeiten zu zerbrechen. 1786 kam die Dynastie der Quadjaren an die Macht, sie verbündete sich zuerst mit Rußland und dann mit England, das an den Erdölvorkommen interessiert war. Ein Angehöriger dieser Dynastie war Schah Muzaffer Eddin. Man muß ihm zugestehen, daß Geschichte und Abstammung ihm das Recht gaben auf sich selbst, auf sein Volk und die Vergangenheit seines Reiches stolz zu sein. In Europa stützt sich der Hochmut auf eben dieselben Wurzeln.
Es ist vielleicht nicht uninteressant, den Pomp und die Pracht zu beschreiben, die rund um die Ankunft dieses Potentaten aufgewandt wurden. Es schien fast, als wollte der Kaiser seinen Gast mit geradezu orientalischer Herrlichkeit empfangen. Elisabeth Marie nahm an allen Empfängen teil. Sie war nun siebzehn Jahre alt, und zum ersten Mal ließ der Kaiser sie jene Stellung einnehmen, die der ersten Dame am Hof zukam. In weiser Voraussicht richtete er es so ein, daß Elisabeth stets in seiner Nähe blieb. Bei den Empfängen und Diners nahm stets Erzherzogin Isabella den Platz neben dem Schah ein, ihr Äußeres und ihr vorgerücktes Alter waren für sie ausreichender Schutz – wir haben »Tante Isabella« ja bereits kennengelernt! Obwohl Elisabeth die fremden Würdenträger reichlich fremdartig und exotisch vorkamen, empfing sie sie doch mit ungekünstelter Selbstverständlichkeit. Die Suite Seiner Majestät des Schahs von Persien Muzaffer Eddin bestand aus 54 Personen, die alle in der Hofburg untergebracht waren. Unter all diesen hohen Herren sind vor allem die zu erwähnen, die für das persönliche Wohlergehen des Schahs zuständig waren: zwei Kammerherren, ein Kammerjunker, sechs Diener, drei Ärzte und ihre Helfer. Weiters sind in der offi-

ziellen Liste angeführt: »le Ministre de la Cour, le Chancelier de l'Empire, l'Aide-de-Camp général, le Chef du Cabinet, le Ministre des Cérémonies«, sowie einige andere Minister. Außerdem noch »le Maréchal, le Grand Chambellan...« Von österreichischer Seite hatte der Kaiser dem Schah sechs Beamte zur Verfügung gestellt. Um die hohen Herren aus Persien zu empfangen, mußte man sich auf den Franz Joseph Bahnhof begeben, wo der Sonderzug aus Marienbad eintraf. Kaiser Franz Joseph, der die Galauniform eines Feldmarschalls und das Große Ordensband des persischen Nischan-Aftab-Ordens trug, nahm am Bahnsteig genau an der Stelle Aufstellung, wo der Schah und seine Begleitung dem Waggon entsteigen sollten. Neben dem Kaiser standen die Erzherzoge Franz Ferdinand, Franz Salvator, Friedrich und Rainer, der Bürgermeister von Wien K. Lueger und einige hohe Repräsentanten von Staat und Armee. Die Ehrenkompanie war 32 Zug stark. Nachdem die Österreichische Hymne gespielt worden war, verharrten alle schweigend und warteten. Genau um 17.45 Uhr rollte die große Lokomotive rauchend und lärmend in die Bahnhofshalle ein. Der Kommandant rief »Habt acht!«, die Fahnen wurden gesenkt, und die Militärkapelle spielte die persische Begrüßungsmelodie »Salam« und anschließend die Persische Nationalhymne. Der Zug kam zum Stehen, die Türe des Waggons öffnete sich, und es erschien ein großgewachsener Mann in einer über und über mit Gold bestickten Uniform und einer Schaffellmütze – es war der Hofminister des Schahs. Er begrüßte den Kaiser, indem er sich tief vor ihm verneigte und dabei eine Hand an sein Herz, an die Lippen und an die Stirne führte. Dann folgten die anderen Mitglieder der Suite, auch sie mit Fellmützen und goldbestickten Uniformen, alle grüßten in der gleichen Weise. Sie stellten sich rund um den Kaiser auf, dann endlich entstieg dem Waggon der Schah. Franz Joseph reichte ihm die Hand, die Erzherzoge grüßten und warteten dann darauf, ihm vorgestellt zu werden. Der Schah war sehr klein, seine harten Züge wurden durch ein Lächeln erhellt, die markante Adlernase und der dicke, graue Schnurrbart, dessen Enden zu Boden gerichtet waren, gaben ihm ein energisches Aussehen. Seine Augen waren flink und durchdringend. Im Gegensatz zu seinen Ministern, die alle mit kostbaren Steinen geschmückt waren, trug der Schah eine sehr schlichte schwarze Uniform, auf der Brust

einen großen Diamanten an einem Orden, an seiner Fellmütze war eine Brillantenspange befestigt, in deren Mitte der kostbarste Edelstein des persischen Kronschatzes funkelte, der berühmte Diamant Derja Nur. Nachdem die Begrüßungs- und Vorstellungszeremonie zu Ende war, bestieg der Kaiser seinen Wagen, der Schah nahm neben ihm Platz, dann setzte sich die Daumont-Equipage in Bewegung und fuhr durch die Stadt zur Hofburg. Es folgten einundzwanzig Kutschen mit der persischen Suite und den österreichischen Würdenträgern. In der Hofburg wurde der Schah von Erzherzogin Isabella und anderen hochgestellten Persönlichkeiten willkommen geheißen, dann zog er sich in seine Privaträume zurück.
Am Abend gab der Kaiser im Alexander-Appartement ein Diner für 30 Personen. Bei diesem Anlaß wurde der Schah Elisabeth Marie vorgestellt. Die »Salamalec«, die er vor ihr vollführte, erschienen ihr zwar eher übertrieben und erstaunlich, aber sie war bereit, alles mit Bewunderung aufzunehmen, und so antwortete sie dem Schah auf ihre ganz persönliche Weise mit einem strahlenden Lächeln, das alles das ausdrücken sollte, was sie mit Worten nicht sagen konnte. Sie war geradezu geblendet von der großen Menge und der Schönheit der Edelsteine, die diese persischen Herren trugen. Da gab es nicht nur Diamanten, auch das leuchtende Rot der Rubine gehörte zum bevorzugten Schmuck der Männer aus dem Orient. Bei Tisch saß der Schah zur Rechten, Elisabeth Marie zur Linken des Kaisers. An der rechten Seite des Schahs saß Erzherzogin Isabella, die wiederum zu ihrer eigenen Rechten einen Tischnachbarn hatte, der in ihr böse Erinnerungen wachrief – es war Erzherzog Franz Ferdinand, dessen Frau diesem Abend gezwungenermaßen fernbleiben mußte.
Am nächsten Tag fand im sogenannten Neuen Saal in der Hofburg ein großes Galadiner statt. Galakleidung war zwingend vorgeschrieben, desgleichen das Tragen von persischen und österreichisch-ungarischen Orden und Auszeichnungen. An diesem Diner nahmen neunundneunzig Gäste teil. Elisabeth Marie saß wieder an der linken Seite des Kaisers, zu ihrer Rechten diesmal der Schah, der wieder »Tante Isabella« als Tischnachbarin hatte. Der Schah versuchte vergebens seinen durchdringenden Blick auf Elisabeth Marie zu richten. Während Elisabeth das Gehabe des Orientalen eher erhei-

ternd fand, gratulierte der Kaiser sich im stillen dazu, mit der Tischordnung ein kluges Arrangement getroffen zu haben.
Das Besuchsprogramm, das man für den Schah zusammengestellt hatte, war so dichtgedrängt, daß er sehr bald ermüdete. Diese abendländische Eile behagte ihm gar nicht, er sehnte sich nach der Lebensform des Orients mit ihren trägen Vergnügungen, wo die Tage angenehm durch Ruhestunden und müßigen Zeitvertreib unterbrochen wurden und man, auf weiche Pölster gebettet, süßen würzigen Kaffee trinken konnte. Es war ein Paradies im Vergleich zu diesen nichtendenwollenden Aktivitäten, zu denen er hier, noch dazu unter strikter Zeiteinteilung, gezwungen wurde.
Nur zu gerne hätte er sich dieser wundervollen Prinzessin genähert, deren nordische Schönheit etwas ganz Neues für ihn war, aber die Freiheiten, die ihm in Persien erlaubt waren, waren ihm hier verwehrt. Er durfte ihr gerade nur seine Bewunderung ausdrücken und ihr versichern, wie tief bewegt er von ihrer Schönheit sei. Wie gerne hätte er ihr das Märchen von Salaman und Absal auf der Paradiesinsel erzählt. Doch leider war ihm klargemacht worden, daß Elisabeth Marie nicht frei sei, da ein König Anspruch auf ihre Hand erhebe. Da der Schah diplomatische Verwicklungen befürchtete, hielt er es für klüger, diesem unbekannten Rivalen das Feld zu überlassen.
Auf Wunsch des Schahs und mit Rücksicht auf seinen gesundheitlichen Zustand wurden die Ausfahrt in der Kutsche und die Jagd vom Anstand aus im Lainzer Garten abgesagt. Auch die prächtige Vorführung in der Spanischen Reitschule wurde fallengelassen. Bei der zweiten Opernvorstellung war der Kaiser lange vor dem Schah in seiner Loge, denn dieser erschien erst gegen Ende des ersten Aktes. Der Kaiser nützte die Gelegenheit und verließ daraufhin die Oper noch vor dem Ende.
Für den 23. September, dem Tag vor der Abreise des Schahs, hatte man eine Kutschenfahrt durch den Prater geplant. Auf persönlichen Wunsch des Kaisers fuhr die Wagenkolonne nachher durch den Park von Schönbrunn, im ersten Wagen saßen der Schah und der Kaiser, in den nachfolgenden Wagen hatte die Suite Platz genommen. Die Pferde gingen im Schritt, der Kaiser wollte, daß alle die wundervollen Blumenbeete bewundern konnten, die in ihrer Anlage ein einzigartiges Muster bildeten. Rund eine halbe Million Pflanzen war

für diesen vielfarbigen Blütenteppich nötig gewesen. Die Gärtner, die diese Beete vom Setzen der Pflanzen bis zur endgültigen Vollendung betreut hatten, hatten hier wirklich eine beachtliche Leistung erbracht. Der Schah liebte seine eigenen Gärten über alles, er überwachte höchstpersönlich die Arbeit der Gärtner, er bestimmte, wie die Rabatten angelegt, wohin die Büsche und welche Blumen angepflanzt werden sollten. Er setzte damit eine alte persische Tradition fort, die berühmt war für ihre kunstvollen Parkanlagen und paradiesischen Gärten, in welchen das Wasser, Sinnbild des Lebens, durch schmale Wasserläufe in großen Becken zusammenfloß, um daraus in hohen Fontänen wieder aufzusteigen. Der Schah war überrascht von der Form, in der der Park des Schlosses Schönbrunn angelegt war; er war offensichtlich überwältigt und machte auch kein Hehl aus seiner Begeisterung. Der Kaiser war sehr zufrieden mit dem großen Eindruck, den sein Park auf den hohen Gast gemacht hatte.
Elisabeth Marie hatte dieses erstaunliche Schauspiel nicht versäumen wollen, und so hatte sie das Ganze gemeinsam mit einigen anderen Personen vom Balkon des Schlosses aus beobachtet.
Aber noch hatte das Programm seine Sensationen nicht erschöpft. Der Tag sollte in einer Apotheose des Lichts enden, noch einmal wollte man den Schah in Erstaunen versetzen, diesmal durch die Kunst der europäischen Technik, mit deren Hilfe man die Nacht zum hellen Tag machen konnte.
Im Park von Schönbrunn befindet sich am Fuß des Hügels, auf dem die Gloriette steht, der Neptunbrunnen. An diesem Abend sollte die ganze Anlage zum ersten Mal in gleißender Farbenpracht elektrisch illuminiert werden. Zu diesem Zweck hatte man zwei Lokomobile mit jeweils hundert Pferdestärken aufgestellt, die einen Dynamo antreiben sollten, der wiederum dadurch die nötige elektrische Energie für all die Scheinwerfer erzeugen konnte, mit denen die Springbrunnen und die Gloriette beleuchtet werden sollten. Anläßlich der Weltausstellung in Paris war das Wasserschloß elektrisch illuminiert worden; die Techniker in Wien waren freilich der Ansicht, das Ergebnis ihrer Bemühungen sei noch um einiges besser ausgefallen.
Um 18 Uhr gab der Kaiser ein Diner, die Gäste erschienen diesmal nur in kleiner Uniform oder im Abendanzug.
Ab 19 Uhr ergoß sich weißes Licht über die Gloriette und den

Neptunbrunnen. Um 19.15 Uhr gab eine Rakete das Zeichen, und plötzlich wechselten die Scheinwerfer, die auf die Springbrunnen gerichtet waren, die Farbe: das Licht floß von weiß zu rot, dann zu orange und schließlich zu gelb über. Um 19.25 Uhr wurde auf der Plattform der Gloriette ein Feuerwerk abgebrannt, der stille, schwarze Himmel war auf einmal erfüllt von Licht und Bewegung; wie Meteore sausten die Raketen empor, um schließlich in einem Regen von Sternenstaub und riesigen Feuergarben zu zerflirren. Um 19.40 Uhr war das Feuerwerk zu Ende und der Himmel wieder dunkel wie zuvor.

Die Wiener, denen man anläßlich dieses Spektakels erlaubt hatte, den Park zu betreten, trugen mit ihrer lauten Begeisterung einiges zum Gelingen des Abends bei.

Am nächsten Morgen schien sich Seine Majestät der Schah immer noch nicht von seiner Verzückung erholt zu haben. Nun wurde ihm noch eine weitere Ehrung zuteil, denn der Kaiser verlieh ihm das Großkreuz des St. Stephanordens. Der Großwesir Ali Asghar Khan Emir es Sultan erhielt die gleiche Auszeichnung. Der Schah verlieh Erzherzogin Elisabeth Marie und Erzherzogin Isabella das Großkreuz des Reschane-Aftab-Ordens in Brillanten. Elisabeth Marie erhielt außerdem als ganz persönliches Geschenk vom Schah zwei kostbare Gebetsteppiche aus Seide.

Am späten Vormittag bestieg Schah Muzaffer Eddin mit seiner Suite den Sonderzug, der ihn nach Budapest bringen sollte. Später hörte man, daß die Reise einen äußerst unangenehmen Verlauf genommen hatte. Der Schah wurde plötzlich von unerträglichen Schmerzen gequält, sein Arzt konstatierte Nierensteine, der Zug durfte nur ganz langsam fahren, um möglichst alle Stöße zu vermeiden, und so benötigte man für 250 km eine Fahrtzeit von acht Stunden.

Elisabeth Marie behielt diesen Besuch des Schahs in märchenhafter Erinnerung, gleichzeitig hatte einiges daran auch ihren Sinn fürs Komische angesprochen. Das Benehmen und die Gebräuche der Orientalen waren ja manchmal für den Wiener Hof eher schockierend, vor allem die Tischmanieren! Noch Jahre später erzählte Elisabeth mit großem Vergnügen Anekdoten aus jenen Tagen. Mit 17 Jahren hatte sie unzählige Male Rudolfs »Eine Orientreise« gelesen. Dieses schöne Buch, das mit Zeichnungen und Stichen von

Pausinger und anderen Künstlern illustriert war, war 1884, ein Jahr nach Erzsis Geburt, herausgekommen. Immer, wenn sie dieses Buch las, träumte sie von exotischen Landschaften und Szenen in Ägypten und im Mittleren Osten. Ihr Vater und die Künstler, die an diesem Werk mitgearbeitet hatten, hatten bewirkt, daß sie ein besonderes Interesse für diese fernen Länder entwickelte. Nun war es ihr vergönnt gewesen, ein Stück Persien selbst aus der Nähe beobachten zu können. Es war der erste Anlaß, bei dem sie eine Position innehatte, die jener der Kaiserin nahekam, es sollte zugleich auch der einzige Anlaß bleiben.

Nach diesem außergewöhnlichen Ereignis nahm Erzsi ihr normales Leben wieder auf, zumindest mochte es dem unbeteiligten Beobachter so scheinen. In Wahrheit waren ihr Herz und ihr Verstand aus dem Gleichgewicht geraten. Sie war erfüllt von der Glut der ersten Liebe, die Ungeduld der Jugend verlangte danach, ihre Fesseln abzustreifen. Noch konnte Erzsi sich diese Verwirrung ihrer Gefühle nicht richtig erklären; sie fand ihren eigenen Zustand befremdend und irritierend, aber sie wollte sich nach außen nichts anmerken lassen. Freilich mußte sie nicht lange warten, bis der richtige Augenblick kam und sie über ihre Empfindungen sprechen konnte.

Am 10. Oktober fuhr Erzsi auf den Semmering, um ihre Mutter zu treffen; dort wohnten sie zwei Wochen lang in der Villa Waldhof. Beide waren glücklich über das Wiedersehen, sie hatten einander so viel zu erzählen! Der Semmering liegt etwa hundert Kilometer südlich von Wien inmitten einer herrlichen waldreichen Berglandschaft. Mutter und Tochter machten lange Spaziergänge, die klare Luft und der beruhigende Einfluß der Natur verhalfen dazu, daß sie einander mit ungewöhnlicher Offenheit entgegenkamen. Stephanie wollte von nichts anderem sprechen als von ihrem Glück, in einem fort wiederholte sie »ich erlebe ein großes Glück«, »ich bin so glücklich mit meinem geliebten Mann«, »er ist die Sonne meines Lebens«. Dazwischen fragte sie nach dem neuesten Hofklatsch, den letzten Modeerscheinungen und welche Kleider und Geschenke ihre Tochter erhalten habe. Jedesmal wenn ihre Mutter das Wort »Glück« aussprach, gab es Erzsi einen Stich. Schließlich konnte sie sich nicht mehr zurückhalten und fragte gereizt: »Warum sprichst du immer nur von deinem Glück und nie von meinem?« Ihre

Mutter sah sie mit ihren kleinen Augen, deren Lider immer ein wenig zu zittern schienen, an und sagte: »Genieße deine Jugend, noch ist das Glück für dich ein Geheimnis.« Erzsi protestierte: »Du irrst dich, ich stehe bereits vor der Türe zum Glück, sie muß sich nur noch für mich öffnen!« Erzsi enthüllte endlich ihre Gefühle, die vertraulichen Mitteilungen wollten kein Ende nehmen. Sie erzählte von dem wundervollen Walzer, von dem Helden, für den kein Hindernis zu existieren schien, von seinen Siegen beim Tennisspielen und wie meisterhaft er fechte. Stephanie lauschte diesem Bericht einer alles mitreißenden Liebe. Sie kannte den Charakter ihrer Tochter, sie wußte, wie eigenwillig und entschlossen sie sein konnte. Sie sah, daß es nichts gab, was man ihrem brennenden Wunsch, diesen Mann zu erobern und fürs Leben zu besitzen, hätte entgegensetzen können, und so erteilte sie ihr Einverständnis. Ansonsten aber wahrte Stephanie, von Unruhe geplagt, ein vorsichtiges Schweigen. Erst am Vorabend ihrer Abreise vertraute Erzsi ihrer Mutter an, daß ihr Held Prinz Otto zu Windisch-Graetz sei.

Erzsi kehrte mit dem befriedigenden Gefühl nach Laxenburg zurück, einen Sieg errungen zu haben. Nun dachte sie nur noch daran, wie sie auch ihren Großvater überzeugen könnte.

Das Verhalten Erzsis in dieser Zeit ihres Lebens kann man nur mit großem menschlichen Verständnis und großer Nachsicht beurteilen. Mit 17 war sie in dem Alter, wo man für die Liebe besonders empfänglich ist. Diese erste Erfahrung nahm für sie natürlich überproportionale Ausmaße an. Sie war von der Liebe wie vom Blitz getroffen und bis in die tiefsten Tiefen ihrer Seele erschüttert worden. Erzsi war von Natur aus überaus zärtlich; diese sehr weibliche Eigenschaft blieb ihr auch in späteren, härteren Jahren erhalten. Das Gefühl der Liebe verlieh ihr den Glauben, alles sei möglich. Sie dachte, selbst zu lieben genüge, um wiedergeliebt zu werden. Für sie war es unmöglich sich vorzustellen, daß es einen Unterschied geben könnte zwischen ihrer eigenen großen Liebe und den Gefühlen, die Otto zu Windisch-Graetz empfand. Wie viele Frauen und Männer begehen diesen Fehler, der so viel Kummer und Unglück nach sich zieht! Erzsi war außerdem stolz, sie war schön, von königlichem Blut und reich; sie war bereit, alles zu geben – wie hätte sie nur einen Augenblick lang vermuten können, irgend jemand würde dieses Geschenk nicht mit ebendenselben Gefühlen erwidern?

Erzsi war zu keinem klaren Gedanken mehr fähig, sie ließ sich völlig von ihren Emotionen fortreißen. In diesem Zustand inneren Aufgewühltseins sprach sie eines Tages im Dezember bei ihrem Großvater vor. Es ist nicht bekannt, was genau gesprochen wurde, sicher ist nur, daß der Kaiser Erzsi sagte, sie müsse bis zu ihrem 18. Geburtstag warten. Bis zu diesem Datum würde über die Angelegenheit kein weiteres Wort mehr verloren werden. Elisabeth hatte vorhergesehen, daß ihr Großvater sich ihrem Plan widersetzen würde, und so fand sie sich damit ab, bis zum 2. September 1901 zu warten. Sie verließ den Kaiser aber in der sicheren Gewißheit, daß sie ihren Willen durchsetzen werde.

Die Verlobung

Der Fasching des Jahres 1901 verlief noch ausgelassener und toller als sonst. In den Tanzsälen der Stadt drehten sich die Wiener bis zur völligen Erschöpfung im Walzerrhythmus; bei Hof und im Kreis der Aristokratie jagte ein Vergnügen das nächste, und jedes Fest war von nie dagewesenem Luxus und höchster Eleganz. Der Grund für diese Prachtentfaltung lag bei Hof und bei der Aristokratie ohne Zweifel darin, daß man den Liebling Kaiser Franz Josephs, Elisabeth Marie, feiern wollte, deren offizielles Debüt in der großen Gesellschaft zu dieser Zeit stattfand. Sie sollte alle Angehörigen des österreichischen und des ausländischen Hochadels kennenlernen, sie sollte einen gewissen Lebensstil kennenlernen und sich zu eigen machen, der ihren künftigen Verpflichtungen entsprach; ja, mehr noch, sie sollte, im Gegensatz zu ihrer vielbeweinten Großmutter Kaiserin Elisabeth, auch Vergnügen an diesem Lebensstil finden. Und Elisabeth empfand auch ein unleugbares, wenn auch unschuldiges Vergnügen an ihrer eigenen Schönheit und am Tanz. Doch so großen Gefallen sie auch bei den Männern erregte, so durfte sie doch keinen Augenblick vergessen, daß ihre hohe Stellung es ihr zur Pflicht machte, einen ebenbürtigen Prinzen zu erwählen.

Am ersten Tag des neuen Jahres gab Franz Joseph wieder das übliche Familiendiner, das er gemeinsam mit Elisabeth präsidierte. Einundzwanzig auserwählte Erzherzoge und Erzherzoginnen nahmen diesmal im Alexanderappartement an der großen Tafel Platz.

Am 10. Jänner nahm Elisabeth zum zweiten Mal am Hofball teil. Das Protokoll war immer das gleiche, die geladenen Gäste verteilten sich in den verschiedenen Salons, Punkt 20.30 Uhr stieß der Obersthofmeister dreimal mit seinem Stab auf den Boden, dann betrat der Kaiser mit Erzherzogin Maria Josepha den Saal, gefolgt von Erzherzog Franz Ferdinand und Erzherzogin Marie Valerie und Erzherzog

Ferdinand Karl mit Erzherzogin Elisabeth Marie. Elisabeth trug diesmal ein Kleid aus einem leichten, dünnen Stoff, der mit kleinen Silbersternen übersät war, das in Falten gelegte Oberteil betonte die schmale Taille, am rosafarbenen Gürtel war ein zweifärbiger Nelkenstrauß befestigt. Ein schmales Brillantdiadem wetteiferte mit dem Glanz ihrer blonden Haare, um den langen Hals schmiegte sich ein mehrreihiges Kollier aus winzigen Perlen.
Obwohl immer noch die strenge spanische Etikette Geltung hatte, war das Fest von Fröhlichkeit und dem typischen Wiener Charme geprägt. Die Luft war vom Duft tausender Rosen erfüllt, die man zur Dekoration der Räume in der Hofburg verwendet hatte. Und als der junge Eduard Strauß seinen magischen Taktstock hob, erklang die beliebte und beschwingte Weise von »Rosen aus dem Süden«.
Elisabeth Marie eröffnete den Ball mit dem wohl besten Tänzer des ganzen Kaiserreiches, dem Grafen P. Széchényi, die erste Quadrille tanzte sie mit Prinz M. Taxis und den Cotillon mit Prinz C. Auersperg und Graf L. Sternberg. Auch anderen Tänzern erwies sie im weiteren Verlauf des Abends die Ehre. Erzsi lag leicht in den Armen der geübten Tänzer, ihr Körper paßte sich graziös und beinahe schwerelos dem Rhythmus der Musik an. Sie zeigte ein strahlendes Lächeln und schien keinen Gedanken an den Prinzen Otto zu Windisch-Graetz zu verschwenden, der nicht bei diesem Ball erscheinen würde. Elisabeth war auch keineswegs bedrückt wegen ihrer geheimen Liebe; sie konnte warten. Und an diesem Abend gab es wohl niemanden, dem auffiel, daß sie mit ihrem Herzen und ihren Träumen ganz woanders war.
Der Kaiser wollte Erzsi ganz besonders feiern, und so gab er für sie im Neuen Saal der Hofburg zwei außergewöhnliche Soirées dansantes. Zu diesem Anlaß waren der Neue Saal und der Marmorsaal reich mit Blumen und verschiedenen Pflanzen geschmückt. Die Gardecorps der »Trabanten« und der Infanterie waren abkommandiert worden und hatten bei der Einfahrt der Hofburg und auf beiden Seiten der großen Treppe Aufstellung genommen. 234 Personen waren eingeladen worden, 190 hatten zugesagt, davon waren 59 Tänzerinnen und 85 Tänzer. Ab 21 Uhr stand Elisabeth bereit, um die Gäste zu empfangen, an ihrer Seite Graf F. Bellegarde, Gräfin Coudenhove und Gräfin Pálffy. Wie Elisabeth da die eintref-

fenden Mitglieder des Hochadels und des diplomatischen Corps begrüßte, war sie ganz königliche Gastgeberin. Der Kaiser hatte Erzsi für diesen Abend größere Verantwortung und Selbständigkeit geben wollen, und sie machte ihrem Großvater auch wirklich alle Ehre. Sie sah bezaubernd aus in ihrem hellblauen, mit Spitzen und Stickereien verzierten Satinabendkleid. Der Kaiser selbst erschien um 21.30 Uhr, er schien sehr zufrieden zu sein mit seiner Enkelin und beobachtete stolz, wie sie mit Graf P. Széchényi den Ball eröffnete. Der Musiker Drescher, dessen Bekanntheitsgrad schon nahe an den von Strauß heranreichte, dirigierte das Orchester mit großem Schwung. Es wurde vermerkt, daß Erzsi mit nie erlahmender Lebhaftigkeit die ganze Nacht durch tanzte. Wie gewöhnlich nahmen auch diesmal etliche Mitglieder der Familie Windisch-Graetz am Ball teil, Prinz Otto war nicht eingeladen worden, dafür sein Bruder Karl.
Um 22.45 Uhr wurde in der Radetzky-Suite das Souper serviert, bis um 2 Uhr früh wurde immer wieder Tee gereicht. Der Cotillon war eine Sensation; Diener trugen große Körbe herein, in denen 60 große Blumensträuße und 400 kleine Sträuße lagen sowie 600 Kokarden. Nach kürzester Zeit waren die jungen Damen mit Blumen überhäuft. Als Gegengabe steckten die jungen Damen den Herren eine Kokarde ins Knopfloch. Die fröhlichen jungen Menschen genossen diesen glücklichen, ein wenig indiskreten Augenblick, wo sie ihren Herzenswunsch sozusagen durch die Blume verraten durften. Um 1.30 Uhr spielte das Orchester die letzte Melodie, einige unermüdliche Gäste saßen noch vor ihrer Tasse Tee; um 2 Uhr ging der Ball endgültig zu Ende, und die Lichter erloschen.
Für den Frühling plante der Kaiser anläßlich der großen Militärparade einen Besuch in Budapest. In den verschwenderisch ausgestatteten Räumen der Hofburg in Buda sollte ein Ball stattfinden, der in seiner Ausgefallenheit und seinem Glanz alle typischen Merkmale der ungarischen Feste aufweisen würde. Die Magnaten der ungarischen Aristokratie sollten Elisabeth vorgestellt werden. In Budapest sollte es nicht heißen, Erzsi beherrsche nur Walzer und Polka, deshalb verlangte Franz Joseph, daß sie sich auch die Tänze der ungarischen Ebenen aneigne; er ließ sie Privatstunden nehmen und lud sogar zur zweiten Soirée dansante in der Hofburg den Opernbal-

lettmeister, Herrn Hassreiter, ein. Im Verlauf des Abends führte Hassreiter die ungarischen Nationaltänze, insbesondere den Csárdás, mit der ganzen Perfektion des wirklichen Könners vor. Damit bewies er den Wienern, die völlig einseitig von den Strauß-Melodien gefesselt waren, daß sie diese Art von Musik völlig zu Unrecht vernachlässigt und mißachtet hatten.

Am 20. Jänner gab der Kaiser ein großes Diner, am 25. Jänner ein Familiendiner; Elisabeth nahm an beiden teil.

Der 3. Februar war ein Tag des traurigen Gedenkens, an welchem religiöse Zeremonien zur Erinnerung an Erzherzog Rudolf abgehalten wurden. In der Burgkapelle und in den Kapellen von Schloß Schönbrunn und Schloß Laxenburg wurden Messen gelesen. Franz Joseph stieg in die Gruft der Habsburger hinab und verharrte im Gebet vor den Särgen seines Sohnes und seiner geliebten Frau. Nach ihm stieg Erzsi in Begleitung von Gräfin Coudenhove in die Gruft. Eine Viertelstunde lang hielt sie mit ihrem toten Vater Zwiegespräch; mehr denn je zuvor schmerzte Erzsi in diesen Tagen die Trennung von ihrem Vater.

Am 10. Februar tanzte Erzsi bei Prinz F. J. Auersperg auf einem der glanzvollsten Feste dieses Faschings. Dann gab Graf A. Harrach in seinem Palais einen Ball. Elisabeth nahm auch eine Einladung von Prinz A. zu Windisch-Graetz an, der in seinem Palais in der Renngasse wundervolle Soireen veranstaltete.

Einige Tage später lud Gräfin Mier zu einem Kostümball im Palais Clary. Der Glanz dieses Abends wurde noch durch die Anwesenheit von Elisabeth Marie erhöht, die in einem Rokokokostüm bezaubernd aussah. Sie eröffnete den Ball mit Graf H. Larisch, den Kotillon tanzte sie mit Graf Grunemann und die erste Quadrille mit Prinz Otto zu Windisch-Graetz! Es fand noch eine weitere Soiree beim Prinzen A. von Liechtenstein statt, und schließlich zum Ende der Faschingssaison der Ball bei Hof. Erzsi trug an diesem Abend ein duftiges Kleid aus rosa Seide, in das mit Silberfäden die Konturen von Schwertlilien eingestickt waren, Besatz und Gürtel waren mit unzähligen Silberpailletten besät. Sie eröffnete den Ball mit dem selben Tänzer wie beim letzten Mal, dem Grafen P. Széchényi, mit einem Walzer. Der junge Eduard Strauß dirigierte seine Musiker mit mitreißendem Temperament. Dieses letzte Fest im Fasching sollte besonders glanzvoll und fröhlich sein.

Am 17. März fuhr Erzsi wie schon so oft zuvor nach Gries. Der Statthalter von Tirol hatte den Kaiser um die Erlaubnis gebeten, eine Straße nach Elisabeth Marie benennen zu dürfen. Der Kaiser stimmte zu, Erzsi nahm an den Feiern, die ihr zu Ehren gegeben wurden, teil. Nachdem Erzsi sich erholt hatte, kehrte sie nach Wien zurück, wo bereits Einladungen zu verschiedenen Diners auf sie warteten.
Am 26. April bestieg Erzsi mit ihrer Suite um 19 Uhr den Zug nach Triest, wo sie am nächsten Morgen auf das Lloyd-Schiff Almissa umstieg, um eine Kreuzfahrt entlang der wunderschönen Küstenstriche zu unternehmen, die damals noch zum Kaiserreich gehörten. Erzsi genoß diese Kreuzfahrt sehr, das fröhliche Schiffsleben, die Diners mit Musikbegleitung, und die Schönheiten der Natur machten ihr großes Vergnügen. All das sollte dazu beitragen, ihren Prinzen in Vergessenheit geraten zu lassen; sie hatte ihn lange nicht mehr gesehen, denn er war in eine entfernte Garnison versetzt worden.
Nach ihrer Rückkehr verbrachte Erzsi zwei Wochen mit ihrer Mutter im Helenental, einem der schönsten Orte in der Umgebung von Wien. Das schmale Tal wird in seiner ganzen Länge von einem Fluß durchquert, dessen Lauf die wunderlichsten Formen bildet.
Zahlreiche Forellen tummeln sich in diesem Fluß, immer wieder schnellen sie glitzernd empor und gleiten dann leicht in das aufsprühende klare Wasser zurück. Es ist anzunehmen, daß die beiden Damen ausführlich über ihre Herzensangelegenheiten sprachen, aber, wie die Zukunft zeigen wird, gab es leider nichts Neues zu berichten! Erzsi sprach offen und ohne Rückhalt mit ihrer Mutter, doch alles, was ihren Vater betraf, klammerte sie aus diesen Gesprächen aus. Der Gedanke an den Toten verließ Erzsi keinen Augenblick, denn jenseits der Hecken und Eichenwälder, nur wenige Kilometer entfernt, wußte sie Schloß Mayerling! Immer wieder stiegen aus ihrem Gedächtnis all die Bilder auf, die sie sich rund um das Drama der letzten Tage ihres Vaters gemacht hatte; je öfter sie darüber nachdachte, umso besser verstand sie, daß Liebe und Tod eins werden können.
Zurück in Wien übernahm Erzsi die Patronanz über eine Vereinigung, die die Gründung und Erhaltung eines katholischen Lehrerinnenheimes überwachen sollte. Erzsi nahm auch an einigen Diners

teil, die von ihrem Großvater in Schönbrunn gegeben wurden. Am 4. Juni fuhr sie nach Laxenburg, um sich dort für den Sommer einzurichten. Sie sah dieser Zeit voller Vorfreude entgegen, denn sie liebte das Leben auf dem Land über alles.

Um den 10. Juli fuhr Erzsi nach Traunkirchen; von dort aus wollte sie nach Salzburg fahren, wo sich die gesamte Familie treffen sollte. Diese drei Tage begannen am Sonntag, dem 14. Juli. Für den ersten Abend hatte der Bürgermeister der Stadt Salzburg einen Festzug mit Fackeln und Serenaden geplant. Es gab Empfänge und Kundgebungen, bei denen der Kaiser der Treue seiner Untertanen versichert wurde; ein ganzer Tag gehörte dem Besuch der wohltätigen Einrichtungen der Stadt Salzburg. Das wichtigste Ereignis aber, das alle Anwesenden mit großer Rührung erfüllte, war die Enthüllung einer wunderschönen Statue der Kaiserin Elisabeth. Die Statue selbst war aus weißem Marmor, der Sockel, auf dem sie ruhte, aus rotem Marmor. Der Schöpfer dieser sehr naturalistischen Darstellung war der Wiener Bildhauer Edmund Hellmer.

Der Platz, auf welchem die Statue aufgestellt werden sollte, war ziemlich klein, und so mußte die Zahl der Geladenen eher gering gehalten werden; man sah den Bischof von Salzburg und den hohen Klerus, einige Vertreter der Stadtgemeinde und der einzelnen Gilden sowie einige Hofdamen aus der Suite der verstorbenen Kaiserin. An den Fenstern und auf den Balkonen des Hotels, dessen Front auf den kleinen Platz ging, standen auch einige Gäste aus dem Ausland, darunter Perser und im besonderen der Radscha von Lunawara, ein hübscher junger Mann von 22 Jahren; er trug seine dunkelgrüne Nationaltracht, darauf funkelten mehrere Diamanten, um seine Schultern lag ein kurzer Umhang und ein hoher hellroter Turban verlieh seinem Aussehen etwas Achtunggebietendes.

Man hatte auf dem Platz ein Zelt für den Kaiser und seine Begleitung aufgestellt. Als erster erschien Erzherzog Ludwig Viktor, kurz darauf folgten mehrere andere Erzherzoge und Erzherzoginnen, darunter auch Elisabeth Marie; sie trug zu diesem Anlaß ein sehr sommerliches blaßrosa Kostüm und einen kleinen Federhut. Um 11 Uhr fuhr der Kaiser in einer offenen Kutsche vor, neben ihm saß Prinz Leopold von Bayern. Einige zu Gemüt gehende Reden wurden gehalten, dann senkte sich das Tuch, mit dem die Statue verhüllt gewesen war, langsam zu Boden; der Chor intonierte eine vom Dichter Strele extra für diesen Anlaß verfaßte Hymne. Die ganze Zeremonie war wirklich zu Herzen gehend, denn die Statue ähnelte der verstorbenen Kaiserin so sehr, daß alle Erinnerungen wieder lebendig wurden, und jene, die sie gekannt, geliebt und bewundert hatten, nur mühsam die Tränen zurückdrängen konnten.

Das bisher Gesagte zeigt, daß der Kaiser Erzsi innerhalb kürzester Zeit die verschiedensten Pflichten zugewiesen hatte. Er wollte ihr Interesse und ihr Verantwortungsgefühl wecken. Sie sollte nicht nur durch den theoretischen Unterricht, sondern auch durch eigene Aktivitäten erkennen, daß sie ihren Verpflichtungen getreu nachkommen und ihnen ihre eigenen Wünsche unterordnen mußte. Erzsi war auch voll des guten Willens, befolgte alle Ratschläge und erfüllte alle ihr gestellten Aufgaben einwandfrei. In diesem Abschnitt ihres Lebens wirkte Erzsi stets zufrieden und glücklich. Ihre außergewöhnliche Intelligenz und ihr wacher Verstand hatten es ihr ermöglicht, weit über ihren ohnedies sehr ausführlichen Lehrplan hinausreichende Kenntnisse zu erlangen. Sie beherrschte fünf Sprachen perfekt, hatte einen schönen Sopran und verstand es, sehr hübsch zu malen. Ihre Lehrer hatten es nicht schwer mit ihr; wenn es überhaupt manchmal Klagen gab und diese sogar ihrem Großvater unterbreitet wurden, dann war es immer ihr Charakter, der dazu Anlaß gab. Obwohl sie noch so jung war, schien sie sich doch sehr gut in den Kreis der Familie eingefügt zu haben und auch die strenge Hofetikette und die auf der Tradition fußenden Verpflichtungen schien sie ohne großen Widerstand zu akzeptieren.

Trotz der ländlichen Ruhe, die Erzsi in Laxenburg genoß, wurde sie von einer kaum unterdrückbaren inneren Erregung gequält. Die Zeit des Wartens, die ihr Großvater ihr gesetzt hatte, näherte sich dem ungeduldig herbeigesehnten Ende. In all den vergangenen Monaten hatte sie eine erstaunliche Fügsamkeit an den Tag gelegt; aber was nützt der äußere Anschein, wenn die Unvernunft der Gefühle den Verstand verwirrt. Von einem Tag zum anderen war Erzsi mit all ihren Sinnen der Liebe zum Opfer gefallen. Sie war bereit, für diese Liebe mit ihrer Welt, der sie von Kindheit an angehört hatte, zu brechen. Nun, da sie erwachsen war, verspürte sie den Drang, die vertraute Umgebung zu verlassen und das eigene

Ich an den gerade erst neu entdeckten Werten zu messen und zu bestätigen. An der Seite des Mannes, dem ihre Liebe gehörte, wollte sie diese neue Welt voll ungeahnten Glücks erobern und durch die Kraft ihrer eigenen neuen Persönlichkeit gestalten. In Erzsi brodelten tausend unbekannte Sehnsüchte und ihre Instinkte brachen sich mit Urgewalt Bahn. Sie glaubte, den Rausch der Freiheit zu verspüren, in Wahrheit aber gab sie durch ihre fixe Wunschvorstellung eben diese Freiheit preis. Die Illusion macht einen Teil der menschlichen Natur aus, und daran ist auch nichts Schlechtes, solange sie an den Grenzen des Selbstbetrugs halt macht. Die schöne, große Erzsi, dieses vom Schicksal verwöhnte Kind, litt nun an den Konflikten ihrer vorzeitigen Reife. Wie alle jungen Mädchen hatte auch sie eine üppig wuchernde Phantasie; so war sie sich sicher, daß der von ihr geliebte Held sie mit ebensolcher Leidenschaft wiederliebte. Liebe ist blind und taub. Trotzdem vermochte Erzsi das Problem, ob ihre Gefühle auf Gegenseitigkeit beruhten, nicht völlig beiseite zu schieben, denn ihre Mutter hatte diese Frage sehr wohl angeschnitten. Prinz Otto hatte seit jenem ersten Walzer eine absolut korrekte, aber auch distanzierte Haltung ihr gegenüber an den Tag gelegt. Erzsi versuchte sich selbst dafür eine Erklärung zu geben: Alle Männer aus dem Kreis der Aristokratie, insbesondere aber die Offiziere der kaiserlichen Armee, mußten die Familiengesetze des Hauses Habsburg und den unbeugsamen Willen des Kaisers respektieren. Es war tadelnswert, ja geradezu undenkbar, die Hand einer Erzherzogin erringen zu wollen, so etwas konnte nur zu schweren Konflikten und tiefen Demütigungen führen. Keiner der Herren war bereit, ein solches Risiko auf sich zu nehmen. Stephanies besonderer Fall war eine Ausnahme und wohl auch dadurch zu erklären, daß sie keine Tochter aus dem Hause Habsburg war. Mit solchen und ähnlichen Überlegungen beruhigte Erzsi sich selbst wegen des zurückhaltenden Benehmens des jungen Ulanenoffiziers.
Erzsi wählte einen jener heißen Augusttage, wo Natur und Mensch sich unter der Sonnenglut lösen und öffnen, um bei ihrem Großvater zur zweiten wichtigen Unterredung zu erscheinen. Sie fühlte sich leicht, fast sorglos; sie war bereit, für ihre Liebe alle Fesseln zu sprengen. Franz Joseph hatte sehr wohl den beunruhigenden Grund für den letzten Besuch seiner Enkelin im Gedächtnis behalten, und er

hatte auch nicht vergessen, daß Erzsi in wenigen Tagen schon ihren 18. Geburtstag feiern würde. Welch schicksalsschweres Datum!
Zum festgesetzten Zeitpunkt betrat Erzsi das Arbeitszimmer ihres Großvaters. Wie sie ihn da so aufrecht hinter seinem Schreibtisch stehen sah, kamen ihr zwei Worte in den Sinn: Arbeit und Pflicht! Sie sagte sich, auch sie werde ihre Aufgabe erfüllen, aber in der Liebe, an der Seite jenes Mannes, den sie erwählt hatte. Nachdem Erzsi dem Kaiser respektvoll die Hand geküßt hatte, erteilte er ihr die Erlaubnis zu sprechen. Sofort erklärte sie ihm, daß ihre Liebe noch ebenso heftig sei wie am ersten Tag und daß sie an ihrer Entscheidung festhalte. Ihr Großvater ließ sie ausreden, dann sagte er, er wolle ihrer Bitte entsprechen und Prinz Otto zu Windisch-Graetz über die Gefühle, die sie für ihn hege, und über ihren Wunsch, ihn zu heiraten, aufklären. Als Erzsi ihren Großvater verließ, war sie voll glücklicher Zuversicht.
Der Kaiser kannte den jungen Ulanenoffizier. Er hatte ihn bei mehreren Anlässen gesehen, und er hatte auch genaue Erkundigungen über seine Herkunft, seine Familie, seinen Charakter und seine Beurteilung bei der Armee einholen lassen. Das Resultat dieser von treuen Mittelsmännern diskret vorgenommenen Untersuchungen erbrachte ein sehr positives Bild des jungen Mannes. Einerseits war der Kaiser darüber erleichtert, andererseits mißbilligte er die Wahl seiner Enkelin nach wie vor aufs heftigste. Prinz Otto zu Windisch-Graetz wurde zur Audienz beordert. Der Kaiser empfing ihn in seinem Arbeitszimmer. Aufrecht, in militärischer Haltung, hörte er zu, wie Franz Joseph ihm den Grund für diese Audienz auseinandersetzte. Ruhig und gelassen wie immer, aber mit fester Stimme klärte der Kaiser den jungen Offizier über die heftigen Gefühle auf, die seine Enkelin seit der ersten Begegnung für ihn hegte; er sprach davon, daß er ihr befohlen habe, ein Jahr lang zu warten und alles zu überdenken; diese Wartezeit habe aber nichts an ihren Gefühlen geändert, sie habe nach wie vor den Wunsch, ihn zu heiraten. Prinz Otto lauschte mit unbewegtem Gesicht, seiner Miene war nichts anderes zu entnehmen als das Bemühen, jeden Satz genauestens zu verfolgen. Als der Kaiser ans Ende seiner kurzen und präzisen Erklärungen gekommen war, erteilte er seinem Besucher die Erlaubnis zu reden. Unter strikter Wahrung der gesellschaftlichen Form

drückte Prinz Otto sein Bedauern darüber aus, daß er die Ehre, die ihm hier zuteil werde, nicht annehmen könne. Er habe nie auch nur im entferntesten daran gedacht, daß die Erzherzogin ihm ihre Gunst schenken würde, nicht nur, weil er einer solchen Auszeichnung nicht würdig sei, sondern vor allem, weil sein eigenes Herz nicht mehr frei sei. Er sei seit einigen Monaten mit einem jungen Mädchen verlobt und könne sein Wort nicht brechen. Der Kaiser nahm die Erklärung Prinz Ottos ohne jeden Kommentar zur Kenntnis und entließ ihn dann. Prinz Otto salutierte und zog sich zurück. Erleichtert dachte er, die peinliche Situation, in die er da geraten war, habe sich eigentlich ganz in seinem Sinn gelöst. Die Gedanken des Kaisers gingen in eine sehr ähnliche Richtung. Da der junge Mann bereits verlobt war, blieb Erzsi wohl nichts anderes übrig, als sich dem Spruch des Schicksals zu beugen.
Zum dritten Mal wurde Erzsi zu ihrem Großvater gerufen. Er gab ihr einen genauen Bericht über die Unterredung, die er mit Prinz Otto zu Windisch-Graetz geführt hatte, ohne dabei ein einziges Wort auszulassen. Erzsi verlor die Fassung, sie reagierte heftig und unbeherrscht. Sie war zutiefst in ihrem Stolz verletzt, in ihren Hoffnungen enttäuscht und in ihrer Liebe gekränkt und verletzt worden; nun ließ sie ihren Gefühlen freien Lauf, sie flehte und weinte, und als sie sah, daß ihr Großvater weich wurde, nutzte sie die Gelegenheit und setzte ohne Erbarmen hinzu: »Mein Vater hat es vorgezogen, eher zu sterben als seine Liebe zu verraten, ich bin wie er, auch ich fürchte den Tod nicht. Ich werde ihm meine Jugend opfern, nur er kann vom Schmerz befreien.« Franz Joseph verstand die Drohung, der Schock war so groß, daß er nachgab. Das, was Erzsi ihm hier entgegenschleuderte, war keine Bitte mehr, das war ein Befehl. Der alte Herr versprach, noch einmal mit Prinz Otto zu reden und ihn davon zu überzeugen, dem Wunsch Erzsis nachzugeben.
Noch einmal wurde Prinz Otto zu Windisch-Graetz zum Kaiser in Audienz gerufen. Wieder standen die beiden Männer einander im Arbeitszimmer des Kaisers gegenüber. Für jeden der beiden ging es um seine Ehre, und eine Frau war der Grund dafür. Beide gehörten der kaiserlich-königlichen Armee an, Kaiser Franz Joseph war ihr oberster Befehlshaber, dem Prinz Otto zu Windisch-Graetz als Offi-

zier Respekt und Gehorsam schuldete. Beide hatten ihr Wort gegeben, der Kaiser seiner Enkelin und der Ulanenoffizier seiner Braut; einer von beiden würde sein Versprechen brechen müssen. Für jeden der beiden stand seine Ehre auf dem Spiel, für beide war es eine Gewissensfrage. Und doch gab es nur eine Lösung, die Unterwerfung des Offiziers unter den Befehl seines Generals.
Der Kaiser eröffnete das Gespräch, indem er sofort auf den Kern des Problems einging. Er habe Erzherzogin Elisabeth Marie alle Einwände zur Kenntnis gebracht, die anläßlich ihrer letzten Unterredung seitens des Prinzen vorgebracht worden seien. Sie habe diese Einwände aber nicht akzeptiert. Die Gefühle, die seine Enkelin ihm entgegenbringe, seien derart heftig, daß sie keinerlei Widerspruch hinnehmen wolle. Prinz Otto wiederholte den Ausdruck seines Bedauerns; er habe einem jungen Mädchen, das er liebe, sein Wort gegeben, und er könne dieses Wort nicht brechen, ohne seiner Ehre als Prinz und als Offizier verlustig zu gehen. Dann folgte eine lange Stille. Es war keine Stille, in der Überlegungen angestellt werden, sondern eine Stille in Erwartung des endgültigen Befehls, der schließlich kommen muß. Franz Joseph kannte und respektierte das Ehrgefühl seiner Offiziere, er selbst diente ihnen ja als Vorbild in allen militärischen Tugenden und forderte von ihnen eiserne Disziplin. Es mußte schon ein sehr schwerwiegender Grund sein, der einen diesen Prinzipien widersprechenden Befehl rechtfertigte! Mit fester Stimme, fast im Kommandoton, richtete der Kaiser nun seine nächsten Worte an den Prinzen, der unbewegt auf das Urteil wartete. Und es lautete: »Als Ihr Kaiser und oberster Kriegsherr befehle ich Ihnen, meine Enkelin Erzherzogin Elisabeth Marie von Habsburg Lothringen zu heiraten.« Ohne zu zögern schlug der Offizier die Hacken zusammen und salutierte; mit klarer, lauter Stimme erwiderte er »Jawohl, Majestät«. Der Kaiser erwiderte den Gruß und dankte sodann dem Prinzen Otto zu Windisch-Graetz.
So begann das Drama rund um Erzsis Liebe. Der erste Akt war zu Ende, aber die Tragödie sollte mehr als zwanzig lange schmerzliche Jahre dauern.
Ein Offizier trat aus der Hofburg, mit schweren, langsamen Schritten ging er über den Heldenplatz in den Volksgarten. In tiefen Atemzügen sog er die Luft ein, als könnte er dadurch des Aufruhrs

in seinem Inneren leichter Herr werden. Die Rosenbüsche standen noch in voller Blüte und verströmten ihren süßen Duft. Doch der junge Mann bemerkte in seinem Schmerz nichts von der zärtlichen Liebkosung des Sommers, er wußte nur, daß er soeben die zärtliche Liebe seiner Braut für immer verloren hatte. Wie ein Blitz war eine andere Frau in sein Leben eingebrochen. In seiner Hilflosigkeit klammerte der junge Mann sich an den Gedanken, daß er nichts gegen das Schicksal vermochte und daß Gott ihm beistehen werde. Am Abend des selben Tages begab Prinz Otto sich zu einem seiner besten Freunde; zu ihm hatte er volles Vertrauen, ihm konnte er sein aufgewühltes Herz ausschütten. Es handelte sich um den deutschen Baron Max Venninger, der als Offizier der Preußischen Garde in Wien stationiert war. Er war 1866 geboren und somit acht Jahre älter als Prinz Otto. Baron Max Venninger hieß den Freund, der da so plötzlich bei ihm erschien, herzlich willkommen; die Offiziere freuten sich immer, wenn sie Gelegenheit hatten, einander zu sehen und über ihre gemeinsamen Interessen, die Armee und die Pferde, zu diskutieren. Er bemerkte sofort, daß irgend etwas passiert sein mußte, worüber sein Freund zutiefst beunruhigt war. Otto sagte ihm nur ganz kurz, er stehe unter dem Schock eines unvorhergesehenen Ereignisses. Dann gingen die beiden Männer in den Rauchsalon. Max bot seinem Freund Zigaretten an, öffnete die Zigarrenschachtel, schenkte Cognac ein und wartete dann schweigend ab. Erst als das Zimmer bis zum Plafond mit blauen Rauchschwaden durchzogen war und etliche stärkende Gläser geleert worden waren, entspann sich langsam ein Gespräch. Aufmerksam und ohne ihn zu unterbrechen hörte Max an, was seinem Freund widerfahren war: die erste Audienz beim Kaiser, die unerwartete Eröffnung von Elisabeth Maries Liebe, seine begründeten Entschuldigungen, die ihn zu der Hoffnung berechtigt hatten, er würde nie wieder etwas über diese unglaubliche, verblüffende Angelegenheit hören; dann die zweite Audienz, bei der er seine Weigerung wiederholt hatte und nochmals auf die tatsächlichen Gegebenheiten hingewiesen hatte. Aber eben diese Tatsachen waren beiseitegeschoben worden, und er hatte sich zur Verlobung mit Elisabeth Marie gezwungen gesehen! Otto war so verzweifelt und niedergeschlagen, daß es Max nicht gelang, ihn davon zu überzeugen, er müsse und werde die ganze ausweglose Situation bewältigen. Die beiden Freunde saßen während der ganzen Nacht beisammen, tranken, rauchten und versuchten immer wieder einen Ausweg aus dem unlösbaren Problem zu finden. Otto kam zu dem Schluß, daß es seine Pflicht sei, diese Ehe, die er nicht gewollt hatte, auf sich zu nehmen, sich mit dem Schicksal auszusöhnen und in allem seinen vollen guten Willen unter Beweis zu stellen. Nur so meinte er Leid und Kummer, die eine solche Situation mit sich bringen mochte, vermeiden zu können. Er mußte sich fügen, so wie ein Offizier sich der Tatsache einer verlorenen Schlacht fügt.

Wenn Baron Max Venninger später über diese lange Nacht sprach, konnte er nur immer wiederholen: »Prinz Otto war verzweifelt.« Max nahm am ersten Weltkrieg teil, überlebte und heiratete 1918 eine Gräfin Schaffgotsch. Er selbst starb 1935, seine Witwe starb nach dem Zweiten Weltkrieg.

Es gab nur wenige Menschen, die über die wahren Hintergründe informiert waren: der Vater von Otto, Prinz Ernst zu Windisch-Graetz, seine Schwester Gräfin E. Paar, die Familie der Braut. Sie alle wahrten jahrelang Schweigen über dieses Geheimnis. Erst sehr viel später informierte Prinz Otto seinen ältesten Sohn und seine Freunde über das, was damals geschehen war. Nun, da Baron Venninger seinem Freund gegenüber nicht mehr durch die Schweigepflicht gebunden war, konnte auch er einen genauen Bericht über jene Nacht, die er mit Otto durchwacht hatte, geben.

Am 13. Oktober trafen Erzsis Mutter und deren Mann von Schloß Austerlitz in Mähren, wo sie lebten, in Wien ein. Sie sollten in dem bezaubernden kleinen Schloß Hetzendorf wohnen, das der Kaiser hatte renovieren lassen. Damals lag es noch, in der Nähe von Schönbrunn, inmitten freier Natur; heute ist es von Häusern umgeben, hat aber nach wie vor seine Schönheit bewahrt.

Bald darauf machte Prinz Otto ihnen gemeinsam mit Elisabeth Marie einen formellen Antrittsbesuch. Der erste Eindruck, den Stephanie von ihrem künftigen Schwiegersohn hatte, war äußerst vorteilhaft. Das war auch nicht anders zu erwarten gewesen, denn Otto war ein ausgesprochen schöner Mann von außerordentlicher Eleganz und gutem Geschmack. Stephanie fand, er werde der Schönheit und dem königlichen Auftreten ihrer Tochter absolut gerecht.

Das Gespräch verlief in einer gelösten, warmherzigen Atmosphäre, und alle bewahrten von diesem Besuch das Gefühl, einen Augenblick tröstlicher familiärer Harmonie erlebt zu haben. Nachdem Mutter und Tochter sich solcherart von ihrem beiderseitigen Glück überzeugt hatten, fuhr Erzsi nach Laxenburg, während Otto in Wien blieb.

Am nächsten Morgen erhielt Gräfin Stephanie Lónyay den Besuch von Prinz Ernst zu Windisch-Graetz, dem Vater des Bräutigams. Inzwischen war Kaiser Franz Joseph von Ungarn zurückgekehrt, wo er an den großen Herbstmanövern teilgenommen hatte. Montag, den 14. Oktober, empfing er am Vormittag Prinz Alfred zu Windisch-Graetz in Audienz, der soeben von Tachau in Böhmen gekommen war; die Unterredung dauerte mehr als eine Stunde.

Am Abend desselben Tages gab der Kaiser in Schloß Schönbrunn ein großes Diner zur Feier der Verlobung. Elisabeth Marie kam an der Seite von Prinz Otto, gefolgt von ihrer Suite. Unter den Gästen waren mehrere Mitglieder der Familie Windisch-Graetz, unter anderem der Vater des Bräutigams, Prinz Ernst, sein ältester Bruder, Prinz Karl, die Prinzen Hugo und Robert. Auch Gräfin Stephanie Lónyay und ihr Mann Elemér waren anwesend, weiters wären noch Prinz Montenuovo und Graf Paar zu nennen.

Am Dienstag, den 14. Oktober, brachte die »Wiener Zeitung« die offizielle Verlobungsanzeige: Ihre königliche und kaiserliche Hoheit Erzherzogin Elisabeth Marie, Tochter des verstorbenen Kronprinzen Erzherzog Rudolf, hat sich mit Erlaubnis des Kaisers mit Prinz Otto zu Windisch-Graetz verlobt.

Der Bräutigam wurde vorgestellt wie folgt: »Prinz Otto Weriand Hugo Ernst zu Windisch-Graetz, geboren am 7. Oktober 1873, ist der jüngste Sohn des Staatsrats Oberst Prinz Ernst zu Windisch-Graetz (geboren am 27. 9. 1827) und der Prinzessin Camilla Oettingen-Spielberg (geboren am 20. 9. 1845). Er wurde zu Hause erzogen unter der Aufsicht seines Vaters, einem sehr kultivierten Mann, anerkannt als Historiker und Numismatiker, der die besten Lehrer für seinen Sohn auswählte. Später trat er in die Kadettenschule von Märisch-Weisskirchen ein, anschließend in das Regiment der Ulanen Erzherzog Otto Nr. 1 und machte als aktiver Offizier in Chrzanow, Olmütz und Wien Dienst. Während zwei Jahren hat er die

Militärakademie besucht und seine Examen mit gutem Erfolg bestanden.«
Der Kaiser ließ verkünden, die Hochzeit von Erzsi und Otto werde im Jänner 1902 stattfinden. Außerdem wurde mitgeteilt, daß Seine Majestät der Kaiser anläßlich der Hochzeit Prinz Otto zu Windisch-Graetz den Orden vom Goldenen Vlies verleihen werde.
Erzsi erhielt aus der ganzen Welt Glückwünsche, alle Souveräne Europas gaben ihrer freudigen Anteilnahme an diesem glücklichen Ereignis am Wiener Hof Ausdruck. Erzsi nahm diese Ehrbezeugungen und Glückwünsche mit jenem besonderen Gefühl der Freude entgegen, das die Gewißheit verleiht, daß andere am eigenen Glück teilnehmen.
Sowohl Prinz Otto als auch sein Vater erhielten hunderte Glückwunschtelegramme, unzählige Familienmitglieder und Angehörige der Aristokratie sprachen in dem Wiener Palais, wo die Familie ihren Hauptsitz hatte, vor, um persönlich zu gratulieren. Donnerstag, den 17. Oktober, begaben sich Erzsi und Otto in Begleitung von Stephanie ins Atelier des Hofphotographen K. Pietzner, um für die Verlobungsphotos zu posieren.
Am 27. Oktober fuhren die drei nach Schloß Wallsee, damit das Brautpaar seinen Antrittsbesuch mache, und verbrachten den Tag dort mit Marie Valerie.
Die folgenden Wochen waren für Erzsi voll Aufregung und rastloser Aktivität. Sie nahm an mehreren Diners teil, die Franz Joseph gab, um seine Enkelin zu feiern und seinen künftigen Schwiegerenkel vorzustellen. Man war allgemein der Ansicht, Erzsi schwimme in einem Meer von Seligkeit. Prinz Otto war insgeheim sehr beeindruckt von der heftigen Leidenschaft, die er entfacht hatte, und so war er voll guten Willens, ihr so viel von seinem Herzen zu schenken, wie er nur konnte.
Erzsi wollte unbedingt selbst all die hübschen Dinge aussuchen, die für ihre luxuriöse Ausstattung zusammengestellt werden sollten. Voller Begeisterung suchte sie die Tages- und Abendkleider und die Leibwäsche aus, besprach, welche Seidenstoffe, Spitzen, Wollarten zu verwenden waren, bestimmte die verschiedenen Farbtöne und ihre Zusammenstellung und kümmerte sich um jedes Detail und jedes Accessoire, denn diese Dinge spielten in der damaligen Zeit

eine herausragende Rolle. Geduldig und voller Vorfreude ließ sie die endlosen Anproben über sich ergehen; das Bild, das der Spiegel ihr zeigte, gefiel ihr; sie bewunderte ihre Größe, die von einem Korsett umspannte schmale Taille, das ebenmäßige Gesicht, sie senkte den Blick in ihre eigenen bezwingenden Augen. Sie wählte eine Unzahl von Schuhen, hübschen Kostümen und unwiderstehlichen Hüten aus. Elisabeth war von jenem herrlichen Gefühl von Freude und Ungebundensein erfüllt, das man vor Antritt einer großen Reise empfindet. Und das ganz persönliche Abenteuer, zu dem Elisabeth nun aufbrach, war die Ehe.

Zweiter Teil

Elisabeth Marie Fürstin zu Windisch-Graetz

1902–1918

Reichtümer

Der 1. Jänner 1902 trennte Elisabeth Maries Vergangenheit von ihrer Zukunft. Ohne Bedauern überantwortete sie die Jahre ihrer Kindheit und frühen Jugend dem Vergessen. Elisabeth wurde von der unwiderstehlichen Kraft ihrer Liebe und von dem Wunsch, diesen neuen Lebensabschnitt in allen Zügen zu genießen, vorangetrieben, und so war sie voll freudiger Zuversicht.

Franz Joseph ließ das Jahr mit einem Diner zu Ehren des Brautpaares beginnen, an dem beinahe alle Familienmitglieder teilnahmen. Dieser Abend war für Prinz Otto von großer Bedeutung. Alle in der kaiserlichen Familie hatten bereits von seinen Vorzügen und Qualitäten gehört, nun würden sie aufmerksam und unbestechlich diesen jungen Mann beobachten, von dem es hieß, er trage bei allen sportlichen Wettbewerben den Sieg davon. Alle waren von seiner Schönheit, seinem Charme und seiner Eleganz überrascht. Otto machte auf die Erzherzoge und Erzherzoginnen einen so guten Eindruck, daß sie den Neuankömmling überaus liebenswürdig in ihren Kreis aufnahmen.

Am 19. Jänner luden Graf und Gräfin Lónyay zu Ehren von Erzsi und ihrem Bräutigam zu einem festlichen Diner. Um 18 Uhr hielt ein Wagen vor dem Tor von Schloß Hetzendorf. Ein Lakai öffnete die mit imposanten Kronen und Wappen geschmückte Türe, und Kaiser Franz Joseph stieg in Begleitung von Erzsi aus. Am Fuß der steinernen Treppe, zwischen den starren, fackeltragenden Heroen, begrüßte Graf Lónyay seinen Kaiser in tiefer Ehrerbietung, während Stephanie im ersten Stock wartete. Unter den Gästen waren einige Erzherzoge und Erzherzoginnen sowie einige engere Familienangehörige des Prinzen Otto. Der Abend verlief unbeschwert und harmonisch. Die Musikkapelle des 84. Infanterieregiments ließ schwungvoll die mitreißendsten Melodien erklingen.

Entsprechend der Tradition wurden der Schmuck und die Aussteuer, die Erzsi zu ihrer Hochzeit geschenkt erhielt, in ihren Privaträumen ausgestellt. Die Wiener, die jeder Einzelheit, die ihre »kleine Frau Liesl« betraf, größtes Interesse entgegenbrachten, wollten natürlich alle durch die Räume wandern und den ganzen prächtigen Putz bewundern, der dort ausgebreitet lag. Viertausend Eintrittskarten wurden ausgegeben, aber diese Zahl erwies sich immer noch als zu gering; zahlreiche enttäuschte Neugierige versammelten sich im Hof der Hofburg, es kam zu lauten Auseinandersetzungen, und die Schloßwachen hatten alle Mühe, die immer lauter und aggressiver werdenden Unzufriedenen abzudrängen. Erzsis Aussteuer stellte tatsächlich aus vielerlei Gründen eine besondere Sehenswürdigkeit dar. In erster Linie war es die Aussteuer der überaus populären kleinen Liesl, die nun erwachsen war; außerdem war es aber auch eine Dokumentation von Perfektion und Eleganz, die man in Wien in dem Bereich von Mode und Schmuck erreicht hatte. Die Modeschöpfer hatten phantasievolle Kleider aus prachtvollen, raffiniert verarbeiteten Stoffen entworfen, die Putzmacherinnen hatten sich an Einfallsreichtum selbst übertroffen, die Schuhmacher hatten ihr Leder in neuen Formen und Farben verarbeitet, die Schneider hatten mit ihren flinken Scheren den geraden Linien sinnlichen Schwung verliehen, die geschickten Finger der Stickerinnen und Spitzenklöpplerinnen hatten wahre Wunderwerke an Zartheit hervorgebracht. Alle diese Gegenstände und eine Vielfalt an Accessoires bewiesen, daß das Handwerk bereits jenes künstlerische Niveau erreicht hatte, von dem Jahre später der berühmte französische Couturier Paul Poiret derart begeistert war, daß er nach Wien kam, um es genauer kennenzulernen.

Der aufmerksame Betrachter konnte aus der Zusammenstellung von Erzsis Aussteuer eine ziemlich genaue Vorstellung darüber gewinnen, wie sie ihr künftiges Leben zu führen gedachte. Die prächtigen Galagewänder und Hoftoiletten, die bei der Aussteuer der Erzherzoginnen eine große Rolle spielten, fehlten hier völlig. Elisabeth Marie würde sie nicht mehr brauchen, sie verließ ja nun die Hofburg mit all ihrem Prunk und ihren offiziellen Empfängen. Drei prächtige Kleider freilich gab es, die sie an den drei folgenden Tagen tragen würde: eines beim Renunziationsakt, das zweite bei der letzten

Abschieds-Soiree, die von Marie Valerie gegeben wurde, und das dritte schließlich war das Hochzeitskleid. Reichlich vorhanden waren aber raffiniert zusammengestellte Toiletten für Diners, Soireen im kleineren Kreis, für Theater- und Konzertbesuche. Am auffallendsten war jenes Kleid, dessen Verzierung aus einem persönlichen Geschenk des kaiserlichen Großvaters gefertigt worden war – es handelte sich um herrliche Brüsseler Spitzen, die die Schneiderin auf den Musselinrüschen aufgearbeitet hatte; der weite schwingende Rock war mit Nerz verbrämt, die Spitzen wurden in der Taille von einem schmalen Goldgürtel zusammengehalten, am Ausschnitt war ein Sträußchen aus weißen und rosa Rosen befestigt; in der damaligen Zeit verwendete man häufig Blumen, um einem Kleid einen besonders femininen Anstrich zu geben. Erzsis Kleider, die man über ätherisch blickende Puppen gezogen hatte, wurden im zweiten roten Damastzimmer zur Schau gestellt, das früher Erzherzog Rudolf als Schlafzimmer gedient hatte. Nun erinnerte nur mehr der Betthimmel daran. Auf den mit weißen Tüchern verhängten Tischen lagen Wäschestapel, die mit rosa und hellblauen Seidenbändern zusammengebündelt waren.
Besondere Sorgfalt hatte man den Tageskleidern und Kostümen gewidmet, die aus den verschiedensten Stoffen und in allen möglichen Schnittformen hergestellt worden waren. Der Hofschneider Prevost erhielt den Auftrag, die englischen Kostüme anzufertigen, während J. Fischer, der für den einwandfreien Schnitt seiner Sportkostüme berühmt war, Erzsis Reitkleidung, selbstverständlich im Amazonenstil, anfertigte. Dann gab es Jagdkostüme im österreichischen Trachtenstil aus braunem oder grünem Loden, daneben Reisekostüme aus unifarbenem Leinen, im Hahnentrittmuster oder mit kleinem Karo. Die Tenniskleider waren weiß oder blau. Die Hüte waren alle derart phantasievoll und exquisit geformt, daß sie unweigerlich die Blicke auf sich ziehen mußten. Zwar schrieb die Mode Rembrandt'sche Formen vor, die jungen Frauen bevorzugten aber die hübschen schmalkrempigen, enganliegenden Hüte. Als Aufputz hatte man an den Hüten sowohl Gartenblumen wie auch Wald- und Feldblumen befestigt, natürlich keine echten; es waren Seidenblumen in den verschiedensten Farbtönen, Rosen, Maiglöckchen, Mohnblüten und Veilchen. Es gab da sogar einen Strohhut, der mit

einer Blättergirlande und roten Beeren geschmückt war. Die Modistinnen ließen sich immer wieder neue originelle Ideen einfallen, um ihre Kundinnen zufriedenzustellen.
Man hatte nicht alle Blusen ausstellen können. Es gab insgesamt rund sechzig davon, aus Taft, Musselin, Crêpe de Chine, Tuch, Leinen, Flanell und jener feinen Surah-Seide, von der Emile Zola voller Bewunderung schreibt: »Tücher so zart wie Nebelschleier, Surahs, leichter als der Flaum, der von den Bäumen schwebt.«
Der neugierige Besucher wanderte weiter durch die Ausstellung und gelangte zu den Schuhen. Jedes Paar war einem bestimmten Kleid zugeordnet. Die blauen, weißen, rosa, gold- und silberfarbenen Ballschuhe waren so zart, daß sie nur ein einziges Mal getragen werden konnten, daher gab es dutzende Reservepaare. Dann kam eine Reihe von Lackschuhen mit kleinen Maschen, Spangen oder Knöpfen. Schließlich die Reitstiefel, Jagdstiefel und Spazierschuhe, alle aus bestem, spiegelblankem Leder.
Das ganze Ausmaß an verfeinertem Luxus trat vielleicht am deutlichsten bei den Accessoires zutage. Die Taschen und die Griffe der Regenschirme, Sonnenschirme und Spazierstöcke waren oft aus edelsteinbesetztem Gold oder Silber und stellten wirkliche Schmuckstücke dar. Diese Gegenstände, wie auch die hübschen Fächer aus Spitze oder bemaltem Stoff, mit denen man sich bei heißen Bällen einen kühlen Lufthauch zufächeln konnte und die zugleich eine hervorragende Hilfe im koketten Augenspiel waren, sind heute bei Kennern zu beliebten Sammelobjekten geworden.
Es gab auch eine große Menge an Hauswäsche. 200 Tischtücher aus feinstem Damast mit eingearbeitetem Wappen, 1400 Servietten, 140 Bettgarnituren, in die sowohl das Wappen des Hauses Habsburg wie auch das der Familie Windisch-Graetz eingestickt war. Erzsis Seiden- und Batistwäsche war mit den Initialen E.M. bestickt, darüber die Kaiserkrone, ebenso die hübschen Korsetts, deren Strenge ein wenig durch Valenciennes-Spitzen gemildert wurde. Man kann sich vorstellen, wieviel Personal, Diener und Kammerfrauen nötig waren, um diese überreiche Ausstattung in Ordnung zu halten.
Der Kaiser hatte großzügig den Wunsch geäußert, die Aussteuer seiner geliebten Enkelin solle alles bisher Dagewesene übertreffen. Er selbst besuchte die Ausstellung ebenfalls, und zwar am Montag,

den 20. Jänner, um 10 Uhr. Zu seinem Empfang hatten sich versammelt: Die Inhaber und Direktoren der Werkstätten mit einigen ausgewählten Handwerkern, die Künstler, die die Entwürfe gezeichnet hatten, und schließlich viele von jenen, die diese Entwürfe dann ausgearbeitet und umgesetzt hatten. Der Kaiser begrüßte alle herzlich und beglückwünschte sie zu ihren hervorragend gelungenen Werken. Der Kaiser betrachtete sich als Protektor des Handwerks. Er fühlte sich dafür verantwortlich, daß die Handwerker immer genügend Arbeit hatten und sich durch neue Kreationen immer weiter vervollkommnen konnten. Der Kaiser blieb lange Zeit im ersten Salon vor der Vitrine stehen, in welcher die Schmuckstücke ausgestellt waren, die er selbst Erzsi geschenkt hatte; dieser Schmuck war vom Juwelier Köchert entworfen und ausgearbeitet worden. Am bemerkenswertesten war wohl eine Schmuckgarnitur, die auf besonderen Wunsch des Kaisers in der Art des damals gerade aufkommenden Jugendstils gearbeitet war. Die Brillanten waren sorgfältigst ausgewählt worden, sie waren sämtlich von makellosem, strahlendem Glanz. Die Garnitur bestand aus einem herrlichen Diadem, einer wundervollen Halskette und Ohrgehängen. Der Kaiser schien all die schönen Dinge, die die natürliche Schönheit seiner Enkelin noch unterstreichen würden, mit großem Wohlgefallen zu betrachten. Gleichzeitig stellte er voller Stolz fest, wie viele geschmackvolle und perfekte Arbeiten die österreichische Handwerkskunst hier hervorgebracht hatte. Man holte sich Anregungen in Paris, in London, ja sogar in Rußland, nahm von allem ein wenig und verstand es zu guter Letzt, aus dem Ganzen etwas typisch Wienerisches zu formen. Nicht vergessen werden dürfen die herrlichen Pelze, die zum Großteil aus Rußland kamen. Da konnte man ein Nerzcape mit einem Hermelinkragen bewundern, eine Dreivierteljacke aus Karakulfellen, auch hier waren Kragen und Manschetten aus Hermelin, desgleichen der dazugehörige Muff; noch viele andere wunderschöne Pelze lagen hier ausgebreitet, wie der seltene Chinchilla, der kostbare Zobel, Astrachan und Sibirischer Fischotter.

Die persönlichen Geschenke wurden diskreterweise nicht ausgestellt. Erzsi bekam unter anderem Silber in beachtlicher Vielfalt. Dieses Silber befand sich bis zum letzten Krieg in der Silberkammer, wo alles Silbergeschirr und sonstiges Silber aufbewahrt wurde. Es ist nicht möglich, hier all die schönen Dinge aufzuzählen, die typisch waren für die Liebe und das Interesse, die man für alles Künstlerische hegte, und gleichzeitig für den ambivalenten Lebensstil des Kaiserhauses und der Aristokratie, wo größter Luxus und größte Einfachheit Hand in Hand gingen.

Der Ehekontrakt wurde einige Tage vor der Hochzeitsfeier vor dem Staatsnotar unterzeichnet; er war, wie üblich, von den Familienchefs von Bräutigam und Braut ausgearbeitet worden. Erzsi besaß bereits ein persönliches Vermögen, das sie von ihrem Vater und von ihrer Großmutter, Kaiserin Elisabeth, geerbt hatte. Sie erhielt als Heiratsgut vom Kaiser die Summe von 420 000 Kronen, die so angelegt werden mußte, daß von den Zinsen die Kosten des gemeinsamen ehelichen Hausstandes bestritten werden konnten. Das Vermögen, das die Braut bei der Eheschließung bereits besaß und das sie in der Folge noch erwerben würde, mußte ihr persönliches Eigentum bleiben. Der Bräutigam verpflichtete sich, die Kosten für den Haushalt, die Wägen, die Pferde usw. zu tragen und für einen angemessenen Lebensstil zu sorgen. Weiters wurde festgelegt, daß der Bräutigam der Braut während aufrechter Ehe jährlich die Summe von 36 000 Kronen, jeweils in monatlichen Raten, auszuhändigen habe; dieser Betrag kam Erzsi zu ihrer ausschließlichen persönlichen Verwendung zu. In Artikel III. des Ehekontraktes verpflichtete Elisabeth Marie sich, auch im Namen ihres Bräutigams, für sich und ihre Nachkommen »ab intestat« den Erbverzicht zu leisten.

Der Kaiser verlieh dem Prinzen Otto den Rang eines Fürsten. Elisabeth Marie durfte den Titel einer kaiserlichen und königlichen Hoheit behalten, daher auch das Recht, weiterhin an den Zusammenkünften in den kaiserlichen Appartements teilzunehmen; außerdem stand ihr zu: der militärische Salut, das beiderseitige Öffnen der Torflügel des Schloßportals, besondere Courtoisie bei Hof und im Fall ihres Ablebens Hoftrauer.

Zu all den Traditionen, die so respektvoll bis ins letzte Detail eingehalten wurden, gehörte auch die Bestellung eines der renommierten Maler, um das Brautpaar zu porträtieren. Der Kaiser hing an diesem jahrhundertealten Brauch, und tatsächlich hatte dieser Brauch die erfreuliche Folge, daß wir und speziell die Historiker heute noch in den Museen die Gesichter aller vorangegangenen Generationen betrachten können. Der Kaiser wandte sich an den ungarischen Maler Árpád Koppay, den er seit langem bewunderte und dem er sogar den Titel eines Barons verliehen hatte. So wie die meisten Kunstliebhaber jener Zeit schätzte es der Kaiser, wenn ein Porträt nicht nur Ähnlichkeit, sondern darüber hinaus besondere Anmut und Eleganz zeigte. Koppay, der 1859 geboren war, hatte eine glänzende Karriere hinter sich. Er hatte zahlreiche hochgestellte Persönlichkeiten porträtiert und erfreute sich bei den amerikanischen und englischen Schönheiten besonderer Beliebtheit. Zwei Bilder von Erzsi als Kind stammten von ihm, er hatte sie mit über die Schultern herabfließenden Haaren gemalt. Um einem ganz persönlichen Wunsch des Kaisers nachzukommen, hatte Koppay auch zugestimmt, ein posthumes Porträt von Kaiserin Elisabeth anzufertigen. Franz Joseph richtete dem Maler in der Hofburg einen Raum ein und während der ganzen Zeit, die Koppay an dem Bild arbeitete, kam der Kaiser jeden Tag zu ihm, um sich von seinen Fortschritten zu überzeugen und auch manchmal einen Rat zu geben, damit der Künstler die Verstorbene so abbildete, wie der Kaiser es sich vorstellte. Franz Joseph wollte Elisabeth so vor Augen haben, wie er sie geliebt hatte; zärtlich, anmutig und von unwiderstehlicher Schönheit. Mehr noch, er wollte, daß der Künstler dem Bild Leben einhauche, er wollte das Gefühl haben, Elisabeth komme ihm aus dem Rahmen entgegen. Dieses Bildnis zeigt Elisabeth in Lebensgröße aufrecht stehend, sie trägt ein schwarzes Kleid, so wie sie es seit dem Tod ihres Sohnes immer getan hatte. In den Händen hält sie einen Fächer. Wenn man den heiteren Ausdruck in ihrem Gesicht sieht, hat man den Eindruck, sie habe alle weltlichen Kümmernisse weit hinter sich gelassen. In seinen Memoiren schreibt Koppay, der Kaiser habe angesichts dieses Porträts seiner Verwunderung darüber Ausdruck gegeben, daß ein Künstler imstande sei, von einer Verstorbenen ein derart ausdrucksstarkes und ähnliches Porträt anzufertigen.

Koppay machte von Elisabeth Marie ein Porträt in den Maßen 220 × 125, das sie in der ganzen strahlenden Frische ihrer Jugend und ihres großen Glücks zeigt, nichts deutet auf die spätere Entwicklung ihres Charakters hin. Sie ist in großer Aufmachung zu sehen, in einem rosa Kleid aus gefälteltem Musselin, die Taille umspannt ein breiter goldfarbener Gürtel, in den Händen hält sie Rosen, einige davon fallen eben zu Boden. Um ihren langen Hals schmiegt sich ein Kollier aus mehreren Reihen kleiner zarter Perlen, der Halsansatz verschwindet unter größeren Perlen. Erzsi schenkte dieses Porträt ihrem Schwiegervater, Otto übergab das seine seiner Braut. Koppay hatte Otto in sportlicher Aufmachung gemalt, er trägt einen jener typischen polnischen hellbraunen Fohlenmäntel. Die beiden Porträts wurden im Künstlerhaus ausgestellt.

In einem nicht endenwollenden Taumel von Glücksgefühl, Geschenken und Feiern, das Herz voller Unschuld und Liebe, war Erzsi sich nicht bewußt, welche Bedeutung dieser Schritt von einem Lebensabschnitt in den nächsten für sie hatte.

Kein Mensch konnte ahnen, daß ein Leben in Ehren und Reichtum nicht das Wichtigste für eine Erzherzogin sein könnte. Doch welch ein Irrtum! Jede Frau, gleichgültig aus welcher sozialen Schicht, hat ihre verborgenen Seiten. Elisabeth Marie, die stark von den Schriften ihres Vaters beeinflußt war, sprengte die Form, in der das bisherige Leben sie gepreßt hatte. Sie hütete sich aber davor, zugleich der Welt ihr anderes Gesicht zu zeigen. Vor ihren Augen häuften sich die Reichtümer, die für sie zusammengetragen wurden, ihre Gedanken aber gingen in eine unvermutete, völlig gegensätzliche Richtung. Wie ein Film stiegen Bilder aus ihrer Erinnerung empor: »Es war an einem Tag im Frühling; die heiße Sonne ließ die Erde ihren Duft verströmen, der Geruch des Jasmins wetteiferte mit dem der appetitlichen reifen Erdbeeren. Auf einer Bank saßen Elisabeth und ihre Freundin Dili im vertraulichen Gespräch. Sie wußten, daß sie von einem der Fenster des Schlosses aus beobachtet wurden. Nach dem Tod ihres Großvaters hatte Dili das Haus ihrer Kindheit nahe Miramare verlassen müssen. Sie hatte geheiratet, oder besser gesagt, sie war verheiratet worden; eine arme kleine Comtesse konnte, selbst wenn sie hübsch war, die Wahl nicht selbst treffen, sie mußte bescheiden jenen Mann annehmen, der sich um ihre Hand bewarb. Elisabeth hatte Dili zu diesem Anlaß ein wunderschönes Schmuckstück schenken wollen. Nun saß Dili da neben ihrer Freundin auf der Bank, sie trug ein einfaches weißes Kleid und dankte ihr für das Geschenk. Dann aber nahm sie Erzsis Hand und legte die Brosche, auf der ein von Diamanten umgebener herrlicher Saphir sein blaues Feuer versprühte, hinein. ›Ich kann das nicht annehmen‹, sagte sie. ›Ich werde es nie tragen können. Hebe du es für mich auf für den Fall, daß eines Tages die Armut in mein Leben hereinbricht. Das kann jedem von uns passieren, Liesl, du verstehst das nicht, aber es ist so.‹ Dann fügte sie hinzu: ›Ich möchte dir auch ein Geschenk machen. Es ist meine Pflicht, dir eine Wahrheit zu schenken, von der du nichts weißt, die du aber erfahren mußt, denn dein Leben könnte in Gefahr sein.‹ Liesl bat ihre Freundin, doch nicht von traurigen Dingen zu reden; alles in der Natur rundum war so voller Fröhlichkeit, da wollte auch sie sorglos bleiben dürfen. ›Es ist nichts Trauriges‹, erwiderte Dili. ›Liebste Liesl, du hast mich gebeten, immer für dich eine Freundin zu bleiben, zu der du volles Vertrauen haben kannst. Deine Umgebung wird das nicht zulassen, man wird mit allen Mitteln versuchen, unsere Freundschaft zu zerstören. Das Milieu, in das ich hineinheirate, ist ärmlich und eingeschränkt. Man wird dir sagen, es sei unmöglich, und dieses Wort unmöglich hat etwas Absolutes, wenn es um die Trennung der Gesellschaftsklassen geht. Diese meine zukünftige Welt kann dir auch nichts bieten, deshalb haben die Menschen, die so etwas sagen, in einem gewissen Sinn sogar recht. Es ist vielleicht besser, wenn wir uns trennen. Aber ich habe versprochen, dir eine treue Freundin zu sein und dir immer die Wahrheit zu sagen, damit dein Gewissen wach bleibt. Deshalb werde ich nun von Dingen zu dir sprechen, die Verantwortung und Pflicht für dich bedeuten. Ich werde dir die Gefahren zeigen, die an diesem Land nagen, soweit ich sie eben erkennen kann. Ich werde zu dir auch von Wert und Unwert jener Menschen sprechen, die dich umgeben.

Heute will ich dir sagen, was sonst niemand dir sagt. In deiner unmittelbaren Umgebung leben seit langen Jahren Männer und ihre Familien in der bittersten Armut, unter unmenschlichen Bedingungen, ohne den Schutz der Gesetze. Wohl sind Gesetze für diese Menschen gemacht worden, aber sie werden nicht beachtet. Alle, die wachen Geistes sind, müssen endlich Mittel und Wege finden, um diesem Elend ein Ende zu machen und zu helfen. Du mußt den Wunsch haben, diese Probleme kennenzulernen, diese Unglücklichen in der schrecklichen Realität ihres täglichen Leidens zu sehen.

Du mußt den Mut aufbringen, mit deinem Großvater zu sprechen. Er hat wohl die wesentlichen Gesetze zum Schutz der Arbeiter erlassen, danach aber hat er sich nie mehr darum gekümmert, ob sie auch wirklich angewendet werden. Fang damit an, daß du in die wirkliche Welt hinausgehst, so wie ich es getan habe, in Begleitung eines Mannes, der sein Leben ganz diesen Unglücklichen geweiht hat; unser Pfarrer hat ihn mir empfohlen. Alle haben geglaubt, ich ginge wegen irgendwelcher unwichtiger Einkäufe in die Stadt. Dabei bin ich in Wahrheit zu den Ziegelfabriken gegangen, die sich im Süden der Stadt ausbreiten. Je tiefer die Löcher dort werden, die die Arbeiter ausheben, desto prachtvoller wird das neue Wien aufgebaut und desto mehr Palais reihen sich an der Ringstraße entlang für diejenigen, die ihren Reichtum auf dem Rücken der Arbeiter erwerben. Drei Tage lang habe ich das Leben dieser Menschen beobachtet, die wir dazu mißbrauchen, unsere eigenen Lebensvorstellungen realisieren und aufrechthalten zu können. Ich habe im Pfarrhaus übernachtet, ich wollte alles sehen, um dir die Wahrheit berichten zu können. Mit Hilfe meines Führers konnte ich die Welt der Arbeiter genau beobachten. Dieser Mann ist Arzt, er hat seine Praxis aufgegeben, um sich ganz diesen Menschen widmen zu können, um die Kranken zu pflegen. Er hat sie mir alle gezeigt, die Unterernährten, die Tuberkulosen, die Rachitischen, die Frauen, die mutlos ihre unheilbar kranken Kinder bringen. Ich habe die Spitäler gesehen, wo diese Unglücklichen schließlich sterben, nachdem sie längst alle Hoffnung aufgegeben haben, daß für sie und ihre Kinder bessere Zeiten kommen könnten. Der Lohn ist minimal, noch dazu wird er in Form von Bons ausgezahlt, die man in der Kantine einlösen muß, wo die Nahrungsmittel von schlechter Qualität sind. Es gibt keine Möglichkeit zu protestieren, wer es wagt, die Stimme zu erheben, wird entlassen. In diesen Kantinen machen die korrupten Verantwortlichen ihren größten Profit, die Arbeiter geraten von allen Seiten in Bedrängnis. Nach diesen drei Tagen war ich ein anderer Mensch. Nachher bin ich zurückgekommen in diese Stadt, wo überall Reichtümer ausgebreitet liegen, jenen zum Vergnügen, die ihr Geld durch den Schweiß der Arbeiter machen. Dieser Arzt hat als einziger den Mut gehabt, die zuständigen Minister anzurufen, sein Schrei nach Menschlichkeit ist unterdrückt worden, und man hat ihn mit Gefängnis bestraft. Man muß es gesehen haben, um es zu glauben. Liesl, glaube mir! Gib keine Almosen, sorge dafür, daß das Gesetz befolgt wird, sei tapfer, sprich mit deinem Großvater, auf dich wird er hören! Sag ihm, er soll die Mietskasernen und die Lebensumstände der Arbeiter überprüfen lassen! Tu deine Pflicht! Je stärker die Industrie sich entwickelt, desto mehr wächst auch die Masse dieser verzweifelten Menschen. Und mit ihnen wächst auch eine große Gefahr für euch und das Kaiserreich heran. Frag den Pfarrer, geh unter dem Vorwand, die Spitäler unterstützen zu wollen, zu ihm; er wird dir alles erzählen.« Odilia stand auf, verabschiedete sich und überließ Elisabeth ihren Gedanken.

Elisabeth war über die grausame Wirklichkeit, die Odilia ihr so unerbittlich enthüllt hatte, zutiefst in Aufruhr versetzt. Sie konnte das, was sie gehört hatte, nicht vergessen. Jetzt erinnerte sie sich daran, daß sie von der Straße aus diese tiefen, feuchten Löcher gesehen hatte, aus denen die Arbeiter die Tonerde heraustransportierten, daneben die Baracken, in denen der Ton geknetet und in Formen gepreßt wird. Sie konnte nicht zu den Fabriken gehen, aber sie ließ dem Pfarrer größere Geldsummen zukommen, damit er in der Schule und im Spital Verbesserungen vornehmen konnte.

Einige Tage später ließ sich überraschend Elisabeth Maries Sekretär bei ihr anmelden; er müsse mit ihr sprechen. Sie empfing ihn; ehrerbietig und behutsam drückte er seine Sorge über ihre großen Ausgaben aus. Elisabeth war verärgert und antwortete ihm mit so viel Hochmut, daß er zurückschrak. Trotzdem ließ er sich nicht davon abhalten ihr zu empfehlen, sie solle den Ziegeleiarbeitern gegenüber nicht so großzügig sein; die Polizei halte dieses Milieu für gefährlich, man habe sogar die Überwachung der Arbeiter verstärkt. Elisabeth schnitt dem Sekretär brüsk das Wort ab; er war gekränkt, verneigte sich aber demütig, wobei er noch die Bemerkung anbrachte, seine Pflicht gebiete es ihm, den Kaiser davon zu unterrichten. Elisabeths Antwort kam ohne Zögern: »Seine Majestät wird informiert werden!« sagte sie. »Und zwar von mir persönlich. Ich werde ihm von den unmenschlichen Bedingungen berichten, unter denen die Arbeiter mit ihren Familien leben müssen, von den bösen Machenschaften der korrupten Vorgesetzten und der schwerreichen Fabriksbesitzer, die nur an ihren eigenen Profit denken.« Sie erhob sich und bedeutete dem Sekretär, daß er gehen könne. Völlig schockiert entfernte er sich unter Verbeugungen rückwärts gehend zur Türe.

Elisabeth Marie ließ sich beim Kaiser anmelden. An diesem Tag wartete sie in dem kleinen Salon, in dem sie für gewöhnlich am Vormittag zeichnete, bevor sie in gemütlicher Zweisamkeit mit ihrem Großvater in seinem Arbeitszimmer das Essen einnahm. Auch diesmal wurden zwei Tabletts mit den völlig phantasielos zusammengestellten Speisen hereingebracht. Das Menü bestand fast immer aus gekochtem Fleisch, manchmal auch Huhn mit Erdäpfeln und einem kleinen Dessert. Franz Joseph aß wie immer sehr rasch. Als Erzsi ihm den Kaffee reichte, fragte sie, ob sie mit ihm reden dürfe. Er antwortete »Worüber! Mach es kurz und präzise!«. Erzsi atmete tief durch, dann erzählte sie alles, was sie über die unmenschlichen Lebensbedingungen der Ziegeleiarbeiter erfahren hatte. Sie sprach rasch, die Augen hielt sie gesenkt, um nicht dem Blick ihres Großvaters begegnen zu müssen. Sie konnte ein leichtes Zittern nicht unterdrücken, brachte aber den Mut auf, alles, was sie zu sagen hatte, vorzubringen. Schließlich fügte sie hinzu: »Großvater! Ich sage dir das auch aus Sorge um das Wohl unseres Hauses!« Schweigen. Dann ertönte die tiefe Stimme: »Du hast den Verstand verloren! Du bist gefährlich! Ich sehe das Erbe deines Vaters! Dagegen muß man ankämpfen, ich werde dich überwachen lassen – Geh!« Elisabeth mußte das Arbeitszimmer ihres Großvaters verlassen, ohne daß er ihr die Hand zum Kuß gereicht hatte.

Im Vorzimmer wartet die Hofdame, noch ehe Erzsi bei ihr ist, sieht sie ihr eigenes Bild in einem Spiegel; sie ist leichenblaß, nicht nur aus Erregung, sondern auch und vor allem aus tiefer innerer Empörung.

Noch am selben Nachmittag stattete der Pfarrer Elisabeth Marie einen Höflichkeitsbesuch ab, um für ihre Spende zu danken. Nachdem die Hofdame sich entfernt hatte, konnte Erzsi ihm sagen, daß Odilie ihr alles über die Arbeiter erzählt habe. Der Pfarrer bestätigte die Richtigkeit des Erzählten, gab aber keinen weiteren Kommentar.

Erzsi erkundigte sich nach dem Arzt, aber der Pfarrer vermied es zu antworten und bat um die Erlaubnis, gehen zu dürfen. Erzsi verstand auch ohne Worte.*

*) 20 Jahre später hat Elisabeth diese Geschichte ihrem ältesten Sohn erzählt. Da es sich hier um eine sehr wesentliche Begebenheit in Elisabeths Leben handelt, hat die Autorin einige Passagen aus dem Buch der Gräfin E. Sallburg »Das Enkelkind der Majestäten«, Ed. Seifert Dresden, S. 237 bis 250, hier einbezogen.

Die Renunziation

Das Gesetz, das im Kaiserhaus die Nachfolge regelte, ging auf das am 17. April 1713 von Kaiser Karl VI. herausgegebene Edikt zurück, welches die Pragmatische Sanktion genannt wurde und den Zweck hatte, seiner Tochter Maria Theresia die Übernahme der Regentschaft zu ermöglichen. Dieses Gesetz wurde am 3. Februar 1839 von Kaiser Ferdinand I. sanktioniert. Elisabeth Marie war von Geburt her erbberechtigt; aber da sie nun den nichtebenbürtigen Fürsten Otto zu Windisch-Graetz heiratete, und weil es der Wunsch ihres geliebten Großvaters Kaiser Franz Joseph war, leistete sie freiwillig, ohne Zwang und mit Zustimmung ihres geliebten künftigen Ehemannes, den unbedingten Erbverzicht nicht nur für sich selbst, sondern auch für ihre Nachkommen.

Um ihrer Liebe willen verzichtete Erzherzogin Elisabeth Marie feierlich auf alle ihre Thronfolgerechte in der österreichisch-ungarischen Monarchie zugunsten des nächstfolgenden männlichen Erbberechtigten.

Am 22. Jänner 1902, wenige Minuten vor 12 Uhr, betrat Elisabeth Marie das Audienzzimmer des Zeremonien-Appartements in der Hofburg. Sie wurde von den majorennen Erzherzogen begleitet, im angrenzenden Raum befanden sich Obersthofmeister Graf Bellegarde und Gräfin Montenuovo. Inzwischen hatten sich in der Geheimen Ratsstube Seine Eminenz Kardinal Erzbischof Gruscha, die Minister und hohe Hofbeamte versammelt. Als die Uhren 12 Uhr schlugen, begab sich der Erste Obersthofmeister, Fürst Rudolf von Liechtenstein, in die Appartements des Kaisers und meldete ihm, daß alles bereit sei. Der Monarch ging in das Audienzzimmer, dann schritt er, gefolgt von Erzherzogin Elisabeth Marie, ihrer Hofdame, ihrem Adjutanten und den Erzherzogen, langsam zur Geheimen Ratsstube. Dort stand etwas erhöht für den Kaiser ein prunkvoller

Sessel bereit, etwas abseits ein Tisch, auf dem sich ein Kruzifix und das Evangelium befanden.
Der Kaiser nahm auf dem Thronsessel Platz, zu seiner Linken stand der Kämmerer Graf Abensperg-Traun, der Gardekapitän der ungarischen Leibgarde Graf Pálffy und der kaiserliche Generaladjutant Graf Paar. Zur Rechten des Kaisers standen der Kapitän der Arcièren-Leibgarde Fürst Joseph zu Windisch-Graetz und der Kapitän der Trabanten-Leibgarde. Am Rand der Estrade, rechts vom Kaiser, stand Elisabeth Marie, neben ihr Graf Bellegarde, Gräfin Montenuovo und Fürst A. zu Windisch-Graetz als Zeuge für den Bräutigam. Die Minister Ungarns waren ebenfalls anwesend.
Der Kaiser erhob sich vom Thron und bat in seiner Eigenschaft als Haupt des Kaiserhauses die Anwesenden, Zeuge des bevorstehenden Staatsaktes zu sein. Die Versammelten verbeugten sich tief zum Zeichen ihres gehorsamen Einverständnisses. Dann verlas der Minister des kaiserlichen Hauses, Graf Goluchowski, den Text der Verzichtsurkunde. Tiefes Schweigen lastete über der Geheimen Ratsstube, alle empfanden die Schwere des Augenblicks.
Elisabeth Marie ging zu dem Tisch mit dem Kruzifix, Kardinal Gruscha hielt ihr das Evangelienbuch entgegen, die Erzherzogin zog ihren Handschuh von der rechten Hand und legte die Schwurfinger auf das Buch. In die Linke nahm sie ein Blatt Papier, auf welchem sich die Eidesformel befand; mit klarer Stimme las sie Wort für Wort und schwor den Eid. Anschließend unterzeichnete sie die Verzichtsurkunde und kehrte an ihren Platz zurück. Der Staatsnotar ließ etwas Wachs auf das Dokument tropfen und drückte das Siegel der Braut darauf; dann siegelte Fürst A. zu Windisch-Graetz als Zeuge des Bräutigams.
Gefolgt von den Erzherzogen, darunter auch der künftige Thronfolger Franz Ferdinand, verließ der Kaiser die Geheime Ratsstube und kehrte in seine Appartements zurück.
Die Männer, die an dem Renunziationsakt teilgenommen hatten – Frauen waren nur zwei dabeigewesen: Elisabeth und ihre Hofdame –, empfanden ein Gefühl tiefer Verunsicherung und Besorgnis; die Szene hatte sich ihrem Gedächtnis unauslöschlich eingebrannt. Und doch wurde dieses ernste, düstere Bild von dem strahlenden Glanz erhellt, der von Elisabeth Marie ausging. Sie übte eine so unwider-

stehliche Faszination aus, daß alle ihr Fortgehen bedauerten. Elisabeths majestätische Schönheit wurde durch ein hellblaues Atlaskleid noch unterstrichen, der graziös ausschwingende Rock war mit Silberfäden durchzogen und mit Spitzen besetzt. Um die Taille schlang sich ein breiter Gürtel aus Spitzen, die Schleppe war 2,50 Meter lang. Auf ihrem Weg zum Geheimen Ratssaal trug sie einen weiten Mantel aus silberweißer Lamé-Seide, der über dem Dekolleté und am Hals geschlossen war. Der Mantel war mit Seide und einer feinen Flaumschicht gefüttert, ein 50 Zentimeter hoher Chinchilla-Kragen erhöhte noch die Pracht des Mantels; Saum und Verschlußleisten waren ebenfalls mit Chinchilla verbrämt.

Elisabeth kehrte langsam in ihre Appartements zurück. Sie war ganz ruhig, unter der knisternden Seide klopfte ihr Herz nicht heftiger als sonst. Sie empfand keinerlei Bedauern, sie hatte dem Gesetz Genüge getan, und dieser Tag hatte bewiesen, daß sie auf alles verzichten konnte außer auf ihre Liebe. Diese Liebe hatte von ihr Besitz ergriffen und schien ihr nichts als ewiges Glück zu verheißen.

Am Abend der Renunziation wurde von der Tante der Braut, Erzherzogin Marie Valerie, und deren Gemahl, Erzherzog Franz Salvator, in ihren privaten Appartements in der Hofburg eine sehr kurze, aber prunkvolle Soiree veranstaltet. Die Stiegenaufgänge waren reich mit exotischen Pflanzen und verschiedenartigsten Blumen geschmückt; aus den prächtigen Empfangssalons hatte man für diesen Anlaß beinahe alle Möbel entfernt, überall standen reich blühende Azaleenstöcke. Am meisten aber waren die Gäste von den neuen Lustern geblendet: Sie waren aus goldfarbenem Metall, daran hingen unzählige Kristalltropfen. Das Licht, das den Schmuck der Damen funkeln und die bunten Uniformen der Herren leuchten ließ, kam zwar immer noch aus Kerzen, aber zum ersten Mal waren es keine Wachskerzen, zum ersten Mal kam das Licht vom elektrischen Strom. Diese sensationelle Neuerung verlieh dem Abend einen ganz eigenen Reiz; die Damen meinten, in diesem Licht einen vorher nicht gekannten Glanz auszustrahlen, die Herren betrugen sich noch würdevoller als sonst.

Die Soiree hielt sich im privaten Rahmen, es waren ausschließlich Mitglieder der Familien des Brautpaares anwesend. Erzsi erregte allgemeine Bewunderung, die Natur schien sie wirklich mit allen guten Gaben bedacht zu haben. An diesem Abend kam ihre Schönheit besonders zur Geltung; sie trug ein Samtkleid in der Farbe des Glücks, in Rosa, der Rock war in weite, weiche Falten gelegt und endete in einer kurzen Schleppe. Mit Diamanten besetzte Rosenblätter schienen wie zufällig darübergestreut, ein dünner Gürtel war um die zarte Taille geschlungen, am Ausschnitt war eine Rose mit einem grünen Blatt befestigt. Elisabeth trug die Diamanten-Garnitur, die sie von ihrem Großvater erhalten hatte; das Diadem funkelte in ihren blonden Haaren, die Ohrgehänge berührten sanft ihr Gesicht. Mit ihrer Größe von 1,90 Meter stach Elisabeth zwischen all den anderen Frauen hervor.

Dieses letzte Zusammentreffen in der Hofburg am Vorabend der Hochzeit trug einen besonderen Stempel: die junge Erzherzogin Elisabeth Marie nahm Abschied vom Kaiserhaus. Anders als viele der Anwesenden empfand sie selbst keine Traurigkeit. Mit strahlendem Gesicht und anmutigem Lächeln nahm sie die Gratulationen der Gäste entgegen.

Die Hochzeit

Am 23. Jänner 1902, einem Donnerstag, fand in der Josephi-Kapelle die Hochzeit von Erzherzogin Elisabeth Marie und Fürst Otto zu Windisch-Graetz statt. Anwesend waren ihr Großvater, der Kaiser, ihre Mutter, Gräfin Stephanie Lónyay, Angehörige der kaiserlichen Familie und der Familie zu Windisch-Graetz, einige Minister und hohe Beamte.

Es war das erste Mal, daß in dieser Kapelle eine Hochzeit gefeiert wurde; es war auch die erste Hochzeit, für die das Protokoll geändert wurde – es gab keinen Cortège.

Kaiser Leopold I. (1640–1705) hatte von Beginn seiner Regentschaft an den Wunsch gehabt, die Hofburg zu vergrößern. Er hatte von italienischen Baumeistern einen großen Flügel anbauen lassen, der seinen Namen trägt; in diesem Flügel befand sich die Kapelle. 1666 waren die Bauarbeiten abgeschlossen, zwei Jahre später vernichtete ein großes Feuer den gesamten Bau. Leopold I. ließ zwar sofort mit der Wiedererrichtung beginnen, doch starb er, ehe sie abgeschlossen war. Als seine Familie diesen neuen Trakt der Hofburg beziehen wollte, mußte man feststellen, daß er unbewohnbar war. Zwischen den Räumen gab es noch keine Türen, und es gab keine Öfen. Auch hier hatte, wie zu allen Zeiten, dem Kaiser das nötige Geld gefehlt. Erst Kaiserin Maria Theresia gab den Befehl, den Leopoldinischen Trakt, den ihr Großvater nicht mehr fertiggestellt hatte, herzurichten und zu adaptieren; ebenso ließ sie die Kapelle zu ihrer Privatkapelle umgestalten. Entsprechend dem Geschmack ihrer Zeit ließ sie die Salons, die sie mit ihrem Gemahl während des Winters in Wien zu benützen gedachte, verschwenderisch ausschmücken und möblieren. Man hielt zwar damals noch nicht allzuviel von sanitären Einrichtungen, dafür legte man um so größeres Gewicht auf die Heizung. So entstand die Kunst der Keramikkachelöfen. Die Künst-

ler versuchten einander zu überbieten, um Maria Theresias Gefallen zu erregen. Die Kachelöfen, die in den Ecken bis zum Plafond hinaufreichen, sind reich mit Gold verziert, in den mannigfaltigen Formen liegt die ganze Phantasie des Rokoko. In diesen Appartements befindet sich eine wirkliche Sammlung von Kunstschätzen: seltene Uhren, kostbare Möbel, zahlreiche Bilder, darunter ein Porträt der Kaiserin von Liotard und eines vom französischen Maler Maurice. Diese geradezu museale Sammlung ist deshalb interessant, weil hier ein für die damalige Epoche typisches Ensemble seit den Zeiten Maria Theresias intakt erhalten geblieben ist. Das wurde durch einen Brauch ermöglicht, den Maria Theresia eingeführt hatte und der nachher von ihrem Sohn Joseph II. und allen seinen Nachfolgern strikt eingehalten wurde. Die Regenten des Hauses Habsburg-Lothringen bewohnten nie die Appartements ihrer Vorgänger, jeder richtete für sich selbst einen eigenen Wohnbereich ein und veränderte nicht das Geringste in den Appartements der Verstorbenen.
Als Kaiser Wilhelm II. 1908 anläßlich der Feiern zum fünfzigjährigen Regentschaftsjubiläum von Kaiser Franz Joseph nach Wien kam, bewohnte er diese kostbar ausgestatteten Räume. 1946 richtete der Präsident der Republik Österreich in diesen Appartements seine Arbeitsräume ein.
Die Josephi-Kapelle war immer benützt worden, die Eltern von Franz Joseph beteten dort jeden Tag. 1879 wurde sie vollständig restauriert. Heute kennen nur mehr wenige Wiener diese Kapelle, ihre Türen sind stets verschlossen.
Die Kapelle erhält ihr Licht von vier großen Fenstern, die auf den Heldenplatz hinausgehen, auf dem sich in der Mitte die beiden Reiterdenkmäler von Prinz Eugen von Savoyen und Erzherzog Karl siegreich erheben. In der Kapelle befinden sich mehrere Betplätze, in zweien davon sind Mosaikbilder zu sehen mit den Darstellungen von Maria vom Schnee und der Heiligen Jungfrau mit ihrem Kind; diese Kunstwerke waren Geschenke von Päpsten anläßlich verschiedener Jubliäumsfeiern. Über dem Hauptaltar befand sich früher ein sehr schönes Gemälde von Carlo Moratti, der Tod des heiligen Joseph. Später wurde dieses Bild an die rechte Seitenwand der Kapelle gehängt, auf den Platz über dem Hauptaltar kam ein Triptychon des Malers Canon, ein Geschenk des Hauses Bayern. In der

Mitte thront auf den Wolken die Jungfrau Maria mit dem Kinde, im unteren Teil des Bildes erkennt man den Schutzpatron des Kaisers, den Seraphim Franz, sowie die Schutzpatronin der Kaiserin, die heilige Elisabeth, die in ihrem Mantel wie in einem Korb Rosen hält. Auf dem linken Flügelbild sieht man die Porträts von Erzherzogin Gisela und Prinz Leopold. Auf dem rechten Flügelbild hat Canon Erzherzog Rudolf im schwarzen Ordensmantel abgebildet, zu seinen Füßen kniet seine kleine Schwester Marie Valerie im Gebet. Der Tabernakel des Hauptaltars ist ein Kleinod der Goldschmiedekunst. Er ist ganz aus Gold gefertigt und mit Achaten und Lapislazuli geschmückt.
Zu beiden Seiten des Kapelleneingangs waren Gardeoffiziere postiert. Die Hochzeitsgäste hatten bereits in der Kapelle Platz genommen. In den Bänken auf der linken Seite saßen die Mitglieder der kaiserlichen Familie, hinter ihnen die Minister und alle jene, die bei Hof einen hohen Rang einnahmen. In den Bänken auf der rechten Seite saßen die Mitglieder der Familie Windisch-Graetz, insgesamt dreißig an der Zahl, hinter ihnen die Würdenträger mit ihren Frauen.
Der Kaiser betrat die Kapelle in Begleitung von Graf Paar und von Adjutant Markgraf von Gozani und nahm auf dem Betstuhl Platz, der zur Linken des Altars für ihn aufgestellt worden war. Mit dem Glockenschlag 10 Uhr verließ Fürst Otto zu Windisch-Graetz den Salon, in welchem er gemeinsam mit seiner Braut gewartet hatte. In Begleitung seines Vaters ging er über die Adlerstiege, die so heißt, weil sie mit einem roten Teppich mit eingewobenen schwarzen Adlern bedeckt ist. Von beiden Seiten ergoß sich ein Meer von Blumen über die Stufen. Erzherzogin Elisabeth Marie folgte ihrem Bräutigam, rechts von ihr Gräfin Stephanie Lónyay, links Fürstin Gabriele zu Windisch-Graetz, die den Platz der verstorbenen Mutter des Bräutigams einnahm. Elisabeths Gesicht strahlte in ungetrübtem Glück, sie trug Myrtenkranz und Schleier mit der ihr eigenen Anmut. Ihre schlanke, große Gestalt war in ein Kleid aus schwerem weißen Satin gehüllt; wundervolle Brüsseler Spitzen machten das Kleid noch kostbarer und verliehen ihm eine graziöse, beschwingte Note. In der Taille wurden die Spitzen von kleinen Sträußen Orangenblüten zusammengehalten, weitere Blüten waren über die

Schleppe verstreut. Elisabeth war die Königin dieses Tages. Ihr Brillantendiadem war aus fünf Kleeblättern geformt, zwischen die echte Orangenblüten geflochten waren, der Schleier bedeckte die blonden Haare nur zum Teil, die Ohren lagen frei, sodaß man die herrlichen Ohrgehänge sehen konnte, an deren Ende jeweils ein großer Diamant befestigt war. Ein Diamentankollier lag um ihren Hals, am Mieder war eine dazupassende Brosche befestigt. Würdevoll, mit leicht angehobener Schleppe, zog Elisabeth in die Kapelle ein. Da diese Hochzeit dem Familiengesetz nicht entsprach, gab es keine Edelknaben, ja nicht einmal Musik.

Elisabeth warf einen Blick auf ihren Großvater, der im Gebet versunken auf sie wartete; sie sah die vielen Hochzeitsgäste in den Bänken und das Licht der Jännersonne, das sich in den Fensterscheiben brach und den heiligen Ort mit Glanz erfüllte; sie sah die Kapellendecke, die von einem Künstler wie ein offenes Himmelszelt ganz in blau gemalt war mit einigen kleinen Engeln, die auf unschuldigen weißen Wolken schwebten. Es war, als ob mitten im Winter der Frühling hereingebrochen sei. Der goldene Tabernakel schien an den unzähligen funkelnden Kerzenflammen Feuer gefangen zu haben, sogar die Blumenpyramiden, die harmonisch hinter und neben dem Altar verteilt waren, leuchteten; das Weiß des Flieders vermengte sich mit den Zweigen rosablühender Prunusröschen.

Der getreue Ratgeber des Kaisers, Bischof Mayer, und seine Assistenz erwarteten das junge Paar am Hauptaltar. In respektvollem, nachdenklichen Schweigen lauschten die Anwesenden der Ansprache, die der Bischof an das Brautpaar richtete. Dann war der feierliche Augenblick gekommen, mit heller, klarer Stimme antworteten Elisabeth und Otto auf die Fragen des Bischofs. Nachdem beide ihr »Ja« gesprochen hatten, wechselten sie die Ringe und reichten einander die Hände fürs Leben. Zum Zeichen des Segens umschlang der Bischof ihre Hände mit seiner Stola. Der Diakon segnete das Paar und machte über ihnen das Kreuzzeichen.

In dem Augenblick, da die Erzherzogin Fürstin zu Windisch-Graetz geworden war, traten ihr Adjutant Graf F. Bellegarde und ihre Hofdame Coudenhove zurück und nahmen bei den Hochzeitsgästen Platz. Ihre Aufgabe war zu Ende.

Bischof Mayer kniete in tiefem Gebet vor dem Altar, alle Anwesenden taten es ihm gleich. Dann erhob er sich wieder, sprengte Weihwasser über die Neuvermählten und las dann eine stille Messe.
Nachdem die Zeremonie beendet war, zog sich der Kaiser in die Alexander-Appartements zurück, wo er das junge Paar in Audienz empfing und ihren Dank für all seine Güte entgegennahm.
Anschließend folgte die Gratulationscour; die Hochzeitsgäste wünschten Fürst Otto und Fürstin Elisabeth Glück und konnten dabei nur schwer ihren Kummer darüber verbergen, daß Elisabeth nun die Hofburg für immer verlassen sollte. Es war ein berührender Augenblick.
Der Kaiser schien keine Müdigkeit zu kennen; am Abend präsidierte er einem Familiendiner. Die Tafel war mit Maiglöckchen und den rosa Blüten der Prunusröschen geschmückt; jeder Gast hatte einen kleinen Strauß davon neben seinem Gedeck, den er entsprechend dem Brauch beim Abschied als Glücksbringer mit sich nahm. Die kleinen Erzherzoge und Erzherzoginnen freilich hatten bereits in der Kapelle den Altar geplündert, sie wollten ganz sicher sein, daß auch sie ein bißchen Glück in ihren Händen davontragen durften.
Um 12.55 Uhr fuhr das junge Paar in einer Berline zum Südbahnhof, wo ein Separatzug, in dem ein Waggon für die beiden reserviert war, wartete. Der Kaiser war gekommen um Abschied zu nehmen. Elisabeth küßte ihrem Großvater sichtlich bewegt mehrere Male die Hände. Dann verabschiedete sie sich herzlich von ihrer Mutter und den anwesenden Familienmitgliedern. Erzsi trug ein sehr elegantes grünes Sportkostüm. Schließlich stieg sie mit Otto in den Zug, erschien aber gleich darauf wieder am Abteilfenster, um allen noch Kußhände zuzuwerfen. Mit einem gellenden Pfiff setzte der Zug sich Richtung Veldes in Jugoslawien in Bewegung. Die Hochzeitsreise sollte nach einem Zwischenaufenthalt in der Villa Seebach über Sizilien nach Afrika führen.

Eine Reise – zwei Entdeckungen: die Ehe und der Orient

Im Rhythmus der rollenden Räder bewegte der Zug sich langsam voran. Die Lokomotive spuckte dicke Rauchwolken aus, die dann in grauen Fetzen an den Fenstern des Salonwagens vorbeiglitten. Das Innere des Waggons war ziemlich pompös ausgestattet; die Vorhänge und Fauteuilbezüge waren aus rotem Damast, an der Vertäfelung befanden sich vergoldete Schnitzereien. Trotzdem war das Ganze nicht ungemütlich, denn man hatte bei der Ausstattung besonderen Bedacht auf die Bequemlichkeit der Reisenden genommen. Elisabeth saß vis à vis von Otto an einem Tisch, auf dem der Maître d'hôtel köstliche Speisen serviert hatte. Elisabeth sah in die leuchtend blauen Augen ihres Mannes, betrachtete die Landschaft, die draußen vorüberglitt und dachte träumerisch an den ewigen Sommer der südlichen Länder. Jedes Jahr, wenn es Winter wurde, empfand sie den heftigen Wunsch aus dem Norden zu flüchten. Das Gefühl entspannter Fröhlichkeit, das Hitze und Sonne wachrufen, war für sie untrennbar mit der Erinnerung an Miramare verbunden. Der Zug, in dem sie saß, würde sie weit fortbringen, freilich nicht weiter als die Grenzen des Kaiserreiches reichten. Voller Ungeduld sah sie dem Augenblick entgegen, wo sie endlich das Schiff besteigen würde, das sie über das Mittelmeer bringen sollte. Sie würde Ägypten kennenlernen, dieses Land, das zwanzig Jahre zuvor schon ihren Vater begeistert hatte. Welch aufregende Abenteuer diese Reise und die Liebe doch waren!

Alle Bahnhöfe, durch die ihre Reise führte, waren mit Blumen, Girlanden und Flaggen geschmückt. Es war zwar Weisung ergangen, keine Kundgebungen abzuhalten, aber in den kleinen entlegenen Ortschaften war der Besuch eines Mitglieds der kaiserlichen Familie ein allzu seltenes Ereignis. Diesmal war es nicht einmal ein Besuch, nur eine Durchreise; trotzdem wollten alle die Enkelin des

Kaisers sehen und sei es auch nur für einen kurzen Augenblick. Elisabeth empfand diese Demonstrationen zwar als ein wenig störend, zeigte aber allen ein freundliches Gesicht. Bei ihrem Großvater hatte sie gelernt, allen jenen geduldig und nachsichtig entgegenzukommen, denen sie mit einer kleinen Geste und einem Lächeln Freude bereiten konnte.

Otto empfand ein gewisses Gefühl des Stolzes, als er seine junge Frau auf seinen Familiensitz brachte. Das kleine Schloß Seebach lag am See von Veldes, der Park reichte bis zum Seeufer hinunter. Das Schloß war für den Besuch des jungen Paares völlig neu hergerichtet worden, mehr als ein Dutzend Bedienstete hatten alles so vorbereitet, daß Elisabeth sich ganz zu Hause fühlen konnte. Es gab wie in Laxenburg einen rosa Salon; von seinen Fenstern aus betrachtete Elisabeth voller Begeisterung das Panorama. Zu ihren Füßen breitete sich der See aus, die Farbe des Wassers wechselte je nach der Tageszeit. Elisabeth war von der romantischen Umgebung bezaubert, sie paßte genau zu ihren eigenen Gefühlen.

Elisabeth war überglücklich; sie fand den Aufenthalt göttlich und die Gegend zauberhaft. Die Zeit in Veldes durchlebte sie in einem Zustand ungetrübter Euphorie. Die Nächte gehörten der Liebe, die Tage den Träumen. Zufrieden und voll Wohlbehagen gab Elisabeth sich dem Gefühl absoluter Freiheit hin. Nun, da sie die Zwänge des Hofes hinter sich gelassen hatte, glaubte sie, daß auch die Zukunft frei von allen Zwängen bleiben werde. Voll Freude nahm sie die Entfaltung ihrer eigenen Persönlichkeit am Beginn des neuen Lebensabschnittes war. Otto schien der perfekte Ehemann zu sein, einer jener seltenen Männer, der die Frauen versteht und sie mit Glück überhäuft.

Etwa nach zehn Tagen machten die Diener und Kammerfrauen sich daran, all die notwendigen und unnötigen Dinge wieder in die Koffer zu packen. Ein Irrtum wäre unverzeihlich gewesen, und so legte sich die allgemeine Aufregung erst nach der Abreise des jungen Paares. Man nahm den Zug nach Triest; Elisabeth war diese Gegend nicht fremd; sie kannte die Stadt und das pulsende Leben des Hafens, in dem nun auch ein großes Schiff von Lloyd vor Anker lag; in großen schwarzen Lettern hob sich sein Name vom weißen Rumpf ab: Es war die »Habsburg«. Als Elisabeth mit ihrem Gemahl

an Bord ging, wurden die Flaggen gehißt, die Offiziere in Paradeuniform standen Spalier und salutierten. Noch fiel es Erzsi nicht auf, daß sie jetzt nur mehr eine Fürstin war.
Die Überfahrt gestaltete sich abwechslungsreich; das junge Paar wurde vom Kapitän in jeder nur denkbaren Weise hofiert, das Meer war ruhig, es herrschte nur ganz schwacher Seegang.
Während der Schiffsreise las Elisabeth noch einmal das faszinierende Buch »Eine Orientreise«, das ihr Vater geschrieben und ihr Großvater 1884 zur Veröffentlichung gebracht hatte. Erzsi hatte extra die große Ausgabe des Buches mitgenommen. Dieses Werk ist deshalb besonders interessant, weil Erzherzog Rudolf sich sehr gründlich mit den von ihm bereisten Ländern befaßt hat. Hinzu kommt seine erstaunliche Beobachtungsgabe und sein überaus anschaulicher Stil, der mit unzähligen Einzelheiten ein präzises Bild des Orients gibt.
Am 18. Februar 1880 hatte Erzherzog Rudolf auf der Brücke der »Miramare« die ungeduldige Frage gestellt: »Kein Land in Sicht?« Nichts als Wasser, lautete die Antwort. So wartete er weiter, um 8 Uhr zeichnete sich endlich die Küste Afrikas am Horizont ab. Rudolf und seine Freunde begrüßten fröhlich den afrikanischen Kontinent.
Am 9. Feburar 1902 standen Elisabeth und Otto auf der Brücke der »Habsburg«. Sie ließen kein Auge vom Horizont, bis sich endlich die spitzen Minaretts von Alexandrien gegen den hellen Himmel abzeichneten. Eingehüllt vom strahlenden Blau des Himmels und der See glitt das Schiff langsam in den Hafen; unzählige kleine Barken umgaben es im Nu, die Männer in ihren farbenprächtigen Gewändern und Turbanen begrüßten die Ankömmlinge mit lauten Rufen und Freudengesten. Der österreichische Konsul kam auf das Schiff, um das junge Paar willkommen zu heißen. Der Aufenthalt in Alexandrien dauerte nur wenige Stunden; noch am selben Tag wurde die Reise fortgesetzt. Sie fuhren bis Kairo und stiegen dort in einem Luxushotel ab.
Der regierende Khedive Abbas Hilmi II. war ein großer Bewunderer Österreichs, hatte an der Maria-Theresianischen-Akademie in Wien studiert, er sprach fließend deutsch, und so hatte er dem jungen Fürstenpaar seine ehrerbietigsten Grüße überbringen lassen. Sowie

Elisabeth und Otto in Kairo angekommen waren, suchten sie um Audienz bei ihm an. Der Khedive empfing sie im Abdin Palast; der herzliche Empfang, den er ihnen bereitete, verlieh dem Treffen eine besonders angenehme Atmosphäre.

Mit typischer orientalischer Großzügigkeit hatte der Khedive Elisabeth und ihrem Gemahl eine Equipage zur Verfügung gestellt. Es war eine schöne englische Kutsche, das Pferdegespann kam auch aus einer englischen Zucht. Die Diener waren Franzosen, sie trugen Livreen, wie sie an den europäischen Höfen üblich waren, nur der Fez gab ihrem Aussehen eine orientalische Note. In dieser schönen Kutsche besichtigte das junge Paar Kairo und die Umgebung. Vor der Kutsche liefen unermüdliche Wegbereiter, die sich, je nachdem welches Tempo die Pferde einschlugen, im Schritt oder Laufschritt bewegten. Ohne diese Vorläufer wäre die Kutsche keinen Meter weit vorangekommen, immer wieder trieben sie die wimmelnde Menschenmasse auseinander, die Tag und Nacht durch die Straßen Kairos drängte. Um der Kutsche einen Weg zu bahnen, stießen die Vorläufer unaufhörlich laute Schreie aus und schwangen dazu drohend ihre langen Stöcke.

Von allem Anfang an zeigte Elisabeth eine unerschöpfliche Neugier für alles, was mit dem Orient zusammenhing; mit wahrem Heißhunger wollte sie in kürzester Zeit fünftausend Jahre ägyptischer Geschichte in sich aufsaugen. In Kairo traf sie das erste Mal auf die Pharaonen; die Fahrt auf dem Nil sollte zu einer wundervollen optischen und wissenschaftlichen Erfahrung werden, denn der Khedive hatte ihr einen Ägyptologen zur Verfügung gestellt, der ihr während des gesamten Aufenthaltes als Führer diente.

Die Sonne stieg eben erst über den Rand der Wüste empor, als die Pferde bereits über den Sand galoppierten, der sich unter dem Schlag ihrer Hufe zu einer dichten Wolke erhob. Eile tat not, es galt eine große Entfernung zu bewältigen. Elisabeth und Otto fuhren zum Saqqara Plateau. Als sie ankamen, lag bereits gleißendhelles Licht über der Wüste; inmitten der weiten, blaßgoldenen Ebene erhob sich das Grabmal des Königs Djeser, die Stufenpyramide von Saqqara. Ein riesiges, sechzig Meter hohes Bauwerk aus Steinquadern birgt den Leichnam des göttlichen Königs. Rund um die Pyramide bilden weitere Monumente ein einzigartiges architektonisches

Ensemble. Elisabeth war fasziniert von der Perfektion der Bauweise, die diesen zugleich einfachen und doch harmonischen Bau inmitten der Wüste ermöglicht hatte. Wohl niemand kann sich dem Zauber entziehen, der von diesem ältesten Meisterwerk ausgeht, das uns aus der Antike erhalten geblieben ist. Elisabeth war ganz im Geist der Tradition und des christlichen Glaubens erzogen worden; so hatte sie großes Verständnis für den Glauben der alten Ägypter, der besagt, daß die Seele des Königs in das Reich der Geister eingeht, sein Körper aber, der auf der Erde bleibt, weiterhin des Schutzes bedarf. Der Tag endete mit einem prachtvollen Sonnenuntergang; die unendliche Weite der Wüste war in unirdisches Licht getaucht. Dies war einer der Augenblicke, wo die enge Verbindung zwischen Spiritualität und Wüste offenkundig wird. Die Pharaonen haben diese Übereinstimmung erkannt und danach gelebt.

Dann nahm die Kutsche den Weg zurück nach Kairo; in gestrecktem Galopp eilten die Pferde dahin.

Die zweite große Exkursion, die Elisabeth und Otto unternahmen, führte zu den Pyramiden von Gizeh. Sowie sie Kairo hinter sich gelassen hatten, führte der Weg sie durch grünendes Land. Auf den Feldern arbeiteten die Bauern. Durch den Nilschlamm war die Erde hier fruchtbar und schenkte den Menschen alles, was sie brauchten, in reichem Übermaß. Anders als heute gab es 1902 nur etwa 500 000 Einwohner in Kairo. Plötzlich sieht man keine Wassergräben mehr und keine Vegetation – nur noch unendliche Wüste breitet sich vor den Blicken aus. Dort erheben sich drei wuchtige Steinmassen zum Himmel: die Cheopspyramide, die Chephrenpyramide, und die Mykerinospyramide. Der Ägyptologe gab bereitwillig über alles Auskunft. Das, was er zu sagen hatte, fand bei Elisabeth immer größeres Interesse, denn ihr wacher, neugieriger Verstand verlangte danach, immer tiefer in die Vergangenheit einzudringen. Der Führer bezeichnete diese Pyramiden als das größte Architekturdenkmal aller Zeiten, als ein geradezu übermenschliches Werk. Die Cheopspyramide mißt unten 233 Meter Seitenlänge; nachdem sie ihre goldene Spitze verloren hat, mißt sie immer noch 137 Höhenmeter. Dann fügte der Führer hinzu: Diese Königsgräber sind auch aus religiöser Sicht interessant, denn sie stellen einen Markstein in der Bestattungstechnik dar. Die Körper, die hier beigesetzt wurden, sind mumifiziert und daher unvergänglich. So konnte die Persönlichkeit des Verstorbenen sowohl in Form seines Körpers als auch im Abbild seiner Statuen erhalten bleiben. Deshalb ist auch in der Cheopspyramide der Raum, in welchem der Sarkophag steht, durch einen Gang mit der Außenwelt verbunden. So kann die Seele des verstorbenen Königs das Grabmal ganz nach Wunsch verlassen und wieder betreten; die menschliche Seele bleibt den Stätten ihres irdischen Lebens verhaftet und möchte immer wieder dorthin zurückkehren.

Elisabeth kletterte auf ein Kamel, Otto tat es ihr gleich, und so trotteten sie um die Pyramiden herum und ein Stück in die Wüste hinaus, um sowohl die Einzelheiten wie auch die beeindruckende Gesamtansicht bewundern zu können. Erzsi wäre freilich viel lieber mit einem Pferd in die lockende Wüste hinausgeritten. Am nächsten Tag sollte sie Gelegenheit haben, einen Vollblut-Araber zu reiten, der allerdings alles andere als gefügig war. Anschließend begaben sie sich zu der sogenannten »Löwensphinx«. Der schwere, aus Stein gehauene Körper versinkt teilweise im Sand, er wird von dem Kopf mit der breiten Mähne und dem königlichen Symbol der Uräusschlange dominiert. Der jahrtausendalte Blick dieser Sphinx läßt niemanden unberührt; er scheint sowohl die irdische Welt als auch die Welt des Jenseits zu durchdringen. Elisabeth senkte ihren Blick in den der Sphinx; sie glaubte dort das Geheimnis, das jene andere Welt umgibt, zu finden, in der sich der König machtvoll mit der göttlichen Sonne vereint.

Erzsi vergaß keines dieser eindrucksvollen Erlebnisse. Zwanzig Jahre später sollte sie hierher zurückkehren, diesmal aber mit einem anderen Weggefährten.

Auch die Picknickstunde blieb Elisabeth in lebhafter Erinnerung. Damit die Besucher angesichts so viel aufregender Schönheit nicht ermatteten, war ihnen ein zweiter Wagen mit Dienerschaft und allem Nötigen für eine Ruhepause mit Erfrischungen gefolgt. Rasch wurde ein Tisch aufgestellt und gedeckt, und ein untadeliger Maître d'hôtel kredenzte verschiedene Getränke, unter anderem einen kräftespendenden Absud aus Hibiskusblüten, den man »Kakadé« nennt. Er ist von rötlicher Farbe und schmeckt köstlich. Es wurden auch sehr appetitliche Speisen serviert. Das Menü war überaus reichhaltig; es gab sowohl französische Küche wie auch englische Desserts, auch ägyptische Spezialitäten standen zur Auswahl, die sowohl durch ihren Reiz des Unbekannten als auch durch ihren würzigen Geschmack zum Kosten verlockten.

Diese doch eher ermüdenden Ausflüge wechselten mit Tagen ab, an denen sie Kairo besichtigten; freilich war es völlig unmöglich, diese fremdartige Stadt wirklich erforschen zu wollen.

Elisabeth saß bequem im Fond des Wagens, neben sich ihren Beschützer. So fühlte sie sich in sicherer Entfernung von dieser Welt da draußen, die wohl freundlich, aber doch unendlich fremd schien. Der Führer hatte dem Kutscher Befehl gegeben, durch den ganzen alten Stadtteil von Kairo zu fahren. Er wollte seinen Gästen die Geschichte einer der Städte aus »Tausend und eine Nacht« erklären; denn hier, in dieser Umgebung und zwischen diesen Menschen, hatten etliche der Figuren aus diesen Märchen gelebt. Keine noch so lebendige und farbige Schilderung kann an die Wirklichkeit heranreichen, wie sie sich in Kairo dem Betrachter bietet.

Neben zahlreichen Exkursionen zu den historisch interessanten Stätten machte das junge Paar auch einige sehr interessante Besuche. Der österreichische Botschafter gab ihnen zu Ehren ein feierliches, zugleich aber auch gemütliches, weil sehr wienerisches, Déjeuner. Auch der Besuch bei dem türkischen Prinzen Youssouf Kémal Pascha war beeindruckend; die Räume im Inneren seines Palastes waren derart riesig, daß der Besucher selbst sich ganz klein fühlte. Umringt von prächtig gekleideten Sklaven machte man sich mit einem unbestimmten Gefühl der Beklemmung daran, die endlos großen Räume zu durchqueren. Der Speisesaal des Prinzen war berühmt für die außergewöhnlichen Ausmaße der Tafel; sie maß etwa drei Meter in der Breite und an die zwölf Meter in der Länge. Die Gäste saßen so weit voneinander entfernt, daß es schwierig war, Konversation zu machen; immerhin hatte das aber auch den Vorteil, daß es keine heimlich geflüsterten Mitteilungen geben konnte. Der Tafelschmuck bestand aus üppigem, überladenem Silber im viktorianischen Stil. Die fünfzehnarmigen Kerzenleuchter waren so hoch, daß die Gäste nicht von der Hitze der Flammen belästigt wurden. Dieses orientalische Ambiente erstaunte und amüsierte Elisabeth, sie war bezaubert von der Gastfreundschaft der hohen türkischen Herren, sie bewunderte ihre Sprachkenntnisse, ihren raffinierten Lebensstil und die hochentwickelte Kultur. Hier lernte sie die Zubereitung des Kaffees, den sie gerne »mazbout«, also sehr süß, trank.

Ein besonders interessantes Déjeuner fand in Heliopolis im Palast von Boghos Nubar Pascha statt. Heliopolis, eine moderne Stadt, wurde von dem Belgier Empain gegründet, Nubar Pascha trug viel zu ihrer Entwicklung bei. Hier sah sich Elisabeth wieder einem völlig anderen Ambiente gegenüber. Die Familie Nubar war armenisch-orthodox und stammte aus der Türkei.

Die Tochter des Hauses war im gleichen Jahr, sogar im gleichen Monat wie sie selbst zu Welt gekommen, lediglich in einem Abstand von drei Tagen. Beide sollten sich an diese Begegnung erinnern, als sie einander fünfzig Jahre später in Wien wiedertrafen.

Elisabeth war von der Eloquenz, vom Charme und der hohen Intelligenz der Orientalen beeindruckt. Aber auch die Gastgeber waren von dem jungen Fürstenpaar beeindruckt; sie verstanden es, glänzend Konversation zu machen, sie brachten allem, was mit Ägypten zu tun hatte, Bewunderung und Interesse entgegen und waren über das Land gut informiert. Man bestaunte auch immer wieder ihre äußere Erscheinung, ihre Größe und ihre perfekte nordische Schönheit.

Noch einen Besuch gab es, der für Elisabeth von besonderem Interesse war. Sie hatte, um diese Einladung zu erhalten, sogar vorsichtig durch seinen Sekretär beim Khediven intervenieren lassen. Sie war sehr glücklich, als ihrer Bitte entsprochen wurde. Elisabeth kannte die geheimnisvolle und romantische Geschichte der jungen Frau, der dieser Besuch gelten sollte; sie brannte darauf, sie persönlich kennenzulernen.

Graf Josef Török von Szendrö und seine Frau waren ein abenteuerlustiges Paar. So beschlossen sie, den Atlantik zu überqueren und die Vereinigten Staaten zu besuchen. Während dieser Reise gebar Gräfin Török in Philadelphia eine Tochter. Obwohl die Familie katholisch war, wurde das Kind nicht sofort getauft. Das Ehepaar Török war sehr beeindruckt vom Geist der Freiheit, der in der Neuen Welt herrschte. Als sie in ihre Heimat, nach Österreich–Ungarn, zurückgekehrt waren, beschlossen sie daher, ihre Tochter sollte auch diese Freiheit kennenlernen und genießen. Deshalb sollte sie auch nicht schon von klein auf einem religiösen Zwang unterworfen werden. Für die damalige Zeit war diese Denkungsweise absolut außergewöhnlich.

Wie bereits erwähnt, hatte der Khedive Abbas Hilmi II. in Wien studiert. Dort lernte er die Tochter des Grafen Török kennen, der ersten Begegnung folgten weitere, und so entstand zwischen den beiden jungen Menschen eine unwiderstehliche, leidenschaftliche Liebe. Abbas Hilmi bat das Mädchen, seine Frau zu werden, und sie willigte ein. Sie verließ Wien, verließ ihre Familie, sie nahm von allem Abschied und fuhr mit dem Mann, den sie liebte, über das Meer in das ferne, unbekannte Ägypten. Dort fand die Hochzeit statt. Man gab ihr den Namen Zobeida. Sie kannte keinen Gott, dem sie hätte abschwören müssen, sie war frei für Allah und seinen Propheten Mohammed. Ein Lehrer unterrichtete sie im Koran; sie lernte so gewissenhaft, daß sie schließlich 114 Suren auswendig kannte. Nachdem sie alles über die Bedeutung der verschiedenen muselmanischen Namen erfahren hatte, zog sie es vor, sich »Djavidan« zu nennen.

Elisabeth begab sich mit der Eskorte, die man ihr gestellt hatte, zum Musturut Palast, der Residenz der Prinzessin Djavidan. Langsam und lautlos wurden die hohen, schweren Türflügel von ernsten, feierlich dreinblickenden Eunuchen geöffnet. Unter ihren weiten, reichen Mänteln sah man weiße Seidengewänder, sie trugen Lackschuhe und selbstverständlich einen Tarbusch. Dreimal wiederholten sie ihre ehrfurchtsvolle Begrüßung, wobei sie sich so tief verneigten, daß ihr Kopf beinahe die Knie berührte. Ihre feingeschnittenen Züge und edlen Bewegungen legten die Vermutung nahe, daß es sich um Berber handelte.

Eine europäische Sekretärin führte Elisabeth in einen Salon, wo Prinzessin Djavidan sie bereits erwartete. Sie war nicht sehr groß, ihr Körper war in schwarze Tücher und zarten Musselin gehüllt; das schöne, zigeunerhafte Gesicht war von dunklen, beinahe schwarzen Haaren eingerahmt, die von schillernden Schleiern bedeckt und zusammengefaßt waren. Neugierig sahen die beiden jungen Frauen einander an. In den dunkelbraunen Augen Djavidans und den graublauen Augen Elisabeths leuchtete ein Gefühl spontaner wechselseitiger Sympathie auf. Ihre Gedanken gingen wohl in die gleiche Richtung; beide dachten an das seltsame Geschick der anderen und fanden darin viel Ähnliches mit dem eigenen. Beide hatten auf vieles verzichtet, um einer unwiderstehlichen, großen Liebe wegen ein neues Leben zu beginnen. Beide glaubten, aus freiem Willen ihre Wahl getroffen zu haben. Wohl hatten sie sich von ihrer gewohnten Umgebung frei gemacht, waren aber Gefangene ihrer Leidenschaft geworden; nun war ihr Herz voller Freude und sang das Hohelied der Liebe. Beide waren fest davon überzeugt, in ihrer Ehe die Erfüllung aller ihrer Wünsche gefunden zu haben.

Eine Dienerin – Djavidan lehnte es ab, Sklavinnen zu haben –, die man Khweji-Kalfa rief, weil es ihre Aufgabe war, den Kaffee zu bereiten und zu servieren, brachte ein Kupfertablett, auf dem eine arabische Kaffeekanne mit zierlich gebogenem Schnabel und kleine Schalen aus durchsichtigem Porzellan auf Untertellern aus Filigrangold standen.

Am Anfang sprachen die beiden jungen Frauen von Wien; Djavidan dachte immer noch voller Sehnsucht an diese Stadt, und Elisabeth freute sich bereits darauf, dorthin zurückzukehren. Eine leise Traurigkeit beschattete Djavidans braune Augen. Rasch gab Elisabeth dem Gespräch eine andere Wendung; sie sprach von Kairo, was sie alles in dieser Stadt gesehen habe und was sie beim Anblick all dieser turbulenten Vielfalt empfunden habe. Schließlich bemerkte sie auch noch, sie interessiere sich sehr für das Schicksal der Frauen, das ihr überaus geheimnisvoll und mysteriös erscheine. Djavidan erwiderte, bei den koptischen Frauen zum Beispiel gebe es nichts Geheimnisvolles; die Bräuche, nach denen sie lebten, seien beinahe zweitausend Jahre alt. »Besuchen Sie ihre Kirchen, sprechen Sie mit ihren Priestern, das sind Christen noch aus der Urzeit der Kirche. Die Frauen der Fellachen machen den Großteil der weiblichen Bevölkerung aus. Sie leben nach Traditionen, die oft bis zur Zeit der Pharaonen zurückreichen; diese Frauen verbergen sich nicht vor den Männern. Sie können sie in den Dörfern und auf den Feldern sehen oder wenn sie stolzerhobenen Hauptes mit ihren Wasserkrügen vom Nil heimkehren. Die islamischen Gebräuche sind es, die dieses Geheimnis haben entstehen lassen, das vor allem über dem Bereich des Harems liegt. Und die Mauern des Harems sind tatsächlich undurchdringlich. Ich habe für mich einen Kompromiß durchsetzen können, und so lebe ich allein in meinem Palast. Ich kenne die großen Harems von Kairo, weil ich dort oft zu Besuch bin; deshalb muß ich auch Stillschweigen bewahren über das, was ich weiß, und ich darf auch nicht sagen, wie ich darüber denke.«

Am Ufer des Nils lag eine schneeweiße Dahabieh vor Anker, auf dem Rumpf stand in schwarzen Lettern der Name »Horus« geschrieben, und darüber befand sich das Bild des Falkengottes, der Herr ist über den Himmel und die Sterne und Schiff und Reisende beschützen sollte. Das durch die Fensterluken dringende Licht zeugte von reger nächtlicher Aktivität. Auf dem Bootssteg gingen und kamen Gestalten in weißen Gewändern und roten Tarbuschs, um die letzten Gepäckstücke zu bringen. Elisabeth und Otto standen an Deck, sahen auf den Fluß hinaus und genoßen die milde, frische Luft.

Sowie am nächsten Morgen sich der Sonnengott Re aus der Morgendämmerung über den Nil erheben würde, sollte die Horus ihre Anker heben und nach Assuan fahren.

Elisabeth war glücklich. Sie sollte die lärmende Stadt, die vielen Menschen, den Staub hinter sich lassen und während dieser Schiffsreise Ruhe und Muße finden. Hier zwischen der Lybischen und der Arabischen Wüste, die das grüne Land einrahmten, wollte sie über die geistige Größe der Pharaonen nachdenken. Sie hatten Werke geschaffen, die ewig währen sollten. Ihr Blick würde auf bisher ungeahnten Naturschönheiten ruhen. Sie ahnte, daß dieser Teil Ägyptens sie gefangennehmen würde. Die Schönheit Luxors würde sie in ihren Bann ziehen, ebenso die Macht Karnaks und der Ruhm der Königin Hatschepsut. Voller Ehrfurcht würde sie der Toten im Tal der Könige und Königinnen gedenken und des Königs Horus in Edfu. Voll Bewunderung würde sie vor der großartigen Anlage Assuans stehen, wo leider die Kunstwerke von Philae dem Dammbau geopfert werden mußten. Erzsi war bereit, alles bisher Gesehene hinter sich zu lassen, ja es zu vergessen. Sie war dem Zauber der Liebe erlegen, nun erlag sie dem Zauber des Orients. Beides wollte sie an sich ziehen und besitzen. Dieser Teil der Hochzeitsreise sollte wohl der unbeschwerteste und glücklichste werden.

Die Osterfeiertage wollten Erzsi und ihr Gemahl in Palästina ver-

bringen. So schifften sie sich eines Tages in Alexandrien ein und fuhren nach Jaffa. Von dort ging die Fahrt weiter nach Jerusalem. »Jeruschalajim – Haus des Friedens« liegt inmitten einer hügeligen Landschaft. Seit Jahrtausenden sind unzählige Völker über diesen Boden geschritten: David kam als Eroberer, Salomon errichtete hier Tempel und Paläste, Herodes der Erbauer führte die Stadt zu glanzvollen Höhen, unter Konstantin wurde sie der Sitz eines christlichen Patriarchen. Dort sind die Geschehnisse und die Gestalten der Bibel heute noch spürbar, die Menschen bieten das lebendige Abbild ihrer Vorfahren. Elisabeth blieb davon nicht unberührt. Sie hatte eine profunde religiöse Erziehung genossen, die besonderes Gewicht auf die Einhaltung der Gebote legte, und sie stand nach wie vor stark unter dem Einfluß dieser Geisteshaltung. Mit besonderer Faszination beobachtete sie das Aufeinandertreffen der verschiedenen Religionen, die hier rund um die heiligen Stätten nebeneinander und miteinander existierten. Mit wachsender Neugier versuchte sie in der Menge die Menschen nach ihrer religiösen Zugehörigkeit zu unterscheiden: die Hebräer, die Araber mit der Galabiyeh und dem voluminösen Turban, den sie über das Scheitelkäppchen gewunden trugen, die Türken mit dem Fez und die christlichen Pilger.
In den engen, schmutzigen Gäßchen zwischen den niedrigen Steinhäusern waren die Kaffeehäuser vollgedrängt von Arabern, Türken, Kurden und Berbern, alle sprachen laut und lebhaft durcheinander; im Bazar boten die Händler verschiedenartigste Ware an. Inmitten dieser sich hin- und herschiebenden Menge bahnten sich Ziegen und Schafe ihren Weg, und hochmütig dreinblickende Kamele schritten hocherhobenen Hauptes mit wiegendem Gang einher. Otto und Elisabeth bewegten sich vermutlich auf Eseln vorwärts, die in dieser Gegend sehr respektable Reittiere waren.
Elisabeth und Otto nahmen an allen Zeremonien der Karwoche teil. Sie folgten dem Strom der Pilger, die sich jeden Tag zu den heiligen Stätten begaben, zum Ölberg, zum Garten von Gethsemane und zum Heiligen Grab, dem Mittelpunkt der Heiligtümer. Die katholische Prozession folgte einem Franziskanerbischof, der auch alle Gottesdienste hielt. Unter den Christen befanden sich orthodoxe Armenier, Griechen, Angehörige der russischen Mission, Protestanten und deutsche Mitglieder des Templerordens. Zur selben Zeit

begaben die Juden sich zur Klagemauer, die Muselmanen zur großen Omar Moschee.
Otto und Elisabeth statteten dem Bischof einen Höflichkeitsbesuch ab. Er ließ ihnen bei allen Gottesdiensten, denen sie in der Heilig-Grab-Kapelle beiwohnen wollten, Ehrenplätze reservieren. Während der Zeremonien erklangen Psalmen und Lobgesänge, die mystische Atmosphäre wurde durch die laut vorgebrachten Bittgebete und den betäubenden Duft des Weihrauchs noch verstärkt. Dieses Osterfest, das in so besonders feierlicher Weise begangen wurde, bewahrte Erzsi lange Zeit in Erinnerung.
Am Ende dieser Pilgerfahrt waren Erzsi und Otto froh, wieder in Jaffa auf das Schiff Thalia steigen und nach Alexandrien zurückkehren zu können. Einige Tage hielten sie sich wieder in Kairo auf; der österreichische Gesandte L. von Velics gab noch ein sehr angenehmes Diner für das Paar, bei dem sie Gelegenheit hatten, alle Freunde wiederzusehen, die sie in der Kairoer Gesellschaft gewonnen hatten. Doch dann mußten sie sich wieder einschiffen, um zum nächsten Ziel ihrer Reise zu kommen, nach Athen. Dort veranstaltete der griechische König Georg I. ein Galadiner, bei dem ihnen einige hochgestellte Persönlichkeiten aus Athen vorgestellt wurden. Der Aufenthalt in Griechenland dauerte nur kurz, dann ging die Reise weiter nach Konstantinopel. Dieser Besuch stellte ein beeindruckendes, einschneidendes Erlebnis dar. Gleich bei der Ankunft wurde das Paar vom österreichischen Botschafter Baron von Calice und Turkhan Pascha, dem Stellvertreter des Palischa, begrüßt. Für die Dauer ihres Aufenthaltes war ihnen als Begleiter S. E. Achmed Pascha zugeteilt. Eines Morgens brachte er Otto und Elisabeth auf eine Anhöhe, von der aus sie einen weiten Blick hatten. Sie konnten Konstantinopel bewundern, das alte Byzanz, das sich wie ein Amphitheater am Eingang des Bosporus bis zum Goldenen Horn zum Marmara-Meer erstreckt. Dieses grandiose, Land und Meer umfassende Panorama entlockte ihnen den Ausruf: »Das ist das erste Weltwunder!« In Konstantinopel gibt es 891 Moscheen, ein Teil davon waren früher Kirchen. Sie besichtigten die Große Moschee der Hl. Sophie, die unter Justinian (527–556) errichtet worden ist. 1453 wurde die Stadt von Mohammed II. erobert, er machte daraus die Hauptstadt des Osmanischen Reiches.

Der Souverän des Osmanischen Reiches, Sultan Abd ül Hamid II., lud das Fürstenpaar in seine Residenz Jildis ein. Er gab zu ihren Ehren einen prunkvollen Empfang, bei dem er all die dem Orient eigene Pracht und Herrlichkeit entfaltete. Besondere Großzügigkeit erwies er bei den außergewöhnlichen Geschenken, die er seinen Gästen zugedacht hatte. Elisabeth erhielt ein Paar Araberpferde von ausgesuchter Qualität; sie konnte sich gar nicht genug daran tun, sie zu bewundern. Als sie dann das Schmuckkästchen öffnete, das man ihr überreicht hatte, erblickte sie darin eine überaus wertvolle Brillantbrosche. Otto erhielt eine mit Diamanten verzierte Tabatière sowie einen orientalischen Krummdolch, dessen Griff mit Goldfäden, die zu arabischen Schriftzeichen verschlungen waren, verziert war. Elisabeth und Otto bedeuteten dem Sultan, sie seien von soviel Großmut und erwiesener Ehre überwältigt.
Bei einer feierlichen Zeremonie wurden Orden verliehen. Der Sultan wollte seinen Gästen besondere Wertschätzung erweisen; so erhielt Elisabeth den Großen Schefaka Orden am Band, Otto erhielt das Großkreuz des Kaiserlichen Osmanien-Orden mit Brillanten. Nachdem man letzte Abschiedsworte getauscht hatte, wurde das Paar von der Eskorte aus der Residenz des mächtigen Sultan Abd ül Hamid II. geleitet.
Im Hafen von Konstantinopel verabschiedeten sich Otto und Elisabeth am Kai von S. E. Achmed Pascha, der ihnen während ihres gesamten Aufenthaltes ein so getreuer Begleiter gewesen war. Dann besteigen sie das Lloyd-Schiff »Carnolia«, das sie bereits erwartete. Eine Stunde später befanden sie sich auf den Wogen des Ägäischen Meeres. Erzsi befand sich auf ihrem Lieblingsplatz, der Brücke; sie ging hin und her und atmete in tiefen Zügen die salzige Luft ein. Das war ihre Luft, die Luft von Miramare. Sie beobachtete, wie die Küste langsam im Dunst verschwand. Sie war glücklich; ihr Herz war offen und ohne Geheimnisse. Sie hatte das Gefühl, durch das, was sie gesehen und erlebt hatte, eine andere geworden zu sein. Die Welt schien größer geworden durch die Vielfalt der Völker und Menschen mit all ihren verschiedenen Zivilisationen, deren Entstehung Erzsi hatte kennenlernen dürfen. Elisabeth fühlte sich frei und voller Freude. Ihr Mann war ein feuriger und zärtlicher Ehemann, der jeden ihrer Wünsche erriet und sie liebevoll umsorgte. Sie

konnte dem Leben mit einem Lächeln begegnen, und sie glaubte, es müßte für immer so bleiben.
Als sie an Kreta vorübergefahren waren und Fahrt ins Ionische Meer nahmen, gerieten sie in ein Unwetter. Das Schiff begann zu schlingern, aber Erzsi liebte die See und fürchtete sich nicht. Die »Carnolia« fuhr die Küste entlang und hielt vor Korfu, wo Elisabeth im Gedenken an ihre Großmutter das Achilleon besuchte. Dann ging es weiter über die Adria nach Brindisi. Die restliche Fahrt verlief ruhig und führte ohne weiteren Zwischenaufenthalt nach Triest.
Als Erzsi die grüne Küste und die unruhige Silhouette von Triest erblickte, dachte sie an das ungeduldige Verlangen, mit dem sie ihrer Abreise entgegengesehen hatte. Nun sehnte sie sich mit ebenso starkem Verlangen danach heimzukehren.

Zeiten des Glücks

Es war der 7. Mai 1902. Die Lokomotive spie schnaufend und prustend ihre letzte Dampfwolke aus und kam dann im Wiener Südbahnhof zum Stehen. Elisabeth und Otto kehrten von ihrer langen Reise zurück. Als sie den Zug verlassen hatten, sah Elisabeth sich auf dem Bahnsteig um, erblickte aber nur zwei, drei ihr beinahe unbekannte Personen. Ein leises Gefühl der Enttäuschung stieg in ihr hoch. Eine Berline erwartete das junge Paar und brachte es zu seinem künftigen Wohnsitz. Die eine Hälfte des Palais Windisch-Graetz stand nun den Frischvermählten zur Verfügung, die andere Hälfte würde weiter vom Schwiegervater Erzsis bewohnt werden. Erzsi blickte sich voller Neugier in dem Haus um, das sie vorher noch nie gesehen hatte; von jetzt an sollte das also ihr Zuhause sein. Ihre Räume befanden sich im ersten Stock. Man hatte sie mit allem nur erdenklichen Komfort ausgestattet, damit Erzsi sich gleich behaglich fühlen sollte. Das neue Personal eilte herbei, um sich vorzustellen und der jungen Fürstin behilflich zu sein. Die Kammerfrauen und Büglerinnen, die das Paar auf seiner Reise begleitet hatten, waren erschöpft, denn die Pflege der Kleider, Blusen und Wäsche, das ständige Bügeln und Stärken der Falten, Rüschen und Jabots erforderte viel Arbeit; nun konnten sie sich einige Tage lang ausruhen, während sich die anderen Bediensteten um Elisabeth bemühten. Elisabeth selbst hatte nicht lange Gelegenheit sich auszurasten, und im Grunde hätte das auch gar nicht ihrem Naturell entsprochen. Bald schon brachte Otto die Neuigkeit, daß ihm ein bedeutendes Avancement in seiner militärischen Laufbahn zuteil geworden sei. Der Kaiser hatte ihn dem Regimentsstab der 9. Division der Ulanen zugeteilt. Erzsi freute sich, als sie sah, wie glücklich ihr Mann über diese Ernennung war. Ein Wohnungswechsel wurde notwendig, denn die 9. Division war in Prag stationiert; dort würde

Erzsi nun also leben müssen. Elisabeth erklärte sich einverstanden; sie schien nichts gegen diese Entscheidung einzuwenden zu haben. Sie wußte, daß es die Pflicht der Ehefrauen von Armeeangehörigen war, ihren Männern zum jeweiligen Stationierungsort zu folgen. Oft waren die Garnisonen weit entfernt und entlegen. Prag hingegen war nach Wien die schönste Stadt der Monarchie; Erzsi würde sich dort das Leben sehr angenehm einrichten können. Für den neuen Wohnsitz war bereits vorgesorgt, man hatte die Villa Groebe in den königlichen Weinbergen für das junge Paar gemietet.
Aus Anlaß seiner Reise ins Gelobte Land wurde Otto das Großkreuz des päpstlichen Ordens vom heiligen Grab verliehen. Es schien, als würde Otto durch seine Heirat der mühselige und hindernisreiche Aufstieg auf der Stufenleiter des Lebens erspart bleiben; er befand sich nun auf der höchsten Stufe, mitten im Paradies; die Liebe einer Frau hatte ihn dorthin emporgehoben, ohne daß er selbst sich hätte anstrengen müssen. Er wurde mit Ehrungen und Reichtümern überhäuft, jeder seiner Wünsche war Befehl und wurde unverzüglich von einem ergebenen und eifrigen Dienstpersonal erfüllt. Otto war aber von diesem Zustand keineswegs berauscht, im Gegenteil, das alles erschien ihm völlig natürlich. Er war als hoher Herr geboren worden, und Besitz, Luxus und verfeinerte Lebensart waren ihm selbstverständlich; zudem war er so gutaussehend und so voller Charme, daß schon viele Frauen ihm vor Elisabeth erlegen waren.
Der Kaiser wollte Erzsi sofort nach ihrer Rückkehr sehen, auch Erzsi hatte denselben Wunsch. Tief bewegt und aufgeregt kam sie zu ihm; sie hatte ihren Großvater seit ihrer Hochzeit nicht mehr gesehen, und es gab so vieles, was sie ihm erzählen wollte. Der Kaiser empfing seine Enkelin voll Freude und Zuneigung. Erzsis Begrüßung fiel wesentlich zärtlicher aus, als die Etikette es erlaubte. Dann servierte sie wie früher den Tee und teilte den Gugelhupf aus. Die Konversation verlief überaus lebhaft. Erzsi sprach von ihrem Mann, und berichtete alle Einzelheiten der Reise. Franz Joseph vergaß, daß diese junge Dame ihm gegenüber seine kleine Enkelin war, die er großgezogen hatte. Bei ihrer Verlobung war sie noch ein Kind gewesen, nun war sie eine junge Frau, deren Intelligenz und Charakter neue Seiten zeigten und sich in einer Weise veränderten, die er nicht vorausgeahnt hatte. Ihre Persönlichkeit hatte sich gefe-

stigt, ihre Ideen hatten an Unabhängigkeit gewonnen. Franz Joseph war darüber nicht überrascht, denn es hatten sich ja schon früher diesbezüglich Anzeichen gezeigt.

Es brauchte einige Tage, bis alles eingepackt war. Pakete, Koffer und Schrankkoffer türmten sich in unglaublicher Menge. Diesmal handelte es sich um einen großen Umzug, der Aufenthalt in Prag würde mehrere Jahre dauern. Elisabeth wollte aber oft nach Wien kommen, sie liebte diese Stadt, ihre Familie, ihren Bekanntenkreis; doch es würde nie länger als ein kurzer Aufenthalt sein, manchmal sogar nur eine Durchreise. Nach kurzer Fahrt im Zug trafen Otto und seine Frau am 17. Mai in Prag ein und bezogen die Villa Groebe, wo bereits alles für sie vorbereitet worden war. Für Elisabeth war Prag eine unbekannte Stadt, es machte ihr Spaß, auf Entdeckung zu gehen. Die Villa Groebe lag am Stadtrand in den königlichen Weingärten, von weitem sah man den Wald mit den für Böhmen typischen Tannenbäumen. In dem ein wenig verwahrlosten Garten standen die Fliederbüsche in voller Blüte. Elisabeth beorderte sofort einige Gärtner und überwachte selbst die Neuanpflanzungen. Bald schon würde sich der Garten in ein wahres Blumenmeer verwandeln.

In Prag mußte Elisabeth keine offiziellen Besuche machen, Otto allerdings mußte einige Antrittsbesuche hinter sich bringen, unter anderem beim Statthalter von Böhmen, Graf Coudenhove, und dem Bürgermeister von Prag, Dr. Srb.

Am 24. Mai war Pfingsten. Das junge Paar fuhr zu Besuch zu Stephanie und Elémér Lónyay, die in Mähren auf Schloß Austerlitz lebten. Der Aufenthalt dauerte nur drei Tage, aber Mutter und Tochter hatten genügend Zeit, ihre Ansichten über die Freuden des Ehelebens, die Vorzüglichkeit ihrer Ehegatten und natürlich über die jüngsten überaus gewagten Veränderungen in der Mode auszutauschen, die schon stark vom Jugendstil beeinflußt war. Dann gab es noch die letzten Neuigkeiten vom Hof und den jüngsten Tratsch zu kommentieren.

Am 12. Juli fuhr Elisabeth in Begleitung von Gräfin Zamoiska von Prag nach Karlsbad. Sie verbrachten eine angenehme Woche in der Villa Theresa. Sie wurden von Erzherzogin Isabella empfangen, die seit ihrer letzten Begegnung ihre Hoffnung noch keineswegs aufge-

geben hatte, ihre sechs Töchter doch noch zu verheiraten, und hartnäckig und geduldig ihre Bemühungen weiter fortsetzte. Am Wochenende schloß sich Otto ihnen an, Erzsi besuchte mit ihm ein Pferderennen in Maierhofen. Dann kehrten sie in die Villa Groebe zurück, blieben dort aber nur drei Tage, dann fuhren sie nach Turin, wo Otto am Internationalen Militär-Reitturnier teilnehmen wollte. Otto war nach wie vor der beste Reiter der Ulanen, und so lag es an ihm, die Ehre seines Regiments zu verteidigen. Bei dieser Gelegenheit gab es mehrere Empfänge, unter anderem gab Prinz Emmanuel von Savoyen ein Diner für das junge Paar. Überall, wo sie hinkam, wurde Elisabeth Marie gefeiert und bewundert, stets war sie unter allen Frauen die schönste und eleganteste. Ihr Charme und ihre Originalität waren so stark, daß sie die Menschen oft sogar einschüchterte. Otto war stolz auf seine Frau. Er war ein eitler Mann, und hier wurde seine Eitelkeit voll befriedigt.
Auf der Rückreise von Turin machte das Paar in Wien vier Tage Zwischenstation. Der Kaiser fand Zeit, ihnen eine Privataudienz zu gewähren. Dann fuhren sie nach Prag weiter.
Am 2. August verließen Erzsi und ihr Mann die Villa Groebe neuerlich für eine längere Reise, die sie zuerst nach Salzburg führte, dann nach Meran, wo sie im Hotel Meranerhof abstiegen. Diese überaus konventionelle Art des Reisens befriedigte die sportliche Ambition und Abenteuerlust des jungen Offiziers freilich gar nicht, deshalb wußte er es so einzurichten, daß die Reise in völlig anderer Form fortgesetzt wurde. Zu jener Zeit fanden die reichen Herren der guten Gesellschaft großes Vergnügen daran, ihre Wägen selbst zu kutschieren. Es galt als bewunderswerte Leistung, wenn sie geschickt ein Zweier-, Vierer- und manchmal sogar ein Sechsergespann lenkten. Dieser Modesport wurde aber auch oft eifersüchtig bekrittelt, nicht selten gab es Unfälle. 1902 sprach alle Welt immer noch von dem originellen Unternehmen des Grafen Zdenko Kinsky, der nach seiner Hochzeit mit einer Ungarin von Budapest in einer Postkutsche auf Hochzeitsreise fuhr, wobei er das Fünfergespann eigenhändig lenkte. Diese Reise von Budapest nach Prag dauerte vier Wochen. Während dieser Zeit blieben die beiden glücklichen Jungvermählten in der Kutsche ungestört; auf dem Dach der Kutsche, wo Kammerfrauen, Diener und Kammerdiener eng gedrängt

auf den Bänken saßen, wurden nicht minder fröhliche Beziehungen geknüpft.
Bei den Engländern waren solche Wagenrennen überaus beliebt, sie verfolgten den Verlauf mit leidenschaftlichem Interesse. Ein Postkutschenrennen stellte einen Wettbewerb über weite Distanzen dar. Es erforderte große Ausdauer, um auf steinigen Feldwegen und staubigen Straßen bei jedem Wetter alle Schwierigkeiten zu meistern und die Postkutsche ins Ziel zu bringen.
Otto organisierte die Abfahrt der Postkutsche von Meran aus. Der Wagen war stabil gebaut und dem Brauch entsprechend gelb gestrichen. Das Gepäck wurde aufgeladen, die Diener und Kammerfrauen nahmen auf dem Dach auf den hiefür vorgesehenen Bänken Platz. Erzsi stieg in die Kutsche und setzte sich neben ihren Mann, der die Zügel für die vier kräftigen Pferde übernahm. Auf dem Kopfpferd saß der Postillon. Die kleine Gruppe war bester Laune. Erzsi war begeistert und stolz auf ihren abenteuerlustigen jungen Offizier, der sich in der Welt des Pferdesports einen so guten Namen gemacht hatte. Er kannte und beherrschte die Pferde so genau, daß alle volles Vertrauen zu ihm hatten. Otto überprüfte und richtete noch einmal die Zügel, gab sie dann frei, die Pferde gehorchten, und die Kutsche setzte sich Richtung Trafoi in Bewegung. Außer dem Führer, der sie begleitete, kannte keiner von ihnen diese Gegend. Auf einer schnurgeraden Straße ging es nach Osten. Die Pferde kamen auf der etwa 100 Kilometer langen Strecke rasch voran, die Straße stieg zwischen dichten, dunklen Tannwäldern leicht bergan. Erzsi war von berauschender Fröhlichkeit erfüllt, dieses Abenteuer war neu! An einer Kreuzung schlug Otto die Richtung nach Süden ein, von da an wurde die Straße immer unheimlicher; sie war sehr steil, und eng mit gefährlichen Haarnadelkurven, die schwer zu nehmen waren. Die Pferde mußten sich anstrengen, um die Kutsche auf dem rutschenden Kies vorwärtszuziehen. Immer noch steiler wurde der Weg, und als sie aus der Waldzone herauskamen, wurde der Graben, der neben der Straße verlief, zu einer unheimlichen Schlucht, in die alle angsterfüllt hinunterstarrten, während die Kutsche über den holperigen Boden schwankte.
Nach dem schattigen Dunkel des Waldes blendete das Licht die Augen. Über einer wundervollen Landschaft spannte sich der Him-

mel in dunklem Blau, schneebedeckte Gipfel ragten empor. Mit vereinten Kräften brachten der geschickte Lenker und die unermüdlichen Pferde die Kutsche bis nach Trafoi, das in einer Höhe von über 1500 Metern liegt. Von dort steigt die Straße in Serpentinen weiter an bis zum Stilfser Joch in einer Höhe von 2000 Metern. Diesen Aufstieg machten Erzsi und Otto am nächsten Morgen. Die würzige, belebende Luft, die Schönheit und schließlich ein kräftiges Picknick gaben Leib und Seele neue Energie. Dort oben, in einer Jagdhütte, verbrachte das verliebte Paar eine traumhaft glückliche Zeit.

Am 16. August nahm Elisabeth zum ersten Mal seit ihrer Hochzeit an einem Familientreffen teil. Aus Anlaß des zweiundsiebzigsten Geburtstags von Kaiser Franz Joseph hatten sich beinahe alle Familienmitglieder in Bad Ischl zusammengefunden. Erzsi umgab ihren Großvater mit zärtlicher Besorgtheit, ihr selbst kamen alle Familienangehörigen mit großer Zuneigung entgegen, sodaß sie voller Rührung zu spüren vermeinte, sie sei eine der ihren geblieben. Die Gegenwart Ottos vertiefte ihr Glück und schien die Richtigkeit der getroffenen Wahl zu bestätigen.

Im August begann man bereits mit den Vorbereitungen für das bedeutendste Ereignis in der Welt des Reitsports – die große Hirsch-Parforcejagd in Pardubice. Die Pferde und das Stallpersonal mußten vorausgeschickt werden, damit rechtzeitig mit dem mehr als dreimonatigen Training begonnen werden konnte. Die Parforcejagd selbst fand im November statt. Otto mietete die Villa Post. Dort wollte er Erzsi und sich bequem unterbringen und auch einige Einladungen geben. Von diesem Ereignis, an dem die besten und bekanntesten Reiter teilnahmen, wurden jedes Jahr zahlreiche Zuschauer angelockt, sowohl aus den Kreisen der Pferde- und Jagdliebhaber als auch solche, die davon nicht so viel verstanden.

Die Hirsch-Parforcejagd war ein gefährliches Abenteuer, denn man kann sagen, daß die Grausamkeit, mit der die Hirsche verfolgt wurden, sich zum Teil auch gegen die Verfolger selbst richtete. Die große Jagd fand auf einem Parcours statt, der über 80 Kilometer lang war. Der Ritt ging querfeldein, über Hindernisse wie den »Tribünensprung«, wobei ein Wassergraben von 2 Meter Tiefe übersprungen werden mußte. Die anderen Gräben waren weniger tief, forderten aber von den Reitern das absolute Beherrschen des Pferdes und eine profunde Kenntnis des Terrains, zusätzlich kühles Blut in allen Situationen. Otto besaß alle diese Eigenschaften, das war wohl auch der Grund für seine Erfolge und seinen Ruhm. Es gab viele Stürze und oft schwere Unfälle.

Am 19. September erhielt Elisabeth Marie die traurige Nachricht vom Tod ihrer Großmutter Marie Henriette, Königin von Belgien. Vielleicht galt die Trauer weniger dem Tod dieser Königin, als vielmehr der Tatsache, daß ihr Leben lange Jahre hindurch geprägt gewesen war vom Leid des Verlassenseins, der Demütigung und der Einsamkeit. Die Königin war schon lange krank gewesen. Wohl ist die Krankheit das Los des Alters, nicht aber auch die große Einsamkeit, in welcher sich die arme Königin in der kleinen Stadt Spa befand, in der sie leben mußte. Die Trauer des Königs über den Tod seines einzigen Sohnes und Thronerben hatte sich rasch in Bösartigkeit gewandelt. Er verließ die Königin, die sich schuldig gemacht hatte, ihm nur einen Sohn, aber drei Töchter geboren zu haben; er verhöhnte sie und betrog sie ohne Rücksicht auf Anstand und äußere Formen. Ohne Zweifel war Leopold genial, aber er hatte das innere Gleichgewicht verloren. Nun suchte er die Gefühle, die er weder seiner Familie entgegenbringen noch von ihr empfangen konnte, bei anderen Frauen. Er hatte zahlreiche Mätressen, die bekannteste davon war die Tänzerin Cleo de Merode. Als die Königin starb, befand sich der König in Luchon in den Pyrenäen bei Caroline, einer zwanzigjährigen Frau aus einfachen Verhältnissen und von zweifelhaftem Ruf. Der Siebenundsechzigjährige aber liebte diese Frau mit tiefer, beständiger Liebe; ihr gegenüber war er großzügig, durch ihn wurde sie zur reichen Baronin de Vaughan. Sie gebar dem König zwei Söhne. Später heiratete er sie und hatte nun eine Frau, Kinder und ein spätes Glück gefunden.

Stephanie, die sich zu diesem Zeitpunkt in London befand, machte sich sofort auf den Weg nach Brüssel. Elémér erwartete sie in Calais. Elisabeth und Otto fuhren mit dem Zug nach Belgien. Bei einem Zwischenaufenthalt in Frankfurt erreichte sie ein Telegramm Stephanies, das besagte, sie sollten die Reise nicht fortsetzen, König Leopold wolle weder die Anwesenheit seiner Tochter noch die seiner Enkelin bei den Begräbnisfeierlichkeiten. So fuhr das Paar also wieder zurück nach Wien. Elisabeth verspürte Mitleid und Trauer um ihre verstorbene Großmutter, gleichzeitig war sie aber auch froh, ihren Großvater nicht sehen zu müssen. Er hatte sich geweigert, bei ihrer Hochzeit zu erscheinen. Sie wußte alles über seine bösen Gefühle der Familie gegenüber, die Zwistigkeiten, die er heraufbeschworen hatte, und den Verlauf seines zügellosen Lebens. Für Erzsi war Ehebruch ein Verrat, ein monströses Verbrechen, das zwar nicht den Körper, wohl aber die Seele tötet und das Herz. Und diese Art von Tod erschien ihr um vieles schlimmer, als das Leben zu verlieren.

Nach der Rückkehr Elisabeths in die Villa Groebe traf ihre Mutter Stephanie in Prag ein; sie stieg im Bahnhofshotel ab. Sie wollte Erzsi sehen und ihr erzählen, was sich in Brüssel zugetragen hatte. Ihr Vater, der König, hatte ihr untersagt, an den Begräbnisfeierlichkeiten für ihre Mutter teilzunehmen. Die Presse sprach von einem Skandal, und die Bevölkerung begrüßte Stephanie, wo immer sie auch hinkam, mit herzlicher Anteilnahme. Leopold hatte seine Tochter nach ihrer Verehelichung mit Elémér Lónyay nicht mehr sehen wollen. Das alles war überaus schmerzlich, und Erzsi war doppelt froh darüber, in Frankfurt umgekehrt zu sein.

Die Wochen vergingen, es wurde Herbst. Erzsi spürte in ihrem Körper eine Veränderung. Voll Freude teilte sie ihrem Mann mit, daß sie ein glückliches Ereignis erwarte.

1903. In Wien hatte wie jedes Jahr im Jänner der Fasching begonnen. Wieder gab es Walzertaumel, rasende Polkas, mitreißende Geigenklänge, Champagnerrausch und kokettierende Frauen, die untereinander mit ihren Kleidern und ihrem Schmuck wetteiferten, und schließlich und vor allem gab es flüchtige Liebelei und beginnende Leidenschaft. Elisabeth kannte das alles, diesmal nahm sie an den Vergnügungen nicht teil. Aber sie empfand kein Bedauern, im Gegenteil, sie war glücklich.

Anfang Februar kamen Erzsi und ihr Mann nach Wien. Erzsi sollte den Winter in Nizza verbringen, im zugleich milden und kräftigenden Meeresklima des südlichen Frankreichs. Der zärtlich besorgte Großvater Franz Joseph besuchte Erzsi im Palais Windisch-Graetz, um ihr zu sagen, wie sehr er sich mit ihr auf das Kind freute. Sie war gerührt über diesen Besuch, der ihr zeigte, wie groß seine Zuneigung zu ihr war. Stolz zeigte sie ihm die neu eingerichteten Räume. Erzsi hatte ein beachtliches Talent für Inneneinrichtung, und so hatte sie ihre privaten Appartements mit viel Geschmack eingerichtet. Sie liebte Chintzvorhänge mit bunten Vögeln; für die Fauteuils nahm sie englische oder französische Stoffe, deren Besonderheit darin besteht, daß ihr farbenfrohes Blumenmuster auch in Räume, in denen kein Sonnenstrahl eindringt, den Frühling zu bringen scheint.

Der Tag, an dem Erzsi nach Nizza abreisen sollte, war gekommen. Sie hatte sich von ihrer Familie und von ihren Freunden verabschiedet, denn sie wollte im ganzen etwa sieben Wochen fortbleiben. Die Reise war lang, aber trotzdem nicht unangenehm; zu jener Zeit war man kaum je in Eile, und man liebte Zugfahrten.

Einige Bekannte und einige hochgestellte Persönlichkeiten waren gekommen, um Erzsi willkommen zu heißen. Vielleicht blickte Erzsi einen Augenblick zu lang auf diese Menschen, die ihr zulächelten, vielleicht paßte sie nicht auf. Damals waren die Stufen der Waggons sehr hoch. Erzsi wollte aussteigen, verfehlte eine Stufe und stürzte auf den Bahnsteig. Sie schlug hart auf dem Steinboden auf, gab aber keinen Laut von sich. Alle eilten zu ihr hin, man half ihr auf, es schien, als wäre ihr nichts geschehen. Sie ging zum Wagen und stieg mit Otto ein. Sie klagte auch nicht über Schmerzen, während sie zum Hotel fuhren.

Am nächsten Tag aber zeigten sich die bösen Folgen dieses Zwischenfalls. Der Arzt war in großer Sorge, und schließlich erlitt Erzsi unter Tränen eine Fehlgeburt. Das Kind, das sie verlor, wäre ein Knabe gewesen. Elisabeth wollte nicht aufhören zu weinen, sie schien untröstlich. Es brauchte lange, bis sie sich von ihrem Kummer erholte. Ihre schmerzliche Enttäuschung war umso größer, als sie sich wegen ihrer Unachtsamkeit schuldig fühlte an dem Verlust.

Otto blieb bei ihr und versuchte ihr zu helfen, indem er ihr immer wieder versicherte, sie sei unschuldig. Er sprach ihr Mut zu und sagte ihr, sie sei noch so jung, und die Zukunft werde ihr all die Kinder bringen, die sie sich so sehr wünschte. Erzsi mußte einen leichten chirurgischen Eingriff über sich ergehen lassen, doch erholte sie sich in dem guten Klima und der liebevollen Pflege bald von ihrem Schock. Sie blieb bis Ende April in Nizza, um wieder ganz zu Kräften zu kommen.

Bevor Elisabeth nach Prag zurückkehrte, hielt sie sich einige Tage in Wien auf. Sie besuchte ihren Großvater, und er war glücklich feststellen zu können, daß ihre Gesundheit wieder vollkommen hergestellt war. Erzsi blieb nur kurze Zeit in der Villa Groebe, bereits am 18. Mai fuhr sie mit ihrem Mann nach Italien. Ihr Arzt hatte ihr eine Kur in Bad Levico-Vehiolo empfohlen.

Bei der Ankunft stellte sie erstaunt fest, daß der Bahnhof mit Blumen, Girlanden und Fahnen geschmückt worden war. Am Bahnsteig warteten Graf Toggenburg und einige Regierungsbeamte, man überreichte ihr Blumensträuße, eine Begrüßungsrede wurde gehalten, dann schlugen die Männer der Blaskapelle fröhlich auf ihre Trommeln und bliesen aus vollen Lungen in ihre Trompeten, bis die lärmende, mitreißende Musik alles andere übertönte. Elisabeth war tief gerührt, daß man ihr hier in Italien einen offiziellen Empfang bereitete, obwohl er ihr als Fürstin Windisch-Graetz gar nicht mehr zustand. Am Abend wohnte sie einem Lichterfest bei, das ihr zu Ehren veranstaltet wurde. Sie freute sich am Anblick der ausgelassenen, fröhlichen italienischen Bevölkerung, und der Gedanke machte sie glücklich, daß sie selbst der Anlaß für diese Feiern war.

Am 12. Juni kehrte das Paar aus Levico zurück. Sie hielten sich einige Tage im Palais Windisch-Graetz auf. Erzsi bekam Besuch von Erzherzogin Marie Valerie, die sie besonders liebte. Marie Valerie fand, Erzsi sehe blühend gesund aus und sei sehr »en beauté«.

Nach ihrer Rückkehr nach Prag besuchte Otto mit seiner Frau einige Freunde auf ihren wunderschönen böhmischen Schlössern. Diese Schlösser waren berühmt für ihre Architektur, die große Zahl der darin enthaltenen Kunstschätze, die romantischen Parks, die wunderschönen Blumen und nicht zuletzt für die großen Jagden, die dort veranstaltet wurden und bei denen kein echter Waidmann fehlen durfte. Die böhmischen Besitze konnten bis zu tausend und zehntausend Hektar umfassen und warfen beträchtliche Einkünfte ab. Noch ertragreicher aber als Grund und Boden waren die verschiede-

nen Fabriken, die die Herren gebaut hatten wie Zuckerfabriken, Destillerien und Sägewerke.
Der erste Besuch galt dem Prinzen Schaumburg-Lippe und seiner Frau Prinzessin Luise in Ödenburg. Ein Wochenende verbrachten sie bei Ottos Schwester Gräfin Paar im Schloß von Bechyne, einer ehemaligen Festung, die von einem Felsen aus den Fluß und das Tal dominierte. Elisabeth wollte auch unbedingt ihre ehemalige Hofdame Gräfin Coudenhove wiedersehen, die sie überaus schätzte und für die sie tiefe Freundschaft empfand. Da sie ihre Frömmigkeit kannte, lud sie sie ein, mit ihr gemeinsam in der Kirche einen Gottesdienst zu besuchen.
Die Sommermonate verliefen stets nach dem selben Programm; man zog um, machte kleinere Reisen und Besuche. Elisabeth fühlte sich frei und ungebunden. Sie konnte tun und lassen, was sie wollte, sie ließ auch nicht den leisesten Zwang zu. Immer noch fühlte sie sich als Mittelpunkt des Geschehens, als Hauptperson, die man wegen ihrer Schönheit bewundert und wegen ihres hohen Ranges respektiert. Sie war das genaue Gegenteil einer häuslichen Frau. Bewegungsfreiheit und Bewegung waren bei ihr elementare Bedürfnisse.
Man kann annehmen, daß die Reisen, die damals sehr lange dauerten, große Unbequemlichkeiten mit sich brachten. Dafür gab es aber eine wesentliche Entschädigung, und zwar das perfekte Service des Hauspersonals. Wo immer man auch hinkam, stets war alles vorbereitet, alles war vorhanden, nie fehlte auch nur das geringste. Natürlich wollte Erzsi, daß ihr Mann ebenso ungebunden sein sollte wie sie selbst, um sie überallhin begleiten zu können. Otto aber machte sich wegen seiner militärischen Karriere Sorgen, er liebte seine Arbeit und sein Regiment. Er war sich bewußt, daß es seine Aufgabe war, stets auf seinem Posten zu sein. Pflichterfüllung war in seinen Augen die erste Grundlage für militärische Qualität. Wenn er aber den Wünschen seiner Frau nachgab, wurde seine Anwesenheit im Regimentsstab immer seltener; sein Gewissen protestierte gegen diese Nachlässigkeit. Er sah keinen Ausweg aus dieser Situation. Erzsi war kompromißlos, sie dachte nicht an die Konsequenzen. Unmißverständlich teilte sie ihre Wünsche mit, und ein auch noch so sanft vorgebrachter Einwand wäre bei ihr auf völliges Unverständnis gestoßen.

Eines Tages eröffnete Elisabeth Otto mit vor Freude leuchtenden Augen, daß sie zum zweiten Mal guter Hoffnung sei. Das Glück über diese Nachricht war so groß, daß Otto seine Sorgen beiseiteschob, um sich liebevoll und zärtlich ganz seiner Frau zu widmen. Durch diese zweite Schwangerschaft wuchs in Erzsi das Gefühl, ihre Person sei etwas ganz Besonderes, und sie habe deshalb ein Recht darauf, ständig umsorgt und umschmeichelt zu werden.
Der Rhythmus ihres täglichen Lebens wurde langsamer, sie mußte zur Kenntnis nehmen, daß Vorsicht und Zurückhaltung angezeigt waren. Sie verzichtete auf Ausfahrten im Wagen und auf Zugreisen. Das Weihnachtsfest wurde im kleinsten Kreis begangen, den kalten, schneereichen Winter verlebte sie in der Villa Groebe.
In der Nacht vom 22. März um 0.30 gebar Erzsi ihr erstes Kind, einen Sohn. Als sie ihr gesundes, kräftiges Kind in den Armen hielt, empfand sie ein freudiges Gefühl der Erfüllung. Marie Valerie eilte herbei, um Erzis Freude zu teilen und sie zu beglückwünschen. Am 24. März fuhr Erzherzog Franz Salvator nach Prag und nahm in Vertretung von Kaiser Franz Joseph an der Taufe teil. Am 25. März fand in der Villa Groebe die Taufzeremonie statt. Sie wurde von Kardinal Fürsterzbischof Dr. Leo Skrbensky und Assistenz gehalten. Entsprechend dem Wunsch des Kaisers erhielt das Neugeborene in der Taufe den Namen Franz Joseph, weiters fügte man hinzu Marie Otto.
Für die kleine Schar der Gäste wurde ein Empfang gegeben. Alle nahmen herzlichen Anteil am Glück der jungen Mutter.
Der beginnende Frühling, die Sonne und das Aufkeimen der Natur ringsum trugen dazu bei, daß Erzsi sich rasch von ihrem Kindbett erholte. Ihr Sohn entwickelte sich für sein Alter ungewöhnlich rasch, er hatte einen klaren Teint und die sehr blonden Haare seiner Eltern.
Elisabeths Charakter wurde immer ausgeprägter, immer öfter zeigte sie sich entschieden und eigenwillig. Hartnäckig hatte sie ihren Mann immer und immer wieder gebeten, sie doch während des Tages nicht so viel allein zu lassen und mehr mit ihr gemeinsam zu unternehmen. Der uneingestandene Grund für dieses Verlangen war, daß sie auf der einen Seite das tiefe Bedürfnis hatte, dem

Geliebten anzugehören, andererseits aber von dem ebenso starken Wunsch erfüllt war, den Geliebten zu besitzen.

Diese Besitzgier war ein unkontrollierbares, instinktives Gefühl, das sie zugleich voll Eifersucht über den geliebten Besitz wachen ließ. Erzsi wußte um die Macht, die sie mit ihren Bitten ausüben konnte. Sie hatte bereits von ihrem Großvater den Mann, den sie wollte, bekommen, mit Hilfe von Tränen hatte sie ihren Willen durchgesetzt. Sie hatte Otto begehrt, nun wollte sie ihn in der Ehe für sich allein besitzen. Er aber war jung und tatendurstig, er wollte seine männliche Kraft im Militärdienst, beim Reitsport und bei der Jagd erproben, was natürlich häufige Abwesenheit von zu Hause bedeutete.

Nach zahlreichen Auseinandersetzungen wollte Otto seine Frau besänftigen, die, wie er dachte, für ihre hartnäckige Forderung die rasch aufeinanderfolgenden Schwangerschaften als Entschuldigung hatte. So gab er widerstrebend nach und ging einen Kompromiß ein. Es war eine schwerwiegende Entscheidung, die er an diesem 15. Mai traf; er wollte später nie wirklich darüber sprechen. Er bat seine Vorgesetzten, ihn für ein Jahr von der Armee zu beurlauben. Diesem Wunsch wurde stattgegeben.

Im Sommer richteten Otto und Elisabeth sich in Schloß Reichstadt ein. Franz Joseph hatte es seiner Enkelin und seinem Urenkel zur Verfügung gestellt, weil er die beiden an der guten Landluft wissen wollte. Von dort aus führte ein wichtiger Anlaß das Paar nach Wien – das erste Automobil, das sie bestellt hatten, war eingetroffen, und stand nun bereit zum Abholen.

Damals, im Jahr 1904, war der Besitz eines Autos ein sensationelles Ereignis, von dem alle Welt sprach. Voller Bewunderung betrachteten Erzsi und Otto das Daimlercoupé. Im Inneren sah man kostbares Holz, bequeme Sitze und funkelnden Chrom. Das Ganze war wirklich beeindruckend! In diesem Wagen machten sie also ihre erste Fahrt, und zwar mit einer Geschwindigkeit von 30 bis 40 Stundenkilometern. Von Reichstadt fuhren sie nach Gmunden bei Salzburg, wo sie Herzog und Herzogin von Cumberland besuchen wollten. Dieser Besuch wurde aber jäh unterbrochen, als die Nachricht eintraf, der kleine Franz Joseph, den man Franzi rief, sei erkrankt. Erzsi war sehr beunruhigt und kehrte sofort nach Hause zurück.

Am Beginn des Herbstes 1904 wurde Elisabeth neuerlich von der glücklichen Gewißheit erfüllt, ein Kind zu erwarten. Infolgedessen verlief ihr Leben bis zum Ende des Jahres und während des Winters 1905 wieder in sehr ruhigem Rhythmus. Sie verbrachte Weihnachten mit ihrem Großvater und teilte ihre Zeit zwischen der Villa Groebe und Wien.
Am 21. April gebar sie ihren zweiten Sohn. Er war ebenso kräftig, ebenso blond und ebenso gesund wie der Erstgeborene. Er wurde nach demselben Zeremoniell wie sein Bruder ein Jahr zuvor getauft und erhielt nach seinem Großvater väterlicherseits den Namen Ernst Weriand. Die Freude war allgemein, mehrere Familienmitglieder fuhren nach Prag, um Otto zu beglückwünschen und Erzsi und ihren Sohn zu feiern.
Angesichts dieser Geburt und angesichts der Tatsache, daß sein einjähriger Urlaub sich seinem Ende näherte, traf Otto eine zweite Entscheidung, die ihm noch schwerer fiel als die erste. Er verließ den aktiven Militärdienst. Erzsi hatte solchen Druck auf ihn ausgeübt, daß er sich verpflichtet glaubte, ihr nachzugeben. Diese erzwungene Veränderung seines Lebens betrübte Otto; Erzsi hingegen machte kein Hehl daraus, wie sehr die neue Situation sie befriedigte. Sie glaubte, sie würde nun ihren Mann noch mehr für sich haben und noch besser über seinen Tagesablauf und seine Beschäftigung bestimmen können. Hierin aber schätzte sie Otto falsch ein, denn er hatte stark ausgeprägte Neigungen, war unabhängig und voller Tatendrang. Man konnte ihn dazu bringen, die Armee zu verlassen, seinen Charakter würde er deshalb nicht ändern. Am 6. Mai wurde er zum Hauptmann zweiten Ranges im Ulanenregiment Nr. 1 Erzherzog Otto ernannt. Wieviel lieber hätte er dieses Avancement als Aktiver miterlebt! Sein Curriculum vitae beweist, welch hervorragender Offizier er war.
Am 10. Juni sah man Otto ohne seine Frau, aber in Begleitung seines Bruders Karl, am Derbyball teilnehmen. Dies sollte nicht das einzige Mal bleiben. Elisabeth mußte sich schonen, um wieder vollständig zu Kräften zu kommen. Ihr Mann aber mußte bei bestimmten Anlässen anwesend sein. Erzsi vergötterte ihre beiden Kinder, in ihr war der Mutterinstinkt erwacht. Wie alle ihre Gefühle war auch dieses Gefühl stark und beunruhigend kompromißlos.

Obstlt.i.d.Ev.d.k.k.Ldw.zug.dem Gstb.

Otto Fürst zu W i n d i s c h - G r a e t z

Rang: ....

Sprachen:

Dienstzeit: ....

Dienstbeschreibung:	Qualifikations-beschreibung:	Begutachtung:	Anmerkung:
4.AK.Gstbs.Abt.	Sehr gediegener Charakter, regste Dienstfreudigkeit, ausgeprägtes Pflichtgefühl, dabei überaus bescheiden, sehr einnehmendes Wesen, bei seinen Kameraden äusserst beliebt persönlich sehr schneidig und tapfer.-Für den Dienst als VerbO. dann für besondere Verwendungen bes.geeignet. Beyer Obstlt.GstbsA.	Einverstanden! Ein sehr gediegener StabsOffz der auch im Gst Dienste tüchtiges geleistet hat. Salis Obst. GChef 4.Armee. Ein vorzüglich. Stabsoffz., der vollste Beachtung verdient. Tersztyanszky 30.I.1917.	
Wurde zufolge AOK.Gstbs.Nr.118 als BaonsKmdt.beim 3.TKJgRgmt.eingeteilt.			
	fester männlicher Charakter, mil.sehr gebildet und begabt. Hat gewisses Verständnis für die jeweilige takt.Situation.versteht Disziplin zu erhalten.Im Gefechte ruhig und selbständig handelnd.Hat durch eine sehrgut geleitete Aktion dem Feinde eine vorgeschobene Position genommen und dadurch einen für die ganze Stellung wichtigen Stützpunkt geschaffen. Nürnberger Obst. Kmdt.KJR.3.	Einverstanden Verdross FMLt. Kmdt.KJgDion. 5.7.1917.	
Übernimmt Kmdo im Abschni-tte Judikarien.-			

Fürst Otto zu Windisch-Graetz war ein ebenso mutiger wie beliebter Offizier.

Erste Schatten: Elisabeth schießt auf eine Rivalin

Im Überschwang der ersten Liebe hatte Elisabeth nur eine Seite ihres überaus komplexen Seelenlebens sichtbar werden lassen. Nun erwies sich, daß sich in ihr Gefühle verbargen, die sich bis zu Exzeß und Gewalttätigkeit steigern konnten. Ihr gesamtes Leben hindurch zeigte sie, je nachdem, in welcher Situation sie sich befand, Leidenschaften und Instinkte von überraschender Spannweite. Aber was immer sie auch nach außen sehen ließ, die tiefsten Tiefen ihrer Seele blieben unergründlich, und es war oft schwer zu erkennen, welche Motive ihre Handlungen leiteten. Erzsi war von Natur aus besonders sensibel und verlor dadurch leicht die Kontrolle über ihre Emotionen. Dazu kam eine nie versiegende Lebenskraft und ein unerschütterlicher Lebenswille. Otto hingegen war der typische junge Offizier, sein Charakter und sein Temperament waren völlig anders geartet. Er war ein unwiderstehlicher Charmeur, seine Gefühlswelt war wesentlich oberflächlicher. Sein Sternbild war die Waage und dementsprechend ausgeglichen und gefestigt war auch sein ganzes Wesen. Seine Einstellung Frauen gegenüber war nicht besonders tiefschürfend, den zahlreichen flüchtigen Liebschaften maß er nur geringe Bedeutung bei.

Erzsi war oft allein, denn ihr Mann wurde teils durch seine sportlichen Aktivitäten, teils durch seine militärischen Pflichten von ihr ferngehalten. Erzsi hatte nun nicht mehr, so wie früher bei Hof, einen Kreis von Adjutanten, Hofdamen und Bewunderern um sich. Es war nicht eigentlich so, daß sie das alles vermißte, aber sie wollte doch zum Ausgleich ständig ihren Mann um sich haben. Wenn sie allein war, sehnte sie sich nach seinen Liebesbeteuerungen. Andererseits kehrte Elisabeth so oft wie möglich nach Wien zurück; sie wollte ihren Großvater besuchen, ihre Familie sehen, ihre Freunde, ihren Arzt, ihre Hutmacherin, ihre Schneiderinnen . . . Prag war für sie nach wie vor eine fremde Stadt, in der sie nur wenig Kontakte hatte. Wenn sie aber allein in Wien in ihrem Appartement war, dachte sie unruhigen Herzens an ihren Mann. Die Zeit der letzten Trennungen hatten ihre Sorge und ihr Mißtrauen derart gesteigert, daß ihr körperliches und seelisches Gleichgewicht ernsthaft davon betroffen waren. Schließlich ertrug sie die Ungewißheit nicht mehr und beauftragte einen ihr völlig ergebenen Bediensteten damit, während ihrer Abwesenheit ihren Mann diskret zu überwachen. Da aber ihre Tage mit verschiedensten Zerstreuungen ausgefüllt waren und sie einige Zeit nichts mehr von dem Bediensteten hörte, vergaß sie schließlich ihre Zweifel. Eines Abends, sie erledigte gerade in ihrem hübschen Boudoir die Korrespondenz, klopfte es an die Tür. Sie rief »Herein«, und ihr Diener trat ein. Nachdem er gegrüßt und sich untertänig für die Störung entschuldigt hatte, überreichte er ihr einen Briefumschlag. Erzsi riß ihn mit vor Nervosität bebenden Fingern auf und las. Erregung und mühsam unterdrückter Zorn trieben ihr alle Farbe aus den Wangen. Elisabeth ging im Zimmer auf und ab und mühte sich, die Worte, die da standen, zu begreifen. Die Erkenntnis, daß nun hier etwas ans Licht kam, was offensichtlich schon lange im Verborgenen vor sich gegangen war, traf sie wie ein Schock. Sie wollte es nicht glauben. Die Botschaft war kurz und präzise: »Fürst Otto zu Windisch-Graetz hat bei seinen häufigen Besuchen in der Prager Oper aus seiner Bewunderung für die Sängerin Marie Ziegler kein Hehl gemacht. Er hat sie zu einer Ausfahrt in den Park eingeladen. Für morgen ist sie wieder in die Villa Groebe eingeladen. Der Fürst erwartet sie für 16 Uhr.«

Der Diener zog sich zurück. Elisabeth wartete, bis sie sich wieder einigermaßen in der Gewalt hatte, dann rief sie diejenige Kammerfrau, zu der sie am meisten Vertrauen hatte. Sie trug ihr auf, sich diskret nach der Abfahrtszeit des Expreßzuges nach Prag am nächsten Morgen zu erkundigen. Sie gab keine näheren Gründe an, sagte nur kurz, sie müßte dringend nach Prag zurück. Erzsi verbrachte eine qualvolle Nacht. Sie war die Beute unkontrollierbarer Empfindungen, sie war nur noch Emotion, unfähig einen klaren Gedanken zu fassen. Sie fühlte sich zutiefst in ihrer Liebe und in ihrer Sexualität gekränkt. Das infame Benehmen ihres Mannes schmerzte sie bis in ihr Innerstes, er hatte ihren Stolz verletzt und ihre Person gering

geachtet. Sie fühlte sich entehrt und gedemütigt. Sie war eine Habsburg, also war es die Enkelin des Kaisers, der dieser Affront zugefügt wurde. Die Beleidigung mußte gerächt werden, und sie selbst, Erzherzogin Marie Elisabeth, würde den Racheakt vollziehen. Das allein würde ihre gekränkten Gefühle besänftigen, die sich gegen den Mann aufbäumten, der die Mutter seiner Söhne nicht respektiert hatte.
Erzsi glaubte, die Zeit stehe still. Aber die Minuten verrannen, und der Morgen kam. Als das erste Tageslicht durch die Vorhänge drang, erhob Erzsi sich müde und zerschlagen von ihrem Bett. Ihre Kammerfrau brachte ein Reisekostüm und half ihr beim Ankleiden. Als Elisabeth einen Augenblick allein im Zimmer war, öffnete sie rasch eine Schublade und entnahm ihr einen Revolver. Unbewegt betrachtete sie ihn einen Moment lang, dann schob sie ihn in die Innentasche ihrer Jacke. Die Kammerfrau kam zurück; sie ahnte nicht, welches Drama sich hier anbahnte. Dann fuhren die beiden Frauen zum Bahnhof. Während der Fahrt blieb Elisabeth, ohne ein Wort zu sprechen, in ihrem Abteil sitzen, ihre Nerven waren aufs höchste gespannt, ihr Gesicht eine steinerne Maske. So verharrte sie bis zur Ankunft in Prag. Sie bestiegen eine Kutsche, fuhren zur Villa Groebe, wo sie zur Stunde des vorgesehenen heimlichen Rendezvous eintrafen. Der Portier öffnete die Eingangstüre, Elisabeth durchquerte geräuschlos die Halle, vor der Türe des Salons stand ein Diener, er wagte ihr zu sagen, sie solle nicht hineingehen, der Fürst habe eine Besprechung. Mit einer raschen Bewegung des linken Armes schob Elisabeth ihn beiseite, öffnete die Türe, trat ein und erblickte, wie sie es erwartet hatte, eine Frau. Für den Bruchteil einer Sekunde starrte sie die junge Person an, dann zog sie die Pistole heraus und schoß mit gestrecktem Arm. Die Detonation war weithin zu hören. Die Kugel pfiff durch den Raum, die Sängerin schrie auf und brach zusammen. Das Ganze war wie ein Bühnenauftritt. Alles drängte sich um den leblosen Körper und starrte auf den dünnen Blutfaden, der von der Brust über den Hals herablief.

Man wahrte größte Diskretion über das fatale Ereignis. Alle Personen, die informiert waren, hielten absolutes Stillschweigen. Nichts davon erschien in der Presse, die streng zensuriert wurde; die Journalisten hätten wohl auch von sich aus nicht gewagt, die sensationelle Nachricht zu verbreiten, dafür waren Rücksichtnahme und Respekt gegenüber dem Kaiser, seiner Familie und seiner Enkelin zu groß.

Doch im Oktober 1906 übernahm eine österreichische Zeitung wortwörtlich einen Artikel, der in der amerikanischen Presse erschienen war. Marie Ziegler hatte einer Journalistin ein Interview gewährt und dabei einen detaillierten Bericht über das Revolverattentat gegeben, dessen Opfer sie einige Jahre zuvor geworden war. Die Künstlerin hielt sich damals in New York auf, sang an der Oper und die Erfolge, die sie feierte, kündigten eine glänzende Karriere an. Sie erzählte die Geschichte ihres Mißgeschicks in wahrheitsgetreuer, objektiver Form, ohne Übertreibung und ohne Rachsucht. Im Grunde bereute sie nichts von dem, was geschehen war. Sie hatte aus diesem Zwischenfall erheblichen Profit gezogen, ihr Leben hatte sich aufs angenehmste verändert. Die Revolverkugel hatte sich für sie zu Gold verwandelt.

Otto, der nicht die geringste Entschuldigung für sein leichtfertiges und unüberlegtes Verhalten hatte, gab sich alle Mühe, seine Unschuld zu beweisen. Es folgten endlose Diskussionen und Auseinandersetzungen, emotionsgeladen von der einen, ruhig und gelassen von der anderen Seite. Otto versuchte, den ehelichen Frieden wieder herzustellen. Aber Erzsi konnte nicht vergessen, so sehr sie es auch gewünscht hätte. Otto nahm sich vor, den Frauen gegenüber zurückhaltender zu sein, aber das lag wohl nicht in seiner Natur. Doch noch war die Liebe stark genug, um dem Streit die Versöhnung folgen zu lassen.

Extravaganz und erotische Freiheit

Der Zyklus der Jahreszeiten war in seinem vierten Viertel angelangt. Zuerst war die Ebene vom frischen, wuchernden Grün bedeckt gewesen, dann lag sie golden unter der flimmernden Hitze, schließlich zeigte die braune Erde sich nackt und wasserdurchtränkt zwischen Streifen verwelkten Grases. An diesem Wintertag nun dehnte die Ebene sich makellos weiß bis zum Horizont, weißer noch als der wolkenverhangene Himmel, dessen stellenweise graugelbe Färbung neuerlichen Schneefall ankündigte. Die eisige Ebene lag völlig verlassen, die Menschen wagten sich nicht in den kalten Nordwind hinaus; alles Leben schien erstorben. Nicht einmal die Feldhasen ließen sich blicken, sie lagen enggepreßt an alten Strohballen und Erdhügeln. Ein paar einsame Bäume streckten ihre schwarzen Äste wie Tuschzeichnungen zum Himmel hinauf, die sibirischen Krähen, die da und dort hockten, schienen die einzigen zu sein, denen die niedrige Temperatur nichts ausmachte.

In diesem endlosen Weiß erschien mit einemmal am Horizont ein dunkler Punkt, wurde größer, kam rasch näher, nahm Gestalt an. Sechs feurige schwarze Pferde jagten über den Schnee, hinter sich eine Troika. Otto zu Windisch-Graetz konnte die Zügel nur mit Mühe halten, aber seine Kraft und seine Geschicklichkeit erlaubten es ihm dennoch, das hitzige Gespann zu beherrschen. Otto kannte seine Orlofs genau, er genoß das Bewußtsein, daß es nicht ungefährlich war, sechs derart temperamentvolle und schnelle Tiere zu lenken. Leicht und geräuschlos glitt die Troika über den Schnee, nur ein kleines Glöckchen bimmelte unaufhörlich. Bei ebenem Terrain ruhte der Schlitten stabil auf seinen Kufen, die so weit auseinander lagen, daß der Wagen kaum je in Gefahr geriet, zu schwanken oder umzustürzen. Trotzdem hatte Otto schon Unfälle gehabt, vor allem mit dem Wagen in den wärmeren Jahreszeiten. Einmal war die

Achse gebrochen, einmal hatten sich auf dem unebenen Boden ein Rad gelöst, die Pferde waren durchgegangen, Otto stürzte in ein Feld, die Orlofs rasten weiter und zogen die zertrümmerte Kutsche mit sich fort. Otto blieb nichts anderes übrig, als die wild gewordenen Tiere dort draußen in der Ebene zu lassen und zu Fuß zu den Stallungen zurückzukehren. Er gab den Reitknechten Befehl, in die Ebene hinauszureiten, die Orlofs zu finden, zu fangen und zurückzubringen.

Otto war ein leidenschaftlicher Pferdeliebhaber. Er wußte die Vorzüge und das edle Blut der schnellen Orlof-Traber zu schätzen. Er war der einzige, der ein Sechsergespann lenken konnte. Sein treuer Diener Katschkowski, der alles von seinem Herrn gelernt hatte, konnte immerhin ein Vierergespann lenken. Nach dieser eisigen, tollen Fahrt kehrte Otto ins Schloß zurück. Elisabeth erwartete ihn. Sie haßte den Winter und hatte nur den einen Gedanken, möglichst bald in den Süden aufzubrechen. Wenig später tat sie das auch.

Nicht ohne Grund maß ein Pferdeliebhaber wie Otto dem Besitz dieser seltenen und schwer zu beschaffenden russischen Traber große Bedeutung bei. Er hatte geduldig zwölf Monate lang warten müssen, ehe er diese kostbaren Tiere sein eigen nennen durfte. Der Name dieser Rasse geht auf ihren Begründer zurück, der selbst nicht weniger berühmt war als seine Pferde. Graf Alexis Orlof-Tschesmenski (1739–1809) besaß ein Gestüt in Chnenovoi im Gouvernement Woronesch in Rußland. Auf diesem Gestüt gelang es dem Grafen, eine neue Pferderasse zu züchten; diese Traber, die seinen Namen tragen, wurden berühmt wegen ihrer außergewöhnlichen Schnelligkeit. 1770 kreuzte Orlof einen Araberhengst, der aus Smetanka in Persien kam, mit einer Stute aus Frederiksborg in Dänemark. Das Fohlen, das dieser edlen Verbindung entsprang, erhielt den Namen Polkan. Diese Rasse wurde dann noch einmal mit reinblütigen Arabern gekreuzt, und so erzielte Orlof gegen 1775 die schnellsten Traber der Welt. Man sieht sie oft in der russischen Malerei abgebildet. Sie sind weiß, braun, fuchsen oder schwarz. Otto bevorzugte letztere, denn ihr pechschwarzes Fell war von einzigartiger Schönheit.

Graf Alexis Orlof selbst erlangte Berühmtheit einerseits durch ein Verbrechen und andererseits durch einen Sieg auf See. Katharina II.

wünschte den Tod ihres Mannes, des Zaren Peter III. So stiftete sie Alexis und seinen Bruder Gregorij, der ihr Geliebter war, dazu an, eine Verschwörung der Offiziere anzuzetteln und den Zaren, der erst seit sechs Monaten an der Macht war, zu stürzen. So geschah es auch. Peter III. wurde am 9. Juli 1762 entmachtet und am 17. Juli von Alexis Orlof erdrosselt. So starb der Enkel Peter des Großen. Gregorij Orlof, der gehofft hatte, durch seine Tat die Gunst der Zarin zu erhalten, wurde sehr bald von Potemkin verdrängt. Alexis Orlof aber machte ein weiteres Mal von sich reden, als er 1770 bei Tschesme die türkische Flotte vernichtend schlug. So wurde der Name Orlof nicht nur in der Geschichte des Pferdesports, sondern auch in der Geschichte Rußlands für alle Zeiten berühmt.
Jede Leidenschaft kann gefährlich, ja schädlich werden. Otto, der in allen anderen Bereichen so ausgeglichen war, verfiel seiner Leidenschaft zu den Pferden in einem Maße, daß er die Fähigkeit, klar zu urteilen, verlor und keinen Überblick mehr über die Aktiva und Passiva seines Vermögens hatte. Es gab eine Zeit, da hatte er sechsundvierzig Pferde in seinen Stallungen; Rennpferde, Jagdpferde, Reitpferde, Kutschpferde usw. . . . Eine ganze Kompanie von Stallburschen und sonstigen Betreuern kümmerte sich um diese Pferde. Die Tiere wurden jedes für sich als Persönlichkeit behandelt, wobei ihr Aussehen, ihr Charakter und ihre jeweiligen sonstigen Qualitäten besondere Beachtung fanden. Die Namen einiger dieser Pferde sind der Nachwelt erhalten geblieben: Rigo; Goodhope, geb. 1887; Sancy, geb. 1905; Prova, geb. 1901; The Cat; Schamrock, geb. 1899; Modor; Laubfrosch usw. . . . Die berühmtesten Maler wurden gerufen, um sie zu porträtieren; ihr Bild sollte, so wie das ihres Herrn, der Nachwelt erhalten bleiben. Dieser Zweck hat sich auch erfüllt; heute sind diese Porträts überaus gesucht, nicht nur wegen ihrer hohen künstlerischen Qualität, sondern auch weil sie sehr typisch sind für die damalige Zeit. Diese Pferde, die einen hohen Wert besaßen, wurden unter anderem von englischen Bulldoggen bewacht. Otto hatte sie direkt aus England kommen lassen, denn er wollte sie alle fleckenlos weiß haben.
René Daumel hat geschrieben: »Der Mensch kann nicht leben ohne Feuer; Feuer aber kann man nicht machen, ohne etwas zu verbrennen.« Otto, der vom Feuer seiner Leidenschaft zu Pferden besessen

war, verbrannte Geld; noch dazu Geld, das nie durch seine Hände ging. So verfügte er auch über die Grenzen des Anstands hinaus über das Vermögen seiner Frau, sodaß der Kaiser, dieser so überaus bescheidene Herrscher, mehrere Male einspringen mußte, um die Schulden des jungen Paares zu begleichen. Beide lebten auf viel zu großem Fuß, auch Elisabeth trug mit ihren extravaganten Neigungen zu einem guten Teil zu den übermäßig großen Ausgaben bei. Eine Geschichte, welche den dabei Anwesenden unvergeßlich blieb, spielte sich eines Tages im Palais Windisch-Graetz in Wien ab. Da sich ein harter Winter ankündigte, ließ Elisabeth ihren Pelzmacher kommen, damit er ihr die neueste Kollektion zeige. Der Händler geriet ob dieser Einladung in große Aufregung und wollte natürlich alles tun, um möglichst viel zu verkaufen. So brachte er die schönsten Felle von all den wilden Tieren, die man in den Wäldern und in der Tundra Sibiriens gejagt hatte. Außerdem wurden die schönsten Mannequins von Wien ausgewählt, sie mußten alle ebenso groß und ebenso schlank wie Erzsi sein, damit sie von den vorgeführten Pelzen sofort verführt werden und gleich die Mäntel in der richtigen Größe probieren konnte. Erzsi sah sich alles genauestens an, sie betastete die Felle, prüfte die Qualität, kritisierte hie und da den Schnitt, der sich stark am Jugendstil orientierte, aber nach einigen Stunden aufmerksamen Prüfens und Diskutierens fand sie doch, daß sämtliche Modelle einwandfrei gearbeitet seien. So beschloß sie, den Großteil der Kollektion zu behalten. Der überglückliche Händler verließ seine großzügige Kundin inmitten unzähliger Pelze, die im Salon auf den Fauteuils und auf dem Teppich ausgebreitet lagen, denn Erzsi wollte mit ihrer Kammerfrau noch eine Weile die Mäntel anschauen und probieren. Mitten in diesem seltsamen Durcheinander sprangen vier kleine französische Bulldoggen, Pariser Bulli genannt, herum. Die bezaubernden kleinen Hunde mit der plattgedrückten Schnauze, den Hängebacken und den großen Augen waren das Ergebnis verschiedener in Frankreich vorgenommener Kreuzungen und zu jener Zeit sehr in Mode. Erzsi liebte die drollige Lebhaftigkeit dieser kleinen Hunde. Als Otto nach Hause kam und den Salon betrat, betrachtete er erstaunt diese spektakuläre Anhäufung von Reichtümern und fragte ganz selbstverständlich: »Warum hat denn der Kürschner alle diese Pelze dagelassen – hast du noch nicht gewählt?« Erzsi antwortete mit einer Stimme, die keinen Widerspruch zuließ: »Ich habe alle gekauft!« Otto blieb nichts anderes zu tun über, als im Sekretariat Anweisung zu geben, die Rechnung zu bezahlen. Diese Szene spielte sich zu einer Zeit ab, da Erzsi von Traurigkeit erfüllt war; der schönste Zobel hätte damals ihr Herz nicht wärmen können.

Nach der Geburt ihres zweiten Sohnes Ernst fand Erzsi, ihre Familie sei in der Villa Groebe zu beengt. Sie bat ihren Großvater, er möge ihr doch einen geräumigeren Wohnsitz zur Verfügung stellen. Otto war nicht mehr im aktiven Militärdienst, sondern in der Reserve; aus einem unbekannten Grund blieb das Paar trotzdem in Böhmen. Franz Joseph, der seiner Enkelin nichts abschlagen konnte, bot ihr an, sich in Schloß Ploschkowitz, ungefähr sechzig Kilometer von Prag entfernt, einzurichten. Dieses Schloß wurde in der ersten Hälfte des 18. Jahrhunderts erbaut und stellt kein besonders schönes Exponat des Barockstils dar. Kaiser Ferdinand I., der 1848 zu Gunsten von Franz Joseph abgedankt hatte, hatte dieses Schloß bewohnt. Erzsi fand die Anordnung der Räume und die Einrichtung unerfreulich und düster. Da sie sehr moderne Ansichten betreffend den nötigen Komfort in den Bädern und den sonstigen sanitären Einrichtungen hatte, schienen ihr auch die Installationen veraltet und unvollständig. Die Familie zog schließlich trotzdem ein und versuchte, die nötigen Adaptierungen vorzunehmen. Das Schloß lag ziemlich einsam in einer Gegend, wo es absolut keine unterhaltsame Nachbarschaft gab. Die nächstgelegene Stadt war Leitmeritz an den Ufern der Elbe. Da gab es eine Kathedrale, einen Bischof, eine theologische Fakultät und zwei Klöster. Die Regierungsbeamten dieser Stadt waren überglücklich, daß das Schloß nun von so hohen Herrschaften bewohnt werden sollte, und machten Erzsi sofort einen ehrerbietigen Antrittsbesuch. Die neue Schloßherrin freilich interessierte sich für das alles herzlich wenig, das einzig Wichtige für sie war der Bahnhof, von dem aus jeden Tag ein Zug nach Wien fuhr.

Es scheint so, daß Erzsi sich weder an den Prager Lebensstil noch an die dortige Bevölkerung hat gewöhnen können, die sich im Jahr 1900 aus nur 9 Prozent Deutschen und ansonsten vorwiegend Tschechen zusammensetzte. Vom Grund ihres Herzens und ihrem eigentlichen Wesen nach war Elisabeth Österreicherin und Wienerin. Der Teil des Kaiserreiches, der sie am meisten anzog, war der Süden. Diesem Ruf folgte sie so oft wie möglich. Erzsi liebte die schönen Gegenden, in denen sie vor ihrer Hochzeit so viele Sommerfrischen verbracht hatte. Ihre schönsten Erinnerungen waren die an Laxenburg, an Schönbrunn und an die Hofburg, wo sie sich in unmittelbarer Nähe ihres Großvaters bewegen konnte. Sicher hätte sie versuchen können, sich für die unendlich vielen Kunstschätze und Monumente Prags zu interessieren. Prag ist ein Buch aus Stein, in dem man lesen kann, wenn man nur ein wenig von seiner Geschichte weiß. Aber Erzsi hatte dafür weder Interesse noch empfand sie nichts als Kälte in dieser fremden Stadt. Dabei war Prag zu jener Zeit ja keineswegs eine im Ausland gelegene Stadt, vielmehr war es die zweitwichtigste und zweitschönste Stadt des Kaiserreichs Österreich–Ungarn, die Hauptstadt des Königreichs Böhmen. Auf diesem Boden, in diesen Mauern gelang es der deutschen Minorität und der tschechischen Majorität, deren Seele sich damals in deutscher Sprache ausdrückte, germanisches und slavisches Genie gleichzustellen und zu vereinen. Hier soll vor allem an drei literarische Genies erinnert werden, die Zeitgenossen Elisabeth Maries waren. Damals kannte Erzsi sie noch nicht, erst später kam sie ihren Werken näher. Einer der bedeutendsten Schriftsteller deutscher Sprache war Karl Kraus (1874–1936), der in Böhmen geboren wurde. Er war Polemiker, Moralist und ätzender Kritiker, analysierte seine Zeit und urteilte streng über sie. Er ahnte den Untergang voraus, der Europa und seine Kultur bedrohte. Rainer Maria Rilke, geboren in Prag (1875–1926), erreichte mit seinem poetischen Genie den höchsten Gipfel lyrischer Inspiration. Wie aus einem lebendigen Atem höherer Sphären erwuchsen ihm seherische Visionen und wurden zur Quelle seines tiefen Verständnisses für alles, was gleichbedeutend war mit Angst und innerer Qual. Franz Kafka (1883–1924) wurde im selben Jahr wie Elisabeth in Prag geboren. Fünfzehn Jahre später las und verstand sie sein Buch »In der Strafkolonie«, das die Fabriken und die Lebensbedingungen der Arbeiter zum Inhalt hat. Kafka beeindruckt durch die Art, wie er dem Gefühl der Angst Ausdruck verleiht. Kafkas Leben war Angst, alles, was er sagte und schrieb, atmete Angst.

Der von den Tschechen vielgeliebte Fluß Moldau teilt Prag in zwei Teile. Auf dem rechten Ufer erhebt sich die Altstadt mit ihren engen Straßen voller Charme, der schöne vierkantige Turm des ehemaligen Rathauses trägt an allen vier Ecken des Daches spitze kleine Glockentürme. Diese nadelspitzen Türmchen, die die meisten Türme und Kirchtürme zieren, sind charakteristisch für diese Gegend. Es gibt acht davon auf dem Kirchturm der Kirche von Tein, vier auf dem Mühlturm und auf dem Turm, der am Anfang der Karlsbrücke steht. Von ihm aus hat man einen wunderschönen Blick auf den Hradschin, der majestätisch von seinem Hügel aus die tausenden Dächer und hunderten Kirchen dominiert. Wenn man die Stiegen oder steilen Straßen hinaufsteigt, die zum Kaiserpalast hinaufführen, kommt man an prachtvollen Palais vorbei, die hier im Verlauf der Jahrhunderte von den mächtigen Adelsfamilien erbaut worden sind. Sie haben sich für diese Palais den Bereich ausgesucht, der sich am Fuß des Sitzes ihres obersten Schutzherren ausbreitet, im Schatten der Kirchen, die sich auf dem Hügel befinden, die St. Veith Kathedrale, die St. Georg Kirche und die St. Nikolas Kirche. Zu den vom architektonischen Gesichtspunkt aus am interessantesten Palais gehören die des Prinzen Auersperg, der Familie Waldstein, der Fürstenbergs, Schwarzenbergs, Lobkowitz, Schönborns, Czernins usw. Elisabeth kannte alle diese Palais, weil sie immer wieder zu Festen dorthin eingeladen worden war. Sie hatte auch die Angehörigen dieser Familien schon früher in Wien kennengelernt, denn sie alle wollten am Hofball teilnehmen und sich bei den anderen Festen des Wiener Faschings amüsieren. Während der Ballsaison bewohnten sie ihre Palais in Wien, sie gaben dort Soirées dansantes, zu denen Erzsi oft eingeladen wurde.

Wieder einmal bestieg Erzsi in Leitmeritz den Expreßzug nach Wien. Sie wollte den Winter 1906 in Schönbrunn verbringen, während Otto sich um die Renovierungs- und Adaptierungsarbeiten auf Schloß Ploschkowitz kümmern sollte. Er kam aber oft nach Wien, denn Erzsi wollte mehrere Bälle besuchen und wünschte seine Begleitung. Erzsi tanzte mit derselben tollen schwebenden Leichtigkeit wie vor ihrer Hochzeit, sie schien sich blendend zu amüsieren. Die

Tänzer hatten ihre frühere Zurückhaltung aufgegeben und machten ihr galant den Hof. Sie ließ sich bewundern und übte sich ihrerseits in der Kunst des Flirts. Otto hatte nicht weniger Erfolg als seine Frau, er gefiel sich nach wie vor darin, alle Frauen zu bezaubern, was ihm als erfahrenen Charmeur und Verführer nicht schwerfiel. In dieser Ballsaison begannen die Eheleute einander heftige Vorwürfe zu machen, der Streit wurde von allem Anfang ohne Gnade ausgefochten. Wenn es um Herzensdinge ging, kannte Erzsi keine Zurückhaltung.

Im März mußte Erzsi sich einer Blinddarmoperation unterziehen. Es war kein schwerer Eingriff, aber Erzsi beschloß trotzdem, zur Erholung den April über noch in Schönbrunn zu bleiben. Da der Mai und der in voller Blüte stehende Flieder in Wien wie immer unwiderstehlich schön waren, verlängerte sie ihren Aufenthalt bis Ende Juni.

Erzsi bewohnte in Schloß Schönbrunn ein Appartement, das Franz Joseph ihr zur Verfügung gestellt hatte. Sie konnte jederzeit mit ihren Kindern dort wohnen; wenn ihr Mann nach Wien kam, übersiedelte sie ins Palais Windisch-Graetz. Elisabeth liebte dieses Appartement, das sie sorgfältig und geschmackvoll eingerichtet hatte. Bunte Baumwoll- und Leinenstoffe, die wie orientalische Teppiche über und über mit Blumen besät waren, gaben den Räumen eine fröhliche Note. Die Zimmer lagen im obersten Stock, die kleinen Fenster gingen nach Osten. An diesem Juninachmittag nun drang weiche, heiße Sommerluft mit dem Wind durch die offenen Fenster herein, Sonnenstrahlen umspielten Erzsis Gestalt. Sie sah in den Garten hinaus, wo ihre Söhne spielen durften; die Laubengänge waren von leuchtenden Rosen und halbverblühten Glyzinien überwuchert, der betäubende Duft stieg bis zu ihr empor. Sie trat vom Fenster zurück und betrachtete ihr Bild in dem silbergerahmten Toilettespiegel. Dann läutete sie nach ihrer Friseurin, um sich die Haare richten zu lassen. Sie schlüpfte gerade in eine Seidenbluse mit großem Kragen, als die Modistin mit einem sehr großen schwarzen Hut eintrat, der im Vergleich zu Erzis Kopf, den er bedecken sollte, überproportioniert erschien. Als die Modistin ihn aber mit geschickten Händen auf Erzsis Haaren befestigt hatte, schien er auf einmal ganz natürlich. Elisabeth betrachtete ihr Spiegelbild, fand den Hut

modisch und einwandfrei in der Paßform, dann durchzuckte sie einen Augenblick lang ein stolzes Hochgefühl: ihr Toilettespiegel war tatsächlich zu klein für diesen Hut! Sie ging zu einem größeren Spiegel und besah sich noch einmal aufmerksam. Dabei ging ihr durch den Kopf, Schönheit und Glück sollten immer zusammengehören, und nicht, wie es so oft der Fall ist, miteinander im Konflikt liegen. Die Modistin, die auf ihre ausgefallene Kreation überaus stolz war, wagte Ihrer Hoheit das Kompliment zu machen, dieser Hut stehe ihr besonders gut. Diese Schmeichelei war wohl nicht nur professionelle Routine, sondern durchaus auch ernst gemeint.
Elisabeth, deren Vorbereitungen einem Besucher gegolten hatten, ging in den Salon. Sie mußte nicht lange warten, dann wurde der Maler P. A. László angekündigt. Sie begrüßte ihn mit so viel Liebenswürdigkeit, daß er sich gleich wohl fühlen mußte. Aufmerksam beobachtete er diese Frau, von der er ein Porträt anfertigen sollte. Er bemerkte das schöne Gesicht, das trotz des großen Hutes gut zur Geltung kam, die aus zwei großen Perlen bestehenden Ohrringe, das einfache schwarze Samtband um den Hals und die Karneolagraffe in ihren Haaren. Dann öffnete er seinen Farbkasten, wählte einige Tuben mit grauen und schwarzen Tönen, stellte seine Staffelei auf und betrachtete sein Modell noch einmal voll Respekt und Bewunderung. Schließlich begann er mit leichter Hand zu skizzieren und war bald ganz von der Magie seiner Kunst gefangen. Das Porträt war nach einigen Sitzungen fertiggestellt. Alle bewunderten das Bild und beglückwünschten den Meister, der vor allem durch die Porträts vieler schöner Engländerinnen berühmt geworden war. Während der Stunden, in denen Elisabeth dem Maler saß, mußte sie sich mit aller Kraft darauf konzentrieren, sich nicht völlig von ihren traurigen Gedanken überwältigen zu lassen. Ihr ganzes Leben hindurch sollte sie das Gefühl von Verwirrung und Melancholie nicht vergessen, das sie damals gefangenhielt. Sie floh später förmlich vor diesem Porträt, sie wollte es nicht ansehen und es auch nicht besitzen; es blieb im Palais, und sie vergaß es schließlich. Als fünfzig Jahre später jemand sie auf dieses Bild ansprach und meinte, sie sehe darauf besonders schön aus, erwiderte sie: »Ich wollte es nie haben; es erinnert zu sehr an die tiefe Traurigkeit, in der ich damals lebte.«
Schließlich raffte Elisabeth sich doch dazu auf, nach Ploschkowitz

zurückzukehren. Aber sie blieb nur kurze Zeit dort, sie wollte den Sommer dazu benützen, auf den verschiedenen Schlössern Besuche zu machen und eine Fahrt mit dem Auto durch Österreich zu unternehmen. Sie liebte die Freiheit und den Rausch der Geschwindigkeit, den ihr diese motorisierte Art der Fortbewegung verschaffte. Natürlich fuhr sie am 18. August zum Geburtstag ihres Großvaters nach Bad Ischl. Der Herbst verlief ruhig. Erzsi mußte Straße und Zug meiden, sie erwartete wieder ein Kind. Am 4. Februar 1907 gebar sie auf Schloß Ploschkowitz ihren dritten Sohn. Sie wollte, daß er nach ihrem Vater Rudolf genannt werde. Doch dieser Großvater mütterlicherseits war wohl kein sehr guter Schutzpatron, denn ein bescheidenes und zuletzt tragisches Schicksal sollte dem kleinen Rudolf beschieden sein. Nach der Geburt dieses Sohnes verschlechterte sich Elisabeths Gesundheitszustand. Die Ärzte rieten zu jenen Kuren und Behandlungen, die in diesem Jahr besonders in Mode waren. Die Ratschläge gefielen Erzsi, denn sie gaben ihr Gelegenheit, sich für lange Zeit nach Italien oder in die Berge zu begeben. Ihre angespannte seelische Situation belastete ihren Gesundheitszustand zusätzlich. Umso mehr erhoffte Erzsi sich von der Kraft der Sonne seelische und körperliche Genesung. Auf Anraten ihres Arztes verbrachte sie den Sommer 1907 in Berchtesgaden, die klare, frische Bergluft würde ihr guttun. Im Herbst 1907 und Winter 1908 richtete Erzsi sich für längere Zeit in der Villa Irena in Volosca-Abbazzia ein. Die Sommerfrische, die zuerst durch ihren schlechten Gesundheitszustand gerechtfertigt war, dehnte sich immer länger aus; schließlich war die Gesundheit nur mehr ein willkommener Vorwand, um die Annehmlichkeiten des südlichen Klimas genießen und Schloß Ploschkowitz fernbleiben zu können. Ohne Zweifel gab es noch andere verborgene Motive für Elisabeths häufige Ortswechsel. Wie ihre Großmutter Kaiserin Elisabeth floh sie das seßhafte Leben, um alle Möglichkeiten ihrer Zeit und ihres gesellschaftlichen Ranges für ein Nomadendasein auszunützen. Beide Frauen ertrugen den Rhythmus eines normalen alltäglichen Lebens nicht. Das ständige In-Bewegung-Sein, das Abreisen und Verlassen, Zurückkommen und Wiederfinden stellte für sie die Befriedigung eines tiefverwurzelten Bedürfnisses dar. Otto, den sie dazu getrieben hatte, den aktiven Militärdienst zu quittieren,

15 Elisabeth mit etwa 18 Jahren

16 *Das junge Brautpaar Otto und Elisabeth zu Windisch-Graetz*

17, 18 Gemälde anläßlich der Verlobung (von Koppay, 1901)

19 Otto und Elisabeth bei einem Ausritt in Laxenburg

20 Schloß Seebach bei Veldes in Oberkrain (heute Jugoslawien), damals Besitz des Fürsten Otto zu Windisch-Graetz

21, 22, 23, 24 Porträtstudien

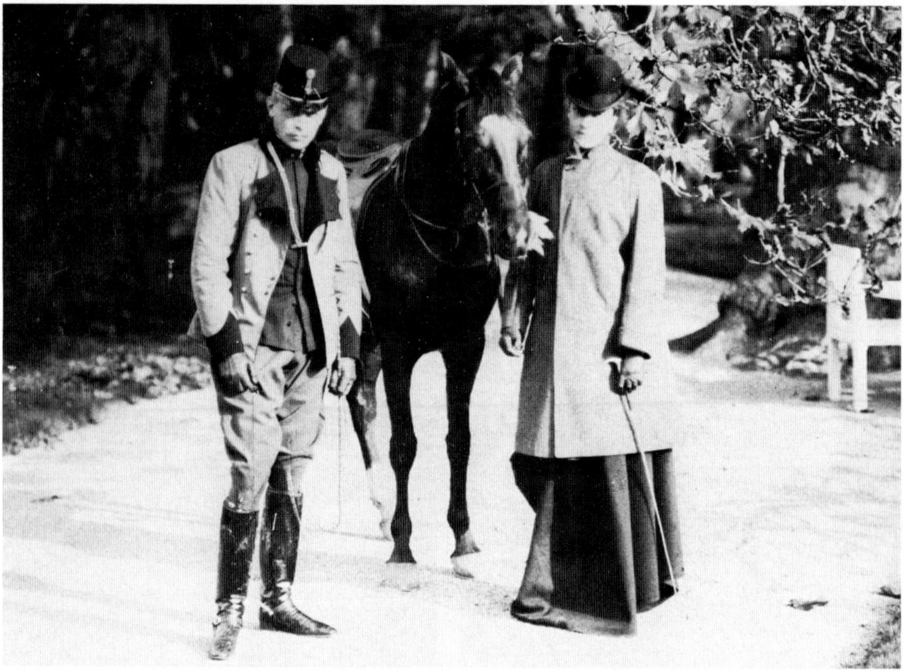

25 *Elisabeth und Otto in Ploszkowitz*

26 *Elisabeth mit ihren Kindern Rudolf, Stephanie, Ernst und Franz Joseph*

27 *Elisabeth mit Franz Joseph, Ernst und Stephanie an der Adria*

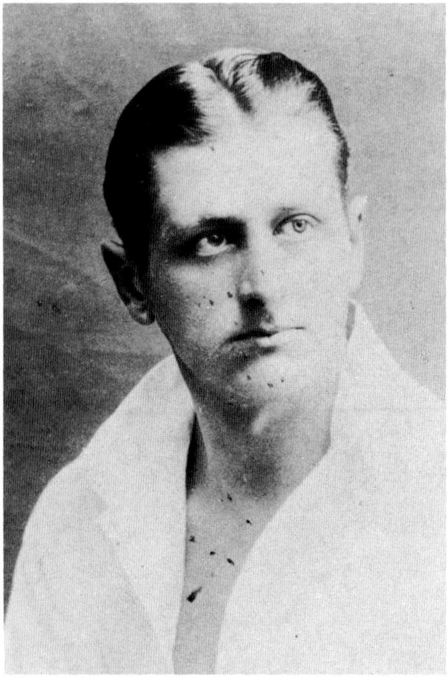

28 Egon Lerch, Elisabeths zweite große Liebe

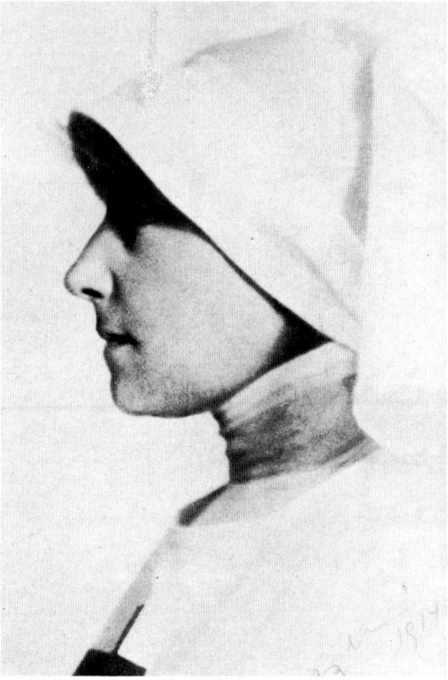

29 Elisabeth 1916 als Krankenschwester

30 Egon Lerch als Kommandant-Linienschiffsleutnant des Unterseebootes U 12 mit seiner Mannschaft

begleitete seine Frau jetzt nur mehr von Zeit zu Zeit. Die vielen Reisen mit allen Unbequemlichkeiten, die der Ortswechsel unter Mitnahme unzähliger Gegenstände mit sich brachte, behagten ihm keineswegs. Außerdem fand er in den Kurorten keine Beschäftigung, er langweilte sich und fand die erzwungene Untätigkeit unerträglich. Er dachte an nichts anderes als heimzufahren, natürlich gemeinsam mit Erzsi, aber sie fand immer neue Vorwände, um in Italien bleiben zu können.

Um das Verhalten Ottos begreifen zu können, sind einige Anmerkungen über seine Persönlichkeit, sein Temperament und seinen Charakter nötig. Otto hatte eine eiserne Gesundheit, die ihm bis zu seinem Tod im Alter von achtzig Jahren erhalten blieb. Während seines ganzen langen Lebens wußte er nicht, was Krankheit bedeutet. Er hatte eiserne Nerven und sagte von sich selbst: »Ich weiß nicht, was es heißt, nervös zu sein, in nervöser Anspannung zu leben, gereizt zu sein – diese braven Stricke kannten nie auch nur das leiseste Beben einer Vibration, weder in meinen zahlreichen Duellen noch angesichts des Todes im Feuergefecht des Krieges 1914–1918.« Otto war eine Naturgewalt; zu seiner körperlichen Kraft gesellten sich Mut und Widerstandskraft in allen Lagen. Er brauchte tägliche körperliche Anstrengung. In Prag wie in Wien war sein Tagesablauf von sportlicher Betätigung bestimmt, er ging schwimmen und fechten. Er war ein Meister im Gebrauch des Floretts, des Degens und des Säbels und galt im Duell als gefährlicher Gegner. Insgesamt hatte er neun Duelle, die mit neun Siegen für ihn endeten. Er wurde dabei kein einziges Mal verwundet. Nachdem Otto sich im Reitsport im Springreiten, Geländereiten, Steeple-chase und Rally ausgezeichnet hatte, begann er mit Polo. Er spielte bis 1930 – damals war er sechzig – in ganz Europa, konnte allerdings kein höheres Handicap erreichen. Außerdem gab es noch die Jagd, die in Mitteleuropa während des ganzen Jahres ausgeübt wurde.

Otto hätte sich ein ruhiges häusliches Leben mit seiner Frau und seinen Kindern gewünscht; er hatte viel Verantwortungsgefühl gegenüber seiner Familie. Er liebte ein perfektes, luxuriös eingerichtetes Heim; sein Haus aber war viel zu oft leer, und darunter litt er. Aber er wollte und konnte sein Leben nicht ändern, um den untäti-

gen, dienenden Kavalier zu spielen, der seiner von Sonne und Meer gefangenen Frau überallhin folgt. Hinzu kam, daß Otto die Einsamkeit nicht liebte, er war ein geselliger Mensch. So wie er die Ebene wegen seiner Pferde liebte und die Berge wegen der Gamsjagd, so brauchte er die Stadt, um sein Bedürfnis nach sozialen Kontakten zu befriedigen. Er war in der Gesellschaft bekannt für seine besondere Höflichkeit; er war zu allen sehr freundlich und umgänglich. Man konnte ihn als Inbegriff von Geselligkeit, Korrektheit und Rücksichtnahme bezeichnen. Er war über alle Herzensangelegenheiten und sonstigen Intrigen im Bilde, wußte aber auch darüber zu schweigen. Er liebte Einladungen, prächtige Diners, Bälle, Soireen, überall bewegte er sich mit beneidenswerter Ungezwungenheit. Er flirtete gerne mit den schönen Frauen, das gehörte für ihn zum Gesellschaftsspiel, und er maß dem wenig Bedeutung zu. Alles, was sich in der Gesellschaft abspielte, erschien ihm eher oberflächlich und ohne jeden tieferen Hintergrund. Otto fand in dieser Art des Lebens große innere Befriedigung. Denn so, wie er selbst es liebte, verführt zu werden, so wollte auch er stets verführen und blenden. Er war ein Snob, er war eitel, elegant, sein Ziel war es, immer zu gefallen. Durch seinen luxuriösen, aufwendigen Lebensstil wurde er zum Materialisten, der stets viel Geld benötigte. Kurze Zeit nach seiner Hochzeit öffneten sich für den jungen Offizier, der bis dahin ohne nennenswertes Vermögen gewesen war, die finanziellen Quellen seiner Frau, und er verlor jedes Gefühl für den Wert des Geldes.
Abgesehen von dieser Gleichgültigkeit, war Otto sowohl im körperlichen als auch im seelischen und geistigen Bereich vollkommen ausgeglichen. Er liebte seine Seelenruhe und neigte von der Veranlagung her eher zu einer harmonischen Ehe ohne Exzesse. Er wünschte sich eine Frau, die sich ihm anpaßte und sich seinen Wünschen und Neigungen unterordnete. Gegenüber den Forderungen Elisabeths nahm er eine zurückhaltende, gemäßigte Haltung ein; er haßte Streit und drückte sich bei allen Auseinandersetzungen stets ruhig und abwägend aus, ohne zu erkennen, daß eben diese Ruhe bei seinem Gegenüber Zorn provozieren konnte! Allem, was an seelische Abgründe und an einen Taumel der Leidenschaft gemahnte, stand er mit Furcht und Unverständnis ge-

genüber. Er ertrug es nicht, wenn jemand sein, wie er meinte, aus dem Gleichgewicht geratenes Inneres derart zur Schau stellte.
Nach dem Winter in Abbazzia wollte Erzsi den Frühling am Semmering, hundert Kilometer südlich von Wien, in den Bergen verbringen. Bis zu ihrer Rückkehr nach Ploschkowitz richtete sie sich in der Pension Waldhof ein. Im Sommer unternahm sie wie jedes Jahr kleinere Reisen mit dem Auto zu verschiedenen Schlössern, um Familienangehörige und Freunde zu besuchen. Während des gesamten Winters 1908–1909 war sie wieder nicht in Ploschkowitz, sie blieb bis Mai in Abbazzia und am Semmering. Dann kehrte sie nach Ploschkowitz zurück, denn sie erwartete ihr viertes Kind. Am 9. Juli 1909 gebar sie ein Mädchen, das auf Wunsch der Großmutter mütterlicherseits Stephanie getauft wurde. Den Herbst über bis zum Winter wollte Erzsi wieder in Schönbrunn wohnen. Den Winter verbrachte sie in Brioni an der Adria, dann ging sie nach Miramare, wo sie bis Juli 1910 blieb. Dann erst kam sie nach Ploschkowitz zurück, um dort den Sommer zu verbringen.
Während ihrer Reisen nahm Elisabeth, wenn irgend möglich, ihre beiden älteren Söhne mit. Sie umsorgte die heißersehnten Kinder voll mütterlicher Liebe, durch sie bekam sie das notwendige Selbstwertgefühl. Die Kinder gaben ihr jene Lebensfreude, nach der sie sich so sehr sehnte. Denn ihr Herz war voll Sorge und Unruhe wegen der Trennungen von ihrem Mann. Er allein war für ihre Einsamkeit verantwortlich, so glaubte sie zumindest; denn ihren eigenen Teil an Schuld wollte sie nicht einsehen. Freilich kann nicht geleugnet werden, daß er ihrem Herzen eine Wunde zugefügt hatte, die nicht heilen wollte, umso mehr als die immer noch lebhafte Erinnerung Erzis Groll am Leben hielt. Diese beginnende Entfremdung war wohl durch die extreme Gegensätzlichkeit der beiden Eheleute bedingt. Außerdem war nun bei Erzsi die Phase der ersten großen Liebe vorbei, und sie sah ihren Mann nicht mehr idealisierend als Helden, sondern als das, was er war: ein realistischer, normaler Mann, der nicht nur Vorzüge, sondern auch Fehler hat. Sie, die nur ein einziges Mal im Leben lieben wollte, fühlte sich enttäuscht und um ihre Illusion betrogen. Immer noch wollte sie Otto besitzen, ihn hypnotisieren und ganz an sich fesseln. Aber was konnte sie schon ausrichten angesichts einer derart maßvollen Liebe

– ihre Leidenschaft mußte sich geschlagen geben. Am Anfang hatte sie geglaubt, die Ehe würde die Glut zu noch größerer Flamme entfachen, nun aber mußte sie das Feuer erlöschen sehen. Elisabeth hatte ihre sexuelle Unerfahrenheit mit Leichtigkeit abgelegt. In einer Zeit, da bei den Frauen Zurückhaltung und Schüchternheit erwartet wurden, zeigte sie eine bemerkenswerte Ungezwungenheit und Selbstsicherheit. Ihr heftiges Temperament brachte rasch eine geradezu unersättliche Gier nach erotischen Freuden mit sich, während ihr Mann, der sich auch hier wie in allen anderen Bereichen eher gemäßigt zeigte, die ruhige Ausgeglichenheit ehelicher Beziehungen zu verteidigen suchte, indem er sich so verhielt, wie es damals von einem Ehemann erwartet wurde: Er brachte seiner Frau den schuldigen Respekt entgegen. Erzsi aber verlangte in der Liebe unkontrollierte Selbstverwirklichung ohne Zurücknahme. In der weiteren Folge erreichte die seelische und körperliche Spannung zwischen den Eheleuten einen unerträglichen Punkt. Elisabeth ertrug das leichtfertige Verhalten ihres Mannes anderen Frauen gegenüber nicht. Ihre Ehe wurde zur großen Enttäuschung, zum Gegenteil ihres Traumes von der strahlenden Vereinigung in großer gegenseitiger Leidenschaft, die ein Leben lang im Glück wie im Leid Bestand hat.

Wenn Erzsi nicht gerade auf Reisen war, liebte sie es, in Wien zu bleiben, wo das gesellschaftliche Leben und die kulturellen Veranstaltungen ständige Zerstreuung boten. Die Besuche bei ihrem Großvater waren für sie ein Quell großer Freude. Ihr stets großzügiger und liebevoller Beschützer dachte, eine Mutter von vier Kindern müßte wesentlich ruhiger und seßhafter werden. Vielleicht hatte er einen Verdacht, vielleicht hatte Erzsi durchblicken lassen, daß ihr Glück doch nicht so groß war wie angenommen. Franz Joseph verstand seine Enkelin. Um Elisabeth Marie zu helfen und die Lösung ihrer Probleme zu erleichtern, bestätigte Franz Joseph am 18. Jänner 1909 durch seine Unterschrift eine Schenkung zu ihren Gunsten. Es handelte sich um einen Betrag von eineinhalb Millionen Kronen in Gold, der dazu bestimmt war, das an der Triesting gelegene Schloß Schönau zu kaufen. Der letzte Besitzer von Schloß Schönau war Erzherzog Othon gewesen, der jüngere Bruder Franz Ferdinands. Er war 1906 gestorben. Dieser wunderschöne Besitz lag vierzig Kilometer südlich von Wien in einer eher flachen Gegend; aber man konnte am Horizont die Berge sehen, vor allem den Semmering, wo Erzsi sich so oft zur Erholung aufgehalten hatte. Der Kaiser wußte, wie sehr Elisabeth das Landleben liebte. Er dachte, wenn sie einen eigenen Besitz hätte, würde sie ihr Herz daran hängen, einen herrlichen Garten anlegen und Bäume pflanzen, um sie wachsen und größer werden zu sehen. Er sollte recht behalten mit seiner Vermutung. Elisabeth machte im Lauf der Jahre aus dem Schloß und dem Park ein wahres Juwel.

Wenn Elisabeth in Wien war, befaßte sie sich sehr viel mit ihren Toiletten. Die Mode wechselte, der langsam an Bedeutung gewinnende Jugendstil gab den Kleidern eine neue, originelle Note. Die bis dahin in der Mode passiv gebliebenen Frauen erlebten eine Revolution! Die Auflehnung gegen das Korsett fand statt. Einer der Vorläufer dieses Umsturzes war Frankreichs berühmter Couturier Paul Poiret. Ärzte und Künstler wandten sich gegen die Diktatur der Mode, die den Körper der Frauen verunstaltete und deformierte. Nach einem Kampf, der wie bei allem Neuen seine Zeit dauerte, wurde dem Körper der Frau die Freiheit Evas wiedergegeben. Im Grunde genommen war es eine Revolution gegen die bürgerlichen Konventionen. Das eng geschnürte Korsett war Sinnbild einer engstirnigen, kleinlichen Gesellschaft, die in Moralgesetzen erstickte, die von den Männern erdacht und von den Frauen aus Unwissenheit oder aus heldenhaftem Opfermut erduldet wurden. Der weibliche Körper mußte unter dem Stoff völlig unnatürliche Formen annehmen. Die natürlichen Formen wurden entweder vollkommen verdrängt oder in übertriebener Weise hervorgehoben, um dadurch die sexuelle Phantasie zu reizen. Da Elisabeth stets bereit war, ihre Unabhängigkeit zu beweisen und der Mode einen Schritt voraus zu sein, öffnete sie ihre Schubladen, betrachtete einen Augenblick lang die hübschen weißen, rosa und hellblauen Korsetts und schenkte sie dann ohne das geringste Bedauern ihren Kammerfrauen.

Im Jahr 1900, als viele Kunstrichtungen ihre Geburtsstunde hatten, erwachte in Wien die Ambition, die Kunst in alle Bereiche des Lebens eindringen zu lassen; besonders in jenen der Mode, die sich mehr an den beweglichen, schmiegsamen Körper der Frau anpassen sollte. In den Künstlern erwachte plötzlich das Interesse daran,

Entwürfe für Kostüme und Kleider zu zeichnen. Der erste, der damit begann, war der geniale Maler Gustav Klimt, wohl einer der Größten des Jugendstils. Er verwendete seinen Stift und seine Farben, um Linien zu entwerfen, die der herkömmlichen Mode entgegengesetzt waren und sie als gesundheitsschädliche Lüge entlarvten. Lange Jahre hindurch wurde er von seiner Freundin, Emilie Flöge inspiriert; sie diente ihm als Mannequin, er entwarf für sie Modelle, die sie dann in ihrem Atelier – einem der bedeutendsten in Wien – anfertigen ließ. Einmal wagte auch Elisabeth, in diesen Modesalon der Avant-Garde zu gehen und ein von Klimt entworfenes Kleid zu bestellen.

Weitere Vorkämpfer der neuen Mode waren E. J. Wimmer und der berühmte Architekt Josef Hoffmann, der sich schon 1898 damit befaßt hatte, individuelle Kleider zu entwerfen. Elisabeth hatte tausenderlei Entschuldigungen für den Rausch, der sie erfaßte, wenn sie in ein Modeatelier kam ... zu den neuen Kleidern mußte sie natürlich auch neue Hüte haben und neue Schuhe usw. usw. Sie kaufte nach Lust und Laune, ohne die leiseste Ahnung, was das alles kostete.

Das Leben in Wien hatte mehr als nur eine Seite. Oft verabredete Elisabeth sich mit ihren Freundinnen beim Zuckerbäcker Demel. Während sie miteinander plauderten, tranken die Damen Kaffee mit Schlag und aßen all die Torten, die dazu beigetragen haben, den Wienerinnen einen gewissen Ruf von Naschhaftigkeit einzuhandeln. Diese Besuche im Demel waren recht harmlos; die im Hotel Sacher schon viel weniger.

Frau Sacher (1859–1930) hatte im Jahr 1876 das Hotel, das Restaurant und das Kaffee gegründet. Sie war eine starke Persönlichkeit, eine herrische Frau, ein typisches Wiener Original. Sie verschaffte sich Respekt, indem sie das Hotel streng und eklektisch leitete; sie schien überall gleichzeitig aufzutauchen, im Mund die unvermeidliche Zigarre und gefolgt von einem kleinen Hund. Mit unerbittlichem Blick überprüfte sie jedes kleinste Detail. Aber ihre scharfen Augen überwachten nicht nur das Personal, sondern auch die Gäste. Sie kannte alle Familiengeschichten, den sozialen Rang jedes einzelnen und auch die noch so geheimen Liebesbeziehungen.

Frau Sacher hatte aus ihrem Hotel sehr bald einen Klub gemacht. Es war allerdings kein Klub im klassischen Sinn, aber hier trafen einander die Angehörigen der mitteleuropäischen Aristokratie, und seine Beliebtheit wurde dadurch noch erhöht, daß hier Damen freien Zutritt hatten. Die hohen Herrschaften kamen sowohl aus Böhmen wie auch aus Mähren, aus Ungarn, aus Polen und den anderen östlichen Landesteilen. Die Magnaten liebten es, von ihren Schlössern fort nach Wien zu fahren und dort alle Zerstreuungen und Vergnügungen zu genießen, die die Hauptstadt im Überfluß zu bieten hatte. Das Restaurant war berühmt für seine vorzügliche Küche und seine ausgezeichneten Weine. Elisabeth und Otto gingen gerne ins Sacher zum Diner oder Déjeuner, an der Bar konnte man immer eine Menge guter Freunde treffen.

Elisabeth hatte sich besonders eng an Frau Sacher angeschlossen, und diese erwiderte die ihr entgegengebrachte Sympathie. Die Sacherchefin schenkte keineswegs allen Gästen ihre Gunst, nur den besonders Privilegierten. Die Freundschaft Erzsis mit Frau Sacher dauerte Jahre hindurch, die damals fünfzigjährige Hotelchefin hatte große Lebenserfahrung und war eine weise Ratgeberin. Erzsi besuchte sie oft in ihren Privaträumen zu ein paar Stunden intimer Konversation, wie sie zu sagen pflegte. Die Rolle, die Frau Sacher spielte, war von viel größerer Bedeutung, als es nach außen den Anschein hatte. Einige wußten es, die meisten wußten es nicht: Frau Sacher war Gönnerin und Beschützerin für zahlreiche Intrigen in Politik und Liebe. Die Personen, die geräuschlos und unerkannt den dunklen Gang entlanggingen, der zum Appartement der Frau Sacher führte, konnten dort eine kaum sichtbare kleine Türe öffnen, die wieder auf einen kleinen Gang führte, an dem sich mehrere Chambres séparées befanden. Dort konnten die Politiker Komplotte schmieden und die Liebenden sich an verbotenen Freuden berauschen. So fand man eben inmitten einer prüden, konventionsgebundenen Gesellschaft einen Ausweg, glücklich zu sein.

Wenn Elisabeth in Wien war, gesellte Otto sich oft zu ihr, um sie überallhin zu begleiten, wo sie sich etwas Amüsantes oder Interessantes versprach. Jedesmal, wenn er seine Frau wiedersah, war er aufs Neue beunruhigt. Erzsi war nicht mehr sie selbst. Sie, die eine so hübsche Stimme hatte, sang nicht mehr; ihre Finger, die früher so oft über die Tasten geglitten waren, berührten nun das Klavier

nicht mehr, und die Leinwand, die sie so gern mit bunten Farben bedeckt hatte, blieb nun weiß und unberührt. Erzsi begleitete ihren Mann zu allen Unterhaltungen; sie spielte, wie die Wiener es so gut können, der Außenwelt eine perfekte Komödie, und es schien, als könnte nichts ihren fröhlichen Gleichmut erschüttern.
Elisabeths Nächte hatten ein ebenso dichtgedrängtes Programm wie ihre Tage. Otto, der mondäne Gesellschaftslöwe, wollte bei keinem Fest fehlen. Je nach Jahreszeit gingen sie zu großen Bällen, zu Diners oder zu Soireen im kleineren Kreis. Erzsi kannte diese stets in etwa gleichbleibende Gruppe vergnügungssuchender Menschen, vor ihrer Hochzeit hatte sie ja selbst zu ihnen gehört. Jetzt freilich lag ihr nicht mehr allzu viel an dieser Art von Vergnügungen. Vom Beginn des Abends an wurde sie von Eifersucht gequält. Sie ertrug es nicht zuzusehen, wie erfolgreich ihr Mann bei den Frauen war; er aber konnte einfach der Versuchung nicht widerstehen, seine Talente als Charmeur zu erproben. Die Frauen, denen er den Hof machte, suchte er unter den schönsten und gefährlichsten aus, die meist dafür bekannt waren, »facile« zu sein. Daher lag die Vermutung nahe, daß die gemeinsame Unterhaltung nicht mit dem Fest zugleich beendet war – zumindest hatte die stets mißtrauische Erzsi diesen Verdacht. Ottos mondänes Betragen mißfiel ihr, ebenso mißfiel ihr, wenn die Männer ihr selbst allzu heftig den Hof machten. Unter Erzsis Bewunderern waren übrigens einige anerkannte Liebhaber. Wenn das Paar spät in der Nacht müde vom Walzertanzen nach Hause kam, fiel die zur Schau getragene Maske der Fröhlichkeit, und es gab endlose Auseinandersetzungen, bei denen Erzsis Angriffslust an der gleichgültig-passiven Verteidigung Ottos wirkungslos abprallte. Otto hätte sich viel lieber zurückgezogen und den Rest der Nacht ausgeruht, während Erzsi sich immer weiter in ihren gereizten Zustand hineinsteigerte. Ihre Vorwürfe fanden kein Ende. Mochte er selbst auch seinen Flirts keine Bedeutung beimessen, so konnte Elisabeth diese Einstellung nicht akzeptieren, und sie war diesbezüglich auch zu keinem Kompromiß bereit. Ihre Ehre stand auf dem Spiel, und bei diesem Gedanken geriet ihre Eifersucht außer jede Kontrolle. Sie wollte, daß Otto ebenso eifersüchtig wie sie selbst sein sollte. Er sollte sie denen gegenüber verteidigen, die ihr allzu offen den Hof machten. Otto erwiderte ihr immer wieder,

daß das alles doch nicht so wichtig sei, er versuchte, den Ernst der Lage und die Bedeutung ihrer allzu hartnäckigen Verehrer herunterzuspielen; doch damit reizte er Erzsi nur noch mehr – sie schleuderte ihm entgegen: »Die Liebe ist keine Bagatelle!« An diesem Punkt artete die Diskussion in einen wilden Streit aus, denn Ottos unerschütterliche Ruhe brachte Erzsi dermaßen auf, daß der in ihr schwelende Zorn zur Explosion kam. Bald fühlte Otto sich machtlos gegenüber dieser leidenschaftlichen Frau, deren Gefühlsausbrüche mit jedem Mal gefährlichere Formen annahmen. Eines Tages, als es Otto wieder einmal nicht gelang, Erzsis Zorn zu besänftigen, hielt er es für klüger, sich in sein Zimmer zurückzuziehen. Erzsi, deren Nerven aufs höchste gereizt waren, ging zuerst zu Bett, aber der in ihr brodelnde Zorn war so stark, daß sie schließlich die Beherrschung verlor. Sie stand auf, ging zum Zimmer ihres Mannes und traf dort auf einen Diener, der ihr den Eintritt verwehrte, indem er sagte, Seine Hoheit schlafe und dürfe nicht gestört werden. Erzsi hob daraufhin kaltblütig ihre Pistole und schoß nur wenige Zentimeter neben dem entsetzt zusammenschreckenden Diener in die Türe. Die Kugel durchschlug das dicke Holz der Türfüllung und drang unweit von Ottos Bett in den Parkettboden ein. Otto erschrak nicht so sehr vor der Pistolenkugel, als viel mehr vor seiner Frau. Er begann zu begreifen, daß er ihrer nicht Herr werden konnte und daß seine Ehe nahe daran war zu scheitern.

Erzsi hätte gezähmt werden können, aber nur von einem Mann, dessen Liebe stärker war als die ihre, der ein ebenso feuriges Temperament besaß wie sie selbst und dessen Gedanken und Ansichten mehr Affinität zu ihren eigenen Vorstellungen hatten. Elisabeths Vorstellung über das Prinzip der Ehre führte dazu, daß es in diesen Jahren zu mehreren Duellen kam, wobei Otto jene Beleidigungen mit der Waffe rächen mußte, die nach ihrer Ansicht ihrer Würde zugefügt worden waren. Er war Offizier, und er schreckte vor dem Kampf Mann gegen Mann nicht zurück. Da er in diesen Fällen als der Beleidigte galt, hatte er die Wahl der Waffen. Meistens entschied er sich für den Degen, manchmal für den Säbel, selten für die Pistolen. Seine Geschicklichkeit machte ihn unbesiegbar, seine Schnelligkeit verwirrte seine Gegner. Er beherrschte jede Bewegung in Angriff und Verteidigung, und so war sein Sieg von vornherein sicher.

Wie viele Liebesbriefe wohl schon dem Feuer überantwortet worden sind! Welch unendlich großer Brand aus abertausend kleinen Flammen! Glücklich die Frauen, der Leben durch solche Botschaften erhellt worden ist. Viele Jahre lang heben sie die Briefe auf, lesen sie immer und immer wieder, eines Tages schließlich fühlen sie, wie das Alter nach ihnen greift, und plötzlich verbrennen sie diesen Schatz, den sie ein Leben lang gehütet haben. Das Feuer zerstört, was mit einemmal nur mehr ein wertloses Stück Papier ist; tief in ihrem Herzen aber bewahrt die Frau die Erinnerung an diese einmal gelebten Gefühle. Trotzdem kommt es vor, daß sich in einer Schublade zwischen nach Lavendel duftender Wäsche der eine oder andere Briefumschlag findet, der dort in der Angst, überrascht zu werden, hastig versteckt und schließlich vergessen worden ist. Ebendas ist wohl auch Elisabeth Marie passiert, und so können wir heute noch drei solche Briefe lesen, wovon einer mit E. L. signiert ist und ein zweiter keine Unterschrift trägt. Der dritte Held – denn man mußte wohl ein Held sein, um es zu wagen, im Jahre 1900 das Herz einer verheirateten Erzherzogin in Unruhe zu versetzen – unterzeichnete mit den Initialen V. W. In seinen vom Fieberwahn der Erregung durchglühten Zeilen kommt seine grenzenlose Bewunderung offen zum Ausdruck. Erzsi hat mit ihm Jahre hindurch einen regelmäßigen Briefwechsel unterhalten; er wurde für sie zu einem treuen Freund, der versuchte, ihr in allen Lebenslagen zu helfen und sie mit seinem Rat zu unterstützen. Leider kam es aufgrund seiner exaltierten Natur und seiner labilen Psyche einige Jahre später zum tragischen Selbstmord.

Der zweite Briefschreiber mit den Initialen E. L. war ein auf allen Bällen bekannter und beliebter Tänzer. Er entwickelte für Elisabeth ein tiefes Gefühl, von dem Otto annahm, sie habe es erwidert. Dieser Verehrer blieb nicht unerkannt. Sein Brief ist nicht zuletzt deshalb interessant, weil er den Seelenzustand enthüllt, in dem Erzsi sich im Jahre 1908 befand. E. L. kommt auf ihre Klagen zurück, die sie ihm anläßlich ihrer letzten Begegnung anvertraut hatte. Dieser um Mitternacht verfaßte Brief drückt den Wunsch aus, er möge ihr an diesen kalten Abenden, wo sie nicht einschlafen kann, weil Mond und Sterne weder am Himmel noch in ihrem Herzen leuchten, die wärmende Kraft seiner Zuneigung vermitteln. Er spielt auf seine große Enttäuschung an, ein Kummer, der im Leben vieler Menschen zu finden ist; er will nicht insistieren, um die schmerzende Wunde, von der er weiß, wie tief sie ist, nicht noch zu vergrößeren. Er denkt voller Mitgefühl und Erbarmen an sie und trotz der Resignation, die ihn erfüllt, gibt er die Hoffnung nicht auf, sie eines Tages doch zu verstehen. So, wie er sie kennt, kann er sich nicht vorstellen, daß sie sich nicht hingezogen fühlen sollte zu irgendeinem Ideal, zum Guten, zur Wahrheit. Er weiß, daß sie in ihrem Leben eine große Hoffnung und einen großen Wunsch gehabt hat und daß sie darin enttäuscht worden ist. Er versteht, daß ihr die Kraft fehlt, diese Enttäuschung zu überwinden. Er fügt hinzu, Glück und Unglück lägen in der Natur des Menschen und auf den Menschen käme es an, wie er damit fertig werde. Das einzig wirkliche Unglück sei es, die Hoffnung und den Glauben zu verlieren und sich über nichts mehr freuen zu können. Erzsi habe ihm gesagt, sie sei an diesem Punkt angelangt. Er wisse, daß ihr Zustand sowohl physische als auch seelische Gründe habe, sei aber sicher, daß das vorübergehen werde und daß die Überlegungen und Erkenntnisse, die ein solches Gefühl der Resignation verursacht hatten, an den Haaren herbeigezogen seien. Er gibt ihr recht darin, daß sie viel geopfert habe, um dann doch nur Kränkungen zu erfahren. Offensichtlich hatte Elisabeth auch darüber geklagt, sie könne sich nicht an ihre neue Familie gewöhnen, daß sie darunter leide, daß ihre Ehe teils aus physischen, teils aus psychischen Gründen unerträglich geworden sei. Er rät ihr, sich ihrem Arzt anzuvertrauen, damit dieser ihren Allgemeinzustand und im besonderen ihre Nerven behandelt und sie so ihr Gleichgewicht wiederfinden kann.

Der dritte Liebende drückt Gefühle von berührender Tiefe und Aufrichtigkeit aus. Der Brief zeugt von edlem Sinn und großer Traurigkeit. Der Verfasser unterwirft sich rückhaltlos und verständnisvoll Elisabeths Willen. Dieser Brief bedeutet Akzeptieren der Trennung und Abschied zugleich.

Aus all dem kann man schließen, daß Elisabeth in ihrer Ehe sehr viel gelitten hat und daß die Anstrengungen, die sie vielleicht unternommen hat, fruchtlos geblieben sind. Sie konnte sich selbst nicht in eine andere Elisabeth verwandeln. Ihre Enttäuschung war grenzenlos, die Situation irreparabel. Der Mann, den sie so sehr begehrt hatte, erschien ihr nun unerträglich und das Leben mit ihm unmöglich. Ebenso unerträglich war auch sie für ihren Mann geworden. Jeder suchte die Schuld für diese ausweglose Situation beim anderen. Schließlich gab es nur eine Lösung – die Trennung.

Zweite Liebe – tragische Leidenschaft

Das, was bisher aus dem Eheleben Elisabeth Maries erzählt wurde, zeigt, daß sie alle Schmerzen durchlitten hat, die eine große Leidenschaft mit sich bringen kann. Die Liebe hätte alle Vorzüge Elisabeths zur Entfaltung bringen können – das Gegenteil traf ein. Sie ließ sich von unwichtigen Leidenschaften wie Stolz, Eifersucht und Freiheitsdrang ihrer Liebe entfremden und immer mehr von der komplexen Gefühlswelt, die ihrem Wesen innewohnte, mitreißen. Sie war noch nicht alt genug, um freiwillig ihren Charakter nach den ihr in der Erziehung nahegelegten Tugenden zu formen. Sie dachte, die Ehe werde ihr die ersehnte Freiheit bringen, sich selbst zu verwirklichen. Ihr Mann scheint dabei nicht der Führer gewesen zu sein, der er hätte sein müssen – aber hätte er es überhaupt sein können? Elisabeth, die sehr wohl über die Macht, die sie Männern gegenüber hatte, Bescheid wußte, hatte andererseits noch nicht einmal Macht über sich selbst.
Nachdem Elisabeth begriffen hatte, daß ihre Ehe gescheitert war, und nachdem sie ihre verlorenen Illusionen beweint hatte, wollte sie nur noch eines – weit weg, eine möglichst große Entfernung zwischen sich und die schmerzlichen Ereignisse, die Umgebung und die Personen, die dabei eine Rolle gespielt hatten, bringen. Wohl machten die bösen Erinnerungen einen großen Teil ihres Gepäcks aus, aber Elisabeth war stark und ihr Vertrauen in die Zukunft ungebrochen.
Den Winter 1911 mußte Elisabeth in Wien verbringen, da sie sich im März einer Operation unterziehen sollte. Im April fuhr sie nach Miramare, machte dann eine Kur in Levico und, bevor sie nach Ploschkowitz zurückkehrte, eine weitere Kur in Franzensbad. 1912 hielt sie sich von Jänner bis Juni in Italien auf, sie fuhr nach Viareggio und anschließend nach Brioni, einer paradiesischen Insel,

die damals zum ersten Mal in ihren Notizen aufscheint. Diese Monate, die Erzsi jedes Jahr im Süden verbrachte, gaben ihr die ersehnte innere Ruhe zurück. Begierig nahm sie die Schönheiten der Natur in sich auf; hier zeigte sich ihr das Leben, das in Wien und in Böhmen unerträglich schien, wieder von der freundlichen Seite. Und so vermochte auch ihr Herz sich langsam wieder dem Glück zu öffnen.

Erzsi nahm ihre vier Kinder, die sie vergötterte und von denen sie sich nicht trennen wollte, nach Italien mit. Vor allem die beiden Älteren, Franzi und Erni, waren schön wie die Kinder des Olymp, intelligent und lebhaft wie kleine Seidenäffchen. Die Ärzte hatten erklärt, die Kinder müßten unbedingt ans Meer gebracht werden, denn nur in der salzigen, belebenden Luft der Adria könnten ihre geschwächten Kräfte wiederhergestellt werden, die durch wiederholte Anfälle von Azetonemie und dem damit verbundenen heftigen Erbrechen bedenklich dahingeschmolzen waren. Die Buben behielten schreckliche Erinnerungen an dieses Erbrechen zurück, das man zu bekämpfen glaubte, indem man sie unaufhörlich mit Spinat fütterte. Auch das Meerwasser sollte zur Kräftigung beitragen, und so ging Erzsi oft mit den Kindern schwimmen, nahm sie jeden Tag zu einer Ausfahrt mit der Kutsche oder zu einem Spaziergang entlang der Küste mit. Fotos aus dieser Zeit zeigen die großgewachsene Elisabeth, die mit Absätzen und hohem Hut an die 1,95 Meter erreicht haben muß, in langen weißen Jugendstilkleidern, wie sie, die Kinder an der Hand, allein mit ihnen zum Strand oder zum Einkaufen geht, was sie besonders unterhielt, weil die Buben mit soviel freudiger Erregung dabei waren. Jeder in der Gegend kannte die ungewöhnliche Erscheinung dieser schönen Frau mit ihren ebenso schönen Kindern, und Erzsi freute sich darüber, wenn die Leute sie freundlich grüßten.

Franzi, der Älteste, bewahrte von diesen Aufenthalten am Meer ein überaus idyllisches Bild. Sowie seine Gesundheit sich etwas gebessert hatte, gab es für ihn zahlreiche Unterhaltungen. Er fuhr mit einem Boot und fischte; vor allem aber blieb ihm die Liebe seiner Mutter unvergeßlich, die stets in Sorge war, daß ihm nichts passierte. Einmal passierte auch tatsächlich ein Unglück. Franzi, der einen Augenblick von der Gouvernante zu wenig beaufsichtigt wurde, war in seinem kindlichen Bewegungsdrang zu nahe an den Rand des Kais geraten, ein falscher Schritt und er fiel ins Wasser. Die Gouvernante sprang vollbekleidet ins Meer und brachte den Kleinen, der sich im übrigen recht gut im Wasser zurechtgefunden hatte, ans Ufer zurück. Elisabeths Zorn war furchtbar, ihre Schreie waren in der ganzen Nachbarschaft zu hören. Die Kinder erschraken so, daß sie sich versteckten, und die Gouvernante wurde noch am selben Tag mit Schimpf und Schande entlassen.

Man könnte meinen, Elisabeth habe in jenen Tagen in völliger Sorglosigkeit dahingelebt. Doch der äußere Schein trügt, denn es lasteten schwere Sorgen auf ihr. Wie der Korrespondenz mit V. W. zu entnehmen ist, sah sie sich damals schon mit einer Situation konfrontiert, die nach außen erst viel später offensichtlich werden sollte.

Brief vom 25. Juni 1912, geschrieben in Rom, wo V. W. an der Österreichisch-Ungarischen Botschaft angestellt war: V. W. bezieht sich auf das Zusammentreffen mit Erzsi zwei Tage zuvor in Viareggio, wo sie Gelegenheit hatte, ihr Herz auszuschütten und von ihren Sorgen zu sprechen, deren Hauptgrund die verheerende finanzielle Situation war, in der die Familie sich befand. Otto, der aufgrund seiner Vollmacht sämtliche Ausgaben der Menage kontrollieren und veranlassen konnte, war offensichtlich Jahre hindurch überaus verschwenderisch vorgegangen. Es war in allen Lebensbereichen zu derart exzessiven Ausgaben gekommen, daß ein Teil von Elisabeths Vermögen unwiderruflich vergeudet war. Die Schulden waren beträchtlich; um einigermaßen die Ordnung wiederherzustellen und die Krise zu bewältigen, war es notwendig, strenge Maßnahmen zu ergreifen, unter anderem mußte Otto die Vollmacht entzogen werden, so daß er keinerlei Zugriff mehr auf das Geld hatte. Weiters mußten die Ausgaben drastisch verringert werden.

Es war der Verwalter Smetana gewesen, der Elisabeth schließlich über die trostlose Situation aufklärte. Er, der die Einzelheiten besser kannte als jeder andere, hatte es nicht gewagt, Elisabeth früher aufzusuchen, und so hatte dieser ehrenwerte Mann sicher auch einen guten Teil Schuld daran, daß es so weit gekommen war.

In seinem Brief schlägt V. W. vor, ein Treffen zu arrangieren, an welchem Otto, Elisabeth, Smetana und noch die eine oder andere

Person teilnehmen sollten, die man wegen ihrer Ehrbarkeit und Kompetenz aussuchen müßte. Die gesamte Situation müßte dann klar dargelegt und diskutiert werden. Um die übertriebenen jährlichen Geldabgänge zu stoppen, müßte sofort eine Summe bestimmt werden, die Otto jährlich zur Verfügung stehen sollte, darüber hinaus sollte er nicht das Recht haben, auch nur einen Groschen auszugeben. Ein solches Vorgehen sei in keiner Weise demütigend und schon in anderen Fällen angewandt worden. V. W. schlägt weiters vor, Erzsi solle eine Kommission bestellen, an deren Spitze jemand absolut Integrer stehen müsse, um die Ausführung der beschlossenen Maßnahmen zu überwachen.
»Wenn ich Dir mit diesen Zeilen etwas getan, was Dir eine Stütze in Deinen Sorgen bereiten konnte, so machst du mich zu einem glücklichen Menschen. Gott mit Dir, liebe Erzsi, ich küsse Deine Hand, und denke daran, daß der Kopf, und besonders Dein Kopf, hoch getragen werden soll und nicht gesenkt, darum hat uns der Herrgott mit dem Kopf nach oben erschaffen und nicht wie das liebe Vieh zur Mutter Erde gewandt.« Mit diesem ermutigenden Scherz endet der Brief.
Brief vom 31. 10. 1912: V. W. antwortet auf einen Brief von Erzsi, in welchem sie schreibt, daß die Situation recht trostlos sei, die nötigen Maßnahmen aber getroffen worden seien. »In Eile will ich Dir bloß danken für die lieben Zeilen vom 26., die ich gestern erhielt. Die Sache steht traurig nach allem, was Du schreibst, aber es scheint, daß nun, da der Stein im Rollen ist, man nichts tun kann, als ihn rollen zu lassen und bloß sein Möglichstes zu tun, daß er weder ins Wasser rolle, um darin mit Getöse und weit hinschäumenden Wellen zu verschwinden, noch auch auf seiner Bahn jemand treffe, der unschuldig und ahnungslos seines Weges geht. Du hast den besten Willen von der Welt, ich weiß es, und ich glaube Dir alles, was Du sagst und ich glaube Dir überhaupt alles. Du hast im Streben den guten und einzig guten Weg zu gehen Dich mit Menschen beraten, die jeden persönlichen, ja ich möchte sagen, irdischen Interesses fremd, Dich auf den Weg geleitet haben, auf dem Du Dich befindest. Mit dem guten Willen und der Kraft, die Du hast und Dir gewiß erflehst auf Deinem nicht leichten Weg, kann alles schließlich nur zum Segen führen ... Ich bedauere eines lebhaft, nämlich daß

Du den eingeschlagenen Weg ohne greifbare Stütze und ohne einen greifbaren Ratgeber genommen hast, denn der Ratgeber, den Du hast, ist gewiß der einzig richtige für das Seelenleben und ich segne die Stunde, die Dich zu ihm geführt. In weltlichen Angelegenheiten bleibt aber dieser Ratgeber das, wo ihn die Geschichte hingegeben hat, nämlich der mächtige Hebel hinter den Coulissen der Weltgeschichte, der unsichtbar, stets im besten Glauben stets klug und stets mächtig arbeitet. Infolge dessen stehst Du nun allein der einen Sache gegenüber, die ein gescheiter hingebungsvoller Mann vielleicht zu einem gedeihlichen Ende führen könnte, aber eine Frau, die nicht mit ihrem Mann arbeitet, schwer. Überdies hast Du oder sind die Fäden abgerissen mit den Menschen, die in jahrelanger Verehrung zu Dir vielleicht unpraktisch aber gewiß ehrlich und optima fide gearbeitet haben: ich meine den Smetana; so bleibt wohl nichts, als weitergehen und zu Ende führen, wie Dus begonnen hast... Daß Du jetzt nicht zu Vater gehst (von Otto; d. Verf.), ist wahrscheinlich besser, denn die Sache ist, wie gesagt, nicht mehr zu entscheiden, sondern ist bereits in einer Weise entschieden, die nicht mehr geändert werden kann. Aber vielleicht solltest Du T. Christiane sprechen, damit Du nicht ganz allein mit Advokaten und Rechtsgelehrten zu tun hast in einer Sache, von der Du (pardon) keinen Dunst hast...«

Die Briefe von V. W. zeigen recht deutlich die finanziellen Probleme, die Tatsache, daß Otto dafür verantwortlich war und daß Elisabeth bemüht war, wirksame Entschlüsse zu fassen. Wie aus dieser Korrespondenz hervorgeht, verzichtete sie auf die weiteren Dienste des Verwalters Smetana. Die ihm entzogene Vollmacht wurde dem Advokaten E. Bell übertragen, der nun die schwierige Aufgabe hatte, die finanzielle Situation so gut wie möglich wieder ins Lot zu bringen. Die Kontrolle der Finanzgebarung wurde einem für seine Kompetenz bekannten Mann übertragen, dem beeideten Buchhalter Prof. E. Schigut. Das Vermögen Elisabeths war in den vergangenen zehn Jahren um eine halbe Million Kronen geschmolzen, dies trotz der bedeutenden Summen, die Franz Joseph seiner Enkelin immer wieder hatte zukommen lassen; er zahlte sowohl in Wien wie auch in Italien die hohen Arztrechnungen, beglich bei verschiedenen Anlässen die Schulden des Paares und gab auch einen

bedeutenden Betrag für die Restaurierung von Ottos Palais in Wien. Wie schon erwähnt, schenkte er Erzsi eineinhalb Millionen Kronen für den Kauf von Schloß Schönau und des angrenzenden Besitzes. 1910 fügte er eine Summe von 600 000 Kronen für die Restaurierung des Schlosses, der Nebengebäude und der Parkanlage hinzu, 1911 nochmals die gleiche Summe wieder zu diesem Zweck. Die Renovierungsarbeiten begannen 1913.
Das neue, endgültige Arrangement betreffend Elisabeths Vermögen wurde am 22. Jänner 1913 unterschrieben. Otto mußte die Vollmacht, die er bei der Hochzeit erhalten hatte, zurücklegen. Es wurde ihm eine jährliche Rente von 70 000 Kronen für seine persönlichen Ausgaben ausgesetzt, hinzu kam das Einkommen aus der Baumschule von Schönau, welches ihm den Unterhalt der Stallungen, der Pferde, der Wägen und des Personals erlauben sollte. Elisabeth übernahm den Unterhalt der Kinder, die Kosten des Palais in Wien und alle Ausgaben im Zusammenhang mit dem Besitz von Schönau. Es war schwierig gewesen, zu diesem Übereinkommen zu gelangen, letztlich war der Vertrag aber eindeutig und für alle Seiten befriedigend. Elisabeth war materiell abgesichert, Exzesse vorangegangener Art waren von nun an unmöglich.
Nach zehn Jahren Ehe war jedes gegenseitige Verständnis zwischen Elisabeth und Otto erstorben. Beide hatten die Fähigkeit verloren, den Partner zu verstehen, und die für ein Zusammenleben notwendige Nachsicht hatte einer unerbittlichen Strenge Platz gemacht. Die Offenlegung der finanziellen Situation und der Ursachen, die dazu geführt hatten, mußte dazu beitragen, die Eheleute noch mehr gegeneinander aufzubringen. Für Elisabeth gab es kein kluges Mittelmaß und keinen Kompromiß. Die verlorenen Illusionen hatten einen allzu bitteren Nachgeschmack hinterlassen.
Nachdem man nun gewagt hatte, die finanziellen Probleme aufzudecken, hielt Elisabeth sich nicht länger zurück, auch ihre sexuellen Probleme offenzulegen. Sie tat dies mit einer für die damalige Zeit erstaunlichen Freimütigkeit und Ehrlichkeit. Seit Jahren hatte sie sich schon bei Otto wegen seiner Lustlosigkeit und wegen seines sexuellen Egoismus beschwert. Den Worten folgten Briefe, in denen sie richtiggehend Anklage erhebt gegen ihren Mann. Sie macht ihn verantwortlich dafür, daß die Bedürfnisse ihrer Körper in ständiger

Disharmonie stünden, und sie klagt ihn an, ihr dadurch ständiges seelisches und körperliches Unrecht zuzufügen. Elisabeth zögerte auch nicht, ihrem Arzt von der Gefühlskälte ihres Mannes zu berichten und über die schädlichen Folgen, die das auf ihre nervliche Verfassung habe. Otto wiederum erwiderte, die Schuld liege bei seiner Frau und ihrem Verhalten, seine Kälte werde durch die ihre hervorgerufen. Wie stets bei solchen Auseinandersetzungen wurden die gegenseitigen Anschuldigungen unter dem Druck der Emotion und mit steigendem Groll immer heftiger, zur Wahrheit fügte sich Lüge, sodaß es unmöglich ist, ein objektives Urteil abzugeben. Dennoch ist Elisabeth bereit, einen weiteren Versuch zu machen, wenn auch Otto bereit ist, seinerseits seine Haltung zu ändern. Sie will als Frau behandelt werden und die Freuden genießen, zu denen die Ehe ihr das Recht gibt. Sie wendet sich wieder an ihren Arzt und bittet ihn, mit Otto zu sprechen und ein Heilmittel zu finden, um seinen Zustand zu ändern. Man kann sich vorstellen, wie demütigend diese Situation für einen stolzen und virilen Mann sein mußte, und sich sein psychischer Zustand nur ungünstig auf seine physischen Kräfte auswirken konnte. Otto war, wie bereits erwähnt, ein ausgeglichener und zurückhaltender Mensch, während Erzsis Temperament zu erotischen Exzessen neigte und sie beständig unter der Spannung sexueller Impulse stand. Als Otto versuchte, mäßigend auf seine Frau einzuwirken, provozierte er die Rebellion.

Immer, wenn Elisabeth sich dem Zauber der Adria hingeben konnte, bedeutete das Heilung für Seele und Körper. Sie kannte den Küstenstrich in all der Vielfalt seiner Naturschönheiten, sie liebte die Kraft der Harmonie, mit der die Menschen ihre Städte und Dörfer geformt hatten. Elisabeths Herz hing an Miramare, sie bewunderte Venedig und fühlte sich in Triest zu Hause. Am meisten aber liebte sie Istrien mit seinen zauberhaften Lagunen, seinen Stränden aus feinem Sand oder rauhem Geröll und seinen Felsenbuchten. Es gab keine Stelle, von der aus sie nicht ins Wasser gestiegen war, und sie hatte auf ihren Spaziergängen jedes dieser kleinen rosafarbenen Dörfer erforscht, die überall mit ihren zahlreichen Kunstwerken Zeugnis von der wechselvollen Geschichte dieser Region ablegten.

Der stets unverändert blaue Himmel fördert mit seiner gleißenden Hitze eine für heiße Klimazonen typische Vegetation. Zedern geben der Landschaft einen kraftvollen, majestätischen Charakter. In der Vergangenheit hat es hier riesige Wälder gegeben, die im Lauf der Zeit durch Schlägerungen immer kleiner wurden. Das harte Holz dieser Bäume wurde für jene Pilotpfähle verwendet, die heute noch das Wunder von Venedig tragen, und sie wurden zur Konstruktion zahlreicher Schiffe verwendet, die Jahrhunderte hindurch über alle Meere segelten. Entlang der Küste folgt von Norden nach Süden hin eine Insel der anderen. Viele davon kannte Elisabeth, und eines Tages beschloß sie, auf Brioni zu leben.

Elisabeth mietete hier die Villa Punta Naso und richtete sich darin mit den Kindern ein. In dieser zauberhaften Umgebung schien die rötliche Erde Frohsinn zu atmen, vor dem Blau des Himmels streckten die dunklen Pinien in verschlungenen Formen ihre Silhouette empor, die Aloen reckten drohend ihre Spitzen, und über allem wiegten sich die großen fächerförmigen Blätter der Palmen. Ein betäubendes Gemisch verschiedenartigster Düfte entstieg den rosa Hibiskusblüten, den weißen und roten Lorbeerbäumen, den Rosensträuchern und Jasminbüschen. Brioni war bekannt dafür, ein Paradies für Vögel zu sein. Mehr als zweihundertfünfzig Arten flogen hier umher, nisteten und verloren beinahe völlig ihre Scheu vor den Menschen. Darunter gab es solche, deren Lebenselement das Meer ist und andere, die niemals die blühenden Büsche verlassen. Es war eine Insel wie geschaffen zum Träumen von einem glücklichen, sorglosen Leben. Genau das tat Elisabeth, und bald schon erwachten ihre jugendlichen Kräfte wieder zur gewohnten Leidenschaft.

Erzsi war noch keine dreißig Jahre alt, stand also in dem Lebensabschnitt, wo es nicht mehr genügt, von der Natur mit Schönheit ausgestattet worden zu sein. In diesem Alter verlangt man danach, vor dem Hintergrund dieser Schönheit Liebe und Unterhaltung zu genießen. Auf Brioni fand sie das alles in nächster Nachbarschaft. Die Insel lag gegenüber dem großen österreichisch-ungarischen Marinehafen Pola. Seinen Namen hat Pola von den Griechen bekommen, die Römer wiederum hinterließen Monumente, die die Zeiten überdauern sollten. 1797 war Pola in den Besitz Österreichs gekommen. Die Stadt und ihr Hafen liegen am äußersten Ende einer

Kalkhalbinsel, die zu Istrien gehört, einer anläßlich des Wiener Kongresses 1814/15 an Österreich angeschlossenen Provinz. In diesem Hafen gab es ein beständiges Kommen und Gehen verschiedenster Kriegsschiffe, man konnte den Kreuzer »Kaiser Franz Joseph«, den Kreuzer »Kaiserin Elisabeth«, das Panzerschiff »Erzherzog Franz Ferdinand« (14 000 t), die Korvette Saida und eine große Anzahl Unterseeboote sehen. Elisabeth gratulierte sich selbst zu ihrem Entschluß, Brioni gewählt zu haben, und tatsächlich sollte sich diese Entscheidung für sie als überaus bedeutungsvoll erweisen. Elisabeths Herz gehörte der See, ihr Vater hatte die Uniform eines Konteradmirals getragen, und sie war jetzt stolz darauf, ihre Söhne in der weißen Marineuniform mit dem großen blauen Kragen und der weißen Mütze mit blauem Band zu sehen. Erzherzog Franz Ferdinand war ein großer Bewunderer und tatkräftiger Förderer der Kriegsmarine. Er fuhr jedes Jahr nach Pola, um sich mit dem Marinestab zu beraten, die Schiffe zu besichtigen und mit Offizieren und Besatzung zu sprechen. Während dieser Besuche wohnte er mit seiner Frau, Herzogin Sophie von Hohenberg, in Schloß Miramare, wo er zu Ehren der Admiralität und der höheren Offiziere Déjeuners und Galadiners veranstaltete. Elisabeths Namen scheint auf der Gästeliste nicht auf. Während Franz Ferdinand sich in Miramare aufhielt, durfte sie nicht im Schloß wohnen; das war vielleicht auch einer der Gründe, weshalb sie sich auf Brioni häuslich einrichtete. Elisabeth kannte einige der Marineoffiziere schon seit längerer Zeit, sie war ihnen anläßlich ihrer Aufenthalte in Schloß Miramare schon öfter begegnet. Von Brioni aus war es natürlich noch viel einfacher, den Kontakt aufrechtzuerhalten, und die Treffen häuften sich. Elisabeth lud die Offiziere zu Tennispartien ein – es waren alles ausgezeichnete Spieler – und die guten Reiter unter ihnen begleitete sie auf ihren Ausritten. Die jungen, lebenslustigen Offiziere waren immer gern dazu bereit, eine Vergnügungspartie zu organisieren. Es herrschte allgemeine mitreißende Fröhlichkeit, wobei die Haltung der Offiziere Elisabeths gegenüber zugleich ungezwungen und überaus respektvoll war. Sie war allgemein beliebt, sie tanzte und brachte Leben in die Gruppe. Erzsi war von ihrem Kummer genesen, sie konnte wieder lachen. Die Offiziere waren stolz auf ihre schöne Erzherzogin, sie luden sie ins Marine-Kasino ein, wo es

Musik und Schauspiel gab, oder in das Luxushotel »Riviera«, das 1909 erbaut worden war. Das dortige Restaurant galt als eines der elegantesten, die Küche war exzellent, und ein ausgezeichnetes Orchester animierte die Soirées dansantes. Elisabeth war die meiste Zeit über allein; manchmal kam ihr Mann, um sie und die Kinder zu besuchen, denn obwohl die Beziehung weiterhin gespannt blieb, wahrte man doch die äußeren Formen. Doch selbst wenn Otto nicht bei Elisabeth war, erhielt er ausreichend Information über alles, was sie tat. Dies konnte man aus einer späteren Erklärung ersehen, die er abgab, um seinen Wunsch nach Trennung zu rechtfertigen. Es gab bereits viele Menschen, die die Schuld an der wachsenden Entfremdung Elisabeths häufigen Abwesenheiten zuschrieben. Otto hatte viele Anhänger, die der Meinung waren, er habe sich stets korrekt verhalten, und seine kleinen Schwächen verdienten keinen derartigen Affront. Die Trennung von der Familie, von den Kindern bereitete Otto tatsächlich großen Kummer und tiefe Sorgen.

Gewiß genoß Elisabeth die Freiheit, die sie ihrer Meinung nach wiedererlangt hatte, und sie empfand ein Gefühl der Erleichterung darüber, daß sich der Druck der äußeren Lebensumstände gelockert hatte. Sie fühlte sich auch von vielen Pflichten befreit, die ihr in letzter Zeit zur Last geworden waren. Als Grundlage und Leitsatz diente ihr nunmehr ihre eigene Natur – übrigens eine bemerkenswert frauliche Natur, die sie dazu befähigte, eine untadelige, ihren Kindern ergebene Mutter zu sein. Ihre Mutterliebe war derart zärtlich und fürsorglich, daß ihr Sohn Franzi sich trotz des späteren Zerwürfnisses, das ihn und Elisabeth für einige Jahre entzweite, sein ganzes Leben lang daran erinnerte. Ihre besorgten Gedanken galten nicht nur dem gegenwärtigen, sondern auch dem zukünftigen Wohlergehen der Kinder. 1913 schrieb sie, einer plötzlichen Eingebung folgend, einen Brief an ihren Sohn Franz Joseph, dessen Umschlag sie mit dem schwarzen Doppelwappen siegelte und der ihm übergeben werden sollte, wenn er achtzehn Jahre alt war. In diesem Brief findet man den Ausdruck tiefempfundener Gefühle, Gedanken, die das typische Produkt ihrer Erziehung waren, und dann wieder andere Gedanken, die sehr persönlicher Natur waren und sich in ihrem späteren Leben noch mehr herauskristallisieren

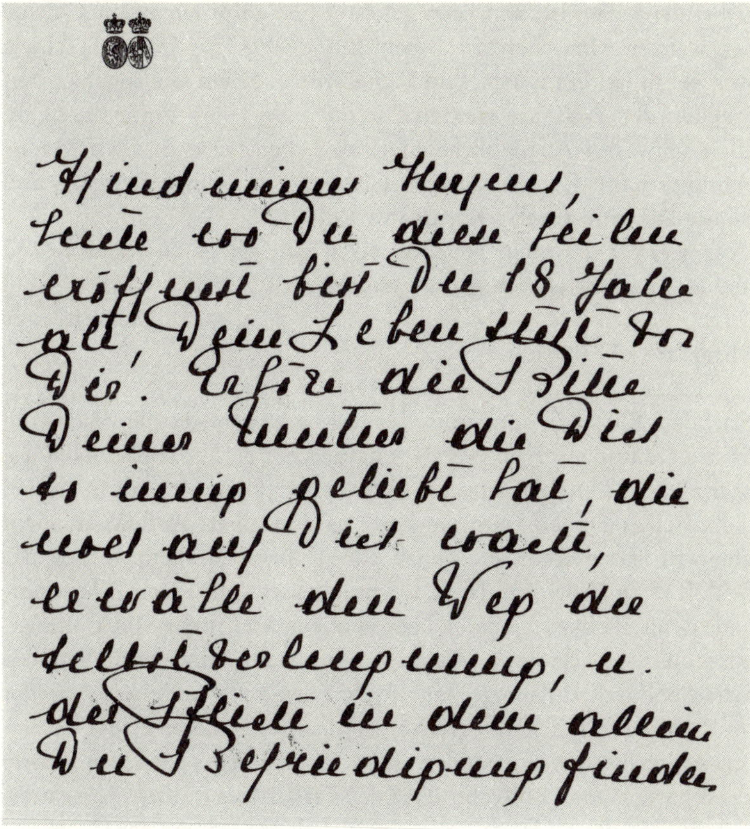
Kind meines Herzens,
heute wo Du diese Zeilen
eröffnest bist Du 18 Jahre
alt, Dein Leben steht vor
Dir. Erhöre die Bitte
Deiner Mutter die Dich
so innig geliebt hat, die
noch auf Dich wacht,
erwähle den Weg der
Selbstverleugnung, u.
der Pflicht in dem allein
Du Befriedigung finden

sollten. Ihre Ratschläge sind vernünftig und geben von einer realistischen Lebenseinschätzung Zeugnis:

»Kind meines Herzens, heute wo Du diese Zeilen eröffnest, bist du 18 Jahre alt, Dein Leben steht vor Dir. Erhöre die Bitte Deiner Mutter, die Dich so innig geliebt hat, die noch auf Dich wacht, erwähle den Weg der Selbstverleugnung, und der Pflicht, in dem allein Du Befriedigung finden kannst. Wähle Dir einen Beruf und erfülle ihn ganz und harre in ihm aus, wie schwer er auch sein mag. Vergesse nie Leben heißt arbeiten. Namen, Rang und Titel sind nichts, höchstens ein Ballast, der innere Wert, das was man aus sich

selbst geworden ist, was man geleistet hat, zählt allein vor Gott u. den wahren Menschen. In diesem Sinne sorge für Deine Geschwister, sei ihnen ein Beispiel und eine Stütze. Fliehe die sogenannten Freuden der Welt, sie werden Dir nur eine Leere hinterlassen, in allen schweren Augenblicken Deines Lebens und in allen Versuchungen halte fest an Deinem Glauben, an Deiner Religion und merke Dir, nur durch's Kreuz an's Licht!
Gott segne Dich mein geliebtes Kind wie ich es aus dem Grund meines Herzens täglich gethan habe

Deine Mutter

Miramare 28. Februar 1913.«

Nachdem Elisabeth von Jänner bis Juli 1912 wundervolle Wochen in Miramare und auf Brioni verlebt hatte, verbrachte sie einen Teil des Sommers in Ploschkowitz. Es sollte ihr letzter Aufenthalt in diesem böhmischen Schloß sein; sie hatte es von allem Anfang an nicht gemocht, desgleichen die ganze Umgebung. Elisabeth verließ das Schloß ohne Bedauern, ja sie löschte es sogar aus ihren Erinnerungen, denn sie sprach später kein einziges Mal mehr von Böhmen. 1913 hielt sie sich lange Monate hindurch auf Brioni auf. Wenn sie zwischendurch für einige Tage nach Wien kam, stieg sie entweder im Palais oder in Schönbrunn ab, wo sie mit Erlaubnis ihres Großvaters weiterhin mit den Kindern ihre Appartements benützen durfte. Erzsi hatte ihren Großvater über das Zerwürfnis in ihrer Ehe unterrichtet, der alte Herr verteidigte natürlich das Prinzip der Unauflöslichkeit der Ehe, und zwar nicht nur vom religiösen, sondern auch vom familienpolitischen Standpunkt aus. Zugleich hatte er immer noch das Bild seines unglücklichen Sohnes vor sich, der die gleiche verzweifelte Situation durchlebt hatte. Rudolfs Bitte um Annullierung seiner Ehe war vom Papst abgelehnt worden, und die sich daraus ergebenden Konsequenzen waren wohl mit schuld gewesen an seinem tragischen Ende. Franz Joseph kannte die überschwengliche und leidenschaftliche Natur Elisabeths, deshalb kam er ihr auch mit besonderer Nachsicht und Geduld entgegen. Er dachte, vielleicht käme doch alles wieder in Ordnung. Sicher war der Kaiser Erzsi gegenüber nur deshalb so nachsichtig, weil er eine gewisse Angst um sie empfand; denn ansonsten war er absolut in seinem

Festhalten an den in seinen Augen unantastbaren Moralgesetzen. Franz Joseph litt unter der ganzen Angelegenheit, er versuchte möglichst wenig damit zu tun zu haben, und so empfand er jedesmal eine gewisse Erleichterung, wenn Erzsi wieder abreiste; sie nahm ihre Probleme mit sich fort.
In Wirklichkeit aber nahm Elisabeth ihre Sorgen keineswegs mit sich fort, sie verbannte sie vielmehr ganz einfach aus ihren Gedanken. Die Sternkreuzordensdame entledigte sich ihres Ordens und ihrer Ehe, um die Freuden zu genießen, die jeder Tag ihr bot. Immer öfter ging sie mit Freunden und Offizieren aus, es schmeichelte ihr, Erfolg zu haben, manchmal kam es zu wahren Exzessen in den Bars und Tanzsälen von Pola oder bei den privaten Einladungen. Es war ein ziemlich verrücktes Leben, das Elisabeth damals führte, und es sollte auch später im Scheidungsverfahren eine gewichtige Rolle spielen – denn Erzsi wurde genau überwacht! Ohne Zweifel wußte sie nicht, daß sie beobachtet wurde. Aber abgesehen davon hätte sie sich ohnedies durch nichts und niemanden davon abhalten lassen, sich für die vergangenen traurigen Jahre zu entschädigen.
Auch die folgende Geschichte stammt aus dieser Zeit. Elisabeth zeigte den Marineoffizieren gegenüber ein sehr freies und fröhliches Betragen, sie verübte so manchen Streich, der der Würde einer Erzherzogin nicht angepaßt war. Einer dieser Streiche blieb den Opfern in übler Erinnerung. Elisabeth lud mehrere Offiziere zu einem Diner bei sich zu Hause ein. Die Herren, für die diese Einladung eine große Ehre bedeutete, erschienen sehr förmlich in ihre Uniformen gezwängt und doch eher steif und schüchtern gegenüber der Enkelin ihres Kaisers. Alle bewunderten den reich gedeckten Tisch, die Menüfolge versprach die herrlichsten Speisen. Elisabeth aber hatte den wirlich teuflischen Einfall gehabt, dem ersten Gericht ein sehr starkes Abführmittel beizumengen, das auch prompt noch vor Ende des Essens seine Wirkung zeigte. Bei den ersten Anzeichen verwandelte sich die korrekte, konventionelle Haltung der Herren in verzweifelte Kontorsionen, in den Gesichtern stand das blanke Entsetzen. Für die Opfer war die Situation tragisch, denn ein Offizier durfte sich keinesfalls vor einer Erzherzogin vom Tisch erheben! Aber da war nichts zu machen, die Notlage wurde übermächtig, ein Herr nach dem anderen mußte sich erheben und

zum Ort körperlicher Erleichterung begeben. Freilich gab es nur einen einzigen solchen Ort, und dort standen die Armen dann vor der Türe Schlange. Es ist nicht bekannt, ob Elisabeth für diesen unwürdigen Scherz, den außer ihr niemand witzig fand, vom Hof einen Verweis erhalten hat.

Franz Joseph hatte den wiederholten Bitten seiner Enkelin nachgegeben und ihr die Erlaubnis erteilt, auf einem der Kriegsschiffe eine kleine Kreuzfahrt zu machen. Zum großen Mißvergnügen Erzherzog Franz Ferdinands wiederholte er diese Erlaubnis noch einige Male. Das Kriegsschiff, das meistens von Elisabeth ausgesucht wurde, war zugleich ein Kreuzfahrtschiff. Schon Kaiserin Elisabeth hatte damit einige Reisen gemacht. Der Kreuzer, der 1890 vom Stapel gelaufen war und ein Gewicht von nur 4000 t hatte, trug ihren Namen. Man hatte für die Kaiserin Kabinen installiert und besonders ausgestattet, und dadurch war das Schiff für Reisen recht komfortabel.

Die Art, wie Elisabeth auf Brioni ihr Leben eingerichtet hatte, brachte sie mit vielen Menschen in Kontakt. Sie empfing zahlreiche Besuche, darunter sehr viele hochrangige Offiziere. Einer davon war Anton Haus, der 1911 zum Vizeadmiral ernannt wurde. Im Februar 1913 erhielt er im Rang eines Admirals das Kommando über die Flotte. Er starb 1917 auf einem der Schiffe an einer Lungenentzündung. Zwischen ihm und Elisabeth entstand von Anfang an eine enge Freundschaft; sie schätzte seine Qualitäten, und er brachte ihr große Bewunderung entgegen. Elisabeth war ihm stets dankbar dafür, daß er ihr gegenüber die Rolle des Beschützers einnahm.

Im Winter 1913 wurde Elisabeth bei einem Fest in Pola Leutnant Egon Lerch vorgestellt. Sie war ihm früher schon begegnet, und da er ihr angenehm aufgefallen war, hatte sie ihn mit besonderer Aufmerksamkeit beobachtet, was wohl erstes Anzeichen für ein erwachendes Gefühl war. Als sie dann seine persönliche Bekanntschaft machte, war sie sofort von ihm bezaubert. Eine Woche später lud sie ihn zu sich ein.

Wer war dieser Leutnant Egon Lerch? Er war als Sohn eines Fregattenkapitäns am 19. Juni 1886 in Triest zur Welt gekommen. Er schloß seine Studien an der Marineakademie erfolgreich ab und trat am 18. Juni 1904 in die Kriegsmarine ein. Am 1. Jänner 1913 wurde er zum Leutnant auf einem Linienschiff ernannt.

Elisabeth zeigte durch diese Wahl, daß ihre Persönlichkeit sich noch nicht wesentlich verändert hatte, wenngleich ihr Charakter eine gewisse Entwicklung erfahren hatte. Egon Lerch war allein schon vom Äußeren her ein ähnlicher Typus Mann wie Otto. Er war sehr groß, dunkelblond, athletisch gebaut, mit großen blauen Augen im ovalgeschnittenen Gesicht. Seine Freude daran, die Frauen zu erobern, verlieh ihm einen eigenen Charme. Er sah gut aus in seiner Uniform und hatte sich einen Ruf als Eroberer gemacht. Einige seiner galanten Abenteuer hatten zu unerfreulichen Zwischenfällen geführt, über die viel gesprochen wurde. Egon Lerch war als Offizier der kaiserlichen Marine nach den selben Prinzipien und der selben Disziplin wie Otto, der Offizier der Kavallerie, geformt worden. Beiden gemeinsam waren die Tugenden der Ritterlichkeit, der Tapferkeit, des Ehrgefühls, des Nationalstolzes und der Treue gegenüber ihrem Kaiser.
In der Zeit, bevor Elisabeth Egon Lerch begegnete, lebte sie in einem Zustand wachsender Bereitschaft für die Liebe, die ja ein Teil ihres Wesens war und also eines Tages ihr Leben wieder erwärmen mußte. Die leidenschaftliche Liebe Egon Lerchs entwickelte sich im selben Maß wie die Liebe Elisabeths, die gegenseitige körperliche Anziehung war so groß, daß jeder Konflikt der beiden Charaktere vorerst dadurch ausgeschlossen blieb. Egon stürzte sich mit derselben Dynamik und demselben Mut in dieses Liebesabenteuer, mit denen er sein Unterseeboot befehligte. Die Heftigkeit seiner Gefühle ließen ihn alle eventuellen Hindernisse ignorieren, und davon gab es einige: die Unantastbarkeit der Ehe der Enkelin des Kaisers, ihre vier Kinder, ihr Ehemann, ihre Familie und schließlich ihr guter Ruf. Elisabeth ihrerseits kannte keinerlei Zurückhaltung. Endlich hatte sie den Mann gefunden, der sie ganz und gar begehrte, der sie mit unverhohlener und unerschöpflicher Begeisterung umwarb. Wenn Elisabeth vorher flüchtige Liaisonen gehabt haben sollte, so hatte sie sie jedenfalls mit Schweigen und Geheimhaltung umgeben. Jetzt aber änderte sie ihr Verhalten. Elisabeth war der Ansicht, die wahre Liebe dürfe nicht versteckt werden, im Gegenteil, sie sei ein sichtbarer Sieg im Kampf um das Glück, man müsse sie verteidigen und zu ihr stehen. Egon Lerch zuliebe machte Elisabeth sich von den lastenden Traditionen frei, sie befreite sich von konventionellen

Gewohnheiten, sagte sich von der herrschenden Moral, der Religion und ihren Geboten und von ihrer Familie los. Nichts konnte sie mehr aufhalten auf ihrem Weg zur freien Liebe, wo Intuition und Gefühl regierten. Die Hingabe war beiderseits schrankenlos. Erzsi und Egon erlebten das perfekte Liebesabenteuer. Sehr bald wurde diese Liaison zu einem Skandal, über den alle Welt sprach. Die Aristokratie schwang sich zum gestrengen Richter auf, verteidigte Ehre und Moral, Anstand und gesellschaftliche Formen. In der kaiserlichen Familie herrschte Aufregung. Otto war machtlos. Er konnte nichts anderes tun als die Kommentare, die über seine Frau gemacht wurden, möglichst zu mäßigen. Natürlich fühlte er sich gedemütigt und verletzt. Elisabeth stellte sich dem Echo all dieser Aufregung gegenüber taub. Das, was sie tat, lag allein in ihrer Verantwortung, und sie gestand niemandem das Recht zu, sich in ihr persönliches Leben einzumischen. Damals begann sie die ihr eigene Art von Moral zu entwickeln, die nur nach dem eigenen Gewissen handelt. Dieser Moral blieb sie während der fünfzig Jahre, die ihr Leben noch dauern sollte, treu.

Kriegsschrecken

Es war ein kalter, düsterer Abend im Dezember des Jahres 1913. Drei Menschen eilten durch den Südbahnhof, geschickt schlüpften sie zwischen den anderen Reisenden hindurch, die sich neugierig nach den auffallend großen Gestalten umwandten, und gelangten schließlich über den Bahnsteig zu dem Geleis, auf dem bereits der Expreßzug Richtung Triest wartete. Eingehüllt in einen dicken Pelzmantel, kerzengerade und schlank wie der Stamm einer jungen Tanne, ließ Elisabeth Marie sich von ihrem Mann in den Waggon helfen. Sie war einige Zeit in einer Klinik zur Beobachtung gewesen. Otto hatte sie abgeholt und brachte sie nun, gemeinsam mit ihrem Arzt, an die Bahn, um sie zu verabschieden und ihr noch einige letzte Ratschläge zu geben. Ein Abteil erster Klasse war für sie reserviert. Die Türe zum Nebenabteil war halb geöffnet, man konnte dort eine Dame aus der Gesellschaft sitzen sehen, die Elisabeth auf ihrer Reise zum Meer begleiten sollte. Lächelnd umarmte Erzsi ihren Mann, sagte ihrem Arzt Aufwiedersehen und zögerte den Augenblick des Abschieds so lange hinaus, bis ein gellender Pfiff ankündigte, daß die Lokomotive sich gleich in Bewegung setzen werde. Das Lächeln, das Erzsi ihrem Mann geschenkt hatte, entsprang freilich nicht einem von Herzen kommenden Gefühl, es war vielmehr ein Lächeln der Zufriedenheit über den gelungenen Streich, den sie ihm gespielt hatte und zugleich ein Lächeln der Vorfreude auf das Glück, demzuliebe sie ihre List ersonnen hatte. Als der Zug im Bahnhof von Graz hielt, beugte Erzsi sich aus dem Fenster, und ihre Augen suchten eifrig nach der sehnsüchtig erwarteten Gestalt. Da kam auch schon Egon Lerch herbeigelaufen, stieg in den Liegewagen und ging in die Kabine, aus der sich Erzsis Begleiterin inzwischen bereits zurückgezogen hatte. Egon öffnete die Verbindungstüre, zog Erzsi in seine Arme und küßte sie leidenschaftlich.

Otto hatte nicht mehr allzuviel Vertrauen zu seiner Frau. Er wußte aus eigener Erfahrung, welche Willenskraft und welche Energie sie aufbringen konnte, wenn sie verliebt war. Sie fegte alle Hindernisse beiseite und verfolgte ihr Ziel ohne Skrupel und ohne viel Nachdenken. Otto wußte von Elisabeths Liaison mit Egon Lerch, doch entsprechend seinem zurückhaltenden Wesen wollte er das Auffliegen des Skandals nicht nur um seiner selbst vermeiden, sondern auch wegen der kaiserlichen Familie, wegen seiner eigenen Familie und vor allem wegen der Kinder, denen gegenüber er eine moralische Verpflichtung zu haben meinte, die er nicht vernachlässigen wollte. Deshalb nahm er eine passiv abwartende Haltung ein. Elisabeth warf ihm das später zu Unrecht vor. Sie klagte ihn an, er habe in diesem ganzen Konflikt nur die eine Angst gehabt, nämlich seine jährliche Rente von 70 000 Kronen zu verlieren, die ihm entsprechend dem letzten finanziellen Arrangement ausgeschüttet werden sollte.

Sowie Elisabeth in Brioni war, gab sie sich keinerlei Mühe mehr, ihre wahren Gefühle zu verbergen. War sie aber in Wien, legte sie sich viel mehr Zurückhaltung auf. Hier zeigte sich, daß sie perfekt die weibliche Kunst beherrschte, Rendezvous zu arrangieren und heimliche Fahrten zu ermöglichen, die sie mit ihrem Geliebten gemeinsam unternehmen wollte. Sie erfand alle nur denklichen Ausflüchte, spann unaufhörlich Ränke und stand stets unter der zitternden Emotion ihrer verborgenen, gefährlichen Liaison. Sie wußte, daß sie sich bereits viele Feinde gemacht hatte, die Blicke, die ihr Tun verfolgten, waren zumeist vorwurfsvoll und von strenger Mißbilligung. Elisabeth aber war so erfüllt von ihrer Liebe, daß sie die Umwelt entschlossen ignorierte. Noch war ihr Herz nicht fähig zu jenem Gefühl von Haß der späteren Jahre.

Wo immer Elisabeth sich befand, war sie von so vielen Menschen umgeben, daß es wirklich unmöglich war, ein Geheimnis nicht früher oder später offenkundig werden zu lassen. Immer war da irgendein Diener, ein Kutscher, ein Chauffeur, ein Lakai, eine Kammerfrau, mit einem Wort irgendeine Soubrette, die in der Komödie des Lebens die Rolle des Verräters spielte. Dies umso mehr, als Elisabeth sich auch unter den Hausangestellten viele Feinde gemacht hatte. Ihr ganzes Leben lang war ihr Auftreten den Bediensteten gegenüber herrisch, unhöflich, ja oft sogar grob.

Einige Jahre später zeigte sich im Verlauf des Scheidungsverfahrens, daß Otto über das tägliche Programm seiner Frau genauestens informiert gewesen war; er führte darüber Tagebuch genau wie über seinen eigenen Tagesablauf. Alles war hier vermerkt – die Uhrzeit der Rendezvous, wo die Treffen stattfanden und wie lange sie dauerten, wann und wohin Erzsi ging oder fuhr, jeder Besuch von Egon Lerch, wann er das Haus betrat und wann er es wieder verließ, die Zeit, die er im Salon verbrachte, im Speisezimmer oder im Schlafzimmer. Otto wußte, daß Egon, wenn er von Erzsis Zimmer aus durch das angrenzende Zimmer der Buben ging, einen Gang benützen konnte, in dem ihn niemand sehen konnte. Allerdings hörte man seine Schritte.

Erzsi erlaubte sich einige Eskapaden, die sie vor allen Menschen verborgen halten konnte, außer vor ihrem Mann, der über alles auf dem laufenden war. Es gab da einen ziemlich mysteriösen Aufenthalt in Böhmen bei Freunden auf einem Schloß, dessen Name nicht genannt wurde. Eine weitere geheimnisvolle Reise führte Erzsi und Egon nach Budapest. Elisabeth war wie verzaubert. Sie liebte den Charme der Ungarn und das intensive Nachtleben ihrer Hauptstadt, sie sprach ihre Sprache, und ihr Temperament vibrierte im Gleichklang mit diesem dem österreichischen so verschiedenen Temperament. Hier fühlte sie sich zu Hause, sie gab sogar jenen gegenüber, die nichts von ihrem Liebesabenteuer wußten, ihren Geliebten als ihren Mann aus. Während des Tages galoppierten die beiden mit ihren Pferden über die Puszta, bis sie völlig außer Atem waren. In den Nächten aber überließ das glückliche Paar sich der Zigeunermusik. Mit feinem psychologischen Gespür ließen die Geiger den Bogen über die Saiten gleiten, lockten Töne voll sanfter Empfindsamkeit daraus hervor, bis die Melodie sich leidenschaftlich und erregend erhob, aus tieftraurigen, schwermütigen Weisen emporwirbelnd zu mitreißender wilder Fröhlichkeit, und so übte die erste Geige bis zum Morgengrauen ihre hypnotische Macht aus. Zimbal, Violoncello und Sänger waren mit ebenso unermüdlicher Begeisterung dabei, denn echte Zigeuner hören nicht zu spielen auf, nicht einmal wenn die Sonne aufgeht; sie spielen so lange, bis die Paare sich auf der Suche nach Einsamkeit zurückziehen.

Während der Jahre 1914 und 1915 war Elisabeth oft in Wien, um die Renovierungsarbeiten an Schloß Schönau zu überwachen. Sie legte großen Wert darauf, daß alles perfekt und ganz nach ihren Wünschen hergerichtet wurde, sie erlaubte keinerlei Nachlässigkeit und kümmerte sich auch um das kleinste Detail. Sie selbst bestimmte die Einzelheiten der Innenausstattung, wählte Stoffe, Tapeten und Farben aus. Hier konnte sie ihr ganzes Talent entfalten, um ein Ensemble von sehr persönlicher Prägung zu gestalten. Sie versäumte auch nicht, ein kleines Appartement für ihren Mann herzurichten, was darauf schließen läßt, daß damals eine Trennung noch nicht endgültig geplant war. Elisabeth fuhr in dieser Zeit häufig von Norden nach Süden und wieder zurück. Sie konnte ohne Schwierigkeit und ohne Kontrollen mit ihrem Gepäck und ihrem Personal die Grenze überqueren, die Zolloffiziere begrüßten sie lediglich mit einem freundlichen Lächeln und respektvollem Salut. Am 26. März 1913 wurde ihr Passierschein erneuert, sie erhielt ein offizielles Dokument der österreichisch-ungarischen Botschaft in Rom, vom Botschafter eigenhändig signiert, in welchem die Zollbehörden ersucht wurden, Ihrer k.u.k. Hoheit Fürstin Elisabeth zu Windisch-Graetz beim Passieren der Grenzen sämtliche Erleichterungen zu gewähren. Am 14. Februar 1914 erhielt Elisabeth ein wunderschönes Dokument mit einer besonderen Schrift und dem weißen kaiserlichen Siegel, welches besagte:

»Im Namen Seiner Majestät des Kaisers von Österreich, Königs von Böhmen etc. und Apostolischen Königs von Ungarn, werden alle Zivil- und Militärbehörden angewiesen, jene der auswärtigen Staaten aber geziemend ersucht, Ihre k.u.k. Hoheit Fürstin Elisabeth zu Windisch-Graetz, geborene Erzherzogin von Österreich, Höchstwelche mit Dienerschaft in den europäischen und außereuropäischen Staaten reist, allerorten frei und ungehindert passieren, auch Höchstderselben nötigenfalls allen Schutz und Beistand angedeihen zu lassen.
Gültig drei Jahre. Auf Allerhöchsten Befehl Seiner kaiserlichen und königlich Apostolischen Majestät der Minister des kaiserlichen und königlichen Hauses und des Äußeren; gezeichnet Dr. Ottokar Baron Schlechta, k.u.k. Hof- und Ministerialrat.«

Man sieht also, daß Franz Joseph stets über seine Enkelin wachte und alles in seiner Macht Stehende für ihre Sicherheit und ihr Wohlbefinden tat. Und Elisabeth hatte absolutes Vertrauen zu ihrem Beschützer; der Gedanke, daß ihr nichts geschehen konnte, gab ihr die nötige Kraft in ihrer Unabhängigkeit.
Elisabeth hatte ihre beiden älteren Söhne Franzi und Erni in die Elementarschule der Marine in Pola eingeschrieben. Am 11. April 1914 bekam Franzi ein sehr gutes Zeugnis über seine Lernerfolge und sein Betragen und durfte in die nächste Klasse aufsteigen. Erzsi war sehr zufrieden, auf schulische Disziplin und Studienerfolge legte sie größten Wert.
In Brioni, wo die Farben des Spektrums einander abwechselten, wo das Blau des Himmels und des Meeres mit den dunklen, satten Grüntönen der Vegetation verschmolz, umgeben von den schönsten Phantasiegebilden der Natur, lebte Elisabeth in einem wahren Zustand von Euphorie. Sie lebte nicht direkt in einer imaginären Welt, schwebte aber doch recht weit über der Realität. Manchmal schenkt uns das Schicksal solche Tage, Monate, ja sogar Jahre voll Frieden und Glück. Elisabeth hatte in der Vergangenheit nur zu oft die Hoffnung auf solche Augenblicke verloren geglaubt, deshalb griff sie nun aus ganzem Herzen, begeistert und voll Erregung, mit beiden Händen nach diesen Freuden. So konnte sie Egon Lerch auf seinem impulsiven Höhenflug einholen, der in seiner Liebe zu ihr die ganze Kraft und Glut seiner Jugend überschäumen ließ. Egon hatte Tag und Nacht freien Zutritt zur Villa Punta Naso. Franzi, der damals 11 Jahre alt war, vergaß nie, wie er eines Tages mit seiner Mutter in ihrem Schlafzimmer spielte und plötzlich die Türe aufflog, Egon hereinstürmte und Lachen und Fröhlichkeit mit sich brachte. Erzsi schickte ihren Sohn sofort hinaus, der das Zimmer voll kindlichen Gekränktseins verließ. Die Buben hatten den Freund ihrer Mutter sehr gern, er war ein ausgezeichneter Spielkamerad, immer fröhlich und voll guter Laune und stets bereit, sich an den dummen Streichen, die sie ausheckten, zu beteiligen. Sie kletterten auf seinen Rücken, turnten nach seiner Anleitung, manchmal nahm er sie zum Hafen mit, um die Schiffe anzusehen, und erzählte ihnen Geschichten über Reisen in ferne Länder und Schiffbrüchige.
So lebten Egon und Erzsi in romantischer Harmonie ihr eigenes

kleines Leben. In ihrer Leidenschaft fanden sie die Erfüllung, von der sie hofften, sie werde von Dauer sein. Aber dort, wo das Leben seine sanften Seiten hat, dort zeigt es sehr bald auch seine grausame Seite, von der niemand verschont bleibt.

Soweit man aus ihren Anmerkungen in verschiedenen Büchern ersehen kann, hat Elisabeth Gedichte geliebt. In der Poesie fand sie die Gefühle wieder, die sie selbst empfand, sie zeichnete mit Bleistift jene Passagen an, die ihrem eigenen Seelenzustand am meisten entsprachen. In dieser Zeit las sie gerade in einer Gedichtsammlung »Indische Liebe«; ihre Anmerkungen enthüllen einiges von ihren damaligen Empfindungen.

Elisabeth hielt sich den Winter und Frühling 1914 über in Brioni auf. Langsam verlor sie den Kontakt zu ihrer Wiener Umgebung, das einzige, was sie noch dorthinzog, waren die Besuche bei ihrem Großvater. Er wußte inzwischen von ihrer Affäre, zog es aber vor, dieses Thema zu meiden. Die Besuche seiner geliebten Liesl brachten ihm immer wieder neue und unerwartete Emotionen. Er war inzwischen zum Greis gealtert; er konnte und wollte die Verirrungen seiner Enkelin nicht verstehen. Die Probleme Rudolfs hatte er nicht lösen können, die Probleme seiner Enkelin konnte er nicht begreifen, er war all der Dramen in seiner Familie müde, und so begann er schließlich, die Besuche Elisabeths zu fürchten. Sie wiederum zog es vor, sich einer Gesellschaft und einer Familie fernzuhalten, von der sie nur Vorwürfe zu erwarten hatte. Sie wollte kein doppeltes Spiel, ihr neues Leben wollte sie ehrlich und ohne Rückhalt leben.

Noch einmal machte Elisabeth eine Kreuzfahrt auf einem der Kreuzer, es machte ihr Vergnügen, ihrem Sohn das ganze Schiff zu zeigen. Völlig ahnungslos über das, was die nahe Zukunft ihr bringen sollte, betrachtete sie ruhig und vertrauensvoll die Kriegsflotte, die friedlich, ruhmreich und schön vor ihren Augen lag. Nicht einen einzigen Augenblick dachte Elisabeth daran, daß diese Flotte in gefährliche und tragische Ereignisse verwickelt werden könnte. Vor allem kam es ihr nicht in den Sinn, daß ihr persönliches Schicksal, das ja für sie das einzig Wichtige war, plötzlich aus ihrer Kontrolle geraten und durch die übergeordnete Geschichte des Kaiserreiches beherrscht und erschüttert werden könnte.

Im März 1914 erfuhr Elisabeth, daß Erzherzog Franz Ferdinand sich

mit seiner Frau Herzogin Sophie von Hohenberg und den Kindern in Miramare aufhalte. Es war das erste Mal, daß der Kaiser den Kindern erlaubt hatte, ihre Eltern in das kaiserliche Schloß zu begleiten. Die große Sympathie, die Erzsi für ihren Cousin hegte, ging zurück auf die Zeit vor seiner morganatischen Ehe, als sie seiner Braut mit deutlichem Wohlwollen entgegengekommen war. Dann hatte sie selbst geheiratet, und ihre Wege hatten sich getrennt; sie hatten einander nur mehr bei seltenen Anlässen gesehen. Franz Ferdinand wohnte entweder in Schloß Konopischt in Böhmen oder in Schloß Artstetten an der Donau. Er hatte eine ausgeprägte Sympathie für die Tschechen und eine ebenso ausgeprägte Antipathie gegen die Ungarn entwikkelt, was natürlich völlig den Gefühlen Erzsis widersprach. Sie wußte nur wenig über seine politischen Tendenzen und Aktivitäten oder über die Meinungsverschiedenheiten, die er deswegen mit Franz Joseph hatte, der trotz seiner vierundachtzig Jahre darauf bestand, in allem allein zu handeln und zu regieren.
Als Elisabeth Ende März 1914 auf Brioni eintraf, erfuhr sie, daß der deutsche Kaiser Wilhelm, der sich zuvor mit Franz Ferdinand und dem italienischen König Emmanuel I. getroffen hatte, auf der Adria eine Kreuzfahrt mit Zwischenaufenthalt in Korfu machte. Aber Elisabeth war viel zu sehr auf ihr eigenes Leben konzentriert, um mehr als nur zweitrangiges Interesse für die Ereignisse aufzubringen, an denen sie nicht direkten Anteil hatte und die sie daher nur oberflächlich zur Kenntnis nahm.
Nach einem kalten, düsteren und schneereichen Winter folgte 1914 ein besonders üppiger Frühling. Alles Leben schien förmlich unter dem wunderbaren Drang der Säfte zu explodieren, die die Natur wieder erblühen lassen und die Menschen mit neuer, sorgloser Fröhlichkeit erfüllen. Mitte April begann die Jagdsaison, Franz Ferdinand wollte die Auerhahnjagd nicht versäumen, denn zu dieser Zeit absolvieren diese schönen Vögel ihre Balzgesänge und -tänze. Er war mit seiner Frau auf den Besitz des Grafen Kinsky eingeladen, wo es besonders viele Auerhähne gab.
Am 12. Juni empfing Franz Ferdinand neuerlich den deutschen Kaiser, offizieller Anlaß dieses Besuches war die Rosenblüte, tatsächlich aber wurde der Großteil der Zeit den Gesprächen über Politik gewidmet.

Die Kraft und die Gaben der Natur erneuern sich immer wieder, die Menschen lassen sich vom äußeren Schein täuschen, und ihre Sinne werden betäubt von der Süße des Lebens und dem Zauber der Frühlingszeit. Aber hinter all diesen Dingen stieg drohendes Unheil wie ein Geysir empor. In Bosnien gab es bestimmte politische Gruppierungen, die zum Äußersten bereit waren, um für ihr Land die Unabhängigkeit zu erlangen. Sie zettelten Verschwörungen an, heizten über die Untergrundpresse den Geist der Revolte und des Freiheitsdranges an. Diese fanatischen Revolutionäre gehörten zwei verschiedenen Gruppen an: »Einheit oder Tod« und »Die schwarze Hand«. Sie waren für mehrere Verbrechen in den Jahren 1914 und 1915 verantwortlich. Immer wieder berichteten die Agenten darüber nach Wien, aber die Verantwortlichen hatten weder die Kraft noch die Möglichkeit Entscheidungen zu treffen, die das Schlimmste hätten verhüten können. Franz Ferdinand wußte von der Gefahr, die durch terroristische Umtriebe in Bosnien-Herzegowina drohte. Er wußte auch, daß sein eigenes Leben seit zwei Jahren bedroht war, zu diesem Punkt gab es konkrete und authentische Berichte, die in Wien vorlagen. Sowie die Serben vom Plan des Kronprinzen erfuhren, Sarajevo zu besuchen und an den Militärmanövern teilzunehmen, nahm das Projekt des Attentats konkrete Gestalt an. So fielen also auf beiden Seiten die Würfel, das Schicksal nahm seinen Lauf. In den Wochen vor der Abfahrt nach Bosnien zeigte Franz Ferdinand sich noch unschlüssig wegen dieser Reise, die zu machen er wenig Lust verspürte. Am 4. Juni war er in Audienz beim Kaiser, dabei wies er darauf hin, wie sehr er die Hitze und die Anstrengung für seine Gesundheit fürchte. Franz Joseph erwiderte lediglich: »Mach, was Du willst«. Menschlich gesehen, hätte der Kaiser diese Reise verbieten müssen, da er wußte, daß Franz Ferdinand nie von sich aus den Besuch absagen würde aus Sorge, man könnte ihn für feige halten. Der Kaiser entschied auch, daß Sophie den Kronprinzen nach Sarajevo begleiten sollte und daß ihr alle Ehrenbezeugungen zu erweisen seien, die ihr als dessen Frau zustanden.
Vor seiner Abreise besuchte der Erzherzog noch Graf Harrach, der ihn begleiten sollte. Als die Hausherrin ihm eine gute Reise wünschte, erwiderte er: »Es ist ja kein Geheimnis, es würde mich nicht wundern, wenn mich dort ein paar serbische Kugeln erwar-

ten.«* Die Fahrt begann mit dem Zug von Wien nach Triest, wo Franz Ferdinand das Kriegsschiff »Viribus Unitis« bestieg, welches ihn zur Mündung des Flusses Narenta brachte, den er weiter auf einer Yacht hinauffuhr. Dann ging es mit einem kleinen Zug weiter nach Ilidze, wo ihn seine Frau erwartete, die die ganze Reise im Zug über Budapest und Belgrad gemacht hatte.
Die Manöver fanden im Westen von Sarajevo in einer karstigen Gegend statt, die vom Berg Ivan (1000 m) dominiert wird. Es war eine harte Prüfung für die mehr als zwanzigtausend Männer, die daran teilnahmen. Es gab nur wenig Wasser, und die erstickende Hitze wurde kaum von einem unheilverkündenden Gewitter gemildert, das die schutzlos ausgelieferten Soldaten in wilde Panik versetzte. In manchen Augenblicken erhellten die Blitze den Himmel bis an den Horizont, fuhren dann nieder in die Erde, das Grollen des Donners schien ein aus dem Jenseits hervorbrechendes Getöse, der sintflutartige Regen prasselte auf dem karstigen Boden auf, ehe er in Sturzbächen einem unsichtbaren Ziel zustrebte. Die Luft aber war nach dieser wilden Entladung himmlischer Energien kaum klarer und frischer als zuvor. Franz Ferdinand nahm an den Manövern teil und zeigte sich sehr zufrieden über Ausbildung, Moral, Haltung und Disziplin der Truppen; er machte dem Kaiser darüber Rapport.
Am Sonntag, den 28. Juni, wohnten Franz Ferdinand und seine Frau einer stillen Messe bei, dann verließen sie Ilidze, wo sie gewohnt hatten. Sechs Wägen fuhren nach Sarajevo, dem Tod entgegen! Die das Verbrechen ausführen sollten, warteten bereits.
Nach einem Zwischenaufenthalt zur Besichtigung einer Kaserne fuhren drei Wägen entlang dem Appelkai zum Rathaus. Entlang des Weges hatte sich eine große Menschenmenge versammelt, um dem Kronprinzen und seiner Frau zuzujubeln. Die Festungskanonen schossen 24mal ihre Salven ab. Im ersten Wagen befanden sich der Bürgermeister und der Polizeichef, im zweiten saß Graf Harrach neben dem Chauffeur, im offenen Fond saßen Franz Ferdinand und Sophie. Plötzlich flog eine Bombe gegen den Wagen, sie prallte an das Verdeck, das Zündhütchen sprang ab und verletzte Sophie leicht am

*) Bericht der Gräfin Harrach an Graf R. Kinsky

Hals. Dann rollte die Bombe auf den Boden, unter den dritten Wagen, explodierte dort und verletzte zwei der Insassen schwer, einen dritten leicht. Der Kronprinz ließ seinen Wagen anhalten und sich über die Folgen des Attentats informieren. Da man sich bereits um die Verletzten kümmerte und sie zum nächsten Spital brachte, setzte die Wagenkolonne ihren Weg zum Rathaus fort. Durch den Lärm, den die Menschenmenge und der Kanonendonner verursachten, hatte der Bürgermeister nichts von der Explosion gehört und fuhr ganz selbstverständlich mit seiner Begrüßungsrede fort. Franz Ferdinand unterbrach ihn brüsk mit den Worten: »Ich komme zu Besuch nach Sarajevo, und man wirft mit einer Bombe nach mir – ich bin empört!« Nachdem der offizielle Besuch beendet war, fuhr der Wagenkonvoi zurück zum Franz Josephs Kai. Franz Ferdinand, der die nahende Gefahr spürte, sagte zu seiner Frau: »Ich glaube, wir werden heute noch ein paar Kugeln abbekommen!« Um dem Kronprinzen als Kugelfang zu dienen, verließ Graf Harrach seinen Platz neben dem Chauffeur und stellte sich auf das Trittbrett auf der rechten Seite. Die Attentäter aber schossen von der linken Seite aus einer Entfernung von etwa zehn Metern. Um zum Kai zu gelangen, mußte der Chauffeur die zweite Straße rechts abbiegen, er ging aber schon bei der ersten Abzweigung vom Tempo herunter, man rief ihm zu, er solle weiterfahren, er bremste und in diesem Augenblick fielen die Schüsse. Die erste Kugel traf den Kronprinzen am Hals und durchschlug die Arterie, die zweite drang durch die Karosserie des Autos und traf Sophie in den Unterleib. Franz Ferdinand, dem das Blut aus dem Mund quoll, hatte noch die Kraft zu flüstern: »Sopherl, Sopherl, stirb nicht! Du mußt leben für die Kinder!« Auf die Frage des Grafen Harrach, ob er Schmerzen habe, antwortete er tonlos: »Es ist nichts.« Als man den Uniformkragen öffnete, schoß das Blut in dickem Strahl hervor, da wußte man, daß er verloren war.
Die Attentäter wurden sofort von der Polizei festgenommen. Man brachte das Kronprinzenpaar zum nahegelegenen Konak, dem Haus des Statthalters. Als man sie im Salon niederbettete, war Sophie bereits tot, Franz Ferdinand lebte noch, starb aber zehn Minuten, nachdem er die Sterbesakramente empfangen hatte. Die beiden mit Blumen überhäuften Metallsärge waren Stunden hindurch von einer sich langsam vorschiebenden Menschenmenge umringt, die ihre Trauer

und ihr Mitgefühl kundtun wollte. Wo immer der Leichentransport auf seiner Fahrt hinkam, rief er Unruhe und Entsetzen hervor.
Elisabeth Marie war zutiefst verstört, als sie vom tragischen Tod ihres Cousins erfuhr. Die Nachricht mit allen Details erreichte Elisabeth sehr rasch. Von Brioni aus sah sie über die Weite der Adria die vertraute Silhouette der »Viribus Unitis« sich Triest nähern, gefolgt von der Flotte, die ihrem Admiral die letzte Ehre erwies. Als die Schiffe am Horizont verschwunden waren, spürte Elisabeth zum ersten Mal Angst. Das tragische Ereignis rief Erinnerungen hervor, Bilder stiegen aus der Vergangenheit empor und drängten sich zwischen sie und ihre Umgebung. Da war ihre Großmutter Elisabeth, sie schien ganz nahe, lebendig, wunderschön und voll Sanftmut. Erzsi glaubte, sie berühren zu können. Da plötzlich krümmte sie sich zusammen, Erzsi sah den Mörder, das Messer, das Schiff, die blaue Fläche des Sees. Sie war erst fünfzehn Jahre alt gewesen, als ihre Großmutter starb, aber sie hatte verstanden, was geschehen war. Sie weinte, als sie neben ihrem Großvater am Sarg der Kaiserin stand, sie sah die Tränen in seinen Augen, als er Abschied nahm von dieser Frau, die er so sehr geliebt und der er alles verziehen hatte. Heute beweinte Erzsi ihren Cousin Franz, der ihr nahegestanden war. Erzsi dachte an ihren Großvater, dem nun wohl die Religion und die innere Ruhe, die mit dem Alter kommt, helfen würden. Denn wenn auch vielleicht seine Gefühle nicht besonders berührt wurden durch den Tod des Kronprinzen, so doch sein Sinn für die Dynastie. Franz Joseph hatte auf tragische Weise seinen Bruder, seinen Sohn, seine Kaiserin und nun auch noch seinen Neffen und Thronfolger verloren. Historische Verbrechen hatten viel Leid über die Familie der Habsburger gebracht.
Im ersten seelischen Schock dachte Elisabeth noch nicht an die Konsequenzen, die einige Tage später offenbar wurden. Sie fand in ihrer Liebe Trost für ihren Kummer. Aber Egon wollte ihr die drohende Gefahr in der lokalen und europäischen politischen Situation sowie die daraus für die Armee resultierenden Folgen nicht verbergen. Er informierte sie über die Truppenbewegungen in Bosnien und Serbien. Sein Schiff lag an der Küste dieser Regionen vor Anker. Er besaß ausgezeichnete Informationen, so konnte er ihr vieles über die Hintergründe des Dramas, das sich abzuzeichnen

begann, mitteilen. Er dachte, wenn sie Bescheid wüßte über die Gegenwart und die Vergangenheit, könnte sie die Zukunft besser verstehen. Als Offizier verfolgte er natürlich täglich, was sich in Wien abspielte, er versuchte einen Überblick über die verschiedenen Tendenzen, die Parlamentssitzungen und das Risiko der Allianzen zu gewinnen. Sehr rasch entwickelte sich Kriegsstimmung, und das Unheil wurde Wirklichkeit, als am 28. Juli der Kaiser die Kriegserklärung gegen Serbien unterschrieb. Die Kette der Allianzen begann zu splittern, am 6. August folgte die Kriegserklärung an Rußland, am 1. August erklärte Deutschland Rußland den Krieg, am 3. August Frankreich. Großbritannien trat an die Seite der Alliierten, Italien blieb bis 1915 neutral.

Die Katastrophe, die während vier Jahren unendliches Leid und Elend über die Menschen in Europa bringen sollte, begann mit der allgemeinen Mobilmachung.

Als Erzsi Egon Lerch wiedersah und mit ihm über den Kriegszustand sprach, wurde sie von einer neuen Angst erfaßt, die noch viel heftiger war als die Angst nach dem Attentat auf ihren Cousin Franz Ferdinand. Jede Fiber ihres Körpers bebte, sie hatte alles Vertrauen in die Zukunft verloren und sah nur noch das Unheil vor sich, das sie treffen konnte. Egon versuchte, sie mit seiner Fröhlichkeit und Zuversicht aufzuheitern. Für den jungen Offizier begann ein militärisches Abenteuer, bei dem er die Gelegenheit sah, seinen Heldenmut als Marineangehöriger und seine Treue zum Kaiser zu beweisen.

Am 21. August 1914 wurde Leutnant Egon Lerch zum Kommandanten des Unterseebootes U12 ernannt. Als er Elisabeth die Nachricht von seinem Kommando überbrachte, war er vor Freude und Stolz wie elektrisiert. Für ihn war dies der endgültige Beweis, daß man seine charakterliche Eignung, seine Fähigkeiten und seinen Diensteifer anerkannte und schätzte. Er war mit seinen achtundzwanzig Jahren noch sehr jung für ein solches Kommando und die damit verbundene Verantwortung. Aber Egon war seiner selbst sicher, er würde seine Aufgabe erfüllen und niemals seine Pflicht versäumen! Wenn Egon an sich und seine Karriere dachte, dann dachte er zugleich auch an Erzsi. Er wollte der Frau, die er liebte, er wollte der Enkelin des Kaisers, für den er in den Kampf ziehen sollte, würdig sein.

Offiziell übernahm Egon Lerch das Kommando über sein Untersee-

boot U12 am 10. September. Im September und Oktober machte er kleinere Übungsfahrten im Meer rund um Pola und Brioni.
Elisabeth traf Egon so oft wie mögich. Er hatte von seiner Seite her nicht mehr viel Freizeit, sie selbst war von Ende des Sommers 1914 bis März 1915 die meiste Zeit im Palais in Wien. Die Arbeiten in Schloß Schönau waren beinahe beendet, und umso mehr waren ihre Anwesenheit und ihre Aufsicht vonnöten. Natürlich fuhr sie immer wieder von Wien nach Brioni, wo sie ihren Geliebten wiederfand.
In Elisabeths Leben spielten damals zwei Männer eine Rolle. Da war auf der einen Seite ihr Geliebter, der ihre ganze Person in Anspruch nahm, und auf der anderen Seite ihr Ehemann, den sie vollständig vernachlässigte und den sie nur manchmal sah, wenn sie sich in Wien im Palais aufhielt. Die Beziehung zwischen den Eheleuten blieb gespannt, sie waren damals aber noch bereit, einander, wenn auch mit Unterbrechungen, zu ertragen. Im Frühjahr 1914 war Otto vom Kaiser zum Repräsentanten des Armeereitsports bei den Olympischen Spielen ernannt worden, die in Stockholm stattfinden sollten. Otto war Mitglied des Internationalen Olympischen Komitees und mußte Baron de Coubertin bei den Sitzungen vertreten, die in der Sorbonne in Paris stattfinden sollten. Diese Pläne machte der Krieg zunichte.
Vom Augenblick der Kriegserklärung an Serbien wurde Otto zu Windisch-Graetz dem Regimentsstab der 2. Armee Böhm-Ermolli im Rang eines Majors zugeteilt. Die 2. Armee wurde am Balkan stationiert, sie sollte im Westen von Belgrad operieren, die Save überqueren und sich nach Süden vorbewegen. Bereits am 12. August sollte sie zum Angriff übergehen. Aber nach der Niederlage der 5. Armee gegen die Serben mußte die 2. Armee im Norden bleiben. Infolgedessen wechselte Otto zum Heeresstab der 4. Armee, die an der russischen Front stationiert war. Dort spielte sich die erste große Tragödie des Kriegsgeschehens ab; die mit Verbissenheit geführten blutigen Kämpfe dauerten mehrere Monate lang. Während Otto an dieser Todesfront kämpfte, blieb Erzsis Herz kalt und unberührt; der, den sie einst mit aller Kraft ihres Herzens begehrt und geliebt hatte, war ihr gleichgültig geworden.
Für ihren persönlichen Schutz erhielt Elisabeth Marie am 26. August 1914 ein Schreiben des Wiener Polizeipräsidenten, durch welches alle

Zivil- und Militärbehörden aufgefordert wurden, ihr während ihrer Reisen in Auto oder Zug durch Österreich jeden erdenklichen Schutz und Hilfe zukommen zu lassen. Die Anschrift Elisabeths lautete damals immer noch auf das Wiener Palais, Strohgasse 21. Wenige Monate später übersiedelte sie nach Schloß Schönau.

Während einiger Monate blieb das adriatische Meer an seiner Oberfläche ebenso ruhig wie in seinen Tiefen. Italien war noch nicht in den Krieg eingetreten, und die französische Flotte lag im Mittelmeer. Egon Lerch war glücklich über diese Zeit der ruhigen Entspannung, er konnte mit seinem Unterseeboot das Manövrieren üben und die sechzehn Mann seiner Besatzung besser kennenlernen. Am 14. 11. lief das U12 in Pola ein, das Periskop wurde ausgewechselt und eine 37 mm Kanone montiert. Am 19. 11. wurde die Kanone in Anwesenheit von Admiral Haus probegeschossen.

Am 7. Dezember wurde die französische Flotte signalisiert, noch am selben Tag mußte das U12 wegen eines Schadens wieder in den Hafen einlaufen. Wasser war in die beiden Motoren eingedrungen, doch wurde die Reparatur rasch durchgeführt, und das Unterseeboot fuhr bald wieder in Richtung offene See. Am 20. Dezember fuhr das U12 in Richtung Otrante-Kanal, wo die französischen Kriegsschiffe, die Befehl zum Angreifen hatten, kreuzten. Am 21. 12. war schönes Wetter, leichte Brise und gute Sicht über Wasser, um die sechzehn Schiffe, aus denen die französische Flotte sich zusammensetzte, beobachten zu können. Sie führten taktische Manöver durch. Das U12 näherte sich vorsichtig, um 8.30 Uhr hielt die französische Flotte in einer Entfernung von 600 bis 800 Metern. Nachdem Lerch die Lage genau sondiert hatte, gab er Befehl, einen Torpedo und gleich darauf einen zweiten gegen ein Panzerschiff der Type »Courbet« abzuschießen. Der erste Torpedo traf den Vorderteil des Schiffes, der zweite Treffer ging in den Mittelteil. Inzwischen war Wind aufgekommen, das Meer wurde unruhig, und das getroffene Panzerschiff ließ sich nicht mehr manövrieren. Lerch, der eine Verfolgung vermeiden wollte, ließ sein U-Boot sich entfernen und dann an die Oberfläche steigen. Um 12.30 Uhr fuhr er bei sintflutartigem Regen und hohem Seegang in den Hafen von Pola ein. Das getroffene Panzerschiff wurde als die »Jean Bart« ausgemacht, ein Schiff von 23 470 Tonnen; es wurde nach Malta abgeschleppt. (Erzsi besaß den genauen Plan dieses Unternehmens, er wurde nach ihrem Tod bei ihren Papieren gefunden.)

Nachdem Egon Lerch von diesem Unternehmen zurückgekehrt war, hatte er einige Tage frei. Er verbrachte sie mit Erzsi. Die Gefahr schien ihrer gegenseitigen Liebe noch größere Tiefe und Intensität zu verleihen. Der nahe Tod gibt der Liebe oft außerordentliche Höhepunkte und über das gewöhnliche Maß hinausreichende Kraft. Egon war von dem Wunsch besessen, Erzsi zu heiraten. Um ihre Hand und die Zustimmung des Kaisers zu erlangen, war es sein Ziel, der berühmteste Held der Kriegsmarine zu werden. Er träumte von einem Unternehmen, das seine Person in einem Maße hervorheben und ihm derart viel Achtung einbringen würde, daß niemand ihm etwas verweigern konnte, nicht einmal Franz Joseph. Erzsi wollte ihm nicht widersprechen, aber sie kannte die religiöse Unerbittlichkeit ihres Großvaters. Andererseits – Franz Joseph war alt, und es war Krieg. Elisabeth wollte sich nicht gegen ihren Großvater auflehnen oder zum Skandal für ihn werden. Aber nach seinem Tod, nach dem Krieg – noch wollte sie darüber nicht nachdenken.

Die tiefe Freundschaft, die Erzsi während der schmerzlichen Jahre ihrer Ehe mit V. W. verbunden hatte, war bestehen geblieben. Erzsi traf diesen treuen Ratgeber und Beschützer immer wieder in Italien oder in Wien. Vielleicht hatte die Liebe zu Egon die beiden ein wenig voneinander entfernt, die Freundschaft aber war deshalb nicht geringer geworden.

V. W. war immer noch der österreichisch-ungarischen Botschaft in Rom zugeteilt. Und die Botschaft war es auch, die Elisabeth von seinem Tod in einem Telegramm Nachricht gab. Sie brach unter dem Schock beinahe zusammen, verfiel in einen Zustand tiefster Niedergeschlagenheit und sah rings um sich her nur noch Tod und Verderben. Die Tränen, die man um einen Freund weint, gehören zu den bittersten Tränen, in ihnen liegt die Trauer um ein seltenes, kostbares Geschenk, das nun unwiderruflich verloren ist. Und solch ein kostbares Geschenk war V. W. für Erzsi gewesen. Dem Telegramm folgte ein Brief, der die tragischen Einzelheiten seines Todes enthielt.

V. W. wählte einen schönen, sonnendurchglühten Nachmittag, um sein Büro zu verlassen und vor die Stadt hinauszufahren. Er gab seinem Chauffeur Befehl, ihn in die Campagna* zu bringen, er wolle dort einen Spaziergang machen. Der Chauffeur brachte ihn an den gewünschten Ort, V. W. bat ihn, zu warten, er werde in einer Stunde zurück sein. Aber soviel Zeit sollte ihm nicht mehr bleiben. Bereits nach einer Viertelstunde hörte der Chauffeur einen Schuß. Er lief in die Richtung, in die er seinen Herrn hatte weggehen sehen, und fand ihn, in sich zusammengesunken, den Revolver in den verkrampften Fingern der rechten Hand. V. W. hatte sich eine Kugel durch den Kopf geschossen. In seiner linken Hand hielt er ein silbernes Kreuz, das Symbol von Leid und Vergebung, umklammert.

Als Elisabeth das alles las, wurde sie ganz still. Der Verlust, den sie erlitten hatte, verlangte nach innerer Sammlung; blaß und kraftlos zog sie sich in die Einsamkeit zurück.

Später, als sie ein wenig ihre innere Ruhe wiedergefunden hatte, überlegte Erzsi, daß sie selbst nicht der Grund für die Verzweiflungstat ihres Freundes gewesen sein konnte. Wenn tatsächlich, wie man behauptete, die Liebe zu einer Frau die Tat ausgelöst hatte, dann mußte es eine andere Frau gewesen sein. Weshalb hatte er sich nicht um Hilfe an sie gewandt? Ein Anruf nur, und sie wäre gekommen, hätte ihm geholfen, seine Depression zu überwinden. Eine andere Frau! sagte Erzsi sich noch einmal. Später erfuhr sie die Geschichte, die man sich darüber erzählte. Es hieß, V. W. habe sich hoffnungslos in eine Römerin verliebt, die für ihren großen Charme und ihre Schönheit berühmt war. Sie erwiderte seine Gefühle in einem Maß, daß sogar gemeinsame Zukunftspläne gemacht wurden. Die Frau aber war verheiratet, und das führte zu beinahe unüberwindlichen Komplikationen. Dann kam der Tag, wo ihr Mann für einige Monate zu einer Mission nach Indien geschickt wurde. Er bestand darauf, daß seine Frau ihn begleite, und sie mußte sich fügen. Als sie sah, wie verzweifelt ihr Geliebter war, versprach sie ihm, gleich nach ihrer Rückkehr den Kampf um ihre Freiheit aufzunehmen, um glücklich mit ihm gemeinsam leben zu können. V. W. vertraute den Worten und den Gefühlen dieser Frau.

---

*) Landschaft um Rom

Voll Ungeduld und Nervosität wartete er auf ihre Rückkehr, die Zeit schien ihm endlos, immer wieder wurde er von tiefer Depression befallen. Dann kam endlich der heißersehnte Tag, doch das Wiedersehen mit der geliebten Frau führte zu einem furchtbaren Erwachen. Sie teilte ihm mit, daß sie ein Kind erwarte. War dies vielleicht der Anlaß für das folgende Drama? V. W. hatte eine labile Natur. Er liebte das Leben, aber je mehr er davon in sich aufsog, desto unerträglicher wurde es für ihn. Schon lange sehnte er sich danach, von sich selbst befreit zu werden; seine Seele war krank, er litt an sich selbst. So kam es, daß Vinzenz, der Chef der Familie Windisch-Graetz, seinen Namen der langen Liste berühmter österreichischer Intellektueller hinzufügte, die den Tod von eigener Hand suchten.

Im Norden hatten die kaiserlichen Truppen die übermächtige Armee Rußlands als Gegner, vor der alle zitterten. Im Herbst 1914 war der Krieg auf seinem Höhepunkt. An der Front von Galizien und zwischen den großen Flüssen Vistule und Dniestr hielten die 1., die 2., die 3. und die 4. Armee die Stellung. Die russischen Truppen waren so übermächtig an Zahl, daß es ein übermenschliches Unterfangen schien, sie besiegen zu wollen. Major Otto zu Windisch-Graetz gehörte dem Regimentsstab der 4. Armee an, die unter dem Kommando des ehemaligen Kriegsministers General von Auffenberg im Norden von Pzemysl stand.
Der Beginn der Kämpfe war von entsetzlichen klimatischen Bedingungen begleitet; es war kalt, unaufhörlicher Regen verwandelte die Straßen zu Morast, in den Schützengräben stand das Wasser. Für gewöhnlich standen die Soldaten des Kaisers auf dem Schlachtfeld dem Feind kaltblütig gegenüber; nur die Russen machten ihnen Angst, sie hielten sie für brutale Barbaren. Wenn der Schrei ertönte »Die Kosaken kommen«, lief ein Zittern durch die Reihen, jeder bereitete sich auf den Mann zu Mann Kampf vor. Die Kosaken preschten im Galopp auf ihren kleinen Pferden heran, die ebenso mutig waren wie sie selbst. Sie trieben sie ins dichteste Kampfgetümmel, ohne Gnade sausten die Säbelhiebe nieder, töteten und verwundeten, bis die Reiter aus ihren Sätteln stürzten und die erschöpften Tiere zusammenbrachen. So folgte ohne Unterbrechung ein Kampf auf den anderen.

Major Otto kämpfte inmitten seiner Soldaten, er wollte alle Härten und alle Leiden des Krieges mit ihnen teilen. Er wurde zum Chef der Abteilung für militärische Strategie in der Armee Terczytansky ernannt, meldete sich aber als Freiwilliger zur Truppe. Seine Männer bewunderten und respektierten ihn; während der Schlacht wollten alle möglichst in seiner Nähe sein. Sie suchten bei ihm Schutz, nicht nur wegen seiner inneren Kraft und seiner Autorität, sondern auch, weil es hieß (und weil alle zu wissen glaubten), daß er unverwundbar sei. Und das war er wohl auch wirklich, denn auch in den blutigsten Gefechten ging die Gefahr an ihm vorüber; manchmal so nahe, daß seine Mütze von einer Kugel durchschlagen wurde, ohne daß er selbst die kleinste Schramme davontrug. Während der gesamten vier Kriegsjahre erlitt er nicht eine einzige Verwundung. Das gleiche galt auch für sein langes Sportlerleben, er hatte nie einen Unfall. Das Schicksal schien ihm besonderen Schutz zu gewähren.
Eines Tages stellte Major Otto eine Erkundungspatrouille zu Pferd zusammen, die aus ihm selbst und einigen hervorragenden Reitern bestand. Die Ebene schien leer und verlassen. Otto beobachtete stets alles mit größter Aufmerksamkeit, sein Leben und das seiner Leute hing davon ab. Er glaubte, daß ihm nichts entgangen sei, doch plötzlich schrie einer der Soldaten »Die Kosaken, die Kosaken!« Ein starker Trupp dieser wilden Reiter war aus einem Versteck hervorgebrochen und näherte sich nun im gestreckten Galopp. An ihrer Spitze ritt ein Offizier in der kaukasischen Uniform der »Tscherkessen«. Alle schwangen ihre Waffe, den »Kindjal«. Otto erfaßte mit einem Blick, daß die Lage hoffnungslos war. Er dachte, dies sei nun für ihn und seine Soldaten der Tod. Er gab Befehl, jeder solle für sich die Attacke parieren und versuchen, sein Leben zu retten. Immer näher kam das Donnern der Hufe, schon waren die Kosaken auf eine Entfernung von etwa zwanzig Metern herangekommen, da trafen sich die Blicke Ottos mit denen des Kosakenoffiziers. Im gleichen Augenblick erkannten sie einander wieder. Der Kosakenoffizier zügelte sein Pferd, rief seinen Leuten zu innezuhalten, dann nahm er Haltung an und salutierte vor dem österreichischen Offizier. Otto tat desgleichen, dann entfernte sich der feindliche Trupp im raschen Trab. Wer war nun dieser russische Offizier? Beim »Internationalen Militärreitwettbewerb«, der im Jahre 1900 in Wien

vor Kaiser Franz Joseph, Elisabeth Marie und zahlreichen Zuschauern stattgefunden hatte, hatte Otto mit seinem Pferd »Metalist« den ersten Preis errungen. Der zweite Preis war an einen jungen russischen Offizier gegangen, und er war es, dem Otto sich so überraschend auf dem Kampffeld gegenüber gesehen hatte. Die ganze Situation und die dabei an den Tag gelegte Haltung der beiden Offiziere gibt Zeugnis vom Ehrenkodex und der Freundschaft, die die Armeeangehörigen verschiedener Länder verbinden konnten, ja, dieser Kodex wurde selbst dann noch respektiert, wenn die Offiziere in feindlichen Lagern standen.
Eine Auflistung der Auszeichnungen beweist, wie sehr die militärischen Qualitäten des Majors Otto zu Windisch-Graetz anerkannt und geschätzt wurden:

1. das Ritterkreuz des österreichischen Leopold-Orden mit den Schwerten
2. das Ritterkreuz der Eisernen Krone mit den Schwerten
3. das Militär-Verdienstkreuz III. Klasse mit den Schwerten
4. das Signum Laudis in Silber mit den Schwerten
5. das Signum Laudis in Bronze mit den Schwerten
6. das Karl Truppex Kreuz
7. das Ritterkreuz des Roten Kreuzes mit den Schwerten
8. die Kriegsmedaille am schwarz-gelben Band
9. die Tiroler Landesverteidigungsmedaille
10. die österreichische Kriegsmedaille
11. die ungarische Kriegsmedaille
12. die bulgarische Kriegsmedaille
13. das Deutsche Eiserne Kreuz I. Klasse
14. das Deutsche Eiserne Kreuz II. Klasse
15. die Hindenburg-Medaille

Elisabeth stand zwischen zwei Helden. So hart sie dem einen gegenüber blieb, so zärtlich war sie dem anderen gegenüber. In ihrem Herzen gab es keinen Kompromiß, die äußeren Formen waren ihr gleichgültig. Sie konnte nicht einmal ein Minimum an Achtung und Rücksichtnahme für den Mann aufbringen, der an der grausamsten Kriegsfront für ihren Großvater das Leben riskierte. Sie hatte nur ein einziges Zugeständnis gemacht – die Villa Punta Naso zu verlassen und die Kinder nach Wien zurückzubringen. Schloß Schönau war beinahe fertig, es war bereit, die Familie zu empfangen, die sich endgültig dort niederlassen sollte. Wenn Otto erschöpft auf Heimaturlaub kam, empfand er das Scheitern seiner Ehe und die aggressive Feindseligkeit seiner Frau als besonders traurig. Die Kinder, die ihm Gesellschaft leisteten, waren sein ganzer Trost. 1915 wurde Franzi, der Älteste, der elf Jahre alt war, in das Gymnasium in Mödling eingeschrieben. Er war ein hübsches Kind, sehr groß, mit blonden Locken und von eigenwilligem Charakter. Er war der ganze Stolz von Elisabeth, die mit tiefer Befriedigung seine Zeugnisse las, in denen es nur »Sehr gut« gab.

Sobald Otto an die Front zurückkehrte, kam Egon Lerch, um bei Erzsi zu bleiben, solange es sein Urlaub zuließ. Aber Erzsi genügte das nicht; im März 1915 fuhr sie wieder in den Süden, dieses Mal richtete sie sich in Abbazia ein und blieb dort bis zum Mai. Dann kehrte sie nach Österreich zurück, um die Übersiedlung nach Schloß Schönau vorzunehmen.

Abbazia liegt unweit von Pola. So konnten Erzsi und Egon einander oft besuchen, auch wenn es nur für wenige Stunden war. Diese Stunden aber waren erfüllt von unvergeßlichem Glück und ekstatischer Intensität, Körper und Seele der beiden Liebenden schienen nur noch ein gemeinsames Leben zu haben. Egon versäumte es auch nicht, einen Ausgleich in verschiedenen Vergnügungen zu suchen, er führte Erzsi in die besten Restaurants und Bars von Pola und Triest. Den Tagen, an denen das Liebespaar alle Genüsse bis zum Letzten ausschöpfte, folgten Tage, an denen Egon aufs Meer hinausfuhr und Erzsi auf ihn wartete.

Die ersten Monate des Jahres 1915 brachten viele, aber ungefährliche Aktivitäten auf See mit sich. Wenn der Nordost-Wind die Adria aufpeitschte, blieb das U12 im Hafen, bei besserem Wetter machte es Erkundungsfahrten oder nahm an bestimmten Stellen vor der Küste die Blockade vor. Während dieser Küstenüberwachung gab es für Egon einige Ereignisse von geringerer Bedeutung; er kontrollierte zwei italienische Schiffe, die aber sofort wieder freigegeben wurden; er hielt ein albanisches Segelboot und ein Schiff aus Montenegro sowie zwei andere kleine Boote an, die aber alle bedeutungslos waren. Durch den Eintritt Italiens auf Seiten Frankreichs in den

Krieg wurde ab dem 23. Mai 1915 die Lage auf der Adria kritischer. Sofort erwachte in Egon Lerch der Kampfgeist. Am 28. Mai kreuzte das U12 im Golf von Triest und nahm von dort die Route Triest-Venedig. Um 21 Uhr entdeckte Lerch ein Motorboot ohne Positionslichter, er gab Lichtzeichen über Wasser und beobachtete dann das Schiff während einer Dauer von drei Stunden. Um Mitternacht ließ Lerch ohne vorherige Warnung auf das Schiff zielen und einen Torpedo abschießen. Dieser Angriff erfolgte von der Wasseroberfläche aus. Später stellte man fest, daß es sich bei dem angegriffenen Schiff um ein griechisches Schiff, die »Virginia« mit Heimathafen Smyrna, handelte. Da Schiff war schon zwei Tage zuvor ohne weitere Konsequenzen visitiert worden, weil Griechenland neutral war. Egon Lerchs Torpedo beschädigte die »Virginia« so schwer, daß sie sehr rasch sank. Zweiundzwanzig Mann fanden den Tod, nur zwei konnten gerettet werden. Ein Schiff, das zu einem neutralen Land gehörte, hätte nicht angegriffen werden dürfen – welch tragischer Irrtum! Die Familien der Toten und die beiden Überlebenden erhielten Entschädigungsgelder. Der Befehl des Flottenkommandanten vom 5. 6. 1915 lautete wie folgt: »Angelegenheit nicht weiter verfolgen. So darstellen, als wäre das Schiff gesunken, weil auf eine Mine aufgelaufen.« Dieser überaus bedauerliche Vorfall hätte den kampfeslustigen jungen Kommandanten nachdenklich und für die Zukunft vorsichtiger machen müssen!

Im Juni fand ein bedeutendes Ereignis statt – die Übersiedlung nach Schönau. Das war ein Einzug im Schloß – und welche Aufregung bei den Kindern und den Dienstboten! Aber es verlief alles zur allgemeinen Zufriedenheit. Elisabeth war nervös und beunruhigt, sie stand in dauernder telephonischer Verbindung mit Egon, wartete voller Ungeduld darauf, wieder nach Triest zurückkehren und Egon wiedersehen zu können. Die militärische Lage ließ nicht zu, daß er sein Unterseeboot verließ. Zwischen dem 17. und dem 28. 6. überprüften die Mechaniker die Ventilation und die elektrischen Installationen. Alles mußte in einwandfreiem Zustand sein. Es wurden auch noch zwei Torpedoschleuderrohre montiert, und man schoß zwecks Überprüfung sämtliche Torpedos ab. Ein weiteres Übungsschießen fand am 30. mit zufriedenstellenden Resultaten statt. Am

2. August verließ das U12 seine Basis in Pola, um sich in den Hafen von Triest zu begeben, wo es in Saba vor Anker ging.
Am 7. 8. verließ das U12 Saba und nahm offenes Meer, um eine Mission vor Venedig und Chioggia zu erfüllen. Von diesem Unternehmen sollte das U12 nicht mehr zurückkehren. Alles was blieb, war der Anker des Unterseebootes, den Kommandant Lerch vor Saba im letzten Moment abgeworfen hatte, weil er schlecht am Klüsen befestigt war. Gemäß einem Kommuniqué, das die Italiener herausgaben, war das U12 gesunken und niemand gerettet worden. Am 23. 8. wurde das U12 von der Liste der Flotte gestrichen.

Elisabeth Marie wurde sofort verständigt. So rasch es ging, eilte sie zum Südbahnhof und nahm den ersten Zug nach Triest. Noch lagen in ihren Gefühlen Angst und Hoffnung im Widerstreit, sie konnte nicht so unerschüttert tapfer sein wie ihre Helden. Sie wurde von einem Offizier der Marine erwartet sowie von Beppo, Egons Diener. Mit ihm ging sie in den Hafen und blickte aufs Meer hinaus, das ihr den Mann genommen hatte, dem ihre leidenschaftliche Liebe galt und ohne den das Leben all seinen Sinn verlor. Samstag, den 14., und Sonntag, den 15., durchlebte Elisabeth alle Qualen der Ungewißheit und des bangen Wartens. Elisabeth gestand sich ein, daß die Hoffnung, an die sie sich klammerte, das Gegenteil von dem war, was sie zu wissen glaubte, und daß sie nicht mehr wirklich auf Egon wartete. Elisabeths Geist verdüsterte sich, sie begann zu delirieren, sie spürte, wie der Wahnsinn nach ihr griff. Eine Freundin nahm sie mit an den Strand, im Laufschritt eilten sie das Meer entlang. Am liebsten hätte Elisabeth sich in das Wasser gestürzt, um Egon in der dunklen Tiefe finden zu können.
Als Erzsi ins Hotel zurückkam, übergab der Portier ihr einen Brief, den ein Marineoffizier für sie überbracht hatte. Erzsi spürte in ihrem Herzen einen schneidenden Schmerz, sie wurde von einem Gefühl des Erstickens überkommen. Sie ging in ihr Zimmer hinauf, sie wollte allein sein mit diesem Brief. Doch sie öffnete den Umschlag nicht gleich, ja, sie vergaß ihn sogar für einen Augenblick lang. Aus der Kraft ihrer Gefühle stieg ein Bild empor – Egon war da, er war bei ihr! Sie glaubte ihn so nahe, daß sie die lebendige Wärme seines Körpers spürte. Noch nie hatte sie ihn so jung, so

schön, so unbekümmert gesehen. Doch dann verschwand die Vision dieses kurzen Augenblicks, und Elisabeth fand sich allein mit ihrem Brief wieder. Nach kurzem Zögern öffnete sie langsam den Umschlag und las:

»Euere Kaiserliche Hoheit!
Wenn ich gestern noch zurückscheute vor dem Gedanken Euer kaiserlicher Hoheit von dem entsetzlichen Unglück Mitteilung zu machen, welches mich und die Unterseebootstation betroffen und noch immer ein Atom Hoffnung hatte, meine Befürchtungen würden mit einem Schlage zunichte gemacht werden, so stehe ich heute leider vor der nackten unabänderlichen Tatsache, die wohl keine andere Deutung mehr zuläßt.
Ub 12 Uhr zog am Samstag aus – das Boot war wie neu hergerichtet worden, alles funktionierte tadellos – um der Marine neue Lorbeeren zu ernten, am Mittwoch früh war die Rückkehr, nach Abmachung zu erwarten und heute Freitag noch keine Nachricht, keine Spur von meinem lieben, lieben Ub 12. Hiezu die italienische Meldung von gestern, Ub 12 wäre versenkt worden, was auf eine Mine schließen läßt, heute, Ub 12 sei durch ein italienisches Unterseeboot torpediert worden. Letzteres ist bestimmt unwahr, schon weil die erste Meldung für einen derartigen Erfolg viel zu bescheiden war, ich nehme deshalb an, daß Ub 12 zuerst einen Feind versenkte und dann auf Minen geriet, was mit den am Sonntag nachts von Salvore aus gehörten Detonationen u.zw. eine sehr heftige, welcher nach 10 Minuten 2 weitere rasch hintereinander folgten, zusammenhängen dürfte.
Wie tief, wie entsetzlich mich der Verlust meines so lieben Ub 12 erschütterte, kann ich gar nicht schildern, ich komme mir vor, als hätte man mir heute mein bestes genommen, ich werde diesen Verlust nie verschmerzen können.
Welche Lücke läßt das Hinscheiden meines lieben Lerch, der mir nicht nur Untergebener, sondern wahrer Freund gewesen, in der Unterseebootswaffe zurück, ich verlor an ihm meinen schneidigsten, unerschrockensten, tapfersten Ub-Kommandanten, einen vollendeten Mann, dem ich das schöne Boot so ruhig anvertraute.
Möge der Allmächtige allen jenen die ihm so gut waren die Kraft

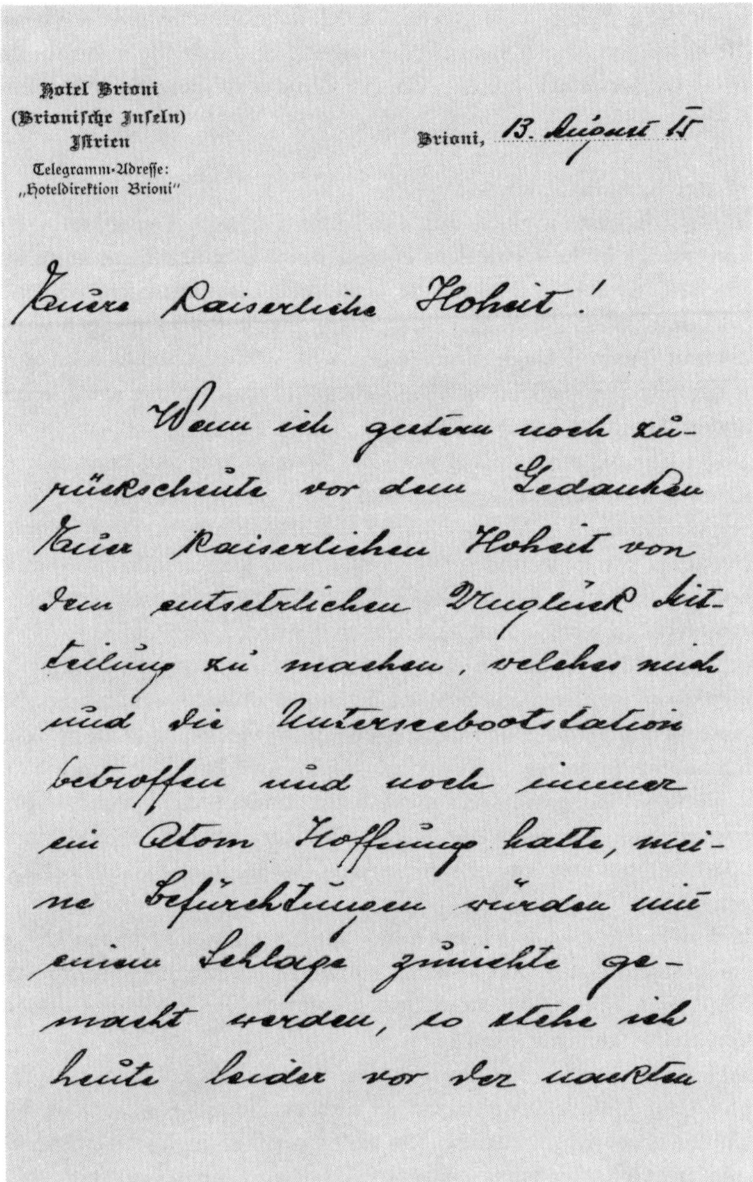
Hotel Brioni
(Brionische Inseln)
Istrien
Telegramm-Adresse:
„Hoteldirektion Brioni"

Brioni, 13. August 15

Euere Kaiserliche Hoheit!

Wenn ich gestern noch zurückscheute vor dem Gedanken Euer Kaiserlichen Hoheit von dem entsetzlichen Unglück Mitteilung zu machen, welches mich und die Unterseebootstation betroffen und noch immer ein Atom Hoffnung hatte, meine Befürchtungen würden mit einem Schlage zunichte gemacht werden, so stehe ich heute leider vor der nackten

Erzsi erhält Nachricht vom Tod ihres Geliebten

verleihen, diesen niederschmetternden Schicksalsschlag zu tragen in der Überzeugung daß »unser« Lerch allen jenen, die ihm jemals nähergetreten waren, unvergeßlich sein wird. Lerch war ein Held durch und durch und er hätte unserem geliebten Vaterlande noch herrliche Dienste geleistet, der Marine neuen Ruhm gebracht. Die letzte Nachricht von ihm lautete, er sei so sehr zufrieden mit der Triester Bestimmung.
Nach Rücksprache mit Lerch's jüngstem Bruder übernehme ich das Ordnen seiner Sachen. Wenn Kaiserliche Hoheit irgendwelche Befehle hätten, so bitte ich stets über mich zu verfügen. – Ich werde wenn nötig Weisungen erbitten.
Mit dem Ausdruck tiefster unwandelbarer Verehrung bin ich Euer Kaiserlicher Hoheit tiefergebenster Thierry«

Baron Franz Thierry war Kommandant eines Kriegsschiffes und der Vorgesetzte von Egon Lerch. Von ihm hatte Lerch alle seine Befehle erhalten. Baron Thierry hatte in den persönlichen Papieren von Egon fünf Briefe von Elisabeth gefunden, die er vor Zeugen verbrannte.
Als Elisabeth den Brief zu Ende gelesen hatte, fühlte sie, wie eine Woge von Schmerz sie überrollte und grenzenlose Verzweiflung sie erfaßte. Die Seele hat dunkle, geheimnisvolle Tiefen, in die der Mensch nicht das Recht hat einzudringen. An dieser Grenze müssen die Worte haltmachen, jeder Versuch, das Unfaßbare auszudrücken, führt ins Leere und jedes Urteil hätte hier das falsche Maß. Erzsi schloß sich in ihrem Zimmer ein und verließ es durch mehrere Tage hindurch nicht. Sie allein konnte in ihre Seele blicken und die nötige Kraft finden, um den Schmerz zu besiegen.
Nachdem Elisabeth ein wenig ihre Fassung wiedergewonnen hatte, fuhr sie mit dem Zug zurück nach Wien. Zu ihren Füßen saß die schöne deutsche Schäferhünding Lona, die sie Egon geschenkt und nun nach seinem Tod mit sich genommen hatte. Sanft streichelte sie den Kopf der Hündin, die sie unverwandt mit ihren großen, schönen Augen ansah. Sie verstand die Sensibilität des Tieres, Lonas Trauer war ihrer eigenen verwandt. In ihrer Handtasche trug Elisabeth ein kleines, in Seidenpapier gewickeltes Päckchen mit sich; darin waren Egons Uniformknöpfe, ein Paar Manschettenknöpfe mit eingravier-

tem U12, und einige Bänder von seiner Mütze, ebenfalls mit U12 gezeichnet. Sie bewahrte diese Andenken ehrfurchtsvoll ihr Leben lang auf; nach ihrem Tod fand man das Päckchen in der Schublade ihres Nachttisches.

Im November 1915 gründete eine Gruppe von deutschen und österreichischen Industriellen, die an der Lieferung von Material für die Unterseeboote beteiligt gewesen waren, eine Stiftung, die den Zweck hatte, die Lebensbedingungen der Unterseebootbesatzung zu verbessern. Dieser Stiftung gab man den Namen Lerch-Weddingen. Für Deutsch-Ungarn übernahm Admiral A. Haus die Patronanz, für Deutschland der Marine-Staatssekretär.

Am 27. 1. 1916 kam ein Brief von einem Kadetten, der in italienischer Gefangenschaft war. Der teilweise chiffrierte Brief war als gewöhnlicher Brief geschickt worden, was damals eine häufige Vorgangsweise war, um geheime Nachrichten zu übermitteln. Das Schreiben enthielt ohne weitere Details die Information, daß das U12 gehoben worden sei.

Man mußte bis zum 17. 7. 1917 warten, bis die ersten offiziellen Nachrichten über das Rote Kreuz übermittelt wurden. Demnach war das Unterseeboot Ende 1915 gleichzeitig mit dem ebenfalls gesunkenen italienischen Unterseeboot »Medusa« gehoben worden. Das U12 wurde ins Dock des Arsenals von Venedig geschleppt. Der vordere Teil des U-Bootes war aufgeplatzt, die Turmverkleidung fehlte, eine gewaltige Erschütterung mußte das Schiff getroffen haben. Die Leichen des Kommandanten und der sechzehn Besatzungsmitglieder konnten nicht mehr identifiziert werden, man fand nur noch Skelette, die man in siebzehn Kisten, versehen mit den Initialen S.A. (sottomarino austriaco), legte. Diese Sarg-Kisten wurden mit allen militärischen Ehren mit dem Schiff zum Kommunalfriedhof der Insel von St. Michele gebracht, die in der Lagune vor Venedig liegt. Auf dieser wunderschönen Insel liegen die siebzehn Helden heute noch begraben. Das Grab trägt eine Bronzeplatte, darauf sind die Namen jedes dieser Männer zu lesen, die ihr Leben für den Kaiser gaben.

Genaue und eindeutige Angaben darüber, wie und weshalb das U12 gesunken war, trafen in Österreich-Ungarn erst nach dem Krieg ein. Dies ist der Bericht:

Kommandant Lerch lag vor Venedig mit seinem Schiff auf Beobachtungsposten. Entgegen den Anordnungen seines Vorgesetzten, Kommandant Baron Franz Thierry, folgte er dann einem Kanonenboot namens »Brandolo«, das in den Hafen von Venedig einlief. Die Besatzung des Kanonenbootes bemerkte das Periskop, das ihnen folgte. Der Kommandant beschloß daraufhin kaltblütig, dem unvorsichtigen feindlichen Unterseeboot einen bösen Streich zu spielen. Er führte sein Schiff, das für das flache Wasser der Lagune gebaut war, in Richtung auf ein Minenfeld. Das Kanonenboot schwamm über die Minen, die in größerer Tiefe lagen, gefahrlos hinweg. Kommandant Lerch verfolgte ahnungslos das Kanonenboot weiter in der Absicht, es zu zerstören. Als das U12 in die tödliche Zone gelangt war, lief es auf eine Mine auf und sank unweit der Stelle, wo zwei Monate zuvor das italienische Unterseeboot »Medusa« von U11 versenkt worden war.
Einige Reliquien des U12 befinden sich im historischen Marinemuseum in Venedig, andere Teile sind im Heeresmuseum in Wien, darunter auch die ruhmreiche Fahne.
Kennt man den Grund, der Egon Lerch dazu gebracht hat, den Befehlen seines Vorgesetzten zuwiderzuhandeln? Ja, denn er hatte oft darüber gesprochen! Sein Ziel war es, die seltenste und meistbegehrteste Kriegsauszeichnung zu erhalten, den Maria-Theresia-Orden, der 1757 von der Kaiserin geschaffen worden war. Der Orden hat die österreichischen Farben rot und weiß und trägt die Inschrift »Fortitudine«, für Tapferkeit. Dieser Orden wurde nur an jene verliehen, die in Kriegszeiten aufgrund eigener Initiative einen Sieg errangen, und zwar einer Initiative entgegen den Befehlen der Vorgesetzten. Im Fall des Mißlingens wurden die Verantwortlichen schwer bestraft, im Fall des Gelingens aber wurden sie mit dem Maria-Theresia-Orden ausgezeichnet.
Egon Lerch war besessen von dem Wunsch, sich der Liebe Elisabeths ehrwürdig zu erweisen und in den Augen des Kaisers ein Held zu sein, denn er wollte Elisabeth nach dem Krieg heiraten. Wenn er davon sprach, lächelte er stets. Aber er meinte es ernst – sein Tod hat es bewiesen.

Der Tod Kaiser Franz Josephs

In Schönau konnte Elisabeth Marie sich in die Ruhe und Geborgenheit ihrer neuadaptierten Zimmer zurückziehen. Hier war sie von lauter lieben alten Dingen umgeben, Erinnerungsstücken, die sie seit Kindheitstagen angehäuft hatte und die von Menschen kamen, die sie geliebt hatten. Sie freute sich daran, wie im Park alles in sommerlicher Üppigkeit wuchs und gedieh. Die Büsche blühten, und die alten Bäume, deren Geäst sich zu riesigen Kronen ausbreitete, spendeten tröstlichen Schatten. Hier fand Elisabeth ihre geliebten Kinder wieder, hier gaben ihr ihre Schäferhunde allen Schutz und alle Zuneigung, die sie von ihnen erwartete. Der Schmerz in ihrem Inneren wütete immer noch und wollte sie nicht loslassen, gleichzeitig wuchs ihre Empfindsamkeit. Als ihr Mann das erste Mal von der Front zurückkam, wollte er die Kinder sehen und fuhr nach Schönau. Bei seinem Anblick empfand Elisabeth ein heftiges Gefühl der Abneigung, sie spürte, daß sie ihn zu hassen begann. Schon vorher hatten sich in ihr durch lange Zeit Vorwürfe und Groll gegen ihn angestaut; jetzt aber, da Egon für immer von ihr gegangen war, konnte sie Ottos Gegenwart nicht mehr ertragen. Sie wußte, er kam von der Todesfront, aber er lebte! Immer wieder durchfuhr sie der Gedanke, daß er es sei, der hätte sterben müssen! Sie ging in ihr Zimmer zu dem Kasten, in dem ihre Trauerkleidung war, und nahm ein schwarzes Kleid heraus. Vor aller Welt wollte sie um ihren Geliebten Trauer tragen.

Erzsi erbat eine Audienz beim Kaiser, diese wurde ihr gewährt. Der Kaiser war bereits über das tragische Ende des U12 informiert, er hatte sogar ein Beileidstelegramm an Egon Lerchs Mutter schicken lassen, ohne Zweifel aus Rücksichtnahme auf Elisabeth. Franz Joseph fürchtete die Besuche seiner Enkelin, die für ihn stets Unruhe und Sorge brachten. Er hatte von ihrer Liaison gewußt und schon so viel Geduld bewiesen! Er hatte immer an Rudolf, Erzsis Vater denken müssen, von dem sie den starken Hang zur Erotik und das übermächtige Bedürfnis nach Liebe geerbt hatte. Er wußte, wie absolut und eigensinnig sie war und daß man sie kaum beeinflussen konnte. Trotzdem wollte er versuchen, das Schlimmste zu verhindern und eine endgültige Trennung von ihrem Mann zu verhüten, die ja nur in einer Scheidung enden konnte. Als er Erzsi so in tiefer Trauer eintreten sah, erschien ihm ihre Gestalt noch größer und schlanker als sonst. Der schwarze Hut gab einige blonde Locken frei, die sich um ihr trauriges, blasses Gesicht schmiegten. Franz Joseph war wieder einmal von ihrer Schönheit ergriffen, zeigte sich aber zurückhaltend. Erzsi zögerte nicht ihm sofort mitzuteilen, daß sie mit Egon Lerch die große Liebe ihres Lebens verloren habe, daß er als Held im Dienst des Kaisers gestorben sei, daß der Schock und der Schmerz, die sie empfinde, so tiefgreifend seien, daß sie die Gegenwart ihres Mannes nicht länger ertragen könne. Es gebe nur einen Ausweg, die Trennung. Sie sagte auch, daß sie Otto von ihrem Entschluß in Kenntnis gesetzt habe und daß er damit einverstanden sei. Otto hatte tatsächlich sein Einverständnis gegeben, denn das Zusammenleben mit Elisabeth war völlig untragbar geworden. Ein Abgrund schien sie von ihm zu trennen, und da er von ihren früheren flüchtigen Abenteuern und ihrer letzten großen Liebe wußte, war er so weit gekommen, eine Trennung für die einzig mögliche Lösung zu halten. An diesem Punkt nun schritt Franz Joseph persönlich ein. Er ließ den Chef der Familie Windisch-Graetz, Prinz Alfred, kommen und übertrug ihm die heikle Aufgabe, als Vermittler zwischen Erzsi und Otto zu fungieren und einen Kompromiß zu erreichen, durch den die Ehe gerettet werden könnte. Nach Monaten des Verhandelns war man noch immer nicht zu einem vernünftigen Arrangement gelangt.

Auch Fürst Montenuovo, Obersthofmeister des Kaisers, hatte versucht, mit seinen Ratschlägen zum beiderseitigen Frieden beizutragen, aber ohne Erfolg. Es gab keinen Frieden, und zwar wegen der Kinder. Otto wollte entsprechend der Familientradition seine Autorität als Familienvater aufrechterhalten und an ihrer Erziehung teilhaben. Elisabeth aber wollte ihm nichts dergleichen zugestehen, sie wollte die Kinder unter ihrer alleinigen Vormundschaft haben,

sie vollständig besitzen, über alles bestimmen können, ohne den geringsten Einwand hören zu müssen. Da Elisabeth, vor allem seit Kriegsbeginn, den größten Teil des Jahres in Brioni verbracht hatte, hatte Otto die Kinder sehr oft entbehren müssen. Brioni war für Otto denkbar schlecht gelegen, um seine Kinder zu sehen, noch dazu bekam er nur sehr selten Fronturlaub. Wohl hatte er sein Appartement in Schönau, aber der Aufenthalt dort war für ihn alles andere als angenehm. Erzsi konnte ihre aggressiven Gefühle nicht beherrschen, und Otto wiederum konnte seinerseits den aufsteigenden Zorn nur mühsam unterdrücken. Nur allzu oft wurden die Kinder Zeuge von heftigen Szenen zwischen ihren Eltern, so daß der Sohn Franzi eine überaus böse Erinnerung an die Begegnungen zwischen seinem Vater und seiner Mutter behielt. In Wien bewohnte Otto im Palais eine Garçonnière im Erdgeschoß, wo die Kinder ihn manchmal besuchten.
Elisabeth hatte solche Angst, die Kinder zu verlieren, daß sie, als sie das völlige Scheitern der Versöhnungsversuche sah, ihrem Mann im Frühjahr 1916 einen Brief schrieb, in welchem sie ihm den Vorschlag einer gegenseitigen Wiederannäherung machte. Mehr als alles andere fürchtete sie einen Scheidungsprozeß. Sie wußte, welche Konsequenzen ein solches Verfahren für sie in einer Zeit haben konnte, wo die Gesetze dem Vater größere Rechte über die Kinder einräumten als der Mutter. Außerdem wurde sie durch ihren Lebenswandel, der allgemein als unmoralisch betrachtet wurde, von vornherein in eine schlechte Position gesetzt. Otto antwortete ihr, er sei bereit, wieder mit ihr zusammenzuwohnen, wenn sie ernsthaft gewillt sei, ihr Verhalten zu ändern und dadurch ein Leben unter gemeinsamem Dach möglich zu machen.
Elisabeth stand immer noch in engem Kontakt mit ihrer Mutter Stephanie Lónyay, hauptsächlich aber auf brieflichem Weg. Persönliche Begegnungen waren nur selten möglich, denn Stephanie hatte sich als Krankenschwester zur Verfügung gestellt und pflegte in einem Militärhospital hingebungsvoll die Verwundeten. Erzsi war es nur recht, daß sie nicht mit ihrer Mutter zusammentreffen mußte, dadurch ließen sich heikle Gespräche und Fragen vermeiden. Stephanie hatte eine unglaubliche Bigotterie entwickelt, die ihresgleichen nur bei ihrem Mann Elemér, der Konvertit war, fand. Ein

Wiedersehen hätte peinliche Situationen heraufbeschworen; Elisabeth zog es vor, dem auszuweichen.
Elisabeth kümmerte sich tatkräftig um ihren Besitz, im besonderen interessierte sie sich für den Park; sie hatte große Pläne für Neupflanzungen von Blumen und Büschen. Aber in Kriegszeiten regierte der Hunger, und so stand der Bauernhof an erster Stelle. Der kleine Bauernhof, den ihr Großvater ihr seinerzeit in Schönbrunn geschenkt hatte, hatte für Elisabeth doch einigen Erfahrungswert gebracht, und so konnte sie jetzt alles überwachen und Anordnungen geben. Sie wollte so rasch wie möglich die Zahl der Tiere erhöhen, um die Kinder, das Personal und alle, die Not litten, ernähren zu können. Die Buben arbeiteten oft auf dem Hof mit, die Kühe, Schweine, Schafe, Ziegen und Hühner erforderten viel Pflege. Dic Arbeit wurde dadurch erleichtert, daß russische Kriegsgefangene nach Schönau geschickt wurden, um die Feldarbeit zu verrichten. Es waren brave, tüchtige Leute, die diese Art der Gefangenschaft dem Soldatendasein bei weitem vorzogen. Aber die Landwirtschaft auf dem Schönauer Besitz stand erst an ihrem Anfang, und so gab es, abgesehen vom Pflanzen der Kartoffeln, nicht viel auf den Feldern zu tun. Die Nahrungsmittel waren knapp geworden.
Erzsi sorgte sich um die Gesundheit ihrer beiden Söhne Franzi und Erni. Beide waren zart, beide wuchsen so rasch, daß es Anlaß zu den größten Befürchtungen gab. Erzsi ließ von Wien Professor Pirquet kommen, der als medizinische Kapazität anerkannt war. Er fand, beide Knaben seien sehr geschwächt und von einer beginnenden Tuberkulose bedroht. Er übernahm die Behandlung und wandte eine Methode an, die er selbst ausgearbeitet hatte und die dazu dienen sollte, die Bedürfnisse des Körpers auch bei einem Minimum an Nahrungsangebot sicherzustellen. Dazu war es notwendig zu wissen, welche Nahrung nötig war, auch die Größe der Kinder spielte für die Berechnung einer ausgewogenen Ernährung eine Rolle. Pirquet gab Elisabeth den Rat, die kleinen Patienten von November bis März in die Berge zu bringen. Schönau lag in einer feuchten Ebene, hinzu kam noch der Fluß, der den Wald und die Teiche im Park durchquerte. Elisabeth war zu allem bereit, wenn es um die Gesundheit ihrer Kinder ging. Sie, die die Berge und den Schnee haßte, verbrachte den ganzen Winter 1915–1916 am Sem-

mering in einem Ort, der damals sehr in Mode war, auf 1000 m Höhe und etwa achtzig Kilometer von Schönau entfernt. Erzsi pflegte die beiden Buben aufopfernd, sie erwies sich als untadelige Mutter. Franzi sprach später oft davon, wie rührend seine Mutter darüber wachte, daß die Anordnungen des Arztes befolgt wurden. Die Kinder mußten viel an der frischen Luft ruhen, Erzsi ertrug die Kälte, um bei ihnen zu bleiben und ihnen Gesellschaft zu leisten. Sie las ihnen vor und überwachte ihre Studien; damit diese nicht unterbrochen wurden, ließ sie Lehrer kommen, die alle Fächer entsprechend dem Schulprogramm mit den Buben durchgingen.

Während all dieser Monate dauerte der entsetzliche, grauenerregende Krieg weiter an. Otto war von der Front in Galizien abgezogen worden, man hatte ihm die Aufgabe als Verbindungsoffizier im Regimentstab der 4. Division der deutschen Infanterie zugeteilt. Anschließend vertrat er den österreichischen Generalstab bei der Armee des deutschen Generals Mackensen. In dieser Funktion nahm er an der Gegenoffensive gegen die Russen teil. Dies war eine der größten Militäroperationen dieses Krieges, sie erlaubte den Durchbruch bei Tarnow-Gorlice und in weiterer Folge ein Aufreißen der Ostfront. Einige Städte wurden wiedererobert, darunter auch Psemysl, wo Otto einige Monate zuvor gekämpft hatte. Im Hinterland jubelte man »Sieg!« und vergaß dabei, daß eine halbe Million Männer seit Beginn der Kampfhandlungen gefallen, verwundet oder vermißt waren und daß die Armee immer schwächer wurde. Otto nahm aktiv an diesen Kämpfen teil, er wurde dann von der russischen Front weg an die Südfront, die italienische Front, versetzt.

Wie jeden Tag saß Franz Joseph seit den ersten Morgenstunden an seinem Schreibtisch, las, unterschrieb, gab Audienzen. Einige Monate zuvor hatte er im Kreis der Familie seinen 86. Geburtstag gefeiert; er spürte wohl, daß seine Kräfte schwanden, wollte es aber nicht eingestehen. Er schrieb seine große Müdigkeit nicht seinem Alter, sondern den Sorgen zu, von denen er von allen Seiten überwältigt wurde. Er dachte an die Kriegsfront im Osten und im Süden, an die Entscheidungen seines Generalstabs, an seine treuen Soldaten, von denen viele bereits die Hoffnung zu verlieren begannen. An diesem 21. Tag des Monats Oktober im Jahre 1916 wurde er von einem tragischen, unglaublichen Ereignis informiert. Die Nachricht traf ihn so schwer, daß dieser Kaiser, dieser Fels in der Brandung, der so viel gesehen, so viel durchlitten und alles ertragen hatte, zutiefst erschüttert war. Und in der Tat war es ein schwerwiegendes Ereignis: Der Ministerpräsident des Kaisers, Graf Karl Stürgkh, war ermordet worden. Seit dem Winter 1914 hatte er allein regiert, seit damals hatte er keinen Reichsrat mehr einberufen. Er hatte das vollste Vertrauen Franz Josephs besessen.

Graf Stürgkh war Junggeselle, und er liebte die gute Küche. Deshalb ging er jeden Tag zum Mittagessen ins Hotel Maissl & Schadn, das im Zentrum der Stadt an einem hübschen Platz mit einem hellsprudelnden Springbrunnen stand. Diesen Platz kennen alle, die einmal in Wien waren, es ist der Neue Markt. Der Tisch, der jeden Tag für Graf Stürgkh reserviert war, lag im ersten Stock. Am 21. Oktober hatte Graf Stürgkh wie gewöhnlich seinen Platz eingenommen, als kurz nach 13 Uhr ein Mann den Speisesaal betrat und sich zwei Tische weiter hinsetzte. Er trug die dicken Brillen des Kurzsichtigen und blickte unsicher zu dem Grafen hin. Dann erkundigte er sich leise beim Kellner, ob das auch sicher der Minister sei; dies wurde ihm bestätigt. Auch der Minister sah nicht sehr gut, und so bemerkte er den Mann nicht, der ihn beobachtete. Aber selbst wenn er ihn bemerkt hätte, wie hätte er vermuten sollen, daß dies sein Mörder war? Lange Minuten verrannen, ehe der schicksalschwere Akt durchgeführt werden konnte. Zuerst war eine Dame im Weg, der Attentäter mußte warten, bis sie sich entfernt hatte, dann traten zwei Herren ein und nahmen am Tisch des Ministers Platz. Einige Sekunden später schoß der Mann aus einer Distanz von wenigen Metern vier Kugeln ab. Graf Stürgkh brach zusammen und stürzte tot vom Sessel. Der Mörder schrie »Nieder mit dem Absolutismus, wir wollen den Frieden!« Er machte keinen Versuch zu fliehen, der herbeieilenden Polizei stellte er sich vor: »Friedrich Adler«. Er war der Sohn von Viktor Adler, dem Gründer der österreichischen sozialistischen Partei. Das von Friedrich Adler verübte Verbrechen fand in ganz Europa Widerhall, und der Attentäter erlangte Berühmtheit. Im politischen Bereich stieß die brutale Tat auf Mißbilligung; die sozialistische Partei war die Partei des Friedens, alle ihre Mitglieder stellten sich gegen den Krieg. Da sie sein Ausbrechen nicht hatten verhindern können, kämpften sie nun für sein baldiges Ende. Dies war die Partei der Gewaltlosigkeit, und nun kam zum ersten Mal aus ihren eigenen Reihen brutale Gewalt. Ein sozialistischer Intellektueller war nicht vor einem Mord zurückgeschreckt, um der Welt zu zeigen, daß seine Partei die despotische Autorität und den Krieg ablehne.

Elisabeth Marie verfolgte mit größtem Interesse die Berichte über diese Ereignisse in der Presse. Sie, die sich stets so sehr für die Verbrechen in Politik und Geschichte interessiert hatte, konnte nun dieses jüngste Verbrechen sozusagen aus der Nähe beobachten und alles darüber erfahren. Es wurde kein Geheimnis daraus gemacht, was ihre Suche nach Informationen erleichterte. Sie wollte die Tendenzen der sozialistischen Partei kennenlernen, sie wollte mehr erfahren über die Beweggründe, die Adler zu seiner Tat getrieben hatten. Hier hatte Elisabeth zum erstenmal mit der sozialistischen Partei Kontakt; diese neue Erfahrung und die daraus resultierenden Überlegungen sollten aber erst später Früchte zeigen, im Augenblick gewannen ihre persönlichen Sorgen wieder die Oberhand.

Franz Joseph ging erstaunlich rasch und energisch an die Ernennung eines neuen Ministerpräsidenten, seine Wahl fiel auf Dr. Ernest von Koerber, einen altgedienten Politiker. Er wurde beauftragt, die innere Lage zu konsolidieren, das Parlament wieder einzusetzen und – ohne daß man wagte, das so konkret auszusprechen – die Monarchie zu retten. Die Probleme, die der Tod Stürgkhs nach sich zog, und die notwendig gewordenen Reformen bereiteten dem Kaiser in diesen Tagen mehr Sorgen als verlorene Schlachten und bedrohte Fronten. Das Reich wurde von Armut und Hunger überschwemmt, die neuen Ideen nahmen immer bedrohlichere Formen an, sie begannen bereits spürbar an den Wurzeln des Reiches zu fressen und es in seinen Grundfesten zu erschüttern.

Elisabeth beobachtete beunruhigt, wie sehr die Sorgen ihren Großvater niederdrückten, wie mager er geworden war – und dabei wurde er von einem unaufhörlichen harten Husten gequält. Trotzdem ging er nicht von seinem gewohnten Tagesablauf ab, er saß in seinem Arbeitszimmer, fuhr fort, die Nachrichten, die ihm täglich überbracht wurden, zu überprüfen und tausend Dinge von zweitrangiger Bedeutung zu kontrollieren. Er wollte über alles informiert sein, er wollte abwägen und selbst die Entscheidungen treffen. Erzsi besuchte ihn, sooft er es ihr erlaubte, man durfte ihn nicht zu lange bei der Arbeit stören. Sie wußte, niemand, sie nicht und auch sonst keiner, nicht einmal Marie Valerie, durfte ihm raten, sich auszuruhen. In den Minuten, die er mit seiner Familie verbrachte, spürte der Kaiser aber doch die wohltuende zärtliche Zuneigung, die ihm entgegengebracht wurde, und das erleichterte ihm wohl die schwere Last seiner Aufgabe.

In der ersten Novemberwoche fand der Leibarzt Franz Josephs, daß er sehr matt und fiebrig sei. Der Patient hatte sich geweigert, Pflegerinnen zu seiner Betreuung kommen zu lassen, wie man ihm vorgeschlagen hatte. Er sagte, seine drei Diener hätten über ihn gewacht, als er gesund gewesen sei, sie würden nun auch getreu ihrem kranken Kaiser dienen. Am 11. November stieg das Fieber über 38 Grad, Franz Joseph saß immer noch an seinem Schreibtisch und ließ sich die Post bringen, die er teilnahmslos durchsah. Man brachte ihn nicht dazu, ins Bett zu gehen, außer in der Nacht – einer sehr kurzen Nacht, denn bereits im Morgengrauen saß er schon wieder an seinem Arbeitstisch. Mit jedem Tag wurde er schwächer. Elisabeth, Marie Valerie und einige andere Familienmitglieder hielten sich in einem der kleinen Salons auf und warteten darauf, den alten kranken Mann noch einmal sehen zu können. Jeder behielt seine Gedanken und Gefühle für sich, deren besondere Heftigkeit und tiefe Besorgnis durch den Ernst der Lage gerechtfertigt waren. Elisabeth hielt sich möglichst in der Nähe von Marie Valerie auf. Es hatte immer eine besondere gegenseitige Zuneigung zwischen den beiden Frauen bestanden, auch jetzt empfanden sie dieselbe Trauer, jede verstand, was in der anderen vorging.

Aber noch war das Leben Seiner Majestät nicht erloschen. Er empfing Kronprinz Karl und Erzherzogin Zita, die man herbeigerufen hatte. Am 15. November stieg das Fieber neuerlich, Schmerzen in der Brust kündigten eine beginnende Lungenentzündung an. Aber immer noch arbeitete der Kaiser, ein Priester kam und las im Arbeitszimmer die Messe, Elisabeth besuchte ihn, blieb aber nur einige Minuten bei ihm; er flüsterte: »Es geht mir nicht gut.« Erzsi weinte, der Großvater sah die Tränen über das Gesicht seiner geliebten Enkelin laufen, er hob die Hand und machte eine Bewegung, als wollte er sie segnen. Elisabeth verließ weinend das Zimmer. Sie würde nun also den Menschen verlieren, von dem sie gewünscht hätte, er möge unsterblich sein. Als sie fünf Jahre alt gewesen war, hatte er den Platz ihres Vaters eingenommen, nie hatte er es ihr an Zärtlichkeit, an Geduld und an materieller und moralischer Unterstützung fehlen lassen. Er war alles für sie gewesen, sogar ihr Kaiser.

Am 20. wartete sie ängstlich auf die Nachrichten, die Marie Valerie ihr bringen würde. Marie Valerie hatte ihren Vater sehr schwach vorgefunden. Die Nacht vom 20. zum 21. verlief ruhig. Trotz Fiebers setzte sich Franz Joseph um 3.30 Uhr an seinen Schreibtisch, wie gewöhnlich hatte sein Diener ihn um diese Zeit geweckt und alles vorbereitet. Der Arzt untersuchte ihn, hatte aber keinen guten Eindruck und seine Hoffnung, die zähe Lebenskraft des Kaisers werde die Oberhand gewinnen, schwand. Gemeinsam mit Elisabeth besuchte Marie Valerie den Kaiser neuerlich. Die Freude, seine beiden Lieblinge zu sehen, heiterte den Kranken etwas auf. Sie hatten das Gefühl, es gehe ihm besser. Sie zogen sich zurück, es folgte eine Audienz, nun war der Kaiser beinahe völlig erschöpft. Prälat Dr. Seydl wurde vorgelassen, der Kaiser legte die Beichte ab und empfing, an seinem Schreibtisch sitzend, die hl. Kommunion. Bald nach dem Abendessen stieg das Fieber über 39 Grad. Franz Joseph ruhte etwas in seinem Fauteuil aus, dann kehrte er in sein Arbeitszimmer zurück. Dort aber verließen die letzten Kräfte den armen alten Körper. Der Kopf sank zuerst auf den einen Arm, dann auf den anderen, der Federhalter löste sich aus den Fingern, er stützte den Kopf in beide Hände und schlief ein. Durch diesen kurzen Schlaf für einen Augenblick gestärkt, richtete er sich wieder auf und unterschrieb den letzten Akt, die Gewährung eines Gnadengesuchs für eine Mutter, die ihr Kind getötet hatte. Franz Joseph dinierte wie gewöhnlich um 18 Uhr, Marie Valerie wartete im Nebenzimmer. Nachdem er die leichte Mahlzeit beendet hatte, ging sie zu ihrem Vater hinein, sie sah ihn niedergeschlagen und fiebrig in seinem Fauteuil sitzen – das Leben des Kaisers näherte sich dem Ende. Marie Valerie wechselte einige Worte mit ihrem Vater und zog sich dann zurück. Nun verließen die letzten Kräfte den Körper des alten Mannes, man mußte ihm helfen und ihn zu Bett bringen.

Sein Diener fragte nach seinen Befehlen für den nächsten Tag, er konnte noch antworten »Um 3.30 Uhr wie gewöhnlich«. Der Arzt stellte fest, daß die Lungenentzündung sich verschlimmert hatte, das Ende war nahe, obwohl das Herz immer noch regelmäßig schlug. Marie Valerie ging wieder in das Zimmer ihres Vaters, andächtig nahm sie an der Zeremonie der letzten Ölung teil, die dem Sterbenden gespendet wurde. Elisabeth wartete im Vorzimmer; rund um sie waren viele Menschen, aber in ihrem Herzen war sie allein. Auch Frau Schratt war unter den Anwesenden, die dem Monarchen in seiner Einsamkeit so oft Trost gebracht hatte.
Am 21. November 1916 um 21 Uhr hörte das müde, alte Herz von Franz Joseph zu schlagen auf. Er verließ diese Welt voll Ruhe, im unerschütterlichen Glauben an den Übergang in eine göttliche, lichterfüllte Welt.
Der Kronprinz und seine Frau betraten das Sterbezimmer, Marie Valerie folgte mit Elisabeth, dann die anderen Familienmitglieder und Würdenträger. Elisabeth spürte, wie ihr Herz sich vor Kummer zusammenkrampfte. Sie kniete nieder und betete neben ihrem toten Großvater, wie man es ihr beigebracht hatte. Sein Glaube und sein Vorbild waren doch nicht spurlos an ihr vorübergegangen. Unter den hellerleuchteten Fenstern der Hofburg und auf dem Platz vor Schönbrunn betete die angsterfüllte Bevölkerung mit lauter Stimme. Den ganzen Tag über hatten sie gewartet, und nun warteten sie auch noch die ganze kalte, nebelige Novembernacht. Als die Nachricht vom Tod des Kaisers sich verbreitete, mischte sich in den Herzen aller in die Angst vor dem Krieg der Abschiedsschmerz vom Vater des Kaiserreiches. Achtundsechzig Jahre lang hatte er regiert, sein Leben hatte beinahe drei Viertel eines Jahrhunderts der Geschichte umspannt.
Am nächsten Tag trat Elisabeth, in einen weiten schwarzen Mantel gehüllt, das bleiche Gesicht hinter einem Schleier verborgen, in das Sterbezimmer. Sie brachte ihre Söhne Franzi und Erni mit sich. Sie sollten den sterblichen Überresten des Urgroßvaters, den sie so gut gekannt und dem sie viel Zuneigung entgegengebracht hatten, die letzte Ehre erweisen. Sie traten an das Bett, auf dem der Tote zwischen brennenden Kerzen und Blumen ruhte. Franzi ertrug den Schock nicht, den der Anblick des weißen Gesichtes und des unbe-

weglichen Körpers in ihm hervorrief. Er wurde plötzlich von Übelkeit befallen, seine Mutter mußte ihn rasch hinausführen und trösten. Der Knabe behielt die Peinlichkeit dieses Zwischenfalles sein Leben lang im Gedächtnis.

Am 30. November verließ der Leichenzug die Hofburg. Franz Joseph selbst war es gewesen, der 1876 den Leichenwagen hatte bauen lassen, in dem er nun seinen letzten Weg antrat. Dieser Prunkwagen im Barockstil, der auch Erzherzog Rudolfs und Kaiserin Elisabeths Leichnam gefahren hatte, durfte nur für gekrönte Mitglieder der kaiserlichen Familie verwendet werden. Der zukünftige Kaiser Karl, die Familienmitglieder, die hohen Reichswürdenträger und der hohe Klerus folgten dem Leichenwagen. Der Zug ging durch die ganze Stadt den traditionellen Weg bis zum Stephansdom. Dort warteten Elisabeth Marie und ihre Mutter Stephanie. Nach der Messe setzte sich der Zug zur Kapuzinerkirche in Bewegung, wo die Mönche den toten Kaiser erwarteten, um ihn in ihre Obhut zu nehmen. Sie nahmen den Sarg nach einem althergebrachten, streng eingehaltenen Ritus in Empfang, dann wurde er in die Gruft hinuntergebracht und zwischen den Ahnen niedergelassen. Und wieder ruhte hier ein Habsburger, der letzte diesmal, unter ihnen: Franz Joseph, Kaiser von Österreich, König von Böhmen und apostolischer König von Ungarn.

In Wien begannen alle Glocken, große und kleine, zu schwingen, ihre Klöppel schlugen die ganze Skala von Tönen an; weit flog ihr Klang über die Stadt davon und ließ lange Zeit das Lied von Trauer und Glorie der Dynastie und des Kaiserreiches erklingen. Fünfzig Millionen Menschen trugen Trauer um den kaiserlichen Vater, der vielleicht nicht immer von allen geliebt, sicher aber von allen respektiert worden war. Die Soldaten an der Front fühlten Betroffenheit und Angst. Der furchtbare Krieg, an dem Franz Joseph zwei Jahre lang gelitten hatte, sollte nach seinem Tod zwei weitere Jahre fortdauern.

Im Dezember verließ Erzsi mit den Kindern und dem nötigen Personal Schloß Schönau. Sie hatte in Tirol in Kitzbühel ein Chalet gemietet, damit die immer noch kränklichen Kinder den Winter im Gebirge verbringen konnten. Sie blieb, soviel es nur ging, bei ihnen und achtete darauf, daß sie ein gesundes und angenehmes Leben führen konnten, ohne dabei das Studium allzu sehr zu vernachlässigen. Erzsi wurde mehrere Male nach Wien gerufen, die Anwälte wollten, daß sie bei der Nachlaßregelung nach ihrem Großvater anwesend sei. Franz Joseph hatte seiner Tochter Gisela, der Frau des Prinzen Leopold von Bayern, seiner anderen Tochter Marie Valerie, Frau von Erzherzog Franz Salvator von Toskana, und seiner Enkelin Elisabeth seine Möbel und seine Immobilien testamentarisch vermacht. Sein persönliches Vermögen bestand aus mehreren Schlössern, darunter Persenbeug an der Donau, bedeutende Besitzungen, Wälder und Häuser. Das Kapital war in verschiedenen Industrieaktien, seit Beginn des Krieges aber vor allem in Staatsanleihen und Kriegsanleihen angelegt. Elisabeth erhielt ein Drittel des gesamten Kapitals, ihr Anteil betrug in etwa vierzehn Millionen Kronen. Dieser Reichtum blieb ihr allerdings nur kurz erhalten, Ende 1918 war der Krieg verloren, und zugleich trat eine Entwertung der Anleihen und des Geldes ein.

Bei den Einrichtungsgegenständen interessierte Elisabeth sich hauptsächlich für die Bilder, von denen ihr Großvater eine bedeutende Sammlung hatte. Aus der Inventarliste ist zu ersehen, daß beinahe sämtliche österreichischen Maler vertreten sind sowie einige ungarische. Die Avantgardekünstler jener Zeit fehlten, sogar Klimt, den der Kaiser zuerst gefördert, später aber wegen des erotischen Ausdrucks, den er in seine Werke legte, abgelehnt, ja sogar zensuriert hatte. Dann gab es noch die Möbel, den Schmuck und verschiedene Kunstgegenstände. Die drei Kusinen sagten ihre Wünsche, und die Aufteilung erfolgte einvernehmlich. Erzsi bekam sehr viele Bilder, Möbel und etwas Schmuck, für den sie sich überhaupt nicht interessierte. Sie ging vielmehr so weit, Bilder aufzukaufen, die nicht in ihren Anteil gefallen wären. So kam es, daß Elisabeth eine einzigartige Sammlung von österreichischen Meistern und von Familienporträts besaß, die sie später dem österreichischen Staat vermachte.

Erzsi bekam auch ein persönliches Legat – ihr Großvater hinterließ ihr zwei Pferde, ein Paar Lipizzaner, die Franz Joseph oft von Schönbrunn in die Hofburg und zu Spazierfahrten gebracht hatten. Erzsi kannte diese Pferde genau, sie waren von makelloser Schönheit. Sie ließ sie nach Schönau bringen, wo sie gut betreut und

verwöhnt wurden. Die Kinder fuhren mit ihnen auf ihre Landausflüge.
Elisabeth fuhr wieder zurück in die Berge zu ihren Kindern, wurde aber bald darauf nach Schönau gerufen. Man hoffte dort, sie könnte verhindern, daß ihr die nötigsten Lebensgrundlagen entzogen wurden. Im Lauf des Winters 1917 kamen Offiziere des Hauptquartiers nach Schloß Schönau, sie verlangten, auf den Bauernhof gebracht zu werden, und legten ein Dokument vor, wonach sie berechtigt waren, für den Bedarf der Armee Vieh zu requirieren. Elisabeth war also auch nicht vor gerechtfertigten Beschlagnahmungen gefeit, in diesem Fall gerechtfertigt durch den Hunger. Ihr Großvater war tot, sie hatte keinen Beschützer mehr, sie konnte und durfte sich an niemanden um Hilfe wenden. So mußte sie zusehen, wie der kleine Bauernhof, der zu einem großen Hof hätte werden sollen, sich von all seinen Zuchttieren leerte. Adieu Kühe, Schweine, Ziegen und Schafe! Auch ein Teil des Hühnerhofes wurde weggebracht, ebenso ein Großteil der Erdäpfelvorräte. Erzsi ging ins Schloß zurück, sie konnte das Brüllen und Blöken und Schreien der unsanft fortgezerrten Tiere nicht länger ertragen. Sie dachte an ihre Kinder – sie würde allen Mut zusammennehmen und Möglichkeiten finden, den Bauernhof wieder zu bevölkern. Elisabeth fühlte sich gedemütigt, ließ sich aber nichts davon anmerken.
Voll Ungeduld wartete Erzsi auf das Frühjahr; sie wollte mit den Kindern Ende März nach Schönau zurückkehren. Gesundheitlich ging es ihnen besser, nun mußte nur noch eine Möglichkeit gefunden werden, sie ordentlich zu ernähren. Der Hauptgrund für ihre angegriffene Gesundheit lag in ihrem ungewöhnlich raschen Wachstum. Franzi erreichte, noch bevor er 18 war, eine Größe von 1 m 98, Erni 1 m 90, Rudi 1 m 96. Sie waren ihrer Mutter stets dankbar, daß sie durch ihre Fürsorge zu kräftigen Männern heranwuchsen.
Otto war nur für wenige Tage zurückgekehrt, um an den Begräbnisfeierlichkeiten für seinen Schwiegervater und Obersten Befehlshaber der Armee teilzunehmen. Dann kehrte er zurück an die Front in den Bergen, wo der heftig tobende Krieg seine Anwesenheit als Kommandant nötig machte. Auch die Soldaten brauchten ihn, er besaß ihr ganzes Vertrauen.

Nach dem Tod ihres Großvaters entschloß Erzsi sich zur Scheidung von ihrem Mann. Er, der in der Ehe ihr Partner gewesen war, war nun in der Trennung ihr Feind, und sie kannte seine ganze Stärke. Sie war entschlossen, anzugreifen und ihre persönliche Schlacht zu fechten – die um den Besitz ihrer Kinder. Nachdem sie darüber nachgedacht hatte, welches die schmerzlichen Probleme dieses Krieges waren, faßte sie den weisen Entschluß zu warten. Während dieser Zeit des Wartens empfand Elisabeth, dieses bis dahin so wohlbehütete Kind, die sie umgebende Leere, und sie suchte nach Schutz. Eine günstige Gelegenheit bot sich, als sie einen Drohbrief erhielt. Sie übergab ihn einem Polizeioffizier und bat ihn nachzuforschen, wer der anonyme Verfasser sei. Gleichzeitig bat sie um Unterstützung, um Hilfe und Nahrungsmittel, denn: »meine Kinder sterben vor Hunger!« Offensichtlich ist der Polizeioffizier ihren Wünschen nachgekommen, denn sie dankte ihm wärmstens. Dieser Kontakt sollte von großer Bedeutung für die Zukunft sein. Der Polizeioffizier war J. Schober, der im Juli 1918 zum Wiener Polizeipräsidenten ernannt wurde und großen politischen Einfluß erlangte, was für Elisabeth von einigem Nutzen sein sollte.

Im Verlauf des Jahres 1917 wandte Erzsi sich auch an den jungen Kaiser Karl. Sie teilte ihm ihren Entschluß mit, ein Scheidungsgesuch einzureichen, da das eheliche Leben mit Otto unerträglich geworden sei. Sie werde die nötigen offiziellen Schritte aber erst nach Kriegsende vornehmen. Sie drückte die Hoffnung aus, ihr Mann werde sich konziliant und verständnisvoll zeigen, damit das Verfahren sich freundschaftlich, das heißt ohne Prozeß, abwickeln lasse. Sie hoffe, Karl könnte ihn in diesem Sinne beeinflussen. Die Antwort ihres Cousins war förmlich, kühl und zurückhaltend. Nachdem er darauf hingewiesen hatte, daß Erzsi infolge ihrer Heirat nicht mehr dem Kaiserhaus angehöre, teilte er mit, daß er, entsprechend den Statuten, keinerlei Einfluß auf ihr Schicksal nehmen könne, für welches sie allein verantwortlich sei. Am Schluß versicherte er sie noch seiner eigenen und der Sympathie der Kaiserin. Innerlich kochend vor Zorn las Elisabeth diesen Brief ihres Cousins, sie empörte sich gegen das »Haus«, die »Statuten« und die »Heiligkeit« von Karl, die ihm diese Antwort in die Feder diktiert hatte, die sie im übrigen sehr wohl hätte vorhersehen können. Ihre revolutio-

nären Moralansichten und ihre Entfernung von den Geboten der Kirche konnten ja nur Ablehnung von seiner Seite provozieren.
Otto war über die Entscheidung seiner Frau erleichtert, die Scheidung auf später zu verschieben, das heißt bis zu seiner Rückkehr von der Front nach Kriegsende, falls er dann noch leben sollte.
Seit einigen Jahren führte Elisabeth nun mit ihren Kindern ein Leben auf dem Land. Während man auf diese besseren Zeiten wartete, zogen die russischen Gefangenen, die tüchtige Arbeiter waren, Gemüse und Erdäpfel. Erzsi überwachte alles, vom Mähen des Grases bis zum Fällen der Bäume, deren Holz sie zum Heizen benötigte. Sie war voller Schwung und ging an alles voller Tatkraft heran. In ihrer Natur lag die Quelle mächtiger Energien; sie wurde von zwei Instinkten beherrscht: einem unwiderstehlichen sexuellen Instinkt und einem außergewöhnlich starken Mutterinstinkt. Beide überstiegen das normale menschliche Maß. Wenn Elisabeth liebte, war sie monogam und treu, wenn sie ohne Liebe war, füllte sie die Leere mit flüchtigen Liebschaften. Dies blieb im Schloß nicht unbemerkt, der Klatsch wurde im Dorf weitererzählt, und Elisabeth bekam in Schönau einen schlechten Ruf, was ihr aber völlig gleichgültig war. Sie maß ihrem eigenen Ruf nicht die geringste Bedeutung bei, sie wollte sich in ihren Entscheidungen frei bestätigen und bezog daraus zugleich ein Gefühl der Überlegenheit. Sie ging sogar so weit, eine Liaison mit dem Hauslehrer ihrer Söhne einzugehen. Franzi wußte davon, seine Mutter genierte das nicht im mindesten.
Dann kam das Jahr 1918, ein schicksalschweres Jahr. Die Dynastie war geschwächt, das Reich geriet aus den Fugen, der Krieg war verloren. Zugleich aber war es auch ein Jahr der Befreiung und des Erneuerungswillens. Die Armut traf alle sozialen Schichten, das Volk ebenso wie die unzähligen Beamten-, Staatsdiener- und Offiziersfamilien. Der Krieg hatte Elisabeth jene Menschen geraubt, die ihr am teuersten waren, nun fühlte sie sich solidarisch mit all den Frauen, die Trauer trugen, die sich nicht mehr um die Kämpfe kümmerten, sondern nur mehr mit ihren Kindern überleben wollten. Es gab Lebensmittelkarten für Brot, die Nahrungsmittel waren knapp und unzureichend, es fehlte an Kohle, die Menschen hatten kalt, sie hatten Hunger und lebten in der Nacht ohne Licht. Elisabeth kannte alle diese Probleme. Seit einigen Jahren las sie die

sozialistische »Arbeiterzeitung«. Sie versuchte, die sozialen Probleme zu verstehen, die sich immer mehr zuspitzten und schwere Konsequenzen voraussehen ließen. Elisabeth hatte weder für Kaiser Karl noch für Zita Sympathie, für sie war der eigentliche Kaiser tot. Ihre Treue zur Dynastie erlosch. Das Leid war zu groß – Ordnung und Frieden mußten wiederhergestellt werden, koste es, was es wolle und gleichgültig mit Hilfe welcher Partei! Sie stand den Dingen offen und verständnisvoll gegenüber, und so bekamen für sie die Bedürfnisse und Rechte des Volkes eine absolut vorrangige Bedeutung gegenüber den althergekommenen Werten, die ihr nunmehr zweitrangig erschienen. Was ihre eigene Person betraf, so hatte sie diese Werte schon vor langer Zeit abgeworfen. Erzsi wollte sich nicht mit Theorie allein begnügen, sie bemühte sich mit der Bevölkerung der Umgebung Kontakt aufzunehmen, mit den Bauern, vor allem aber den Arbeitern, von denen es viele in der Gegend gab. Sie arbeiteten in den Fabriken von Blumau und Hirtenberg, wo Kanonenpulver und Kriegswaffen hergestellt wurden. Elisabeth war für diese Rolle geboren und durch ihre Erziehung zur Menschenführung vorbereitet worden. Die Arbeiter wiederum lohnten ihre Bemühungen mit Sympathiebezeugungen, und so erfreute Elisabeth sich in der ganzen Gegend bald großer Beliebtheit.
Die defätistischen Intellektuellen setzten ihre Kampagne gegen den Krieg fort. Der Schriftsteller Karl Kraus, der ein überzeugter Antimilitarist war, schrieb ein dramatisches Werk, das großen Widerhall fand: »Die letzten Tage der Menschheit«. Zur allgemeinen Besorgnis kam 1918 noch die Angst vor einer tödlichen Krankheit. Die Spanische Grippe begann zu wüten, die Epidemie breitete sich rasch aus, es hieß, sie fordere mehr Tote als der Krieg. Die geschwächte Bevölkerung hatte nicht mehr genug Widerstandskraft, die Kinder waren in Gefahr, die Ärzte machtlos, immer weiter breitete das Virus sich aus, man konnte nichts tun als abwarten, bis es von selbst zurückging. Der berühmte Maler Egon Schiele starb daran im Alter von siebenundzwanzig Jahren, ebenso wie seine Frau, in Armut und Elend – welch vergeudetes Genie! Auch Elisabeth blieb die Angst nicht erspart. Ihr Sohn Franzi erkrankte am Grippefieber. Sie blieb Tag und Nacht bei ihm, gequält von der Sorge, ihr Liebling könnte ihr genommen werden. Er war ein schöner Junge, dessen Äußeres

dem ihren stark ähnelte und der eine ebenso dominante Persönlichkeit zeigte wie sie selbst. Er war nahe daran zu sterben, wurde aber, wie er später erzählte, durch einen Arzt gerettet, der Anordnung gab, seinen Kopf in eine Haube zu stecken, die durch elektrische Röhren erhitzt wurde. Und tatsächlich war Franzi einer der wenigen, die gesund wurden.

Im Herbst 1918 gab es so viele Tote, daß sich auf den Friedhöfen die Leichen türmten, ehe sie begraben werden konnten. Die Männer und die Frauen, die noch genügend Kräfte hatten, waren in Wien auf den Straßen und Plätzen versammelt, wo die wortgewaltigen Sozialisten ihre Ansprachen hielten. Aus den Rufen der Menge hörte man immer wieder zwei Worte heraus: Brot und Frieden. Es gab keine Kohle mehr, sogar die Lokomotiven standen still. Die Nahrungsmittelrationen waren dermaßen gering, daß sie unter dem Lebensminimum lagen. Die Alliierten hatten an den Fronten ihre Armeen verstärkt, aber die geschlagenen Verteidiger des Kaiserreiches kämpften immer noch. Dumpf erhoben die Feinde der Habsburger ihre Stimmen. Kaiser Karl unternahm noch längst sinnlos gewordene Anstrengungen, die Dynastie zu retten und den Frieden zu erzwingen. Der Monat Oktober brachte die Entscheidung, das Ende des Kaiserreiches brach herein. Die Monarchie der Habsburger, die während sechshundertfünfzig Jahren geherrscht hatte, sollte verschwinden. Einundzwanzig Kaiser hatten die Krone von göttlichen Gnaden getragen, Karl sollte der letzte sein. Der Verfall war langsam und stetig herangereift, nun brachte er den endgültigen Niedergang und Zusammenbruch des Kaiserreiches mit sich.

Ende Oktober 1918 nahm ein bemerkenswerter Mann die Situation in seine Hände. Es war Dr. Karl Renner, ein gemäßigter Sozialist, Abgeordneter im Reichstag seit 1907 und in der Welt der Politik seit langem bekannt. Er nahm eine schwere Verantwortung auf sich, aber er hatte den festen Willen, die augenblicklichen Gefahren in den Griff zu bekommen und eine neue Ordnung herzustellen. Als er zum Regierungschef wurde, wurde er zugleich auch zum Begründer der Republik.

Am 3. November kapitulierte die österreichisch-ungarische Armee, einige Tage später unterschrieb der letzte Kaiser seine erste Verzichtserklärung.

Otto zu Windisch-Graetz, der zum Oberstleutnant ernannt worden war, nahm bis zum letzten Tag des Monats Oktober aktiv an den Kämpfen an der italienischen Front teil. Die Tiroler Jäger wurden berühmt durch ihren Heldenmut. Oberstleutnant zu Windisch-Graetz wurde für eine Ordensverleihung vorgeschlagen, in dem damit zusammenhängenden Rapport wird er folgendermaßen beschrieben:

»Er ist ein mutiger Kommandant, unermüdlich und vorbildlich, nichts entgeht seiner Aufmerksamkeit. Im Gefechtsfeuer bewahrt er standhafte Haltung, bleibt in ständigem Kontakt mit seinen Soldaten und Offizieren. Er ist stets um ihr Wohlergehen besorgt und bestrebt, denen, die leiden, Erleichterung zu verschaffen. Dies ist bei ihm ein hervorstechender Charakterzug, der beweist, daß er Verantwortungsgefühl hat, wobei er seiner Pflicht mit frohem Sinn nachkommt.

Dekoration: Eisernes Kreuz erster Klasse. 1918.«

Dritter Teil

Elisabeths Leben in der Republik Österreich

1919–1963

Elisabeth sucht Schutz bei den Sozialisten

1919 In der neuerstandenen Republik kündigten sich auf dem weiten Gebiet der Politik, der Wirtschaft und der Gesellschaft radikale Veränderungen an. Schmerzhafte, aber deshalb nicht weniger hartnäckige Anstrengungen wurden unternommen, um die tieferen Ursachen für den allgemeinen Zusammenbruch und das Ende der vorangegangenen Herrschaft zu beseitigen. Die Männer, die jetzt an der Macht waren, planten Reformen, die die alten, kranken Wurzeln zerstören sollten. Entsprechend der neuen Lehre sollten die jahrhundertealten Prinzipien und Traditionen von progressiven Werten abgelöst werden, die dieser im Wandel befindlichen Gesellschaft entsprachen; die Aristokratie sollte entfernt und die Kirche geschwächt werden. Begeistert folgten die Massen jenen Männern, die das elende, rechtlose Leben der Arbeiter und der Armen kannten, weil sie zu ihnen gehörten. Die Menschen vertrauten diesen Genossen, die ihre Freunde waren und von denen sie sich im Kampf um ihre Interessen tatkräftig vertreten fühlten. Die Männer, deren Namen nun in der Regierung in den Vordergrund traten, waren alles altgediente Politiker und zugleich militante Mitglieder der sozialistischen Partei Österreichs, deren Statuten ja bereits seit Jahrzehnten bestanden. Es waren keine Revolutionäre im gewalttätigen Sinn des Wortes. Es war keineswegs so, daß sie über die Vergangenheit nicht Bescheid gewußt hätten – ganz im Gegenteil: alle diese Persönlichkeiten waren überaus gebildet und kultiviert. Sehr oft waren es self-made-Männer, deren Verdienste absolut anerkannt werden müssen. Dies umso mehr, als die Begründer der Republik überzeugte Idealisten waren. Freilich gab es unter ihnen auch radikale Vertreter wie Adler und Otto Bauer; aber Karl Renner, der ein Mann von überragender Intelligenz war, trat so rasch in den Vordergrund, daß er sehr bald seinen ausgeglichenen und zurückhaltenden Stil durchsetzen konnte. Kraft seiner Autorität konnte er in dieser Zeit des Wandels und des Wartens auf positive Resultate die gefährliche Situation meistern. Nun war es notwendig für das Wohl des Volkes, daß die Versprechen sich auch erfüllten.

Am 23. März 1919 wurden Kaiser Karl und Kaiserin Zita gezwungen, Österreich zu verlassen. Seit Karl zum Kaiser gekrönt worden war, schien ein tragisches Verhängnis sein Schicksal zu begleiten. Von vielen wurde sein Fortgehen nun als der Schlußpunkt eines erschütternden Dramas, nämlich des Erlöschens einer ruhmreichen Dynastie, empfunden. Der erste Akt der Tragödie hatte in Sarajevo stattgefunden, der zweite beim Tod von Kaiser Franz Joseph, der dritte Akt war die Abdankung Kaiser Karls. Der Weg ins Exil führte die kaiserliche Familie durch mehrere Länder und endete schließlich auf der Insel Madeira, wo Karl 1924 starb. Viele hatten gehofft, seine Abwesenheit würde nur von kurzer Dauer sein. Dabei mußte sie zwangsweise endgültig sein, denn sein Fortgehen war kein Verzicht und kein Aufgeben, sondern Gewissenspflicht. Für Aristokratie und Kirche freilich schienen die Auswirkungen verhängnisvoll zu sein; beide verloren mit dem Kaiser ihren wichtigsten Beschützer und damit beinahe auch ihr Daseinsrecht. Es war eine Umkehrung der Geschichte – seit Jahrhunderten waren Aristokratie und Kirche im Dienst des Kaiserstaates gestanden, als Gegenleistung hatten sie dafür Reichtümer und Macht erhalten. Für beide war es ein großer Schock, aber es dauerte dann nur einige Jahrzehnte, bis Gleichgewicht und Toleranz wieder hergestellt waren.

Elisabeth verfolgte die Ereignisse wohl, aber doch eher in sehr oberflächlicher Weise. Sie begriff noch nicht, wie tiefgreifend und umfassend die Entwicklung war. Republik, demokratischer Sozialismus, Arbeitersozialismus, Freiheit, Gleichheit – das alles war zuviel für ihr von Konservativismus geprägtes Fassungsvermögen; sie war in und für eine andere Welt erzogen worden. Sie war bedrückt von dem allen; was sie aber am meisten ängstigte, war das Gefühl des Ausgeliefertseins und zugleich ein Gefühl grenzenloser Ohnmacht. Das Scheidungsverfahren ging seinen Gang, alle Schuld am Scheitern ihrer Ehe wurde einzig und allein ihr selbst zugeschoben. Es gab nur einen einzigen Punkt, der für sie sprach: ihre übergroße Liebe zu ihren Kindern.

Oberstleutnant Windisch-Graetz war lebend von der Front des Todes zurückgekehrt. Keine dröhnenden Flugzeuge mehr, keine Detonationen, kein ohrenbetäubender Krach, keine stöhnenden Verwundeten mehr – er war allein in der Stille seines Palais. Nun hörte er andere Geräusche: Stimmen – die von Elisabeth, heftig und gereizt, die der Advokaten, der Richter, der Zeugen. Das häßliche Echo tat seinen Ohren weh und hallte ebenso schmerzhaft bei Elisabeth wider. Bereits im Jänner 1919 hatte Otto sich an zwei Advokaten gewandt und ihnen seine Vertretung übergeben. Die Anschuldigungen, die er gegen seine Frau erhob, schienen gerechtfertigt und ließen aus der Sicht des Gesetzes keinen Zweifel darüber offen, daß das, was er forderte, rechtens war. Aber selbst wenn Elisabeth zustimmen sollte, ihm die Kinder zu überlassen, so wäre doch die praktische Durchführung ungeheuer schwierig. Auch Elisabeth hatte mehrere Advokaten zu ihrer Verteidigung genommen, denn sie wußte, daß sie ihre ehelichen Pflichten verletzt hatte. Die schwerwiegendste Anschuldigung, die gegen Elisabeth erhoben wurde, war die des Ehebruchs. Weitere Vorwürfe bezogen sich auf ihr zügelloses Leben, das gegen die guten Sitten der Familie verstieß, ihre wiederholten Beleidigungen, die Verweigerung der ehelichen Pflichten und das schlechte Beispiel, das sie ihren Kindern gab, die Zeugen ihres liederlichen Lebenswandels wurden.

Aus dem, was vorhin gesagt wurde, geht hervor, daß ein für Elisabeth ungünstiger Gerichtsbeschluß vorhersehbar war. Otto verlangte für die Dauer des Verfahrens das Sorgerecht über die Kinder; er führte an, Elisabeth sei unfähig, die Kinder zu erziehen, außerdem stelle sie ihnen den Vater als Feind dar.

Elisabeth beauftragte ihre Advokaten, ihrem Mann zu erwidern. Der Inhalt der Antwort war für Otto beleidigend. Elisabeth legte besonderes Gewicht darauf, die sogenannten schlechten Charaktereigenschaften ihres Mannes hervorzuheben: Er sei ein Mann ohne jede Energie, falsch, egoistisch, eitel, unintelligent, ein Lügner und Intrigant, von unüberwindlicher sexueller Kälte. Diese charakterlichen Mängel seien der Anlaß für die unablässigen häuslichen Szenen gewesen, die sich als so schädlich für ihre Gesundheit erwiesen hätten. Ihre Nerven seien überbeansprucht, dies umso mehr, als Otto ein herzloser und grausamer Mann sei. Von allem Anfang an

sei er nur an ihrem Geld interessiert gewesen, welches er dringend benötigt habe, um seinen Leidenschaften frönen und seine exzessiven Ausgaben decken zu können. Die Anklage fährt mit weiteren verächtlichen Bemerkungen fort, die den Zweck hatten, Ottos Stolz zu verletzen und seine Ehre in den Schmutz zu ziehen.
Nur eine einzige der gegen sie erhobenen Anklagen akzeptierte Elisabeth, die betreffend ihre Liaison mit Egon Lerch. Hierfür machte sie ihren Mann verantwortlich, der durch seine Gleichgültigkeit und Nachlässigkeit ihre Flucht in ein anderes Glück provoziert habe. Wie man aus all dem ersehen kann, bestimmte der Haß die Worte und Taten der Kontrahenten, es gab keine Zurückhaltung mehr, der Kampf trug alle Anzeichen häßlicher Denkungsform, zu der die Menschen sich selbst erniedrigen, wenn sie glauben, sich zu ihrer Verteidigung sämtlicher Waffen bedienen zu müssen. Die einfachste und zugleich am meisten angewandte Waffe scheint dabei die Lüge zu sein. Otto stützte sich bei seinen Anschuldigungen auf die Informationen, die er von seinem Spionagedienst erhalten hatte, was Elisabeth natürlich in Weißglut versetzte.
Es war nicht so, daß Elisabeth des Kampfes müde wurde. Aber sie fühlte sich von aller Welt verlassen und in Stich gelassen. Sie, die gewohnt gewesen war, von respektvollen und ergebenen Beschützern umgeben zu sein, sie, die wie eine zarte Pflanze umhegt und behütet worden war, fand nun plötzlich nirgendwo mehr Halt. Sie hatte keinen Großvater mehr, nur eine Mutter, die um Vergebung für ihre Sünden betete! Keine Liebe mehr, kaum noch Freunde, Adel und Kirche standen ihr wegen ihrer für damalige Begriffe abartigen Moralbegriffe voll Mißbilligung gegenüber; sie hatte keine Familie mehr, es gab keine Beamten und Angestellten, die ihr zu Füßen lagen, niemand begrüßte sie mehr mit »Kaiserliche Hoheit« – da war nur noch ihr Ehemann, der zu ihrem schlimmsten Feind geworden war. Dazu kam noch Elisabeths Staatsbürgerschaft, die ihr unter Umständen schaden konnte. Der neue unabhängige Staat Jugoslawien hatte sich Elisabeth und ihre Familie sehr rasch einverleibt. Als Wohnsitz wurde Veldes betrachtet, wo Otto sein Schloß hatte. Elisabeth erhielt zugleich mit den Kindern einen jugoslawischen Paß. Die russischen Gefangenen, die auf Schönau gearbeitet hatten, waren in die Ukraine gebracht worden, so daß es auf dem Besitz überall an Arbeitskräften mangelte.

Aber Elisabeths Charakter erlaubte ihr nicht, sich so rasch entmutigen zu lassen. Nach einigem Überlegen fiel ihr die Armee ein. Sie erinnerte sich an die Treue der Offiziere gegenüber der kaiserlichen Familie, an den Respekt, den sie ihrer Person entgegengebracht hatten, an die Disziplin, die ihnen im Blute saß, und wie sie stets bereit gewesen waren, sich für ihren Großvater zu opfern. All diese Qualitäten konnten doch nicht in einigen wenigen Wochen verschwunden sein. Elisabeth vertraute der Loyalität und der Anhänglichkeit der Offiziere – sie waren es, an die sie sich wenden mußte! Die Zukunft sollte ihr recht geben.
Hier ist es wichtig, die Person vorzustellen, die uns wertvolle Informationen über eine wesentliche Episode in Elisabeths Leben gegeben hat. Ohne dieses Zeugnis wäre dieser Abschnitt im dunkeln geblieben. So aber können fälschliche Behauptungen Lüge gestraft werden, die in Elisabeths Leben dem Zufall eine allzu große Rolle geben wollten.
Julius Deutsch wurde 1884 als Sohn jüdischer Eltern in der Diaspora in Ungarn geboren. Sein Vater hatte eine Weinhandlung. Bereits in jungen Jahren wollte Julius seinen eigenen Weg finden. Deshalb ging er nach Wien, wo er das Leben zuerst von seiner härtesten Seite kennenlernte. Er verrichtete die niedrigsten Arbeiten, um genügend Geld für sein Studium zu verdienen. Aber er konnte sich an der Wiener Universität inskribieren und an der juridischen Fakultät studieren. Seine Herkunft, sein harter Lebenskampf, die Einblicke, die er in die Armut des Volkes und dadurch auch in die krassen Unterschiede zwischen den einzelnen sozialen Schichten hatte, führten ihn zwangsweise zur sozialdemokratischen Partei und machten in weiterer Folge einen aktiven Politiker aus ihm. Bei Kriegsbeginn ging er zur Armee, nach kurzer Zeit schon wurde das Artillerieregiment, dem er angehörte, an die russische Front verlegt. Seine Tapferkeit, seine vorbildliche Haltung und seine hohe Intelligenz ließen ihn sehr rasch in den Rang eines Offiziers aufsteigen. Im Herbst 1918 wurde dieser langjährige Angehörige der sozialistischen Partei zum Mitarbeiter von Karl Renner, der an ihm besonders seine militärischen Erfahrungen und seinen guten Kontakt zu den Soldaten schätzte. Er ernannte ihn zum Staatssekretär mit Ministerfunktion, verantwortlich für alles, was das Heer betraf. Er

hatte sein eigenes Büro im Gebäude des ehemaligen Kriegsministeriums.
Elisabeth hielt an der Überzeugung fest, sie müsse zum Heeresminister gehen, um für sich selbst Schutz und Unterstützung gegenüber dem Gericht zu finden, welches ihr ihre Kinder zu nehmen drohte. Eines Tages also begab Elisabeth sich zum Heeresministerium. Als sie vor dem imposanten Gebäude stand, das ihr Großvater am Ring hatte errichten lassen, hob sie den Kopf und betrachtete voller Bewunderung den riesigen bronzenen Kaiseradler, der auf dem Giebel des Daches zu schweben schien und der in seinen Klauen die siegreichen Fahnen der kaiserlichen Armee umklammert hielt. Als sie am Reiterstandbild des Marschall Radetzky vorüberging, meinte sie den Klang von Trommeln und Trompeten zu hören, die den berühmten rhythmischen Marsch intonierten. Sie spürte, wie ihr Selbstbewußtsein stieg. Sie schritt zwischen den beiden allegorischen Statuen hindurch, die das Eingangstor bewachen – links das Symbol des Kampfes, rechts das Symbol des Sieges. All diese Empfindungen und Eindrücke bestärkten Elisabeth noch in ihrem Entschluß, den Weg, den sie eingeschlagen hatte, weiterzugehen. So also machte Elisabeth Marie die Bekanntschaft des Ministers Julius Deutsch.
Aus diesem Besuch zog Elisabeth eine wichtige Konsequenz: Solange sie nicht Mitglied der sozialistischen Partei war, würde es ihr unmöglich sein, mit den einflußreichen Leuten zusammenzutreffen, die sie nicht nur für ihre Scheidung, sondern überhaupt in allen Schwierigkeiten, die sich ihr im Leben entgegenstellten, brauchen würde. Als sie im Verlauf des Jahres 1919 Leopold Petznek kennenlernte, stellte sie sich im Parteibüro vor und ließ sich als Mitglied in die österreichische sozialistische Partei einschreiben. Man weiß nicht, ob dies auf Rat von Petznek geschah oder ob es ihre eigene Initiative war, was eher wahrscheinlich ist. In der Konfusion, in der ihr ganzes Leben und ihre eigene verwirrte Persönlichkeit sich befanden, griff Elisabeth nach der roten Nelke wie nach einem Rettungsanker. Noch hielt sie sie vor den anderen verborgen, aber doch schon in einer Geste des Triumphes an sich gedrückt. Sie wußte – hier lag die Lösung ihrer Probleme.
Mit der dokumentierten Begegnung mit Julius Deutsch begann der

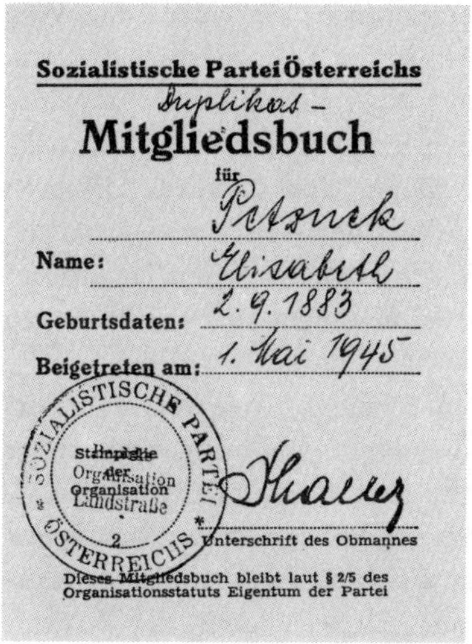
Sozialistische Partei Österreichs

Duplikat –

Mitgliedsbuch

für

Petznek

Name: Elisabeth

Geburtsdaten: 2. 9. 1883

Beigetreten am: 1. Mai 1945

Sozialistische Partei Österreichs
Stampiglie der Organisation
Landstraße 2

Unterschrift des Obmannes

Dieses Mitgliedsbuch bleibt laut § 2/5 des Organisationsstatuts Eigentum der Partei

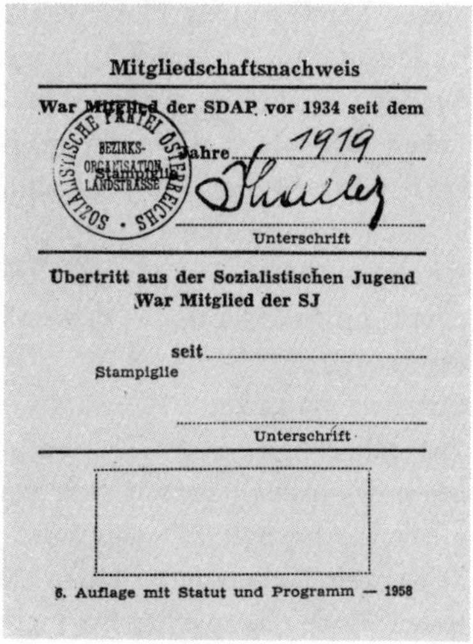
Mitgliedschaftsnachweis

War Mitglied der SDAP vor 1934 seit dem Jahre 1919

Sozialistische Partei Österreichs
Bezirks-Organisation Landstrasse

Unterschrift

Übertritt aus der Sozialistischen Jugend
War Mitglied der SJ

seit ....
Stampiglie

Unterschrift

6. Auflage mit Statut und Programm — 1958

dritte Teil von Elisabeth Maries Lebensgeschichte. Die verlorenen Lieben, die verschwundenen Illusionen, das Ende des Krieges und der Zusammenbruch der alten Ordnung und der vormaligen Herrschaft mußten in ihrem Charakter Spuren hinterlassen; mehr als das, sie mußten eine tiefgreifende Wandlung bewirken. Das Schicksal hatte Elisabeth ihrer kostbarsten Güter beraubt. Nun wollte sie die letzten Bindungen abwerfen und das, was sich gegen sie zu wenden schien, zu ihrem Nutzen wandeln.

In Österreich verlor der Adel Titel und Privilegien. Alle Mitglieder der Familie Habsburg wurden vor die Wahl gestellt, entweder der Republik die Treue zu schwören oder das Land zu verlassen, wobei sie ihren beschlagnahmten Besitz zurücklassen mußten. Durch ihre Heirat war Elisabeth aus dem Familienverband ausgeschieden, deshalb war sie auch nicht an den Eid gebunden; das gleiche traf auch für ihre Mutter Stephanie zu. Die erste Loslösung hatte Elisabeth damals aus Liebe und aus Freiheitsdrang auf sich genommen. In dieser Zeit des Umsturzes nun ließ die dominante Elisabeth nicht über sich herrschen. Früher hatte sie aufgrund ihrer hohen Geburt über alle anderen geherrscht, sie würde niemals akzeptieren, einer verjagten und verachteten Familie anzugehören; sie würde stärker sein als der Klassenkampf, sie allein würde zwischen den Großen dieses Landes ihren Platz wieder einnehmen; sie würde den Weg finden, der sie zu einer außergewöhnlichen Frau machte, die man wieder respektierte und bewunderte! Aber nur allzu oft trägt das Leben mit seinen Anforderungen den Sieg sogar über die hartnäkkigst verfochtenen Überzeugungen davon. Und so wurde Elisabeth bald darauf mit den Prinzipien und Vorgangsweisen der sozialistischen Lehre vertraut gemacht; sie machte sich die neuen Thesen mit einem Enthusiasmus, an dessen Ehrlichkeit nicht zu zweifeln ist, zu eigen.

Elisabeth hatte keine Angst vor einem Skandal. Sie lebte nun bereits seit Jahren in einem Zustand allgemeiner Mißbilligung, immer mehr Menschen hatten sich von ihr entfernt. Nun wollte sie sie durch ihr Verhalten verhöhnen; jetzt sollten sie erst wirklich Anlaß bekommen, über sie zu reden! Man würde sie aufs schärfste verurteilen, doch das machte ihr nichts aus. Sie war bereit, der Zukunft entgegenzutreten. Mochte ihr Vater auch aufgegeben haben, sie selbst würde durchhalten!

Dritte Liebe – Ein weiser Freund

Elisabeth war im wahrsten Sinn des Wortes aus ihrem Elfenbeinturm vertrieben worden. Sie empfand den Sturz besonders heftig und war völlig desorientiert. In ihrer Verwirrung zerriß sie die letzten Fäden, die sie noch mit dem auslaufenden 19. Jahrhundert verbanden, und drückte die Türe zum 20. Jahrhundert gewaltsam auf. Es war ein unbekanntes, gefahrvolles Jahrhundert, beherrscht von Revolutionärinnen, denen sie nun die Hand entgegenstreckte, um ihre Freundschaft zu gewinnen und um von ihnen die Überzeugung zu lernen, daß die Ordnung der Vergangenheit falsch, die neue Lehre aber wahr und richtig sei. Elisabeth war weder demutsvoll noch einfach im Geiste. Sie war starrsinnig, herrschsüchtig und eigenwillig. Ihr Charme und ihre Stärke lagen darin, daß sie ein großes Herz hatte, das sie großzügig den Menschen schenkte, die sie liebte, wie ihrem Großvater und ihren Kindern. Die Verluste, die sie erlitten hatte, hatten ihrem Herzen tiefe Wunden zugefügt. Deshalb waren ihre Kinder für sie von besonderem Wert und gaben ihrem Leben Sinn. 1919 wurde Elisabeth offizielles Mitglied der österreichischen sozialistischen Partei. Sie wurde zur überzeugten Kämpferin. Ihr Herz gehörte nun der sozialistischen Partei und zugleich auch ihrem Beschützer, Ratgeber und Lehrer, der sie die sozialistischen Lehren und ihre praktische Anwendung lehrte.

Der genaue Zeitpunkt läßt sich nicht mehr feststellen, das erste Treffen von Elisabeth und Leopold Petznek fand aber jedenfalls im Jahr 1919 statt. Petznek machte sich sofort zur Aufgabe, ihr die Grundlagen der neuen Ordnung zu erklären. Sie wiederum sollte, entsprechend einem Ratschlag von Julius Deutsch, Petznek ihre Sorgen anvertrauen, deren größte es war, ob sie ihre Kinder würde behalten können. Petznek sollte die Mittel finden, diese Probleme zu lösen, indem er die Hilfe einflußreicher Leute erbat, was in seiner

Situation nicht schwer war. Dieser Lehrer muß wohl zuerst ziemlich erstaunt gewesen sein über seine Schülerin, die sein Freund Deutsch ihm da geschickt hatte. Sie hatte sicher wenig Ähnlichkeit mit den Schülerinnen, mit denen er für gewöhnlich in den Schulen zu tun hatte. Dann aber war er sehr zufrieden mit ihr. Er war ein überzeugter und zugleich auch überzeugender Sozialist. Elisabeth nahm die Ideen der Partei sehr rasch und mit erstaunlichem Enthusiasmus auf. Bestimmt war sie sofort mit den Gesetzen und sozialen Reformen einverstanden, deren Zweck es war, Recht und Gerechtigkeit wiederherzustellen und den Arbeitern in ihrer Armut und bei ihrer harten Arbeit wirksame Erleichterung zu verschaffen. Elisabeths Herz war Elend, Krankheit und Ungerechtigkeit gegenüber sehr sensibel, und so wurde sie bald von dem starken Wunsch erfaßt, mitzuhelfen. Gleichzeitig begann ihr Herz für ihren klugen Ratgeber zu schlagen, und zwischen Lehrer und Schülerin begann auf seltsame Weise die Liebe zu erblühen. Über die Anfänge dieser Liebesbeziehung, die offensichtlich sehr diskret gewesen sein muß, ist nichts bekannt. Elisabeth mußte vorsichtig sein, sie stand mitten in ihrem Scheidungsverfahren und konnte sich nicht erlauben, diese Liaison der Öffentlichkeit preiszugeben, denn das hätte ihr bei Gericht geschadet. Leopold Petznek wiederum war ebenfalls verheiratet und hatte einen Sohn.

Wer war nun dieser Leopold Petznek? Er wurde am 30. 6. 1881 in Bruck an der Leitha geboren, das 30 km von Wien in südöstlicher Richtung zur ungarischen Ebene zu liegt. Seine Eltern waren einfache Bauern. Nachdem sie ihr ganzes Hab und Gut verloren hatten, starben sie und ließen ihr einziges Kind Leopold als Waise zurück. Elisabeth sollte zwei Jahre später, umgeben von allen Reichtümern dieser Welt, geboren werden. Als Leopold acht Jahre alt war, wurde er ins Waisenheim nach Mödling, unweit von Schönau, gebracht. Gehorsam unterwarf er sich der strengen Disziplin dieser Schule, er war ein ausgezeichneter Schüler, ernst, intelligent und eifrig. Dann wechselte er die Schule, er wurde für eine Laufbahn als Lehrer vorbereitet. Er beendete seine Ausbildung mit neunzehn Jahren und fand sofort eine Anstellung in einer Volksschule. 1911 kam er nach Mödling zurück und wurde in dem Waisenheim, in dem er selbst erzogen worden war, Lehrer. Er unterrichtete Deutsch, Geschichte und Geographie. Dann heiratete er und bekam einen Sohn. 1914 trat er als Soldat in ein Regiment ein, das an die russische Front geschickt wurde, am Ende des Krieges stand er im Rang eines Leutnants an der italienischen Front. Von seiner frühesten Kindheit an war sein Betragen einwandfrei, er war von ruhigem Wesen, sehr zurückhaltend, dabei aber tatkräftig, und sehr ernst. Nach dem Krieg nahm er seine Arbeit als Lehrer in Mödling wieder auf. Die Armut seiner Eltern, die Einsamkeit seiner Kindheit, der Kampf und die Disziplin, die er sich selbst auferlegt hatte, um aus seinem Leben etwas Ehrbares und Wertvolles zu machen, brachten ihn schon in jungen Jahren dazu, in die sozialistische Partei einzutreten. Er war ein aktives, tatkräftiges Parteimitglied, und so machte er sehr rasch politische Karriere. Er wurde sozialistischer Abgeordneter in der Abgeordnetenkammer, Mitglied des niederösterreichischen Landtages von 1921 bis 1934 und Präsident des Bundestages von 1927 bis 1934. Seine Frau starb 1935.

Leopold Petznek beschrieb Elisabeth die markantesten Persönlichkeiten der österreichischen sozialistischen Partei, er erklärte, welche Rolle sie in der Regierung und der Verwaltung spielten; es waren alles seine Freunde. Sehr bald schon stellte er ihnen Elisabeth vor, sie war glücklich, diese Bekanntschaften zu machen. Sie wurde herzlich aufgenommen, und es entstanden Freundschaften, die sich über viele Jahre hinweg als dauerhaft und haltbar erwiesen. Nachdem der Begründer und Chef des Sozialismus, Viktor Adler, am 11. November 1918 gestorben war, folgte ihm Otto Bauer als Staatssekretär im Auswärtigen Amt nach. Otto Bauer gehörte dem linken Flügel der Sozialisten an, man wird später noch sehen, wie seine Freundschaft zu Elisabeth die Jahre überdauerte. Da Elisabeth das politische Geschehen jetzt mit größerem Interesse verfolgte als in der Vergangenheit, erkannte sie, daß Julius Deutsch eine starke Persönlichkeit war. Ihm fiel die Rolle des Beschützers des kleinen Österreichs zu, dessen immer wieder bedrohte Grenzen er bewahren mußte. Im Inneren des Landes galt es, die Volkserhebungen in den Griff zu bekommen, die besonders im Jahr 1919 Landeshauptstadt und Bundesländer erschütterten. Dr. Schober, bei dem Elisabeth in Zeiten des Hungers Hilfe – und sogar einige Eier – erbeten hatte, war nun Polizeipräsident von Wien. Dies war eine Position, die einen starken Mann erforderte, der imstande war, die notwendigen Maßnahmen energisch durchzusetzen, die aufgebrachten Massen zu beherrschen und trotz der allgemeinen gereizten Stimmung in der Stadt die Ordnung aufrechtzuerhalten. Auch der Präsident der Republik, Karl Renner, lernte Elisabeth kennen. Er war beeindruckt von ihrer Persönlichkeit und wurde ihr ein treuer Freund.

Leopold Petznek war nicht nur Theoretiker, sondern auch ein Mann der Tat. Elisabeth begleitete ihn zu Parteiversammlungen, fasziniert hörte sie zu, wie er das Wort ergriff. Sie wohnte öffentlichen Kundgebungen und Frauenversammlungen bei und drückte den Fabriksarbeitern die Hand. Es war wichtig, die Autorität der Partei zu festigen und das Volk darin zu bestärken, Geduld zu üben. Der wohltuende Effekt der Reformen konnte sich so rasch nicht spürbar machen. Elisabeth gründete in Schönau einen Kindergarten, sie wurde Mitglied der Gesellschaft zum Schutz von Frauen und Kindern. Man sah sie bei Wahlveranstaltungen, und nach kurzer Zeit schon marschierte sie gemeinsam mit den Arbeitern am 1. Mai über den Ring. Da konnten die Wiener ihre »Liesl« sehen, wie sie am Kopf des Zuges der Sozialisten dahinmarschierte, an ihrer Brust hatte sie die symbolträchtige rote Nelke befestigt, in der Hand schwang sie einen ganzen Strauß davon und verteilte die Blumen lächelnd an die Zuschauer.

In ihrer Beziehung zum Sozialismus zeigte sich einmal mehr die ganze Leidenschaftlichkeit von Elisabeths Natur. Sie machte die sozialistische Ideologie zu der ihren, verteidigte sie mit jenem Fanatismus, zu dem die Frauen in der Politik oft imstande sind. Die Herren, die an der Macht waren, waren ebenso wie die Arbeiter jedesmal wieder geblendet von dieser königlichen Erscheinung, die imstande schien, alle mit der roten Nelke in der Hand zu beherrschen. Das alles mochte verrückt erscheinen, aber es war eine demokratische Verrücktheit, die Bewunderung hervorrief. Diese soeben Bekehrte war eine bewunderte Kameradin, eine Heldin, die für ihr neues Ideal sowohl der historischen als auch ihrer eigenen Vergangenheit abgeschworen hatte.

Die politische Reputation Elisabeths drang bis über die Grenzen Österreichs hinaus. Dies beweist auch eine Postkarte, die Henri Barbuss in einem Kuvert schickte. Die Photographie auf der Karte

zeigt ihn zu drei Vierteln, jung, mit über der Stirne gescheitelten Haaren, einem stark gewichsten Schnurrbart und einem Ausdruck wacher Intelligenz. Unter dem Photo steht »Henri Barbuss« und rechts »Krieg dem Krieg«. Auf der Rückseite steht auf Französisch: »honneur à la grande dame qui a su devenir plus grande et plus noble que par le passé en embrassant l'idéal des temps nouveaux! Avec respect et amitié, Henri Barbuss, Wien, 10. Okt. 1921. (Meine Verehrung der großen Dame, die es verstanden hat, noch größer und noch edler zu werden als in der Vergangenheit, indem sie sich dem Ideal der neuen Zeiten verschrieben hat. In freundschaftlicher Hochachtung ...)
Henri Barbuss war in ganz Europa bekannt und angesehen. Ehemals Student an der Sorbonne und Journalist, galt er später als der beste Kriegsschriftsteller. Sein Buch »Le Feu«, das 1916 erschien, hatte sensationellen Erfolg, es trug ihm 1917 den Prix Goncourt ein. Er war einer der aktivsten Führer der pazifistischen Bewegung, er gründete das internationale Komitee gegen Krieg und Faschismus, war Antimilitarist und Mitglied der Kommunistischen Internationale. In ganz Europa, vor allem aber in England, hielt er Vorträge. Elisabeth lernte ihn in Wien kennen, wo sie mehrmals Gelegenheit hatte, ihm zu begegnen. 1927 ging er in die Sowjetunion, wo er seine literarische Tätigkeit fortsetzte. Unter anderem schrieb er »Stalin – eine neue Welt, durch einen Mann gesehen«. 1935 fuhr Henri Barbuss neuerlich nach Moskau, wo er im August desselben Jahres starb. Er wollte dort am 7. Internationalen Kommunistischen Kongreß teilnehmen.
So halfen also die Sozialisten Elisabeth in wirkungsvoller und praktischer Form auf der einen Seite, während auf der anderen Seite die Nonnen des Salesianerklosters in Wien für sie und die Erfüllung ihrer innigsten Wünsche beteten. Ein Brief der Mutter Oberin Maria Magdalena vom 24. Juli 1920 ist die Antwort auf Elisabeths Bitte, für sie zu beten. Elisabeth glaubte im Grunde ihrer Seele an die Wirksamkeit der Gebete dieser Klosterfrauen, denen sie stets mit Geldspenden half, wenn sie sich in finanziellen Schwierigkeiten befanden. Die Oberin schreibt Elisabeth in rührender Weise; sie versucht, Elisabeths Mutterherz zu beruhigen, die befürchtet, ihre Kinder zu verlieren; sie versichert ihr, Gott in seiner Güte werde

darüber wachen, daß die Familie vereint bleibe. Sie selbst und alle anderen Nonnen des Klosters würden Gott mit ihren Gebeten um Schutz anflehen. Mutter Maria Magdalena endet, indem sie Ihre Kaiserliche und Königliche Hoheit der Beständigkeit ihrer Gebete, ihrer Ergebenheit und ihrer Hochachtung versichert.

In eben diesem Kloster der Salesianerinnen lebte Gräfin Coudenhove. Ihr Ordensname war Schwester Franziska von Chantal. Als nach Elisabeths Hochzeit ihre Aufgabe als deren Hofdame beendet gewesen war, war diese heiligmäßige Frau ins Kloster gegangen. All die Jahre hindurch war sie in jeder Situation für Elisabeth Vertraute und moralische Stütze geblieben, ihre Treue und Loyalität blieben unverändert.

Als Elisabeth die Mitte ihres Lebens erreichte, vollzogen sich in ihrem Charakter unübersehbare Veränderungen. Die Jahre rund um die Vierzig waren ausschlaggebend. Ohne jeden äußeren Zwang festigte ihre Persönlichkeit sich auf den verschiedensten Ebenen. Es ist deshalb wichtig, alle Facetten von Elisabeths Charakter, auch die weniger glänzenden, zu beachten. Da Elisabeth die gegensätzlichsten Aspekte in sich vereinen konnte, erschien sie vielen Menschen als zerrissen und unharmonisch.

Als Elisabeth sich an einem Scheideweg ihres Lebens befand, wählte sie eine neue Richtung, die ihr ganzes weiteres Leben bestimmen sollte – sie wählte den Weg der Freiheit, wodurch ihr Leben wesentlich erleichtert wurde. In der Tat wurde in der sozialen und politischen Entwicklung der individuellen Moral mehr Gewicht beigemessen als den rigiden Geboten der Kirche. Obwohl Elisabeth Anspruch auf Freiheit des Handelns und Denkens erhob und das auch deutlich zeigte, blieb sie doch Pater Viktor Kolb in geistiger Freundschaft verbunden, und es gelang ihr auch, trotz der äußeren Umstände, diese Freundschaft lebendig zu erhalten. Pater Kolb von seiner Seite wiederum wollte niemals mit dieser Frau, deren Lebenswillen er kannte, brechen. Diese beiderseitige Freundschaft hielt bis zum Tod des Jesuiten im Jahr 1928. Pater Kolb war Theologe, religiöser Schriftsteller und Gründer christlicher Vereinigungen. Er war von hoher Intelligenz und großzügigem Verstand, wodurch es Elisabeth möglich war, mit ihm alle jene Probleme zu diskutieren, die ihr aus der Religion und ihren Seelenqualen erstanden.

Am 9. April schenkte Pater Kolb Elisabeth ein kleines Buch mit Widmung, das er für Priester, Beichtväter, Prediger, aber auch für gutunterrichtete Laien wie Elisabeth geschrieben hatte. Das Buch hieß »Gebote der Tugend«, unter den ausgewählten göttlichen Tugenden finden sich die Tugend des Glaubens, der Hoffnung und der Liebe. Ohne Zweifel hat Elisabeth über die Tugend der Geduld in Zeiten der Trauer sowie über die Tugend der Nächstenliebe gelesen, die Tugend der Keuschheit hat sie aber vielleicht nur kurz gestreift. Pater Kolb schenkte Elisabeth seine sämtlichen Werke. Elisabeth traf immer mit großem Vergnügen mit ihm zusammen, sie lud ihn oft zu sich nach Schönau ein, wo er dann im Schloß wohnte. Auch ihre Söhne unterhielten sich gerne mit ihm. Er versuchte, freilich vergeblich, Elisabeth von den geheimnisvollen und gefährlichen Versuchen abzubringen, mit denen sie sich befaßte. Davon aber Näheres im nächsten Kapitel.

Es ist interessant, die Meinung der sozialistischen Presse kennenzulernen und zu sehen, was die Journalisten über ihre neue Genossin schrieben.

Das sozialistische Tagblatt, die Arbeiterzeitung, brachte aus mehreren Anlässen Artikel über Elisabeth. Sie schnitt diese Artikel aus und bewahrte sie auf, leider ohne Datumsangabe. Die Lektüre zeigt, daß die sozialistische Partei das neue Mitglied mit jener Befriedigung aufgenommen hat, die eine Eroberung verleiht. Die Partei war bereit, Elisabeth unter allen Umständen zu beschützen, sie war stolz darauf, eine bekehrte Habsburgerin auf ihrer Liste zu haben. Diese Genossin war die Bestätigung für die Richtigkeit der Doktrin, denn sie hatte der Vergangenheit freiwillig den Rücken gewandt und sich der Zukunft verschrieben. Ihr Vater Rudolf hatte für seine Zeit extrem revolutionäre Vorstellungen gehabt, auch er hatte weit voraus in die Zukunft geblickt. Rudolfs Tochter folgte seiner Spur, sie ging vorwärts. Ungeteilt und mit ganzem Herzen wurde sie eine Schülerin der sozialistischen Lehre. Alle Mitglieder der sozialistischen Partei boten ihr ihre Freundschaft an, so konnte sie ihren Feinden getrost den Rücken kehren.

Der Artikel fährt fort mit einem detaillierten Bericht über die Nutzung der Wälder von Schönau. Er zeigt die finanzielle Unterstützung auf, die Elisabeth von der sozialistischen Partei erhalten hat.

Man hatte ihr Spezialisten zur Hilfe geschickt, die die Schäden einer schlechten Verwaltung, für die Otto verantwortlich gemacht wurde, beheben sollten. Die Nutzung der Wälder sei einem unfähigen und korrupten Verwalter übertragen worden, so daß bereits nach kurzer Zeit in diesem Bereich Unordnung und Bankrott geherrscht hätten. Die Lage sei hoffnungslos erschienen, doch in diesem Augenblick habe die für die Wälder dieser Gegend zuständige staatliche Verwaltung eingegriffen. Die Berater hätten die Verantwortlichen entlassen und erfahrene Forstleute eingestellt und hätten zugleich zugesagt, die Situation zu retten.
Elisabeth nahm an den Sitzungen der Kommission teil und erteilte dem Plan ihre Zustimmung. Die neue Verwaltung war rasch zusammengestellt, und die Wälder von Schönau wurden zu einem Paradebeispiel hervorragender forstwirtschaftlicher Nutzung.
Der Hilfe, die die Sozialisten Elisabeth gewährten, kam entscheidende Bedeutung zu. Elisabeth befand sich in einer dramatischen Situation. Sie war vor dem Gesetz unterlegen, sie sollte endgültig ihre beiden jüngeren Kinder, Rudolf und Stephanie, verlieren. Das Dazwischentreten der sozialistischen Partei war vielleicht rücksichtslos und gewalttätig, aber wirkungsvoll. Elisabeth konnte ihre Kinder behalten. Dieses Ereignis rechtfertigt die Dankbarkeit Elisabeths gegenüber den Sozialisten, die sie in den zuvor angeführten Zeitungsartikeln ausgedrückt hat.
1920 wurde das Scheidungsverfahren mit noch größerer Erbitterung fortgesetzt als zuvor. Scheidung ist nicht eigentlich das richtige Wort, denn da Österreich damals noch den Gesetzen des Konkordats unterlag, gab es keine Scheidung. Das Gesetz erlaubte lediglich eine Trennung von Tisch und Bett. Für Elisabeth und Otto ging es in erster Linie um die Kinder. Beide hatten einen Entschluß gefaßt, und beide gingen keine Handbreit davon ab. Ganz im Gegenteil, der Vater stützte sich auf die Rechte, die ihm von Gesetz wegen zustanden. Erzsi hingegen wollte trotz des Richtspruchs ihre Kinder für sich behalten. Ottos Anwälte verlangten, die Kinder sollten einen Teil ihrer Ferien beim Vater verbringen. Die Diskussionen wurden immer bösartiger, es zeigte sich, daß keine der beiden Parteien an einer gütlichen Einigung interessiert war. Man verlor sich in Details: Wie viele Tage be-

kommt der Vater die Kinder? Welche Kleider müssen sie mitbringen? Wer bringt sie hin, und wer holt sie ab?
Der Richter ließ viele Zeugen vorladen, Gouvernanten, Hausangestellte, Ärzte, Lehrer usw. Alle wurden über Elisabeths Verhalten befragt, welche Pflege sie den Kindern angedeihen ließ, wie sie beaufsichtigt wurden, wie es um ihre Studien stand. Man weiß, daß Zeugenaussagen von Angestellten oft unvollständig und wenig objektiv sind, vor allem in einer Zeit, wo jeder Angst davor hat, seinen Broterwerb zu verlieren. Aber in Elisabeths Fall, vor allem dort, wo es nicht ihr persönliches Privatleben betraf, konnte es keinerlei Vorwürfe geben. Was man ihr eigentlich vorwarf, waren ihre freizügige Moral und das schlechte Beispiel, das sie den Kindern dadurch bot. Dann gab es auch noch die dem Vater zustehenden Rechte, die sie nicht akzeptieren wollte.
Der Richter machte mehrere Vorschläge, darunter den vom Jahr 1920 betreffend das Ehepaar selbst, der von beiden Parteien akzeptiert wurde. Hierin wurde eine Trennung der Haushalte und des Wohnortes festgelegt. Diese Entscheidung trug ein wenig zur allgemeinen Beruhigung bei, aber die Frage der Kinder war immer noch nicht gelöst. Das Gericht schlug vor, die beiden älteren bei der Mutter zu lassen und die beiden jüngeren dem Vater zu übergeben. Das konnte natürlich nur heftigsten Protest hervorrufen, nicht zuletzt von Seiten der Kinder, die nicht getrennt werden wollten. Wieder einmal wurden die Vorschläge des Gerichts von Elisabeth verworfen, sie widersetzte sich sogar der Entscheidung, daß die Kinder ihre Ferien beim Vater verbringen sollten. Der Vater wiederum forderte, der Spruch des Gerichts müsse eingehalten werden. Am 15. Juli 1920 sollten die Kinder bereit sein, der Vater würde sie abholen kommen.
Da Otto das heftige Naturell seiner Frau kannte, ließ er sich von einem Gendarmen begleiten und betrat solcherart eskortiert das Schloß und das Zimmer der Kinder. Diese wurden von entsetzlicher Angst erfaßt, es kam zu einer pathetischen Szene, die Kinder weigerten sich, mit dem Vater zu gehen. Die Kinder litten unter all diesen Auseinandersetzungen, die kein Ende nehmen wollten, sie waren nervlich völlig überreizt. Der Vater mußte schließlich unverrichteter Dinge wieder fortgehen.
Das Jahr 1920 ging zu Ende, ohne daß es zu einer Einigung gekommen wäre. Das Jahr 1921 begann für die Familie in überreizter,

fiebriger Atmosphäre, die Spannung wurde unerträglich. Die Kinder waren zutiefst beunruhigt, alles, was sich um sie herum abspielte, alles, was sie hörten, verunsicherte sie emotional immer mehr. Der Sohn Franzi hat diese Jahre der Scheidung seiner Eltern als einzigen Alptraum in Erinnerung behalten. Elisabeth war nicht imstande, die Kinder aus diesem Drama herauszuhalten, dafür war sie viel zu explosiv und hatte selbst auch viel zu große Angst. Sie begann, den Vater den Kindern gegenüber zu verleumden und war so mit Schuld daran, daß die Kinder diesen Mann, den sie kaum kannten, ablehnten. Da die Gesundheit der Kinder stark angegriffen war, ordnete der Richter eine ärztliche Untersuchung an. In der Beurteilung vom 19. März 1921 bestätigt Dr. Lamel, daß die Kinder vor Gericht Befragungen über sich haben ergehen lassen müssen, die besonders für die beiden jüngeren sehr belastend gewesen seien, sie seien jedesmal nervös und verängstigt gewesen. Der Richter vermerkte, daß die verschreckten Kinder rasch wie Automaten antworteten und das, was sie sagten, offensichtlich auswendig gelernt hatten. Während dieser Befragungen war die Stimmung im Gerichtssaal umso gespannter, als Elisabeth eine Abordnung Arbeiter hereinbrachte, die der Gerichtssitzung beiwohnen sollten. Elisabeth verlangte vom Richter, er solle das Protokoll vor den Arbeitern verlesen, bevor die Kinder es unterschrieben. Dieses Verlangen Elisabeths stimmte den Richter nicht gerade zu ihren Gunsten. Nach dieser Szene verstand er recht gut, daß Otto in Begleitung eines Gendarmen nach Schönau gekommen war, als er seine Kinder abholen wollte. Otto war in diesem Punkt heftig kritisiert worden, vor allem von Elisabeths Anwalt Dr. Coumont.
Auch Reg. Rat Dr. Lazar wurde über den Gesundheitszustand der Kinder befragt. In einem Brief vom 11. 3. 1921 legt er seinen Bericht und einige Ratschläge nieder:

»Wien, am 11. März 1921

An das Jugendgericht in *Baden*.

Frau Elisabeth Windisch-Graetz berichtet mir persönlich, dass ihre Kinder Rudolf und Stephanie für den 15. III. l. J. in Angelegenheiten ihres Vaters zu Gericht geladen sind.

Ich kenne die beiden Kinder seit einigen Jahren und weiss, dass speziell das eine, Rudolf, eine schwer nervöse Konstitution hat, die besonders empfindlich auf Aufregungen jeder Art reagiert. Es ist anzunehmen, dass auch bei dem zweiten Kinde der genannte Vorgang mit Aufregungen verbunden sein würde, die jedenfalls nur schädlich wirken können. Aus diesem Grunde finde ich es aus ärztlichen Rücksichten anzuraten, auf eine derartig peinliche Befragung der Kinder prinzipiell zu verzichten.
Als Sachverständiger beim Jugendgerichte Wien habe ich diese Praxis an diesem Gerichte auch immer zu vertreten gewusst, und es werden an dem genannten Gerichte Einvernahmen der Kinder fast regelmässig vermieden, und wenn sie schon durchaus nicht zu umgehen sind, zusammen mit dem heilpädagogischen Sachverständigen oder durch ihn allein vorgenommen.

Reg. Rat Dozent Dr. Lazar m. p.«

Dr. Lamel sprach sich wiederholt und aus verschiedenen Gründen in negativer Weise über Elisabeths Verhalten und zu Gunsten Ottos aus. Ottos Integrität auf moralischem Gebiet galt also als anerkannt und sein Recht als Vater mußte infolgedessen respektiert werden. Das Gericht hatte Verständnis für seine Besorgnis, die er bezüglich der Erziehung, die Elisabeth den Kindern angedeihen ließ, äußerte. Es gab nichts, was dagegen sprach, die Kinder dem Vater anzuvertrauen. Das einzige Problem, das der Richter zur Kenntnis nehmen mußte und für das es keine Lösung zu geben schien, war die Tatsache, daß die Kinder sich mit der ganzen Kraft ihres jungen Willens weigerten, die Mutter zu verlassen.
Das Gesetz ist eine übergeordnete Autorität, die von den Menschen nicht angezweifelt werden darf und der sie sich unterwerfen müssen. Aber wie konnte man allen Ernstes glauben, Elisabeth werde sich einem Gesetz unterwerfen, das ihre mütterlichen Gefühle verletzte und das sie zutiefst ungerecht fand.
Das Gerichtsurteil war endgültig: Die Kinder mußten am 21. März 1921 um 8 Uhr früh ihrem Vater übergeben werden. Ein Justizbeamter bat die Gendarmerie von Baden, einige ihrer Männer zur

Übergabe der Kinder an den Vater in Schloß Schönau beizustellen. Als Elisabeth dies erfuhr, verständigte sie ihre Freunde von der Partei, die sofort alle notwendigen Vorkehrungen trafen, um Elisabeth und die Kinder zu verteidigen. Am Vorabend des schicksalsschweren Tages dachte Otto in seiner kleinen Garçonnière im Erdgeschoß des Wiener Palais über die schwierige Lage nach, in der er sich befand. Er sah voraus, daß es von Seiten Elisabeths überaus heftige Gegenwehr geben werde. Er fragte sich, was sie wohl geplant haben mochte und ob es möglich sein würde, den Zugang zu erzwingen. Hier beging Otto einen Fehler. Da er den unbeugsamen Willen Elisabeths und die Unterstützung, die sie von ihrem neuen Freundeskreis bekommen konnte, kannte, hätte er seine Gefühle und seine Prinzipien beiseiteschieben müssen. Er hätte sich nicht länger darauf versteifen dürfen, daß er dem Gesetz nach im Recht war. Er hätte einen Akt des Verzichts setzen müssen – zum Wohl der Kinder und um den Skandal zu vermeiden, der sich nun ereignete, und den er sehr wohl hätte voraussehen können.
Otto wartete, daß die Stunden vergingen. Sein braver Katschkowski, der ihn den ganzen Krieg hindurch begleitet hatte, bereitete den Koffer vor. Otto wollte noch am selben Abend abreisen und die Fahrt für die Nacht auf halber Strecke nach Schönau unterbrechen. Plötzlich läutete es an der Türe. Der Bursche öffnete und meldete dann seinem Oberstleutnant, daß einige Offiziere und ehemalige Soldaten zu Besuch gekommen seien. Otto hieß sie eintreten. Sein kleiner Salon füllte sich mit ehemaligen Kameraden, die mit ihrem Kommandanten, der sie durch seine Ausdauer und seine Tapferkeit im Kampf aufrecht gehalten hatte, in steter Verbindung geblieben waren. Ehemalige Kriegskameraden verlieren einander nie aus den Augen, was auch geschehen mag. Diese Männer nun waren durch Zeitungsberichte und Gerüchte auf dem laufenden über das Familiendrama, in welches Otto verwickelt war. Nun kamen diese treuen Kameraden, um ihm ihre Dienste anzubieten; sie waren bereit, wie in der Schlacht alles zu geben. Sie wußten, daß am nächsten Tag viel auf dem Spiel stand und daß es zu gefährlichen Situationen kommen konnte. Unter diesen Umständen wollten sie bei ihrem Oberst sein, um ihm zu helfen. Bewaffnet wie im Krieg waren sie bereit, sich für die Sache des Vaters zu schlagen. Otto war

zugleich gerührt und entsetzt über diese Opferbereitschaft seiner ehemaligen Kameraden. Ruhig, aber mit einem Anklang von Befehlston in der Stimme, dankte er ihnen für ihre Treue und erklärte ihnen, daß, wenn die Mutter seiner Kinder mit Gewalt gegen ihn vorgehen sollte, er nicht mit Gewalt antworten, sondern den Rückzug antreten werde, und daß er, wenn er unter solchen Umständen zum Verzicht auf seine Kinder gezwungen würde, eben verzichten werde. Er fügte hinzu: Die Zukunft liegt in der Hand Gottes, aber ich sage Euch, in einigen Jahren werden die Kinder zu ihrem Vater zurückfinden.

Die Militaristen in Zivil nahmen vor ihrem Oberstleutnant Habt-Acht-Stellung ein und zogen sich dann zurück. Noch unter dem Eindruck dieser rührenden Szene, die ihm den ganzen Kameradschaftsgeist während des Krieges in Erinnerung rief, machte Otto sich auf den Weg nach Schloß Ebreichsdorf, wo man ihn eingeladen hatte, die Nacht zu verbringen. Die Schloßherrin, Baronin Drasche, war gebürtige Französin, sie gehörte zu einer Familie aus dem Artois, den d'Orval. Nadine hatte eine starke und originelle Persönlichkeit, die sie bei allen beliebt machte. Das Schloß, das sie mit ihren beiden Söhnen bewohnte, gehörte zu den schönsten und interessantesten der Ebene südlich von Wien. Der Abend verging mit endlosen, pessimistischen Gesprächen. Am nächsten Morgen brach Otto bereits sehr früh auf. Als er in Schönau ankam, wurde er von einem Gerichtsvertreter erwartet, zweiundzwanzig Gendarmen hatten sich versammelt, man hatte beschlossen, die Übernahme der Kinder durchzuführen, selbst wenn dafür Gewalt angewendet werden müßte. Alle nahmen vor dem großen Parktor, das links und rechts von zwei mächtigen Steinlöwen flankiert war, Aufstellung. Auf der anderen Seite des Gittertores standen der Hauslehrer der Buben, T. Karekes, der Gutsverwalter und einige Arbeiter. Da das Öffnen des Tores verweigert wurde, ließ man einen Schlosser kommen, der das Tor sprengte. Während Otto wartete, bemerkte er, daß immer mehr Arbeiter vor dem Schloß erschienen. Als das Gittertor offen war, ging Otto mit seiner Eskorte in den Park, wo er von den Arbeitern mit an Gewalttätigkeit grenzender Aggressivität empfangen wurde. Die Männer schrien, die Kinder würden das Schloß nicht verlassen, sie seien hier, um sie mit ihrem Leben zu verteidigen.

Jetzt sah Otto auch, daß diejenigen, die vor dem Schloß Wache bezogen hatten, mit Gewehren und Pistolen bewaffnet waren. Dann gab es noch andere, gefährlichere, die nicht gleich zu sehen gewesen waren. Als Otto und seine Begleiter den Kopf hoben, erkannten sie, daß hinter den Fenstern Männer zusammengekauert waren; plötzlich traten einige hervor, man sah unter den Mützen wilde Gesichter, vor ihnen die Mündungen von Gewehren und Maschinenpistolen, die sie gegen ihre Feinde gerichtet hielten, die sich immer noch im Park direkt unter den Fenstern des Schlosses befanden. Als diese geballte bereitstehende Gewalt offenkundig wurde, verloren Otto, die zweiundzwanzig Gendarmen und der Gerichtsvertreter alle Hoffnung. Sie begriffen, daß jeden Augenblick der erste Schuß fallen konnte. Keiner von ihnen hatte vorhergesehen, daß ein solches Heer zur Verteidigung aufgeboten werden würde und daß sogar Blut fließen könnte.

Otto ordnete den Rückzug an. Er verzichtete darauf, daß der Spruch des Gerichts exekutiert wurde. Nachdem er denen, die ihn begleitet hatten, für die angebotene Hilfe gedankt hatte, verließen sie alle den Park, der beinahe zu einem Schlachtfeld geworden wäre.

Auf der Rückfahrt machte Otto wieder bei der Baronin Drasche halt, die ihm und den Kindern Gastfreundschaft angeboten hatte und nun auf ihre Gäste wartete. Trotz ihrer Enttäuschung war sie froh, daß nichts Ärgeres geschehen war.

Der Vater kehrte ohne seine Kinder in das Palais nach Wien zurück. Als sich die Türe der Kutsche öffnete, sah er in der Halle seine Kriegskameraden. Sie waren gekommen um zu erfahren, wie das Unternehmen ausgegangen war. Dieser erste Frühlingstag war für Otto voller Traurigkeit; es sollte Jahre dauern, bis das Unrecht, das ihm angetan worden war, wieder gutgemacht war.

Es ist vielleicht von Interesse, daß in der Zeit, in der sich das alles abspielte, Elisabeth noch die jugoslawische Staatsbürgerschaft hatte. Dies wird durch einen Brief ihrer Mutter vom 2. Dezember 1920 bestätigt, in welchem diese Elisabeth bittet, sich dringend an das jugoslawische Konsulat zu wenden, um dort eine offizielle Bestätigung ihrer Nationalität zu erhalten. Dieses Dokument sollte einem Mann übergeben werden, der nach Paris fuhr und es dort an die französischen Behörden weiterleiten sollte, die Stephanies Vermögen beschlagnahmt hatten. Elisabeth, Stephanies Erbin, hätte durch ihre jugoslawische Staatsbürgerschaft helfen können, die beschlagnahmten Güter freizubekommen. Elisabeth und ihre Kinder erhielten die österreichische Staatsbürgerschaft erst zu einem späteren, nicht näher bekannten Zeitpunkt. Der Sohn Franzi wurde 1922, Erni 1923 zum jugoslawischen Militärdienst einberufen. Beide leisteten der Einberufung nicht Folge, sie wurden daraufhin als Deserteure betrachtet und wagten nicht mehr, die jugoslawische Grenze zu überschreiten. Elisabeth kehrte noch mehrere Male nach Jugoslawien zurück. Ihr am 12. 7. 1928 ausgestellter österreichischer Paß enthält mehrere diesbezügliche Visa.

In den Tagen, man könnte sogar sagen Monaten und Jahren, die diesem 21. März folgten, nahmen sich die Journalisten dieses Themas als einem einzigartigen und dramatischen Ereignis immer wieder an; in allen Zeitungen erschienen Sensationsberichte. Elisabeth ärgerte sich darüber, sie hätte sich gerne dagegen gewehrt, daß die Presse sie als Vedette der politischen Szene darstellte und ihr Privatleben an die Öffentlichkeit zerrte. Vielleicht war sie sich gar nicht darüber im klaren, daß ihre Persönlichkeit, ihre Liaisonen und ihre Aktivitäten zwangsweise immer wieder Aufmerksamkeit erregen mußten.

Die Menschen, die Elisabeth kannten, teilten sich in Freunde und Feinde. Dann gab es noch jene, die versuchten Elisabeths gute Seiten objektiv anzuerkennen. Unter letzteren war der Präsident der Wiener pädagogischen Gesellschaft, Alois Kunzfeld. Als er erfuhr, was sich in Schönau abgespielt hatte, schrieb er einen Brief an Elisabeth. In diesem Schreiben, das mit 25. 3. 1921 datiert ist, redet er sie mit »Ihre kaiserliche Hoheit« an – er war also kein Freund der Partei. Dieser Brief ist ein wichtiges Zeugnis zugunsten Elisabeths. Kunzfeld war lange Jahre hindurch Lehrer bei Elisabeths Kindern gewesen und hatte ihre musische Unterweisung innegehabt. Er schreibt, er habe beobachten können, mit wieviel Sorgfalt Elisabeth sich sowohl um die körperliche als auch um die geistige Heranbildung ihrer Kinder gekümmert habe. Er fügt hinzu, es wäre unsagbar grausam gewesen, die Kinder von ihrer Mutter zu trennen, die vier wären so glücklich vereint in Schönau, diesem Paradies, wo sie sich in allen Bereichen völlig frei hätten entfalten können. Weiters schreibt er, daß es das größte Verbrechen gewesen wäre, die beiden jüngeren von der Mutter gerade in einem Alter zu trennen, wo sie all die Liebe und das Verständnis brauchten, die nur eine Mutter geben könne. Die Kinder seien in den besten Händen und in einer geradezu idealen Umgebung...

Am 28. März gab Elisabeth einer Wiener Zeitung ein Interview, welches ihr später als öffentliche Zurschaustellung ihres Hasses gegen ihren Mann angelastet wurde. Dieses Interview war sicherlich unnötig, denn Elisabeth hätte sich nicht zu rechtfertigen brauchen. Sie erhob schwere Vorwürfe gegen ihren Mann und versuchte, ihn durch ihre Aussagen zu demütigen. Sie beschuldigte ihn, die jugoslawische Staatsbürgerschaft nur deshalb behalten zu haben, um leichter an sein Vermögen heranzukommen. Sie fügte hinzu, er schüre die feindliche Einstellung der Serben gegen das Kaiserhaus und dadurch gleichzeitig auch gegen ihre eigene Person. Er denunziere sie, indem er erkläre, sie konspiriere mit den Habsburgern und erziehe ihre Kinder als Feinde Serbiens. In diesem Artikel macht Elisabeth auch einige sehr persönliche Bemerkungen über Otto: »Er ist der Typus Aristokrat, den man in der Literatur und auf der Bühne lächerlich macht. Er ist von minderer Intelligenz, ohne moralischen Rückhalt, ein eitler Feigling.«

Elisabeth endet mit den pathetischen Worten: »Die Enkelin des Kaisers wurde durch das Volk gerettet!«

In dem Artikel wurde auch ein Brief ohne Unterschrift abgesandt, der im Namen Elisabeth Maries an Dr. Body gerichtet wurde. Aus ihm ist zu ersehen, daß folgende Scheidungsbedingungen akzeptiert wurden:

- die Scheidung findet im gegenseitigen Einvernehmen statt.
- Fürst zu Windisch-Graetz muß die Gegenstände herausgeben, die er im Palais zurückbehalten hat.
- Der Fürst hat keinerlei Forderungen gegenüber der Gegenpartei.
- Die vier Kinder verbleiben unter Aufsicht und Autorität der Mutter, bis sie großjährig sind, die Mutter verpflichtet sich, für ihren Unterhalt und ihre Erziehung aufzukommen.
- Der Vater hat das Recht, die Kinder in Schönau zu besuchen; wenn die Kinder es wünschen, können sie einen Teil ihrer Ferien bei ihrem Vater verbringen.

„Wiener Pädagogische Gesellschaft"
Ausschuss-Lokal: Wien, VIII/1, Josefsgasse 12.

Wien, 25. März 1921.

Euere Kaiserliche Hoheit!

Mit begreiflicher Aufregung habe ich heute Kenntnis von den unglaublichen Vorgängen erhalten, die sich am verflossenen Montag in Schönau abspielten und es ist mir ein Herzensbedürfnis, Ihnen, hohe Frau, gegenüber, der tiefen Empörung Ausdruck zu geben, welche mich und ich glaube jeden rechtlich denkenden Menschen beim Lesen dieser unfaßbaren Geschehnisse ergriff.

Aber nicht über die brutale Art und Weise der beabsichtigten Wegnahme Ihrer beiden jüngeren Kinder wollte ich sprechen, sondern über die Trennung der Kinder von der Mutter überhaupt. Ist es denn möglich, daß ein Auftrag hiezu vom „Jugendgerichte" ausgehen kann, wissen die pädagogischen Berater eines solchen Gerichtes nicht, daß nichts, aber auch gar nichts den Einfluß einer guten Mutter in diesen Jahren ersetzen kann.

Ich habe nun schon das sechste Jahr Gelegenheit, als Lehrer Ihrer Kinder und Leiter der künstlerischen Erziehung derselben zu beobachten, mit welch nimmermüden Sorgfalt Sie, hohe Frau, die körperliche und geistige Erziehung Ihrer Kinder überwachen, ja daß Sie sich das Gedeihen und Wohlergehen derselben als Ihre schönste Lebensaufgabe gestellt haben. Wäre es schon herzlos und grausam, wenn man Ihnen die beiden älteren Kinder hätte nehmen wollen, weil damit das natürliche Band, das Geschwister untereinander bindet, zerrissen und der bei der Erziehung nicht zu unterschätzende Einfluß der älteren auf die jüngeren Geschwister im Wegfall gekommen wäre, so hätte man sich damit doch noch früher abfinden können, als Ihnen die jüngeren Kinder zu rauben, die ja in einem Alter stehen, wo sie der Fürsorge und Liebe der Mutter so dringend bedürfen.

Und wo könnten es denn die Kinder, was die körperliche Erziehung anbelangt, schöner haben, als in dem großen, herrlichen Parke von Schönau, ein wahres Paradies für die heranwachsende Jugend. Hier ist Gelegenheit, dem nicht nur bei Knaben sondern auch bei Mädchen sich geltend machenden Drange nach freier und reichlicher Bewegung in ungehinderter Weise in der frischen und fast staubfreien Luft Rechnung zu tragen. Die wohltätige körperliche Arbeit, welche im selbsttätigen Schaufeln, Graben und anderen gärtnerischen Handlungen besteht, ist

„Wiener Pädagogische Gesellschaft"
Ausschuss-Lokal: Wien, VIII/1, Josefsgasse 12.

3

gar nicht zu ersetzen; dazu kommt der für das Geistes- und Gemütsleben sowie für die Herzensbildung unersetzliche Einfluß, den der Umgang mit Blumen, Pflanzen und Tieren mannigfacher Art in der freien sie umgebenden Natur ausübt.

Die größte pädagogische Sünde aber wäre es, Ihnen, hol. Frau, die zwölfjährige „Fee" jetzt weg zu nehmen, in einer Zeit also wo der jugendliche Körper des Mädchens anfangen wird, einem dunklen Drange folgend, sich auf das beginnende Geschlechtsleben vorzubereiten. Wer könnte dem zarten Mädchen in den nun folgenden Jahren eine bessere, treuere Beraterin und Führerin sein, als die liebende Sorgfalt der eigenen Mutter? Und wo könnte das gute Kind vor dem oft so verderblichen Einfluß schlechter Umgebung mehr geschützt sein, als hier? „Im Glauben an die Mutter erhält das Mädchen die stärkste Waffe für den Kampf ums Dasein" sagt Dr. Stratz und jeder einsichtige Erzieher wird das voll unterschreiben.

Wie auf körperlichem Gebiete, Euere Hoheit, durch Berufung der ersten Autoritäten vorgesorgt, so auch auf wissenschaftlichem und künstlerischem durch Heranziehung bewährter Kräfte. So ist es meine feste Überzeugung, daß die Kinder in Schö

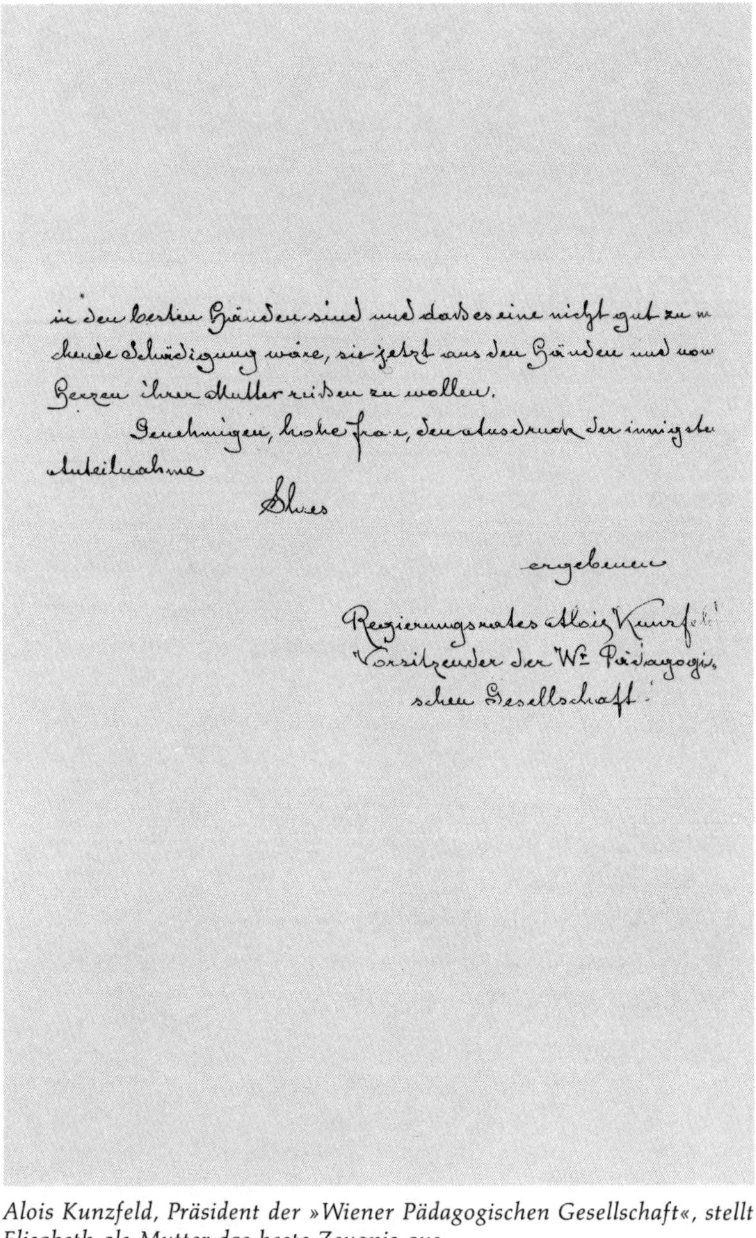

in den besten Händen sind und daß es eine nicht gut zu m
chende Schädigung wäre, sie jetzt aus den Händen und vom
Herzen ihrer Mutter reißen zu wollen.
Genehmigen, liebe Frau, den Ausdruck der innigsten
Anteilnahme
Ihres
ergebenen
Regierungsrates Alois Kunzfeld
Vorsitzender der Wr. Pädagogischen Gesellschaft.

Alois Kunzfeld, Präsident der »Wiener Pädagogischen Gesellschaft«, stellt Elisabeth als Mutter das beste Zeugnis aus.

– Es folgen Anmerkungen über die Zuwendungen des Kaisers an die Kinder, wovon Elisabeth den Fruchtgenuß behält.

Der Brief endet wie folgt: Der Fürst ist ein Mann, der sehr wohl imstande ist zu arbeiten, er kann seinen Lebensunterhalt mit manueller Arbeit verdienen, er ist weder krank noch invalid, er hat weder ein Anrecht darauf, noch kann das Gesetz seine Frau dazu verpflichten, ihm eine Apanage auszuzahlen.

Otto hatte keine finanziellen Mittel, er bekam nicht einmal eine Offizierspension. Deshalb mußte er nun sein Schloß und seinen Besitz Veldes an König Alexander von Jugoslawien verkaufen, der schon seit längerem Druck auf ihn ausübte, ihm die Güter zu überlassen. Während einiger Jahre bewohnte der König dieses romantische Schloß; nach dem Zweiten Weltkrieg soll Marschall Tito sich manchmal dort aufgehalten haben.

Herrin auf Schloß Schönau

Die Unwetter waren vorübergezogen, und es war wieder Frühling geworden. Elisabeth war erfüllt von der strahlenden Erneuerung der Natur. Sie hatte viele Erfahrungen gesammelt: sie hatte ihre Mutterliebe in den Kampf geworfen, hatte Lüge, Aggression und den Vernichtungswillen des Feindes kennengelernt. Vor allem aber wußte sie jetzt, welch kraftvolle Macht der Sieg verleiht. Lange Zeit war sie von schmerzhaftem, verletzendem Rot umbrandet gewesen, nun wollte sie das sanfte beruhigende Grün genießen. In den geliebten Blumen und in der Sonne, die alles zum Blühen brachte, fand sie die Freude wieder. Die Herrin auf Schloß Schönau war glücklich; es gab so vieles zu tun für sie in ihrem kleinen Reich. Sie überwachte und dirigierte die Arbeiter bei ihren Tätigkeiten, zugleich gelang es ihr, die Fachleute auf allen Gebieten mit ihren Kenntnissen zu verblüffen. Der Park, der Garten, alle Anlagen sollten einer vollständigen Umwandlung unterzogen werden, die neue Schöpfung sollte den Stempel von Elisabeths Persönlichkeit tragen. Jedes Schloß hat seine eigene Geschichte, die sich meist über Jahrhunderte erstreckt. Und je nach dem Geschmack und den Träumen des jeweiligen Besitzers wurde es entweder vernachlässigt oder neugestaltet.

Schon im 12. Jahrhundert beherrschte eine Festung mit einem Wassergraben die Gegend rund um Schönau. Im 18. Jahrhundert machte diese Festung einem im klassischen Stil rechteckig angelegten Schloß Platz, zu dem man über zwei Brücken gelangte. Große Teiche gaben dem Ensemble romantisches Gepräge. 1796 gelangte das Schloß durch einen neuen Besitzer, Baron von Braun, zu Berühmtheit, dessen Persönlichkeit durch aufsehenerregende Phantasien und unglaubliche Luxusentfaltung hervorstach. Der Baron war der Leiter der kaiserlichen Theater. Daher erklärt sich wohl sein

Talent für jede Art von Dekoration, sowohl auf der Bühne als auch in der Natur. Die Zurschaustellung seines eigenen Reichtums flößte den Herrschern solches Vertrauen ein, daß sie ihn zu ihrem Bankier machten! Braun ließ in Schönau seinen extravaganten Vorstellungen freien Lauf, er konstruierte geheimnisvolle Grotten, Wasserfälle, Kaskaden und Wasserfontänen. In Anlehnung an Diogenes ließ er eine riesige Tonne anfertigen. Seine erstaunlichste Schöpfung aber war ohne Zweifel ein Tempel, der der Göttin der Nacht geweiht war. Der Eingang war durch einen Wasservorhang, der rauschend herniederfiel, unsichtbar gemacht.
Nachdem er sich solcherart in Schönau von seiner originellsten und sensationellsten Seite gezeigt hatte, begab Baron von Braun, dieser romantische Träumer, sich für immer in die Arme der Königin der Nacht, indem er Selbstmord beging.
1805, während des Feldzugs von Austerlitz, der mit der Schlacht der Kaiser von Frankreich, Österreich und Rußland endete, wohnte General Dumonceau in Schloß Schönau. Sein Sohn, der zugleich sein Adjutant war, lieferte vom Tempel der Nacht, vom Schloß und vom Park, die ihn offensichtlich sehr beeindruckt hatten, eine erste Beschreibung.
1809 wurde Wien neuerlich von den napoleonischen Truppen besetzt. Zahlreiche Franzosen besuchten Schönau, unter ihnen war auch der Schriftsteller Cadet de Gassivourt, Napoleons Apotheker. Seine Beschreibung des Tempels der Nacht ist noch viel genauer als die erste, es dürfte interessant sein, sie hier auszugsweise wiederzugeben:
»Der Garten ist im englischen Stil angelegt, und zwar in angenehmster Weise. Überall findet sich Wasser und was am bemerkenswertesten ist, die Kaskaden erscheinen völlig natürlich. Man sieht, daß hier dem Lauf des Wassers nicht entgegengearbeitet wurde, man hat es weder eingeengt noch kleine Felsenbänke errichtet, um bestimmte Effekte zu erreichen. In einem dichten kleinen Wald befindet sich ein Hohlweg, der über viele Umwege zu einem unterirdischen Gewölbe führt. Dort kann man nur mit einiger Mühe vorankommen; desto weiter man vordringt, desto mehr schwindet das Tageslicht. An einem bestimmten Punkt dieses unterirdischen Gewölbes öffnet sich der Felsen, man geht unter einem hübschen

Wasserfall durch, der einen dichten Vorhang bildet. Durch diesen flüssigen Spiegel hindurch kann man einen Teil des Gartens sehen. Dieser optische Effekt ist wirklich zauberhaft. Wenn man tiefer in die Grotte vordringt, wird es so dunkel, daß man kaum den Ausgang findet. Mit einemmal hört man weit entfernt eine sanfte Melodie, die Töne, die von einer Harmonika stammen, werden langsam immer lauter. Ein schwacher Lichtschein, dessen Ursprung nicht zu erkennen ist, läßt zwei Bronzetore sehen. Wenn man sich ihnen nähert, gehen sie von selbst auf, man betritt eine weitläufige Rotunde, die von zwei Reihen stuckverzierter Säulen gestützt wird. Der Tempel hat 70 Meter im Durchmesser, das Kuppelgewölbe ist sehr hoch. Es stellt einen Sternenhimmel dar, der Mond beginnt eben seinen Weg, rund um ihn kann man die wichtigsten Gestirne unterscheiden. Der Tempel wird von vierundzwanzig Alabasterlampen beleuchtet, die zwischen den Säulen hängen, dahinter befinden sich ebensoviele Kandelaber, auf denen Vasen aus demselben Material stehen. Durch diese durchscheinenden Lampen und Vasen dringt ein Licht, dessen Quelle unsichtbar bleibt. Im Hintergrund des Tempels und gegenüber der Türe ist in einem von zwei schwarzen Pferden gezogenen Bronzewagen die Nacht zu sehen; sie steht aufrecht, in schwarzen Flor gehüllt, in ihrer Hand hält sie eine brennende Fackel. Die Figur ist aus Wachs, das Antlitz von größter Schönheit. Während man noch die Einzelheiten dieses Ensembles bewundert, erlöschen alle Lichter, der Tempel wird nurmehr von den Sternen und vom Mond beleuchtet, der nun ganz voll ist. Dies gibt einen besonders hübschen Effekt. Bald darauf verschwinden auch die Gestirne, einen Augenblick steht man in der Dunkelheit, doch dann öffnet sich eine geheime Türe und man findet sich in einem der hübschesten Lustwäldchen des Parks wieder...«

Wie der staunenden Bewunderung des Cadet de Gassivourt zu entnehmen ist, dürfte er den Mythos der Königin der Nacht nicht gekannt haben. Für die Griechen galt sie als die Tochter des Chaos und Mutter des Himmels und der Erde, sie bringt den Schlaf und den Tod, die Ängste und die Träume. Die Götter verlängerten die Nächte, indem sie Sonne und Mond anhielten und so die Dunkelheit andauern ließen, um ihre Taten ungestört vollbringen zu können. Die Königin der Nacht eilt in einen dunklen Schleier gehüllt über den Himmel dahin, sie sitzt in einem Wagen, vor den zwei schwarze Pferde gespannt sind als Symbole der nichtmenschlichen Psyche. Das Schicksal des Pferdes ist untrennbar mit dem des Menschen verbunden; manchmal bringt es Unheil, dann ist es schwarz, manchmal bringt es Glück, dann ist es weiß. In der Nacht, wenn die Augen des Reiters erblinden, kann das Pferd sehen und den Menschen führen. Die Streitrosse des Todes sind schwarz; in infernalischem Galopp irren sie auf endloser Reise umher, unbehelligt durchqueren sie das Reich des Todes, der Kälte und des Winters. Weiße Pferde ziehen den Sonnenwagen, schwarze Pferde den Wagen der Nacht.

Wolfgang Amadeus Mozart ließ sich bei der Komposition seiner Oper »Die Zauberflöte« von diesem Mythos der Königin der Nacht inspirieren. Das ganze Werk strömt den intellektuellen und spirituellen Einfluß des Freimaurerordens aus, der sowohl Mozart als auch dem Librettisten E. Schikaneder die Grundlagen ihrer Inspirationen bot. Beide waren Mitglieder dieses Ordens. So wird auch die Musik der Zauberflöte als »das Lied aller Lieder der Freimaurerei« angesehen. Sicher hat Baron von Braun sich beim Bau seines Tempels der Nacht von der Dekoration von Mozarts Oper anregen lassen, die im Jahr 1791 an der Wiener Oper erstaufgeführt wurde. In den Nächten versammelte sich rund um Braun ein Kreis von Persönlichkeiten in seinem Tempel der Nacht, um dort einem geheimen Kult zu huldigen.

Nach dem Tod Baron von Brauns blieb der Park von Schönau sich selbst überlassen. 1817 kaufte der Bruder Napoleons, Jerôme, ehemaliger König von Westfalen, der nun mit seiner Frau, Katharina von Württemberg, im Exil lebte, den Schönauer Besitz. Er ließ das Schloß prunkvoll in französischem Stil einrichten. Zu diesem Zweck wurde der ehemalige Ordonnanzoffizier Napoleons geholt, Planat de la Faye, der die Restaurierungsarbeiten überwachen sollte. Planat schreibt, er habe 200 Arbeiter unter seiner Aufsicht, die in allen verschiedenen Handwerkskünsten spezialisiert seien. Das Leben kehrte in die alten Mauern zurück, der Park fand zu seinem einstmaligen Glanz zurück. Auf ereignisreiche Tage folgten belebte Nächte. Planat vermerkt: »Ich habe in sechs Monaten mehr für meine Kleider ausgegeben, als in den zwei Jahren zusammen, ehe ich nach Schönau kam. Du wirst das verstehen, wenn du hörst, daß im Schloß jeden Abend Cercle gehalten wird und daß dabei strengste Etikette befolgt werden muß.«

Nachdem sich Jerôme zehn Jahre in Schönau aufgehalten hatte, begann er sich zu langweilen. 1829 verkaufte er den Besitz. Viele Jahre später wurde Erzherzog Otto Eigentümer von Schönau; nach seinem Tod erwarb Elisabeth das Besitztum. Das Schloß wurde 1898 niedergerissen, am selben Platz wurde inmitten der Teiche ein Schloß im Tudor-Stil errichtet.

Nachdem Elisabeth das Schloß auf das luxuriöseste und bequemste eingerichtet hatte, wandte sie sich der Verschönerung und Vollendung des umliegenden Geländes zu. Der Sieg, den sie im März 1921 errungen hatte, gab ihr die nötige Ruhe und Sicherheit, um den Einfallsreichtum ihres schöpferischen Wesens voll zur Entfaltung kommen zu lassen. Sie schien aus einem unergründlichen Quell an Energien zu schöpfen.

In ihrer Liebe zu den Blumen fand Erzsi ihr inneres Gleichgewicht und die harmonische Verbindung zur Natur wieder. Auf der anderen Seite hatten die düsteren Seiten des Lebens und die Begleitumstände ihrer Scheidung Erzsis Neigung zur Aggressivität verstärkt. Der eigentliche Grundzug ihres Wesens, die Liebe, konnte nicht immer den Sieg über ihr heftiges Temperament davontragen.

Seit ihrer Kindheit hegte Elisabeth besondere Zuneigung Hunden gegenüber, zu denen sie eine gefühlsmäßige Verbindung auf gleicher Ebene herstellen konnte. Dieser psychische Kontakt zwischen Mensch und Tier erlaubte es ihr auch, selbst gefährliche Hunde zu dominieren und von ihnen geliebt zu werden. Zuerst hatte sie Bullis und Schäferhunde. 1921 begann sie mit der Zucht von Hunden, von denen sie wußte, daß sie für alle eine Gefahr darstellen würden. Sie sollten das Ergebnis einer Kreuzung zwischen deutschen Schäferhündinnen und in Polen gefangenen wilden Wölfen sein. Die schönsten Exemplare aus dieser Zucht trugen die Namen Rolf, Prinz, Satan und Cäsar. Von ihren Vätern hatten sie die charakteristische kurze Wolfsrute, den grauen Pelz und Zähne, geschaffen zum Beißen, Reißen und Töten. Nur die Angestellten, die mit der Pflege der Hunde betraut waren, konnten sich ihnen nähern. Der älteste Sohn trug die größte Verantwortung, er war zuständig für die läufigen

Hündinnen, die von einem Wolf gedeckt werden sollten. Wenn ihre Zeit gekommen war, zog die Hündin sich in das Badezimmer zurück, wo dann niemand außer Franzi hineingehen durfte. Die zauberhaften Welpen ließen in nichts ihre gefährlichen Instinkte erahnen. Die Hündinnen waren untadelige Mütter, sie erlaubten auch, daß man sie streichelte und Futter brachte. Erzsi kam sie besuchen, sie sprach mit ihnen und beglückwünschte sie. Franzi mußte auch oft die wilden Riesen in den Wäldern und Feldern spazierenführen, dort konnte man ihnen einige Augenblicke Freiheit gewähren. Trotz aller Vorsicht konnte es aber doch geschehen, daß sie seiner Aufsicht entschlüpften. So brachte ihnen eines Tages eine schwache Brise, die kaum die Blätter an den Bäumen zittern ließ, einen erregenden Geruch zu, dem sie nicht widerstehen konnten. In Sekundenschnelle verwandelten sich die Hunde, die bis dahin ruhig und friedlich gewesen waren, in eine wie toll davonjagende wilde Meute. Sie hörten kein Pfeifen und kein Rufen mehr, unaufhaltsam jagten sie einer friedlich grasenden Schafherde entgegen. Es war das reinste Blutbad! Man hörte nur noch angsterfülltes Blöken und entsetzliches Todesröcheln – binnen kürzester Zeit waren achtzehn Schafe gerissen. Was für ein Massaker, was für ein Verlust! Über die ganze Wiese verstreut lagen die Kadaver. Der junge Herr trieb seine Hunde mit seiner Stimme und mit der Peitsche zusammen, versuchte den Schäfer zu beruhigen und kehrte zu seiner Mutter nach Hause zurück, um ihr von dem Zwischenfall zu berichten. Elisabeth aber liebte nur ihre Hunde, Schafe interessierten sie nicht. Sie gab lediglich Befehl, den entstandenen Schaden zu bezahlen.

Trotz der Gefahr, die diese Wolfshunde darstellten, fuhr Elisabeth fort, sie zu züchten. In den Blumengarten hatten sie natürlich keinen Zugang, aber die 300 Hektar Wälder und Wiesen boten genügend Platz für Spaziergänge. Franzi, der von klein an die Jagdleidenschaft geerbt hatte, mußte feststellen, daß Prinz, Rolf und die anderen manchmal ein Reh, Hasen oder Fasane, die nicht rasch genug aufflogen, rissen. Die Polizei versuchte vergebens einzuschreiten. Die Gendarmen wagten es sogar, sich auf die Lauer zu legen, um die Hunde abzuschießen. Angesichts von verletzten Arbeitern und zerbissenen Wadeln war das wohl auch mehr als gerechtfertigt. Aber Elisabeth war durch nichts aufzuhalten. Sie fuhr

fort, diese seltenen Tiere zu züchten, bezahlte Schmerzensgeld an die Verletzten und bestach die Gendarmen, damit sie über die Zwischenfälle Stillschweigen bewahrten. Und so, wie sie die Hunde liebte, wurde auch sie von den Hunden geliebt. Als einer von ihnen im Wald nicht zu bändigen war und deshalb die Peitsche zu spüren bekam, lief er zurück ins Schloß und beruhigte sich erst, als er Erzsi gefunden hatte, zu deren Füßen er sich dann brav niederlegte.
Diese überaus kostspielige Zucht wurde bis 1927 fortgesetzt. Der Verbrauch an rohem Fleisch, das die Hunde benötigten, um gesund und kräftig zu bleiben, war enorm. Man murrte über diese Verschwendung in Zeiten allgemeiner Armut, aber Elisabeth setzte ihren Willen durch. 1927 begann sie mit der Zucht von deutschen Schäferhunden, dabei blieb sie dann bis zu ihrem Tod.
1917 hatte Elisabeth, die ja von ihrem Großvater einiges geerbt hatte, den Schönauer Besitz vergrößert, indem sie die Villa Leutzendorf und einige Hektar Land zukaufte. In dieser Villa hatte der berühmte Musiker Johann Strauß gewohnt, hier hatte er seine Operette »Der Zigeunerbaron« komponiert. Erzsi plante, hier ihre Mutter bei eventuellen Besuchen unterzubringen. Aber die Jahre vergingen, die Beziehung zwischen Mutter und Tochter kühlte ab, Stephanie kam nicht nach Schönau. Deshalb blieb die Villa aber nicht leer. Elisabeth brachte hier sehr komfortabel die Gartenbauarchitekten unter, die sie von Dresden hatte kommen lassen, um den Park zu verändern und die schönsten Gartenanlagen Österreichs zu entwerfen. Diese Spezialisten genossen hohes Ansehen wegen der Perfektion ihrer Planungen, ihrer genauen Kenntnis von Bäumen, Büschen und Blumen. Sie verstanden sich auf die Kunst, die Pflanzen entsprechend ihrer Blütezeit und ihren Farben zueinander passend zu gruppieren. Auch die Obergärtner wohnten in der Villa. Ihre Aufgabe war es, die Pläne auszuführen und die Durchführung zu überwachen. Eine Armee von beinahe hundertfünfzig Arbeitern sollte in Rekordzeit die Erde aufbereiten und die Beete und Rabatten rund um das Schloß, am Ufer der Teiche und am Rand der Wälder ausmessen und abgrenzen. Die aufbereitete und gedüngte Erde wartete auf eine Unzahl von Pflanzen, Büschen, Zwiebelknollen und Samen. Es war eine großartige Schöpfung, die die ganze Umgebung in Erstaunen versetzen sollte. Erzsi wollte rund um sich die schön-

sten wohlriechendsten und buntesten Blumen versammelt sehen. Sie ließ zehntausende Zwiebelknollen von Krokussen, Narzissen, Jonquillen, Hyazinthen und Tulpen kommen, sie wollte sie überall haben, nicht nur draußen in der Natur, sondern auch in allen Zimmern des Schlosses. Sie überwachte mit unbestechlichem Geschmack die beiden Fleuristen, die die Aufgabe hatten, die Blumenbuketts und die Tischdekorationen zu arrangieren. Sie ertrug es nicht, verwelkte Blumen zu sehen. Sie liebte alle Pflanzen, in den Salons standen immer Azaleen, die mit ihren starken Farben eine warme Atmosphäre verströmen.

Elisabeth ließ auch eine Pflanzschule anlegen, die noch größer sein sollte als die ihrer Mutter in Oroszvár, das »Stephaneum«. Elisabeth mochte künstliche Blumen und Gärten nicht. Sie studierte zahlreiche botanische Werke, deren genaue Kenntnis ihr notwendig erschien. Sie erlangte dadurch ein Fachwissen, das es ihr erlaubte, mit den Experten von gleich zu gleich zu reden. Besonderen Wert legte sie darauf, daß Büsche gepflanzt wurden, deren Laub und Beeren die Vögel liebten. Das Paradies der Blumen war zugleich auch ein Paradies der Vögel.

In der Beschreibung von Elisabeths Leben und ihren Neigungen darf nicht darauf vergessen werden, ihre Köche zu erwähnen. Sie verlangte stets ausgezeichnete Gerichte, die mit großem Raffinement zusammengestellt und einwandfrei gelungen sein mußten. Sie war sehr schwer zufrieden zu stellen und behandelte die Köche mit so wenig Rücksichtnahme, daß sie sehr rasch wieder kündigten. Wenn Elisabeth die Qualitäten eines neuen Kochs überprüfen wollte, ließ sie ihn immer ganz bestimmte Gerichte zubereiten, darunter waren Spinat und selbstverständlich verschiedene Soufflés. Eines Tages entließ sie einen Koch, weil er zu viele Eier verbrauchte. Er fand immer, seine Soufflés seien nicht hoch und nicht goldfarben genug, deshalb begann er immer wieder von vorne. Dafür reichten die Eier aus dem Hühnerhof kaum noch aus.

Elisabeth war sicher eine militante Sozialistin geworden, die davon überzeugt war, daß das Ideal der Gleichheit aller Menschen eine Wohltat darstellt. Aber trotz dieser ehrlichen Überzeugung unternahm sie keinen Versuch, ihren Stolz zu überwinden und sich in der Realisierung ihrer Wünsche einzuschränken. Sie war nicht bereit,

ihre Reichtümer und ihre Lebensart, die durch ihre Geburt und ihre Vergangenheit gerechtfertigt schienen, zu opfern. Sie hatte eine absolute Einstellung ihrem Besitz gegenüber, und wenn sie auch in ihren Spenden großzügig war, so lag das doch eher in der Tradition und stellte nicht eigentlich etwas Neues dar. Es gelang ihr, ihr Leben zwischen der anderen, neuen Welt und der alten Welt, die eigentlich die ihre war, zu teilen. Sie hatte sich einen wichtigen Platz in der sozialistischen Partei erobert. Sie verstand es, sich durch ihre starke Persönlichkeit und ihren dominanten Charakter, vor dem viele Menschen sich beugten, durchzusetzen. In der Zeit des Kaiserreiches hatte sie auf dem Gipfel der Hierarchie gethront. Diese Rolle war ihr vertraut, und im Grunde behielt sie eben diese Rolle auch auf dem Gipfel der sozialistischen Hierarchie bei. Eine Habsburgerin ihres Schlages akzeptierte zwar eine unvermeidbare Veränderung, aber sie ließ sich nie dazu herbei, herabzusteigen.
Am Dienstag, den 13. Februar 1923, trat Elisabeth in ungewöhnlicher Weise in Erscheinung. Sie wohnte einem Wohltätigkeitsball zugunsten des Roten Kreuzes in den Sälen des Hotels Imperial in Wien bei. Als sie erschien, hatte man den Eindruck, die Vergangenheit feiere Auferstehung. Elisabeth war schön und elegant und, obgleich nahe der Vierzig, wesentlich jünger aussehend. Ihr Gesicht war glatt, als ob das Leben es gerade eben nur berührt hätte. Sie tanzte mit der ganzen Ausgelassenheit ihrer frühen Jugend und erregte die Bewunderung aller Anwesenden.

Während der ersten Jahre nach dem Krieg scheint Erzsi noch sehr zärtliche Gefühle für ihre Mutter gehegt zu haben. Stephanie ihrerseits drückte in ihren Briefen ihrer Tochter gegenüber zärtliche Zuneigung aus, die sie über ihren Kampf um die Kinder auf dem laufenden hielt. Stephanie scheint weder über die Einzelheiten des Gerichtsbeschlusses noch über die abschließende und ausschlaggebende Szene in Schloß Schönau informiert gewesen zu sein. Am 14. November 1921 schreibt sie: »Mein theures Kind. Endlich sind meine heissen Gebete erhört worden! Wir müssen alle Gott innig danken für die grosse Gnade der Befreiung aus dieser schweren Kampf & Sorgenzeit. Elemér + ich wir freuen uns unendlich über

den gerechten Ausgang dieser so wichtigen Angelegenheit. Wir athmen mit euch auf, denn der Druck der Unsicherheit lastete schwer auf uns. Du hast es wohl verdient, mein tapferes, armes Kind, siegreich aus diesem Kampf um deine Schätze herauszukommen. Mache nun ein Ende mit Allem, einen gründlichen Strich über alles was war, damit du zur Ruhe kommst, befreit von den vielen Advokaten, den Lasten, Aufregungen, Unannehmlichkeiten die damit verbunden sind. La chose principale tu l'as obtenu! la possession de tes enfants. Laisse la question de leur père, crois moi et écoute mon conseil! Il parait que la frontière sera ouverte sous peu. Dès que je pourrais je viendrai à Vienne. (Das Wichtigste hast du ja durchgesetzt – den Besitz deiner Kinder. Denke nicht mehr an ihren Vater, glaube mir und höre auf meinen Rat! Es scheint, daß die Grenze nun bald geöffnet wird. Sowie ich kann, werde ich nach Wien kommen). – ich sehne mich nach euch! Zum 19. herzinnigste Glückwünsche, diesen Tag kannst du diesmal geniessen. Ich bete mit euch + segne euch aus vollem Herzen. Herzlichste Umarmung, geliebte Kinder, von der liebenden, treuen, alten Mamminkerl.«
In einem Brief vom 30. November 1921 dankt Stephanie Erzsi und ihren Kindern für ihre lieben Briefe, auf die sie schon per Telegramm geantwortet hat, um ihnen zu sagen, daß die Grenze immer noch zu ist und daß sie und Elemér Oroszvár nicht verlassen können. Die neuen Grenzen haben ihren Besitz in drei Teile getrennt, sodaß er nun zu drei verschiedenen Ländern gehört: Ungarn, Österreich und Slowakei. Stephanie kann nicht einmal mehr über die Donau fahren, um zu jenem Teil ihres Besitzes zu gelangen, der sich auf dem linken Ufer befindet; Schloß Oroszvár steht auf dem rechten Donauufer:
»... Ich habe zur Heiligen Jungfrau gebetet, die letztes Jahr mehreren Menschen in Bordeaux erschienen ist, sie möge mich und meine ganze Familie segnen. Ich habe den erflehten Segen erhalten und gebe ihn nun an dich weiter. Man muß viel Weihwasser verwenden, um sich vor den Anfechtungen des Teufels zu schützen, der überall verborgen liegt! Ich weiß alles, was geschehen wird, es wird entsetzlich sein! Aber die Heilige Jungfrau hat gesagt: Die, die beten, werden gerettet werden. Ich umarme dich aus ganzem Herzen in großer Liebe, Mamminkerl. Schenke mir nichts zu Weihnachten, es

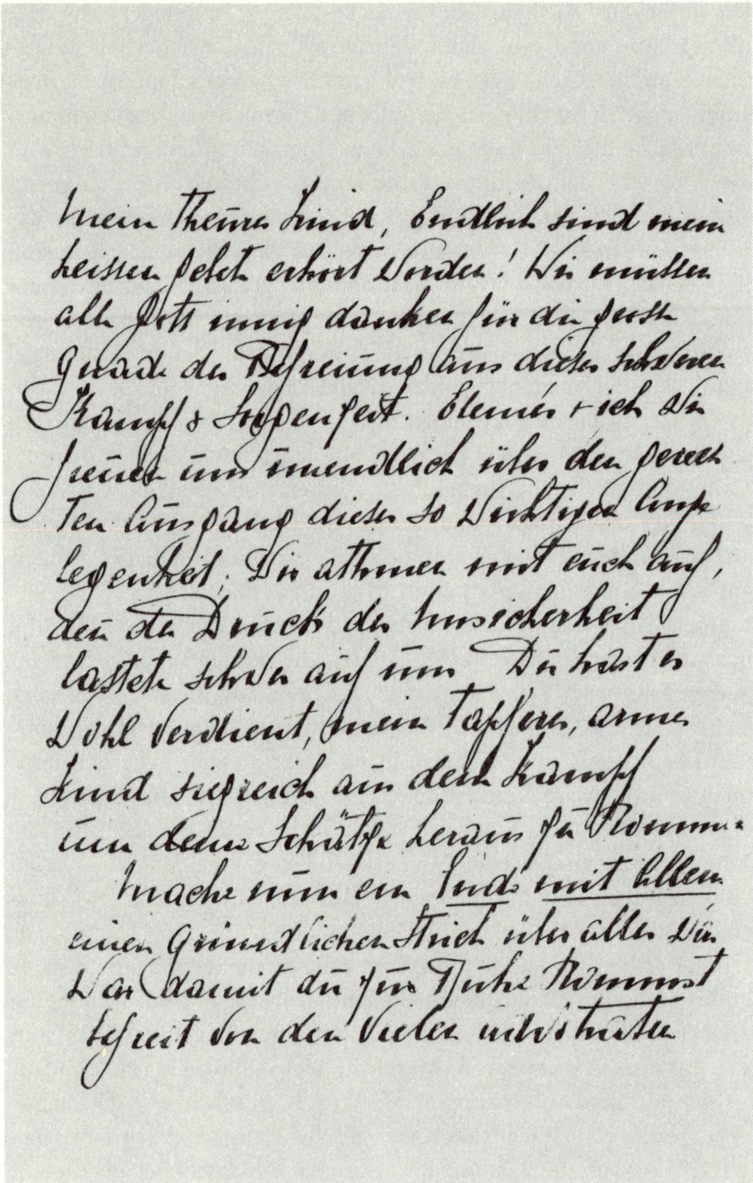

Mein theures Kind, endlich sind meine
heissen Gebete erhört worden! Wir müssen
alle Gott innig danken für die grosse
Gnade der Befreiung aus diesem schweren
Kampf & Seelenleid. Elemér & ich sind
freudig unendlich über den gerech-
ten Ausgang dieser so wichtigen Ange-
legenheit. Wir athmen mit euch auf,
denn der Druck der Unsicherheit
lastete schwer auf uns. Du hast es
wohl verdient, mein tapferes, armes
Kind siegreich aus dem Kampf
um deine Schätze heraus zu kommen.
Mache nun ein Ende mit allem
einen gründlichen Strich über alles was
war damit du zur Ruhe kommst
befreit von den vielen [illegible]

Stephanie unterstützt Elisabeths Kampf um die Kinder mit Briefen, aus denen große mütterliche Zärtlichkeit spricht.

ist alles so teuer. Das schönste Geschenk, das du mir machen kannst, ist, wenn du mit den Kindern zu den Sakramenten gehst. Man hat mir heute früh gesagt, daß die Grenze in ein paar Tagen geöffnet wird. In diesem Fall werde ich für zwei Tage nach Wien kommen. Wenn ich das kann, telegraphiere ich vorher.« (Dieser Teil des Briefes ist im Original in Französisch geschrieben; d. Verf.)

Im September 1922 schickte Erzsi ihre beiden ältesten Söhne für einen kurzen Aufenthalt zu ihrer Großmutter nach Schloß Oroszvár. Beide schreiben von dort an ihre Mutter; aus diesen Briefen ist die tiefe Zuneigung zu spüren, die sie ihr gegenüber haben; die Offenheit, mit der sie sich ausdrücken, zeugt von großem Vertrauen. Franzi hätte gern einen Spießer geschossen, aber der von Stephanie überaus geschätzte Hausarzt hat Vorrang. Franzi drückte seine Enttäuschung in ziemlich rüder Weise aus, und man versuchte, ihn auf ein anderes Mal zu vertrösten. Das einzig Positive, was bei diesem Besuch herauskam, war die wirklich vorzügliche Küche. Stephanies Koch war ein echter Konkurrent für Elisabeths eigenen Koch. Die Buben langweilen sich; die Mentalität von Stephanie und ihren Enkeln ist derart verschieden, daß die jungen Leute sich nicht wohl fühlen. Beide warten voller Ungeduld darauf, wieder nach Schönau zu ihrer Mutter zurückkehren zu können.

Das letzte Schreiben Stephanies an ihre Tochter, das erhalten geblieben ist, datiert von Ostern 1924. Sie schreibt auf einer Karte in Französisch: »Gesegnete Ostern, reich an himmlischen Gnaden, wünscht dir und den Kindern aus ganzem Herzen mit inniger Umarmung eure euch liebende Mamminkerl.«

Das Salonblatt vermeldet ohne weitere Details folgende Nachricht: »Am 5. April 1925 haben Prinz Elemér Lónyay und seine Frau, Prinzessin Stephanie, auf ihren Schloß Oroszvár in Ungarn ihre silberne Hochzeit gefeiert. Die religiöse Zeremonie wurde von Diözesanbischof Anton Felser in der Schloßkapelle gefeiert. Unter den zahlreichen Gästen war auch die Tochter Prinzessin Stephanies, Erzherzogin Elisabeth Marie.« Stephanie muß damals schon von der Liaison ihrer Tochter mit dem Sozialisten Leopold Petznek gewußt haben. Anfangs versuchte sie das Ganze zu ignorieren, sie dachte, es handle sich um eine vorübergehende Affäre und betete für die so offensichtlich vom Teufel versuchte Seele ihrer Tochter.

Bedeutende Ereignisse kennzeichneten das Jahr 1924. Nach vielen Jahren voll ermüdender Diskussionen machte ein Gerichtsbeschluß der außerhalb der Legalität stehenden Situation von Elisabeths Ehe ein Ende. Da wegen des Konkordats eine Scheidung nicht möglich war, gab es statt dessen eine »Trennung von Tisch und Bett«, welche sowohl von Otto als auch von Elisabeth akzeptiert wurde. Welche Erleichterung! Zweiundzwanzig Jahre war es nun her, daß Erzsi im Alter von 18 Jahren ganz in Weiß und voll Hoffnung auf immerwährendes Glück in die Ehe gegangen war. Enttäuschung und Trauer, die jedes Leben begleiten, waren sehr bald auch in ihr Leben getreten und hatten, nach dem Glück, eine lange Folge von dramatischen Exzessen mit sich gebracht. Als Elisabeth den Gerichtsbeschluß las, wurde sie von einem mächtigen Gefühl grenzenloser Freiheit erfaßt. Trotz ihrer Gleichgültigkeit gegenüber jeder Form von äußerem Druck hatte ihre zweideutige Lage sie doch zu einer gewissen Vorsicht gezwungen, und sie hatte ihre Liebe geheimhalten müssen. Jahre hindurch galt Leopold Petznek in sozialistischen Kreisen ganz offiziell als Elisabeths Lebenspartner, ansonsten aber mußte er sich mit der Rolle des im Schatten stehenden Bewunderers begnügen. Seine große Bescheidenheit, seine großzügige Geisteshaltung und seine völlige Ergebenheit gegenüber Elisabeth erlaubten ihm, diese Situation zu ertragen, ja, sie sogar harmonisch zu gestalten. Er wußte, daß jedes Individuum eine eigene Persönlichkeit und einen eigenen Charakter hat und respektierte das auch voll und ganz. Diese Eigenschaft Petzneks kam Elisabeths Naturell natürlich besonders entgegen.
Aus der Beschreibung des Lebens der Schloßherrin von Schönau ist zu ersehen, daß die Hauptperson, Elisabeths Geliebter, an ihrem luxuriösen Dasein nicht teilzuhaben schien. Tatsächlich hatte Leopold Petznek eingesehen, daß es für ihn schwierig war, ein Leben auf dem Schloß zu führen; die Gewohnheiten und Prinzipien, die ihn von Kindheit an begleitet hatten, standen in zu krassem Gegensatz zum großartigen Rahmen, zur Weitläufigkeit der Räume, zur zahlreichen Dienerschaft, mit einem Wort zu allem, was das Leben in einem Schloß eben ausmacht. Abgesehen davon, daß ihm diese Art von Leben nicht paßte, waren außerdem seine Ansichten als überzeugter Sozialist und seine politischen Aktivitäten unvereinbar

mit dem aufwendigen Lebensstil einer Erzherzogin. Leopold Petznek war ein offener und ehrlicher Mann. Vielleicht quälte ihn hier sein Gewissen, vielleicht fürchtete er auch die berechtigte Kritik seiner Genossen. Es ist anzunehmen, daß Leopold Petznek in der bezaubernden kleinen Stadt Mödling nahe bei Wien wohnte, wo er als Lehrer arbeitete. Da seine politische Karriere zunehmend mehr von seiner Zeit verlangte, mußte er sich immer öfter in Wien aufhalten. Elisabeth wollte ihm das tägliche Hin und Her ersparen. So suchte sie für ihn ein komfortables Appartement in Wien, wo sie mit ihm zusammen wohnen konnte, wenn sie nicht – wie meistens – in Schönau war. Deshalb mietete sie 1923 eine große Wohnung mit vierzehn Zimmern, die sie vollständig mit Möbeln, Bildern und anderen Kunstschätzen einrichtete, von denen sie ja im Überfluß besaß. Die Straße, wo sich diese neue Bleibe befand, war wenig anziehend. Sicher war Elisabeths Wahl nicht zufällig darauf gefallen, ihre Entschlüsse waren immer wohldurchdacht. Vermutlich geschah es aus Bewunderung für Karl Marx und wohl auch, um ihr Naheverhältnis zur sozialistischen Lehre zu beweisen, daß sie eine Wohnung in der Marxergasse wählte.
Im Juli 1924 konnte Elisabeth sich frei zu ihrer Liaison bekennen. So brachte sie Leopold Petznek dazu, mit ihr auf eine sehr gefühlsbetonte Reise nach Italien zu gehen. Das Leben, das er bisher geführt hatte, hatte ihm nie erlaubt zu reisen. So hatte Elisabeth nun das Vergnügen, ihm die Herrlichkeiten von Venedig, dem Lido, von Padua und Florenz zu zeigen. Sie selbst sah dieses Land, das sie so liebte und in dem sich ein Teil ihres Lebens abgespielt hatte, mit großer Freude wieder. Der neue Geliebte, der sie begleitete, machte es ihr möglich, alle traurigen Dinge zu vergessen und jeden Tag im glücklichen Licht zu sehen.
1924 verließ Erzherzogin Marie Valerie diese Welt auf immer. Erzsi, die sie zärtlich geliebt hatte, war überaus betroffen von diesem Verlust. Die beiden Frauen waren einander auch in Elisabeths turbulenten Jahren verbunden geblieben, Marie Valerie hatte stets versucht, sich schützend vor Erzsi zu stellen. Nun, da auch dieses letzte Band zerrissen war, gab es nichts mehr, was Erzsi noch mit der Familie Habsburg verbunden hätte.
In einem Interview, das Elisabeth der Presse gegeben hatte, hatte sie

als einen der Gründe, weshalb sie ihre Kinder unbedingt behalten wollte, angeführt: »Ich habe diesen schweren Kampf hauptsächlich deshalb geführt, um meine Kinder nach meinen Vorstellungen erziehen zu können.« Aus denselben Gründen wollte auch der Vater die Erziehungsgewalt über seine Kinder haben. Beide wollten dem Instinkt folgen, der die Eltern dazu treibt, das, was sie selbst sind, an ihre Kinder weiterzugeben und so die Befriedigung zu erleben, sich in ihren Nachkommen fortgesetzt zu sehen. Am Beginn ihrer Ehe erzog Elisabeth ihre Kinder, als wären sie immer noch in den prunkvollen Kindszimmern bei Hof. Später waren sie von Erziehern, Hauslehrern und Dienern umgeben. Dieser Luxus wurde durch rigorose Strenge betreffend Pünktlichkeit, gute Manieren, Auftreten, Gehorsam, Ehrerbietung und Höflichkeit ausgeglichen. Elisabeth legte großen Wert darauf, daß die Kinder gute Studienerfolge vorzuweisen hatten. Als Elisabeth sich das sozialistische Ideal zu eigen machte, wollte sie das Prinzip der Klassengleichheit anwenden. Der Sohn eines Arbeiters mußte die Möglichkeit haben, zu studieren und in der sozialen Hierarchie aufzusteigen. Auf der anderen Seite wollte sie, die Erzherzogin, den Arbeitern zeigen, wie sehr sie deren soziale Schicht achtete. Dies sollte dadurch bewiesen werden, daß sie ihnen einen ihrer Söhne schenkte, der nach ihren Plänen und Wünschen ein einfacher Arbeiter werden sollte. Die beiden älteren Söhne ließen sich nicht mehr manipulieren, aber das jüngste Kind war von nervöser Veranlagung, fügsam und in Furcht vor seiner Mutter, der es ohne zu diskutieren gehorchte. Man hat Rudolf nachgesagt, er sei ein zurückgebliebenes Kind gewesen. Das konnte aber von niemandem bestätigt werden; die Zeugen seines Lebens bekräftigten vielmehr das Gegenteil. Abgesehen davon hätten die Ärzte, die ihn kannten, in ihren Berichten etwas darüber erwähnt. Die einzige Schwäche, auf die sie hinwiesen, war seine nervliche Labilität (Dr. Lazar schreibt darüber in seinem Bericht an das Scheidungsgericht). Hauptursache für die Nervosität Rudolfs waren wohl die heftigen Auseinandersetzungen zwischen seinen Eltern, die stattfanden, als Rudolf in einem Alter war, wo Buben ebenso wie Mädchen emotional überaus empfindsam und seelisch labil sind. Es gibt keinen Beleg darüber, daß seine Schulnoten ungenügend waren. Die Zeugnisse, die noch vorhanden sind, gehen

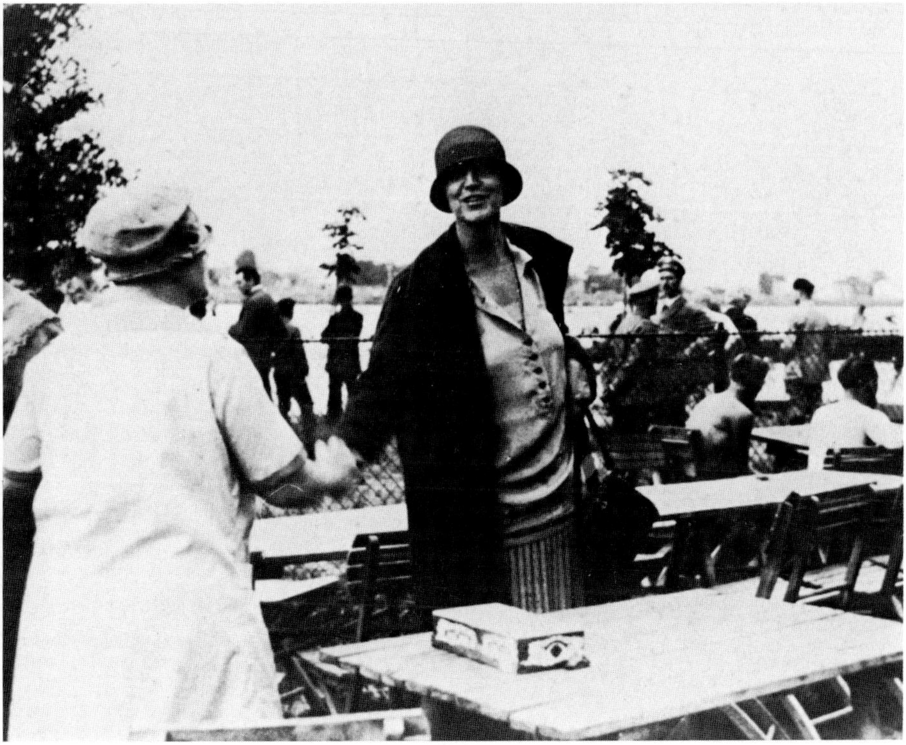

31 *Elisabeth bei einem sozialistischen Sportfest*

32 *Leopold Petznek als Volksredner*

33, 34, 35 Die sozialistischen Freunde Elisabeths: Leopold Petznek, Julius Deutsch, Otto Bauer

36, 37, 38 Karl Renner, Johann Schober, Karl Seitz

39 Schloß Schönau

40 Elisabeths Boudoir

41 Dr. med. Albert Freiherr von Schrenck-Notzing

42 Elisabeths Sohn Rudolf, der 1939 bei einem Motorradrennen tödlich verunglückte (rechts im Bild)

43 Der älteste Sohn, Franz Joseph Windisch-Graetz

44 Rudi als »Pumpenhalter« bei der Vacuum Oil Company

45 Begräbnis Rudis im Juni 1939. Rechts unten im Bild Elisabeth Marie (man sieht nur Hut und Schleier), links von ihr Leopold Petznek

46 Das Schlößchen in Hütteldorf

47 Ein Foto aus den letzten Jahren, aufgenommen in der Notunterkunft in der Wolfersberggasse

auf die Zeit der Elementarschule zurück; damals war er offensichtlich ein ausgezeichneter Schüler. Als Rudolf fünfzehn Jahre alt war, nahm Elisabeth ihn vom Gymnasium und schickte ihn auf eine technische Schule, wo er zwei Jahre lang blieb. Am 1. Oktober 1924 unterschrieb Elisabeth für ihren noch minderjährigen Sohn seinen ersten Arbeitsvertrag. Der Vertrag galt für eine Dauer von drei Jahren. Rudolf trat als Lehrling in die Wiener Firma »Fiaker-Automobil« ein, wo er den Beruf eines Schlossers und Autodrehers im Automobilbau erlernen sollte. Der Vertrag trägt auch die Unterschriften des Genossenschaftsvorstehers und des Firmeninhabers. Das Dokument nennt die beiden Wohnadressen Elisabeths, die zugleich auch jene von Rudolf waren, nämlich Schloß Schönau und die Marxergasse in Wien.

So lief nun also das Schicksal des jungen Rudolf, der damals gerade 17 Jahre alt war, in eine unvorhergesehene Richtung, die seiner familiären Herkunft entgegenstand. Nun war keine Rede mehr von seinen schwachen Nerven und seiner Gesundheit, er mußte das harte Leben eines Fabrikarbeiters führen. Mit den Arbeitern teilte er auch die Probleme, die die Zukunft für sie bereithielt: Entlassung, Arbeitslosigkeit und Armut.

1926 wurde der Betrieb der »Fiaker-Automobil« aufgelassen. Am 1. April unterschieb Elisabeth einen neuen Arbeitsvertrag, auf welchem Rudolfs Unterschrift wieder fehlt. Er trat in die Reparaturwerkstätte der Steyr-Werke A. G. in Wien ein, um dort seine Lehrausbildung als Schlosser und Mechaniker fortzusetzen, die ja im ganzen drei Jahre dauern sollte. Von beiden Firmen erhielt er ausgezeichnete Dienstzeugnisse. In diesem zweiten Vertrag scheint die Anschrift von Schönau nicht mehr auf, als einzige Wohnadresse Rudolfs wird die Marxergasse in Wien genannt. Weiters wurde festgehalten, daß seine Mutter für Verköstigung und Unterkunft aufzukommen habe. Von der Fabrik erhielt Rudolf nur den Minimallohn.

Jeden Tag im ersten Morgengrauen, während des Winters in tiefer Nacht und schneidender Kälte, stand Rudolf auf, während im Haus noch alles schlief. Lautlos schlüpfte er in die Küche und nahm dort schweigend sein Frühstück ein. Er mußte sich beeilen, die Trambahnen waren langsam, und die Fabrik lag weit entfernt. Freundlich

Lehr-Vertrag

OESTERREICHISCHE
FIAKER-AUTOMOBIL-
GESELLSCHAFT m. b. H.
Wien XX., Hannovergasse 21

welcher am heutigen Tage zwischen dem Lehrherrn ...., dem

minderjährigen W i n d i s c h - G r a e t z Rudolf Joh. 17 Jahre alt,

und ~~Herr~~ (Frau) Elisabeth Marie W i n d i s c h - G r a e t z

wohnhaft Schloss Schönau bei Leobersdorf, und Wien III., Marxergasse 3

abgeschlossen wurde.

OESTERREICHISCHE
FIAKER-AUTOMOBIL-
GESELLSCHAFT m. b. H.
Wien XX., Hannovergasse 21

Nimmt Herr ....

den am 4. Februar im Jahre 1907 zu Ploskowitz, Böhmen

.... geboren en Windisch-Graetz Rudolf Johann

wohnhaft Schloss Schönau bei Leobersdorf und Wien III., Marxergasse 3

in die Lehre und verpflichtet sich, denselben in den Fertigkeiten der Schlosserei (Auto) Dreherei und im Motorbau zu unterweisen, dessen fleißige Verwendung im Gewerbe und dessen Schulbesuch strenge zu überwachen und denselben nach ordnungsmäßig verbrachter Lehrzeit freizusprechen.

Die Lehrzeit wird auf 3 Jahre bestimmt, beginnt am 1. Oktober 1924 und endet am 1. Oktober 1927 19....

Dagegen erklärt ~~Herr~~ (Frau) Elisabeth Marie W i n d i s c h - G r a e t z namens ~~seines~~ (ihres) Sohnes (~~Mündels~~) Windisch-Graetz Rudolf Johann dahin zu wirken, daß dieser die Lehre ohne einen gesetzlich giltigen Grund nicht verläßt, dem Lehrherrn oder dessen Vertreter gegenüber die größte Folgsamkeit, Treue, Fleiß, anständiges Betragen und Verschwiegenheit beobachtet, so auch durch tätiges Eingreifen sich die erforderlichen Kenntnisse aneignet, die gesetzlich vorgeschriebene Schule fleißig besucht und die eingegangenen Verpflichtungen redlich erfüllt.

In Bezug auf Lehrgeld, den etwaigen Lohn, die Verköstigung, Bekleidung und Wohnung wird Nachstehendes vereinbart: Die Entlohnung erfolgt gemäss den jeweiligen Bestimmungen des Vertrages zwischen dem Wiener Industriellen-Verband und dem Metallarbeiterverband

R. 41 a.

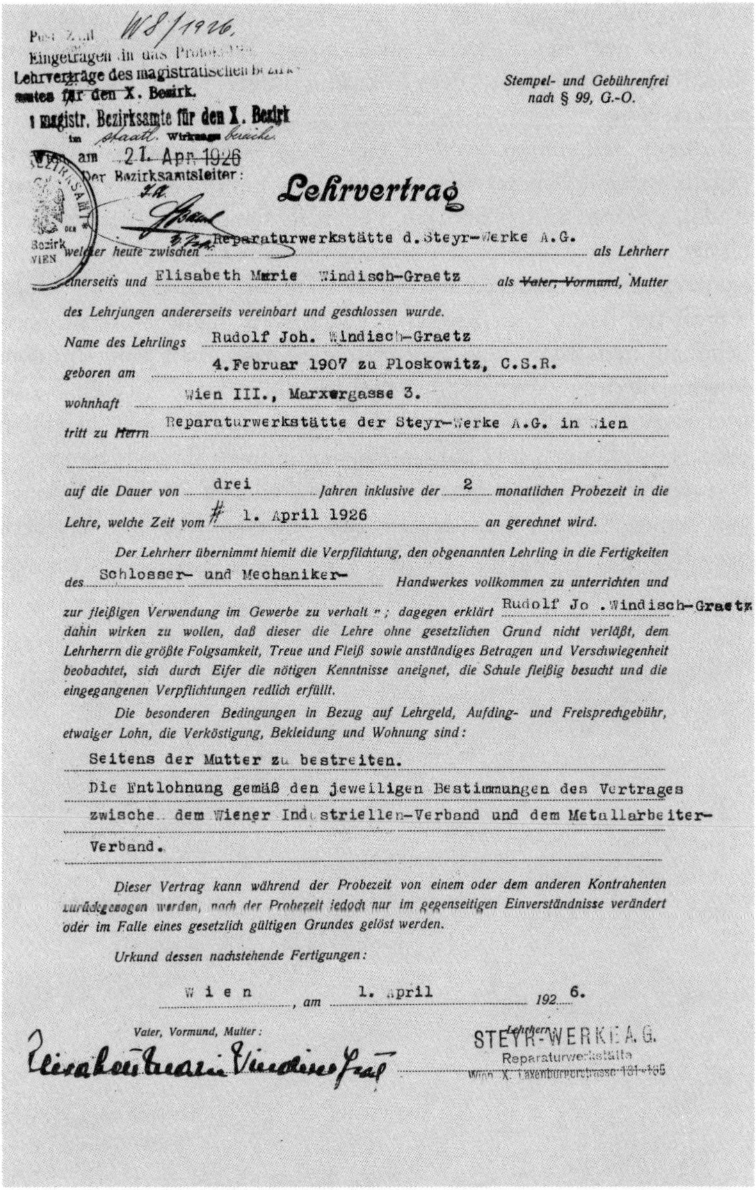
Post-Zahl W8/1926.
Eingetragen in das Protokoll der
Lehrverträge des magistratischen Bezirksamtes für den X. Bezirk.
magistr. Bezirksamte für den X. Bezirk
im staatl. Wirkungsbereiche
Wien, am 21. Apr. 1926
Der Bezirksamtsleiter:
I. A.

Stempel- und Gebührenfrei
nach § 99, G.-O.

Lehrvertrag

welcher heute zwischen Reparaturwerkstätte d. Steyr-Werke A.G. als Lehrherr einerseits und Elisabeth Marie Windisch-Graetz als ~~Vater, Vormund,~~ Mutter des Lehrjungen andererseits vereinbart und geschlossen wurde.

Name des Lehrlings Rudolf Joh. Windisch-Graetz
geboren am 4. Februar 1907 zu Ploskowitz, C.S.R.
wohnhaft Wien III., Marxergasse 3.
tritt zu ~~Herrn~~ Reparaturwerkstätte der Steyr-Werke A.G. in Wien

auf die Dauer von drei Jahren inklusive der 2 monatlichen Probezeit in die Lehre, welche Zeit vom 1. April 1926 an gerechnet wird.

Der Lehrherr übernimmt hiemit die Verpflichtung, den obgenannten Lehrling in die Fertigkeiten des Schlosser- und Mechaniker- Handwerkes vollkommen zu unterrichten und zur fleißigen Verwendung im Gewerbe zu verhalten; dagegen erklärt Rudolf Jo. Windisch-Graetz dahin wirken zu wollen, daß dieser die Lehre ohne gesetzlichen Grund nicht verläßt, dem Lehrherrn die größte Folgsamkeit, Treue und Fleiß sowie anständiges Betragen und Verschwiegenheit beobachtet, sich durch Eifer die nötigen Kenntnisse aneignet, die Schule fleißig besucht und die eingegangenen Verpflichtungen redlich erfüllt.

Die besonderen Bedingungen in Bezug auf Lehrgeld, Aufding- und Freisprechgebühr, etwaiger Lohn, die Verköstigung, Bekleidung und Wohnung sind:

Seitens der Mutter zu bestreiten.
Die Entlohnung gemäß den jeweiligen Bestimmungen des Vertrages zwischen dem Wiener Industriellen-Verband und dem Metallarbeiter-Verband.

Dieser Vertrag kann während der Probezeit von einem oder dem anderen Kontrahenten zurückgezogen werden, nach der Probezeit jedoch nur im gegenseitigen Einverständnisse verändert oder im Falle eines gesetzlich gültigen Grundes gelöst werden.

Urkund dessen nachstehende Fertigungen:

Wien, am 1. April 1926.

Vater, Vormund, Mutter:
Elisabeth Marie Windisch-Graetz

Lehrherr:
STEYR-WERKE A.G.
Reparaturwerkstätte
Wien, X. Laxenburgerstrasse 131–165

Elisabeth »opfert« einen ihrer Söhne der sozialistischen Partei: Rudolf sollte Autoschlosser werden.

und ein bißchen mitleidig übergab die Köchin ihm sein Menagereindl, in dem das Essen für den ganzen Tag war. Dann machte Rudolf, der ein Kind aus dem Volk sein mußte, sich ohne ein Wort auf den Weg.

Zu dieser Zeit hatten wohl bereits einige soziale Reformen Platz gegriffen, trotzdem war die Arbeit eines Lehrlings überaus hart. Rudolf erlernte seinen Beruf, ohne jemals seine Pflicht zu vernachlässigen. Seine Vorgesetzten bestätigten seine Qualitäten, auch der Kontakt zu den anderen Arbeitern war gut. Die Tage, an denen Rudolf frei hatte, waren selten; er kam nicht mehr oft dazu, nach Schönau zu fahren. Man hätte für die Gesundheit dieses großen Jungen fürchten können, der viel zu mager war für seine 1,96 Meter. Aber er überstand alle Belastungen und wurde zu einem widerstandsfähigen und ausgeglichenen jungen Mann.

Nur der älteste Sohn protestierte gegen die Ideen und Entscheidungen seiner Mutter, freilich erfolglos; niemand konnte Elisabeth beeinflussen.

Magie und Parapsychologie

In Schloß Schönau lagen Elisabeths eigene Zimmer auf der sonnigen Südseite, daran grenzte ein großer Raum, den sie ganz nach ihren intimsten Vorstellungen eingerichtet hatte – ihr Boudoir. Dort empfing sie niemanden; nur selten und nur bei außergewöhnlichen Anlässen hatten einige Auserwählte Zutritt. Manchmal durften die Kinder, aber immer nur einzeln, in dieses Zimmer kommen. Sicher sollte man das Geheimnis gewisser Erinnerungen wahren. Wenn man aber Elisabeths Leben kennen und begreifen will, muß man auch wagen, in dieses Heiligtum einzudringen und ein Thema ans Tageslicht zu bringen, das Elisabeth leidenschaftlich bewegt hat und das zum Gesamteindruck ihrer Persönlichkeit gehört.

Aus Erzählungen von Besuchern und aus einigen Photographien erhält man einen zugleich unterhaltenden und charakteristischen Eindruck von der Ambiance, die Elisabeth sich in diesem sehr persönlichen Rahmen geschaffen hat. Tüllvorhänge ließen die Außenwelt nur undeutlich erkennen; in diesem dämmerigen Licht konnte man einen Wirrwarr verschiedenster Dinge ausmachen. Die Fenster durften nicht geöffnet, Luft und Licht durften nicht hereingelassen werden, selbst der weite Blick, den man auf die herrlichen Blumenbeete des Parks hätte haben können, schien hier von zweitrangiger Bedeutung. Wichtig waren nur Elisabeths Ausstrahlung und die unendlich vielen Gegenstände, die das Zimmer derart anfüllten, daß der freibleibende Raum gerade noch zum Atmen genügte. Die Fauteuils waren mit englischen Stoffen mit Blumenmustern bezogen, die Tische und Nippestischchen verschwanden unter Überwürfen mit Blütenranken und Vögeln, darauf standen Bilderrahmen in allen Größen, Erinnerungsphotos, Reproduktionen von Heiligenbildern italienischer Maler, dazwischen fanden noch Blumenvasen ihren Platz. Es gab eine Azalee, einen schönen Rhododendron, zwei große

Fliederbuschen, eine Schale mit weißen Begonien, Jasminzweige, einige Veilchen – lebende Blumen vor künstlichem Blumendekor. Sogar auf dem Boden standen, an die Sesselbeine gelehnt, Blumenbilder verschiedener Künstler, einige stammten von Stephanie. Kaum sichtbar zwischen all diesem Durcheinander war hinter Zweigen versteckt ein Käfig mit einem Papagei, der wohl die Illusion haben mußte, hier in einem tropischen Wald zu sein. Erzsi hatte ihm beigebracht »E . . . schi!« zu rufen. Es gibt ein sehr bequemes Sofa, rechts davon ein kleiner Tisch mit einem Herz Jesu Bild, links eine Jungfrau Maria von Raffael und eine andere von Botticelli, ein Porträt der Kaiserin Elisabeth und eines von Erzis Vater, Kronprinz Rudolf, Bilder von ihren Kindern, eines der Kinder trägt einen Hut, an dem eine riesige Straußenfeder steckt. Mehr als hundert Bilderrahmen stehen hier, vielleicht auch hundertfünfzig. Auch auf Elisabeths Schreibtisch stehen Heiligenbilder, Photos türmen sich zu Pyramiden und lassen ihr nur einen kleinen Platz zum Schreiben. Elisabeth liebte im besonderen die Kunst der Aquarellmalerei, immer, wenn sie auf Reisen war, hatte sie Aquarelle gekauft. Da sieht man Kriegsschiffe, Schiffe von der Adria und von der Nordsee, man sieht Miramare und die malerischen kleinen Orte Italiens und Istriens, deren Erinnerung sie lebendig halten wollte. Erzsi ließ auch einen Aquarellmaler nach Schönau kommen, der einen Sommer lang im Schloß wohnte und den Auftrag hatte, die schönsten Stellen des Parks und die in voller Blüte stehenden Blumenbeete zu malen. Diese Aquarelle zeigen, daß Schönau mit seinem Blumenmeer den schönsten Garten Österreichs besaß. Vor den alten Bäumen heben sich die Beete mit den Frühlingsblumen ab; man sieht die Schloßbrücke, die auch Rosenbrücke genannt wurde, weil ihre Bögen und Steinplatten vom leuchtenden Rot der Kletterrosen überstrahlt wurden. Die Steinvasen an der Einfahrt des Parks sind mit gelben Rosen gefüllt, das kleine Bassin beim Schloß ist von einer Girlande von violetten und gelben Iris umkränzt, weiter hinten sieht man Tulpen in allen Farben – ein wahres Paradies. Auch Elisabeths Boudoir schien ein paradiesischer Ort zu sein. Das alles läßt auf ein harmonisches und ruhiges Leben schließen. Aber Elisabeths Geist war unersättlich in seiner Suche nach den Dingen der sichtbaren und nun auch nach den Dingen der unsichtbaren Welt. Sie wollte die äußeren Erscheinungsformen der Schöpfung genießen. Außerdem wollte sie aber auch in die Geheimnisse eindringen, von denen sie sich umgeben fühlte. Dieser Versuch forderte von ihr ein gefährliches Spiel, dem sie sich zwei Jahre lang hingab. Das Unbekannte machte ihr keine Angst, auch nicht die Entdeckungen, die manchmal sehr wohl schreckenerregend waren.

Elisabeth liebte es, sich in ihr Boudoir zurückzuziehen. Hier fand sie die Augenblicke des Alleinseins, in denen sie über die Probleme der Vergangenheit und der Gegenwart nachdenken konnte. Sie war immer noch von einer christlichen Weltsicht geprägt, in der man sie erzogen hatte. Zugleich aber war sie überzeugt von der Wahrheit jener Vision einer neuen Welt, die sie sich zu eigen gemacht hatte. Durch Bücher und Briefe, die der beinahe vollständigen Zerstörung entgangen sind – Elisabeth wollte, daß nichts von ihr sie überleben sollte –, lassen sich ihre verschiedenen Interessen und Aktivitäten nachvollziehen. Das Zeugnis jener, die an ihren Untersuchungen und Erfahrungen teilgenommen haben, gibt wertvolle Hinweise, die uns einen geheimen Teil von Elisabeths Leben kennenlernen lassen, über den sie selbst nie gesprochen hat.

Der Zeitpunkt, an dem Elisabeth sich für Okkultismus und Spiritismus zu interessieren begann, liegt vermutlich mehrere Jahre vor dem Datum der ersten Dokumente, die dieses Interesse bestätigen. Wenn Unglück die Menschen umgibt, wenn sie leiden, suchen sie in einer Spiritualität Zuflucht, wo sie vergängliche und illusorische Tröstungen finden. Die Trauer über die irdische Trennung von geliebten Wesen entfernt den Menschen von einem gewissen unbefriedigenden Materialismus und bringt ihn dazu, an ein Leben im Jenseits und an die Möglichkeit zu glauben, eine Verbindung zwischen Lebenden und Toten herzustellen.

Der Spiritismus ist eine okkulte Wissenschaft, die sich auf die Existenz der Geister und eine durch bestimmte Mittel zu erhaltende Macht, sie herbeizurufen, begründet. Dabei kann ein Medium als Instrument zur Kontaktaufnahme mit den Außerirdischen dienen. Möglicherweise folgte Elisabeth hier einem Trend, der nach dem Krieg entstanden war. Witwen, verzweifelte Mütter und von ihren Geliebten getrennte Frauen formten Kreise, in denen sie mit den Toten in Kontakt zu treten suchten. Sie wollten sie hören, zu ihnen sprechen und sich dadurch die Gewißheit verschaffen, daß es ein Jenseits gibt und die geliebten Toten in einer anderen Form und einer anderen Ebene immer noch lebendig waren.

Auch Elisabeth hatte denjenigen, den sie am meisten liebte, verloren. Der furchtbare Schock mußte sie auf die Suche nach Trost und Beruhigung bringen; sie glaubte, diese auf astraler Ebene finden zu können. Um zu diesem Ziel zu gelangen, zog Elisabeth sich während der Nachtstunden in ihr Boudoir zurück und vertiefte sich in die Lektüre einer Broschüre von E. Sychoda, die lediglich siebzig Seiten umfaßte, aber doch eine sehr konzentrierte Studie und Unterweisung darstellte: »Praktische Anwendung des Okkultismus im täglichen Leben und die Entfaltung des Willens zur stärksten Macht.« Hier lernte Elisabeth die Grundlagen des Okkultismus und der Psychologie kennen, sie erfuhr, daß die stärkste Macht des Menschen sein Wille ist. Sychoda lehrte sie die Notwendigkeit der Stille, die Kraft der Gedanken und der Wünsche, die Beherrschung der Emotionen, die Wichtigkeit der Hellseherei, den Einfluß des Schicksals, die Astrologie, die Graphologie, die große Zukunft der okkulten Wissenschaften; er lehrte sie alles über Geistheilung, Aura, Visionen, die Welt der Sterne, den Menschen und die Materie. Man darf annehmen, daß diese Studie bei Elisabeth eine Öffnung ihres Denkens und ihrer Überlegungen bewirkte. Sie wußte um ihre innere Kraft, die ihr in allem und über alle eine hervorragende Überlegenheit verlieh; es war nur natürlich, daß sie Gefallen an dem Gedanken fand, diese Fähigkeit noch weiter zu entwickeln.

Elisabeth wollte ihre Kenntnisse auf absolut seriöse Weise vertiefen. Deshalb wählte sie in ihrer Buchhandlung (A. Pichl, Wien) ein bedeutendes dreibändiges Werk von C. B. Chevalier de Desme, »Die Geschichte des Spiritismus«. Hier lernte sie die historische Entwicklung dieser okkulten Wissenschaft kennen, erfuhr einiges über ihre Vorläufer und über den Einfluß, den sie durch unwiderlegbare Phänomene gewann, die sie hervorzurufen imstande war. Hierdurch wiederum wurde die Bildung von Kreisen begünstigt, in denen während der Sitzungen – je nach der Qualität der Teilnehmer – mehr oder weniger gültige Manifestationen hervorgerufen wurden.

Nachdem Elisabeth dieses Buch gelesen hatte, kannte sie die Phänomene, die von den Medien erzielt werden, sowie die Zunahme an psychischer Kraft und die daraus folgenden Auswirkungen durch Emanation von Fluiden. Sie lernte, die Klopfgeister nicht mehr zu fürchten, das Bewegen von Gegenständen zu akzeptieren sowie automatische Antworten auf gestellte Fragen, Erscheinungen, Stimmen, mit einem Wort alle Manifestationen, die bei spiritistischen Sitzungen hervorgerufen werden. Das erste uns erhaltene diesbezügliche Dokument datiert vom 18. September 1919 und bezieht sich auf die Visionen eines seherischen Mediums.

Ein Brief, der vom 21. April 1921 datiert, hat Schlüsselfunktion, denn er enthüllt das Geheimnis, das auf Elisabeths Leben lastete.

Dieser Brief wurde in München aufgegeben. Der Verfasser soll hier vorgestellt werden, denn dadurch, daß Elisabeth ihn zu ihrem Freund und Ratgeber wählte, bewies sie große Klarsicht. Er war eine hervorragende Persönlichkeit und galt in Europa und den Vereinten Staaten als eine der größten wissenschaftlichen Kapazitäten auf dem Gebiet der Parapsychologie. Und dies zu einer Zeit, wo diese Wissenschaft auf offizieller Ebene kaum und wenn, dann nur von einem sehr kleinen Kreis von Wissenschaftlern anerkannt wurde.

Albert Baron von Schrenck-Notzing (1862–1929) war Arzt und Parapsychologe. Sein ganzes Leben lang konzentrierte sich sein leidenschaftliches Interesse auf okkulte Studien und Versuche. Er traf sich mehrmals mit du Prel, der einen wesentlichen Anteil am »Antimaterialismus« hatte, welcher sich auf der Hypothese einer zweifachen Existenz des Menschen, der irdischen und der transzendentalen, begründet. Schrenck war in seiner Philosophie von dem Philosophen und Sozialreformer L. Hellenbach (1827–1887) beeinflußt. Bei einer Sitzung, welche er 1884 mit dem Medium Bastian hielt und an der auch Erzherzog Johann und Kronprinz Rudolf teilnahmen, wurde ein Betrug entdeckt; das Medium war der in Erscheinung tretende Geist. Dieser Zwischenfall hatte begründete Skepsis zur Folge.

Schrenck reiste mehrmals nach Frankreich, wo er mit Freud zusammentraf und die hypnotische Therapie entwickelte. Eine seiner wichtigsten Begegnungen war die mit Charles Richet (1850–1935) in Paris. Dieser hervorragende Philosoph erhielt 1913 in Anerkennung seiner Entdeckungen den Nobelpreis. Er war der Begründer

der Metapsychologie in Frankreich. Im besonderen untersuchte er die Phänomene der Telekinese und Teleplastik (Materialisierung). 1930 wurde er Präsident des Internationalen metapsychischen Instituts.

Nach einer Periode, in der er sich der Psychiatrie widmete, wandte Schrenck sein Interesse immer stärker den medialen Phänomenen zu. Er veranstaltete Sitzungen in seinem Laboratorium in München, wobei er jene Medien kommen ließ, die für die Kraft ihrer paranormalen Phänomene berühmt waren. Das erstaunlichste Medium war Eva C. (C. = Carrière, Pseudonym für Marthe Béraud, geb. 1887). Nach dem Tod ihres Bräutigams, des Sohnes von General Noël, lebte sie bei ihren Eltern in Algerien, wo auch ihre medialen Fähigkeiten entdeckt wurden. 1905 besuchte Richet sie und beobachtete ihre Phänomene der Materialisation, von deren Echtheit er überzeugt war. In den »Annalen der Seelenwissenschaften« schrieb er einen Bericht über das, was er gesehen hatte. Einige Jahre später organisierten Richet und Schrenck in Paris und in München Sitzungen, wobei die auferlegte Kontrolle derart streng war, daß ein Schwindel unmöglich schien. Während dieser Versuche wurden mehr als zweihundert Photos gemacht, die den beiden Wissenschaftlern nachher erlaubten, auch schwarz auf weiß auf dem Papier zu untersuchen, was sie vorher gesehen hatten. In den Jahren 1920 bis 1923 wiederholte Schrenck seine Versuche mit Eva C., wobei er neuerlich das Phänomen von Ektoplasma feststellen konnte sowie das automatische Lesen von philosophischen Texten, die das geistige Niveau des Mediums in wachem Zustand bei weitem überschritten hätten.

Eusapia Paladino (1854–1918) war das berühmteste Medium ihrer Zeit. Ihr Ruf reichte an den von D. D. Home heran, der zwanzig Jahre vor ihr gelebt hatte. Home kam aus Schottland, Paladino aus den Abruzzen. Paladino wurde nicht nur von Schrenck und Richet beobachtet, sondern auch von Henri Bergson (1859–1941), er war Philosoph und Professor am Collège de France; 1927 erhielt er den Nobelpreis. Die paranormalen Fähigkeiten Paladinos wurden von ausgebildeten Kontrolloren überwacht. Sie rief Phänomene der Levitation von schweren Gegenständen hervor, zum Beispiel eines Tisches von zweiundzwanzig Kilo, das Verrücken von Gegenstän-

den, Lichtphänomene, man hörte Instrumente Musik spielen, ohne daß sie von einer Hand berührt worden wären; es gab Materialisationen, die manchmal unsichtbar, aber tastbar waren.
Auch F. Kluski sollte hier noch zitiert werden; demnach fanden die Sitzungen im Dunkeln oder bei schwachem roten Licht statt. 1920 bis 1921 haben Geley, Richet und Schrenck die Phänomene mit viel Vorsicht und großer Aufmerksamkeit untersucht, sie konnten dabei die Levitation von Gegenständen, des Mediums selbst oder eines der Anwesenden beobachten, sie sahen Funkensprühen, Materialisationen von Augen, Händen, Armen und Füßen, wobei letztere im Paraffin Abdrücke hinterließen; es gab menschliche und tierische Erscheinungen, alles begleitet von elektrischen und thermischen Phänomenen.
Schrencks Hauptziel war es, die Echtheit der Phänomene zu studieren und zu kontrollieren. Er war ein gewissenhafter und ehrlicher Wissenschaftler, bei seiner Arbeit und in seiner Beziehung zu den Medien frei von Emotionen. Er wußte die gefährlichsten Sitzungen und Manifestationen, die an die äußersten Grenzen rührten, zu beherrschen. Man darf nicht glauben, daß die Wissenschaftler, die von der Existenz unbekannter energetischer Kräfte überzeugt waren, ungeteilte Zustimmung fanden. Ganz im Gegenteil, die Gegner und Kritiker warteten nur darauf, Akteure und Zuschauer dieser Sitzungen des Betrugs zu überführen.
Schrenck verfaßte zahlreiche Werke, in welchen er mit absoluter Objektivität die Medien und ihre paranormalen Fähigkeiten beschreibt. Von jedem neu erschienenen Buch schickte er ein gewidmetes Exemplar an Elisabeth. Er war im wahrsten Sinn des Wortes ihr Lehrmeister, er berichtete und erklärte ihr auch alles, was er, bevor er sie kennengelernt hatte, ausprobiert hatte. Es ist nichts darüber bekannt, wann und wie Elisabeth und Schrenck einander begegneten. Der erste Brief, den Elisabeth aufbewahrt hat, läßt darauf schließen, daß sie sich damals bereits seit einigen Jahren kannten. Schrenck spricht sie stets mit »Liebe und verehrte Freundin«, manchmal auch mit »Chère amie« an. Der Inhalt der Briefe zeugt von einer ehrlichen Freundschaft, stets nimmt er Anteil an ihrem persönlichen Leben. 1921 zeigt er sich glücklich über die Nachricht, daß Elisabeth im Kampf um die Kinder siegreich geblie-

ben ist. Ungefähr fünfzig Briefe, die Schrenck zwischen 1921 und 1928 geschrieben hat, sind erhalten geblieben. Leider sind die Briefe, die Elisabeth an Schrenck geschrieben hat, vernichtet worden. Da unter der Herrschaft der Nazis die okkulten Wissenschaften heftig angegriffen und schließlich verboten wurden, drang man in München in die Wohnung und in das Laboratorium Schrencks ein, wo seine Manuskripte aufbewahrt worden waren. Sie wurden ebenso wie seine Bibliothek und seine gesamte Korrespondenz verbrannt, nichts davon blieb übrig. Nur jene Werke haben die Vernichtung überlebt, die sich im Besitz umsichtiger Menschen, wie dem von Elisabeth, befanden. Elisabeths eigene Briefe wären von größtem Interesse gewesen, denn sie gab im Laufe der Jahre an ihren Lehrmeister und Freund genauen Bericht über Sitzungen, die bei ihr stattfanden, sie gab detaillierte Beschreibungen über die dabei hervorgerufenen Phänomene. In seinen Antworten nimmt Schrenck manchmal auf diese Ereignisse Bezug, er erteilt Ratschläge, warnt sie vor bestimmten Medien und empfiehlt ihr wiederum andere. Obwohl mit diesen Experimenten eine gewisse Gefahr verbunden war, fühlte Elisabeth sich in Sicherheit. Sie hatte ja einen Beschützer, dessen wissenschaftlicher Leitung sie sich anvertraut hatte. Trotzdem muß man sich fragen, ob sie nicht nach einigen Jahren, als sie an Selbstvertrauen gewonnen hatte, getrieben von unwiderstehlicher Neugier, riskierte, sich in den Bereich der Magie vorzuwagen.

Im Sommer 1921 lud Elisabeth Schrenck nach Schönau ein. Er genoß diese Tage, die er mit einer Freundin verbrachte, die seine Interessen teilte. Die Gespräche, die sie führten, waren zugleich Unterweisung für Elisabeth. Die ländliche Ruhe war vorteilhaft für Schrencks Arbeit, der gerade an einem Buch schrieb.

Hier ist der Augenblick gekommen, um von den Brüdern Schneider zu sprechen. Sie kamen aus einer österreichischen Familie und waren beide außergewöhnliche Medien, vor allem im Hervorbringen von Phänomenen der Psychokinese (Einfluß, der aus der Entfernung auf Gegenstände oder lebende Materie ausgeübt wird). Der jüngere, Rudi (1908–1957), wurde vor allem durch Schrenck und den französischen Arzt und Parapsychologen Dr. Eugene Osty (1874–1938) überprüft, der für seine Kontrollen infrarotes und ultraviolettes Licht verwendete, wodurch jede Täuschung verhindert werden sollte. Die Versuche erstreckten sich über viele Sitzungen. Wenn Rudi im Trancezustand war, begannen die Gegenstände, die sich in einer bestimmten Entfernung von ihm befanden, sich zu bewegen; in diesem Augenblick konnte man feststellen, daß vom Medium ein Lichtstrahl zum bewegten Gegenstand führte, was bei normaler Beleuchtung nicht zu sehen war. Rudi wurde einer überaus strengen Überwachung unterworfen, damit die Echtheit der Phänomene mit absoluter Sicherheit überprüft werden konnte; er wurde sogar in einen Käfig gesperrt. Rudi war gutwillig und akzeptierte alle von den Wissenschaftlern geforderten Konditionen. Auch in London, wohin er eingeladen wurde, rief Rudi Phänomene hervor, von denen alle Anwesenden – es waren Wissenschaftler, Ärzte, professionelle Zauberkünstler und Journalisten – beeindruckt waren. 1929, elf Tage vor seinem Tod, führte Schrenck noch eine experimentelle Sitzung mit Rudi durch. Nach Schrenck fuhr Dr. Osty 1930 mit der Beobachtung dieses erstaunlichen Mediums fort. Fasziniert hörte Elisabeth den Berichten Schrencks von diesen außergewöhnlichen und unerklärlichen Phänomenen zu. Schließlich wurden ihr Interesse und ihre Neugier derart angestachelt, daß sie unbedingt mit eigenen Augen die Manifestationen sehen und mit eigenen Händen die Materialisationen berühren wollte! Sie fühlte sich von dieser überaus umstrittenen Wissenschaft angezogen, sie wollte die Wahrheit kennenlernen und für den Wissenschaftler, der sie in ihre Geheimnisse einführte, gegen die Opposition der Materialisten und Skeptiker Partei ergreifen können.

Erzsi beschloß, selbst solche Sitzungen zu organisieren, bei denen Schrenck die Leitung übernehmen sollte. Schrenck akzeptierte. Für Elisabeth war das Jahr 1921 der Beginn einer Reise in eine fremde Welt, sie entwickelte geradezu eine Passion für die Versuche und organisierte zwischen 1921 und 1928 immer wieder Sitzungen in Schönau, zu denen sie die besten Medien einlud. Nach diesen Jahren, in denen Elisabeth so viel lernen und beobachten konnte, verzichtete sie darauf, ihre Kenntnisse über die okkulten Wissenschaften noch weiter zu vertiefen. Sie sprach nie wieder darüber. Schrenck war tot, dieser Abschnitt ihres Lebens abgeschlossen und das Geheimnis gut bewahrt.

Elisabeth lud Rudi nach Schönau ein, und die ersten Sitzungen fanden statt. In der Folge lernte sie seinen Bruder Willy Schneider (1903–1971) kennen, von dem Schrenck oft in seinen Briefen spricht, denn mit ihm trieb er seine Versuche im Laboratorium in München am weitesten voran. Er fand, daß seine Phänomene der Telekinese besonders bemerkenswert seien.
Die Briefe Schrencks an Elisabeth sind lang und ausführlich. Einige Auszüge daraus, die Parapsychologie betreffend, sollen zeigen, welche Informationen er seiner Schülerin gab.
April 1921: »Bei den Medien müssen Sie in der ersten Sitzung nicht zu viel verlangen. Solche Personen sind immer durch die Anwesenheit neuer Gesichter impressioniert und geben erst im Verlauf einer Reihe von Sitzungen in gleichbleibendem harmonischen Verlauf stärkere Phänomene ... Mit Willy bin ich jetzt so weit, daß ich ihm Aufenthaltsbewilligung, Unterkunft und Anstellung in München besorgt habe ... Dr. Geley photographierte bei einem Münchner Medium ein ganzes Phantom, und zwar einen deutschen Offizier in Grande tenue.«
18. 10. 1922: »Frau Marie Silbert (1866–1936, die ›Seherin‹ von Wamtendorf bei Graz; d. Verf.), Witwe und Mutter von zehn Kindern, ist ein gutes Medium, leider läßt sie sich von ihren Kunden manipulieren, denen sie während des Krieges erstaunliche Mitteilungen über Vermißte machen konnte. Ich kann sie nicht offen protegieren, denn sie versteht die Notwendigkeit wissenschaftlicher Überprüfung nicht.«
2. 11. 1922: »Chère amie! Innigen Dank für Ihre lieben Zeilen vom 30. Oktober. Meine Versuche mit Willy am Psychologischen Institut der hiesigen Universität sind befriedigend ausgefallen, unter 75 Sitzungen nur 3 negative ... Die Sitzungen, die ich mit Frau G. und Willy gehalten habe, fanden die meiste Zeit in meinem Laboratorium und in Anwesenheit von 40 Personen, davon 30 Akademiker, 8 Universitätsprofessoren und 11 Ärzte, statt. Keiner davon hat an der Echtheit der Phänomene gezweifelt, einige Wissenschaftler haben Überprüfungen der Erscheinungen vorgenommen, darunter Prof. H. Driesch und Prof. Oesterreich. Sie haben alle Berichte über die gewonnenen Eindrücke verfaßt. Die letzte Sitzung mit Willy war phantastisch, unter der Kontrolle von zwei Wissenschaftlern sind in

einer Entfernung von einem Meter vom Medium ein Arm und eine Hand direkt aus dem Boden aufsteigend im roten Licht erschienen. Man konnte sie aus einem Abstand von 30 bis 40 Zentimeter beobachten. Die Phänomene der Telekinese sind manchmal erstaunlich, ein Tisch von 15 Kilogramm erhob sich in die Höhe und fiel mit einem solchen Krach auf den Boden zurück, daß die Leute im darunterliegenden Stockwerk es hörten ... Nach Ostern will ich versuchen, Willy in einen Käfig zu sperren, um zu beobachten, ob die Phänomene trotzdem eintreten.«

Im Herbst 1923 schreibt Schrenck drei Briefe in kurzen Abständen, Hauptthema ist ein Medium, das er in Budapest aufsuchen will, um Versuche zu machen. Er will es vielleicht, nach einem geplanten Aufenthalt bei Elisabeth in Schönau, nach München bringen. Dieses Medium war bereits vor dem Jahr 1920 entdeckt worden.

Elisabeths Verbindungen hatten sie in Budapest eine Frau entdecken lassen, die starke mediale, vor allem bemerkenswerte seherische Fähigkeiten hatte. Ihr Name war Frau Ignath. Ein von Wilhelm Tordai (Budapest) signierter Brief vom 20. x. 1920 enthält interessante Passagen, die zeigen, womit Elisabeth sich beschäftigte: »Mit dem Ausdruck meiner tiefsten Hochachtung bitte ich Ihre kaiserliche und königliche Hoheit meine verspätete Antwort auf Ihren Brief entschuldigen zu wollen. Frau Ignath, die krank war, kam soeben erst vom Land zurück, und ich wartete ihre Rückkehr ab, um mit ihr zu sprechen, bevor ich Ihnen schreibe. Ihr Zustand hat sich gebessert, ist aber noch nicht wieder völlig gut. Leider glaubt sie, daß sie die Reise zu Ihnen noch nicht machen kann, weil sie dafür noch nicht kräftig genug ist, aber auch, weil sie auf keinen Fall allein reisen kann, denn sie liefe Gefahr, dabei in einen Zustand zu geraten, wo sie ihr zweites Gesicht bekommt. Ihr Mann hat heuer keinen Urlaub mehr und kann sie daher nicht begleiten. Sie könnten nächstes Jahr zu Ihnen kommen, wenn Hoheit die Güte hat Ihre Einladung bis zum Frühjahr aufrecht zu halten ... Vor zwei Tagen hatte ich Gelegenheit festzustellen, daß trotz ihrer Krankheit ihre Fähigkeiten nicht verlorengegangen sind, sondern sich im Gegenteil weiterentwickelt haben. Bei Überprüfung hat man feststellen können, daß ihre seherische Fähigkeit stark und übernatürlich ist. Ich will damit nicht sagen, daß immer alles eintrifft! Sie muß noch systematisch psychologisch weiterentwickelt werden.«

»Gestern Abend (Montag, 19. xi. um 8 Uhr) habe ich mit Frau Ignath über Ihre Hoheit und Ihren Brief gesprochen (nur drei Personen waren anwesend). Selbstverständlich wird die ganze Angelegenheit mit der größten Diskretion behandelt. Sie nahm Ihren Brief in die Hand und hielt ihn gegen ihre Stirne, ihr zweites Ich, »Nona«, meldete sich und sie begann zu sprechen: ›Ich sehe eine schöne, große Dame, mit dunkelblonden Haaren und einem ovalen Gesicht. Ein großer Kummer lastet auf ihr. Oft glänzen in ihren Augen Tränen, wenn niemand sie sieht... sie hat ein gutes Herz, sie ist wohltätig... ich sehe, daß sie oft in die Kapelle geht, sie kniet vor dem Altar nieder, sie betet und Tränen treten in ihre Augen... Sie glaubt, daß sie allein ist. Aber sie ist nicht allein, jemand ist bei ihr, der sie trösten möchte... Sie hat eine Tochter... Diese Dame ist nicht glücklich... Sie soll versuchen jeden Sonntagabend durch drei Monate hindurch eine einzelne weiße Blume auf den Altar zu legen und sie wird das Glück wiederfinden, wenn sie in ihren Gebeten darum fleht... Ich, Nona, werde versuchen, dieser Dame in ihren Träumen zu erscheinen; wenn sie eine Gestalt mit blonden Haaren und blauen Augen sieht, soll sie keine Angst haben, denn das werde ich sein! Und sie soll auf mich hören!‹ Nach einer Viertelstunde sprach sie weiter: ›Jetzt sehe ich eine junge Dame – das war einmal – in der Vergangenheit... es ist Abend, rund um sie sind viele Menschen, sie steht am Fenster, sie trägt ein schwarzes Kleid. Plötzlich erhält sie eine Botschaft, es ist etwas Wichtiges, ein schmerzlicher Verlust wird ihr angekündigt.‹ Wenn das alles stimmt, wäre das der Beweis, daß sie wirklich eine Seherin ist, denn niemand hat von Ihnen gesprochen, auch nicht Baron Schrenck-Notzing!«

Und es stimmte alles! Im November 1920 durchlebte Elisabeth die schlimmsten Ängste wegen des drohenden Gerichtsbeschlusses, sie von ihren Kindern zu trennen. Wie erwähnt, trieb der Wunsch nach moralischer Unterstützung sie dazu, an die Superiorin des Salesianerklosters zu schreiben und darum zu bitten, die Nonnen sollten für sie beten. Sie erbat spirituelle Hilfe und gestand ein, daß sie selbst wie in ihrer Kindheit im Gebet Zuflucht suchte und dort ein Gefühl der Geborgenheit fand.

Es folgen mehrere Briefe von Schrenck betreffend Frau Ignath; er will nach Budapest fahren, um ihren Ruf als Medium und Seherin zu überprüfen. Danach sieht er keinen weiteren Einwand mehr gegen den Plan sie nach Schönau zu holen, wo Elisabeth mit ihr Versuche vornehmen will. 1921 begann Elisabeth in Schönau parapsychologische Sitzungen zu halten. Das erste Medium war die brave Frau Ignath. Nachdem Schrenck bei einigen dieser Versuche dabei gewesen war, merkte er, daß Elisabeth bestens imstande war, die Phänomene allein zu beherrschen und zu leiten. Er fuhr nach München zurück. Elisabeth setzte also die Versuche allein fort; sie hatte keine Angst vor der braven Frau, deren Fähigkeiten zwar übernatürlich waren, dabei aber nie die Grenzen zu jenem Bereich überschritten, wo es zu wirklichen Gefahren kommen kann. Wenn sie in Trance war, beschrieb sie Situationen und machte Vorhersagen, wobei sie weise Ratschläge gab.

Elisabeths Faszination stieg mit jeder Sitzung und jeder Manifestation. Sie wollte immer mehr sehen, immer mehr verstehen, sie glaubte an eine Welt der Geister, die den Menschen umgeben und ihm nahe sind. Die armen Irdischen leiden darunter, daß sie keine Brücke zwischen Materie und Unsichtbarem schlagen und so mit den Geistern in Kontakt treten können. Elisabeth wollte die Energie, die kraftvoll in ihr zu spüren war, weiterentwickeln.

Das genaue Datum ist nicht bekannt, fest steht jedenfalls, daß Elisabeth in den Jahren 1922 und 1923 begann, wirklich bedeutende parapsychologische Sitzungen in Schönau zu leiten. Meist fanden diese Sitzungen im Sommer statt, wenn Baron Schrenck-Notzing seinen Urlaub in Schönau verbrachte. Die Versuche erfolgten mehrere Wochen hindurch, jeden Tag. Die Beschreibungen der Phänomene, die hier geschildert werden, wurden seinerzeit nicht schriftlich niedergelegt. Man kann sie aber in dem einen oder anderen Buch Schrencks wiederfinden, der freilich aus Diskretionsgründen vermieden hat, Elisabeth oder Schönau namentlich zu nennen. Er bewahrte zahlreiche Notizen und Photographien, die er in Schönau gemacht hatte, bei sich auf. Sie wurden von den Nazis zusammen mit dem Großteil seines wissenschaftlichen Vermächtnisses vernichtet.

Willy Schneider war erst 18 Jahre alt, als Elisabeth ihn zum ersten Mal zu sich einlud. Er war ein großer, magerer junger Mann, mit

braunen Augen und Haaren. Es waren keinerlei Anzeichen irgendeiner Absonderlichkeit an ihm zu bemerken, er war wie seine sechs Geschwister vollkommen gesund. Schrenck hatte bereits angekündigt, daß er ein außergewöhnliches Medium sei. Elisabeth war von seinen exzeptionellen Fähigkeiten derart fasziniert, daß sie ihn mehrere Jahre hindurch immer wieder einlud. Seine besonderen Fähigkeiten, die ihr Interesse erregten, lagen auf dem Bereich der Psychographie, der Telekinese und der Teleplastik.
Die Psychographie (oder automatische Schrift) war damals sehr in Mode und wurde in den meisten spiritistischen Kreisen praktiziert, wo die Anwesenden durch dieses Mittel mit den Geistern in Verbindung treten wollten. Auch Elisabeth fand an dieser Art der Kontaktaufnahme Gefallen. Eifrig stellte sie Fragen an jene, die sie verlassen hatten, deren Nähe sie aber immer noch zu fühlen meinte. Im Zustand des Halbbewußtseins schrieb Willy unter dem Zwang einer unbekannten Macht, seine Schrift war in solchen Momenten anders als seine normale Schrift. Oft waren diese Sitzungen überaus zufriedenstellend, und Elisabeth gewann die Überzeugung, daß diejenigen, die sie geliebt hatte, nahe bei ihr waren und daß sie ihr wirksamen Schutz gewährten. Diese Kontaktaufnahmen riefen in ihr heftige Emotionen hervor, sie fühlte sich dadurch getröstet und gestärkt. Wenn sie die Feder unter der Hand des Mediums über das Papier eilen sah, erlebte sie Augenblicke seltener Euphorie. Absoluteste Geheimhaltung lag über diesen Versuchen, in das Unsichtbare vorzudringen.
Willys zweite Gabe war die Telekinese, das Bewegen von Gegenständen, ohne dieselben zu berühren. Elisabeth hatte für die Sitzungen ein Zimmer ein wenig abseits der ständig bewohnten Räume gewählt.
Eine der Sitzungen soll hier beschrieben werden: Es war 16 Uhr, draußen war es strahlend hell, doch in dem Zimmer, in dem die unerklärlichen Phänomene stattfinden sollten, herrschte Dämmerlicht. Die Beleuchtung kam von einer Lampe, deren Birne rot gefärbt war und die noch zusätzlich mit einem roten Taschentuch bedeckt war. Im Halbdunkel erkannte man einige Möbelstücke, an der Wand ein Kasten, zwei kleine Tische und ein großer schwerer Eichentisch, eine Stehlampe, die nicht angezündet war, und ein

Luster, der ebenfalls nicht angezündet war. Auf einem Sessel hatte bereits das Medium Platz genommen, links und rechts von ihm standen zwei Sessel, auf denen die Personen Platz nehmen sollten, die mit der Überwachung des Mediums beauftragt waren. Schrenck stand, Elisabeth saß neben ihrem ältesten Sohn Franzi. Wenn die Medien in Trance sind, scheuen sie das Licht; je dunkler ihre Umgebung ist, desto stärker werden die Phänomene; gedämpftes rotes Licht ist für die Medien optimal.

Während die Anwesenden im Kreis Platz nahmen, wurde eine Taschenlampe aufgedreht, nach einigen Minuten wurde es dann wieder dunkel, man konnte gerade noch die Umrisse der Gestalten und die durch die roten Lichtflecken entstellten Gesichter ausmachen.

Nach drei oder vier Minuten geriet Willy in Trance, wobei er Selbsthypnose anwandte, sein Körper neigte sich nach vorne über einen der Kontrollore, der seine Hände hielt und seine Beine überwachte. Dann erklang seine beunruhigend fremde Stimme »Nicht unterbrechen!« Das Phänomen kündigte sich durch eine Temperaturveränderung an. Die Hände des Mediums wurden kalt, was einen Beweis für den Verlust an Energie darstellt. Der Wärmeverlust konnte zwei bis drei Grad betragen und hielt während der ganzen Sitzung an. Ein Lufthauch streifte die reglosen Gesichter der Umsitzenden.

Einige Sekunden lang ließ sich eine Melodie von himmlischer Süße vernehmen, die folgende Stille wurde von hallenden Schlägen unterbrochen, die an die Türe neben Willy fielen. Dann manifestierte sich das zweite Ich des Mediums, »Mina«. Durch ein plötzliches Beben wurden die Blicke aller zum Plafond gezogen, sie erkannten auch gleich darauf die Ursache: der Bronzeluster, der an einer dicken Kette hing, zitterte und drehte sich hin und her, wobei er einen Kreis beschrieb. Schrenck bat »Mina«, diese Bewegung einzustellen. Er wußte, daß keinerlei Gefahr damit verbunden war, aber er wollte Rücksicht auf die ängstlicheren Anwesenden nehmen. Sofort hing der Luster wieder bewegungslos.

Schrenck hatte auf einem Tisch mehrere chinesische Fächer vorbereitet, die auf einer Seite mit einer phosphoriszierenden Masse bestrichen waren, wodurch man sie auch in der Dunkelheit gut sehen konnte. Schrenck erbat von »Mina« die Gunst, den Fächern

Leben einzuhauchen. Mina erfüllte die Bitte, und sofort erhoben sich die Fächer völlig schwerelos vom Tisch und begannen sich graziös zu bewegen, als ob sie von einer Frauenhand gehalten würden. Das Bild, das die leuchtenden Fächer im geheimnisvollen roten Licht boten, war beeindruckend und gab dem Mysterium des Phänomens eine seltsame Kraft. Aller Augen waren auf die schwebenden Fächer gerichtet, mit einemmal gewahrte man einen schwarzen Schleier, der aus der Tapete hinter dem Medium hervordrang. Wie fließender Nebel bewegte er sich den Fächern entgegen, legte sich auf einen davon, der sich unter dem Druck in horizontale Lage neigte. Ziemlich rasch begann die sich zunehmend verdichtende Masse sich selbsttätig zu verformen und Gestalt anzunehmen. Man konnte drei, dann vier Finger unterscheiden, die ziemlich grob geschnitten waren, sie trennten sich voneinander, als ob sie zu verschiedenen Händen gehörten. Dann nahm jeder Finger einen der Fächer; es war, als würden die Fächer fortgetragen, sie bewegten sich, als ob Frauenhände sie hielten, um damit Gesichter zu fächeln. Die Schwerelosigkeit und Grazie der sich neigenden und wieder aufrichtenden leuchtenden Fächer war faszinierend. Der Zauber wäre vollkommen gewesen, hätte man nicht das Keuchen, Seufzen und Stöhnen des Mediums gehört, das sich in großer Erregung befand. In dem Augenblick, wo »Mina« das Phänomen beendete, begann eine Spieldose, die auf einem Nippestischchen stand, ein kleines Lied zu spielen.

Als das Phänomen auf seinem Höhepunkt stand, geriet auch Willy in höchste Anspannung, sein Körper wurde von Krämpfen geschüttelt, Konzentration und Willensanstrengung riefen eine starke Energieentladung hervor. Dies ist das physische Phänomen des Mediums, welches nachläßt, sobald die Manifestation aufhört.

Elisabeth war über den erfolgreichen Verlauf der Sitzung überaus zufrieden, aber auch zutiefst aufgewühlt. Sie verließ das Zimmer in Begleitung ihres Sohnes, Schrenck blieb, um sich um Willy zu kümmern. Hierzu ist anzumerken, daß die Phänomene sich in einer Entfernung vom Medium abspielten, die nicht mehr als 1,50 Meter betrug. Dies bestätigt, daß die Bewegung der Gegenstände durch den Organismus des Mediums hervorgerufen werden.

Elisabeth führte mehrere Wochen lang Versuche mit Willy durch.

Wenn Schrenck nicht da war, nahm auf ihr Ersuchen Franzi an allen Sitzungen teil. Seine Anwesenheit war eine für sie notwendige Beruhigung. Ihre empfängliche Natur ließ sie die Ausstrahlung einer mächtigen Energie, die die bekannten natürlichen Kräfte übersteigt, überbewußt empfinden.
Im Lauf des Frühlings und Sommers 1923 nahm Elisabeth die Versuche mit Willy wieder auf. Der Österreicher war in seine Heimatstadt Wien zurückgekehrt, die nahe bei Schönau liegt, und so kam er auch gerne dorthin. Elisabeth hatte inzwischen viel von ihrem Lehrer gelernt, sie kannte eine große Zahl von Phänomenen aus eigener Anschauung.
Eine Sitzung war besonders interessant durch die hervorgebrachten Phänomene der Materialisation und Levitation. Schrenck hatte diesmal die Organisation übernommen; er wollte auch Photos machen und hatte außerdem zwei Wiener Wissenschaftler eingeladen. Einer davon war der Physikprofessor Thirring, den Elisabeth gut kannte. Alle waren versammelt, aufmerksam und voll Bereitschaft, anormale Manifestationen zu erleben. Trotzdem waren sie überrascht, als das helle Licht, das noch brannte, von allein erlosch. Alle blickten zum Lichtschalter. Er war nicht berührt worden. Man drehte ihn dann ab, um sicher zu sein, daß der Luster nicht später zu brennen anfing. Die kurzen Augenblicke im Dunkeln hatten ihre Wirkung getan, Willy befand sich bereits im Trancezustand. Die Frequenz seines Pulses stieg rasch an, einige heftige Zuckungen liefen durch seinen Körper. Für gewöhnlich sprach »Mina« wenig und leise, in der absoluten Stille konnte man ihre schwache Stimme sagen hören »Eine Kette bilden«. Dies stellte ein Ersuchen an die Anwesenden dar, ihre Energie bewußt mit der des Mediums zu vereinen. Diese Teilnahme half die Phänomene zu verstärken. Als Antwort auf die allgemeine Anstrengung hallten laute Schläge gegen die Türe, ihre Abfolge schien synchron zu den Zuckungen im Körper des Mediums zu verlaufen. Das rote Licht erhellte das Zimmer und den großen Tisch, an welchem Willy saß, genügend, sodaß man sehen konnte, wie der Tisch sich plötzlich auf der einen Seite hochhob und die beiden Beine in einer Höhe von etwa 20 Zentimetern in Schwebe blieben. Der schräggeneigte Tisch schien dann auf diesen beiden Beinen sein Gleichgewicht zu finden, er schwankte leise und stand

dann still. Eine Spieldose, eine Tabatière, eine Mandoline und ein Taschentuch, die auf dem Tisch lagen, blieben wie festgeklebt an ihrem Platz, anstatt von der schiefen Oberfläche herunterzurutschen. Dieses Phänomen einer halben Levitation dauerte nur wenige Sekunden, nicht einmal eine volle Minute. Während einer Levitation kann man eine Gewichtsveränderung des betroffenen Gegenstandes beobachten. Der Tisch hatte sein normales Gewicht; im Zustand der Levitation wurde er leicht und nach Beendigung des Phänomens dermaßen schwer, daß Schrenck bei einem Versuch, den Tisch anzuheben, versagte.
Der Erregungszustand, in dem Willy sich befand, steigerte sich, Schauer durchliefen seinen Körper, er atmete schwer, Schweiß lief über sein Gesicht. All das kündigte ein großes Phänomen an. Und tatsächlich hob sich das rote Taschentuch von der Lampe, wodurch man besser sehen konnte, es schwebte über eine kurze Distanz, schien sich dann zusammen- und wieder auseinanderzuwinden, bis man die Form einer Hand sehen konnte, an der sich Finger erkennen ließen. Das Taschentuch fiel zu Boden, die Hand legte sich auf Schrencks Knie. Dieses materialisierte Organ aus Ursubstanz war durch einen immateriellen Faden, der immer vorhanden, aber nur selten sichtbar ist, mit dem Medium verbunden. Später bemerkte Schrenck, daß die Hand, wenn man sie berührte, sich warm anfühlte und von weicher Konsistenz war. Diese Erscheinung war nur während ungefähr zehn Sekunden zu sehen.
Willys Muskeln waren auf das höchste angespannt, als ein gasförmiger Nebel aus seinem Arm emporzusteigen schien. Er nahm das Aussehen leicht getönten Rauches an, drehte sich um sich selbst, bis er die Form eines schwach leuchtenden Tellers annahm, den alle sehen konnten. Nach drei Sekunden war der Teller verschwunden, die Blicke konnten sich auf eine weißliche Masse konzentrieren, die von der Schulter des Mediums herabfloß. Sie wurde größer und nahm eine längliche Form an, als wollte sie über seine Brust rinnen, das äußere Ende nahm das Aussehen eines ziemlich schlecht ausgebildeten Armes an, dann schien sich alles in den Körper des Mediums zurückzusaugen. Diese weiße Masse, die Ektoplasma genannt wird und von dicklicher Beschaffenheit ist, ist eine Materialisation der vom Medium ausgehenden Energie und Ursache für paranor-

male Phänomene. Sie ist lichtempfindlich und wird vom Medium wieder aufgesogen.
Willy war erschöpft; die Anwesenden standen wie unter Schock. Langsam kehrte Willy aus der Trance zurück, wobei er von denselben Zuckungen geschüttelt wurde wie am Beginn der Sitzung, als er in den Trancezustand eintrat. Elisabeth mußte ihm danach einige Tage Ruhe zugestehen. Die physischen und psychischen Anstrengungen hinterließen ihre Spuren wie Kopfschmerzen und Depressionen.
Elisabeth war zufrieden. Die mysteriöse Welt, in die sie einzudringen versuchte, begann sich ihr nach und nach zu öffnen. Sie bat diejenigen, die an der Sitzung teilgenommen hatten, in einen ihrer Salons. Sie wollte ihre Meinungen und Kommentare hören. Unter den Gästen war auch Dr. Harter, ein Wiener Arzt, der bekannt war für seine Kenntnisse auf dem Gebiet der Parapsychologie. Elisabeth hatte Getränke und köstliche Platten vorbereiten lassen. Alle hatten eine große psychische Anstrengung hinter sich und brauchten deshalb eine körperliche Stärkung. Die Konversation drehte sich um die wesentlichen Fragen dieses Abends, alle tauschten ihre oft auseinandergehenden Ansichten und Eindrücke aus. Elisabeth verstand es geschickt, die Diskussionen zu lenken, was ihr dank ihrer genauen Kenntnisse der Materie nicht schwerfiel. Erst spät in der Nacht verspürten die Gäste das Bedürfnis, sich zur Ruhe zu begeben.
Elisabeth war so sehr daran interessiert, die Versuche fortzusetzen, daß die Sitzungen sich bald wiederholten. Willy, der sich gut eingewöhnt hatte, gestattete nun die Verwendung einer roten Lampe ohne Taschentuch, wodurch der Raum weniger dunkel war. Der Beginn der Sitzung verlief nach dem gewohnten Ritual. Die Teilnehmer sahen noch einmal alles, was sich in der Nähe des Mediums befand, genau an. Auf einem Nippestischchen stand eine hübsche silberne Glocke. Die Energie, die von Willy ausstrahlte, ließ die Glocke sich etwa zehn Zentimeter emporheben, sie läutete, ihr Klingeln war im ganzen Zimmer zu hören. Sobald die Glocke wieder auf dem Tischchen aufsetzte, trat Stille ein. Dem allgemeinen Erstaunen folgte sofort eine neue Überraschung: Eine Hand war zu sehen, die zwischen den festgeschlossenen Fingern einen Rosenstrauß hielt, der einen starken Duft verströmte. Dieses deutlich

sichtbare Phänomen einer Materialisation war nur von sehr kurzer Dauer. »Mina« zog sich zurück, die Sitzung war zu Ende.
Willy wurde zum Star der parapsychologischen Kreise in Wien. Sein jüngerer Bruder Rudi wurde 1924 von Schrenck überprüft. Da er dessen mediale Fähigkeiten bestätigte, lud Elisabeth Rudi zu sich nach Schönau ein. Sie war beeindruckt von seiner Fähigkeit, Materialisationen, Ektoplasmen und einmal sogar eine Geistererscheinung (was sehr selten ist) hervorzurufen.
Ein sehr wichtiger Brief Schrencks an Elisabeth ist mit 15. 7. 1924 datiert: »Liebe Freundin! In der Hoffnung, daß dieser Brief Ihnen auf Ihre Autoreise nachgesendet werden wird, teile ich Ihnen mit, daß ich mich freue, bei Ihnen Anfangs August, so 3. und 4. August, einzutreffen und Sie wiederzusehen. Mein Medium und Magier ist ein sehr gebildeter junger Mann (24 Jahre alt, Lehrer, aus guter, bürgerlicher Familie, Physiker) und muß vollkommen als Herr und uns gleichstehend behandelt werden, was sich ja bei Ihren liberalen Anschauungen von selbst versteht. Ich habe ihn veranlaßt, einen oder zwei Tage nach mir in Wien einzutreffen und würde ihn dann in Wien abholen. Bei den Sitzungen möchte ich jedenfalls offizielle Wissenschaftler aus Wien beiziehen, damit die Angelegenheit nicht den Charakter einer einfachen Privatangelegenheit bekommt (diskrete Behandlung der Medienangelegenheit sehr erwünscht). Während der Sitzungen muß man für das Medium irgendeinen starken Alkohol (Schnaps oder Sherry) bereit halten, denn er braucht diese Stärkung. Ich teile Ihnen von vornherein diese Untugenden mit, damit Sie nicht überrascht sind. Die Sitzungen, die in meiner Abwesenheit von meinem Mitarbeiter weitergeführt werden, haben sehr gute Resultate gezeigt. Ich würde mich sehr freuen, wenn ich Ihr großes Interesse einmal belohnen könnte ...«
Der Inhalt dieses Briefes erfordert eine Erklärung: Schrenck verwendet hier zum ersten Mal den Begriff des Magiers, dessen Bedeutung von der eines Mediums sehr verschieden ist. Bis zu dem Tag, wo er die Bekanntschaft jenes jungen Mannes machte, den er Elisabeth ankündigt, ohne seinen Namen zu nennen, waren bei seinen Studien immer Medien Gegenstand seiner Versuche, deren energetische Kräfte hauptsächlich in den Bereich der Parapsychologie fielen. Die zahlreichen Briefe, die Schrenck an Elisabeth schrieb, er-

wähnen immer nur diese Wissenschaft, für die sich Ärzte, wie er einer war, sowie Psychologen und Physiker interessierten. Sie betrachteten diese Wissenschaft als einen verwandten Zweig, der sich in ihre Spezialgebiete integrieren ließ; sie waren der Meinung, daß die Phänomene grundsätzlich psychologischer oder physikalischer Natur seien. Sie anerkannten, daß die durch die Medien hervorgerufenen Manifestationen außerhalb der bekannten Naturgesetze lagen, und konzentrierten ihre Nachforschungen auf diesen Bereich. Wenn ein Mensch sich magische Kräfte aneignet, kann er ebenfalls Phänomene hervorrufen, und zwar noch viel stärkere und viel unerklärlichere. Der Grund liegt darin, daß hier andere Mittel angewendet werden; beim Magier wird die menschliche Energie noch durch okkulte Kräfte verstärkt.

In diesem Brief teilt Schrenck Elisabeth auch mit, daß er Wissenschaftler aus Wien eingeladen hat, an den Sitzungen, die er in Schönau abhalten will, teilzunehmen. Sie kannte einige der Herren bereits, unter anderem Dr. Holub, der Psychiater an der Irrenanstalt Steinhof war, den Arzt Dr. Harter und den Physikprofessor der Universität Wien, Dr. Thirring. Elisabeth hatte sie durch Schrenck kennengelernt oder bei verschiedenen Sitzungen in Wien, die dort von einem Kreis an dieser Materie Interessierter abgehalten wurden. Dort begegnete sie auch vielen Künstlern, so dem berühmten Schöpfer von Monstern, Kubin, der ebenfalls ein Freund Schrencks war.

Am 3. August 1924 traf Schrenck in Schönau ein. Am 5. fuhr er nach Wien, um das Medium abzuholen, das noch niemand kannte, außer Dr. Gruber, ein Arzt und Zoologe, der in München einige Versuche vorgenommen hatte. Elisabeths imposante Limousine hielt vor dem Schloß, ein Lakai öffnete die Türe, die beiden Herren stiegen aus und wurden von einem Diener direkt in ihre jeweiligen Zimmer gebracht. Vor dem Déjeuner befand Elisabeth sich bereits mit ihrem Sohn Franzi im Salon, als Schrenck eintrat und ihr den jungen Mann mit den Worten vorstellte: »Karl Krauss, Physiker, Lehrer und besonders in der Psychokinese begabtes Medium.« Der junge Mann machte durch sein natürliches Benehmen, seine guten Manieren und seine ungezwungene Konversation einen sehr guten Eindruck auf Elisabeth.

Schrenck, der sonst so weise und vorsichtige Ratgeber, scheint über Krauss, den er erst seit kurzer Zeit kannte, nicht sehr viel gewußt zu haben. Er konnte nicht ahnen, wie beeindruckt Elisabeth von seinen übernatürlichen Fähigkeiten sein würde und daß ihre stets wache Neugier und ruhelose Intelligenz sie dazu treiben würden, ihre Forschungen in eine neue Richtung zu lenken: die der schwarzen Magie.

Elisabeth, die, noch bevor sie Krauss persönlich kennenlernte, von seinen Talenten als Hypnotiseur unterrichtet worden war, wollte auf jeden Fall vermeiden, mit ihm allein zu bleiben. Sie bat ihre beiden Söhne, sich ständig in ihrer Nähe aufzuhalten. Erni weigerte sich und sagte, er wolle an den Sitzungen nicht teilnehmen. Franzi war einverstanden; so kam es, daß er alle Phänomene mitverfolgen konnte. Er bewahrte den Ablauf dieser Versuche in seinem Gedächtnis; er sagte darüber »Es war einfach fabelhaft!« Noch Jahre später konnte er in seinem Bericht jede Einzelheit beschreiben, was von großem Interesse war, denn Elisabeths Gäste glaubten über diese Ereignisse diskretes Schweigen bewahren zu müssen. Schrenck schrieb einige der Begebenheiten 1926 nieder, ohne aber zu erwähnen, wo genau sie vorgefallen waren.

Im August 1924 fanden also regelmäßig Sitzungen statt, bis zu acht in der Woche. Die Demonstrationen waren aufsehenerregend, die Phänomene derart ungewöhnlich, daß nur ein großer Magier sie hervorzurufen imstande sein konnte. Die Magie beruht auf einer bestimmten Konzeption des Universums und des Lebens, die auf die Experimente angewandt wird. Der angehende Magier muß sich einer methodischen Schulung bei einem initiierten Meister unterwerfen. Er unterliegt strikten Regeln und Disziplinen. Die Schulung kann Jahre dauern. Hierbei erlernt er auch verschiedene technische Kenntnisse, die es dem Magier erlauben, seine menschlichen Energien mit den kosmischen Energien zu verbinden. Indem er ein bestimmtes Ritual anwendet, wird er fähig, die positiven oder die negativen Geister – je nachdem, ob es sich um weiße oder um schwarze Magie handelt – zur Hilfe zu rufen.

Der Magier Krauss war nicht, wie das bei den Medien der Fall ist, von seiner Umgebung abhängig. Er konnte seine Phänomene sowohl bei Tag im vollen Sonnenlicht als auch am Abend bei elektri-

scher Beleuchtung hervorrufen. Er fiel auch nicht in Trance, sodaß ihm alle damit verbundenen physischen Symptome erspart blieben. Er verspürte keinerlei Verwirrung oder Unruhe, war bei völlig klarem Bewußtsein und sprach normal. Die Erschöpfung machte sich erst nachher bemerkbar.
Die erste Sitzung fand bei Tageslicht statt, es war drei Uhr nachmittag. Die Wissenschaftler hatten Platz genommen, ihre ernsten Gesichter zeigten, daß sie bereits völlig auf das Kommende konzentriert waren. Elisabeth hatte Schrenck gebeten, rechts von ihr Platz zu nehmen, ihr Sohn Franzi saß links von ihr. Völlige Stille herrschte, als Krauss begann, rund um sich einen Kreidekreis zu ziehen; da war der magische Schutzkreis. In diesen Kreis schrieb er dann kabalistische Zeichen. Franzi erlaubte sich ihm zuzurufen »Sie schützen sich mit dem Kreis, aber wir befinden uns draußen!« In seinem Kopf hatten sich noch andere Worte geformt, die sich aber seine Zunge auszusprechen weigerte, denn plötzlich begannen die Möbel und Gegenstände, die sich in dem Zimmer befanden, selbständig zu werden und sich zu bewegen. Der große Kasten, der zwischen zwei Fenstern stand, kam nach vorne, sodaß der Fensterflügel des linken Fensters nicht mehr zu sehen war; die Sessel, auf denen gerade niemand saß, tanzten auf einem oder auf zwei Beinen umher; der schwere Tisch hob sich hoch und fiel dann krachend wieder herunter, die Lampe schwang hin und her, der Lampenschirm zitterte, die Gegenstände, die auf den Tischchen lagen, rutschten herum, wobei sie sich um sich selbst drehten. Die Bewegungen sahen noch viel schwindelerregender aus, als sie in Wirklichkeit waren. Es war absolut faszinierend. Die Wissenschaftler waren völlig verblüfft, hier war ihr Wissen überfordert, sie standen vor einem Rätsel. Schrenck war zufrieden. Er versuchte, Photos zu machen, mit denen alle jene überzeugt werden sollten, die nicht an die unbekannten Energien glauben wollten. Diese erste, den Phänomenen der Telekinese gewidmete Sitzung war ein großer Erfolg. Krauss wurde bewundert und beglückwünscht. Elisabeth bemerkte, daß die Wissenschaftlicher sich nicht recht äußern wollten.
Ein anderer Tag: Alle Gäste waren versammelt. Elisabeth verspürte eine immer stärkere Faszination, vielleicht auch etwas wie Angst? Es war Abend, man hatte den Luster angezündet, die vielen elektri-

schen Kerzen gaben ein starkes, gleichmäßiges Licht im ganzen Raum; eine Ecke wurde von einer Stehlampe beleuchtet, auf einem Tischchen brannte eine zusätzliche kleine Lampe.
Krauss bat um eine Flasche Rotwein, ein Glas und ein Jagdmesser. Als diese Gegenstände auf den Tisch gelegt worden waren, nahm Krauss seinen Platz wieder ein, zog rund um sich den magischen Kreis, malte die kabalistischen Zeichen; seine Bewegungen waren rhythmisch und drückten die Kraft seines Willens aus. Nachdem dieses Ritual beendet war, vergingen einige Augenblicke. Dann erschien eine schwarze Hand, ungefähr fünfzig Zentimeter über dem Tisch. Sie senkte sich herab, näherte sich der Flasche, zog geschickt den Stöpsel heraus, nahm dann die Flasche und goß den Rotwein in das Glas. Das Glas war nun beinahe voll, durch das Kristall sah man die schöne rote Farbe durchschimmern. Die Hand hielt das Glas fest, schwebte durch den Raum, auf Franzi zu; der dachte an Hypnose und hielt die Zähne fest zusammengepreßt. Die Hand neigte das Glas gegen seine geschlossenen Lippen und ließ den Wein auf sein weißes Hemd rinnen. Der rote Fleck ging erst in der Wäsche wieder heraus.
Franzi hatte kaum Zeit gehabt, sich wieder zu fassen, da hob sich das Messer vom Tisch und flog auf ihn zu, über seinem Kopf blieb es in vertikaler Stellung hängen, senkte sich ein wenig, die Spitze verschwand in den blonden Haaren, Franzi spürte ein ziemlich beunruhigendes Kratzen auf seiner Haut, dann flog das Messer zurück zum Tisch und bohrte sich dort drei Zentimeter tief ins Holz.
Nachdem dieses bedrohliche Phänomen vorüber war, dankte Franzi Krauss mit den Worten »Wenn das Messer meinen Kopf getroffen hätte, wäre ich jetzt tot.« Krauss antwortete einfach nur »Unmöglich. Ich beherrsche diese Kräfte.« Nach einem Augenblick fügte er hinzu »Ich lasse Ihnen ein Andenken«. Das Messer setzte sich wieder in Bewegung und verschwand unter dem Tisch. Krauss hob es auf und übergab es Franzi; auf der Klinge war ein »K« eingraviert. Während Franzi öfter solche alarmierenden Dinge passierten, wurde seine Mutter respektvoll verschont.
Eine andere Sitzung: Krauss hatte darum gebeten, eine silberne Glocke auf den Tisch zu stellen. Seine Wünsche wurden immer sofort erfüllt, und so war auch diesmal alles gleich bereit. Krauss

vollzog das geheiligte Ritual und rief die höheren Wesenheiten an, deren Antwort sogleich durch ein Phänomen erfolgte. Die Glocke löste sich von der Tischoberfläche, flog zu Franzi, der in der Mitte des Zimmers stand, beschrieb mit schwingenden Bewegungen einen Kreis rund um ihn, dann stieg sie bis auf etwa dreißig Zentimeter Abstand zum Plafond hinauf, umrundete den Plafond, wobei der silberhelle Glockenklang wie Musik durch den ganzen Raum klang. Die Anwesenden saßen wie erstarrt, als plötzlich die Stimme Krauss' die schockierende Ankündigung machte »Und jetzt fliege ich«. Im selben Augenblick löste sich sein Körper vom Sessel und stieg empor, legte sich dann in horizontale Lage, und so flog er am Rücken liegend in einer Höhe von 1,70 Meter mehrere Male rund um das Zimmer. Franzi stand auf, ging zu ihm hin und bewegte einen Arm unter seinem Körper durch, dort war aber tatsächlich nichts als leere Luft. Krauss hatte tatsächlich ein Phänomen der Auto-Levitation hervorgerufen, etwas, was nur sehr selten gelingt.
Eines Nachmittags waren wieder alle gekommen. Man war darauf gefaßt, unbegreifliche Phänomene zu erleben, der Verstand hatte aufgehört zu argumentieren.
Auf dem Tisch befand sich ein Buch, es lag verkehrt herum und war geschlossen. Die Hand erschien, näherte sich dem Buch, drehte es um, öffnete es und blätterte darin. Franzi, dem es nicht an Mut fehlte, bat: »Schicken Sie die Hand zu mir, damit ich sie berühren kann.« Die Bitte wurde erfüllt: »Die Hand kam zu mir, sie lag mit geöffneten Fingern an meiner Brust. Ich habe die Hand berührt, sie war heiß. Der Handrücken und die Handfläche waren schwarz, ebenso die Fingernägel. Ich nahm die Hand in die meine, wobei ich weder Angst noch Ekel empfand. Sie erwiderte aber meinen Händedruck nicht, sondern verschwand.«
Danach verlangte Krauss eine geladene Pistole, um damit auf ein Ziel zu schießen. Franzi raffte sich aber dazu auf, diese Bitte abzuschlagen, und seine Mutter stimmte ihm zu.
Es war Vormittag, die Uhr zeigte auf elf. Es war schönes Wetter, die Sonnenstrahlen, die durch die Fensterscheiben drangen, durchfluteten das Zimmer mit hellem Licht. Nur drei Personen waren anwesend: Schrenck, Elisabeth und Franzi. Sie saßen in zwei Meter Abstand rund um den Tisch, äußerlich ruhig aber doch voll ge-

spannter Erwartung angesichts kommender unbekannter Ereignisse. Die feste Stimme von Krauss erhob sich: »Ich werde den Tisch fliegen lassen«. Wie auf Befehl einer höheren Macht erhob sich der Tisch vom Boden, die drei Anwesenden wichen zurück, der Tisch verhielt in einer Höhe von 1,70 Meter. Franzi zählte bis 246, dann fiel der Tisch mit ungeheuerem Getöse zu Boden. Die vier Tischbeine waren zerbrochen und die schwere Tischplatte in zwei Teile zersprungen.

Ein anderes Mal schlug Krauss, um etwas Abwechslung in die Versuche zu bringen, eine Sitzung mit Hypnose vor. Elisabeth schrieb ihren Namen auf ein Blatt Papier, legte es auf ein Tablett und verbrannte es dann mit einem Zündholz. Krauss öffnete das Fenster, warf die Asche hinaus, kam zurück, drehte das Tablett vor Elisabeths Augen um, die mit großem Erstaunen das unversehrte Papier wieder vorfand.

Der denkwürdige Monat August ging seinem Ende entgegen. Elisabeth war glücklich, daß ihre gelehrten Freunde Gelegenheit gehabt hatten, bei ihr derart verschiedenartige und außerordentliche Phänomene zu erleben. Krauss hatte all seine Kräfte mobilisiert. Diese »Große Dame«, die in der Welt der okkulten Wissenschaften zu Hause war, hatte den Wunsch geäußert, alle erfüllbaren Wunder zu erleben; und er war diesem Wunsch nachgekommen. Den methodisch und realistisch denkenden Wissenschaftlern aber stellten sich Fragen, für die sie keine Antwort wußten. Schrenck und seine Freunde drückten Elisabeth ihre Dankbarkeit darüber aus, daß sie durch dieses Treffen der Wissenschaft die Möglichkeit geboten hatte, durch ausgedehnte Beobachtungen den Wissensstand zu erweitern. Die Schönheiten des Schloßparks, die harmonische Anlage des Schlosses selbst mit seinen unzähligen Kunstschätzen, die aufmerksame Dienerschaft wie zu Kaisers Zeiten in Schönbrunn und die hervorragende Küche hatten diesen Aufenthalt tatsächlich zu einem nahezu unwirklichen Abenteuer werden lassen. Nun mußte man in die Wirklichkeit des Alltags zurückkehren. Am 29. August fuhr Schrenck mit Krauss nach München. Krauss sollte einige Tage später wieder nach Schönau kommen. Elisabeth hatte ihn eingeladen, zwei Monate lang ihr Gast zu sein. Er hatte diese Einladung freudig angenommen und

wollte zum Dank dafür Elisabeth weitere aufregende Phänomene vorführen.
Am Tag nach seiner Ankunft schrieb Schrenck einen Brief an Elisabeth, in welchem er nochmals wiederholt, wie gelungen der Aufenthalt in Schönau gewesen sei, trotz des regnerischen, kalten Wetters, das Erzsi einen Schnupfen beschert hatte. Es folgt ein weiterer Brief vom 31., in welchem Elisabeth gewarnt wird, daß Schrenck Unregelmäßigkeiten im Leben von Krauss entdeckt habe. Dieser habe von ihm Geld geborgt, als Gegenleistung hätte er Schrenck ein Radio und einen selbstkonstruierten Apparat für die Messung medialer Energien übergeben sollen. Er lieferte diese Gegenstände aber nicht ab, sonfern floh geradezu aus München. In einem Brief teilte er mit, die Sitzungen in Schönau hätten ihn derart ermüdet, daß er dringend Ruhe brauche. Dies sei eine Lüge, schreibt Schrenck. Krauss wolle nur sein Geld in guten Restaurants und teuren Amüsierlokalen hinauswerfen. Schrenck fügt hinzu: »Der Mann ist zweifellos geistig abnorm!« Schrenck scheint sich Sorgen um Elisabeth zu machen. Er fühlte sich wohl für Krauss verantwortlich, weil er ihn Elisabeth vorgestellt hatte. Er dachte, wenn er Elisabeth offen die Wahrheit über ihn schrieb, würde sie es vermeiden, ihn wiederzutreffen. Aber Elisabeth, die stets der Meinung war, sie könne alle Menschen und Situationen beherrschen, fuhr fort, Krauss in Schönau zu empfangen.
Schrenck machte sich immer größere Sorgen. Im September schickte er sechs Briefe wegen Krauss an Elisabeth. Es würde zu weit führen, sie im Detail wiederzugeben, aber einiges davon ist doch von Bedeutung.
8. September 1924: »Die großen medialen Fähigkeiten bei Krauss finden ihr negatives Äquivalent in einem psychischen Defekt, einer Farbenblindheit gegenüber moralischen und sozialen Selbstverständlichkeiten. Der junge Mann will in einem gewissen Luxus, also über seine Verhältnisse leben und kennt keine Rücksichten auf das Eigentum anderer. Krauss geht in die feinsten Lokale und macht Zechen, die nicht nur in keiner Weise seinen Verhältnissen entsprechen, sondern auch anderen Personen immer wieder aufgefallen sind. Er geht zu Leuten, die er nur aus den Sitzungen kannte, borgt von ihnen Gegenstände, um sie überhaupt nicht mehr zurückzuge-

ben, oder er lockt ihnen das Geld aus der Tasche unter dem Vorwand, daß er irgendwelche Apparate bauen wolle für die Auftraggeber. Daß Krauss lügt und betrügt, unterliegt nicht dem geringsten Zweifel. Sobald sich die Sache aufgeklärt hat, schreibe ich Ihnen wieder.«
12. September 1924: »Soeben erhalte ich aus Regensburg, wo Krauss früher lebte, folgende außerordentlich gute Charakteristik: ›Ich halte ihn für einen ausgesprochenen Fall von pathologischer Minderwertigkeit ... Bei großer allerdings fast nur aufs Technische fixierten Intelligenz und einer angeborenen Gutmütigkeit ist er doch fast hemmungslos in Bezug auf moralische Wertungen ... Ebenso ist bekannt, daß er, um seinem stark ausgebildeten Hang zum Wohlleben nachgehen zu können, häufig Schulden macht ... Merkwürdigerweise scheinen ihm während seines hiesigen Aufenthaltes immer reichliche Geldmittel zur Verfügung gestanden zu haben, über deren Erwerb er sich nur in unbestimmten Äußerungen (Suggestionsbehandlung, Heilmagnetismus, Detektivaufträge, Hellsehen, etc.) erging.‹ Dieses zutreffende Bild dürfte für Sie und für Prof. Hoffmann von Interesse sein ...«
21. September 1924: »Liebe Freundin, ich möchte Sie im Vertrauen nochmals dringend vor Krauss warnen. Heute wurde mir mitgeteilt, daß er von der Kriminalpolizei gesucht wird. Um was es sich handelt, weiß ich nicht. Wohl aber erfuhr ich streng vertraulich, daß er die Geldkassette seines Stubennachbarn in dessen Abwesenheit mit einem Nachschlüssel öffnete. Außer dem Fahrrad scheinen dem genannten Herrn auch noch andere Gegenstände abhanden gekommen zu sein. Ich rate Ihnen, sich dieses Mannes so rasch wie möglich zu entledigen, bevor er in Ihrem Haus oder bei Ihren Kindern Unheil anrichtet. Lassen Sie sich nicht durch den Schein seiner Bescheidenheit und Liebenswürdigkeit blenden. Der Mann ist als Geisteskranker aufzufassen, obwohl ich glaube, daß ihn jedes Gericht verurteilen und den Einwand der geistigen Unzurechnungsfähigkeit zurückweisen wird ...«
28. September 1924: Schrenck kann Elisabeth nicht von der Notwendigkeit überzeugen, sich Krauss vom Hals zu schaffen. »... Soll ich bei Anfragen der Polizei seine Adresse in Schloß Schönau geben oder nicht? ... Es tut mir leid, daß Sie Ihre kostbare Zeit mit dem

Lumpen verloren haben und seine hysterischen Lügen anhörten ... Hoffentlich haben Sie ihm kein Wort geglaubt ...«
Ab November 1924 bezog Elisabeth ihren Winterwohnsitz in ihrer Stadtwohnung in der Marxergasse 3, wohin auch ihre gesamte Korrespondenz adressiert ist.
14. November 1924: »... Krauss ist nicht nach Regensburg in seine Heimat zurückgekehrt, sondern hat Sie angelogen, wenn er Derartiges behauptet ... Ich fürchte sehr, daß Krauss als Verbrecher und Hochstapler enden wird. Als Medium ist er natürlich unersetzlich ...«
22. November 1924: »Beifolgend übersende ich Ihnen eine kurze Übersicht über das absolut festgestellte Tatsachenmaterial, welches gegen Krauss vorliegt ... Ich finde es geradezu kindisch, wenn Krauss mir durch Sie schreiben läßt, daß er nicht mehr zu mir zurückwolle. Denn ich habe ihn ja gar nicht eingeladen ... Ich bitte Sie dringend, lassen Sie sich von dem Mann keine neuen Märchen aufbinden ...«
18. Dezember 1924: Der Brief, der dieses Datum trägt, bestätigt, daß Elisabeth bereits weiß, daß Krauss einen neuen Gönner gefunden hat, den Baron Dumba in Wien. Baron Dumba gehörte zu jenem Kreis, der mit Medien Sitzungen abhielt. Dumba lud Krauss für längere Zeit zu sich als Gast ein. So wurden die Versuche im Institut für experimentelle theoretische Physik unter der Leitung von Prof. Thirring in Wien fortgesetzt. Dorthin begab sich auch Elisabeth, um weiter die von Krauss hervorgebrachten Phänomene beobachten zu können. Laut Schrenck erfordert die Leitung solcher Sitzungen genaue Kenntnisse, große Intuition, Dominanz und ein gleichgestimmtes Fluidum. Offensichtlich brachte Prof. Thirring diese Voraussetzungen nicht mit, und die Versuche blieben erfolglos. Elisabeth, die eine würdige Schülerin ihres Lehrers war, konnte solche Sitzungen bei sich leiten. Rudi Schneider war ein gutes Medium, mit dem sie interessante Erfolge erzielte. Deshalb ließ sie ihn in den Jahren 1925 und 1926 oft nach Schloß Schönau kommen. Im Frühjahr 1925 nahm Frau Ignath, das Medium aus Budapest, Elisabeths Einladung an, die dadurch Gelegenheit hatte, einige Wochen hindurch mit ihr zu arbeiten.
Elisabeths durchdringende Intelligenz trieb sie immer weiter voran

in ihren Bemühungen, in die Geheimnisse des Okkultismus einzudringen. Der Fall Krauss ermutigte sie, informative Werke über schwarze Magie zu lesen. In einem seiner Briefe erwähnt Schrenck, daß das Interesse und die Sympathie, die Elisabeth den Medien entgegenbringt, das Erscheinen von Phänomenen begünstigten. Offensichtlich begünstigten sie sie derart, daß es im Schloß schließlich zu spuken begann; Poltergeister machten sich bemerkbar. Aber erst um 1926 herum nahmen sie vom Schloß tatsächlich Besitz . . .
Wie bereits gesagt, geben vor allem Elisabeths Bücher Hinweise auf ihre verschiedenen Interessen. Die Bücher, die damals in den Regalen ihrer Bibliothek standen, wurden nach ihrem Tod in einer Kiste gefunden, die ihrem Sohn Franzi zugedacht war. Betreffend die schwarze Magie wäre ein populistisch gehaltenes Werk zu nennen, »Die Magie« (Experimentelle Naturwissenschaft), von F. Schertel, herausgegeben 1923. Es besteht aus drei Teilen – Geschichte, Theorie und Praxis – und stellt eine Einführung in den Dämonismus für Laien dar.
Was viel erstaunlicher ist, ist die Tatsache, daß Elisabeth sich acht Broschüren verschaffen konnte (Nr. 1–8), die 1925, 1926 und 1927 herauskamen. Laut Auskunft war der Verkauf dieser Broschüren in den Buchhandlungen streng verboten, nur Logenmitglieder durften in ihren Besitz gelangen sowie jene Anwärter auf die Lehre der Satansmagie, die von einem Meister darin unterrichtet wurden. In diesen Broschüren wird die Unterweisung in Form von Briefen präsentiert, die ein initiierter Lehrer von Madras oder Ceylon schickt. Interessant sind die Titel, die einen Hinweis auf den Inhalt geben:
»Magische Briefe – okkulte Praktiken«: 1. Magie der Spiegel und Kristalle; 2. Magie der Spaltung; 3. Magie der Formen und Symbole; 4. Astrologie und Magie; 5. Magie des Pendels; 6. Sympathie und Magie; 7. Satansmagie; 8. Sexuelle Magie.
Man kann mit Recht annehmen, daß diese Broschüren durch Krauss an Elisabeth gelangt sind. Durch diese Lektüre erweiterte Elisabeth ihre Kenntnisse über eine Wissenschaft, die ihr bis dahin fremd gewesen war.
Schrenck schreibt weiter regelmäßig an Elisabeth. Diese Briefe sind überaus wertvoll, denn durch sie erfährt man, wie stark Elisabeth

sich im wissenschaftlichen Bereich engagiert und wie intensiv sie an parapsychologischen Aktivitäten teilgenommen hat.
19. Jänner 1925: Krauss ist nach wie vor das vorherrschende Thema: »Krauss hat bei Professor Thirring, eingeführt durch Baron Dumba, im Physikalischen Institut eine Anzahl Sitzungen gehalten... Schließlich möchte ich gerne noch von Ihnen erfahren, ob Sie bei dem letzten Experiment, der Hebung des Tisches in die Luft, während Krauss die Stimmen des Hühnerhofes imitierte, sicher sind, daß sein Kopf sich neben Ihnen befand, daß er also nicht etwa, wie Professor Ehrenhaft annimmt, mit Kopf und Schultern unter den Tisch gefahren sein kann, um ihn zu erheben...« Diese Frage an Elisabeth ist eine Bestätigung dafür, daß sie an den Sitzungen, die Krauss in Wien hielt, teilnahm.
26. September 1925: »Herr F. Rondelli, Telepath, Adresse Güssing, Burgenland, Krankenhaus, teilt mir mit, daß am 18. September sich in einem Bauernhaus in Langzeil bei Güssing telekinetische Vorgänge ereignet hätten, indem tote Gegenstände ohne sichtbare Einwirkung ihren Standplatz im Fluge durch die Luft veränderten. U. a. wurde ein Wickelkind aus der Wiege auf die Straße geschleudert, wo es unversehrt liegen blieb. Das Spukhaus wird bereits behördlich überwacht. Als Urheberin dieser Erscheinungen gilt ein 14jähriges Dienstmädchen Molnar Wilma, das der deutschen Sprache nicht mächtig ist und deren Eltern in Ungarn wohnen. Möglicherweise handelt es sich hier um ein telekinetisches Medium. Rondelli möchte dieses Mädchen gegen Entschädigung für wissenschaftliche Versuche zur Verfügung stellen. Ich glaube, daß Sie von Schönau aus sehr leicht per Auto in einem Tage nach Langzeil hin und her fahren können und würde raten, nach vorausgehender telephonischer Verständigung mit dem Telepathen Rondelli sich die Sache anzuschauen und eventuell einmal das Mädchen als Dienstmagd in Schönau aufzunehmen. Jedenfalls scheint der Fall eine Nachprüfung zu verdienen.«
Elisabeth befolgte den Rat ihres Freundes; sie faßte rasch einen Entschluß, machte telefonisch ein Treffen aus, ließ den Chauffeur kommen und fuhr mit dem Wagen nach Langzeil, wo sie eine lange Unterredung mit Rondelli hatte. Er informierte sie über alles, was er über Wilma Molnar wußte und stellte sie dann dem Mädchen vor.

Elisabeth sprach auf Ungarisch mit dem Mädchen, wodurch dieses etwas von seiner Scheu verlor. Damit Wilma über diese Art Entführung nicht allzu verstört war, beschloß Erzsi, auch den Bruder des Mädchens mitzunehmen. Dadurch wurde der Kontakt zu Wilma wesentlich erleichtert. So fuhr also der Wagen mit den beiden Kindern und Elisabeth wieder los; Elisabeth war sehr zufrieden über dieses neue Abenteuer. Noch am selben Abend trafen sie in Schönau ein. Wilma wurde in einem Dienstbotenzimmer untergebracht, ihr Bruder nicht weit von ihr. Wilma bekam einige einfache, wenig ermüdende, häusliche Arbeiten zugewiesen.
15. Oktober 1925, Schrenck schreibt: »Liebe Freundin! Mit Interesse höre ich von Ihnen, daß die 15jährige Wilma mit ihrem Bruder in Schönau weilt... Sie müßten jetzt ein Tagebuch anlegen, in welchem alles genau aufgezeichnet ist: der Tag ihrer Ankunft, ihr ganzes Verhalten, der persönliche Eindruck, dann die Tage ihrer Menses und regelmäßig die eintretenden Phänomene. Bei denselben ist folgendes zu berücksichtigen: 1) Stellung des Mondes; 2) Tageszeit und Beleuchtungsverhältnisse während des Phänomens; 3) Standort des Mediums, bzw. ihres Bruders während des Phänomens; 4) Entfernung des geschleuderten oder bewegten Gegenstandes vom Standort des Mediums; 5) konnte Wilma unter den gegebenen Umständen (oder etwa ihr Bruder) den Vorgang mechanisch selbst hervorrufen? (schwindelhaft); 6) örtliche Schilderung; 7) schriftliche Zeugnisse etwa Anwesender. Ich bitte Sie, wenn Sie wirklich das Studium ernsthaft betreiben wollen, zunächst diese Aufzeichnungen ganz gewissenhaft vorzunehmen, da sie für die Beurteilung von Wilmas Fähigkeiten und auch für die Wissenschaft von Wichtigkeit sind. Also der erste Teil betrifft die Beobachtung der Spontanphänomene, wozu auch die Überwachung ihres Schlafes gehört, d. h. die Feststellung, ob das Medium im Schlafe spricht, aufsteht, herumgeht, somnambüle Zustände zeigt. Sobald diese Fähigkeiten einmal festgestellt sind, sollte man versuchen, sie experimentell hervorzurufen, indem ein richtiger Zirkel gebildet wird mit Kettenbildung, Tischrücken bei Rotlicht und Dunkelheit. Man müßte dann sehen, ob die Kleine durch ihren Willen in der Lage ist, mehr oder minder entfernte Gegenstände zu bewegen, ob hierbei sich ein Spaltich (Geist) entwickelt, mit dem man korrespondieren

könnte, ob Wilma in Trance fällt etc. Jedenfalls müßte man nach Möglichkeit Wilma davon abhalten, ein rein spiritistisches Medium zu werden. Bei der Abhaltung solcher Sitzungen würde ich zunächst Dr. Harter und Frau Gräfin Wassilko und Professor Hoffmann einladen. Erst wenn Sie Phänomene haben, können Sie Professor Thirring beiziehen, ev. auch Baron Michael Dumba ...«

Schrenck am 19. November 1925: »... Mit großem Interesse hörte ich die Vorgänge mit dem Spukmedium Wilma in Schönau. Wenn man die Sache sich selbst überläßt, so geht sie natürlich weiter. Man muß versuchen, sie zu beherrschen und jene Kräfte, die das zustande bringen, als Persönlichkeiten anzusprechen, sich energisch den Unfug verbitten und befehlen, daß dieses oder jenes Phänomen sich ereignet. Die Kraft wird dann gebrochen und nach Ihrem Willen geleistet. Es wäre gut, mit Wilma Sitzungen zu halten und zwar möglichst zweimal in der Woche, damit sich die zurückgehaltenen Kräfte in der Sitzung austoben können. Ich habe ihnen die nötigen Adressen gegeben. Wenn alle Stricke reißen, so könnte man sie zu Wagner-Jauregg in die Klinik geben, damit die Herren endlich einmal durch die ›schlagende‹ Wirkung der fliegenden Gegenstände von der Realität dieser Vorgänge überzeugt werden; das wäre die beste Lösung ...

Der folgende Brief datiert vom 21. November 1925. Schrenck zeigt sich beunruhigt über die offensichtlich unkontrollierbaren Kräfte, die Wilma zu entwickeln beginnt. Er wiederholt, daß Elisabeth diese Kräfte beherrschen und lenken muß, damit sie nicht zügellos zerstören und erschrecken können. Er fügt hinzu: »Lassen Sie die Wilma nicht aus, überwinden Sie die Schwierigkeiten und machen Sie aus ihr eines der stärksten Medien.«

Weitere Briefe folgen. Schrenck hat Bedenken. Er ist der Ansicht, daß es für die Wissenschaft von Vorteil sein könnte, wenn man Wilma in einem geeigneten Institut von Psychologen überprüfen läßt. Andererseits sähe er es lieber, wenn Wilma bei Elisabeth bleiben könnte. Er glaubt, Elisabeths Kräfte könnten stärker sein als die Kräfte, die das Mädchen entwickelt. Trotzdem müssen diese Kräfte so außergewöhnlich und mächtig gewesen sein, daß Elisabeth trotz ihrer geistigen Schulung und all ihren Kenntnissen von den Ereignissen überfordert wurde. Ihr Bericht an Schrenck ist dafür der Beweis. Leider kennt man die Fakten nicht, nur das, was aus dem Brief Schrencks zu ersehen ist.

8. Dezember 1925: »Mit dem größten Interesse habe ich Ihre beiden letzten Briefe gelesen. Jedenfalls haben Sie nun einmal Gelegenheit gehabt, die Auswirkungen suparanormaler Kräfte in brutalster Form aus eigener Beobachtung kennen zu lernen. Ihre Versuche und persönlichen Beobachtungen sind von größter Bedeutung.«

Es wäre interessant gewesen, die Details dieser angesprochenen Phänomene zu erfahren. Sie müssen derart heftig gewesen sein, daß Elisabeth sich darüber klar wurde, daß sie dieser unbekannten Energien, deren Entwicklung und Konsequenzen für sie nicht vorhersehbar waren, nicht mehr Herr werden konnte. Sie faßte den weisen Beschluß, den ihr bekannten Professor Hahn zu bitten, sich um Wilma zu kümmern, damit sie unter wissenschaftlicher Kontrolle beobachtet werden konnte. Aber wie es bei solchen Fällen oft vorkommt, ertrug Wilma diese Veränderung in ihrem Leben und ihrer Umgebung sowie die ihr dadurch aufgezwungenen Konditionen nicht. Elisabeth mußte sie wieder zu sich nach Schönau nehmen. Als sie sich dann für den Winter in ihrer Wohnung in Wien einrichtete, nahm sie ihre merkwürdige kleine Dienstmagd mit sich. Die Phänomene hielten an. Es kann sein, daß die Energien, die von Elisabeth ausgingen, sich mit denen des Mediums vereinten, denn es gab nicht nur jene Phänomene, die von dem Medium ausgingen. Auch die Poltergeister, die im Schloß umherirrten, machten sich durch unerwartete und unerklärliche Geräusche zu jeder Tages- und Nachtzeit bemerkbar. Man mußte schon einen gefestigten Charakter, große Willenskraft, Mut und eine gewisse Freude daran haben, die Geister zu beherrschen, um einigermaßen angenehm unter solchen Bedingungen leben zu können. Elisabeth verfügte über alle diese Eigenschaften. Aus diesem Grund wurde ihr auch in wissenschaftlichen Kreisen große Bewunderung entgegengebracht.

Aus dem Jahr 1926 ist kein Brief von Schrenck-Notzing erhalten, nur ein einziger aus dem Jahr 1927. Darin teilt er Elisabeth mit, daß er nun nach dreieinhalb Monaten Krankheit nach Paris fährt, um an einem Kongreß der Parapsychologen teilzunehmen.

Die Atmosphäre in Schloß Schönau war nicht mehr, was sie einmal gewesen war. Früher war alles fröhlich und leicht und vom Duft der Blumen erfüllt gewesen. Nun aber schwebte über allen, die dort wohnten, wie ein Nebel das Gefühl der Angst. Und so sehr man sich

vor den seltsamsten Dingen fürchtete, die sich dort jeden Tag abspielten, so fürchtete man sich noch viel mehr vor den mysteriösen Ursachen, die dazu führten. Elisabeth aber ging ohne Rücksicht auf die Ängstlicheren vor. Unbeirrt verfolgte sie ihr Ziel, das Studium der paranormalen Phänomene in Theorie und Praxis. Wilma war ein einzigartiger Fall, und sie wollte aus ihr, auch um den Preis eines normalen Lebensablaufes, das Maximum herausholen. Sie liebte das Gefühl der Erregung, das extreme Situationen in ihr hervorriefen. Elisabeth ist ständig auf der Hut. Es ist drei Uhr, alle im Haus machen Siesta. Da hört sie aus der Küche Schreie, sie eilt hin, die Türe ist geschlossen, sie öffnet sie, dort steht Wilma, die Hände vors Gesicht geschlagen, um nicht sehen zu müssen, wie die Erdäpfel in ziemlich raschem Rhythmus über den Kachelboden hüpfen. Als hätten sie nur darauf gewartet, daß die Türe sich öffnet, schlüpfen sie hinaus, bewegen sich zur Stiege und springen einige Stufen hinauf. Elisabeth konzentrierte ihre ganzen psychischen Kräfte und gab dem Geist ihre Befehle. Die braunen Kugeln hielten inne. Wilma mußte sie zusammenklauben und in den Korb zurücklegen, aus dem sie von allein herausgesprungen waren.
Ruhe und Frieden fand Elisabeth bei ihren Spaziergängen durch den Park. Sie war nicht nur für die sich täglich erneuernde Natur empfänglich, sie kommunizierte auch mit der Seele der Blumen, wodurch sie ihr inneres Gleichgewicht wiederfand. Die Harmonie der Farben und Töne des Parks bildeten einen seltsamen Kontrast zu den bizarren Dissonanzen, die aus dem Schloß erklangen. Elisabeth, die von einem verspäteten Spaziergang zurückkehrte und sich nun ausruhen wollte, hörte, kaum hatte sie das Schloß betreten, das beunruhigende Lärmen von Töpfen und Pfannen. Ohne Zögern eilte sie zur Küche, wo sie sich einem seltsamen Anblick gegenübersah. Wilma bemühte sich mit beiden Händen, die Pfannen festzuhalten, die sich auf dem Herd befanden, während zwei Töpfe, die sich von der Wand losgemacht hatten, in einer Höhe von etwa zwei Metern durch die Küche flogen. Schließlich ließen sie sich auf dem Tisch nieder. Elisabeth sprach beruhigend auf Ungarisch auf das verschreckte Mädchen ein und führte es aus dieser Küche, wo die Klopfgeister sich unter Wilmas Einfluß ständig manifestierten.
Eines Tages, als seine Mutter nicht da war, wurde Franzi dringend in

die Küche gerufen. Dort bot sich ihm ein schwindelerregendes Bild. Einer nach dem anderen kamen Teller, Messer, Gabeln und Löffel aus einer geschlossenen Schublade heraus und flogen in alle Richtungen durch die Luft. Als die Schublade schließlich leer war, verließen die Messer das Karussell und richteten sich gegen Wilma. Die Klingen drohend auf sie gewendet, näherten sie sich ihrem Körper, als ob sie sie durchbohren wollten. Aber gerade, als es wirklich gefährlich zu werden schien, fielen sie mit lautem Geklapper zu ihren Füßen nieder. Dieses beeindruckende Phänomen wiederholte sich, wenngleich weniger heftig, noch einige Male. Vor allem Messer zeigten eine Neigung, dem unschuldigen kleinen Dienstmädchen Angst einjagen zu wollen.

Es kam vor, daß eine Gabel von der Küche aus in Wilmas Zimmer flog, wo sie dann neben ihrem Bett niederfiel. Dieses Phänomen des »Herbeibringens« ist sehr selten; es bedeutet, daß ein Gegenstand, der von anderswo kommt, plötzlich dort ist, wo man selbst sich befindet. Der Gegenstand muß auf seinem Weg Mauern oder geschlossene Türen durchdringen, ohne Schaden zu nehmen oder Spuren zu hinterlassen. Es muß sich dabei um ein Phänomen der Dematerialisation und anschließenden Materialisation handeln. Elisabeth war von diesem Phänomen der Penetration, das für sie neu war, besonders beeindruckt. Als sie einen solchen Gegenstand, der auf die eben beschriebene Weise zu ihr gelangt war, in die Hand nahm, stellte sie fest, daß er ganz heiß war.

Franzi wiederum bemerkte, daß sich auf seinem Schreibtisch das Tintenfaß verschob. Da er oft in die Küche ging, um Wilma zu überwachen, wurde er Zeuge verschiedener Manifestationen. Er erzählte, er habe einmal eine Hacke gesehen, die durch das offene Fenster hereingeflogen kam und mit Bombengetöse auf dem Steinfußboden niederkrachte.

Wenn Wilma in die Stadt ging, mußte sie von jemandem begleitet werden, der sie vor den erregten Zuschauern eventueller Phänomene beschützen konnte. Als sie an einer Auslage eines Schuhgeschäfts vorbeiging, flog ein Schuh auf das Trottoir, als ob er geworfen worden wäre. Bei einem Messerschmied wiederum wurde eines der Messer unwiderstehlich von dem jungen Mädchen angezogen und fiel ihr vor die Füße.

Werner F. Bonin hat ein Lexikon der Parapsychologie herausgegeben, in dem man zu diesem Thema genaue Angaben findet. Der Autor widmete Wilma Molnar eine Passage, in der er schreibt: »Fürstin Windisch-Graetz nahm Wilma zu sich nach Hause nach Wien; sie vermerkte dazu: ›Ich blieb bis zwei Uhr früh bei Wilma sitzen, ich war völlig fassungslos und fragte mich nur, wie ich dieser Situation Herr werden könnte. Das schwere Eisenbett, in dem Wilma lag, fiel zweimal um, wobei es das arme verängstigte Mädchen unter sich begrub. Wilma zitterte und weinte. Das Bett war so schwer, daß ich es nur mit Mühe bewegen konnte.‹«

In einem Brief vom 3. November 1928 schreibt Schrenck an Elisabeth, daß die verständnisvolle Atmosphäre, in der Wilma sich bei ihr befindet, dazu beitrage, die Phänomene zu verstärken. 1928 trennt Elisabeth sich von ihrem Dienstmädchen; sie ist überzeugt, daß niemand die Macht hat, Wilma von den Phänomenen zu befreien und ein normales junges Mädchen aus ihr zu machen. Elisabeth wendet sich an einen Jesuitenpater, der Theologieprofessor an der Wiener Universität ist. Dieser betrachtet es als seine Pflicht, dem Mädchen zu helfen, und nimmt sie bei sich auf. Bald wird sie von wohltuender Ruhe umgeben. Er schickt sie auf Wallfahrt mit ihrem Vater nach Mariazell und wendet alle jene Mittel an, die die Kirche im Fall parapsychologischer Verwirrungen unbekannter Ursache zur Heilung empfiehlt. Diese Mittel finden ihren Höhepunkt im Exorzismus. Elisabeth verfolgte Wilmas Fortschritte in Richtung Normalität genau. Als sie eines Tages erfuhr, daß die kleine Dienstmagd, die so oft geweint hatte, nun fröhlich und vergnügt war, empfand sie große Erleichterung.

Paranormale Phänomene sind flüchtig und rasch vergänglich. Auch wenn sie reich an Dramatik sind, so dauert der ganze Vorgang doch nur kurze Zeit; das Entsetzen freilich bleibt. Niemand zweifelte daran, daß Schloß Schönau verwunschen war – nicht von Gespenstern, aber von Poltergeistern. Man fragte sich, ob es nur einen einzigen gab, der durch das ganze Haus irrte, oder mehrere. Jedenfalls manifestierte sich die hier wirkende Energie überall, ohne aber irgendwo greifbar zu werden. Bei Tageslicht lassen sich die Auswirkungen des geheimnisvollen okkulten Geschehens gerade noch ertragen, in der Nacht aber hinterlassen die Geister düstere Spuren, die an den Nerven zerren. Einer dieser Geister hatte den langsamen, schweren Schritt eines verwundeten Soldaten. Er liebte weder den Tag noch die Nacht, seine Rundgänge machte er ausschließlich im Dämmerlicht. Sobald er sich hören ließ, wagte niemand mehr hinaufzugehen und ihn zu stören. Ein einziges Mal überquerte Franzi während dieses Phänomens den Gang im Laufschritt. Er hatte Schreie aus Wilmas Zimmer gehört. Als er die Türe öffnete, bot sich ihm ein Bild der Verwüstung. Feuer war ausgebrochen, das nun aber bereits erloschen war. Die Bettücher waren geschwärzt und hingen in Fetzen herunter, ebenso ein Teil der Bettdecke, denn Wilma hatte versucht, damit den beginnenden Brand zu ersticken. Als Elisabeth von diesem neuen Zwischenfall hörte, erinnerte sie sich an die Geschichte des Pfarrers von Ars, J. B. M. Vianney, und sie sagte sich, daß der Teufel sich offensichtlich nicht nur gegen Heilige wendet.

Die Poltergeister machten sich durch die verschiedensten Geräusche bemerkbar. Es gab eine Glocke im Turm, die von Zeit zu Zeit läutete. Man fragte sich, ob das Läuten den Toten oder den Lebenden gelten sollte. Elisabeth bestand darauf, es gemahne an die Dahingegangenen.

Es gab auch dumpfe Geräusche, wie zum Beispiel Schläge an die Außenseite des Raumes, in dem man sich gerade befand.

Eines Abends, als alle vergnügt mit einem Glas beieinander saßen, sagte plötzlich einer der Professoren, der zu Gast war: »Man klopft an die Türe!« Aber keiner wagte zu sagen »Herein!«, denn im selben Augenblick hörte man ein kratzendes Geräusch aus dem großen Kasten, als ob dort eine Maus gefangen wäre. Die Möbel begannen zu ächzen, als ob sie bei diesem Spiel mitmachen wollten, alle in Angst zu versetzen.

Im Salon hatten die Fauteuils Räder an den Beinen. Während der Nacht, wenn alles schlief, begannen die Fauteuils herumzurollen, zu rutschen und zu tanzen. Das Durcheinander, das man Morgen dann vorfand, war unglaublich.

Um noch zu der aus dieser unheimlichen Atmosphäre entstehenden allgemeinen Angst beizutragen, erloschen immer wieder die elektrischen Lichter und gingen von selbst wieder an. Vom Park aus konnte man beobachten, wie helle Fenster dunkel und dunkle Fenster hell wurden. Elisabeth ließ mehrere Male die Installationen überprüfen, aber der Elektriker konnte nie einen Schaden feststellen. Sie rief Franzi, der als einziger den Mut hatte, dann, wenn die Geister in Aktion traten, im verwunschenen Schloß herumzugehen. Er ging also hinein, um die Lichter auszulöschen und die Türen zu schließen. Er glaubte, alles sei in Ordnung und ging wieder hinunter – aber nein! Irgendwo öffnete sich eines der Fenster wie durch einen heftigen Windstoß, der Fensterflügel flog krachend auf und die Fensterscheiben klirrten.

Das Schloß gehörte Elisabeth nicht mehr allein, sie teilte es mit den Geistern. Sie beschloß, sich von ihnen zu trennen. Sie suchte einen Interessenten für das Schloß und verkaufte es 1928. Sie verließ alles, was sie aufgebaut, verschönert und geliebt hatte. Die Kinder hingen an Schönau, hier waren sie glücklich gewesen. Dort hatte Elisabeth ein Blumenparadies geschaffen, sie hatte aus dem Schloß ein Zentrum wissenschaftlicher Forschung gemacht. An diesem Ort hatte Elisabeth ihre, für eine Frau der damaligen Zeit, bemerkenswerte Persönlichkeit bestätigen können. Ihr Charakter, ihre Intelligenz und ihre damit verbundenen Intuitionen brachten sie dazu, eine aktive Rolle im Kampf um die moralische und soziale Befreiung der Frau zu spielen, und zwar sowohl im politischen Bereich der sozialdemokratischen Partei als auch in der neuen Wissenschaft der Parapsychologie, zu der sie Wesentliches beitrug, wodurch sie sich die Achtung der Wissenschaftler errang.

Elisabeth bewies, daß sie eine Kämpfernatur hatte. Im Verlauf der letzten zehn Jahre hatte sie für die Revolution gekämpft, für die Neugestaltung von Schönau, um den Besitz ihrer Kinder und für eine Wissenschaft, die umstritten war und oft abgelehnt wurde. Schließlich mußte sie noch mit sich selbst kämpfen, um sich von dem allen wieder zu trennen.

Der letzte Brief von Schrenck-Notzing kommt aus München und ist mit dem 8. November 1928 datiert. Er ist an die Wiener Adresse gerichtet. Elisabeth hatte Schönau bereits endgültig verlassen. Schrenck-Notzing, dieser Gelehrte, der mit seiner leidenschaftlichen Suche nach Wahrheit Elisabeth in seinen Bann gezogen hatte, starb 1929. Der Tod dieses Freundes fügte Elisabeth eine tiefe Wunde zu, es war ein schmerzlicher Abschied von einem Lehrmeister, der ihrem Leben neuen Inhalt gegeben hatte.

Die rote Prinzessin

Nun war also die Trennung vollzogen; der Abschied war schmerzlich gewesen und hatte in Elisabeths Herzen tiefe Spuren hinterlassen. Viele Jahre hindurch hatte sie zwei verschiedene Leben gleichzeitig gelebt. Eines davon hatte nun ein jähes Ende gefunden; dafür sollte das andere Leben umso intensiver fortgeführt werden.

Sicher ist aufgefallen, daß in der Beschreibung von Elisabeths Frühlings- und Sommeraufenthalten in Schönau weder die Anwesenheit noch auch nur der Name von Leopold Petznek erwähnt wurde. Der Grund dafür liegt darin, daß er diese Seite von Elisabeths Leben nicht teilte. Der im Schloß vorherrschende Luxus war nicht nach seiner Art und nicht nach seinem Geschmack, sondern stand vielmehr in krassem Gegensatz zu seinen Ansichten über die Gleichheit aller Klassen. Hinzu kam noch, daß er meistens in Wien oder Mödling arbeitete und deshalb auch gern dort wohnte. Wenn er auch nicht über die Einzelheiten Bescheid wußte, so war er doch sicher über die paranormalen Experimente seiner Lebensgefährtin auf dem laufenden. Seinen Überzeugungen entsprechend konnte er auch kaum Einwände gegen die Forschung auf diesem Gebiet haben, er wollte auch die Tatsachen als solche nicht a priori leugnen. Er kannte Elisabeth gut genug, um zu wissen, daß jeder Widerstand zu heftigen Auseinandersetzungen führen mußte. So nahm er eben jene Haltung ein, die sowohl seinem Wesen als auch der Situation entsprach: Er hielt sich in weiser Entfernung, ignorierte, was sich in Schönau abspielte, und stellte keine indiskreten Fragen. Elisabeth war frei zu tun, was sie wollte. Leopold Petznek war klug genug, um zu begreifen, daß Elisabeth sich die Freiheit gewaltsam nehmen würde, wenn er sie ihr nicht von sich aus gewährte. Baron Schrenck-Notzing andererseits, der aus einer alten deutschen Adelsfamilie stammte, hing mit jeder Faser seines Wesens an den überlieferten Traditionen. Er verurteilte Elisabeths Herzensbindung und verabsäumte auch nicht, ihr seine diesbezügliche Ansicht und Mißbilligung offen darzulegen. Es fällt auf, daß er in seinen Briefen von Elisabeths Kindern spricht, niemals aber von ihrem Liebhaber, der ja im übrigen unsichtbar blieb. Es ist sehr gut möglich, daß die beiden Männer einander nie begegnet sind.

Während der Wintermonate fanden Elisabeth und Leopold Petznek in Wien wieder zu einer Art ehelicher Intimität zusammen, die zwar nicht offiziell legalisiert war, aber von der neuen sozialen Umgebung, in der Elisabeth sich nun befand, voll akzeptiert wurde. Hier richtete Elisabeth ihren Tagesablauf vollkommen anders ein als in Schönau. Sie wandte sich wieder politischen Fragen zu, nahm an einigen sozialistischen Kundgebungen teil, beteiligte sich an Leopold Petzneks Aktivitäten und erneuerte den Kontakt zu den verschiedenen Politikern.

Ihre Wiener Wohnung war auch mit Kunstgegenständen und Bildern eingerichtet, die sie geerbt hatte, wodurch das gesamte Ambiente an die alte Zeit erinnerte. In Schönau war der Haushalt darauf eingerichtet, jederzeit Freunde und Gäste aufnehmen zu können, die dann oft wochenlang dort wohnten. In Wien war der Personalaufwand viel bescheidener, es gab eine gute Köchin und nur die nötigste Dienerschaft. Wenn Elisabeth Einladungen gab, ließ sie den besten Maître d'hôtel und den besten Koch kommen, denn es mußte natürlich trotzdem alles perfekt und raffiniert vorbereitet sein. Sie besaß prachtvolle Gläser, Porzellan und Silber, auf jedem Stück war das doppelte Wappen eingraviert – das kaiserliche und das der Familie Windisch-Graetz. Elisabeth verstand sich darauf, Blumen zu arrangieren und die Tische zu dekorieren. In diesem eleganten Rahmen also gab sie ihre Diners, ein paarmal veranstaltete sie auch Soirées dansantes. Ihre Gäste wählte sie unter den sozialistischen Freunden aus, die seit der Revolution die Verantwortung für die Partei und für die Regierung des Landes trugen.

Eines Abends gab Elisabeth ein Diner, zu dem sie wichtige Persönlichkeiten, die sie seit der Revolution kannte, eingeladen hatte. Ihre Namen haben in Österreichs Geschichte für alle Zeiten ihren Platz gefunden: Karl Renner, Karl Seitz, Julius Deutsch, Otto Bauer, J. Schober. Diese Herren hatten ihre Ehefrauen mitgebracht; alle waren begeistert von der Gastfreundschaft dieser außergewöhnlichen Genossin. Nach dem Essen, bei dem die köstlichsten Speisen und auserlesensten Weine serviert worden waren, folgte das Orchester der alten Tradition und eröffnete den folgenden Ball mit einem Walzer von Strauß, den Elisabeth mit Leopold Petznek tanzte. Nachdem sie ihm solcherart die Ehre des Eröffnungswalzers erwiesen hatte, sah man einen großgewachsenen, hübschen jungen Mann, sehr elegant in einem gutsitzenden Frack, der sich der Hausherrin näherte, sich tief vor ihr verneigte, rasch den Arm um sie legte und sie dann in einen wirbelnden Walzer entführte. Die anderen Paare drückten sich an die Wand, um die beiden, deren rhythmische Bewegung geradezu perfekt war, nicht zu behindern. Den ganzen Abend lang tanzte Elisabeth mit ihrem jungen Tänzer. Sie strahlte und lächelte, wie auf ihrem ersten Hofball, als sie achtzehn Jahre alt gewesen war. Sie schien ebenso unermüdlich wie ihr junger Partner; die anderen Gäste klatschten begeistert Beifall. Wer war nun dieser unbekannte junge Mann? Er war Lehrer an der berühmten Wiener Tanzschule Ellmayer. Elisabeth hatte ihn für diesen Abend für sich persönlich kommen lassen, um während des ganzen Balles mit ihm Walzer tanzen zu können. Ihrem Sohn Franzi ging es weniger gut, er mußte seinen Gastgeberpflichten nachkommen und mit den Frauen der anwesenden Genossen tanzen. Das Fest war jedenfalls ein großer Erfolg und endete erst spät in der Nacht.

Im Lauf des Winters 1927 unternahm Elisabeth mit Leopold Petznek eine Kreuzfahrt, die sie an die südlichen und östlichen Küsten des Mittelmeeres brachte. Sie hatte von diesen herrlichen Gegenden, die sie fünfundzwanzig Jahre zuvor während ihrer ersten Hochzeitsreise besucht hatte, so schöne Erinnerungen bewahrt, daß sie nun ihre zweite »Hochzeitsreise« auch in diese Länder unternehmen wollte. Das Paar schiffte sich in Messina auf einen schönen Postdampfer ein, der das Meer in Richtung Tripolis überquerte. Bei verschiedenen Zwischenaufenthalten hatten sie Gelegenheit, die Städte und ihre Umgebung zu besichtigen. Der Küste folgend machte das Schiff Aufenthalt in Alexandrien, von wo aus sie einen Ausflug nach Kairo unternahmen. Dann brachte das Schiff die Reisenden weiter nach Port Said, von dort ging es nach Jaffa und

Haifa. Auf der Rückfahrt sah Elisabeth noch einmal die Schönheiten von Rhodos und Korfu. Die wunderbare Reise endete in Venedig.
Nach der wohltuenden Entspannung, die diese Reise geboten hatte, brachen nun nach ihrer Rückkehr die schweren Probleme über sie herein, die Österreich erschütterten und die Politiker in einem Zustand beängstigender Anspannung hielten. Leopold Petznek, der 1927 zum Vizepräsidenten des niederösterreichischen Landtages gewählt wurde, trug große Verantwortung, denn diese Funktion war zugleich mit der eines Abgeordneten verbunden; dazu kamen noch verschiedene andere Pflichten. Als gewissenhafter und überzeugter Sozialist arbeitete er Stunde um Stunde, ohne sich zu schonen. Seine Fähigkeiten und seine Integrität waren allgemein anerkannt, dazu kam seine große Konzilianz. Er gehörte dem rechten Parteiflügel an und versuchte immer wieder einen Kompromiß mit dem Flügel der extremen Linken rund um Otto Bauer zu finden, um Konflikte im Inneren der Partei zu vermeiden. Der Kampf zwischen den beiden großen Parteien freilich nahm immer ernstere und mißtönendere Formen an, wurde haßerfüllt und gewalttätig. Den Sozialisten war es nicht gelungen, die anstehenden Probleme, wie zum Beispiel die Arbeitslosigkeit, zu bewältigen. So konnte die Partei der Christlich-Sozialen an die Macht kommen, die vom autoritären Prälaten Ignaz Seipel angeführt wurde. Aber auch ihm gelang es nicht, dem Land ein dauerhaftes Gleichgewicht wiederzugeben.
Das Jahr 1927 war das Jahr der Entscheidung. Am 30. Dezember trafen sich in Schattendorf, einem kleinen Ort im Süden Österreichs Richtung Ungarn, in ihren jeweiligen Stammlokalen die Mitglieder zweier Gruppen – Angehörige der politischen Linken und der politischen Rechten. Nachdem sie ihren Durst gestillt und große Reden geschwungen hatten, marschierten die Sozialisten vor dem gegnerischen Lokal auf. Man warf einander die gröbsten Beschimpfungen an den Kopf, die Gemüter erhitzten sich, der Sohn des Wirtes fürchtete tätliche Auseinandersetzungen und wollte die Männer zur Räson bringen, indem er ihnen einen Schrecken einjagte. Er schoß aus einem Fenster des ersten Stockes mit seinem Jagdgewehr ohne zu zielen einige Schüsse ab – dabei wurden unglückseligerweise ein Junge und ein Invalide tödlich getroffen. Dieser Zwischenfall zog schwerwiegende Folgen nach sich. Es kam zu Unruhen im Arbeiter-

milieu und zu ausgebreiteten Streiks und Kundgebungen in den Straßen Wiens.
Nach einem lebhaften Wahlkampf fanden am 24. April 1928 die Wahlen statt. Trotz eines Verlustes von einigen Mandaten wurde Prälat Seipel mit der Bildung des neuen Kabinetts beauftragt. Infolge der Affäre Schattendorf fand in Wien ein Prozeß statt, der am 14. Juli abgeschlossen wurde. Der »Mörderwirt« wurde freigesprochen. An dieser Nachricht, die sich in Windeseile verbreitete, entzündete sich nun die Volkswut. Am 15. Juli rotteten die Menschen sich zusammen und marschierten durch die Stadt zum Justizpalast, diesem Symbol bürgerlicher Rechtsprechung. Während der ersten Stunden glaubten die Behörden noch, daß die Kundgebungen friedlich verlaufen würden. Aber Menschen in Massen sind unberechenbar, und an diesem Tag entfalteten sie eine unheilvolle Kraft. Der Justizpalast wurde in Brand gesteckt. Während die hochlodernden Flammen den Himmel mit ihrem Qualm verdunkelten, versuchte die in Panik geratene Menge sich auf dem Platz gegen die säbelschwingende berittene Polizei zu wehren. Dann traf bewaffnete Verstärkung ein. Inmitten dieses Kampfgetümmels versuchten Bürgermeister K. Seitz und Julius Deutsch auf ihre Genossen einzureden und sie aus dem Gefahrenbereich zu entfernen. Auch Polizeipräsident Schober versuchte, das Schlimmste zu verhüten. Aber dieses Schlimmste trat ein, als die Polizei zu schießen begann. Sofort verwandelte sich die Szenerie in ein Schlachtfeld. Indessen taten die Feuerwehrmänner ihre Pflicht und besprengten Flammen und Glutnester mit Wasser, während die flüchtenden Menschen nach allen Richtungen auseinanderrannten. Als der Platz sich schließlich geleert hatte, blieben nur unbeweglich ausgestreckte Körper und sich vor Schmerz windende Verwundete auf dem Pflaster zurück. An diesem Tag starben neunzig Menschen, mehr als fünfhundert wurden verletzt. Sie waren Opfer des Volkszorns geworden; aber auch der unglückliche Umstand, daß Schobers Befehl, nicht zu schießen, nicht bis zu den Männern, die bewaffnet waren, vorgedrungen war, trug zu dem Blutbad bei. Es ist hier nicht der Platz, um diesen Tag in seinen Details zu behandeln. Aber man kann sagen, daß Wien seit dem Jahre 1848 nichts dergleichen mehr gesehen hatte.

Als Elisabeth von diesen tragischen Geschehnissen hörte, war sie verstört. Die Verantwortlichen waren ihre besten Freunde. Besonders Schober wurde angegriffen, Prälat Seipel wurde öffentlich verunglimpft. Elisabeths seelisches Gleichgewicht war so sehr erschüttert, daß sie alles Vertrauen in die Zukunft verlor.

Als Elisabeth 1927 den Plan faßte, Schönau zu verkaufen, spürte sie etwas in sich zerbrechen. Hier mußte sie sich nun von ihrem schönsten Werk trennen, das am meisten Anstrengung, Arbeit und Geld von ihr gefordert hatte. Aber gerade diese durch zwölf Jahre hindurch immer wieder erneuerte extravagante Schönheit ihres Werkes führte schließlich sein Ende herbei. Die Art und Weise, wie der Besitz verwaltet wurde, brachte es mit sich, daß er keinen Gewinn abwarf. Elisabeths Vermögen konnte die ausufernden Kosten nicht länger tragen. Sie wußte, daß das Schloß und der Park ohne sie all ihren Zauber, ihren Glanz und ihre Farben verlieren würden. Zu den finanziellen Schwierigkeiten kam noch, daß das verwunschene Schloß unbewohnbar geworden war für diejenige, die diese paranormalen Kräfte provoziert und die Geister gerufen hatte. Und dann gab es da noch Leopold Petznek, der nur so selten nach Schönau kommen wollte.

Elisabeth hatte den Wunsch, endlich mit Leopold Petznek in beständiger, glücklicher Gemeinsamkeit zu leben. Die letzten Jahre hatten ihr bewiesen, daß er für sie der ideale Partner war; er verstand sie und akzeptierte sie so, wie sie war. Wenn er auch manchmal ihre Herkunft und ihre Erziehung beklagte, so doch stets mit großer Nachsicht. Und tatsächlich konnte an der Erziehung, die Elisabeth erhalten hatte und die sicher eine sehr gute gewesen war, einiges ausgesetzt werden.

Schon 1925 hatte die Presse die sensationelle Nachricht von der Heirat der Erzherzogin mit einem Bürgerlichen verkündet. Diese Unverfrorenheit nahm Elisabeth den Journalisten sehr übel, sie dementierte mit der ihr eigenen Heftigkeit. In der Tat konnte zum damaligen Zeitpunkt eine Heirat gar nicht stattfinden, weil Petzneks Frau noch am Leben war und die Trennung verweigerte; sie starb erst 1935. Diese Situation paßte Elisabeth im Grunde recht gut, denn der Gedanke an eine zweite Ehe hatte für sie wenig Anziehendes, ja die außerkirchliche Ehe als solche erschien ihr ohne Wert.

Noch immer hatte die religiöse Tradition großen Einfluß auf sie; Elisabeth bewahrte ihr ganzes Leben lang einen tiefen Glauben und große innere Frömmigkeit. So zog sie es vor, mit dem Mann, den sie gewählt hatte, in freier Gemeinschaft zusammenzuleben. Erst 1948, nach achtundzwanzig Jahren wilder Ehe heiratete sie Leopold Petznek. Zu diesem Zeitpunkt waren beide krank und müde; Elisabeth war fünfundsechzig Jahre alt, die Karten des Schicksals waren ausgespielt. Aus einem Grund, den man nicht kennt, gingen die beiden alten Leute, einer den anderen stützend, zum Gemeindeamt, um mit ihren Unterschriften die Ehe zu besiegeln.

Um die Richtigkeit ihrer Gedanken und ihrer Ansichten über die sexuellen und gefühlsmäßigen menschlichen Beziehungen bestätigt zu finden, las Elisabeth – wobei sie auch hierin wieder einmal unter den Vorläufern einer neuen Idee war – mit großem Interesse das Buch von Dr. R. Ubantschitsch »Die Probeehe«. Sicher stimmte sie mit dem Arzt überein, der in seinem Buch den Ehetragödien ein ganzes Kapitel widmet und die Probeehe anpreist, für die er verschiedenste Gründe anführt und Ratschläge erteilt. Erzsi machte in diesem Buch mehrere Anmerkungen, darunter folgende: »Die Menschen vergessen immer, daß man für seine Gefühle nicht verantwortlich ist. Die Vorwürfe an eine erloschene Liebe sind immer absurd und trostlos. Die Liebe ist ein freiwilliges Geschenk, sie kennt keinen Zwang.«

Der Jänner 1928 begann mit einer unvorhergesehenen Reise. Mittwoch, den 4. Jänner, bestieg Elisabeth den Zug nach Brüssel, um ihre Tochter Fee, die damals neunzehn Jahre alt war, zu begleiten. Nachdem sie herausgefunden hatte, daß das Mädchen eine unpassende Liebesbeziehung begonnen hatte, wollte sie sie in ein Kloster in Brüssel bringen, wo ihre Erziehung perfektioniert werden sollte. Die Nonnen erhielten den strikten Auftrag, die Fehler dieser Kind-Frau zu korrigieren und ihre Tugenden zu entwickeln. In einem Brief an Elisabeth versichert die Oberin, sie werde ihr Möglichstes tun, um aus Stephanie ein perfektes junges Mädchen zu machen. Stephanie kam noch ein paar Mal nach Wien zu Besuch, heiratete aber dann und blieb ganz in Belgien. Elisabeth hatte nicht vorhergesehen, daß Freiheitswille und Unabhängigkeitsdrang bei ihrer Tochter so stark sein würden. Sie war ganz und gar nicht einverstanden mit der Entwicklung der Dinge, und so brach die Beziehung ab. Fee war eine gehorsame Tochter gewesen, doch nun war die Zeit gekommen, da ihr Leben eine neue Richtung nehmen mußte.

In Elisabeths Taschenkalender von 1928 findet man nur Notizen über Ärzte, Kuren, Behandlungen und Pflege, die sie das ganze Jahre hindurch erhielt. Hier muß man nun einige Wochen zurückgehen zu dem Zeitpunkt, als bei Elisabeth die ersten Krankheitssymptome auftraten. Auf der Freitreppe vor dem offenen Portal des Schlosses standen zwei Diener, während Elisabeth den Weg entlang zum Parktor ging. Als sie hinausgetreten war, schloß sie das Gittertor hinter sich mit den Worten »Für immer!« Noch ein letzter Blick auf das Schloß, das grau hinter durchsichtigen Nebelschwaden stand, auf die nackten Bäume und Pflanzen, denen der Winter alles Leben genommen zu haben schien. In Elisabeths großen Augen standen tausend unausgesprochene Dinge... traurige Dinge. Sie stieg in das Auto, das sie nach Wien bringen sollte. Als sie die Stiege zu ihrer Wohnung hinaufging, durchfuhr sie ein derart heftiger Schmerz, daß sie sich zusammenkrümmte. Erzsi ging in ihr Zimmer. Sie dachte an all die Aufregungen, die hinter ihr lagen, all die quälenden Gefühle, die sie bewegt hatten. Sie legte sich nieder, ohne zu ahnen, daß von nun an länger als ein Jahr hindurch ihre Bettlägerigkeit nur von kurzen Augenblicken der Besserung unterbrochen werden würde.

Der herbeigerufene Arzt stellte Magengeschwüre fest, eine schmerzhafte, aber heilbare Erkrankung, die freilich eine strenge und langwierige Behandlung verbunden mit Diät erfordert.

Unter den Angestellten wurde geflüstert, dies seien nun die vorhersehbaren und gar nicht erstaunlichen Folgen, die Geister nähmen Rache. Und sie waren nicht die einzigen, die so dachten. Dr. R. Thetter, ein Magnetiseur, den Elisabeth später an ihr Krankenbett rufen ließ, äußerte sich dahingehend, daß das Ganze psychologisch bedingt sei. Die Patientin habe zu lange an nervösen Spannungen und verdrängten Gefühlen gelitten, die Wurzel ihrer Krankheit liege in heftigen affektiven Reaktionen. Denn alles, was der Mensch empfindet, wirkt sich auf seinen Magen aus.

Am 9. Jänner kam Elisabeth von Brüssel zurück. Am 12. fuhr sie nach Karlsbad ab, wo sie bereits am nächsten Tag das erste Heilbad nimmt. Sie notiert »Adler in der Villa Mauer«. Am 15. »Generalversammlung der Partei«, an der sie wegen Abwesenheit nicht teilnehmen konnte. Erzsi notiert jeden Tag die Bäder, Massagen, Medikamente und ihr Gewicht. Montag, 30. Jänner, schreibt sie, wie immer ohne Kommentar, »Franzi ist ausgezogen«. Hierzu ist zu sagen, daß das Zerwürfnis zwischen Elisabeth und ihrem ältesten Sohn begonnen hatte, als sie den Plan faßte, Schönau zu verkaufen. Franzi wollte nur auf dem Land leben, er hing an dem kleinen Besitz, wie eben Söhne von Landbesitzern an dem Familienbesitz hängen. Er hatte unter den Bauern der Umgebung zahlreiche Freunde, mit denen er auf die Jagd ging. Es war geplant gewesen, daß er die Verwaltung übernehmen sollte. Deshalb hatte er auch begonnen, in Mödling Landwirtschaft zu studieren. Der Verkauf von Schönau stellte ihn nun vor eine überaus harte Realität. Er mußte sein sinnlos gewordenes Studium unterbrechen, er verlor sein Zuhause, er sah seine Zukunft zusammenbrechen. In der Wiener Wohnung wurde das Zusammenleben mit der Mutter unerträglich. Elisabeth ertrug keine erwachsen gewordenen Kinder in ihrer Nähe, sie störten sie in ihrer Zweisamkeit mit Leopold Petznek. Auf der anderen Seite hatten sich die Geschehnisse der letzten Jahre negativ auf ihren Charakter ausgewirkt; hinzu kam nun auch noch ihre Krankheit. Sie wurde aggressiv, ungeduldig, unzufrieden, nervös und von einer zunehmenden Heftigkeit, die oft an Bösartigkeit grenzte. Nun stieß sie die bislang so geliebten Kinder von sich, denn sie konnte sie ja nicht mehr beherrschen, und sie begannen zudem, eine Persönlichkeit zu entwickeln, die von einem ebenso starken Freiheitsstreben geprägt war wie ihre eigene. Was sie nicht kommandieren und nicht besitzen konnte, stieß Elisabeth von sich. Dieser schöne Abschnitt ihres Lebens, wo sie Mutter gewesen war, war nun zu Ende. So faßte Franzi den unvermeidlichen Entschluß, auszuziehen. Er suchte bei seinem Vater Zuflucht, der ihm in seiner kleinen Garçonnière (das Palais war vermietet) nur ein wenige Quadratmeter großes Zimmer anbieten konnte. Aber er nahm den Sohn in väterlicher Zuneigung bei sich auf.

Elisabeth setzte ihre Kur in Karlsbad fort, jeden Tag sind Bäder vermerkt. Leopold Petznek kommt nach, am 5. Februar findet sich die Notiz »74 kg, Leopold 75«. Nach sechzehn Bädern kehrt sie nach Wien zurück, es findet sich der Vermerk »Leopold krank«. Sie selbst beginnt mit einer Spritzkur, die ihr von Dr. Micholitsch verabreicht wird. Am 1. April fühlt Elisabeth sich besser, sie fährt mit dem Zug nach Brügge, bleibt dort einen Tag, fährt weiter nach Paris, von dort nach Juan les Pins, wo sie den sozialistischen Freund Popp trifft. Nach einigen Tagen Aufenthalt in Cannes kehrt sie nach Paris zurück, so sie den 13. und 14. April über bleibt. Am 15. fährt sie ab und trifft am 17. April in Wien ein. Am 2. Mai der Vermerk »schlechter Magen, Dr. Micholitsch, 74 kg«, am 5. und 6. »Schönau«, am 7. »Dauerwelle«, am 9. »71 kg, Dr. Micholitsch, harte Geschwulst am Ausgang des Magens«. Elisabeths Krankheit verschlimmert sich. Am 12. Mai »Leopold abgereist nach Dresden«, am 13. »Schönau«, am 14. »Dr. Micholitsch, 71 kg, Geschwulst verschwunden«, am 16. »70 kg, schlechter Magen«. Am 18. »Röntgenisieren«, am 20. »Leopold zurückgekommen aus Dresden«. Am 1. Juni reist Elisabeth wieder nach Karlsbad, wo sie die Behandlungen, Bäder, Waschungen und Medikamente wieder aufnimmt. Am 9. kehrt sie nach Wien zurück. Sie trinkt weiter das Karlsbader Wasser, nimmt Sonnenbäder, Pillen; Seite für Seite des Notizbuches spricht von nichts anderem als von wechselnden Behandlungen und Medikamenten. Am 7. Juli der Vermerk »Mödlinger Genossen«. Vom 10. bis zum 15. ist eine Serie von Injektionen vermerkt. Am 16. fährt sie mit dem Auto nach Regensburg und Nürnberg, am Abend des 17. trifft sie in Karlsbad ein. 24. Juli »In Marienbad mit Renner«, 25. »Erbrechen, Temperatur, 37,4«, am 27. »Moorwickel, Darmspülung«. Am 1. August »7. Wickel, Erbrechen, starke Kopfschmerzen«. So geht es weiter bis zum 6. August, dem Tag der Rückreise nach Wien. 11. und 12. »Schönau«. Dienstag, 14. »Abreise nach Susak (Jugoslawien, d. Verf.), 72 kg«, am 15. »Bad, sehr schwach«. Am 26. August Abreise aus Susak und Eintreffen in Wien. Am 27. »71 kg, Köchin weg«. Am 29. »Bezirkskonferenz«. Zwischem dem 5. und 11. September fährt Elisabeth fünfmal mit den Anwälten nach Schönau. Freitag, 14. »+ Schönau. Schmuck verkauft«. 14. und 15. »Parteitag«, 17. »Verkühlt«. 18. Oktober »Dr. Micholitsch, Pillen. Professor Mayer wegen Nase«. Elisabeth macht wieder eine Kur mit achtzehn Bädern und einer Serie von fünf Injektionen, sie hat neuerlich eine Verkühlung. Am 27. Dezember endet das Jahr mit Bestrahlungen und Kopfmassagen. Das ist alles, was uns das Notizbuch aus dem Jahr 1928 zu sagen hat. Tage voller Schmerzen folgen einander ohne jede Besserung. Das Lesezeichen, das Elisabeth in den Notizkalender eingelegt hat, ist ein Heiligenbildchen der Heiligen Jungfrau Notre Dame des Victoires, sie steht auf einem sternenbedeckten Planeten mit dem Jesukind am Arm. Auf der Rückseite findet man das berühmte Gebet des Abbé Perreyve, welches alle, die Elisabeths Generation angehörten, genau kannten. Es ist eine Anrufung um Erbarmen für die Kümmernisse dieser Welt.

Elisabeth war überglücklich, als sie im Juni 1929 am Rande von Wien ein kleines Schloß kaufen konnte, zu dem ein Grundstück von etwa 27 000 m^2 gehörte. Das Leben in der Stadt gefiel ihr nicht; wenn sie ohne einen Garten voller Blumen leben mußte, beraubte sie das ihres wesentlichen Lebensinhaltes. Sie wollte außerdem immer von allen ihren Besitztümern und den Bildern ihrer Vorfahren umgeben sein. Wegen ihrer angegriffenen Gesundheit sollte sie möglichst viel sauerstoffreiche Luft atmen, die sie nur zwischen Bäumen und inmitten einer üppigen Vegetation finden konnte. Der neue Besitz lag nahe dem Wienerwald in einer der gesündesten Gegenden. Dieser Stadtteil war nicht elegant, sondern eher volkstümlich. Das kleine Schloß lag am Rand einer großen Straße, versteckt hinter einer Mauer und durch eine engstehende Reihe dichtbelaubter Bäume gut abgeschirmt. Der Garten war schmal, aber lang, und erstreckte sich über einen Hügel; von dort blickte eine Miniaturgloriette, die jener von Schönbrunn nachgeahmt war, über das kleine Schloß auf eine weite Waldlandschaft. Das Schloß war in den einfachen, harmonischen Linien des Stils vom beginnenden 19. Jahrhundert gebaut. Die sparsam verzierte Fassade hatte in der Mitte des Erdgeschosses eine Terrasse, umgeben von zarten Säulen, die den Balkon im ersten Stock stützten. Elisabeth machte sich sofort ans Restaurieren und Einrichten. Selbstverständlich versäumte sie es auch nicht, die besten Gärtner kommen zu lassen, die den Auftrag erhielten, den schönsten Garten Wiens zu schaffen. Sowie alle Arbeiten im Haus erledigt waren, nahm Erzsi die für alle unvergeßliche Übersiedlung vor. Die Kunstsammlungen, die sich in

Schönau befunden hatten, wurden nun in kluger Anordnung im neuen Haus verteilt. An erster Stelle kamen die Porträts des Kaisers, der Kaiserin und natürlich von Erzherzog Rudolf; in den Vitrinen wurde das Porzellan aufgestellt, der Spitzenbrautschleier von Kaiserin Elisabeth schmückte die eine Ecke des Salons, auf einem Einlegetischchen standen Kanne und Waschbecken, die Kaiserin Maria Theresia gedient hatten, und die Orientteppiche, die Rudolf von seinen Reisen mitgebracht hatte, verliehen dem Ganzen Farbe und Wärme. Alle Schätze, die Elisabeth von den Habsburgern geerbt hatte, waren hier versammelt, um sie zu erfreuen. Elisabeth näherte sich jetzt ihrem Fünfziger; bisher waren ihre zahlreichen Wohnstätten immer nur von kurzer Dauer gewesen. In diesem letzten kleinen Schmuckkästchen sollte sie dreiunddreißig Jahre wohnen, davon sechsundzwanzig mit ihrem Lebensgefährten. Beide waren glücklich darüber, in einer so schönen Umgebung zu zweit ungestört leben zu können. Einige Male kam Fee noch hierher, Franzi betrat dieses Haus erst 1947 zum ersten Mal. Der Sohn Erni hatte sich 1925 in den Kopf gesetzt, einen künstlerischen Beruf zu ergreifen, und war für einige Jahre nach München gezogen, ehe er nach Wien zurückkehrte. Ihre Mutter hatte Erzsi 1925 zum letzten Mal gesehen. Stephanie war tiefreligiös, was manchmal in bornierte Bigotterie ausartete. Sie war fest davon überzeugt, daß ihre Tochter von einem übelwollenden Dämon versucht wurde. Ihre Mißbilligung, die auf ihren Prinzipien fußte, erschien ihr aber noch nicht ausreichend, sie dachte, es sei klüger, sich von diesem gefährlichen Einflußbereich völlig entfernt zu halten. Außerdem konnte sie eine Situation, die in ihren Augen äußerst unmoralisch war und durch Elisabeths Verhalten beständig aufrechterhalten wurde, nicht akzeptieren.
Stephanie betete für ihre Tochter und forderte die Priester auf, sich ihren Gebeten anzuschließen. Sie beging den Fehler, ihrer Tochter gegenüber ihre Überzeugung, daß diese exkommuniziert sei, offen auszusprechen. Stephanie starb 1945, ohne ihr einziges Kind wiedergesehen zu haben. Elisabeth ihrerseits unternahm nichts, um den Kontakt wieder aufleben zu lassen; sie wußte, daß eine Versöhnung unmöglich war.
Rudolf, Elisabeths jüngster Sohn, war ihr auch als Erwachsener wie zuvor als Kind respektvoll ergeben. Sie tolerierte seine Gegenwart

und erlaubte ihm auch, in ihrem neuen Haus zu wohnen. Rudi nahm das Angebot seiner Mutter an, denn er war arm. Er erduldete dasselbe Schicksal wie seine Arbeitskollegen. Am 31. Dezember 1929 erhielt er von der Firma Steyr-Werke A.G., bei der er arbeitete, ein ausgezeichnetes Dienstzeugnis.

So lernte also auch Rudi die Schrecken der Arbeitslosigkeit kennen. Gemeinsam mit seinen Kameraden stand er vor den Büros Schlange, um sein Arbeitslosengeld zu bekommen, welches übrigens nicht alle Arbeitslosen erhielten. In diesem Jahr gab es mehr als 300 000 Arbeitslose. Alle diese Menschen verloren das Vertrauen in die Regierung und in die sozialistische Partei, der sie als Mitglieder angehörten. Die Familien gerieten in Not, die Zukunft, die so lange schon recht grau erschienen war, bot nun vollends einen tiefschwarzen Ausblick. Zwischen den Arbeitern, die auf den Straßen und in den Wirtshäusern herumlungerten, gab es lebhafte politische Diskussionen. Rudi kannte diese Probleme, er hatte ja selbst die gleichen. Schließlich glaubten diese mutlos gewordenen Männer, in der nationalsozialistischen Arbeiterpartei (N.S.D.A.P.), deren Einfluß sich rasch ausweitete, eine neue Hoffnung erwachsen zu sehen. 1930 konnte diese Partei bei den Wahlen bereits starke Stimmengewinne erzielen. Man weiß nicht, wann Rudolf Mitglied dieser Partei wurde, sicher aber trat er ihr in ihren Anfängen bei. Er fand wie viele andere, daß sich hier ein neues Ideal bot, welches auf der Kraft einer straffen Organisation und einer Aufwertung der Arbeit wurzelte.

Nach langem Warten fand Rudi schließlich wieder Arbeit. Er wurde am 3. November 1930 bei der Vacuum Oil Company in Wien als Pumpenhalter angestellt. Dort füllte er die Benzintanks und war glücklich über diese Möglichkeit, ein wenig Geld zu verdienen, um sich ernähren zu können. In guten wie in schlechten Zeiten bewahrte er stets eine noble und optimistische Haltung. Spät in der Nacht kehrte er auf seinem kleinen Motorrad in das Haus seiner Mutter zurück, um sich von den Mühen des Tages auszuruhen. Am 15. Jänner 1934 verlor er seine Arbeit als Pumpenhalter. Er versuchte sich auf der Strecke Wien–Krems a. d. Donau als Autobusschaffner. Mit seinen 1,96 Metern mußte er sich aber immer bücken, um nicht an die Wagendecke anzustoßen, und so mußte er diese Arbeit bald wieder aufgeben. Das also war das Leben, das Rudolf führte.

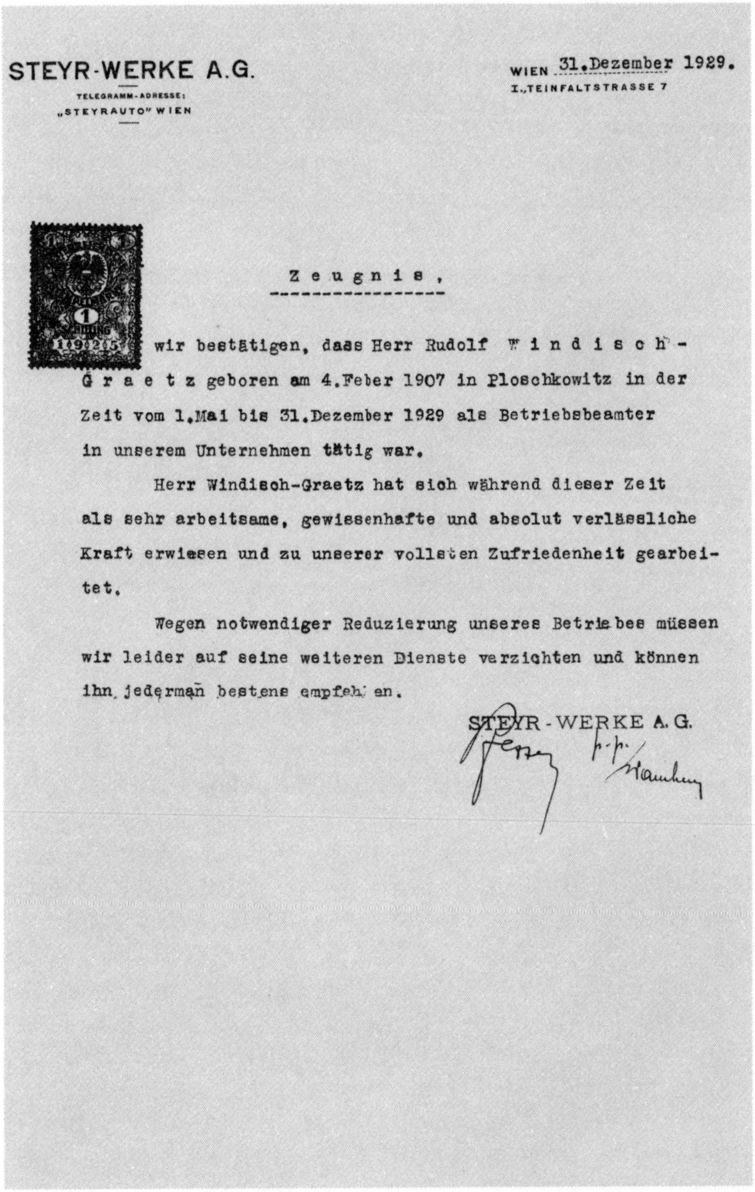

STEYR-WERKE A.G.

TELEGRAMM-ADRESSE:
„STEYRAUTO" WIEN

WIEN 31.Dezember 1929.
I., TEINFALTSTRASSE 7

Zeugnis,

wir bestätigen, dass Herr Rudolf W i n d i s c h - G r a e t z geboren am 4.Feber 1907 in Ploschkowitz in der Zeit vom 1.Mai bis 31.Dezember 1929 als Betriebsbeamter in unserem Unternehmen tätig war.

Herr Windisch-Graetz hat sich während dieser Zeit als sehr arbeitsame, gewissenhafte und absolut verlässliche Kraft erwiesen und zu unserer vollsten Zufriedenheit gearbeitet.

Wegen notwendiger Reduzierung unseres Betriebes müssen wir leider auf seine weiteren Dienste verzichten und können ihn jedermann bestens empfehlen.

STEYR-WERKE A.G.

Auch der Urenkel des Kaisers Franz Joseph wird Opfer der allgemeinen Arbeitslosigkeit.

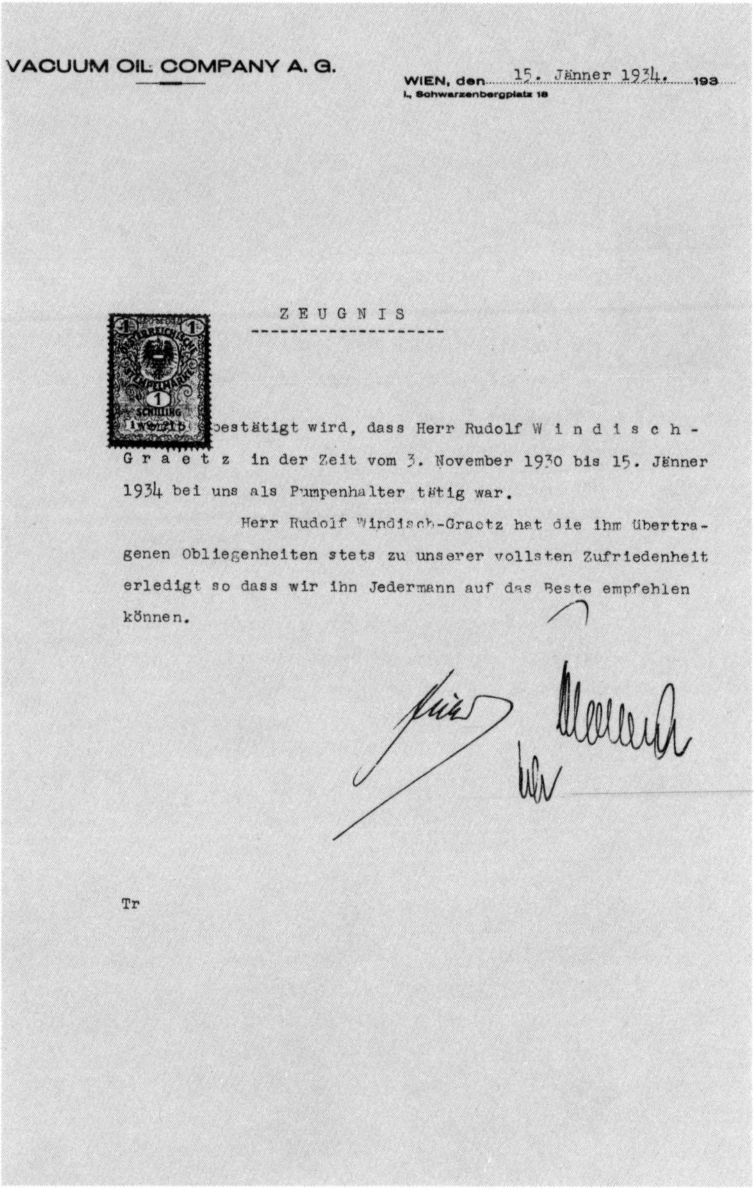

VACUUM OIL COMPANY A. G.

WIEN, den 15. Jänner 1934. 193
I., Schwarzenbergplatz 18

ZEUGNIS

bestätigt wird, dass Herr Rudolf W i n d i s c h - G r a e t z in der Zeit vom 3. November 1930 bis 15. Jänner 1934 bei uns als Pumpenhalter tätig war.

Herr Rudolf Windisch-Graetz hat die ihm übertragenen Obliegenheiten stets zu unserer vollsten Zufriedenheit erledigt so dass wir ihn Jedermann auf das Beste empfehlen können.

Tr

Bei der »Vacuum Oil Company« verdiente Rudolf sein karges Geld als »Pumpenhalter«, bis ihn auch hier die Arbeitslosigkeit ereilte.

Elisabeth war neugierig und besitzergreifend. Sie wollte unbedingt über das, was ihre Kinder machten, auf dem laufenden bleiben. Da sie von den Kindern selbst keine Informationen bekam, suchte sie bei einem Mittel Zuflucht, das im allgemeinen als wenig respektabel gilt – sie wandte sich an ein Detektivbüro. Ihr Sohn Franzi war ihr erstes Opfer. Er hatte seine Mutter ohne alle finanzielle Mittel für seinen Lebensunterhalt verlassen. Er war auch wegen seines großen Freiheitsdranges bei keiner Partei Mitglied, eine Einstellung, die er sein ganzes Leben beibehielt. Es lag ihm freilich auch nicht, einer Arbeit nachzugehen. Als Schönau verlorenging und man ihn vor die Notwendigkeit stellte, eine Arbeit zu finden, schlug er vor, Turnlehrer werden zu wollen, da er einige Begabung für Sport aufwies. Sein zweiter Vorschlag lautete, er könnte im Zirkus in Hamburg Dompteur werden oder Elefanten und andere Tiere dressieren. Elisabeth protestierte, diese Berufe seien seiner unwürdig. Die Folge davon war, daß er gar keinen Beruf hatte. Er bat seine Mutter, ihm eine monatliche Apanage auszuschütten. Sie weigerte sich, und der Kampf begann. Elisabeth wandte sich an ihren Anwalt, Franzi seinerseits nahm ebenfalls einen Anwalt gegen seine Mutter zur Hilfe. Da ihm die Situation aussichtslos erschien, ging er zum Rathaus und trug sich in die Liste der Armen Wiens ein. Danach schritt sein Anwalt zum Angriff gegen die »Rote Prinzessin«, die mit ihrem Geliebten, einem im Rampenlicht der Öffentlichkeit stehenden Politiker, luxuriös in ihrem Schloß lebte. Er wies nach, daß sie der Partei bedeutende Geldspenden zukommen ließ, ebenso großzügige Zuwendungen an die Bedürftigen, zu denen ihr Sohn ja jetzt offensichtlich ebenfalls zu zählen war. Mit Hilfe der Berichte des Detektivbüros, die einen großen Einsatz an Verfolgungs- und Beobachtungsarbeit zeigen, versuchte Elisabeth zu beweisen, daß ihr Sohn ein Lebemann sei, der den Mädchen und dem Jagdwild nachlaufe. Der Kampf zwischen Mutter und Sohn war geprägt vom heftigen Charakter beider. Diese überaus unerfreuliche Angelegenheit war Elisabeths hochgestellten Freunden peinlich, sie fürchteten einen Skandal für die sozialistische Partei. Julius Deutsch, der Freund aus den ersten Stunden der Revolution, hatte den Mut, Erzsi offen seine Meinung zu sagen. Erzsi gab nach und setzte ihrem Sohn eine monatliche Rente von 400 Schilling aus, gerade genug zum Überleben.

Dieser in entwürdigender Weise zwischen Mutter und Sohn geführte Streit hinterließ seine Spuren und ließ sie für lange Zeit zu unversöhnlichen Gegnern werden; erst der Lauf der Jahre sollte beide wieder milder stimmen. Die Gefühle, die hier hervorbrachen, waren wider die Natur. Es ist schwer zu verstehen, von welchen Überlegungen Elisabeth dabei getrieben wurde. Eine so liebevolle Mutter – und plötzlich verstößt sie ihre Kinder? Ihr Verhalten war eben oft instinktiven, mehr unbewußten als bewußten Regungen unterworfen. Sie verlor dann das Gefühl für das gesunde Mittelmaß, ließ sich in ihren Ansichten durch niemanden berichtigen und hatte von sich selbst eine sehr einseitige Sicht, geblendet von den sicher vorhandenen strahlenden und blind für die dunklen Seiten ihres Wesens.

Wenn man die Art und Weise betrachtet, wie ein Mensch im Lauf seines Lebens handelt, darf man nicht verabsäumen, seine Erbanlagen einzubeziehen, wobei das nicht heißen soll, daß man diese Erbanlagen stärker einschätzen soll als den freien Handlungswillen des Menschen. In Elisabeths Fall hat man viel von ihren Habsburgischen Vorfahren und von einer unbestimmten geistigen Unausgeglichenheit der Wittelsbacher gesprochen, und dabei vergaß man scheinbar völlig auf das Blut der Coburg. Dabei findet man im Charakter des Königs der Belgier, Leopold II., am meisten von Elisabeths Persönlichkeit wieder; gar nicht zu reden von der großgewachsenen Figur, die sie von dieser Seite geerbt hatte. Sie hatte die Intelligenz dieses Großvaters, hinzu kam noch die Intelligenz ihres Vaters. Weiters besaß sie die Kraft, den dominanten Willen und die Halsstarrigkeit ihres Großvaters. Als Leopold seine Frau und seine Töchter verließ, hatte er damit Elisabeth das unerbittlichste und absoluteste Beispiel geboten; die sittlichen Freizügigkeiten, die er sich anmaß, erregten zu seiner Zeit einen Skandal.

Elisabeth erhielt zahlreiche Postkarten und signierte Menükarten, aus denen zu ersehen ist, daß die Parteigenossen wirkliche Sympathie für sie empfanden. Ihre Beliebtheit in diesen Kreisen ist unleugbar. Die Karten kamen anläßlich sozialistischer Kongresse, an denen die österreichischen Genossen teilnahmen, aus Belgien, Holland und Deutschland. Immer wieder findet sich die Unterschrift von Julius Deutsch, oft jene von Karl Renner, an die vierzig weitere meist

unleserliche Unterschriften sind zu zählen. Im Jänner 1929 wurde Elisabeth Mitglied des Verbandes katholischer sozialistischer Frauen. Da sie in sich immer noch eine gewisse Treue gegenüber der Vergangenheit trug, gab sie 1934 dem Bürgermeister von Tulfes in Tirol ihre Einwilligung, Ehrenbürgerin seiner Stadt zu werden. In einem Schreiben wird dieses Privileg bestätigt.
Elisabeth, die so viel und so gern gereist war, wurde seßhaft. Während der letzten dreißig Jahre ihres Lebens überquerte sie keine Grenze mehr. 1929 fuhr sie noch einmal nach Jugoslawien, dann wieder im August 1930. Ihre allerletzte Reise führte sie am 6. August 1931 über die schweizerische Grenze. Die Kraft ihrer Jugend war geschwunden, sie hatte auch viel von ihrer einstigen Schönheit verloren. Erzsi hatte nach wie vor viel Stil, aber sie vernachlässigte sich. Seit langem hatte sie jeden Anspruch auf Eleganz fallen lassen, sie kleidete sich gutbürgerlich, ein karierter Rock und eine Bluse genügten ihr meist als Ensemble. Bei kaltem Wetter wickelte sie sich in einen Mantel aus dunklem Wollstoff. Ihre Frisur war jenseits jeder Koketterie, es machte ihr nichts aus, alte Kleider und Hüte zu tragen. Abgesehen von der sozialistischen Partei gab es nichts in der Welt da draußen, was sie interessiert hätte. Es genügte ihr, mit Leopold Petznek in ihrem kleinen Schloß zu leben und über ihren Garten zu wachen. Das Haus war groß und gut geführt, trotzdem gab es ständig Probleme mit der Dienerschaft. Die Diener wurden entlassen oder gingen von selbst, weil sie die verletztenden Bemerkungen, den beleidigenden Ton und die wechselnden Launen, deren Opfer sie wurden, nicht lange ertragen konnten. Nur Pepi Steghofer, eine Frau von bewundernswertem Charakter, blieb vierzig Jahre lang voll treuer Ergebenheit bei Elisabeth. Dann gab es auch noch Feltrini, Elisabeths Sekretär und Mädchen für alles, den sie während ihrer Zeit in Italien eingestellt hatte.
Das Schicksal meinte es nicht gut mit Elisabeth, ein anhaltendes friedvolles Glück blieb ihr verwehrt. 1930 wurde sie von einer schweren Krankheit befallen. Es begann mit einer Angina, die sich stetig verschlechterte und bösartig wurde und schließlich einen allgemeinen Vergiftungszustand durch Streptokokken hervorrief. Viele Wochen hindurch wurde Elisabeth von hohem Fieber gequält, ihr großer entkräfteter Körper hatte kaum noch Widerstand; Erzsi

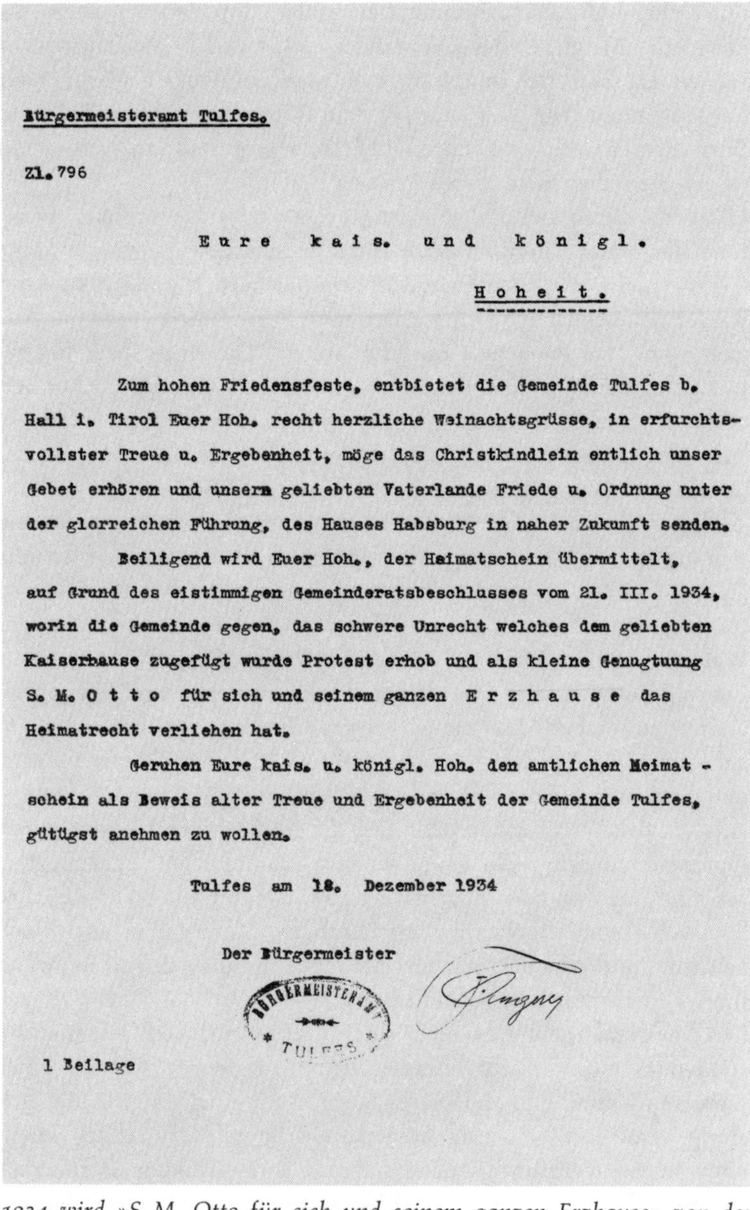

Bürgermeisteramt Tulfes.

Zl. 796

E u r e   k a i s.   u n d   k ö n i g l .

H o h e i t .

Zum hohen Friedensfeste, entbietet die Gemeinde Tulfes b. Hall i. Tirol Euer Hoh. recht herzliche Weinachtsgrüsse, in erfurchtsvollster Treue u. Ergebenheit, möge das Christkindlein entlich unser Gebet erhören und unserm geliebten Vaterlande Friede u. Ordnung unter der glorreichen Führung, des Hauses Habsburg in naher Zukumft senden.

Beiligend wird Euer Hoh., der Haimatschein übermittelt, auf Grund des eistimmigen Gemeinderatsbeschlusses vom 21. III. 1934, worin die Gemeinde gegen, das schwere Unrecht welches dem geliebten Kaiserhause zugefügt wurde Protest erhob und als kleine Genugtuung S. M. O t t o für sich und seinem ganzen E r z h a u s e das Heimatrecht verliehen hat.

Geruhen Eure kais. u. königl. Hoh. den amtlichen Heimat - schein als Beweis alter Treue und Ergebenheit der Gemeinde Tulfes, gütügst anehmen zu wollen.

Tulfes am 18. Dezember 1934

Der Bürgermeister

BÜRGERMEISTERAMT TULFES

1 Beilage

1934 wird »S. M. Otto für sich und seinem ganzen Erzhause« von der Tiroler Gemeinde Tulfes demonstrativ das Heimatrecht verliehen.

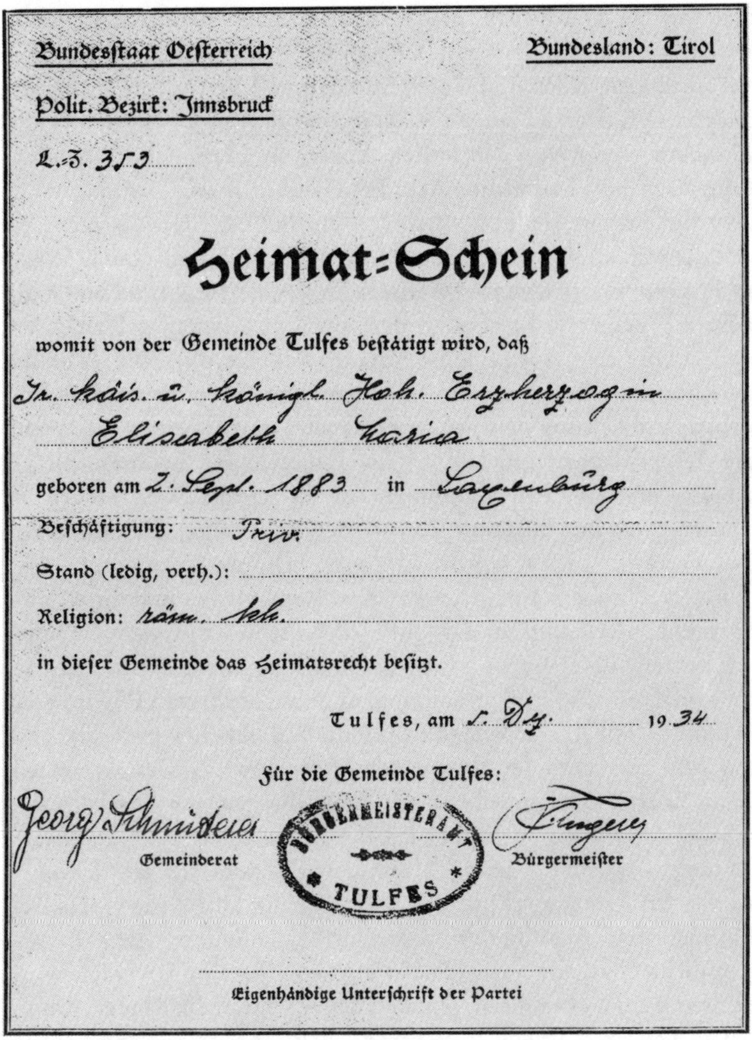

Bundesstaat Oesterreich Bundesland: Tirol

Polit. Bezirk: Innsbruck

L.-Z. 353

Heimat-Schein

womit von der Gemeinde Tulfes bestätigt wird, daß

Ir. kais. u. königl. Hoh. Erzherzogin Elisabeth Maria

geboren am 2. Sept. 1883 in Laxenburg

Beschäftigung: Priv.

Stand (ledig, verh.):

Religion: röm. kth.

in dieser Gemeinde das Heimatsrecht besitzt.

Tulfes, am 5. Dez. 1934

Für die Gemeinde Tulfes:

Georg Schmiederer — Gemeinderat

BÜRGERMEISTERAMT TULFES

Bürgermeister

Eigenhändige Unterschrift der Partei

glaubte, sterben zu müssen. Die Ärzte waren voll Sorge, aber der Tod, den Elisabeth schon um ihr Bett hatte streichen sehen, entfernte sich noch einmal für lange Zeit. Elisabeth war gerettet, aber nun tauchte ein anderes Krankheitssymptom in Form einer Lähmung auf, die mehr als ein Jahr dauerte. Während der Genesungszeit war sie so schwach, daß man sie beinahe zu ihrem Rollstuhl tragen mußte, mit dem man sie auf den Balkon hinausschob. Dort verbrachte sie jeden Tag einige Stunden und versuchte Gesundheit aus ihrem Garten zu saugen, während sie geistige Übungen machte. Elisabeth erhielt von den besten Ärzten die bestmögliche Behandlung nach herkömmlicher Art. Ihr Glaube an das Übernatürliche aber ließ sie auf Heilung durch den Einfluß der Sterne hoffen. Sie wandte sich an den Sternheiler A. Radschopf, der am Rande Wiens in Perchtoldsdorf wohnte. Wahrscheinlich hat sie ihn schon länger gekannt, der erste Brief aber, der von ihm erhalten geblieben ist, datiert vom 24. 1. 1932 und ist Antwort auf eine Bitte, die sie an ihn gerichtet hat. Er schickt ihr Tinkturen und Pulver sowie eine sehr genaue Anweisung darüber, wie das alles einzunehmen ist. Wenn die Temperatur steigt, soll sie die Fiebertropfen nehmen, die sie zuvor schon von ihm bekommen hat. Er schlägt einen Besuch bei Elisabeth vor und bittet um Anruf, an welchem Tag und zu welcher Stunde es ihr passen würde. In einem Schreiben vom 30. 11. 1932 dankt er Elisabeth für ihren Brief und entspricht ihrer Bitte, eine Sternenkonstellation für das Jahr 1933 zu schicken. Gegen die Kopfschmerzen, über die sie klagt, empfiehlt er einen Absud, den sie mehrmals am Tag trinken soll, und zwar aus mehreren Pflanzen wie Wermut, Salbei, Tausendguldenkraut und Fenchel gemischt. Für das Blut rät er zu Jerusalemessenz mit etwas Wasser. Er erstellt seine Diagnose entsprechend den Mitteilungen, die Elisabeth ihm macht. Er teilt ihr auch mit, daß der Mondaspekt schlecht sei und Anfang 1933 der günstige Jupiteraspekt zum Tragen kommen werde. Im Anhang schickt der Astrologe die Vorhersagen, Häuser, Einflüsse und Aspekte der Sterne für das kommende Jahr. Er verheimlicht Elisabeth nicht, daß es ein schlechtes Jahr werden wird: Sorgen, Feinde, Gefahren, Unangenehmes durch die Kinder, Krankheit, Tratsch in der Öffentlichkeit, Lähmungserscheinungen, Schwäche, düstere Vorahnungen. Die »Übeltäter«, Saturn, Uranus und Neptun, wobei die beiden letzteren aus okkulten Häusern kommen, wirken gleichzeitig ein. Wenn es Elisabeth gelingt »... die Wirkung von Saturn unschädlich zu machen und gleichzeitig die Sonnenwirkung zu kräftigen, so dürfte es auch möglich sein, die Gesundheitsschädigung abzuwehren ... Es ist ein unbedingtes Er-

fordernis, Glauben und Optimismus weitgehend zu stärken und wach zu halten. Magnetismus und Talisman werden mit den Krankheitsdispositionen wohl fertig werden. Es sei daher die Lektüre stark optimistischen Charakters besonders empfohlen! ... Es wäre als Schutz gegen immerhin mögliche magische Schädigungen öftere Anrufung höherer Mächte (Gebet) angelegentlich zu empfehlen!«
Elisabeth muß entsprechend der Zeichnung und den Anweisungen, die der Astrologe übermittelt, einen magischen Talisman tragen. Es ist eine Kupferplatte, amalgiert mit etwas reinem Quecksilber, rund, in der Mitte ein Diamant, am Rand drei im Dreieck angeordnete Edelsteine, zwei Hyazinthe und ein roter Jaspis. Diese Kupferplatte muß an einer blauen Seidenschnur ständig am bloßen Körper getragen werden. Der Zeichnung folgen Anweisungen für Blut, Magen, Verdauung und allgemeine Kräftigung. 1935 schickt der Heiler Elisabeth eine genaue Aufstellung jener Heiltränke, die sie sieben Tage lang einnehmen muß. Am 10.12.1935 erklärt er in einem Brief an Elisabeth, wie sie gewisse Medikamente selbst zubereiten soll. Am Schluß bittet er sie ihm zu schreiben, ob sie nach der Kur eine Besserung ihres Zustandes verspürt habe. Er wünscht ihr sowie dem Herrn Präsidenten rasche Genesung; Leopold Petznek war zu dieser Zeit ebenfalls krank.
Das letzte Dokument, das von A. Radschopf vorliegt, stammt aus dem Jahr 1937. Es sind drei großformatige Seiten, auf denen zu lesen ist, daß Elisabeths Erkrankung vom 29.12.1937 durch sieben vom Arzt verordnete Hormoninjektionen hervorgerufen worden sei. Der sehr ausführliche Text breitet sich über die Ursachen ihres schlechten Gesundheitszustandes und die entsprechenden Heilungsmöglichkeiten aus. Die Medikamente für alle Symptome, über die Elisabeth klagt, stehen in Relation zu den astrologischen Aspekten, die Behandlung erstreckt sich über mehrere Zyklen. Auf einer der Seiten hat Elisabeth oben vermerkt, daß sie die Verschreibungen 1938, 1939 und 1940 weiter fortgesetzt hat. Ein Teil der Heilmittel sind Arkana mit einer Numerierung von eins bis sieben. Um sie zu kennen, mußte man Alchimist sein, jedenfalls aber ein wenig eingeweiht in die Geheimnisse der Alchimie, um sie richtig anwenden und vor allem um sie bekommen zu können, denn sie waren den Alchimisten vorbehalten. A. Radschopf muß also nicht nur Astro-

loge und Heiler gewesen sein, sondern auch Alchimist. Die Frage stellt sich, ob Elisabeth nicht in die Geheimnisse einer esoterischen Wissenschaft eingeweiht war? Jedenfalls muß sie ziemlich umfassende Kenntnisse gehabt haben, um die astrologischen Zeichen und medizinischen Formeln zu verstehen, die für den Laien eine unzugängliche Geheimsprache darstellen. Am Ende dieser Seite schreibt der Astrologe, daß, falls eine mündliche Aussprache notwendig erscheine, er hierzu gerne bereit sei. Das war aber offensichtlich nicht nötig, Elisabeth verstand auch so alles.
Diese Informationen, so wenig vollständig sie auch sein mögen, erlauben doch einen gewissen Einblick in Elisabeths überaus komplexen Interessensbereich. Hier enthüllt sich eine neue Seite ihres Wesens, und es wird klar, daß das Geheimnis ihrer Persönlichkeit nicht vollständig gelöst werden kann. Sie hatte Neigungen, die manchem beunruhigend erscheinen mögen. Hiezu kommt, daß ihre Krankheiten immer ein wenig merkwürdig und nicht genau zu bestimmen waren.
Elisabeth glaubte an die magischen Kräfte der Edelsteine und trug sie auch je nach den Anlässen und ihrer geheimen Bedeutung entsprechend. Es gibt eine Aufstellung der Symbole, nach denen sie sich jeden Monat richtete. Elisabeth besaß so viele Edelsteine, daß sie in ihrem reich ausgestatteten Schmuckkoffer ohne Schwierigkeiten den jeweils passenden aussuchen konnte:

Jänner:	Granat und Hyazinth; bedeutet grenzenlose Aufrichtigkeit, unverbrüchliche Treue in allen Lebensbeziehungen.
Februar:	Amethyst; bewahrt vor heftigen Leidenschaften und erhält den Frieden des Herzens.
März:	Blutaspis und Heliotrop; Sinnbild der Tapferkeit in der Gefahr und Ausdauer in schwierigen Unternehmen.
April:	Diamant und Saphir; bedeutet Unschuld der Seele und Reue nach der Schuld.
Mai.	Smaragd; kündigt Glück in der Liebe an.
Juni:	Achat und Calcedon; Symbol einer unverwüstlichen Gesundheit.

Juli:	Karneol; Symbol des Vergessens von allem Kummer, den einem geliebte Menschen zugefügt haben.
August:	Onyx; sagt dauerhaftes Glück vorher.
September:	Chrysolith; schützt vor törichten Unternehmungen und unüberlegtem Verhalten.
Oktober:	Opal und Aquamarin; Abbild der Seele, die ihre Kraft auch im Unglück behält.
November:	Topas; Symbol für Beständigkeit in der Freundschaft.
Dezember:	Türkis und Malachit; verspricht die Erfüllung der liebsten Hoffnungen.

Politische Unwetter – Zwei Trauerfälle

Es war der 19. Jänner 1932. Irgend etwas in Elisabeth zerbrach. Die letzte lebende Verbindung mit ihrer Vergangenheit war an diesem Tag zerrissen. Nun war sie allein mit ihrem Gewissen und hatte niemanden mehr, dem sie sich öffnen konnte. Elisabeth beweinte den Tod von Gräfin Coudenhove, die mit ihrem geistlichen Namen Schwester Franziska von Chantal geheißen hatte. Sie hatte zweiundsiebzig Jahre lang gelebt, davon achtundzwanzig im Kloster. Mit ihr verlor Erzsi jene Freundin, die unter Anleitung des Kaisers die Tage ihrer Kindheit behütet hatte. Sie hatte Elisabeth an deren Hochzeitstag verlassen, aber auch während ihres Lebens als Nonne war sie ihrem Schützling durch ihre Gebete und ihre moralische Unterstützung nahe geblieben und hatte ihr in Zeiten innerer Zerrissenheit geholfen. Dieser Freundin gegenüber hatte Elisabeth keine Geheimnisse; ihr Vertrauen war absolut, denn sie wußte um das zweite Herz und das mitfühlende Verständnis dieser Ratgeberin. Stets hatte sie dem ihr anvertrauten Kind geduldig zugehört, sowohl zu Zeiten des Kaisers, als Elisabeth brav und angepaßt war, als auch zu Zeiten der Republik, als sie sich als extravagant und eigenwillig erwies. Franz Joseph hatte ihr die Sorge um seine Enkelin überantwortet; sie wußte, wie viel das Mädchen gelitten hatte und daß man ihm all die Liebe schenken mußte, die es so notwendig brauchte.

Elisabeth nahm in der Kirche des Salesianerklosters an den Trauerfeierlichkeiten teil. Unter den anwesenden Trauergästen waren viele, die Elisabeth von früher kannten, doch keiner wagte es, sich ihr zu nähern und mit ihr zu sprechen. Sie erhielt aber rührende Kondolenzschreiben, darunter einen von Gräfin Resi Pálffy. Ein Cousin von Schwester Franziska dankt Elisabeth in seinem Brief für alles, was sie für die Verstorbene, insbesondere während ihrer schmerzhaften Krankheit, getan hat. Dann gibt es zwei bewegende

Briefe von Schwester Louise von Sales und Schwester Margarita von Chantal. Beide sind an Ihre kaiserliche und königliche Hoheit adressiert und drücken in demütigem und respektvollem Ton die tiefe Trauer aus, die die Verfasserinnen mit Elisabeth teilen, sowie die große Dankbarkeit für ihre treue Zuneigung und für alles, was sie für die Verstorbene und für das Kloster getan hat. Tatsächlich hatte Elisabeth auf großzügigste Weise sichergestellt, daß die Kranke jede nur denkbare Pflege erhielt. Sie besuchte sie und brachte ihre Zuneigung zum Ausdruck, indem sie ihr Blumen schickte oder selbst aus ihrem eigenen Garten mitbrachte. Sie wußte, daß die Schönheit der Blumen all dem, was der Spender empfindet, besonderen Ausdruck verleiht. Elisabeth hatte Anweisung gegeben, die Kirche mit einer großen Menge an Kerzen und Blumen zu schmücken. Altar und Sarg verschwanden unter einem reichen, farbenprächtigen Blumenteppich. Elisabeth ließ dem Kloster eine weitere Zuwendung zukommen und erbat dafür Seelenmessen für ihre heiligmäßige Freundin. Eine der Klosterfrauen schreibt in ihrem Brief, Schwester Franziska von Chantal habe ihre Schmerzen und ihren Tod Gott aufgeopfert, damit er Elisabeth seine Gnade gewähre. Sie habe gelobt, auch im Jenseits Elisabeths Fürsprecherin zu bleiben. Am Schluß des Briefes schreibt die Nonne noch, alle Schwestern des Klosters beteten für Elisabeths Genesung und für ihre Kinder.

Wenn Elisabeth ihr ganzes Leben hindurch trotz ihrer liberalen Einstellung und trotz ihrer Auflehnung gegen die Gebote der Kirche tief gläubig blieb, so sicher nicht nur wegen ihrer profund religiösen Erziehung und des Einflusses ihres Großvaters, sondern auch durch das liebevolle Einwirken von Gräfin Coudenhove.

In den Jahren vor dem Umsturz 1934 und der Ermordung von Kanzler Dollfuß war die Geschichte der österreichischen Politik derartig komplex und facettenreich, daß nur diejenigen, die direkt daran beteiligt waren, einen gewissen Überblick bewahren konnten. Es hatte sich geradezu ein gordischer Knoten gebildet aus den Aktivitäten alter und neuer Parteien; jeder einzelne kämpfte und intrigierte, um an sich zu reißen und zu halten, was er an Macht besaß; hinzu kam der Einfluß verschiedener paramilitärischer Organisationen, die immer mehr an Bedeutung gewannen. Elisabeth verfolgte die Geschehnisse, von denen Leopold Petznek ihr berichtete, mit großem Interesse und auch mit einem gewissen Gefühl der Beunruhigung. Leopold Petznek konnte ihr Einzelheiten zutragen, von denen die Presse nichts wußte, er konnte ihr offen die katastrophale Lage auseinandersetzen, in der Österreich sich, sowohl was die Parteien als auch die wirtschaftliche Lage betraf, befand. Das Land trieb am Rande des finanziellen Bankrotts dahin. Die sozialen Probleme, vor allem die Arbeitslosigkeit, zogen eine unheilverkündende Instabilität nach sich. Präsident Petznek, wie er genannt wurde, stand durch seine Tätigkeit in der sozialistischen Partei im Zentrum der Auseinandersetzungen und Rivalitäten. Er war sich darüber im klaren, daß die Sozialdemokraten versagt hatten und es ihnen nicht gelungen war, die übermenschlichen Aufgaben der Nachkriegszeit zu lösen. Sein Pessimismus vertiefte sich, als 1932 die NSDAP bei den Wahlen in Wien, Niederösterreich und Salzburg zunehmende Gewinne verzeichnen konnte. Es folgten die Gemeindewahlen von Innsbruck, die einen weiteren starken Stimmenzuwachs brachten. 1933 ergab die Zählung der Arbeitslosen eine Summe von 400 000. Am 4. März trat der Nationalratspräsident Karl Renner zurück; die Demokratie war in eine schwere Krise geraten. Am 14. Mai besiegelte eine Demonstration im Schloßpark von Schönbrunn die Allianz Dollfuß-Starhemberg; die rechte Seite gewann an Stärke. Am 20. Mai trat Dollfuß sein Amt als Regierungschef an. Die Regierung bestand aus den Christlich-Sozialen und verschiedenen anderen Gruppierungen, wobei die Sozialisten ausgeschaltet wurden. In einem ersten autoritären Akt wird am 26. Mai die kommunistische Partei verboten. Aufgrund eines bewaffneten Angriffes mit Handgranaten gegen Mitglieder der Christlichsozialen Partei wird auch die NSDAP verboten, ebenso ihr nahestehende Verbindungen. Das ist die offene Kampfansage zwischen Regierung und Nazis und Sozialisten. Am 30. Jänner 1933 beruft Hindenburg Adolf Hitler zum Reichskanzler, wodurch sich auch in Österreich die Zahl seiner Anhänger erhöht.

Am 2. Oktober 1933 setzte Dollfuß die ersten autoritären Maßnahmen. Die Regierung konnte Entscheidungen, die als dringlich eingestuft wurden, allein fällen, ohne das Ende der parlamentarischen Beratungen abzuwarten. Im Dezember kam es im Landtag zu hefti-

gen polemischen Auseinandersetzungen, die von seiten der Sozialisten provoziert wurden. Da man sie politisch kaltgestellt hatte, verfügten sie nun nur noch über die Waffe des Wortes, um sich zu verteidigen. Auch Leopold Petznek machte seinen ganzen Einfluß geltend und gab in einer temperamentvollen Rede seinem Widerstand gegen die autoritäre Regierung Dollfuß Ausdruck. Beflügelt von seiner tiefen Überzeugung und fortgerissen von seiner rednerischen Eloquenz fand er ungestüme Worte der Verteidigung für die in Gefahr geratene Demokratie. Die Sozialisten hatten diese Demokratie begründet, und sie waren stolz darauf. Petznek attackierte auch die Aristokraten, die sich auf die Heimwehr, eine paramilitärische Organisation der politischen Rechten, stützten, um die alte Ordnung wieder herzustellen. Er versicherte, die Arbeiterklasse werde alles in ihrer Macht Stehende tun, um die Freiheit der Demokratie und der Republik zu verteidigen. Er verlor die Beherrschung und ließ sich zu ausfallenden Bemerkungen Starhemberg gegenüber hinreißen. Diese Rede sollte noch ihre Nachwirkungen haben.
Die Terrorakte der Nazis häuften sich, es kam im Gegenzug zu immer stärkeren Repressionen und immer häufigeren Verhaftungen. Anläßlich des Weihnachtsfestes 1933 wandten sich Österreichs Bischöfe in ihren Hirtenbriefen gegen die Ideologie des Nationalsozialismus. Durch die Weihnachtsamnestie erhielten zahlreiche Naziführer die Freiheit wieder, sofort organisierten sie den Kampf gegen die Regierung. Starhemberg, der inzwischen Vizekanzler geworden war, erklärte, er wolle Gewalt mit Gewalt beantworten. Die Lage war zum Zerreißen gespannt.
Das Jahr 1934 begann schlecht. Die kommenden Umwälzungen warfen ihre Schatten voraus. Am 12. Februar umstellte die Polizei in Linz die Arbeiterzentrale, um Waffen zu beschlagnahmen. Die Türen wurden gewaltsam geöffnet, ein Schuß fiel, die Polizei schoß zurück, ein Mann fiel tödlich getroffen – der Bürgerkrieg entbrannte. Noch am selben Tag kam es in Wien zum Aufstand. Die sozialistischen Politiker versuchten vergebens, Verhandlungen in Gang zu setzen, um das Schlimmste zu verhüten. Auch Leopold Petznek verfolgte dieses Ziel. Er fuhr nach Mödling, um zu sehen, was sich bei den dortigen Arbeitern abspielte. Er wurde verhaftet, ins Gefängnis gebracht und einige Tage später nach Wien verlegt.

Inzwischen wurde in der Hauptstadt geschossen. Diesmal gingen die Arbeiter nicht auf die Straße, sondern verschanzten sich in den Häusern, die unter der sozialistischen Regierung für sie gebaut worden waren. Diese Wohnblöcke waren wie Festungen angelegt, und die Arbeiter konnten sich für einige Zeit darin verbarrikadieren. Freilich hatte das den Nachteil, daß die Verbindung zur Außenwelt so gut wie unterbrochen war. Die Kämpfe dauerten auch nur kurze Zeit, am 15. war alles zu Ende.
Die gerichtliche Untersuchung gegen Leopold Petznek dauerte mehrere Monate. Die Anklage lautete, er habe die Arbeiter gegen die Obrigkeit aufgeheizt. In Wirklichkeit hatte er sich nichts zuschulden kommen lassen, vielmehr hatte er unermüdlich versucht, durch Verhandlungen zu einer Verständigung und zu Kompromissen mit der Gegenseite zu gelangen. Das Urteil vom 18. Juli 1934 sprach ihn schuldig, öffentliche Ruhestörung begangen und gegen das Waffengesetz verstoßen zu haben. Er wurde zu zwei Monaten Gefängnis verurteilt. Da er bereits vier Monate inhaftiert gewesen war, wurde er sofort nach ergangenem Urteil freigelassen. Elisabeth hatte versucht, bei verschiedenen einflußreichen Persönlichkeiten für ihn zu intervenieren, mußte aber erkennen, daß die Zeit, wo sie ihren Einfluß geltend machen konnte, endgültig vorüber war. Leopold Petznek litt sehr darunter, eingesperrt zu sein, besonders wegen seines schlechten Gesundheitszustandes. Schon seit einigen Jahren hatten sich bei ihm Erkrankungen der Gallen- und der Harnblase bemerkbar gemacht, wodurch eine strenge Diät erforderlich wurde. Im Gefängnis wurde ihm erlaubt, sich von zu Hause Nahrung kommen zu lassen. Als sein Zustand sich verschlechterte, ließ der Arzt ihn in eine urologische Klinik verlegen. Elisabeth besuchte ihn jede Woche im Gefängnis und brachte ihm durch ihre tiefe Zuneigung Trost. Das kleine Schloß wurde von Amts wegen untersucht, und man entzog ihr kurzfristig ihren Paß.
Am 25. Juli, eine Woche nach Leopold Petzneks Entlassung, unternahmen die Nationalsozialisten einen wohlvorbereiteten Putsch. Mit der Durchführung waren österreichische SS-Angehörige betraut, die einer illegalen Organisation, die sich zum Teil aus ehemaligen Soldaten zusammensetzte, angehörten. Es gelang ihnen, ins Bundeskanzleramt einzudringen. Um sich vor der Tageshitze zu

schützen, hatte man die Fensterläden geschlossen. Dieses Halbdunkel und die Konfusion, die bei den im Amt anwesenden Politikern herrschte, begünstigte das Vorgehen der Putschisten. Sie liefen über die Stiegen in den ersten Stock hinauf, an ihrer Spitze der Anführer Planetta, der in der Hand eine Pistole schwenkte, jederzeit bereit zum Töten. Er drang in das Zimmer ein, in dem sich Dollfuß befand, und schoß zwei tödliche Kugeln auf ihn ab. Über Dollfuß kann gesagt werden, daß er der einzige europäische Staatschef war, der bis zu seinem Tod die Freiheit und die Unabhängigkeit seines Landes gegenüber dem Nationalsozialismus verteidigte. Nach ihm wurde Schuschnigg Kanzler. Er hatte dasselbe Ziel wie sein Vorgänger und unternahm alle Anstrengungen, um zu verhindern, daß Österreich dem großen Deutschland einverleibt wurde.

Elisabeth war zutiefst betroffen von den fortlaufenden Niederlagen und dem nachfolgenden Regierungsausschuß der sozialistischen Partei. Sie hatte an Glanz und Glorie der roten Nelke teilgenommen, der Mann, der ihrem Herzen am nächsten stand, war mit Ehren überhäuft worden, und sein Ruf als Politiker war untadelig gewesen. Nachdem nun im Staat alles auseinanderzufallen begann, zogen Elisabeth und Leopold Petznek sich zurück. Elisabeth hatte nicht vergessen, daß auch die Revolution von 1918 ihre Opfer gefordert hatte. Sie hatten damals das gleiche Los erlitten wie jetzt sie selbst; und sie hatte sich damals darüber gefreut.

Elisabeth und Leopold Petznek fanden nun immer stärker das Glück in ihrer gegenseitigen Zuneigung. Sie waren noch nicht wirklich alt, aber beide hatten eine schwache Gesundheit, und so freuten sie sich über das neue ruhige Leben, durch das sie wieder zu Kräften zu kommen hofften. Elisabeth wußte, daß die einzige Rolle, die sie in Zukunft würde spielen können, die der Gastgeberin war, wenn sie im kleinen Kreis ihre sozialistischen Freunde empfing. Die Umkehrung aller politischen Grundlagen zwang Leopold Petznek zum Verzicht auf all jene Funktionen, die er bisher eingenommen hatte. Seine Karriere war zerstört. Das Paar lebte in dem kleinen Schloß nur noch seinen privaten Interessen. Sie kümmerten sich um den Garten und befaßten sich mit den Hunden. Als Elisabeth Schönau verlassen hatte, mußte sie ihre Wolfszucht aufgeben. Wenig später begann sie mit der Zucht von deutschen Schäferhunden; sie liebte

und bewunderte Schönheit, Stärke und Mut dieser Tiere, ihre wachsamen Augen, ihre Treue, ihre Wildheit und ihren Beschützerinstinkt.
In dieser Zeit begann Elisabeth Leben eine völlig andere Wendung zu nehmen. Ihre angegriffene Gesundheit und die Ereignisse der letzten Jahre hatten aus der Siegerin eine Besiegte gemacht. Nicht nur die äußeren Lebensumstände veränderten sich. Elisabeth sah sich auch der Möglichkeit beraubt, ihr Leben nach Lust und Laune durch die Kraft ihres Willens initiativ zu gestalten. Nun mußte sie sich dem Schicksal beugen und dreißig Jahre lang ein gleichförmiges Dasein erdulden.
In Österreich kämpften seit vielen Jahren einige Fanatiker um eine Annäherung und nachfolgenden Anschluß Österreichs an Deutschland. Für sie stand am Ende ihres Kampfes entweder Tod oder Sieg. Tatsächlich gab es einige Opfer und dann einen sensationellen, aber entsetzlichen Sieg. In der Nacht vom 11. auf den 12. März 1938, kurz nach Mitternacht, präsentierte sich auf dem Balkon des Bundeskanzleramtes die erste nationalsozialistische Regierung Österreichs. Über der steinernen Fassade der Republik wehten die Hakenkreuzfahnen, aus unzähligen Kehlen gellte die Parole empor: »Ein Volk, ein Reich, ein Führer«. Am Tag nach diesem nächtlichen Schauspiel marschierten die deutschen Truppen in Österreich ein. Noch am selben Abend hielt Hitler im Linzer Rathaus eine Ansprache. Der Anschluß war vollzogen. Am 15. März fand auf dem Heldenplatz in Wien eine riesige Demonstration statt. Vom Balkon der Hofburg herab hielt Hitler an die Volksmassen eine Rede, in welcher er den Eintritt Österreichs in das Deutsche Reich bekräftigte. In der Stadt defilierten deutsche Truppen. Elisabeth stand auf den erhöhten Stufen beim Opernplatz. Von Neugier getrieben wollte sie sich diese Menschen ansehen, die vom Rausch der Begeisterung mit fortgerissen wurden. Genau das gleiche Schauspiel hatte sie bereits im Kaiserreich und später in der Republik erlebt.
Elisabeth war ebenso wie Leopold Petznek von dem, was sie sah und hörte, beeindruckt. Sie konnten aber den Optimismus der Massen nicht teilen, vielmehr teilten sie den Pessimismus einer klarsichtigen Minderheit. Am 10. April 1938 ergab eine Volksabstimmung ein überwältigendes »Ja« zum Anschluß. Denen gegenüber, die sie

nicht kannten oder doch so taten, als ob sie ihre Herkunft nicht kennen würden, stellte Elisabeth sich stets mit den Worten »Ich bin die Enkelin des Kaisers Franz Joseph« vor. Manchmal sagte sie auch »Ich bin die Tochter von Erzherzog Rudolf«. Die Nazis wußten natürlich genau Bescheid, in ihren Augen stand Elisabeth durch ihr Habsburgerblut außerhalb der Legalität und war nicht würdig, an der Volksabstimmung teilzunehmen. Elisabeth nützte dieses Ausgeschlossensein dankbar, um nicht wählen gehen zu müssen. Dasselbe galt für ihre Söhne, die von den deutschen Behörden als Habsburger betrachtet wurden. Während des Krieges mußten sie nicht einrücken und blieben als »nicht wehrwürdig« aus der Armee ausgeschlossen.
Rudolf, Elisabeths jüngster Sohn, hatte im Verlauf der Jahre eine wahre Leidenschaft für Motorräder entwickelt. Es war sein ganzer Ehrgeiz, an Rennen und Rallyes teilzunehmen und in diesem gefährlichen Sport ein echter Profi zu werden. Er hatte das Beispiel seines Vaters vor Augen, der zu einer Zeit, wo der Begriff des Profisportlers noch unbekannt war, bereits als Berufsreiter an Reitbewerben teilgenommen hatte. Rudi wohnte nun schon seit längerem nicht mehr bei seiner Mutter, er hatte ein bescheidenes Zimmer in der Stadt. Ein Brief von ihm datiert mit 8. August 1938, an die Victoria Werke AG in Nürnberg betrifft den Kauf eines Motorrades, Modell AeroKR 250 ccm. Er schreibt, der NSKK (motorisierte nationalsozialistische Kompanie) wünsche, daß das Motorrad auf jedem Terrain und bei allen Wettbewerben in der Ostmark verwendet werden könne. Unterzeichnet: Heil Hitler, Windisch-Graetz. Er bekam positive Antwort, das angeforderte Motorrad würde geliefert werden. Damals gehörte er also offensichtlich bereits einer NS-Kompanie an. Am 4. März 1939 bekam er vom Internationalen Motorradclub einen Führerschein. Seine Familie war, nicht ohne Grund, über den Kauf dieses Motorrades beunruhigt. Man wußte, daß er keine Angst kannte und daß es für ihn den Begriff der Gefahr nicht gab. Er fuhr gern sehr schnell und hatte dadurch bereits einige Unfälle verursacht. 1928 hatte er sich bei einem Sturz den Kiefer gebrochen.
Am 9. Juni 1928 fand auf der Straße, die am Rande Wiens in Serpentinen auf den Kobenzl und den Kahlenberg hinaufführt, ein Motorradrennen statt. Mit einem geräuschvollen Start hatte Rudi seiner ganzen Freude und Zuversicht Ausdruck verliehen. Er fuhr

mit voller Geschwindigkeit, in einer Kurve geriet das Motorrad ins Schleudern, sein Körper wurde an den Straßenrand geschleudert, die Mütze rollte davon, das Gesicht des Zweiunddreißigjährigen prallte gegen einen Stein, ein Schädelbruch zog sofort den Tod nach sich. Der erste, der die tragische Nachricht erhielt, war sein Bruder Franzi. Er war in Wien mit seinen zwei Metern Größe und seinen lockigen blonden Haaren als der weiße Wolf bekannt. Ein Verkehrspolizist erkannte ihn, als er den Opernplatz überqueren wollte, und rief ihn an. Franzi schlängelte sich zwischen den Autos zu dem Polizisten durch; dort hörte er, was mit Rudi geschehen war.
Für Elisabeth war der Tod ihres jüngsten Sohnes, dieses gehorsamen Kindes, das sie manchmal besuchen gekommen war, ein entsetzlicher Schlag. Vielleicht begriff sie nun, wie hart sein Leben gewesen war und daß er, um aus diesem armseligen Dasein auszubrechen, all seine Ambitionen und alle verbleibende Energie auf einen Sport konzentriert hatte, durch den er ein gefeierter Held zu werden hoffte. Seine Laufbahn war kurz gewesen, er hatte seine Träume nicht verwirklichen können. Aber der Mann, der ein so bescheidenes Leben geführt hatte, bekam zumindest ein überaus prunkvolles Begräbnis. In der schönen Wiener Karlskirche waren viele Menschen zusammengekommen, um an den Trauerfeierlichkeiten teilzunehmen. Rudi hatte viele Freunde und auch schon so manchen Bewunderer gehabt. Prächtige Blumenkränze behüteten den Toten mit ihrer lebendigen Schönheit. Einer davon, größer als alle anderen und mit etlichen hundert Rosen besteckt, trug eine Schleife mit den Worten »Die Kameraden vom Motorradrennfahrerverein«. Ein anderer Kranz mit weißen Pfingstrosen kam von seiner Großmutter Stephanie Lónyay. Am Kirchenportal konnte man zehn Motorräder aufgereiht sehen, auf denen die Kameraden jener NS-Kompanie, der Rudolf angehört hatte, saßen. Das Brummen der laufenden Motoren verschmolz mit dem Klang der Glocken. Dann fuhren die Motorräder dem Leichenwagen voran zum Friedhof. Dort warteten Elisabeth und Leopold Petznek. Auf den Photos sieht man sie nur sitzend von hinten. Elisabeth trägt einen dichten schwarzen Schleier, der von einem Band gehalten auf die Schultern fällt. Vor ihr stehen die Motorradfahrer und einige hochgestellte Persönlichkeiten. Sportwelt und Partei waren vertreten, einer der Anwesenden

hielt eine Fahnenstange mit der Hakenkreuzfahne, auf der zu lesen war »Deutschland erwache«. Alle hielten die Hand zum Gruß erhoben, Elisabeth blieb sitzen; als das letzte »Heil Hitler« verhallt war, stand sie auf und ging.

Es läßt sich nicht feststellen, ob Elisabeth darüber informiert war, daß ihr Sohn einer NS-Kompanie angehörte. Jedenfalls muß sie das Schauspiel, das sich ihr bei diesem Begräbnis bot, tief beeindruckt haben, vielleicht erinnerte sie sich daran, mit welchem Fanatismus sie selbst seinerzeit sich dem neuen Ideal der Sozialdemokratie verschrieben hatte. Aus ähnlichen Gründen und in derselben Weise fand Rudolf sein Ideal im Nationalsozialismus.

In der Presse wurde Rudi als Sportheld verherrlicht, dessen Tod einen großen Verlust darstellte. Hätte er noch bis zum 3. September – dem Tag, an dem Frankreich und England Deutschland den Krieg erklärten – gelebt, dann wäre er an die Front geschickt worden und vielleicht hätte der Tod ihn dort eingeholt. So kam zum bitteren Schmerz des Verlustes der Gedanke hinzu, daß es für Rudi besser war, in glücklichem Hochgefühl diese Welt auf seinem geliebten Motorrad zu verlassen. So blieb ihm bis zuletzt die Hoffnung auf die neue Ordnung unversehrt erhalten, und er mußte nicht miterleben, wie diese Ordnung in entsetzlichem Chaos unterging.

Ein monströser, grauenerregender Krieg hatte begonnen. Das menschliche Leid erreichte ungeahntes Ausmaß; Europas schöne, reiche Erde wurde armselig und häßlich, war bedeckt von unzähligen Toten. Nur wenige Menschen konnten am Rande des Geschehens bleiben. Bis 1944 hofften Elisabeth und Leopold Petznek darauf, verschont zu bleiben. In ihrem kleinen Schloß rückten sie eng aneinander, kümmerten sich ausschließlich um den Garten und um die Hunde, die das Haus mit Lärm und Leben erfüllten. Sparsamkeit hatte Vorrang, aber es war genügend Geld da, um sich mit dem Nötigsten versorgen zu können. Manchmal brachte die brave Pepi von einem Bauernhof aus Schönau frische Lebensmittel mit. So vergingen vier Jahre ohne persönlichen Kummer und ohne große Aufregungen. Der Krieg nahm immer noch zu an furchtbarer Gewalt, jeden Tag kam vom Himmel herab der Tod über Wien, die Stadt fiel in Trümmer. Elisabeth ließ die kostbarsten und zerbrechlichsten Kunstgegenstände und einen Teil der Habsburgerporträts in

Sicherheit bringen. Dann wurde ihr relativ ruhiges Leben in unerwarteter Weise erschüttert. Im August 1944 wurde Leopold Petznek, als er sich in der Stadt befand, von der Gestapo festgenommen. Er wurde eingesperrt und mußte im Gefängnis auf seinen Prozeß warten. Leopold Petznek war ein Gegner des Nazismus, und alle Gegner des Regimes wurden als Feinde behandelt. Einen Monat später wurde Petznek in das Konzentrationslager Dachau in Bayern gebracht. Elisabeth unternahm jede nur denkbare Anstrengung, um an die einflußreichsten Funktionäre heranzukommen. Aber da war von niemandem Hilfe zu erwarten. Wieder einmal wurde es Elisabeth bewußt, wie hilflos sie war. Sie war nur noch einer unter vielen in einer Menschenmasse, die keinen interessierte.

Wenn Elisabeth zu Hause war, litt sie unter der Einsamkeit. Weder die Schönheit der Blumen noch die Lebhaftigkeit der Hunde konnten die kalte Leere vertreiben. Zu dieser äußeren Einsamkeit kam noch eine tiefe innere Einsamkeit, an der Elisabeth schon seit langem litt. Während der Jahre, wo ihr Charakter sich explosionsartig entwickelt und verändert hatte, war es zu tiefgreifenden Trennungen gekommen; sie hatte die Werte, die sie bis dahin umgeben hatten, zerstört und verworfen.

Mit jedem Tag, der verging, stieg die Angst in den Herzen der Menschen und erreichte im Winter 1945 ihren Höhepunkt. Die Nervenkraft war erschöpft, der Magen leer, die Bevölkerung von Entsetzen gelähmt. Tag und Nacht querten die Flugzeuge den Himmel über Wien und ließen ihre Bomben auf die gemarterte Stadt fallen. Der Stephansdom brannte, die Pummerin stürzte von ihrem Turm herunter und zerschellte auf dem Steinboden; nun konnte die Kirche nicht mehr Sturm läuten. Die russischen Truppen drangen in die Stadt, verbreiteten Angst und Schrecken. Da waren sie nun wieder, die wilden Krieger Asiens, die den Lohn des Siegers in Plünderung und Vergewaltigung suchten. Elisabeth kannte die Gefahr, sie war bereit, sich ihr in ihrem Haus entgegenzustellen. Als die Männer hereinstürmten, stand sie aufrecht da und sah dem Tod furchtlos ins Gesicht. Sie selbst wurde verschont, aber sie mußte mit anhören, wie die genagelten Stiefel in alle Zimmer eindrangen und die Stiegen hinaufdröhnten. Die kleinen Bilder, die die Wände schmückten, wurden heruntergerissen, Rahmen und Glas zersplit-

terten auf den Stufen. Das war der Beginn der Verwüstung, die man ihren geliebten Dingen antat.
Elisabeth konnte das Haus unbeschadet verlassen. Die finsteren Gestalten, die sie umringten, rührten sie nicht an, vielleicht, weil drei prächtige Schäferhunde knurrend und sprungbereit zu Elisabeths Füßen lagen. Eine Angestellte ging mit Elisabeth mit, eine andere, die zurückgeblieben war, wurde vergewaltigt. Elisabeth sorgte dafür, daß dieses barbarische Geschehen geheimgehalten wurde. Sie ordnete strengstes Stillschweigen an, denn sie achtete diese Frau und wollte ihr das Vergessen erleichtern.
Erzsi läutete an der Türe des Klosters, dessen Gebäude und Garten an ihren eigenen Besitz angrenzten. Die »Dienerinnen vom Herzen Jesu« nahmen Elisabeth auf und stellten ihr ein großes Zimmer zur Verfügung. Von dort aus konnte sie sehen, wie die vielen Orientteppiche, die aus der Sammlung ihres Vaters stammten, aus den Fenstern geworfen und mit Militärfahrzeugen fortgebracht wurden. Für die Russen waren diese Teppiche vor allem deshalb von Wert, weil sie damit ihre Jeeps überdeckten und sich so vor dem eiskalten Metall schützen konnten. Später mußte Elisabeth voll Bitterkeit feststellen, daß ihr gesamtes Silber gestohlen worden war. Es war eine einzigartige Sammlung aus historischen Stücken gewesen, die von den Habsburgern durch mehrere Generationen hindurch verwendet worden waren. Die Dossiers, in denen die kostbaren Stiche und Lithographien aufbewahrt wurden, waren aufgerissen, die Blätter zerfetzt und zerknüllt worden. Der Schaden, der von den Russen angerichtet wurde, ist auf zahlreichen Photos zu sehen, die unmittelbar nach ihrem Abzug aufgenommen wurden. Das Bild der Verwüstung ist erschütternd. Umgestürzte Möbel, zerbrochene Sessel, herausgezogene Schubladen, deren Inhalt im Zimmer verstreut und zertrampelt liegt, zersplitterte Spiegel, auch die große Vitrine in einem der Salons ist zerstört worden. Die Diener hatten eben noch Zeit gehabt, die Bilder in einem kleinen Nebenzimmer aneinander zu lehnen, wo sie unentdeckt blieben.
Währenddessen wartete Elisabeth auf die Rückkehr von Leopold Petznek. Am 24. April 1945 war das Konzentrationslager Dachau von den Amerikanern befreit worden, die Häftlinge kehrten gruppenweise nach Hause zurück. Leopold Petznek kam Anfang Juni in

Österreich an, er wurde von Elisabeth und seinem Sohn Otto, der sich während Petzneks Abwesenheit um sie gekümmert hatte, empfangen. Leopold Petznek war durch die sieben Monate, die er im Lager verbracht hatte, schwer gezeichnet. Die seelische Prüfung hatte er mit großer Tapferkeit ertragen, aber die körperlichen Entbehrungen hatten seiner Gesundheit geschadet. Er litt schon seit langem an einer Herzerkrankung.

Als im Verlauf des Sommers die Russen aus dem kleinen Schloß abzogen, kehrten Elisabeth und Petznek, die ihr kleines Glück wiedergefunden hatten, voll Zuversicht in ihr Zuhause zurück. Sie waren fest entschlossen, alle Schäden, die sie vorfanden, wieder gutzumachen. Elisabeth erteilte ihre Befehle, die Diener machten sich an die Arbeit. Alles mußte rasch vor sich gehen.

In den Volieren sangen immer noch die zahlreichen europäischen und exotischen Vögel. Wenn Elisabeth ihnen zuhörte, war ihr Herz voller Zuversicht, und sie dachte nicht daran, daß in diesen ungewissen Zeiten nicht einmal das, was der nächste Tag bringen würde, vorhersehbar war.

Das Ableben des Leopold Petznek

In einer Konferenz in Teheran hatten die drei Großmächte 1943 die Unabhängigkeit Österreichs proklamiert. Ab April 1945 war die Republik Österreich durch eine provisorische Regierung wieder hergestellt, an deren Spitze der Sozialist K. Renner stand. Er wurde im Dezember Präsident der Republik. Nun gab es sie also wieder, die österreichische Demokratie. Trotzdem blieben die vier siegreichen Nationen Herren des Landes. Die russische Armee, die als erste in Wien einmarschiert war, hatte sich in der ganzen Stadt ausgebreitet. Im Juli wurde eine Vereinbarung unterzeichnet, derzufolge die Stadt in vier Besatzungszonen unterteilt wurde. Die Russen mußten sich aus den Vierteln, die nicht zu ihrer Zone gehörten, zurückziehen. Im September nahmen die französischen, englischen, amerikanischen und russischen Behörden ihre jeweilige Zone in Besitz. Das kleine Schloß, das von jetzt an »die Villa« genannt werden soll, lag in der französischen Zone. Sie wurde sofort vom französischen Hauptkommissär für Wien beschlagnahmt und dem Oberbefehlshaber in Österreich, General Béthouart, zur Verfügung gestellt.
Elisabeth wurde von dieser neuen Situation mitten in ihren Aufräumungsarbeiten überrascht. Nun war sie gezwungen, in das Kloster zurückzukehren. Das erste Mal, als sie delogiert worden war, hatte sie einen Schock, gemischt mit Angst, erlitten – aber es war immerhin Krieg gewesen! Als sie das zweite Mal aus ihrem Heim vertrieben wurde, war Frieden. Für Österreich aber war es nur eine Nachkriegsperiode, in der es von den alliierten Armeen beherrscht wurde. Diesmal erschien Elisabeth der Verlust ihres Heimes noch demütigender und trauriger. Sie kochte vor Zorn, ohne zu ahnen, daß diese Episode sich noch weitaus schlimmer entwickeln sollte, als sie begonnen hatte. In einigen Metern Entfernung führte linker Hand vom Kloster eine kleine Straße den Hügel hinauf. Es ergab

sich nun, daß dort ein leerstehendes Haus war, das dem durch Krankheit vorzeitig gealtertem Paar zugewiesen wurde. Es war ein verfallenes, ungesundes Haus. Das Dach war schadhaft; wenn es regnete, bildete das Wasser zuerst kleine Bäche, die sich schließlich zu einem Strom vereinten, durch die Risse in den Plafond eindrangen und von dort Tropfen für Tropfen in den Zimmern wieder hervorquollen. Die Feuchtigkeit nagte am Mauerwerk, Mörteltrümmer bedeckten die Böden. Zum ersten Stock gelangte man über eine Wendeltreppe, die morschen Stufen schrien unter jedem Schritt; eine Eisenstange diente als Geländer. Auch hier drang das Wasser durch den Plafond.

Elisabeth mußte sich erst im Kloster von einer Lungenentzündung erholen, ehe sie daran ging, sich in diesem Loch einzurichten. Dort erfuhr sie vom Tod ihrer Mutter. Stephanie hatte, als die Russen in ihr Schloß eindrangen, einen Hirnschlag erlitten. Sie fand in einem Benediktinerkloster Zuflucht, wo sie am 23. August 1945 starb. Man weiß nichts über die Gefühle, die Erzsi bei dieser Nachricht empfand. Sie hatte ihre Mutter seit zwanzig Jahren nicht mehr gesehen.

Schließlich mußte Elisabeth sich damit abfinden, daß dieses unbewohnbare Haus von nun an ihr Heim sein würde. Und das sollte noch zehn Jahre lang so bleiben. Die Straße, in der das Haus lag, hatte den beziehungsvollen Namen »Wolfsberg«, was an Elisabeths Hundezucht in Schönau erinnerte.

Die Sozialisten hatten wieder an Einfluß gewonnen. Leopold Petznek wurde zum Präsidenten des Rechnungshofes ernannt. Diese Aufgabe erfüllte er vom 28. 11. 1945 bis zum 23. 2. 1947.

Elisabeth machte sich mit hartnäckiger Ausdauer daran, mit Hilfe ihrer Advokaten um ihre Villa zu kämpfen. Aber alle Versuche stießen auf kategorisch negative Antworten: »Es kann keine Rede davon sein, die Beschlagnahmung aufzuheben!«

1947 hatte Elisabeth die große Freude, ihren Sohn Franzi wiederzusehen. Beide Seiten empfanden das tiefe Glück dieser Begegnung. Franzi hatte den Krieg über in Brüssel bei der Familie seiner Frau gelebt. Als der Krieg zu Ende war, hatte er um die belgische Staatsbürgerschaft angesucht und sie auch erhalten. Mit seinem neuen belgischen Paß konnte er mit dem Zug nach Wien fahren. Er konnte auch seiner Mutter alle Medikamente, um die sie ihn gebeten hatte, mitbringen. Die Schatten der Vergangenheit wurden nicht mehr erwähnt. Franzi nützte dieses erste Wiedersehen, um seine Mutter dazu zu überreden, in einen Kurort zu gehen, wo sie die nötige Pflege bekommen konnte. Währenddessen wollte man eine bessere Unterkunft suchen. Suchen konnte man wohl, etwas zu finden war das eigentliche Problem. Außerdem war Elisabeths Entschluß unwiderruflich: Sie würde in dem Haus bleiben, das man ihr zugewiesen hatte, sie würde alles ertragen und sich nicht fortrühren, bis man sie in ihr eigenes Haus zurückkehren ließ.

Am 4. Mai 1948 gingen die beiden alten Leute aufs Standesamt, um zu heiraten. Dieser im allerkleinsten Kreis vorgenommene Akt war die offizielle Besiegelung von achtundzwanzig Jahren gemeinsamen Lebens.

Elisabeth nahm den Kontakt zu ihren Kindern wieder auf. Ihr Sohn Erni, der in Wien lebte, besuchte sie, ebenso ihre Tochter, die ab und zu aus Belgien nach Wien kam. Franzi wanderte nach Kenia aus; es war das ideale Land für Jagden, er wohnte in Nairobi und verbrachte mehr als acht Monate des Jahres auf Safari. Beinahe jedes Jahr kam er nach Wien, um seine Mutter zu besuchen. Zwischen Mutter und Sohn stellte sich wieder die alte innige Beziehung ein; wenn Franzi in Kenia war, gab es einen regen Briefwechsel. Elisabeths Briefe sind rührend in ihrer Anteilnahme, ihrer Güte und Zärtlichkeit. Sie macht sich Sorgen um ihn und die Kinder, erbittet immer wieder Gottes Schutz. Erzsis Briefe sind erstaunlich sanftmütig, man entdeckt eine sehr persönliche Seite ihres Charakters, empfindsam und zartfühlend. Der Stil ist liebevoll, sie sucht ständig nach Möglichkeiten, Freude zu bereiten. So möchte sie ihrer Enkelin Stephanie, die in Kenia aufwuchs, zu Weihnachten 1949 ein Geschenk machen. Da sie weiß, daß die Kleine Tiere liebt, schlägt sie vor, ihr einen Hund, eine siamesische Katze oder einen Vogel zu geben. Manchmal klagt sie über große Müdigkeit. So hat sie einmal vier Wochen lang ihren schwer erkrankten Hund Udo gepflegt, sie konnte ihn retten und findet, er sei nun schöner als je zuvor. Franzi lädt seine Mutter und Leopold Petznek zu sich nach Kenia ein, sie bedauert, nicht kommen zu können, denn »wir sind zu alt und krank«. Einmal besteht sie darauf, Franzi solle in ihrer Nähe eine Villa kaufen, wo sie mit ihm wohnen könnte, während sie darauf wartet, in ihr eigenes Haus zurückkehren zu dürfen. Sie will diese Villa vollständig einrichten. Am 9. 12. 1950 freut sie sich über die Geburt ihres Enkelsohnes, ihre Gedanken zeigen ein empfindsames Herz. Sie klagt nicht, schreibt nur einfach, daß sie ihr Zimmer nicht verlassen kann. Am 1. 12. 1952 zeigt sie sich beunruhigt wegen Ernis Gesundheit. Er ist krank und sie schreibt: »Man kann seinem Schicksal nicht entgehen, alles ist Wille des Himmels und des Schicksals, jeder Mensch muß sein Kreuz auf dieser Welt tragen.« Sie sagt, die Schmerzen in ihren Armen und Beinen würden stärker; trotzdem erwacht jedes Jahr wieder die Hoffnung in ihr, das nächste werde besser sein. Am 9. 12. 1954 kann sie nur mit Mühe schreiben, sie benützt einen Bleistift, um Franzi zu seinem 50. Geburtstag zu gratulieren: »Die schöne Jugendzeit ist vorüber, aber die Reifezeit hat auch ihr Schönes, da man das Leben von einer hohen Warte aus betrachtet.« Am 5. 4. 1954 zeigt sich Erzsi glücklich darüber, daß ihre Schwiegertochter ein Porträt ihres Vaters gekauft hat. Sie schreibt: »Es ist ein lieber Gedanke von ihr, sie hält auf Tradition und Familie, was man heute bei der Jugend nicht mehr findet.« Sie endet mit dem Wunsch, Gott möge Franzi schützen und segnen.

Elisabeth wollte an der rissigen Wand ihres Zimmers ein Porträt ihres Vaters hängen haben. Die Gefühle, die sie mit ihm verbanden, waren immer lebendig geblieben. Sie achtete darauf, daß sein Grab möglichst oft mit Blumen geschmückt wurde. Um die Trostlosigkeit ihrer Umgebung zu durchbrechen, ließ sie sich am 23. 5. 1953 einen Kanarienvogel kommen, den sie versuchsweise für zwei Wochen behalten wollte, um die Qualität seines Gesanges zu prüfen. Der kleine Vogel sang aber so wundervoll, daß sie ihn ganz behielt; er brachte ein wenig Freude in ihre traurigen Tage.

Aber Elisabeth wurde nicht nur von ihren Kindern besucht, auch ihre Freunde und Genossen, darunter Julius Deutsch und Rosa Jochmann, blieben ihr treu.

1950 folgte einer Zeit großer Hoffnung eine noch größere Enttäuschung. General Béthouart hatte Elisabeth wissen lassen, die Villa werde Ende Juli geräumt werden. Doch dann kam ein entgegenlautender Befehl. Monsieur Payart war zum Nachfolger General Béthouarts als Botschafter am französischen Hochkommissariat in

Wien ernannt worden, welches als zivile Verwaltungsstelle diente. Monsieur Payart wollte die Villa, die ihm große Annehmlichkeiten zu bieten schien, behalten. Elisabeth ließ ein Protestschreiben und ein Ansuchen dem nächsten folgen. Sie ging sogar so weit, dem Präsidenten der französischen Republik, Monsieur Vincent Auriol, zu schreiben. Die Präsidentschaftskanzlei antwortete, diese Angelegenheit falle ausschließlich in den Zuständigkeitsbereich des Ministers für auswärtige Angelegenheiten und man habe ihr Schreiben an diesen weitergeleitet. Der bekannte Historiker Jean de Bourgoing und seine Frau Mila waren mit Elisabeth eng befreundet und immer bereit, ihr in ihren verschiedenen Schwierigkeiten beizustehen. Mitte Juni fuhr Jean de Bourgoing nach Paris, wo er von Madame Auriol sehr freundlich empfangen wurde; er setzte ihr die Lage von Madame Elisabeth Petznek ausführlich auseinander. Doch auch dieser Besuch blieb ohne Resultat. Die Anwälte gaben nicht auf. Monsieur Payart zog mit Frau und Kindern in die Villa ein. Elisabeth nahm sich die Freiheit, ihm zu schreiben, sie wünsche ihnen, jeder Schritt, den sie in ihrem Haus und in ihrem Garten machten, solle ihnen Unglück bringen. Sie reagierten freilich nicht gerade verängstigt auf dieses Schreiben, sondern meinten lediglich, Madame Elisabeth habe eben einen schwierigen Charakter. Das also war der Verlauf der Dinge, und es ist hier nicht der Platz, noch mehr ins Detail zu gehen. Die Ansichten gingen auseinander; eigentlich erlitt »Elisabeth von der roten Nelke« hier ein Schicksal wie viele andere Wiener auch.

Drei Wochen, nachdem Elisabeth in ihrem Brief an Franzi von ihrer Sorge über Ernis Gesundheitszustand beschrieben hatte, benachrichtigte man sie am 23. 12. 1952 von seinem Tod. Erni war nur sechsundvierzig Jahre alt geworden. Der Verlust ihres zweiten Sohnes erschütterte Elisabeth zutiefst. Zwei Tage später starb Otto zu Windisch-Graetz im Alter von neunundsiebzig Jahren in der Schweiz.

Elisabeth verließ ihr Zimmer nicht mehr. Sie saß Tag für Tag, Stunde für Stunde in einem großen Fauteuil, eingehüllt in einen weiten Mantel aus schwarzem Wollstoff, einen schwarzen Schal um die Schultern geschlungen; die kranken Beine waren in Decken gewickelt, ein enganliegender Turban umschloß ihren Kopf, einige

Haarlocken sahen darunter hervor. Ihr Mann, immer geduldig und ihr liebevoll ergeben, widersprach ihr nie und ertrug in aufopfernder Weise alle ihre Ansprüche. Sie brauchte seine ständige Anwesenheit; Jahre hindurch fand man ihn stets neben ihr sitzend oder doch wenigstens in Reichweite ihrer Stimme. Über Elisabeths Gesundheitszustand ist viel gesagt worden, man hat ihren oft unerklärlichen Krankheiten viele falsche Namen gegeben. In der zweiten Hälfte ihres Lebens kämpfte sie nicht mehr gegen ihre Leiden an. Sie ergab sich träge den Schwächen ihres Körpers, versuchte aber dennoch zugleich verschiedenste Behandlungsmethoden aus der herkömmlichen Medizin, der Astrologie, der Homöopathie und dem Magnetismus. Die Wahrheit über ihren Zustand dürfte wohl in einer Diagnose von Professor E. Lauda liegen, die am 14. 3. 1951 erstellt wurde.
Elisabeth, die an Magnetismus glaubte, wandte sich an Dr. Rudolf Thetter, einen Magnetiseur, der allgemein für sein außergewöhnliches Können bekannt war. Sie unterhielt sich gerne mit diesem Wissenschaftler. Er hatte mehrere Bücher geschrieben und Elisabeth je ein Exemplar mit Widmung geschenkt. Elisabeth litt unter starken Migränen; seine Behandlung brachte ihr große Erleichterung.

Nach zehn Jahren des Wartens erlebte Österreich einen glanzvollen Tag in seiner Geschichte. Am 15. Mai 1955 unterzeichneten Österreich und die vier Siegermächte einen Friedensvertrag, durch den Österreichs Neutralität und Unabhängigkeit anerkannt wurde. Dies hatte zur Folge, daß die Besatzungstruppen abzogen. Der Staatsvertrag wurde im Schloß Belvedere, dem Sitz von Prinz Eugen, Sieger des Türkenkrieges 1687, unterzeichnet. Die Bürger von Wien hatten sich im Park versammelt und gaben ihrer Freude mit rauschenden Ovationen Ausdruck.
Elisabeth und Leopold spürten die Hoffnung wiedererwachen, ihre seelischen Kräfte waren ungebrochen. Sie schmiedeten Zukunftspläne und fanden zur alten Lebensfreude zurück. Sie mußten noch einige Monate warten, dann konnten sie wieder in ihr Haus einziehen. Äußerlich unbewegt machte Elisabeth Bestandsaufnahme und

gab dann sofort ihre Anweisungen. Vieles mußte instandgesetzt werden, man mußte ausmalen, reinigen und ordnen. Elisabeth ließ die Gegenstände, die woanders untergebracht gewesen waren, wieder zurückbringen, jedes Ding nahm seinen Platz ein, den es vor der bösen Zeit der Besatzung innegehabt hatte. Zu Elisabeths großem Kummer fehlte einiges, so wurde zum Beispiel die berühmte Statue von Canova nicht wiedergefunden. Auch der Spitzenbrautschleier Kaiserin Elisabeths war nicht mehr in der Vitrine. Elisabeth hatte ihn an die Vereinigten Staaten verkauft. Die Aufteilung der Kunstsammlung hatte begonnen. Elisabeth Wunsch entsprechend wurde sie nach ihrem Tod vollständig aufgelöst. Auch der Garten hatte gelitten. Erzsi ließ die Gärtner kommen, sie mußten noch vor dem Winter rasche Arbeit leisten. Sie bestellte bei den Gärtnereien eine große Menge Pflanzen, damit der Garten bis zum Frühjahr seine ganze Pracht wiederfinden konnte. Auch das alte Haus fand zu seinem alten Glanz zurück.

Um das, was Elisabeth interessierte, ihr körperliches Befinden und schließlich die schmerzlichen Gefühle kennenzulernen, die das Jahr 1956 ihr brachte, muß man entziffern, was sie in ihrer großen Schrift mit Bleistift in ihrem Notizkalender eintrug. Hier findet sich die Wahrheit, oft nur in einem Wort, dessen Intensität durch Wiederholung spürbar wird (Mit Goldi ist Leopold Petznek gemeint):

Im Namen Gottes fange ich dieses Jahr an.

1. 1. 56: Mein Gott erbarme Dich meiner. 0° kalter Wind. Und alles tut mir weh, so erschöpft. Venen tun weh.

2. 1. 56: Kalt trüb. Ganz besonders, elend schwach zum umfallen. Kopfweh.

3. 1. 56: 1° Wärme, Regen und Schnee, finster, sehr müde, Beine schlecht, Brauch 16. Inj., Pepi geräumt Silber und Bücher bis ½ 12 Nacht fertig!

4. 1. 56: 5° Kälte, sehr schön, viel Arbeit, sehr müde, Kopfweh.

5. 1. 56: 1° Wärme, trüb, Regen, sehr müde, Brauch 17. Inj., Beine sehr schlecht, Pepi weg bin so deprimiert, einziger Mensch der mir hilft.

6. 1. 56: 1° Wärme, Schneeregen, elend müde, verliere das Gleichgewicht.

7. 1. 56: 3° Kälte, sehr schön, sehr schlecht, übel, fiebriges Gefühl, alle Leute beraten mich, alles ist ihnen zu viel, ich muß aber können, wenn mir noch so schlecht ist.

8. 1. 56: 2° Kälte trüb, elend verkühlt, schrecklich ermüdender Tag, Tierarzt mit Lido, bin fertig.

9. 1. 56: 1° Kälte, trüb, gefallen, Übergewicht bekommen, bin ganz zerschlagen, alles tut mir weh. Kopf war schlecht, Brauch hat nicht einmal gefragt, ob mir etwas weh tut. Bourgoing Bibliothek.

10. 1. 56: trüb, Schmerzen im Rücken, Brauch kam, Bourgoing Bibliothek.

11. 1. 56: Große Hunderauferei.

12. 1. 56: Brauch, noch Schmerzen in Kreuz und Rücken, kann kaum gehen, sehr matt, Pepi weg.

13. 1. 56: Ermüdender Tag, N. war da wegen Bildern, bleibt ewig sitzen, Schmerzen Rücken und Beine, riesen Schwitzen.

14. 1. 56: Starke Schmerzen, starkes Schwitzen Tag und Nacht, Brauch, Heizung ist halben Tag nicht gegangen, unmögliche Zustände, so schwach zum zusammenbrechen.

15. 1. 56: 2° Wärme, Nebel, Lido und Lauge im kalten Zimmer gefroren, Schmerzen und Schwitzen.

16. 1. 56: Brauch, Ordnung in Kästen um Mitternacht fertig, Beine tragen nicht mehr, Knie geben nach, Schwitzen, Finken schlagen.

Ein Tag ähnelt dem anderen.

28. 1. 56: Entzündung im rechten Knie, starke Schmerzen, Gelenk ist kaputt, Brauch ist furchtbar, solche Launen, behandelt mich wie einen Schuhfetzen, meine Nerven gehen drauf.

31. 1. 56: 15° Kälte, Brauch, Bein schlecht, geschwollen bis unten, Schmerzen, so deprimiert.

2. 2. 56: Brauch, Inj. fürs Kniegelenk, Herz Beine sehr schlecht, Anwalt Dr. Pieta zu Besuch, fertig, kann nicht mehr.

5. 2. 56: Schön, sehr elend, Magen schlecht, Herzschwäche, Putzi heute so bös, Fanny gebissen.

9. 2. 56: 15° Kälte, sehr schön, Brauch Injektion, immer der Ärger mit dem Personal, ich kann nicht mit Idioten arbeiten, Pepi weg.

7. 2. 56: 4° Kälte, wechselnd geschneit, Vögel auf Terasse, Brauch, 3. Injektion, erschöpft, Ehrenberg. Hunde sind so schön und lieb. Schwitzen, bin so schwach.

10. 2. 56: 15° Kälte, trüb, bissl geschneit. Kälte schon unerträglich. So müde, Knie tut sehr weh. Wird steif.

26. 2. 56: 9° Elend, erschöpft, übel, Magel weh, schwach, alle Briefe gelesen, sehr schlecht, abend Galle, übel.

27. 2. 56: 13° schön, mittag bissl geschneit, Galle elend, übel, Briefe gelesen, sehr starke Kopfschmerzen, sehr geschwitzt.

6. 3. 56: 0° wechselnd, schwindlig, elend, Schnupfen, Grippe, Brauch, 6. Inj., Fiebergefühl.

7. 3. 56: 1° Wind, Schnee, Schnupfen, Husten, elend zerschlagen, Schwitzen, Lona läufig.

14. 3. 56: 3° es schneit, Pepi operiert. G. geht es gut, Lona bei mir mit Libelle und Putzi. Beide so lieb.

19. 3. 56: 1° Kälte. Putzi war verrückt wegen Lona heute von 4 Uhr an. Bin fertig. Schmerzen, Beine, Schulter. Ewig erschöpft.

21. 3. 56: 2° Kälte, Wind, trüb. Dr. Pieta. Er hat gesagt, er will nichts damit zu tun haben, wenn ich Kinder schädige. Falsch.

24. 3. 56: Brauch, Injektion. Schmerzen überall, Blase oder was anderes schuld, 68 kg, falle zusammen.

21. 4. 56: 3° schön, kalt. Brauch, 10. Injektion, starke Schmerzen, Körper sehr schwach, Schwindel, erschöpft, Köchin kocht wie ein ... Kein Wunder, daß ich hin werde.

27. 4. 56: 3° Regen, kalt. Kein Direktor bei der Albertina. Wird länger dauern. Viel ärger als ich dachte. Bin zum Umfallen.

8. 5. 56: 8° sehr schön, 4° im Schatten, Schwächeanfall, Fenster offen, sehr elend. Ehrenberg, Libelle.

26. 5. 56: Ghislaine kommt am 12. Juni. Auch das noch! Trübe, muß aber meine Arbeit machen! Brauch, 5. Veneninjektion.

31. 5. 56: Pepi, ganz hin!

31. 5. 56: 14° sehr heiß, schön, 18. Injektion. Hunde ausgegangen. Führer sehr nett. Einmal unten gelegen. Brauch, 10 Injektionen, sehr müde. Ein furchtbarer Tag. Er hat mir gesagt, ich bin eine böse Frau. Er war ekelhaft. Bin schnell fertig. Testament unterschrieben. Furchtbares Gewitter. Hundeausstellung. Goldi mit Libelle und 3 Hunden draußen. Lido 12.! Hatte auf Sieger gehofft.

5. 6. 56: 14° Goldi hatte Anfall beim Herz. Bin desparat. Sehr schön, sehr heiß. Erschöpft, ganz fertig.

17. 6. 56: Wind, schön kühl, kann nicht mehr.

17. 6. 56: Wind, schön, kühl. Kann nicht auf die Terasse, da niemand für Möbel hinaustragen. Großer Krach wegen dem Scheiß Weib, elend schwach.

29. 6. 56: 10° Regen. Alles grau, Wind. Ermüdender Tag. Blumen gepflegt. Mödlinger bei Goldi. Schmerzen überall. Nerven fertig. Lona läufig.

30. 6. 56: Goldis 75. Geburtstag. Viel Arbeit. Zur Jause Otto, Eva ... sehr müde, sehr geschwitzt, ich bin ganz fertig.

5\. 7. 56: Brauch... Mit Putzi fortgegangen, dann Durchfall, nichts gegessen.

22\. 7. 56: 12° immer Wind, trüb, schwitzen, Lona, Lido, Lespa tummeln sich. Elende Fanny, daß sie weggeht. Der Teufel soll sie holen.

24\. 7. 56: 10°, Regen, Goldi, Brauch, Fieber 37,7, schlechter Magen, sehr besorgt, selbst elend. Schwitzen. Tag ohne Fanny!

25\. 7. 56: 10° trüb, Wind, Goldi besser. Noch Fieber, sehr matt, wieder hin.

26\. 7. 56: Schön, Wind, Brauch zum 1. mal Goldi behandelt. Schlechter Magen, bin am Ende meiner Kraft. Schmerzen am Hals, Husten und Schwitzen.

27\. 7. 56: Goldi um halb ein Uhr nachts gestorben! Nach schwerem Anfall! Es war unbeschreiblich. Himmelmayer, Brauch, Otto waren da!

28\. 7. 56: Heute liegt er im Sarg im Wintergarten und sieht in seinen Garten. Er liegt so friedlich umgeben von seinen Pflanzen und Rosen. Könnte ich nur neben ihm liegen! Aber bald! Ich werde es nicht durchhalten. Die Einsamkeit ist unerträglich.

29\. 7. 56: Schrecklicher Tag, so allein. Werde es nicht ertragen. Bin sehr schwach. Wenns nur bald aus wäre! Dr. Schirl.

30\. 7. 56: Goldi begraben. Mein Leben ist mitgegangen. Allein nicht zum Aushalten!

31\. 7. 56: Tage der Verzweiflung. Ganz fertig! Nur die Hunde halten mich noch am Leben. Otto so lieb. Ganz fertig.

1\. 8. 56: Ganz fertig gearbeitet, langer Tag, Lilly Mappen übergeben. Pepi, Sachen weg!

2\. 8. 56: Reinhard? Fee angekommen. Eine Qual, abends Ghislaine am Telefon. Ich vergleiche sie. Ruhe will ich haben!

3\. 8. 56: Wird immer schwerer und einsamer. Sehr schwach. Fee bemüht sich! Dr. Schirl. Libelle, Hunde sind mein Alles.

4\. 8. 56: Sehr schlechter Tag, kein blauer Fleck. Untragbar. Brauch, Nerven ganz fertig.

5\. 8. 56: Ein Tag hoffnungsloser als der andere. Lange geht es nicht. Bin sehr schwach. Beide Hunde sind zur Prüfung. Vorzug!

8\. 8. 56: Mein Leben ist fertig. Ghislaine und Stephanie. Ich bin fertig.

12\. 8. 56: Fee weg, Ghislaine, Stephanie weg.

15\. 8. 56: Pepi weg. Sehr arg. Noch einsamer. Es wird nicht gehn!

16\. 8. 56: Vertrag mit der Republik unterschrieben! Es gehören auch alle Kunstschätze nicht mehr mir, damit der B. und der Mechaniker nichts bekommen.

18\. 8. 56: Unerträgliche Tage! Werde nicht durchhalten.

22. 8. 56: Am Friedhof bei Goldi. Wie gerne wäre ich auch schon bei ihm!
23. 8. 56: Infamer Brief von Kapuzinern wegen Messen für Goldi. Pepi ist gekommen. Venenentzündung. Nachmittag herumgegangen. Schmerzen. Otto wegen Heizung.
27. 8. 56: Entsetzlicher Tag. So verzweifelt! Putzi war mein Trost!
17. 9. 56: Fee mit Mann und Kind. Ghislaine, Stephanie, Goldi hilft!
18. 9. 56: Alle Kakteen eingeräumt. Schwach!
18. 10. 56: Schöne Färbung. Kann es kaum ansehn ohne Goldi, der es so liebte!
29. 10. 56: Franzi.
2. 11. 56: Allerseelen! Kann nicht am Friedhof. Schrecklicher Tag!
4. 11. 56: Ende der Schlacht in Ungarn. Tragödie! Fürchte mich sehr vor Russen. Allein ohne Goldi!
6. 11. 56: Franzi mit Familie weg!
8. 11. 56: Amerika mobilisiert! Tschechen und Yugoslawien auch. Es ist mir so wurscht. Nur meine Hunde!
15. 11. 56: Sein Namenstag. Ein schrecklicher Tag. Kein Mensch versteht es. Bin ganz fertig, so schwach und elend. Hortensien und Pfingstrosen sind gedeckt.
24. 11. 56: nachts geschneit. 2° Kälte. Schmerzen, Blase und Darm!
28. 11. 56: Orkan 5 – Astrologe Medikamente.
3. 12. 56: Franzi aus Brüssel zurück. Nichts gegessen, sehr schwach!
14. 12. 56: Franzi weg vor Weihnachten. Das erste mal allein ohne mein Alles! Wozu hat man Kinder!
22. 12. 56: Entsetzliche Tage voll Leid und Schmerz!
31. 12. 56: 4° Kälte bei Wind. Eisig! Entsetzliches Jahr. Habe mit ihm mein Leben verloren. Bin sehr krank. Hoffnungslos!

Leopold Petznek wurde in aller Stille begraben. Elisabeth wurde von ihren Dienern im Rollstuhl zum Begräbnis gebracht. Sie bekam eine große Anzahl Kondolenzschreiben von ihren sozialistischen Genossen, eines davon von Bundespräsident Körner. Alle drücken ihr Bedauern darüber aus, mit Leopold Petznek ein Mitglied verloren zu haben, das sowohl als Politiker als auch als Mensch überaus geschätzt worden war.
Am 23. 8. 1956 vermerkt Elisabeth in ihrem Kalender: »Infamer Brief von Kapuzinern wegen Messen für Goldi.« Diese Anmerkung erfordert eine nähere Erklärung. Während der Revolution und den nachfolgenden Jahren herrschte zwischen den Sozialisten und der

Kirche bitterer Groll. Aufgrund verschiedener politischer Ereignisse war Leopold Petznek 1927 aus der Kirche ausgetreten. Elisabeth, die im Prinzip alle Vorstellungen der Sozialisten teilen wollte, hatte keinerlei Hemmungen, sie glauben zu machen, daß auch sie sich von der Religion völlig entfernt habe. Diese Meinung wurde durch ihr äußeres Verhalten bestärkt; aber da gab es noch die andere Seite, nämlich ihre innere Einstellung, und diese war ausschlaggebend. In jungen Jahren hatte Elisabeth sich völlig von den religiösen Praktiken abgewandt, denn ihr eigenes Leben stand in krassem Gegensatz zu dem, was die Kirche in ihren Geboten verlangte. Es war nicht so, daß Elisabeth ein lasterhaftes Leben hätte führen wollen, aber sie forderte absolute moralische Freiheit. Deshalb nahm sie der Kirche gegenüber eine negative Haltung ein. Aufgrund ihrer Erziehung bewahrte sie aber trotzdem eine innere Religiosität.
Der Satz »Infamer Brief der Kapuziner...« bezieht sich auf einen ablehnenden Bescheid zu ihrer Bitte, für Leopold Petznek Seelenmessen zu lesen. Elisabeth wandte sich an einen anderen Orden und dort erhielt sie, was sie wollte. Es gibt einen Beleg vom 14. 8. 1956 über 200 Schilling für zehn Messen, die im September, spätestens im Oktober gelesen werden sollten. Ein zweiter Beleg vom 29. 8. 1956 ist ebenfalls über 200 Schilling ausgestellt, für zwanzig Messen für Leopold Petznek. Dieser Schein trägt den Stempel der Schottenpfarre in Wien, auf der Rückseite findet sich eine Aufstellung der Tage und Stunden, zu denen die Messen gelesen werden sollten. Daraus erkennt man, daß Elisabeth ihren Glauben an die Kraft des Gebetes bewahrt hatte.

Dem Ende zu

Der Arzt setzte seine täglichen Visiten bei Elisabeth fort. Ohne Zweifel brachte er ihr eine gewisse Erleichterung, aber die Medikamente und Injektionen konnten das zerstörerische Werk des Alters nicht ungeschehen machen. Dazu kamen Gesundheitsschäden, die Elisabeth selbst durch ihre Lebensweise verschuldet hatte. Elisabeth wurde antriebslos, und ihr Bedürfnis, sich abzusondern, nahm zu. So kam es, daß sie das Haus seit zehn Jahren nicht mehr verlassen hatte. Sie trug die Last ihres Lebens tief in ihrem Inneren verborgen und wollte sie mit niemandem teilen. Noch vor wenigen Jahren, als ihr getreuer Lebensgefährte noch bei ihr war, konnte sie mit ihm im Garten spazierengehen, wo sie jede Pflanze und jede Blume kannte. Zugleich mit der Einsamkeit kamen die Gedanken und nahmen Elisabeth gefangen. Das langsame Sterben, das Elisabeth vom Schicksal beschieden war, gab ihr einige Jahre Zeit, um dem Tod kaltblütig ins Angesicht zu sehen und ihn schließlich mit Resignation zu akzeptieren. Die, die sie geliebt hatte, hatte sie verloren. Nun war sie der letzte Schauspieler in dem großen Spiel, das einmal ihr Leben gewesen war. Sie konnte die Bühne ohne Bedauern verlassen. Nun, da die noch verbleibende Zukunft so klar vor ihr lag, gewann die Vergangenheit in Elisabeths Phantasie derart realistische Bedeutung, daß sie sie zum zweiten Mal zu erleben glaubte, mit allen dunklen und strahlenden Seiten, mit all ihren Gefühlen von Trauer und jubelnder Freude. Sie dachte an ihren Vater, um den sie stets einen wahren Kult an getreuer Bewunderung aufrechterhalten hatte. Sie hatte geglaubt, sie könnte seine Vorstellungen verwirklichen, wenn sie seinen Spuren folgte. Und sie war eine würdige Tochter ihres Vaters geworden. Sie hatte um ihre religiöse, moralische, soziale und politische Freiheit gekämpft, sie hatte sich Feinde gemacht, aber auch Freunde gewonnen.

Elisabeth bewahrte bis zu ihrem Ende ihre Würde. Sie verstand es, das Leben, das ihr vom Schicksal gegeben worden war, und das, was sie darauf gemacht hatte, mit einer gewissen Distanziertheit zu betrachten. Sie war sich ihrer eigenen rebellischen Tendenzen und ihres Andersseins bewußt. Dies geht aus zwei Briefen hervor, die sie – ohne Unterschrift – an die Braut ihres Sohnes Franzi schrieb und worin sie diese vor einer Ehe mit ihrem Sohn warnt, auf dem ein so schweres Erbe laste. Sie erinnerte an das tragische Schicksal ihres Vaters, das beunruhigende Blut der Wittelsbacher und an das Blut der Habsburger, das im Lauf der Jahrhunderte müde geworden war.
Als ihre kleine Enkelin Stephanie sie eines Tages besuchte, machte Elisabeth eine überraschende Bemerkung: »Ich gehe nicht mehr in die Stadt und auch sonst nirgendwohin. Wenn ich von meinem Haus weggehe, muß ich an Schönbrunn vorbei, und ich will es nicht mehr sehen! Ich will überhaupt nichts mehr sehen!«
Elisabeth lud gerne zum Tee ein. In den Jahren 1957 bis 1959 besuchte ihre Schwiegertochter sie in Begleitung der Kinder beinahe jeden Sonntag, wenn Franzi nicht in Wien war. Diese Besuche schienen Elisabeth Freude zu machen. Ab 1960 freilich mußte man darauf verzichten, sie war nun nicht mehr nur müde, sondern erschöpft. Sie telefonierte noch gern und viel, das beschäftigte sie in ihrer Einsamkeit und stellte eine gewisse Verbindung zur Außenwelt dar. Sie telefonierte mit ihren Anwälten, den Tierärzten, ihrem Hausarzt und mit Baronin Mila Bourgoing, der Witwe des Historikers, die die Aufgabe hatte, die Probleme mit den Köchinnen zu lösen. Diese Damen wurden ständig von Elisabeth wegen ihrer mangelhaften Kochkünste beschimpft und liefen ihr deswegen eine nach der anderen davon. Mila hat sich das mit Edelsteinen besetzte Goldarmband, das sie von Elisabeth zum Dank erhielt, wirklich hart verdient.
Elisabeth hatte das Glück, daß sie bis zuletzt einen klaren Verstand und erstaunliche geistige Energie bewahren konnte. Da sie ihren Garten nur mehr vom Balkon aus sehen konnte, ließ sie sich jeden Tag einen genauen Bericht über die soeben erblühenden und gerade verblühten Blumen, über die Wasserpflanzen im Becken und die Pflanzen im Gewächshaus erstatten. Die Blumensträuße in ihrem Zimmer wurden regelmäßig nach ihren Anordnungen erneuert.

Aus den Rechnungen ist zu ersehen, daß bei den Gärtnereien große Bestellungen gemacht wurden. Erzsi verfolgte auch mit großem Interesse die Wettbewerbe, an denen ihre Hunde teilnahmen. Ihre Hunde stammten alle aus ihrer eigenen Zucht, die eine der berühmtesten Österreichs war. Am 2. 6. 1956 gewann die Hündin Libelle den Schönheitswettbewerb in Wien, Lido von der Tiergartenhöhe bekam am 15. 8. 1956 einen ersten Preis in Innsbruck, sie wurde dann in Salzburg und bei einem internationalen Wettbewerb in Linz wieder prämiert. Elisabeth, die in allen Bereichen um die Schönheit einen Kult machte, war sehr stolz auf ihre Hunde.
In diesen letzten Jahren suchte Elisabeth Ablenkung, indem sie Kriminalromane las. Sie hinterließ mehrere Kisten mit Taschenbüchern, auf deren Einbänden schauerlich blutrünstige Bilder zu sehen sind. Das erinnert daran, daß Elisabeth in ihrer Jugend eine gewisse Faszination für historische Gewalttaten empfand.
Ein Besuch bei Elisabeth war ein Ereignis, das nach einem strikten Protokoll ablief. Der Besucher hat auf die Minute pünktlich zu sein. Vor dem Parktor wartet er mit der Uhr in der Hand auf den richtigen Augenblick. Wenn es soweit ist, läutet er an. Der treue Portier P. Mesli öffnet den einen Torflügel, schon der erste Schritt in den Park führt in ein Meer berauschender Farben. Rot-, Blau- und Gelbtöne vermengen sich mit leuchtendem Grün, strömen wie in Wasserfällen über die Mauern herab, füllen die prachtvollen flachen Becken, fügen sich in sorgfältiger Anordnung zu perfekter Harmonie aneinander. Die Haustüre öffnet sich, der Besucher tritt ein, er wird von Sekretär Feltrini empfangen, der ihn zur großen Treppe geleitet. Die Eingangshalle ist nur schwach beleuchtet, durch die Renaissancekästen aus dunklem Holz wirkt sie noch düsterer. An den Wänden befinden sich einige Bilder mit Jagdmotiven. In einer Ecke richtet sich ein Bär drohend auf; dieses ehrfurchtheischende Tier ist eine Jagdtrophäe von Erzherzog Rudolf. Während der Besucher die Treppe hinaufsteigt, bewundert er die schönen Porträts und hat kaum noch Zeit, die zahlreichen kleineren Bilder zu beachten. Das Bellen der Hunde hallt durch das ganze Haus, wird immer drohender. Aber dort wartet schon eine Dienerin, und die Türe zu Elisabeths Salon wird erst geöffnet, wenn die Hunde in einen Nebenraum gebracht worden sind. Nur ein einziger darf

neben ihr bleiben, Elisabeth streichelt ihn und redet sanft auf ihn ein. Elisabeth hat es gerne, wenn ihre Hunde anderen gegenüber aggressiv sind, sie sollen nur ihr allein Zuneigung entgegenbringen. Elisabeth empfängt den Besucher überaus liebenswürdig, ihre Stimme ist sanft, ihre sehr hellen graublauen Augen blicken durchdringend, manchmal starr und beinahe hypnotisch. Ihre Lieblingsdienerin Pepi bringt den Tee, das Gespräch dreht sich um alle möglichen Dinge. Der Salon ist voll mit Blumen, neben dem Fenster stehen zwei große Azaleenstöcke mit roten und rosa Blüten. Elisabeth bemerkt den bewundernden Blick des Besuchers und sagt: »Sie kommen aus dem Gewächshaus von Schönbrunn, der Gärtner bringt sie mir jedes Jahr.« Wenn der Besucher sich verabschiedet, erlaubt sie ihm noch, in Begleitung des Sekretärs durch den Park zu spazieren.

Da Elisabeth ihren klaren, scharfen Verstand behielt, konnte sie altern, ohne häßlich zu werden. Das Leben hatte in ihrem Gesicht seine Spuren hinterlassen, und man spürte hinter allem eine Seele, die trauerte, weil sie zuviel gesehen und zuviel erlebt hatte. Feine Falten durchfurchten Elisabeths Stirne, zogen sich über die Wangen herunter rund um den Mund und verloren sich dann an ihrem Hals, der von einem schwarzen Schal verhüllt war. Es war zu sehen, daß ihr Herz Wunden erlitten und ihr Geist quälende Ängste durchlebt hatte; aber es ist so, wie sie selbst einmal geschrieben hat: »Jeder Mensch muß sein Kreuz tragen auf dieser Welt.«

Am 19. Jänner 1959 bekam Elisabeth vom Vizekanzler und Vorsitzenden der sozialistischen Partei, Dr. Bruno Pittermann den hier abgebildeten Brief.

Am 23. Februar erhielt sie von G. Proft einen Brief. Nach einigen persönlichen Bemerkungen schreibt er: »Wir waren stolz und glücklich, als Genosse Pittermann anläßlich einer Feier im Wiener Stadion an Ihre langjährige Parteimitgliedschaft, Ihre Treue und Ihre aufopfernde Mitarbeit erinnert hat.«

Während der folgenden Jahre mußte Elisabeth die letzten Prüfungen des Alters über sich ergehen lassen, es war ein schrittweises Hinabgleiten ins Grab. Mehr als tausend Tage hindurch sah ihr klarsichtiger Verstand furchtlos und ohne Auflehnung den Tod näherkommen. Vielleicht litt sie an der inneren Einsamkeit, die sie

BUNDESKANZLERAMT
VIZEKANZLER DDr. BRUNO PITTERMANN

Wien, 19. Jänner 1959
We/I/77

Liebe Genossin Petznek!

Wie mir von meinen Freunden mitgeteilt wird, sollen Sie für die Verleihung des goldenen Ehrenzeichens der Partei vorgeschlagen werden, da Sie seit dem Jahre 1919 unser Mitglied sind.

Ich freue mich, Ihnen diese Mitteilung machen zu dürfen, und verbleibe

mit herzlichen Wünschen
Ihr

Frau
Elisabeth Windischgrätz-Petznek
Wien XIV.,
Linzerstrasse 452

Bruno Pitterman gratuliert Elisabeth zur 40jährigen Parteimitgliedschaft.

selbst verschuldet hatte. Nach außen hin war sie nicht einsam; sie hatte selbst darüber entschieden, wen sie um sich haben wollte – keine Familie, keine Freunde, nur ihre Angestellten, die ihr vollkommen ergeben waren. Von ihnen wurde sie bis zum Ende gepflegt und gehegt, sie ertrugen auch die schwierigsten Augenblicke. Etwas, worin Elisabeth eine gewisse Aufheiterung und Lebensfreude fand, war sicher ihre Liebe zu den Hunden. Sie wollte sie stets um sich haben; Lido hatte sogar auf dem großen Bett den Platz des verstorbenen Ehemannes eingenommen.
Trotz ihrer großen körperlichen Schwäche besaß Elisabeth immer noch genügend geistige Vitalität, um mit Hilfe ihrer Anwälte über den Verkauf ihres kleinen Schlosses an die sozialistische Wiener Gemeinde zu verhandeln. Der Vertrag wurde einige Monate vor ihrem Tod unterzeichnet. Die ausbezahlte Kaufsumme lag weit unter dem tatsächlichen Wert, allerdings durfte Elisabeth das Haus zeitlebens weiter benutzen. Nun also hatte Elisabeth ihren Willen bekommen. Sie hatte keinerlei persönlichen Besitz mehr, den ihre Kinder hätten erben können. Keiner von ihnen würde das Haus betreten, in dem sie gelebt hatte.
Während Elisabeth unbeweglich in dem glänzenden alten Messingbett lag, trugen ihre Gedanken sie zurück in ihre christlich orientierte Kindheit und zu dem Glauben, den der Kaiser ihr überliefert hatte. Immer noch war sie von den Heiligenbildern umgeben, die sie von Jugend an besessen hatte. Über ihrem Bett hingen in zwei Reihen Madonnenbilder, Reproduktionen italienischer Meister. Auf der Seite befand sich das prachtvolle byzantinische Silberkruzifix, auf gelbem, verblichenen Samt in einem goldenen Rahmen. Es war schon über dem Bett ihres Großvaters gehangen, und sie hatte es von ihm geerbt. Ein weiteres Kruzifix hing über dem Weihwasserkessel, und zahlreiche andere fromme Gegenstände bedeckten die Wand. Auf dem Nachttisch lagen, sorgfältig auf ein Stück Seide aufgenäht, etwa zehn Medaillen, daneben ein kleines Kreuz, in dessen Mitte die Hl. Jungfrau zu sehen war. In der Schublade des Nachtkästchens befand sich Elisabeths kostbarstes Erinnerungsstück; versteckt unter anderen Gegenständen in einem Umschlag lagen ein Paar vergoldete Manschettenknöpfe, auf denen ein Anker und das Zeichen U12 eingraviert waren, und die Bänder einer Mütze mit dem Zeichen

U12. Diese kleinen Dinge, die Egon Lerch gehört hatten, jenem Mann, dem Elisabeths große Leidenschaft gegolten hatte, zeigen, wie rührend treu Elisabeth die erregendsten und verzweiflungsvollsten Tage ihres Lebens in Erinnerung behielt.

Im letzten Augenblick – ohne daß sie wußte, daß es ihr letzter Augenblick war – wurde Elisabeth von großer innerer Unruhe erfaßt. Es drängte sie, dem Wiener Erzbischof zu schreiben. Aus seiner Antwort, die erhalten geblieben ist, kann man den Inhalt ihres Briefes erahnen.

Falls Elisabeth auf dieses Antwortschreiben gewartet hatte, um einen Priester rufen zu lassen, so kam es jedenfalls zu spät. Es dürfte am 14. oder 15. bei ihr eingetroffen sein, der Tod nahm sie am 16. März um 14.00 Uhr mit sich fort. Aber es heißt ja »Friede den Menschen, die guten Willens sind«.

Elisabeth hing mit besitzergreifender und eifersüchtiger Liebe an ihren Schäferhunden, die ihr wiederum ihre ganze ungeteilte treue Hundeliebe entgegenbrachten; sie hätten getötet, um Elisabeth zu verteidigen. Der Gedanke war ihr verhaßt, ihre liebe Gefährten könnten nach ihr einen anderen Herren haben. Und würde ein anderer Herr überhaupt imstande sein, die Hunde zu lieben und zu bändigen, wie doch nur sie selbst es konnte? Im selben Augenblick, wo der Gedanke an den eigenen Tod Gestalt annahm, faßte sie den Entschluß, daß ihre drei Lieblingshunde sie nicht verlassen sollten. Putzi, Libelle und Lido sollten mit ihr gehen. Der Tierarzt, der Elisabeths Anordnungen immer widerspruchslos ausführte, konnte auch in diesem Fall nicht mit ihr diskutieren. Er verstand den schweren seelischen Konflikt, in dem Elisabeth sich befand, und so akzeptierte er, das zu tun, was von ihm verlangt wurde – die Hunde einzuschläfern.

Die dramatische Szene spielte sich genau so ab, wie Elisabeth sie sich zuvor oft schon ausgemalt hatte. Sie lag leblos ausgestreckt zwischen den gestickten Leintüchern, ihr Kopf ruhte auf den spitzenbesetzten Kopfpölstern, eine ihrer langen, knochigen Hände berührte Lido. Lido, ihre getreue Wächterin, lag eng an sie gedrückt, Libelle zu ihren Füßen. Die drei Hunde regten sich nicht, sie hatten den Tod erkannt. Nur ihre schönen traurigen Augen schienen alles im Zimmer zu beobachten, als warteten sie darauf, was nun geschehen

ERZBISCHÖFLICHES SEKRETARIAT
WIEN I · ROTENTURMSTRASSE 2
52 95 11

Wien, am 12. März 1963

Sehr geehrte Frau Petznek!

Eminenz hat Ihren Brief erhalten und läßt Ihnen dafür bestens danken. Da Eminenz sich momentan auf Visitation befindet, läßt er Sie um Verständnis bitten, daß er mich beauftragt hat, Ihnen zu antworten.

Wenn es den Tatsachen entspräche, daß Sie von Pius XI.. exkommuniziert wurden, hätte Ihnen das mitgeteilt werden müssen. Da es offensichtlich nicht geschah, ist auch die Exkommunikation sicher nicht erfolgt.

Wer nur standesamtlich verheiratet ist, ist auf die Dauer der Ehe von den Sakramenten ausgeschlossen. Wenn aber die Ehe nicht mehr besteht, ist diese kirchliche Strafe aufgehoben. Es besteht daher gar kein Hindernis, daß Sie wieder Sakramente empfangen und die Kirche besuchen. Es wäre am besten, wenn Sie sich an den Herrn Pfarrer von Hütteldorf wenden wollten, der sicher gerne bereit sein wird, Ihnen behilflich zu sein.

Mit freundlichen Grüßen verbleibe ich

Ihr ergebener

Johannes Nedbal

(Dr. Johannes Nedbal)
Erzbischöfl. Sekretär

Frau
Elisabeth Petznek
Wien XIV., Linzerstr. 452

Dieser Brief ist der Beweis, daß Elisabeth niemals – wie oft behauptet – exkommuniziert worden ist.

würde. Die Türe öffnete sich, der Tierarzt kam herein. Die Hunde kannten ihn genau, trotzdem knurrten sie bei seinem Anblick, Libelle zeigte die Zähne. Er näherte sich den Tieren, sprach sanft auf sie ein, sie ließen sich streicheln und sahen ihn vertrauensvoll an. In diesem Augenblick stieß er ihnen rasch die tödliche Nadel in den jungen Körper. Lido schlief über ihrer toten Herrin ein, dann auch die beiden anderen Hunde. Sie schienen von einer gleichgestimmten Liebe vereint. Elisabeth hatte einmal gesagt: »Sie bedeuten mir alles.«

Pepi und die anderen Dienstboten traten in das Sterbezimmer. Sie legte das Kruzifix an seinen Platz, richtete die Blumen und zündete Kerzen an, die leise im Halbdunkel flackerten.

Am 22. März fanden die Trauerfeierlichkeiten im engsten Kreise statt. Elisabeth Marie wurde in dem Grab beigesetzt, wo ihre beiden Söhne und ihr Mann sie bereits erwarteten. Anwesend waren die nächsten Familienangehörigen, die sozialistische Partei hatte eine Abordnung geschickt. Die Dienstboten beteten, und einige ziemlich alte Offiziere der kaiserlichen Armee erwiesen der Enkelin ihres Kaisers die letzte Ehre.

Elisabeths Wunsch entsprechend sollten ihr Name aus dem Kaiserhaus und ihr Revolutionsname dem Vergessen anheim fallen. So trägt das steinerne Kreuz, das über dem Grab wacht, keinerlei Inschrift.

Epilog

Nachdem mich am frühen Nachmittag des 16. März die Nachricht von Elisabeth Maries Tod erreicht hatte, fuhr ich zu ihrer Villa. Der Pförtner hörte die Glocke und öffnete das Tor. Als er mich erkannte, sagte er mir, es sei ihm untersagt, jemanden von der Familie einzulassen. Dann schloß er das Tor sofort wieder. Es stimmte, Elisabeth hatte strikte mündliche und schriftliche Anweisungen gegeben: »Niemand von der Familie darf das Haus betreten.« Die Dienstboten und die Anwälte, die diesen Wunsch Elisabeths kannten, waren dafür verantwortlich, daß er eingehalten wurde.

Noch in derselben Nacht informierte mich ein anonymer Anrufer, daß im Haus meiner Schwiegermutter Einbrecher seien. Gegen Mitternacht kam ich zur Wachstube von Hütteldorf und bat darum, man möge eine Kontrolle durchführen. Man konnte von der Straße aus hellerleuchtete Zimmer und vor den Fenstern Leitern sehen. Die Information, die wir dann erhielten, war unmißverständlich: Die Republik Österreich, die Elisabeths wertvolle Sammlungen geerbt hatte, hatte es überaus eilig, ihren neuen Besitz fortzuschaffen, ohne dabei beobachtet zu werden. Noch in der Nacht von Elisabeths Sterbetag – ihre Leiche lag noch im Wintergarten aufgebahrt – schickte das zuständige Ministerium Beamte und Arbeiter ins Haus, um den Transport durchzuführen. An die dreihundert Bilder wurden von den Wänden genommen, die Vitrinen wurden geleert, die Bibliothek der Kaiserin Elisabeth und zahlreiche andere Gegenstände wurden fortgeschafft. Die Republik war im August 1956, einige Wochen nach Leopold Petzneks Tod, in den Genuß dieser Schenkung gekommen. Der Schenkungsvertrag wurde ohne vorheriges Sachverständigengutachten unterzeichnet, dasselbe galt für die Inbesitznahme der Schenkungsgegenstände.

Als Franz Joseph aus Kenia eintraf, durfte er die Villa seiner Mutter in Begleitung eines Anwaltes betreten. Er fand desolate Zustände vor. Die früher so reich geschmückten Wände waren leer, nur ein einziges Porträt war noch da – vielleicht hatte man es auf der Liste vergessen? –, das der Zarin Alexandra Feodorovna. Inmitten der trostlosen Leere schien sie noch viel schöner als zuvor. Der Sohn Elisabeths hatte gewußt, daß er nichts erben würde. Er war weder überrascht noch enttäuscht, er kannte die Dispositionen, die seine Mutter getroffen hatte, schon seit langer Zeit.

Der erste Zusatz im Testament, in dem Elisabeth den Wiener Museen ein Legat macht, stammt vom 24. Oktober 1924. Er ist unterschrieben von Elisabeth Marie Windisch-Graetz und drei Zeugen. Diese Liste umfaßte 280 Bilder, 40 Einzelteile des Altwiener Porzellans und noch einige andere Gegenstände. Es wird festgehalten, daß alle genannten Gegenstände sich in Schloß Schönau befinden. Franz Joseph war dabei, als diese Entscheidung getroffen und durchgeführt wurde. Er wußte auch, daß im Lauf der Jahre diese Liste vervollständigt worden war und daß Elisabeth der Republik schließlich ihre gesamte Sammlung schenkte. Leopold Petznek machte zwar aus seiner Mißbilligung keinen Hehl, er fand, Elisabeth Kinder würden durch dieses Testament verletzt. Aber Elisabeth wollte, daß die private Kunstsammlung des Kaisers, die sie geerbt hatte, eines Tages mit den konfiszierten Schätzen der Habsburger vereint werden sollte.

Leider wurde diese Sammlung auseinandergerissen, die Kunstwerke liegen in den Staatsdepots, die bereits von allzu vielen anderen Schätzen überfüllt sind. Manchmal kommt anläßlich einer Ausstellung eines der Bilder ans Tageslicht. So haben eben auch Kunstsammlungen ihr eigenes Schicksal.

Auszug aus dem Stammbaum der Erzherzogin Elisabeth Marie

Franz Karl, FML.
1802–1878
∞ Sophia v. Bayern 1805–1872

Franz Joseph I., Kaiser
1830–1916
∞ 1854
Elisabeth, Herzogin in Bayern
1837–1898

Ferd. Maximilian
(Kaiser von Mexico)
1832–1867
∞ 1857
Charlotte, Przssin v. Belgien
1840–1927

Sophie
1855–1857

Gisela
1856–1932
∞ 1873
Leopold, Prinz v. Bayern
1846–1930

Rudolf, Kronprinz
1858–1889
∞ 1881
Stephanie, Przssin v. Belgien
1864–1945

Elisabeth Marie
1883–1963
1. ∞ 1902
(gesch. 1924)
Otto, Fürst zu Windisch-Graetz
1873–1952
2. ∞ 1948
Leopold Petznek
1881–1956

Franz Joseph
1904–1981
∞ Gfin Ghislaine d'Arschot Schoonhoven

Ernst-Weriand
1905–1952

Stephanie

Guillaume

Karl Ludwig
1833–1896
2. verm. 1862
Maria Annunziata v. Bourb.-Sizilien

Ludwig Viktor
1842–1919

Franz Ferdinand d'Este
1863–1914
∞ 1900
Sophie Gfin Chotek, Herzogin v. Hohenberg

Otto
1865–1906
∞ Maria Josefa, Przssin v. Sachsen

Karl (Kaiser)
1887–1922
∞ Zita, Przssin v. Bourbon-Parma
1892

Otto v. Habsburg
1912

Marie Valerie
1868–1924
∞ 1890
Franz Salvator, GdK

Rudolf
1907–1939

Stephanie
1909

Namensregister

Bildnachweis

Privatarchiv: 1–5, 9, 13–20, 23–28, 30, 33, 39–47
Bildarchiv der Österr. Nationalbibliothek Wien: 6–8, 10–12, 21, 22, 29, 34–38
Bildarchiv der Arbeiterzeitung Wien: 31, 32